인간과 배움의 이해

심승환

교육과학사

머리말

사람들은 가정, 직장, 학교, 사회에서 매일 주어진 일을 하며 바쁘게 살아가고 있다. 그런데 이러한 바쁜 일과 중에 우리가 누구인지에 대해 잊고 살아간다. 나는 누구인가? 우리는 누구인가? 사람 개개인은 각자의 정체성이 있겠으나 우리는 인간으로서 모두 인간으로서의 정체성을 가지고 있다. 사람이 자신의 정체성을 몰라도 잘 살 수 있을까? 아리스토텔레스에 의하면 모든 사물은 각자의 목적이 있다고 하였다. 사물이 각자의 목적에 가장 잘 부합할 때 그것은 가장 탁월한 상태가 된다. 의자가 의자의 목적을 다할 때 피아노가 피아노의 목적을 다할 때 그것이 최선이다. 그렇다면 인간은 인간으로서의 목적을 다할 때 인간의 최선의 상태가 된다고 할 수 있다. 의자나 피아노가 아닌 인간으로서 우리는 무엇을 위해 어떻게 살아가야 하는가?

사람이 사람으로서의 목적을 구현하려면 먼저 인간의 목적을 알아야 한다. 만약 사람이 사람으로서의 목적을 모르고 산다면 그 목적을 구현할 수 없고 좋은 상태, 잘 삶을 이룰 수 없게 된다. 사람은 왜 존재하는가? 사람은 본래 어떤 존재인가? 사람은 무엇을 해야 하는가? 인간의 목적을 근본적으로 탐구하려면 이와 같은 질문에 관한 깊고 넓은 성찰이 필요하다. 즉, 인간의 목적 구명은 인간의 본성, 정체성, 성향, 사명, 임무 등에 관한 포괄적 탐구와 관련된다.

인간이 본디 어떤 존재이며 무엇을 추구하여야 하는가는 인류의 역사가 시작된 이래 수많은 사람이 탐구한 근원적인 질문이며 학자들의 연구과제였다. 철학, 심리학, 사회학, 역사학, 자연과학 등 인간과 관련된 모든 학문이 사실, 이 근원 문제를 탐구하였다고 하여도 과언이 아니다. 학문은 인간의 탐구 의욕을 배경으로 하며 인간의 잘 삶을 이루려는 목적과 관련되므로 이는 당연한 결과로 볼 수 있다. 인간의 근원적 관심은 바로 자신이 어떤 존재이며 어떻게 살아야 하는가이다. 그런데 이러한 근원적 관심은 모든 것이 빠르게 움직이는 현대 사회에 접어들면서 오히려 뒷전으로 밀려났다. 현대에는 “그것은 무엇인가?”와 “그것은 왜 그러한가?”와 같은 “정체성”과 “이유”에 대한 근원적 관심이 쇠퇴하고 “어떻게 할 것인가?”와 “어떤 효과가 있을 것인가?”와 같은 “방법”과 “기능”에 대한 관심이 팽만하여 있다. 인간이 추구하여야 할 근본적 가치에 대한 고민보다는 “더 많이, 더 빨리” 만들어내고 달성하려는 생산성과 효율성의 논리가 우리를 사로잡고 있다.

인간에게 무엇이 본래의 모습인가? 무엇이 최선의 상태인가? 무엇을 추구하여야 하는가? 이와 같은 근원적 질문을 잊은 채 사람들은 어느새 주어진 것을 그냥 하고 있고 어떻게 하면 보다 많이 효과적으로 그것을 달성해 내는가에만 골몰하고 있다. 인간의 본디 모습에 대한 근원적 성찰과 추구가 없는 삶은 나침반 없이 표류하는 배와 같다. 배가 엉뚱한 방향으로 가고 있으나 그것이 잘못된 방향인지도 모르고 가듯이 인간의 삶이 왜곡되고 잘못되어도 그것이 잘못인지도 모르고 사는 삶이 될 수 있다. 이러한 경우 사람들은 자신과 사회를 피폐화시키는 일을 함에도 불구하고 그것을 어떻게든 효과적으로, 많이 빠르게 달성해 내는 것이 잘하는 것이라 착각한다.

우리 시대는 진지함이 상실된 시대가 아닐까? 수단과 방법을 가리지 않고 돈을 벌려고 하고 취직하려고 하고 대학에 들어가려고 한다. 왜, 무엇을 위하여, 무엇이 근원적으로 필요하고 좋은 것인지에 대한 깊고 진지한 성찰이 상실되었다. 그 결과 명문대를 진학하고 원하는 직장을 얻고 많은 돈을 벌고도 자살하는 것과 같은 비극적 사태를 보게 된다. 자신이 불행한 것뿐 아니라 범죄, 해킹, 사기, 도박, 폭력 등에 우수한 능력을 기울임으로써 타인과 사회도 불행하게 만든다. 이렇게 심각한 범죄를 생각하지 않아도 인간의 정체성과 목적에 대한 성찰의 부재는 무엇이 좋은 것인지에 대한 방향성 없는 삶을 가져온다.

인간의 정체성과 목적이 무엇인지 알려면 어떻게 해야 하는가? 이것은 깊고 넓은 탐구와 성찰을 필요로 한다. 어쩌면 이 문제는 정답이 없는 것일지도 모른다. 현대인들은 이런 정답을 찾기 힘든 추상적 탐구를 의미 없는 행동으로 볼 수도 있을 것이다. 그러나 그에 관한 지속적인 탐구과정은 분명히 더욱 나은 인간의 삶을 만들 것이다. 우리가 어떤 거대한 산을 다 알 수 없다 하여도 지속적으로 탐사한 만큼 그 산의 실체는 더 많이 알게 되고 그 산을 오를 때나 그 산에서 생활할 때 더 나은 결과를 가져올 것이다. 거대한 산을 탐사하듯이 인간을 자세히 들여다보는 것은 엄청난 시간과 노력의 과정을 필요로 한다. 그것은 지식, 인격, 기술, 태도 등 다방면의 성숙과 관련된다. 인간과 인간이 사는 세계에 대한 넓은 지식, 인간과 세계를 대하는 자세와 기술, 이것을 가능하게 하는 다양한 체험 활동 등이 인간에 대한 앎을 돕는다. 바로 이러한 측면에서 인간 존재에 대한 성찰은 인간의 배움과 관련된다.

인간은 생각하며 반성하고 더 나은 것을 바라고 결단하며 실천하는 존재이다. 또한, 인간은 기뻐하며 슬퍼하고 표현하며 서로 교감하며 상호작용하는 존재이다. 생각하고 느끼며 결단하고 실천하며 교류하는 이 모든 과정에서 인간은 더 나은 자신, 더 나은 우리를 탐색하고 발견하며 형성해간다. 관계적 존재인 인간은 시간적, 공간적으로 풍성한 지성 및 문화와 교류하면서 지평을 넓혀나간다. 나아가 인간은 경험과 성찰이 깊어지면서 세계의 전체적인 관계성, 보이지 않는 초월적 영역에 대한 믿음과 같은 영적인 통찰과 각성을 하기도 한다. 이같이 인간은 모든 삶의 과정에서 폭넓은 차원의 배움을 이루어가고 이러한 배움은 인간을 성숙시키며 더 나은, 참다운 인간으로 이끈다. 인간의 삶, 배움, 인간성의 실현은 불가분 연결되어 있다. 배움이란 인간이 지적, 인격적, 기술적, 영적으로 성장하는 과정이다. 이것은 한편으로는 인간이 스스로에 대한 앎을 더욱 깊이 있게 하는 과정이요 다른 한편에서 보면 본래의 인간, 완전한 인간으로 되어가는 과정이다. 즉, 배움은 인간의 목적이 무엇인지에 대한 탐구의 과정인 동시에 그 목적을 구현하는 실천의 과정인 것이다. 그런데 현대인들의 배움에서 이러한 인간에 대한 깊은 성찰과 실천을 볼 수 있는가?

말로는 평생학습을 주장하고 있으나 진정 요람에서 무덤까지 참된 인간이 어떤 존재인지에 대한 깊은 성찰과 그러한 존재로 되기 위한 폭넓은 실천의 노력은 찾기 힘들고 어떻게 하면 특정한 수량적 목표를 잘 이룰 것인지에 혈안이 되어 있다. 유치원에도 들어가지 않은 아이들에게 영어단어를 얼마나 많이 외우게 하느냐가 가정에서 엄마의 학습 목표이다. 무엇이 아이에게 좋은 것인지에 대한 깊은 성찰보다는 선행학습, 남보다 앞서려고 하는 근시안적인 목표가 중요하다. 남보다 앞서서 무엇을 하려고 하는가? 그것은 성적, 대학입학, 결혼, 취업 등과 같은 또 다른 목표들에 맞물려 있다. 과연 상대적으로 나은 성적, 좋은 대학, 좋은 배우자, 직장을 얻게 되면 그것이 그 아이에게, 인간에게 좋은 삶을 가져올 것인지에 대한 깊고 진지한 성찰 없이 그저 남들이 하니까, 세태를 따라 하는 것이다.

아이들이 가끔 "공부가 인생의 전부가 아니잖아요."라고 하면 선생님과 부모들은 "쓸데없는 소리하지 말고 공부해!"라고 한다. 아마 공부와 경쟁 사회에서의 성공과 실패, 이에 대한 강박관념이 강하게 자리하고 있는 듯하다. 그런데 그 과정상에서 괴로워하는 학생들에 대하여는 생각해 보았는가? 전교 1등 하던 아이가 전교 2등하였다고 투신자살하는 사태를 보고 무어라 말하겠는가? IVY 리그, 국내 명문대 들어가서 자살하는 학생은 왜 그런가? 연봉이 수십억 되는 사람이 자살하는 경우는 무엇으로 설명해야 하는가? 그저 이 사람들은 이상한 별종이기에 그렇고 일반 사람들은 안 그렇다고 단정 지을 문제인가?

인간의 배움이 인간 존재에 대한 깊은 물음과 성찰에 뿌리박지 못하는 한 그것은 특정한 단편적인 기능을 높여줄 수 있을지언정 결코 인간에게 근원적이고 지속적인 행복, 좋은 삶을 가져다 줄 수 없다.

바로 이러한 배경과 문제 인식에 터하여 이 책을 쓰게 되었다. 이 책의 키워드는 인간, 삶, 배움이다. '인간이란 무엇인가?'의 문제는 종합적인 사고를 요하는 근원적 질문으로서 먼저 깊은 철학적 성찰이 필요하나, 이에 더하여 인간은 실제 삶의 현장에서 활동하는 존재이기에 그 삶의 구체적인 양상을 살펴보아야 하며, 인간은 정태적 존재가 아니라 끊임없이 변화하고 성장하는 존재로서 특히 인간성의 완성을 지향하여 자라가는 존재이기에 인간을 논함에 있어서 배움에 관한 탐구는 필수적인 요소이다. 이러한 취지에서 1부에서는 인간의 합리성, 자연성, 본래성, 영성의 네 차원의 특성을 통해 인간이란 어떤 존재인가를 고찰하고, 2부에서는 인간의 삶의 구체적 양상들을 정치적, 문화적, 종교적인 영역을 통해 살펴보며 이 영역들은 각기 인간의 배움과 어떠한 관련을 맺고 있는지 고찰하였다. 마지막으로 3부에서는 인간 배움의 구체적 문제들과 관련하여 무엇이 좋은 배움이며 이것이 어떻게 이루어지며 좋은 인간성을 실현할지를 구체적으로 고찰하였다.

이 책은 졸저인 〈인간의 삶과 배움〉을 바탕으로 수정 · 보완한 것으로, 특정한 독자층 없이 누구나 폭넓게 읽는 교양 도서이다. 물론 〈교육과 인간〉, 〈교육학개론〉, 〈교육철학〉, 〈교육사〉, 〈교육사회〉 등 대학교양과목 및 교육학 과목의 교재로도 쓰일 수 있겠으나 글쓴이의 의도는 이 책을 통해 각계각층의 다양한 사람들이 인간과 배움에 대해 두루 성찰할 수 있는 계기가 되었으면 하는 것이다.

나를 이 자리에 있게 하신 하나님과 나의 영적인 스승인 예수님과 공자님께 감사드리며, 나를 지도해주신 많은 은사님, 특히 강선보 교수님, Robert Roemer 교수님께 감사드린다. 낳으시고 기르신 부모님과 사랑으로 힘이 되어주는 우리 가족들, 사랑하며 존경하는 나의 제자들에게 감사드린다.

바쁜 일정에도 추천사를 써주신 고려대학교 신창호 교수님께 감사드리며 또한 출판을 맡아 수고해 주신 교육과학사에 감사의 말씀을 전한다.

을사년 수리산 자락에서

심 승 환

추천사

'인간', '삶', '배움'의 문제는, 철학이나 교육을 다루는 전공 학인들에게는 영원한 물음이자 관심일 수 있다. 철학은 교육의 이론이고 교육은 철학의 실천일 수 있듯이, 인류의 지성들은 인간에 관한 사유와 다양한 삶의 양식, 그것을 어떤 차원에서 배우느냐를 지속적으로 고민해왔다. 때로는 진지하고, 간혹 허무해 질 때도 있다. 인간-삶-배움! 이에 대한 성찰에서 완벽한 결론이나 확고한 정답을 유추하기란 쉽지 않다. 그래도 인간과 삶과 배움에 관한 교육적 시선을 정돈하여 제시할 수 있다는 것이 고마울 따름이다. 감사하게도 심승환 교수가 그런 작업을 시도했다.

이 책에서는 오랫동안 예수와 공자의 교육적 사유와 실천을 화두로 삼아 동서양 교육 고전을 연구해온 저자의 고민이 묻어난다. 나 또한 그런 고민을 함께 해왔고 앞으로도 더불어 해가야 하기에 공감(共感)하는 부분이 많다. 저술의 내용 구성은 전체 3부로 이루어져 있다. 1부는 인간을 이성, 감성, 의지의 존재로 다루었고, 2부에서는 삶과 배움을 정치, 문화, 종교적 차원에서 다루었다. 3부는 배움 가운데서도 바람직한 배움에 대한 고민을 담았다. 저자의 교육적 시선을 엿볼 수 있는 대목은 플라톤에서 칸트를 거쳐 실존주의에 이르기까지 서구 지성들에 대한 사상적 배려(配慮)이다. 특히, 예수와 공자에서 그 시선이 교차하면서 상호 보완되고 소통(疏通)을 꿈꾼다. 그만큼 저자의 인간과 삶과 배움에 대한 고려가 밀도 있게 녹아 있다는 의미이다.

어느 시대인들 그렇지 않겠는가마는, 현대 사회는 정말 복잡하고 다양하다. 인간과 삶과 배움에 관한 이론과 실천도 그만큼 관망(觀望)되는 상태이다. 그러나 우리 교육은 배움을 염원하는 만큼 절망적이기보다는 희망적이라고 본다. 심교수의 저술에서 그런 바람이 직감된다. 아무쪼록 이 책이 이 땅의 청년들을 비롯하여 배움을 갈구하는 여러 교양인들에게 널리 읽히기를 소망한다. 그리고 실천되기를 고대한다.

인간과 삶과 배움에 관한 진지한 접근으로, 한국 교육의 발전을 위해 좋은 교육철학적 전망을 보여주었다는 점에서, 즐거운 마음으로 이 책을 추천하며, 다시 감사의 마음을 전한다.

2025. 8

고려대학교 교육학과 교수

신 창 호

차 례

제2부 삶의 유형과 배움

제3부 바람직한 배움이란 무엇인가

제 1 부

인간이란 어떤 존재인가

1. 이성적 · 합리적 존재
2. 감성적 · 자연적 존재
3. 의지적 · 본래적 존재
4. 영적 · 종교적 존재

1 이성적 · 합리적 존재

(1) 플라톤

인간은 생각한다. 로뎅의 작품 '생각하는 사람'이나 파스칼이 말한 '생각하는 갈대'인 인간, 세네카가 말한 '인간은 이성적 동물', 인간의 학명인 '호모 사피엔스' 등이 모두 생각하는 존재로서의 인간의 특성을 보여준다. 다른 동물들은 주로 생리적 욕구에 의해 움직이나, 인간은 무엇이 좋으며, 올바른 것인가를 생각하고 행동한다. 인간을 이야기할 때 보통 지(知) · 정(情) · 의(意)가 함께 있는 존재라고 한다. 지성(intellect)이란 눈과 귀 등 우리의 감각기관을 통해 들어온 정보를 나름대로 생각하여 어떠한 개념으로 만드는 능력을 의미한다(어떤 학자는 이를 오성이라 부른다). 자연, 사물, 인간 등의 여러 모습과 현상을 보고 들을 때 그 자체에 어떠한 의미를 부여하는 것이 바로 지성이다. 지성과 연관된 개념으로 이성(reason)이 있다. 이성은 어떤 사태가 왜 그러한지 이유를 탐구하며 참과 거짓, 선과 악을 식별하여 판단하는 능력이다. 이렇게 볼 때 지성과 이성은 연관된 개념으로 우리가 무엇을 볼 때 과연 그것이 무엇인가를 생각하도록 하는 개념화 · 의미화 작업과 더불어 왜 그러한가, 무엇이 참이며 좋은 것인가를 판단하는 인간 능력을 뜻한다.

이성에 의한 분별력을 우리는 합리성(rationality)이라 부른다. 합리성은 정당한 이유를 가진 생각이다. 어떤 판단과 행동을 할 때 특별한 이유 없이 충동적으로 하는 것이 아니라 그것이 왜 올바르고 좋은 것인지에 대한 분명한 기준과 이유를 가지고 한다는 것이다. 인간의 본성을 이성에 주목하여 고찰한 학자들 중에 최초이자 가장 강력한 영향력을 준 사람은 바로 플라톤(Plato)이다. 플라톤은 인간의 최고의 기능은 바로 정신에 뿌리를 둔 이성이라고 하였다(Laws 892). 플라톤이 볼 때, 인간은 본래 순수한 정신의 세계에 있었는데 악한 것과 어울려 물질적 · 육체적인 세계와 결합하게 되었다. 그러나 인간의 본디 성질이자 인간을 인간답게, 올바르고 선하게 만드는 최고의 통솔자는 바로 이성인 것이다. 이것은 그의 형이상학 이론과 맞닿아 있다. 플라톤은 물리적 세계의 근간을 이루는 것은 정신적 세계인 이데아(또는 형상; eidos)라고 보았다.

사물이나 동식물도 보이는 것과 그 존재의 근간, 본질을 이루는 부분이 있다. 이 세상에 많은 의자들이 있고 탁자들이 있다. 그러나 의자를 의자이게 하는 것, 탁자를 탁자이게 하는 것이 있다. 다양한 의자들에 보편적으로 적용되는 그 사물의 본질적 속성, 의자를 만드는 장인이 애초에 그 사물을 만들 때 가졌던 개념이 있다는 것이다. 이 세상에 수많은 벌의 종류가 있으나 그 많은 벌들에 공통적인 속성, 벌을 벌이도록 하는 그것이 있다. 이 세상에 많은 붉은 것들이 있으나 붉은 것을 붉도록 하는 보편적 속성이 있을 것이다. 마찬가지로 많은 사람들이 있으나 사람들의 보편적인 속성, 사람을 사람이도록 하는 그것은 무엇일까? 바로 이것을 인간의 본성이라 할 수 있겠고 플라톤은 이것을 이성으로 보았다.

물론 인간에게는 이성 말고도 다른 부분들이 있다. 플라톤은 인간 또는 인간의 영혼은 크게 보면 정신적 부분과 물질적 부분의 두 부분, 더 나누면 이성, 의지, 욕구의 세 가지 부분으로 구성되어 있다고 보았다. 이성은 정신적인 부분에, 의지와 욕구는 물질적인 부분에 속한다. 이 부분 중 가장 낮은 위치에 욕구(epithymia)가 있다. 사람의 신체로 봤을 때 욕구는 가슴의 횡격막 아래에서 주로 발동한다. 욕구는 우리 눈에 분명하게 드러나는 것으로 물질에 대한 탐욕이나 신체적 욕망을 뜻한다. 이것은 오감을 통해 느끼고 굶주림이나 갈증과 같은 욕구를 느끼는 그런 부분이다. 이 욕구 중에는 인간에게 필요한 부분과 불필요한 부분이 있다. 인간의 성장과 건강한 삶에 필요한 영양 공급과 기본적인 생리적 필요의 충족이 전자에 해당된다. 문제는 인간의 삶에 해악이 되는 욕구들이다. 지나친 폭식, 섹스 중독, 과도한 음주나 흡연, 요즈음에는 게임 중독, 인터넷 · 스마트폰 중독, 도박 등의 사례도 볼 수 있다.

플라톤은 '인간'과 '사자'와 '번식 및 변신을 자유로이 하는 가축' 및 '야생 동물들의 머리를 여러 개 가진 짐승이 결합된 괴물'을 상상해보라고 한다(Republic, 588). 여기서 번식하는 가축의 경우 인간의 성장과 삶에 필요한 욕구에 해당되며 가축이 길들여질 수 있듯 이런 욕구들은 잘 제어되는 순한 성질을 갖고 있다. 문제는 도움이 안 되며 길들이기 힘든 야생동물에 해당되는, 불필요하고 통제하기 어려운 욕구들이다. 인간이 조화로운 상태를 유지하려면 바로 이 욕구의 부분을 얼마나 잘 통제하느냐가 관건이다. 욕구 그 자체로는 조화를 이루기는 힘들고 상위의 부분들에 의해 통솔 받아야 한다. 변신을 자유로이 한다는 말은 또한 욕구의 성질이 변화무쌍하다는 점을 드러낸다. 변화무쌍하게 요동치는 것은 불변하는 안정된 부분(후술하지만 이것은 바로 이성)에 의해 통솔을 받아야 한다는 것이 플라톤의 생각이다.

욕구의 윗 부분에 '의지 또는 기개(thymos)'가 존재한다. 신체상으로는 가슴(heart)에 위치한다. 위에 묘사한 괴물로 보자면 사자에 해당된다. 의지의 성질은 용맹무쌍하고 대담하며 강인하다. 이것은 한편으로는 불의한 일에 대하여 피 끓는 의분(義憤)을 느끼며 정의를 향하여 힘쓰는 참된 용기가 되나, 다른 한편으로 도가 지나치면 공격적이고 고집스럽고 잔인하게 되며 심지어는 광기로까지 발전할 위험이 있다. 칼을 든 기사, 쾌걸 조로 같은 모습으로 용맹하여 정의의 수호자가 되지만, 이 자가 나쁜 쪽으로 마음을 먹으면 무섭게 된다. 이것은 자신의 욕구가 이성으로 제어되지 않을 때 혐오감과 분노를 느끼게 한다. 의지는 이런 측면에서 이성의 조력자, 수호자의 역할을 한다. 그러나 의지는 또한 감춰진 지뢰처럼 호전성, 야망, 권력욕과 같은 위험한 성질을 가지고 있어 역시 상위 부분(이성)의 통솔을 받지 않으면 안 된다. 어떤 상황에 처하여 느끼는 기쁨, 사랑, 질투, 분노와 같은 감정, 격정도 이 부분과 관련된다. 우리의 심장(heart)이 기쁠 때나 화날 때 쿵쿵 뛰는 것이 바로 이 의지를 가장 잘 드러내는 것일 수 있다.

이것은 자의식(self-consciousness)과도 연결되는데 자기가 옳다고 여기는 바에 따라 움직이는 주체적인 마음이라 할 수 있다. 타인들의 생각에 좌우되지 않고 그것이 옳지 않다 여기면 강력하게 저항하고 자신이 스스로 옳지 않은 행동을 했을 때도 분노한다. 이것은 잘 조절되면 자존감이 되나, 지나치면 자만심이나 고집불통, 타인에 대한 공격적 성향이 된다(Nettleship, 1935: 35-36).

인간을 구성하는 최상위의 부분, 인간의 머리에 해당하는 것이 바로 이성(reason)

이다. 욕구나 의지는 모두 물질적이고 변화하며 소멸하는 부분이나 이성은 정신적이고 변치 않으며 영원한 부분으로서 플라톤은 후자의 확실한 우위를 주장하였다. 그는 인간의 영혼을 흰 말(의지)과 검은 말(욕구)이 끄는 마차로 비유하고 이 말들을 모는 마부가 바로 이성이라 하였다(Phaedrus 253-254). 마차가 달리려면 분명히 말들이 필요하나, 말들을 몰아 목적지로 잘 달리게 하는 것은 마부가 없으면 안 된다. 달리는 마차의 통솔자는 마부인 것이다. 플라톤에게 이 세상이든 인간이든 그 최고의 이상적 상태는 조화로운 상태(harmony), 균형 잡힌 상태(balance)이다. 욕구가 우리 인간의 삶에 필요한 수준으로 적정한 선에서 제어될 때, 의지가 올바른 것을 향한 열정으로 발휘되나 고집이나 투쟁으로 도를 넘지 않도록 제어될 때, 인간은 최상의 조화와 균형을 이루게 되는데, 이 조화와 균형을 이루도록 욕구와 의지를 현명하게 통솔하는 존재가 바로 이성이다. 오직 이성만이 그 자체로서 조화와 안정과 완벽을 지향하며, 그 밑의 의지와 욕구는 스스로는 불안정하고 불완전한 상태로 상위의 통솔을 받아야 하는 것이다.

플라톤은 전술한 인간과 사자와 여러 머리를 가진 짐승의 괴물의 비유에서, 잘못될 경우는 그 내부의 사람(즉, 이성)은 굶주려서 쇠약하고 사자와 짐승은 잘 먹어 강하게 될 때, 서로 물어뜯고 싸워 망해간다고 한다. 이 같은 사태를 막으려면 내부의 사람이 나머지 부분들을 장악하게 하여, 많은 머리를 가진 짐승(즉, 욕구)을 유순하게 키우고 길들이게 하고 사나운 것들은 자라지 못하게 막고, 사자(즉, 의지)는 협력자로 만들어 공동으로 모두를 돌보며 서로 화목하게 만들도록 해야 한다고 설명한다(Republic 589a-b).

이성은 인간이 이미 태어나면서 갖춘, 다른 동물이 가지지 못한 오직 인간의 본래적(本來的)이고 고유한 성질이다. 소크라테스는 아무런 배경지식 없는 노예소년에게 오직 질문과 유추를 사용하여 기하학의 원리를 가르친다(Meno 82c-85d). 이것은 인간이 본래 무엇인가를 아는 능력, 알려고 하는 자질을 갖추고 있음을 뜻한다. 이성은 높은 수준에서는 플라톤의 최고 이상인 선의 이데아(The Form of Good)와 맞닿아 있으나 그 뿌리는 앎을 사랑하는 것(philosophy; 철학)에 있다. 개가 자기에게 친숙한 자를 좋아하고 낯선 자를 싫어하듯이, 인간은 본래 앎(지혜)에 대한 사랑을 가지고 있고, 인간이 본래 볼 수 있는 능력을 가지고 있듯이 인간은 모두 본래 알 수 있는 능력을 가지고 태어난다. 이러한 능력이 구속되지 않고 온전히 발현되면 영혼 내부에서 계획을 세우고 심사 숙고하며 추론하는 힘을 발휘하여 욕구와 의지가 지나치지 않도록 조화롭게 통제하게 된다.

이성이란 무엇인가? 이성은 변증법적 논의에 의해 파악되는 것인데 이것은 인간의 인식 단계의 상층부에 위치한다. 플라톤의 이성의 개념을 잘 알려면 그가 보는 인간의 인식 단계를 살펴볼 필요가 있다. 가장 낮은 단계의 인식은 상상(eikasia)이다. 플라톤은 동굴의 비유에서 한 곳만을 보도록 몸이 결박된 채 일평생 동굴의 벽면만 바라보는 죄수를 소개한다. 벽면에는 조형물의 그림자가 비춰져 있다. 조형물은 사물을 본뜬 것이고 그림자는 조형물 자체가 아니기에 조형물의 그림자는 실체와는 거리가 있는 두 번이나 왜곡된 영상일 뿐인데, 죄수는 그것이 진짜 실체인 줄로 착각하고 있다. 그러다가 이 죄수는 결박이 풀려 조형물을 보고, 동굴 밖으로 나가 물에 비친 상과 실물을 본 후, 최종적으로 태양빛을 보게 된다(Republic 514a-516b).

이 동굴의 비유는 상상(eikasia), 믿음(pistis), 추론적 사고(dianoia), 직관적 사고(noesis)의 인식 단계를 언급한 선분의 비유와 관련된다(Republic 509d-511e). 이것은 인간의 앎이 크게는 동굴 안의 세계인 눈(감각)으로 보는 것과, 동굴 밖의 세계인 지성을 통해 인식하는 것으로 양분됨을 뜻한다. 감각적 인식 중에도 가장 낮은 단계는 죄수가 조형물의 그림자를 진짜인 것으로 착각하듯 상상, 환상, 또는 억측의 수준에 있는 것이다. 물 속에 보이는 휜 젓가락이 진짜 휜 것으로 착각하는 것이나 그림자가 길게 늘어져 있는 것을 진짜 모습으로 여기는 것과 같다. 그 다음 단계는 믿음의 단계로 조형물이 원래 사물의 모습이라고 믿는 것이나, 사람들의 소문이 진짜라고 믿는 것과 같다. 그것이 참일 수도 있으나 거짓일 수도 있는데 이 단계에서 사람들은 자신이 보고 들은 것을 의심하지 않고 굳게 믿는다. 여기까지가 감각적 인식의 단계, 변화하고 불완전한 인식의 수준이라면 다음 단계가 추론적 사고로서 이것은 수학이나 가설-연역적 사고에서 보이듯 어떠한 가정에 의해 결론을 도출하는 사고과정이다. 이것은 불확실한 이전 단계의 인식과 달리, 1+1은 항상 2가 되듯이, 항상 참인 확실한 인식이다. 그러나 이것 역시 가정 자체에 의존하고 그 가정이 어디서 비롯되었는지의 이유와 최종 원인에 대한 사고는 되지 못한다. 최종 단계, 바로 가장 상위의 인식 단계는 사물을 볼 수 있도록 하는 근원인 해 자체를 보듯, 어떠한 가정에 의한 것이 아닌, 이유와 원인 자체(제일원리)를 궁구하는 직관적 사고로서 여기서야말로 순수한 이성이 작용하게 된다.

이러한 인식론적 단계로 볼 때 플라톤의 이성 개념의 핵심은 변화무쌍한 감각기관과 불확실한 추측 및 믿음에 의존하기보다는 확실한 근거와 개념을 추구하고 원인과 결과를 추론하며 이유를 궁구하는 사고과정으로서, 이것은 '그것은 무엇인가?'와 '왜 그러한가?'를 끊임없이, 명확하고 흔들림 없는 근원에 이르기까지 탐구하는 것이다. 이것은 플라톤의 스승 소크라테스가 사람들과 대화하는 방식에서 그대로 드러난다. 소크라테스는 사람들이 안다고 생각하고 있으나 실상은 잘못 알고 있거나 모르고 있음을 질문을 통하여 일깨운다. '전기뱀장어'라는 별명을 얻을 정도로 사람들을 끊임없이 난처하게 만드는 그의 모습은 참된 앎을 추구하는 이성적인 인간상을 보여준다.

(2) 아리스토텔레스

아리스토텔레스는 플라톤의 최고의 수제자이다. 그는 플라톤이 기원전 380년에 아테네에 세운 고대 고등교육기관인 아카데미에 17세의 나이에 입학하여 공부하였고 플라톤은 그를 최고의 수제자로 인정하였다. 아리스토텔레스는 논리학, 형이상학, 인식론, 천문학, 물리학, 기상학, 생물학, 심리학, 윤리학, 정치학, 법학 등 거의 모든 학문 분야에 통달하였고 왕성한 저술 활동과 교육 활동을 하였다. 그는 스승의 사상을 수용하는 한편, 스승과는 다른 본인의 관점을 발달시켰다. 그는 스승의 '정신과 물질, 육체와 영혼, 이데아의 세계와 감각 세계'라는 이원적 개념을 수용은 했으나 양자 간의 간극을 좁히고 연결점을 찾았다. 플라톤은 이 세계를 존재하게 하는 근원적 실체를 이데아로 보았다. 이것은 사물 자체에 있는 것도 아니요 우리가 지각할 수 있는 것도 아니다. 그러나 아리스토텔레스는 이러한 이데아의 개념을 형상(form)으로 대체하고 이것은 질료(material)인 물질과 연결되어 대상 안에 존재함을 주장한다. 그는 물질과 분리되고 독립된 이데아, 정신의 세계가 있다는 스승 플라톤의 관점을 거부한 것이다.

인간도 바로 이러한 사물 세계의 대상들과 마찬가지로 형상과 질료, 영혼과 육체로 구성되어 있는데 이 양자는 연결되어 있다. 영혼은 육체의 형상이고 육체는 영혼의 질료로서 둘은 하나로 연결 · 통합되어 있다. 플라톤의 동굴의 비유에서는 정신적 · 이데아의 세계인 동굴 밖과 물질적 · 감각의 세계인 동굴 안이 확연히 구분되었다. 그러나 아리스토텔레스에게 동굴 밖과 안은 구분이 없다. 동굴 안에 이미 동굴 밖의 세계가 있고 동굴 안의 사람은 동굴 안에 보이는 사물들로부터 동굴 밖의 고상한 세계를 알 수 있다.

아리스토텔레스는 그의 생물학적 지식을 바탕으로 인간을 본다. 인간도 생물에 속하고 생물 중에 특히 동물에 속한다. 무생물과 달리 생물은 '영혼(psyche)'을 지니고 있다. 이 영혼은 각 생물의 형상으로서 각 생물이 그 존재와 기능에 있어 어떤 뚜렷한 나름의 방식을 갖도록 하는 것이다. 사슴은 사슴대로, 독수리는 독수리대로 각자의 방식대로 살아가게 하는 것이 생물의 영혼이다. 마찬가지로 인간을 인간으로서 존재하게 하는 형상이 인간의 영혼이다. 생물의 영혼의 특징은 우선 스스로 영양섭취와 성장을 꾀한다는 점이다. 나무나 풀과 같은 식물들도 이러한 능력은 가지고 있으나 식물과 달리 동물은 감각지각과 욕구, 운동능력을 지니고 감각을 통하여 지각하고 욕구를 충족시키기 위해 스스로 움직일 수 있다(『영혼에 관하여』 412a33; 414b18).

다른 동물과 다른 인간 영혼의 특징은 바로 이성, 곧 추론 능력과 지성이다(Ibid., 414b19). 동물들도 어느 정도 지능적인 활동을 한다. 새가 정교한 둥지를 틀거나 철새들이 무리지어 장거리를 이동하는 것들은 동물에게도 지적 능력이 있는 것이 아닐까 생각하게 한다. 그러나 이것은 타고난 감각적 본능의 작용일 뿐 (그것이 무엇인가를) 깊이 탐색하고 (왜 그러한가를) 숙고하는 인간만이 할 수 있는 사유 활동이 아니다(조대호, 2010: 123). 사유하는 능력, 이성이 바로 인간의 본질이다. 인간을 인간이도록 하는 것은 성장, 감각, 욕구, 운동능력도 아닌 바로 이성이다. 이성이야말로 인간을 인간으로 존재하게 하는 형상이다. 인간은 이성을 소유하였기에 세상의 모든 존재들과 구별될 뿐만 아니라 그 모든 것들보다 뛰어나다. 이성은 인간의 형상으로서 질료인 육체에 영향을 주고 육체를 움직인다. 이성은 인간이 행동하는 방식을 규정하고 인간의 목적을 부여한다.

인간의 목적은 무엇인가? 인간은 왜 존재하는가? 무엇을 위하여 사는가? 우리는 밥을 먹고 공부하며 일을 한다. 왜 밥 먹고 공부하며 일하는가? 공부하는 학생에게 질문하면 수능 잘 봐서 원하는 대학에 들어가려 한다고 대답한다. 그러면 대학은 왜 들어가는가? 대학 졸업장 받고 취업하려고 한다고 대답한다. 그러면 취업은 왜, 무엇 때문에 하는가? 결혼하고 가정을 만들려고 한다고 대답한다. 그것은 또 왜 하는가? 이렇게 인간의 모든 행동에는 상위의 목적이 있는데 궁극적인 목적, 더 이상 상위의 목적이 없이 그 자체로 목적이 되는 것이 있다면 그것은 행복(happiness)이다. 행복은 완전하고 자기 충족적인 인간 행동의 궁극적 목적이다. 행복은 달리 말하면 인간이 궁극적으로 추구하여야 할 최선의 상태라고 할 수 있다. 그런데 인간은 어떨 때 최선(the best)이 되는가? 이것은 합리적인 원칙(rational principle)에 따라 사는 것이고 이것은 탁월함(excellence)으로부터 온다(Nicomachean Ethics, Book Ⅰ, 7).

이 탁월함은 실천적 지혜(phronesis; practical wisdom)에 의한 현명한 선택이라 할 수 있는데 이것은 모자람과 지나침이 없는 중용(中庸, mean)을 통해 성취된다. 비겁함과 만용의 중용이 용기이며 인색함과 방만함의 중용이 절제이다. 실천적 지혜인 프로네시스(phronesis) 또는 사려 깊음(prudence)의 어원을 찾아보면 심장을 뜻하는 'phren'을 찾을 수 있다. 심장은 외부의 환경과 몸의 상태에 따라 혈압을 높이기도 하고 낮추기도 하며 혈류를 통해 자기 몸을 조절한다. 이와 같이 실천적 지혜란 상황과 상태에 따라 가장 적절한 정도와 수준으로 반응방식을 조절하는 것이다. 실천적 지혜인 중용은 중간 상태가 아니라 상황과, 사람과, 정도와, 시간과, 목적과, 방법을 고려하여 가장 적절한 수준으로 조정하는 것이다(Ibid., Book Ⅱ, 6, 9). 이러한 탁월성을 이루려면 인간 행동을 움직이는 두 축인 사고와 욕구의 부분이 함께 작용하여야 한다. 사고는 무엇이 옳은지 혹은 좋은지를 확증하거나 부정하는 역할을 하고, 욕구는 어떤 행동을 추구하거나 회피하게끔 한다. 사고만 있어서는 실제 행동으로 이끌지 못하고 욕구만 있어서는 무엇이 올바르고 좋은지를 모르기에 무분별한 행동을 낳는다. 따라서 인간이 탁월한 행동을 통해 최선의 상태를 성취하고 유지하려면 반드시 사고와 욕구의 협동 작업, 즉 사려 깊은 욕구(deliberate desire)가 있어야 한다(Ibid., Book Ⅵ, 2).

아리스토텔레스가 오늘날의 행복과 같은 의미로 사용한 용어는 에우다이모니아(eudaimonia)인데 이 단어의 어원은 수호신을 뜻하는 다이몬(daimon)이다. 말하자면 어떤 행복한 상태를 영위하려면 무엇인가 그 상태를 유지하게 해주는 중심축이 있어야 한다. 아리스토텔레스에게 인간의 행복을 위한 중심축은 무엇보다 이성에 입각한 도덕적인 행위이다. 바로 이것이 있어야만 인간은 가장 좋은 상태에 이를 수 있고 인간으로서의 목적을 실현할 수 있다. 마약 중독자가 마약을 계속 먹는 것이 행복인가? 강간범이 안 들키고 계속 강간을 행하는 것이 행복인가? 이러한 것들은 순간적인 쾌락을 만족시켜줄 수는 있으나 결코 지속적이고 궁극적인 성취감을 가져다주지 못한다. 인간의 행복은 인간을 훌륭하게 완성된 삶으로 이끄는 뜻이 담겨 있다. 인간의 완성은 수동적으로 이루어지는 것이 아니라 각자 실천적인 지혜인 프로네시스에 따라 주도적으로 사고하고 결정하며 실천함을 통해 가능하다. 또한 이것은 한 마리의 제비가 날아온다고 봄이 오는 것이 아니듯 평생에 걸쳐 지속적으로 실천하여야만 가능한 것이다. 여러 상황을 통해 지속적으로 현명하게 생각하고 실천하였던 사람은 이러한 경험들이 축적되어 새로운 상황에서도 현명하게 대처할 수 있다(Stevenson and Haberman, 2006: 181-184).

아리스토텔레스는 인간은 사회적 동물(정치적 동물)이라 하였다. 인간의 완전화, 행복을 위한 도덕성은 사회적으로 길러지는 것이다. 인간은 사회 생활을 통하여 정의와 불의에 대하여 알 수 있다(Politics, Book Ⅰ, 1). 인간의 공동체인 사회(국가)는 개인의 덕과 행복의 추구를 실현시키는 목적을 가지고 있다. 인간의 본성에 내재된 가능성은 공동체를 통해 실현된다. 그 자체로 완벽한 신이나, 감각적 욕구 충족으로 만족하는 다른 동물은 공동체를 특별히 필요로 하지 않는다. 그러나 인간이 공동체의 사회적 규범(법)을 통해 (도덕적으로) 성숙되지 못한다면, 다른 동물과 다를 바 없게 되고 심지어는 그들보다 더욱 위험하게 된다. 이때 인간은 성욕과 식탐 등의 욕구충족을 위해 지능적으로 악한 행위를 도모하게 된다. 인간은 공동체에서 자라나며 사람들과의 상호작용을 통해 공동체의 예의와 규범을 몸으로 익히며 도덕적 행위를 습관화하여 악한 행위를 단속하며 선한 가능성을 실현시킨다. 인간은 로고스(logos)를 지닌 존재이다. 이 로고스는 합리성(ratio)이란 의미와 함께 언어(language)라는 뜻을 내포하고 있다. 사람은 공동체에서 언어를 통해 의사소통하면서 의미에 대하여 이야기함으로써 유익한 것과 해로운 것, 선과 악, 정의와 불의를 이해한다. 즉, 인간의 합리성은 인간의 사회성, 사회적 상호작용과 긴밀한 연관성을 지닌다.

아리스토텔레스는 공동체의 법(규범)을 통해 사람들이 좋은 습관을 기르고, 이러한 습관은 좋은 사람, 덕 있는 사람을 만드는 토양이 된다고 보았다. 마치 씨를 뿌리기 전에 땅을 고르는 것처럼, 사람들이 습관에 의하여 올바름을 즐거워하고 (악을)

미워하는 태도가 길러져 있을 때에 말과 가르침이 효력을 낼 수 있다. 덕 있는 사람이 되기 위해선 좋은 교육과, 좋은 습관과, 올바른 실천이 병행되어야 하는데 그중에서도 좋은 습관은 이것들의 근간이 되며 좋은 습관을 유도하는 것은 바로 공동체의 법과 질서이다(Nicomachean Ethics, Book 10, 10).

사람의 영혼은 합리적 원리와 합리적 원리를 복종하는 부분으로 크게 나뉘고 합리적 원리의 부분은 다시 실용적인 원리와 사변적인 원리로 구분된다. 합리적인 원리는 그렇지 않은 부분의 목적이 되고, 사변적인 원리는 실용적인 원리의 목적이 된다. 인간에게 전쟁은 평화를 위해 존재하며, 사업은 여가를 위해 존재하며, 유용하고 필요한 것들은 고귀한 것들을 위해 존재한다. 인간 사회, 인간 공동체의 규범과 질서는 바로 이러한 우선순위, 목적의식을 바탕으로 이루어져야 한다. 그리고 바로 이러한 원칙에 따라서 아이들과 시민들이 교육받아야 한다(Politics, Book VII, 14). 아리스토텔레스는 인간이 존재하는 이유(목적), 공동체의 목적, 교육의 목적과 원칙에 있어서 일관된 관점을 가지고 있다. 그것은 합리적인 존재로서의 인간 본성에 뿌리박고 있다. 인간이 삶을 영위하는 이유도, 공동체가 조직되고 활동하는 목적도, 교육을 하는 목적도 모두 보다 합리적인 것을 추구하는 것에 있다. 그리고 올바르고 선한 것을 향한 깊은 탐색과 숙고(contemplation), 바로 이 자체가 신의 활동과 닮은, 인간의 가장 고귀하고 본질적인 것이다. 이것은 최상의 여가와 즐거움을 주는 (순간적인 쾌락이 아닌 지속적이고 숭고한 만족을 가져다주는) 활동이자 인간의 모든 활동의 목적적인 의미를 가지며, 그 자체로서 목적적인 최고의 인간 활동이다. 아리스토텔레스의 인간관은 바로 인간의 합리성과 지성이야말로 모든 다른 존재로부터 구별시키는 인간의 고유성이자 인간 존재의 목적과 본질임을 주장하는 관점이라고 정리할 수 있겠다.

(3) 칸트

칸트는 플라톤, 아리스토텔레스와 함께 인류 역사상 가장 위대한 세 명의 철학자이다. 칸트는 철학은 인간이 무엇을 알 수 있는지(형이상학), 무엇을 하여야 하는지(도덕), 무엇을 희망할 수 있는지(종교), 인간이란 무엇인지(인간학)에 대한 물음인데, 앞의

세 물음은 모두 마지막 물음과 관련되므로 모든 철학은 결국 인간에 대한 학문이라고 주장한다(Logic 447).

칸트는 인간에 대한 이해를 이토록 강조하고 있는데 그가 보는 인간의 특징은 무엇일까? 그의 인간관은 17-18세기 계몽주의 시대의 배경과 연결된다. 계몽주의 시대에는 이전에 당연하게 신봉되었던 종교, 자연관, 사회, 국가 질서 등의 모든 것이 이성의 심판에 의해 가차 없이 비판되었고, 그에 따라 정당성을 획득하든지 그렇지 않으면 그 존재 가치를 상실하게 되었다(강대석, 1985: 83). 불합리한 압제도 당연하게 수용했던 봉건 시대와 달리, 계몽의 시대에는 인간이 외부의 간섭과 구속 없이 스스로의 이성으로 불합리함을 비판하고 합리적인 길을 모색했다. 칸트의 입장에서 보면, 계몽되지 못하였다 함은 곧 인간으로서 이성을 제대로 사용하지 못하는 미성숙의 상태인데 반해, 계몽이라 함은 인간으로서 이성을 사용하여 사태를 비판하고 판단하는 온전히 성숙된 상태로 볼 수 있다.

온전한 인간은 바로 전통과 권위를 뛰어넘어 모든 것을 비판적으로 검토하는 존재이다. 이러한 이성을 통한 비판적 검토의 과정을 칸트는 스스로의 연구 저작을 통해 보여주었다. 비판적 검토의 대상은 과학과 형이상학 등 학문을 비롯해서 도덕적 결정, 미와 목적에 대한 판단, 심지어 종교도 포함된다. 인간은 경험 과학을 발전시켰으나, 경험적 과학에 대한 지나친 맹신은 경험적 영역의 이면에 있는 경험 이전의 선험적인 측면을 간과하게 할 수 있다. 인간이 지식을 가지는 경로는 지리, 역사, 과학에서와 같은 경험적인 영역과, 논리적 추론에 의해 정당화되는 분석적 영역과, 과학의 전제가 되는, 경험 이전의 종합적인 판단 능력인 선험적 종합의 영역이 있다. 칸트의 관점에서 온전한 인간은 이 세 가지 경로를 모두 활용하되 특히 마지막 영역인 선험적 종합 판단에 의한 지식을 갖추어야 할 뿐 아니라, 인간의 지식의 한계 또한 분명히 인식할 수 있어야 한다. 가령 영혼, 온 우주, 신과 같은 형이상학적인 것은 인간 지식의 한계를 뛰어넘는 것인데 이것을 마치 사물인 양 인간의 지식으로 알려고 한다면 여기에서 오류가 발생한다(Stevenson and

Haberman, 2006: 224-228).

칸트가 보는 인간은 이성에 의해 자기 자신을 비판할 줄 아는 존재이다. 칸트는 〈순수이성비판〉에서 "이성이 이성을 비판한다."라고 지적한다. 이성은 자기 생각의 무분별과 오류를 지적하며, 자기 행동의 그릇됨을 반성하게 하여 올바른 길로 인도하며, 공명정대한 법정을 세우지만, 그것이 때로 잘못되었을 때 비판하며 다시 세우고자 한다. 플라톤은 인간의 문제가 감각적 욕구에서 온다고 했으나, 칸트는 인간의 이성 자체도 잘못될 수 있다고 보았다. 다만, 이성은 끊임없이 자신을 들여다보며 자기비판을 하며 자기 초월을 시도한다.

칸트의 인간관은 플라톤이나 아리스토텔레스가 이야기한 감각과 사고, 감성과 이성, 자연성과 합리성의 이원론적 구분 및 전자에 대한 후자의 우위를 계승하는 입장이다. 칸트가 볼 때, 인간 심성은 두 가지 원천을 가지고 있다. 하나는 감각기관에 의해 외부의 표상을 받아들이는 능력이고, 다른 하나는 수용된 표상을 내부적 사고과정을 통해 개념으로 인식하는 능력이다. 인간이 여타의 동물과 구분되는 명백한 기준은 바로 동물이 가지고 있지 않은 개념을 만들고 판단하는 능력이다. 인간도 동물처럼 배고파하고 추워하고 두려워한다. 동물은 배고플 때 먹잇감을 보면 무작정 먹으려고 한다. 반면에 인간은 일단 배고파하는 자신의 상태를 스스로 인식하고, 음식의 상태와 상황을 인식하고, 과연 이것을 먹어도 될 것인지 어떻게 먹어야 할 것인지를 판단한다. 인간은 어떤 더 중요한 일이 있으면 식사를 미루기도 하고 종교적 이유로 금식하기도 한다. 배고프긴 하나 한 두 끼 정도 먹지 않아도 자신의 건강 상태에 문제가 되지 않음을 스스로 진단한다. 사람은 또한 음식이 상하였는지 먹는 방식이 법도와 예의에 벗어나지 않는지 불에 데워서 먹을지 냉장고에 넣었다가 먹을지 등을 생각하고 먹는다. 동물은 자기보다 큰 동물이 으르렁대면 꼬리를 내리고 도망가지만 인간은 동물과 마찬가지로 두려움을 느끼기는 하나 단지 몸으로 느끼는 것에만 따르는 것이 아니라 다양한 측면을 합리적으로 고려한다. 사람들이 협박과 모진 고문에도 꿈쩍 않고 버티는 경우가 이에 해당된다.

왜 인간은 동물과 달리 이러한 행동을 하는가? 인간은 무엇이 좋은가(자신에게, 더 나아가 인간 사회에)를 생각하기 때문이다. 칸트의 관점에 따를 때, 인간에게 '좋은' 것은 언제나 이성에 의해서만 규정될 수 있는 것이다. 여기서는 우리가 보통 이야기하는 우리 느낌(감정)에 좋은 것을 배제하고 합리적으로 사고하고 판단할 때 좋은 것만을 의미한다. 사람은 술을 마시면 기분이 좋지만 지나치게 마시면 몸에 해롭다는 사실을 생각할 수 있다. 어떤 사람은 자기 몸의 느낌에 따라 계속 마시겠으나 합리적인 사람은 무엇이 좋은 것인가를 판단하고 행동한다. 몸으로 느끼기에 좋은 것도 이성적으로 생각했을 때 좋지 않은 것이다. 수술은 몸으로 느끼기에는 고통이나, 수술을 통해 치료가 되니 결국 자신에게 좋은 것이다. 즉 몸으로 느끼기에는 나쁜 것이나 이성적으로 판단해보았을 때 좋은 것이다. 인간은 바로 이성에 의하여 행위의 의미와 이유를 사유하고 무엇이 좋은지, 무엇이 인간을 (온전한, 참된) 인간이도록 하는 데 좋은지를 종합적으로 판단하며 행동하는 존재라는 점에서 다른 동물과 분명히 구분된다.

칸트가 말하는 '이성'이란 무엇인가? 우리는 감성을 통해 외부의 대상을 수용하며 오성을 통해 수용된 것을 개념화한다. 이성은 개별적인 개념들을 종합하여 근원적인 이유, 일반법칙 아래 통합하여 인식하는 능력을 뜻한다. 이러한 칸트의 이성관은 한편으로는 경험론과 합리론의 통합이요, 다른 한편으로는 분석적 판단과 종합적 판단의 통합을 추구한다. 칸트는 "직관 없는 사고는 공허하고 개념 없는 직관은 맹목적이다."라고 주장하며 감각 경험을 통한 직관과 오성을 통한 사고과정의 상호작용, 협력을 강조하였다(『순수이성비판』, 96-97). 또한, 그는 주어 자체에 관한 탐구에만 주목하는 논리적인 추론과정인 분석적 판단에 술어로서의 다양한 경험들을 종합하여 판단하는 종합적 판단을 보완하여 사고할 것을 주장하였다. 가령 '공은 둥글다'라는 명제는 이미 공이라는 것, 그 성질 자체에서 둥글 수밖에 없는 특성이 도출되는 분석적 판단이다. 그러나 '저 공은 가죽공이다', '저 공은 잘 튄다'와 같은 명제는 경험을 통하여 대상의 속성을 확장적으로 인식하는 판단이다.

칸트는 인간의 판단이 이성적으로 되려면 경험적 판단과 분석적 판단을 종합하되, 이것을 넘어 선험적 종합 판단에까지 이르러야 함을 주장하였고 이것을 가능하게 하는 것이 바로 감성과 오성을 종합한 이성(넓은 의미)의 힘이라고 하였다.[1] 선

1) 칸트는 엄밀한 의미에서 보면 인간의 본성을 이성 중심으로만 본 것이 아니다. 오히려 감성과 감각 경험을 인간의 중요한 일부로 보았고, 이것을 광의의 이성에 포함시켰다. 협의의 이성은 오성과 같이 수용된 감각정보를 개념화하는 것이나, 광의의 인간의 참된 이성은 분석적인 작용만으로는 한계가 있고 반드시 경험의 종합적인 작용을 포괄하여야 한다고 보았다. 이 점에서 이성을 강조하는 인간관을 가지고 있되, 플라톤이나 합리주의자보다는 보다 종합적이고 중도적인 입장에 있다고 볼 수 있다.

험적 종합 판단은 과학의 전제가 되는 것으로 경험을 초월한 종합적 판단이다. 예를 들어, '사물의 모든 변화에서 물질의 양은 불변한다.'는 명제는 물질이라는 개념을 넘어선 종합 판단인 동시에 경험에 의해 한정되지 않는 선험적인 성격을 갖는다(『순수이성비판』, 51). 경험은 인간에게 다양한 관점과 내용을 제공하나, 시간과 공간의 제약을 받는다. 바로 이러한 주관적인 제약을 넘어 보편적 원리를 사유하되 단지 해당 개념 내에서 사유하는 분석적 추리가 아니라 다양한 경험들을 포괄하며 이를 넘어선 판단이 바로 인간 이성의 최고 수준인 선험적 종합 판단이다.

칸트는 이성이 실천적인 관심을 가지고 있다고 주장한다(실천이성). 인간에게 이론이성은 인식과 연관되며 경험의 한계 내의 문제를 다루지만, 실천이성은 도덕적 실천과 연관되며 경험의 한계를 넘어선다. 실천이성은 인간에게 무엇이 선한 것인가를 숙고하게 하여 참다운 자유의 법칙으로서의 명령을 내려 감성적 요소를 물리치게 한다. 실천이성은 인간이 올바르게 되도록 하는 당위의 법칙, 정언 명법과 관련된다. 우리가 무엇을 원하고 그것을 이루려면 무엇이 필요하기에 그렇게 행동하는 것이 가언 명법이다. 반면에, 정언 명법은 어떤 의무를 해야 하는 이유를, 우리의 이기적 욕망과는 무관하게, 도덕적 당위로부터 찾는 것을 뜻한다. 칸트에 따르면, 나의 선행을 남들이 알아주기 바라는 마음, 무엇인가 이익을 얻으려는 마음에서 행한 것은 그 결과가 좋더라도 올바른 행위가 아니다. 인간에게 올바른 행위는 어떤 목적이나 결과를 생각하지 않고 그것이 옳은 행위이기에 행하는 것이다. 무엇이 옳은지를 아는 것은 훌륭한 사람 또는 책으로부터가 아니라, 오로지 자신의 마음을 들여다볼 때, 마땅히 행하여야 할 행위의 법칙을 능동적으로 명령하는 자신의 이성에 따를 때 가능하다. 이것은 인간이 태어나면서 이미 그 자신의 내면에 합리적으로 판단하는 이성의 능력을 가지고 있음을 보여준다.

우리는 때론 우리의 이익을 위해선 거짓말을 하는 게 낫지만 진실을 말해야만 하는 경우를 많이 겪는다. 이때 우리의 혀는 거짓말을 하려고 하나 우리의 내면의 이성은 입법자이자 재판관으로서 우리에게 그렇게 하는 것이 올바르지 않다고 명령한다. 진실을 말하는 것은 어떠한 목적이나 이익과 상관없는, 마땅히 그래야만 하는 법칙이요 이성의 명령이다. 이 명령에 따를 때 인간은 참되고, 올바른 인간이 된다. 그런데 여기에는 갈등이 존재한다. 인간은 다른 생명체나 사물과 같이 물리적 자연 세계에 속한 유한한 존재이다. 유한한 존재들은 신과 달리, 인과법칙에 의해 구속받는다. 배고픈 사자가 얼룩말을 잡아먹듯, 발정기의 사슴이 암사슴에게 달려들 듯 인간은 욕구와 자기의 이익을 추구한다. 또한 사회적 · 물리적 환경, 상황에 의해 좌우된다. 그럼에도 불구하고 칸트에게 참다운 인간, 인간다운 인간은 참다운 자유를 누리는 사람이다. 참다운 자유란 물리적 환경, 욕구, 이익에 의해 구속받지 않고 오직 참된 이유, 도덕적으로 올바른 이유에 따라 행동하는 것을 뜻한다. 즉, 칸트에게 자유란 곧 이성에 따른 행동이다.

인간은 외부의 어떤 목적, 타율에 의하지 않고 오직 그 자신의 이성에 의해 자유롭게 행동하는 존재이기에 절대적인 가치, 존엄성을 소유한다. 만약 인간이 타율에 의해, 외부의 요구나 이익에 의해 움직인다면 유용성에 따라 상대적으로 그 가치가 판단될 것이다. 이때 인간은 어떠한 목적을 이루기 위한 수단적 존재가 된다. 그러나 인간은 스스로 마땅히 추구하여야 할 바를 입법하고 그것을 추구하는 자율적인 존재이므로 그 자체가 목적이며 유용성과 상관없이 존엄한 존재로서 대우받아야 한다(Sahakian, 1974: 175).

칸트는 그의 교육학 강연들의 주요 내용을 정리한 〈교육학 강의〉에서 "인간은 교육받아야 할 유일한 피조물이다" ; "인간은 오직 교육에 의해서만 인간이 될 수 있다."라고 주장하였다. 본능과 약육강식의 법칙이 지배하는 자연의 세계와 달리 인간은 도덕적 규범을 인식하고 지키는 존재이다. 칸트는 인간이 선천적으로 동물적 야만성을 지니고 태어나는데, 참다운 존재로서의 성숙한 인간은 사회적 규범을 지키며 이성에 의해 합리적으로 사고할 줄 아는 존재로 이는 반드시 훈육과 지식교육의 과정을 통하여서만 이루어질 수 있다고 보았다. 즉, 이성적 존재인 인간 실현에서 교육은 필연적인 행위이며 과정이다. 칸트가 보는 인간 교육의 과정은 첫째, 훈육으로서 개체로서의 인간이 사회공동체의 규범을 익히도록 규제하는 과정이며, 둘째, 문화화로서 지식 내용을 가르치고 배움으로써 마음의 능력을 숙련시키는 과정이고, 셋째, 문명화로서 살아가는 구체적 방법에 관한 실용적 분별력을 익히는 과정이며, 마지막으로 도덕화로서 선한 목적들을 삶에서 선택할 수 있는 마음의 성향을 기르는 과정이다(Kant, 1803: Introduction). 교육의 과정에서 칸트가 특별히 강조한 것은 본능적인 존재인 인간을 합리적이고 도덕적 존재로 변화시키는 일이며, 이 과정에서 무엇인가를 심어주려고 하지 말고 배우는 자들이 스스로 자기의 이성을 사용하여 인식을 끌어내고 창출해내도록 하라는 것이다.

그런데 인간이 현실의 삶에서 과연 이렇게 도덕적으로 올바른 이유에 따라서만 행동할 수 있는가? 오히려 인간은 감성이 더욱 앞서고 행복, 기쁨, 만족이란 감성적 욕구들이 충족되었을 때 이루어지는 것이 아닌가? 인간이 행복하게 사는 것과 도덕적으로 사는 것 중 무엇이 진정 인간에게 좋은 것인가? 칸트는 감성은 행복 및 자연과, 이성은 도덕 및 자유와 연결시키고 양자의 영역을 구분한다. 만약 양자가 조화·합치된다면 바로 그것이야말로 최고의 선이지만 인간에 있어서는, 현실세계에 있어서는 양자의 조화·합치가 불가능하다는 것이 칸트의 관점이다. 인간은 올바르게 되려면 이성에 의하여 감성을 통제하여야 하지, 자연스럽게 바라는 대로 행동해서는 올바르게 될 수는 없다. 그런데 최고의 선, 가장 좋은 상태란, 자신이 바라고 원하는 바로 그것이 보편타당한 도덕법칙에 합치되는 것이다. 칸트는 이러한 상태는 오직 신이나 신이 섭리하는 세계에서 가능한 것이라고 본다(Kritik der praktischen Vernunft, A 232). 인간이 이성과 감성, 도덕과 행복을 완전히 조화시킨 최고선의 상태에 도달하려면 불멸하는 영혼을 가져야 하며 현세보다는 내세에 이르러서야 가능하다. 현세에서는 다만 그것을 끊임없이 추구할 수 있는데 그것도 신의 섭리에 의해 구원받은 사람들의 윤리적 공동체인 교회에 의해 가능하다.

칸트는 신에 의해 이성의 영역과 감성의 영역, 도덕과 행복, 자유와 자연의 영역의 조화가 이루어진다고 했으나, 인간은 본성상 이 두 영역의 연결 및 조화를 추구하는 것은 아닐까? 인간의 감정, 정서가 반드시 악한 것으로 치닫고 이는 이성에 의해 꼭 통제되어야 할 대상인가? 인간이 자연스럽게 바라는 것이 선(善)한 것이지는 않은가? 생각하고 느끼는 것, 이외에 그것을 결단하고 행위로 실천하는 제3의 영역이 있지는 않은가? 이러한 의문들에 관해 다음 장들에서 살펴보겠다.

참고문헌

강대석(1985). 『서양근세철학』. 서울: 서광사.

조대호(2010). “동물과 인간의 차이와 연속성: 아리스토텔레스의 생물학과 윤리학의 점진주의에 대하여”. 「범한철학」 59.

Aristotle. 『영혼에 관하여』. 유원기 역주(2001). 서울: 궁리출판.

Aristotle. *Nicomachean Ethics*. David R.(trans. 1980). Oxford University Press.

Aristotle. *Politics*. *Jowett*, B.(trans. 1921). Oxford University Press.

Kant, I. *Logic*. Hartman R.(trans., 1988). New York: Dover Publications.

Kant, I. *Kritik der reinen Vernunft*. 『순수이성비판』. 최재희 역(1995). 서울: 박영사.

Kant, I. *Kritik der praktischen Vernunft*. 『실천이성비판』. 백종현 역(2009). 서울: 아카넷.

Kant, I.(1803). *Immanuel Kant über Pädagogik*. 『칸트의 교육학강의』. 조관성 역(2001). 서울: 철학과 현실사.

Nettleship, R. L.(1935). *The Theory of Education in Plato's 'Republic'*. 김안중 역(1989). 『플라톤의 교육론』. 서울: 서광사.

Plato. *The Republic*. B. Jowett(trans.).(1953). London: Oxford.

Plato. *Phaedrus*. B. Jowett(trans.).(1953). London: Oxford.

Plato. *Meno*. B. Jowett(trans.).(1953). London: Oxford.

Sahakian, W. S.(1974). *Ethics: An Introduction to Theories and Problems*. 송휘칠 · 황경식 역. 서울: 박영사.

Stevenson, L. & Haberman, D.(2006). *Ten Theories of Human Nature*. 박중서 역. 서울: 갈라파고스.

2 감성적 · 자연적 존재

(1) 공자와 맹자의 仁義之心

인간은 합리적으로 옳고 그름을 생각하기도 하나 그 이전에 무엇인가를 자연적으로 느끼는 존재이다. 인간은 어린 아기일 때부터 쾌와 불쾌감을 느낀다. 무엇이 좋다 혹은 나쁘다는 것은 이유와 원인을 따지기 전에 우리 몸에서 즉각적으로 느끼는 것이다. 이러한 느낌은 춥다, 배고프다는 것과 같은 본능적인 것에서부터 슬픔, 사랑과 같이 좀 더 복잡한 것에 이르기까지 다양하다. 흄(David Hume)은 인성(人性)의 커다란 두 부분을 오성(understanding)과 정념(passion)으로 보고, 오성은 추론을 통해 판단의 근거를 제공하나, 인간의 의지와 행동 방향을 정하는 것은 오성이나 이성이 아니라 바로 정념이라고 주장하였다(Hume, 1994: 450-452). 정념은 신체적 고통과 쾌락을 통해 직접 발생하는 것과 관념의 개입을 통해 간접적으로 발생하는 미(美), 추(醜), 사랑, 미움, 슬픔, 기쁨 등으로 분류하였다(Ibid., 309-310). 흄은 철학사상 및 많은 사람이 생각하기에 이성이 정념보다 우위에 있다고 보는데, 이와는 반대로 정념이 이성보다 우위에 있음을 주장한다. 이성만으로는 어떤 활동의 동기도 될 수 없으며 이성은 의지의 방향을 결정할 때 결코 정념과 상반될 수 없다. 추상적, 논증적 추론은 단지 원인과 결과에 대한 판단을 지배할 뿐, 행동에는 영향을 미칠 수 없다. 흄이 볼 때 인간의 의지와 행동에 '근원적'인 것은 이성이 아니라 정념이다. 이러한 관점에서 흄은 "이성은 정념의 노예"라고까지 표현하였다(Ibid., 452).

한편, 동양에서는 인간의 감성과 관련하여 '情, 心, 性' 등의 개념으로 보았다. 정(情)은 주로 중국과 한국, 특히 유학과 관련되어 인간의 마음의 작용 및 발현을 의미한다. 유학자들은 성(性)은 심(心)의 체(體)이고, 정(情)은 심(心)의 용(用)으로, 마음이 사물에 응해서 밖으로 발하는 것이라 본다. 특히 정(情)은 한국인의 마음을 표현하는 단어로 많이 쓰였고, '정답다' '정겹다' 등에서 보는 것과 같이 사람 간의 따뜻한 마음을 표현한다. 타인이나 사물(자연)에 대하여 느끼는 동정심, 미적 · 정서적 반응을 감(수)성이라 본다면 동양적 의미의 정(情)도 이와 같은 맥락으로 볼 수 있다 (심승환, 2012: 91).

인간이 느끼는 타고난 감성에 대하여 동양의 고자와 맹자는 대립되는 관점에서 논쟁하였다. 고자는 인간은 태어나면서부터 식욕과 성욕을 가지고 있고 이것이야말로 모든 인간이 공유하는 본성이라 보았다.[1] 그러나 이에 대하여 맹자는 인간은 다른 동물들이 지닌 이런 본능 외에도 타인에 대한 측은지심(惻隱之心)을 가지고 있으며 바로 이것이야말로 인간의 본성임을 주장하였다. 맹자는 측은지심의 예로 유명한 '우물에 빠진 아이' 이야기를 제시한다. 사람들은 누구나 갑자기 어린아이가 우물로 들어가려는 것을 보면 깜짝 놀라 불쌍히 여기는 마음이 일어난다. 이런 마음은 그 애의 부모와 교분을 맺으려 해서도 아니고 인자하다는 평판을 얻거나 잔인하다는 악명을 두려워해서 그런 것이 아닌, 자연적으로 나오는 것이다.[2]

오늘날에 맹자가 이야기한 이러한 상황을 대입해본다면 아마도 달리는 차 앞으로 뛰어드는 아이를 보는 사람들을 연상해 볼 수 있다. 사람들 중에는 목적지를 향해 걸어가던 이도 있을 것이고 편의점에서 간식을 먹던 이도 있을 것이다. 이때 그 장면을 보는 사람들은 아이와 특별한 관계가 아니더라도, 정상적인 사리분별 능력만 가지고 있다면 놀라고 안타까운 마음이 들 것이다. 직접 나서서 도와주고 그렇지 않고는 차후 문제이고 근본적으로 이 '안타깝게 여기는 마음', 이것이야말로 인간의 근본적인 성질이다. 즉, 이러한 감정은 무엇이 옳고 그르냐를 추론적으로 판단하여 나오는 것이 아니다. 무엇이 이득이며 손해인가, 이렇게 하면 어떤 결과가 나오는가 등을 생각하기 이전에, 그것과 관계없이 자연적으로 발생하는 것이다. 또한, 이러한 감정은 인간을 인간이게 하는, 즉 다른 동물과 구별되게 하는 고유한 특성이기도 하다. 사슴새끼가 고목 가지에 끼여 죽어가고 있다면 어미는 본능적으로 구하려 하겠으나 그 외에 다른 사슴이나 다른 동물들은 어떨까. 맹자가 제시한 이야기의 상황은 그 아이와 특별한 관계가 있는 자가 아닌 그 아이를 보는 '사람이면

1) 〈孟子: 고자 상〉 3장, 4장.
2) 〈孟子: 공손추장구 상〉 6장.

누구나' 드는 마음이다. 지하철 선로에 들어간 일본인 취객을 구하고 죽은 유학생 고 이수현 씨의 일화는 아마도 현대에 이러한 상황을 보여주는 예라고 볼 수 있다.

그런데 맹자는 인간의 타고난 '측은지심'과 같은 선한 감정이 후천적으로 사회의 이기적인 욕심과 악행에 의하여 가려지고 훼손됨을 지적하고, 다시금 그 내면의 자연적인 선한 감정을 찾는 것이야말로 인간됨을 이루는 길임을 주장하였다. 그는 유명한 '우산의 나무' 비유를 통해 이야기한다. 우산(牛山)이라는 산에 나무가 울창하여 아름다웠는데 큰 나라의 교외에 있어 날마다 도끼로 나무를 베어내고 밤사이 자라난 싹들은 낮에 소와 양을 방목하여 뜯어먹게 하여 민둥산이 되었다. 이와 같이 사람도 본래 선한 마음을 가지고 있었으나 각종 사회악으로 인하여 이것을 잃고 금수와 같이 된다.[3] 오늘날에도 맹자가 예시한 '큰 나라의 교외'처럼 대체로 복잡하게 발달된 사회일수록 권력과 부를 위한 암투, 부정부패, 사기와 폭력 등의 사회악이 많다. 아이들은 기성세대의 이러한 모습을 보고 순수한 마음을 잃어버리게 된다.

맹자 사상의 뿌리인 공자 역시 인간의 본래 성품은 같으나 습관을 통해 달라진다고 보았다.[4] 공자는 사람의 본래 성품인 '인간됨'과 '인간의 마음'은 '仁'이며 '仁'의 의미는 사람이 사람을 사랑하는 것이라고 보았다.[5] '仁'은 후천적인 학습이나 사고과정 이전에 부모 자식 간에, 형제자매 간에 자연적으로 발생하는 사랑과 믿음의 '情'으로 이를 이웃 사람에게 확대하여 내 자식, 내 부모, 내 형제처럼 대하는 마음과 태도이다. 공자는 '禮'의 근본을 묻는 질문에 사치하기보다는 차라리 검소하고 상례에서 형식보다는 '슬퍼하는 마음'이 중요함을 지적하였다.[6] 仁은 또한 자신의 자연적 감정을 타인에게 확장하여 대하는 '恕'를 통해 이루어진다. 즉, "내가 성취하고 달성하고자 하는 마음을 미루어 타인을 성취하도록 도와주며, 내가 하기 싫어하는 것을 남에게 가하지 않는 것"이다.[7]

공자가 보는 이상적인 인간상은 지적으로 아는 것보다 '좋아하고 즐겨 행하는 사람'이었다.[8] 그리고 공자 스스로도 이러한 사람이 되고자 평생 수양하여 마침내

3) 〈孟子: 고자 상〉 8장.
4) 〈論語: 양화〉 2장.
5) 〈中庸〉 20장, 〈孟子: 고자 상〉 11장, 〈論語: 안연〉 22장.
6) 〈論語: 팔일〉 4.
7) 〈論語: 옹야〉 28, 〈論語: 안연〉 2.

70세에 "마음이 하고자 하는 대로 행하나 천리의 법도에 어긋남이 없는" 상태에 도달하였다.[9] 요약하자면, 공자는 인간됨을 '仁'으로 보았고 이것은 자연적으로 발생하는 사랑의 마음, 자신의 마음을 미루어 타인을 대하는 마음, 의무감이 아닌 자발적으로 실천하고자 하는 마음으로서 맹자가 주장했던 사람이면 누구나 본래 가지고 있는 '惻隱之心'의 자연적 감정과 일맥상통함을 알 수 있다.

(2) 루소의 자기애와 자연성

계몽사상가로 프랑스혁명에 사상적 영향력을 주었던 루소(1712-1778)는 인간이 본래는 선하나 사회의 인위성에 의해 악해진다고 보았다. 루소는 "조물주가 처음에 만물을 창조할 때는 모든 것이 선이었으나 인간의 손이 닿으면서 모든 것이 타락한다."고 주장하였다(Rousseau, 1762a: 7). 그는 인간이 본래 가지고 있는 것은 자연적인 속성인데 사회적 제도와 편견, 권위 등에 의해 이러한 자연적 속성이 파괴된다고 보았다. 즉, 인간의 자연성은 인위성과 대립되는 것이다.

루소는 자연적 속성과 관련하여 감성을 언급한다. 인간은 태어나면서부터 감성을 가지고 있다. 태어나 어린 아이 때부터 사람은 주변 사물들과 접촉하면서 좋음과 싫음을 느끼고 더 나아가 그것이 적합한지 아닌지, 그리고 궁극적으로 행복의 관념과 연관하여 판단하게 된다(Rousseau, 1762a: 9). 이렇게 볼 때 루소가 말하는 인간의 자연성이란 인간이 본래 타고난 자연스러운 성향이지만 자라나면서 다양한 사물과의 접촉을 통해 발달하며 감성이 주요한 기반이지만 이성적 판단을 수반한 개념임을 알 수 있다.

인간의 자연성은 사회적 속성과도 대립된다. 루소가 보는 사회성은 일반적인 인간의 속성이 아닌, 특정한 사회적 환경 속에서 만들어지는 속성이다. 루소의 관점에 의하면, 자연성은 절대적인 가치로 인간으로서 지니는 속성과 관련되는 반면, 사회성은 상대적인 가치로 특정한 사회의 시민으로서의 품성과 관련된다. 자연성을 지닌 자연인은 자신의 필요와 생존을 추구하기에 필요 이상의 욕심을 부리지

8) 〈論語: 옹야〉 6.
9) 〈論語: 위정〉 4.

않는다. 마치 배부른 사자가 나무 그늘에 누어 옆에 지나다니는 얼룩말이나 사슴을 평화롭게 지켜보는 것과 같다. 반면, 사회적 가치에 의해 지배되는 문명인은 늘 상대적 가치, 비교 의식 속에 살아간다. 다른 사람의 이목을 의식하고 자신을 타인과 비교한다. 다른 사람보다 더 가지려 하고 더 높은 지위에 오르려 하며 다른 사람을 지배하려 한다. 이 속에서 문명인은 소유욕, 명예욕, 지배욕을 발달시킨다. 이러한 상대적 가치에 의해 타율적으로 조성되는 이기적 욕심(amour propre)과는 대조적으로 자연성은 진정한 자기애(amour de soi)를 추구하며 자율적, 자발적으로 발생한다.

자연인은 연민의 감정과 동정심을 가지고 있다. 루소가 볼 때 바로 이 연민의 감정이야말로 이성보다 우선하여 인간을 인간답게 만드는 것이다. 동정심은 자연스러운 감정으로 자신에 대한 자기애와 타인에 대한 연민의 감정을 연결하고 조화시킴으로써 생성된다. 자연 상태에서 법률과 도덕을 대신하는 것이 바로 동정심이다(Rousseau, 1762b: 243).

루소는 감수성을 인간 행동의 원칙으로 본다. 루소가 타락의 원천으로 본 인위성에 대비되는 자연이란, "인간의 타고난 감수성이 편견에 의해 왜곡되지 않은 상태"이다(1762a: 9). 루소는 인간이 이러한 순수한 자연의 성질을 따르는 자연성을 지키며 길러야 한다고 보았다. 자연성은 인간이 자연적으로 느끼는 쾌락과 고통의 자기보존적 본능인 감수성에 기초한다. 사람은 자연 및 사물과의 직접적이고 감각적인 접촉에서 필연적 요구를 느낀다. 배고픔, 먹고 싶은 감정, 아름다운 느낌, 무서움, 아픔, 시원함, 차가움, 뜨거움 등의 자연적 느낌은 오직 인간의 필연적 요구를 반영한다. 반면에, 사람이 사람을 지배하고 싶은(자신의 욕심대로 종속시키고 싶은) 감정은 이러한 자연적이고 필연적인 요구와 상반된다. 유아들이 배고파서 우는 것은 자연적인 것이나 울어서 어른을 자신의 요구에 굴복시키려 하는 것은 이미 인위적인 것에 해당된다. 사자가 자신의 힘을 쓰는 것은 자신의 생존을 위한 것이나, 인간은 타인을 굴복시키려고 힘을 쓴다. 굴복당하는 자는 지배자의 의지에 종속되고 굴복시키는 자는 피지배자의 복종에 종속된다. 바로 이같이 자신을 위한 자율적이며 주도적인 상태와 상반되는, 타인에게 의식이 향하며 타인에 의해 주도되는 상태, 타율적인 상태가 인위적인 것이요 편견이다.

감수성은 자기보존을 위한 신체적인 감수성과 도덕적인 감수성이 있다. 도덕적인 감수성은 개인의 감정을 낯선 존재에게 확장하는 능력을 의미한다. 이 적극적인 감수성은 자기에 대한 사랑에서 도출되는 것으로 자기 사랑을 자연스럽게 타자에게 확장하는 마음이다(Rousseau, 1776: 420). 내가 무엇인가를 하고 싶으면 타인도 하고 싶고, 내가 무엇인가로 고통받으면 타인도 그렇게 고통받을 것을 느끼는 것이다.

인간은 감각에 의해 타자에 대한 심상을 만들며, 상상력을 통해 이 심상을 자신과 타자에 대입하는 과정을 반복하면서 평등, 우월, 열등의 판단을 하게 된다. 예를 들어, 어떤 사람이 물에서 수영하는 장면을 보고 '차갑겠다', '재밌겠다' 혹은 '힘들겠다', '멋있다' 등을 느낀다. 이런 감정은 자신의 감정에 대입하여 느끼는 공감, 평등의 감정인데 반해, '저것 밖에 못해' 혹은 '나보다 잘한다' 등은 비교의 감정으로 우월감과 열등감에 속한다. 공감은 자연적 감정인 데 반해 비교 감정은 사회적 환경을 통해 후천적으로 조성된 인위적 감정이다. 다른 존재에 대한 평등한 감정은 자기에 대한 사랑이 타자에 대한 사랑으로 확장되게 하지만 우월이나 열등의 감정은 허영심과 자만심을 이끈다(오수웅, 2009: 70).

루소는 인간이 자연 속에서 자연과 사물에 대하여 스스로 느끼는 감정이야말로 가장 순수하고 선한 것이요 인간이 회복하고 지향하여야 할 근본으로 본다. 이것은 인간의 자연스러운 욕구에 기초한다. 배고픔, 아름다움, 무서움, 아픔, 시원함, 차가움, 뜨거움 등의 자연적 느낌은 오직 인간의 필연적 요구를 반영한다. 가장 기본적인 것은 생리적 욕구인데 이것은 자기 보존의 자연적 필요만을 추구하기에 이것만 충족되면 만족한다. 필요 이상을 추구하지 않기에 자연의 조화로운 균형의 상태를 스스로 추구한다. 인간은 생리적 욕구 이외에 관계의 욕구를 지니고 있다. 루소는 인간이 타인과 관계할 때 타인의 감정과 생각을 고려하게 되고 점차 타인이 느끼고 생각하는 방식이 자신의 방식과 같음을 알게 되며 바로 여기서 동종의식, 동료애를 형성하게 된다고 본다.

루소에 의하면 인간은 청소년기에 접어들면서 특히 괴로움의 감정을 알게 되는데 상상력을 통하여 타인 속에서 자신을 느끼기 시작한다. 타인의 눈물에 공감하고 타인의 고통에 함께 괴로워한다. 자연 속에서 동물이 죽어가는 장면을 보고 함께 아파하며 이러한 감정을 사회 속의 고통 받는 사람들을 향해 확장시킨다. 루소는 오감 외에 여섯 번째 감각으로 '공감각'을 제시한다. 공감각은 개별 감각들을 통합하고 체계화하여 눈앞의 것으로부터 유추된 심상을 재구성하는 것이다. 즉, 공감각은 현재 느낌을 바탕으로 시·공간적으로 다른 상황에 확장·적용하는 능력을 의미한다(김현주, 2009). 예를 들어, 세월호 참사와 같은 가슴 아픈 사건을 보고 그 당시 감정으로 끝나는 것이 아니라 그와 유사한, 관련된 다른 많은 사건들에 적용하여 당사자들의 입장을 공감하고 그들의 요구와 입장을 바탕으로 해결방향을 모색하는 것이 루소가 말하는 공감각이요 이것이야말로 루소가 보는 순수한 인간성, 참 인간이다.

루소가 궁극적으로 추구한 인간은 순수한 자기애와 사회의 일반의지가 합일되는 지점이다. 참다운 인간은 자기애로부터 확장된 자연스러운 연민의 감정, 동정심을 바탕으로, 이성의 도움을 받아 인간사회의 참다운 행복, 올바름에 대해서 진정으로 느끼고 이를 추구함에 따라 실현되는 것이다. 루소는 인간이 자신을 위한 목적과 타인을 위한 목적을 하나로 일치시킬 때 진정한 행복에 도달할 수 있으며 그 근간은 인간의 완전한 상태, 곧 자연인의 성향이라고 보았다(Rousseau, 1762a: 12).

자연성을 키우기 위해 루소가 제안한 교육은 학습자 스스로 자연을 통해 배우는 교육 즉, 자연의 교육을 중심으로 인간의 교육과 사물의 교육을 보조적으로 활용하는 소극적 교육이다. 소극적 교육은 교육자의 지시적인 개입을 최소화하고 학습자가 자기 주도적으로 관찰하고 느끼며 발견하는 교육을 의미한다. 자연의 교육은 인간 내면의 능력과 기관의 내적인 발달을 가능하게 하며, 인간의 교육은 학습자의 발달에 따라 적절한 소재와 환경, 질문 등을 제시하며 이 내면의 발달을 활용하는 방법을 안내해주며, 사물의 교육은 인간에게 영향을 주는 주변의 다양한 사물을 경험할 수 있도록 한다. 루소가 지향하는 자연성의 교육은 남에게·보이고 남을 의식하는 교육이 아닌 자신을 위한 교육, 곧 자신의 자연성 회복의 교육을 지향하며 이는 위의 세 가지 교육이 서로 모순되지 않고 하나로 조화될 때 가능하다.

루소는 이성이 발달하기 시작하는 시기가 되면 감성을 바탕으로 한 이성적 성찰, 곧 감각적 경험을, 상상력을 매개로 합리적 추론과 연결시키는 연습을 하도록 제안하였다. 그는 간접경험으로서의 책을 별로 권하지 않았지만, 〈로빈슨크루소〉를 교육용 도서로 추천하면서 자연 상태에서 오직 자기를 위하여 편견 없이 스스로 판단하는 자를 교육적 모델로 보았다. 현실 상황에서 학습자 개인이 오직 자연만을 매개로 배운다는 것은 불가능하다. 그러나 루소의 관점을 현실에 적용할 때 그 핵심은 자연 및 사물을 학습자 개인이 직접 경험을 통해 느끼도록 하는 것이 모든 교육의 기본이라는 점이다. 이것이 중요한 이유는 이를 통해 인간이 타인의 시각에 의해 왜곡되지 않고 가장이나 가식 없이 자기 스스로의 감수성을 발달시킬 수 있기 때문이다. 그는 책에 있는 지동설을 잘 이해하지도 못하고 달달 외우는 것보다 직접 아이가 아침에 해가 동쪽에서 떠서 저녁에 서쪽으로 지는 현상을 생생하게 관찰해보는 것이, 더욱 중요하다고 하였다. 이러한 자기 스스로의 확실한 관찰을 바탕으로 이후에 이성적인 성찰로 나가야 한다고 보았다.

이러한 루소의 자연성의 인간관은 앞서 본 공자와 맹자의 '仁義之心'의 인간관과 상통한다. 자연성(自然性)은 인위성에 대응하여 자연 그대로의, 자연스러운 성질을 의미하는데 영어로는 'naturalness'가 가장 근접한 용어라고 본다. 이성이나 감성에 비해 자연성은 인간의 본성 측면에서 철학적으로 깊이 있게 다루어지지는 않았다. 필자는 루소와 공자, 맹자의 사상을 통하여 자연성을 후천적 인위성에 대응하여, 인간의 타고난 마음의 성향이자 온전한 인간의 성품으로서, 자신을 향한 진실한 마음인 자기애와 충(忠), 그리고 타인 및 상황을 보고 자연스럽게 우러나오는 동정심과 서(恕)를 종합하는 개념으로 정의한다(심승환, 2012: 91).

이렇게 자연성을 정의할 때 그 특징은 다음과 같다. 첫째, 자연성은 무엇보다도 인간의 가장 근본적인 성향으로서 이성을 포괄한 감성으로 인간의 완전한 이상이다. 공자와 맹자의 '惻隱之心'이나 루소의 '자기애'는 무엇이 마땅히 올바른가를 객관적, 중립적으로 사변함을 통해서가 아닌, 자연적으로 나오는 마음에서 비롯된다. 그러나 '仁'은 옳고 그름을 분별하는 행위의 준칙인 '知'를 포함하며, '자기애'를 바탕으로 한 확장된 자연성은 사회적으로 마땅히 추구하여야 할 도덕적 합리성을 포함한다.[10)]

둘째, 공자와 맹자가 추구한 '仁義'의 본래적 인간성의 회복이나 루소가 추구한 자기애나 자연성의 회복은 모두 자기에 대한 진실하고 깊은 성찰에서 비롯된다. 자기의 진심을 살피고(忠), 자기의 마음을 미루어 타인에게 대함(恕)이 仁을 이루는 방법적 원리라면, 루소의 자연성도 자기를 향한 자기보존의 순수한 감정을 자연, 사물, 인간에 대한 스스로의 자연적 감정에 연결하고 자아로부터 타자로 확장시키는 과정을 통해 달성할 수 있다(심승환, 2012: 97).

---

10) 흄은 인간의 정념에는 차분한 것이 있는데 이는 인간 본성에 뿌리내리고 있는 직감으로, 자비와 적개심, 생명애, 어린이에 대한 친절, 善에 대한 호감과 악에 대한 혐오로서 이성과 조화·순응한다고 보았다(Hume, 1994: 453-454).

(3) 노장사상의 무위자연(無爲自然)의 인간관: 학의 다리가 길다고 자르지 말라

가. 노자(老子)의 인간관과 처세관

A. 노자는 누구인가

노자는 중국의 춘추시대 말기 기원전 571년부터 471년의 시기에 초나라 고현 지역, 지금의 중국 하남 녹읍현에서 출생하여 활동하였던 것으로 추정된다. 그의 성은 이(李), 이름은 이(耳), 자는 담(聃)이며 〈사기〉에는 노담(老聃)이라 기록되어 있고 '노자(老子)'는 후인들의 존칭이다.

그는 주 왕조에서 '주하사'라는 작은 벼슬을 지내다가 주가 날로 쇠미해지자 관직을 떠났으며 공자보다 십 년 이상 선배로 공자와 예(禮)를 주제로 논의하였다. 그의 성격은 말수가 적고 과묵하며 수양에 전념하였으며, 사람들이 자신을 알고 이름나는 것을 좋아하지 않아 '은군자(隱君子)'라 불렸고, 작위(作爲) 함이 없이 저절로 교화되게 하고, 맑고 고요하게 있으면서 저절로 바르게 되는 것을 추구하였다.

〈사기 노자열전〉에 보면, 노자가 궁정을 떠나 어느 관문 입구에 이르렀을 때 한 관리가 "선생께서는 머지않아 은거하실 텐데 선생의 학문을 글로 써서 없어지지 않게 하십시오"라고 하자, 이 말에 노자는 총 5천여 자에 달하는 두 권의 책을 썼는데, 그것이 도경(道經)과 덕경(德經)이었고, 이를 보통 합쳐서 〈도덕경〉이라 칭하였으며 저자 이름을 따서 〈노자〉라고 부르기도 하였다.

B. 시대적 배경과 노자의 처세관

노자가 살았던 춘추시대 사회는 동요가 심하였고 이는 기존의 노예제가 몰락하기 시작하며 새로운 봉건제가 흥기하는 사회제도의 거대한 변혁을 내포하였다. 노자는 당시 관리로 있으면서 이러한 구질서의 몰락과 주왕조의 쇠락을 관찰하였다. "오색(五色)의 화려한 색채는 사람의 눈을 현혹시키고 오음(五音)의 미묘한 음악은 사람의 귀를 멀게 하며 오미(五味)의 맛있는 음식은 사람의 위를 상하게 한다." (도덕경, 12장) 그는 화려하고 사치스러운 생활, 물질적 유혹과 쾌락 속에 살아가는 당시 권력층을 바라보며 참다운 내면의 만족은 무엇인가를 성찰하였다.

귀족들은 사냥터에서 미친 듯 질주하며, 얻기 힘든 보석을 갖으려고 죄악을 저질렀다. 밭은 황폐해지고 창고는 비었으나 왕후 귀족들은 웅장한 궁전에서 화려한 의복과 값비싼 보검을 차고, 맛있는 음식을 다 먹지 못할 정도로 쌓아놓고 재산은 헤아릴 수 없이 많았다.

그들은 강도와 같이 백성을 핍박하고 백성의 살길을 막았다. 늘 전쟁을 일으켜 말을 징발하여 밭을 갈지 못하고 전후에 흉년이 겹쳐 백성은 먹고살게 없어지자, 더 이상 살길이 없어진 백성들은 반란을 일으켰다.

"백성이 죽음을 두려워하지 않는데 어찌 죽음으로 그들을 위협하겠는가?" (도덕경, 74장)

노자는 통치자에게 백성이 더 이상 두려움이 없게 될 때 정말로 무서운 일이 일어난다고 경고하며, 통치자가 심각하게 이 문제를 고려해 정확한 해결법을 찾아야 한다고 지적하였다.

그는 백성 생활의 빈곤과 기근은 통치자의 욕망이 너무 크고 세금이 너무 많기 때문이라고 그 원인을 진단하였다. 화려한 궁전을 짓고 화원을 수리하며 사냥과 전쟁에 무리하게 백성을 동원하니, 백성은 생업에 종사할 수 없고 생명을 걸고 일을 하게 되는 것이다. 여기서 가장 근본적인 원인은 통치자가 자신의 안위와 향유를 지나치게 추구하려 하는 것이다.

노자의 시대에는 각종 자연현상이 인간을 향한 신의 계시라 믿는 천도(天道)를 믿었다.

노자는 천도는 인간이 마땅히 따라야 할 모범이라 생각하였는데, 그가 본 시대상과 인간상은 천도에 어긋나고 있었다.

"천도는 만물에 유익하며 만물을 해치지 않는다. 태양이 떠올라 대지를 두루 비추고 봄바람이 불어와 만물이 성장한다. 하늘의 도는 남는 것은 줄이고 부족함은 보충한다. 그러나 오히려 사람의 도는 부족한 사람의 것을 줄여서 여유 있는 사람에게 준다." (도덕경, 77장)

노자는 강자가 약자를 괴롭히고 강국이 약국을 괴롭히며 부자가 자기 세력으로 가난한 자를 핍박하는 것이 천도에 어긋난 근본 문제라 지적하며, 사회 위기가 팽배한데 통치자는 애를 쓰지 않고 즐기고 있는 모습을 안타깝게 여겼다.

노자는 이렇게 서로 뺏고 뺏기는 사회에서 모든 일에 양보하고 다투지 말 것을 주장하였다. 그가 지향하는 처세관은 "강하고 단단하기보다는 약하고 부드러워져라!"라는 것이다.

"사람이 살아있을 때는 부드럽고 약하지만, 죽으면 단단하고 굳어진다. 만물 초목도 살아있을 때는 부드럽고 여리지만, 죽으면 마르고 딱딱해진다. 그러므로 굳세고 강한 것은 죽음의 무리이고, 부드럽고 약한 것이 삶의 무리이다." (人之生也柔弱, 其死也堅强。萬物草木之生也柔脆, 其死也枯槁。故堅强者死之徒, 柔弱者生之徒. - 도덕경, 76장) 노자가 볼 때, 인간의 강해지려는 욕망과 그로 인한 분투의 삶은, 오히려 생명력을 점점 쇠하게 하는 반면, 욕망을 비우고 매사에 유연하게 대처하는 삶은 생명력을 유지하고 강함을 이긴다. 이러한 원리를 가장 잘 나타내는 것이 물이다.

"천하에 물보다 더 부드럽고 약한 것은 없지만, 견고하고 강한 것을 공격하는 데는 물보다 더 잘 이길 수 있는 것이 없다." (天下莫柔弱於水, 而攻堅强者莫之能勝, 其無以易之. - 도덕경, 78장) 물의 성질은 형태가 없고 유연하기에 견고한 바위도 뚫고 단단한 흙 사이로 길을 낸다. 사람도 이와 같이 고집을 버리고 유연하게 대처할 때 오히려 형통한 길로 나아갈 수 있다는 것이 노자의 삶의 지혜이다. 이러한 의미에서 노자는 물과 같은 성질이 가장 도(道)에 근접하다고 보았다.

"물은 만물을 이롭게 하면서도 다투지 않고, 뭇 사람들이 싫어하는 낮은 곳에 처한다." (도덕경, 8장) 물은 아래로 흐른다. 하류와 움푹 패인 곳은 사람들이 싫어하지만 만물의 귀착점이다. 물이 여기에 이르면 안정된다. 안정은 모든 움직임의 주재자이며 만물의 귀결점이며 사물의 가장 적절한 상태이다. 이 안정을 확실히 지키는 것, 이것이 "허의 극치에 이르며 고요함을 굳건히 지키는 것(致虛極 守靜篤)"이다. (도덕경, 16장)

지속해서 더 높은 곳을 향해 오르려는 것이 인간의 욕망인데, 노자는 그런 욕망을 버리고 자신을 낮추는 것이 지혜임을 역설한다. 모든 물이 결국 낮은 곳으로 흐르고 함께 모여 바다를 이루듯이, 겸손하게 자신을 낮추면 결국 모든 것을 포용하고 다스리는 힘을 얻게 된다. 낮은 곳에 이른 물은 고요히 안정되는데, 이 고요함과 안정이 모든 생명과 변화의 근본이 된다. 사람도 이와 같이 고요함과 안정을 지킬 때에 만물의 이치를 깨닫고 생명력을 얻으며 가장 적절한 상태로 나아가는 힘을 얻게 된다.

"자기를 낮출 때 오히려 충만하게 되며, 군중의 뒤에 서는 것이 결국 앞에 서도록 한다!" (도덕경, 7장)

"재산을 더 많이 모으려 하면 오히려 손실히 커질 것이다. 자기 몸만을 위해 지나치게 애쓰면 오히려 재앙을 가져온다. 자기를 돌보지 않고 오히려 다른 사람을 먼저 생각하고 자기를 그 뒤에 생각하면 온전한 보전을 이룰 것이다. 이것이 진정 자기를 사랑하는 것이다. 이런 사람에게 천하를 맡겨야 한다. 이런 사람은 독선적이지 않고 스스로 뽐내지 않고 만족할 줄 알기에 다른 사람과 다투지 않는다." (도덕경, 65장)

노자는 법령으로 나라를 다스리지 말라고 주장하였다. 법령이 강하면 오히려 도적이 많아진다. 모든 것은 자연스럽게 스스로 행하여야 하는데, 억지로 단속하려 하면 오히려 부작용이 일어난다. 노자는 또한 예법으로 다스리려 하지 말라고 지적하였다. 그는 상대가 그 법대로 자신을 존중하여 행치 않으면 싸움이 일어나므로, 예법이 아니라 진실한 마음과 믿음으로 행하라고 하였다.

노자는 당시의 지식과 지혜는 전쟁에서 이기고 남에게 이기려는 데 쓰이는 것으로 온갖 분란의 원인이라 생각하였다. 그는 부귀영화와 이기는 삶이 아니라 소박하고 단순한 마음으로 자족하는 삶을 추구하였다.

노자는 장자와 달리 정치문제에도 관심을 가졌다.

그는 정치를 할 때는 마음을 비우고 배를 채워 주는 정치를 해야 한다고 주장하였다. 통치가는 자신을 내세우고 아는 척하고 통제하려 하지 말라고 지적하였다. 그가 볼 때, 백성들이 잘 살도록 하면서도 심지어 통치자가 누군지도 모르게 하는 것이 성공적 정치이다.

노자는 소박하고 따뜻한 공동체를 지향하였다. 그는 큰 나라보다는 작은 나라, 백성들이 소박하게 살며 다른 데로 이사하지 않는 나라가 좋은 나라라고 하였다. 얼굴 마주하며 따뜻함을 서로 나누는 작은 마을과 같은 나라가 좋은 나라이다. 노자의 이러한 사회관은 오늘날 빠르고 크고 강하고 많은 것을 생산하려는 가속화와 경쟁 속에 소외감이 드는 현대사회의 문제를 반성하게 한다. 어떤 성공의 획일적 기준을 놓고 달려가는 오늘날, 인위적이지 않은 자연의 도, 작은 공동체를 지향한 노자는 오늘날 다양성과 차이를 강조하는 포스트모던, 다문화사회의 윤리에도 중요한 적용점을 준다. 이것은 또한 물이 낮은 데로 흐르듯 돈 없고 힘 없는 소외된 자에 대한 배려의 윤리에도 중요한 시사점을 준다.

C. 무위자연(無爲自然)과 모순의 도

노장사상을 보통 도가의 뿌리라고 보는데, 노자가 보는 도(道)란 무엇인가?

"도를 말로 표현하면 그것은 도가 아니다(道可道, 非常道)" (도덕경, 1장)

도는 천지만물의 생성원리이며 세상을 움직이는 원리로서 인간의 삶과 인간관계도 이 도를 따라야 한다. 그래서 노자의 철학을 도가라고 한다. 도에는 하늘(자연)의 도, 천도(天道)와 인간의 도, 인도(人道)가 있다. 노자는 사람들은 마땅히 천도를 따라야 한다고 주장하였다. 그런데 이 도는 실체가 없고 개념화하기 힘들기에 노자는 말로 표현하지 못한다고 한 것이다.

말로 표현하지 못하는 이유는, 유와 무, 앞과 뒤, 어려움과 쉬움, 긴 것과 짧은 것, 높은 것과 낮은 것 등 서로 반대되는 것들이 복잡하게 얽혀 있고 계속 변화하기 때문이다. 양쪽은 어느 한쪽이 우월하지 않고 평등하며 오르막 다음에 내리막이 있고 또 오르막이 있듯 계속 반대 방향으로 움직이며 변화하기에 법칙적인 성격으로 포착하는 것이 불가능하다.

사람들은 이 도의 이중성과 변화성을 알고 억지로 하지 않는 무위자연의 원리에 따라 행동해야 한다. 도의 원리는 유와 무의 공존, 공생이다. 도기의 중간에 빈 곳이 있고, 방의 네 벽이 있지만 가운데 빈곳이 있는 것처럼, 세상의 원리, 인간 삶의 원리에는 유와 무, 채움과 비움의 공존, 공생이 있어야 한다. 그러나 사람들은, 특히 오늘날 현대인도 부의 축적, 권력과 지위의 획득 등 채움에만 너무 과열되어 있고 비움의 도는 신경 쓰지 않기에 각종 개인적, 사회적 문제가 발생한다.

노자는 이 도의 원리를 물에서 찾았다.

"최고의 선은 물과 같다. 물은 만물을 이롭게 하되 다투지 않으며, 사람들이 싫어하는 낮은 곳에 처하니 도에 가깝다." (上善若水. 水善利萬物而不爭, 處衆人之所惡, 故幾於道 - 도덕경, 8장)

도는 자연에 따라, 자연을 본받아 사는 삶으로 노자는 최고의 선은 물과 같다고 보았다. 물은 높은 데서 낮은 데로 흐르며 더 낮게 자신을 내려놓는 겸허의 덕과 소외된 자에 대한 배려의 덕을 상징한다. 또한, 물은 먼저 가려 다투지 않는 부쟁의 덕, 화합의 덕을 우리에게 보여준다.

공자, 묵자, 한비자 등 춘추전국시대의 다른 제자백가들은 세상과 사회 자체 내에서 치국과 처세의 길을 찾으려 했다. 이와 근본적으로 다르게, 노자는 자연현상을 통해 그 도를 찾았다.

노자가 볼 때, 인간 세상의 일은 인위적이나, 자연현상은 스스로 그러하다.

바람이 불고 비가 오고 지진이 나고 산이 무너지고 초목이 자라고 동물이 태어나고 죽는 것은 다 스스로 그러한 것이다. 그는 **"천도자연**(天道自然)**"**, 즉 하늘의 도는 스스로 그러하다고 보았다. 자연은 그 누구의 지배도 받지 않고 그 자체로 그러한 것이다.

"사람의 행동은 천지를 본받아야 하고 천지는 도를 본받아야 하며 도의 원칙은 자연이다." (도덕경, 25장) 만물의 생장, 발육, 성숙은 모두 자연의 일이다. 이러한 원리에 따라 세상을 다스려야 한다. 그러므로 가장 훌륭한 군주는, 사람들이 겨우 그 존재만을 알고, 여러 일을 순리대로 처리하며, 백성들이 모든 것에 대해 자연스럽게 여기게 한다. 사물을 대할 때 그것의 자연적 본성에 의해 그것을 도와 발전시킬 뿐 간섭하지 않는 것이 곧 자연의 도이다.

사람은 각자 자기가 잘하는 것이 있다. 훌륭한 군주는 나라를 다스릴 때 큰 원칙만을 두어 사사로이 간섭하지 않고 각자가 스스로 잘할 수 있는 일을 자연히 즐겁게 하도록 해야 한다.

노자가 주장하는 **무위**(無爲)란 자연의 원칙으로 사물을 대하는 것으로, 사물을 그 자연에 따르게 하는 것이다. 실패는 무언가를 반드시 작위적으로 하려는 마음에서 비롯된다. 노자가 볼 때, 천하를 손안에 넣고, 놓지 않으려 하면 타의에 의해 반드시 놓치고야 만다. 따라서 그는 백성을 억지로 교도하려 하지 말고 자연히 행하도록 하라고 충고하였다. 무위의 원칙에 따라 백성들을 순박하고 욕망이 없게 변화시키면 그에 따라 안정을 얻게 되고 천하가 안정된다.

노자가 강조한 또 하나의 중요한 도는 모순(矛盾)의 원리이다.

"아름다움은 추함이 있기 때문이며, 선은 악이 있기 때문이다. 유(有: 있는 것)와 무(無: 없는 것)는 상호 발생한다. 어려움과 쉬움도 상호 형성된다. 긴 것과 짧은 것, 높은 것과 낮은 것이 함께 드러난다. 또한, 뒤가 있어야 앞이 있고 앞이 있어야 뒤가 있다." (도덕경, 2장)

세상의 모든 사물과 행사는 모순적이고 대립적인 요소를 지니는데 이들은 상호 공존하며 서로에게 의존하며 서로를 형성시킨다. 이러한 관점은 인간이 살아가는 처세의 도에도 적용된다. 잘하고 성공하는 것에 지나치게 집착하면 곧 소실될 수 있으나, 그것에 집착하지 않을 때 오히려 길게 간다. 군중의 뒤에 처할 때 오히려 앞에 있게 되며, 자기 몸을 보전하려고 애쓰지 않을 때 오히려 잘 보전할 수 있다. 스스로 낮아지려 할 때 사람들에게 오히려 높임을 받는다.

각각의 사물은 모두 대립적 요소를 내포하며, 만물이 생장하고 장대해지는 것은 한편으로는 사망을 향해 달려가는 것으로 볼 수 있다. 이러한 맥락에서 노자는 인생의 행복과 화는 동전의 양면과 같이 붙어 있다고 보았다. "화는 행복에 숨어 있고, 행복은 화에 숨어 있다." (도덕경, 58장)

이러한 노자의 주장은 강한 것, 높은 것, 더 크고 많은 것, 더 자극적인 쾌락, 이런 것을 얻고 지키는 데만 집착했던 당시 사람들에게 경종을 울리는 것이었다. 그의 사상은 만물과 인생의 상반되는 측면을 보며 변화의 속성을 깨닫게 하는 지혜이며, 오히려 낮고 부드럽고 소박한 삶이 자연스러운 안정을 이룬다는 지혜이다.

노자의 사상은 욕심을 줄이고 만족함을 아는 삶을 추구한다. 이는 개인적 삶을 건강하게 하는 데뿐만 아니라, 인간과 인간, 인간과 자연의 공생을 추구하여 지속가능한 미래를 모색하는 데도 중요한 지혜이자 미덕이다.

나. 장자(莊子)의 인간관과 처세관

A. 시대적 배경과 장자의 삶

장자는 중국 전국시대 중기 기원전 369년부터 286년까지 살았던 인물이다. 그의 이름은 장주(莊周)이며 송나라 몽지(지금의 하남 상구) 출신으로 〈장자〉를 저술하였는데, 이 책은 내편, 외편, 잡편으로 구성되었다. 이 중 내편의 '소요유(逍遙遊)'와 '제물론(齊物論)'은 장자의 핵심 철학으로 평가받는다. 그는 뛰어난 문학적 재능을 발휘, 우화와 비유를 통해 심오한 사상을 문학적으로 설명하였다.

장자가 살았던 전국시대 중기는 천하가 매우 어지러운 시기였다. 그는 지방의 작은 관리를 지내며 평생 가난하게 살았다. 당시에 나라 간에 전쟁은 끊이지 않았고 전쟁마다 수십만 명씩 죽임을 당하였다. 또한, 범죄자들이 횡행하여, 죄인들의 코를 베거나 다리를 자르는 잔인한 형벌을 가하였다.

장자는 당시의 실상을 다음과 같이 묘사하였다. "위(衛)나라 임금이 젊고 독단적으로 행하여, 자기 나라를 가볍게 여기며 자기 잘못을 보지 않으며, 백성의 죽음을 가볍게 여긴다. 이리하여 죽은 이들이 그 나라의 연못과도 같고, 마치 검게 탄 바나나 잎처럼 많다. 백성들에게 차마 못 할 짓을 하고 있다." (莊子 4편, 人間世)

당시에 도둑들은 도처에 창궐하였고, 정권을 힘으로 찬탈한 자는 왕이 되어 권력을 누렸다. 백성들은 곳곳에서 반란을 일으키고 나라에서 그들을 제압하기에는 역부족이었다. 학자들 사이에는 논쟁이 격렬하게 일어나서, 얼굴이 빨개지며 논쟁하지만, 장자는 이들을 바람소리나 새의 울음소리 같이 아무런 뜻도 없고 아무런 도움도 되지 않는다고 보았다. 오히려 그는 학자들의 지혜가 나라를 훔치는 큰 도둑의 도구라 비판하였다.

장자는 누구든지 권세가 있으면 마치 인의가 있는 것인 양 그의 행위를 추켜세운다고 지적하였다. 그는 문명의 발전을 인위적 구분 및 권력 투쟁과 연결하여 비판적으로 성찰하였다. 상고시대에는 동물처럼 인간도 자연 그대로 살았다. 그러나 좋은 것과 나쁜 것, 군자와 소인의 구분을 만듦으로써 남보다 뛰어나려고 지혜를 발전시키고 서로 다투고 심지어 도둑도 생긴 것이다. 장자는 문명의 산물인 각종 도구에 의존하지 않을 때 사람은 자기 영혼의 기교를 보유한다고 주장한다. 이 같은 장자의 관점은 오늘날 AI 등 지나친 기계 의존이 사람의 주체성과 지적 능력을 약화시키는 현상에 대한 반성적 지혜를 준다.

"명가(名家)·논사(論士)는 밤에 잠 못 이루고 아침에 논증을 위해 마음을 쓰며, 결국 말의 그물에 갇힌다. 말로 모든 것을 풀려 하지만, 그 말의 그물에 갇혀 있어, 아무것도 얻지 못하는 것이다." ; "도(道)는 항상 무위(無為)이며, 그 무엇이든지 하지 않음으로써 이루어진다." (장자 2편, 齊物論)

장자는 무엇이 옳고 그르며 좋고 나쁜지를 구분하고 주장하며 논쟁을 벌이는 일은 세상의 문제를 푸는 데 쓸모없다고 보았다. 그는 이에 반하여, 인간이 그러한 인위성과 작위성에서 벗어나 자연의 순리대로 놓아두고 그것을 따를 때 조화와 질서를 찾을 수 있다고 생각하였다.

B. 장자의 세계관

노자는 사물들의 모순과 대립을 인정하였으나, 장자는 세계의 대소, 고저, 미추, 선악의 대립은 결코 존재해서도 안 되며, 있다고 해도 아무 의미가 없다고 주장하였다. 장자에 의하면, 당시 모든 사람이 쳐다보던 미녀인 서시를 물고기나 새는 아무 상관 없이 여긴다. 오리 다리는 짧지만 물에서 헤엄치며 잘 살고, 학은 다리가 비정상적으로 가늘고 길지만 물가에서 물고기를 잡아먹는 자기 환경에서 잘 살아가고 있다. 이들 다리가 한쪽이 짧다고 늘려주고 길다고 잘라줄 것인가? (장자 8편, 변무(騈拇)) 장자는 주관적이고 인위적인 기준에 의해 사물과 자연을 판단하지 말라고 충고한다. 그것들은 각자 처한 환경에 맞추어 저마다 타고난 특색있는 성질을 지니므로 무엇이 좋고 무엇이 나쁘다고 할 수 없다.

사람은 나무나 습지는 불편하지만 원숭이나 미꾸라지에게는 더없이 좋은 환경이다. 사슴은 풀을 먹고, 솔개는 쥐를 먹고, 사람은 소, 돼지를 잡아먹는데 과연 무엇이 맛있는 것일까? 절대적인 맛이라는 게 있는가? (장자 2편, 齊物論)

장자가 볼 때, 각각의 사물마다 자기의 좋은 점과 나쁜 점, 가능한 것과 불가능한 것이 있다. 장자는 '옳고 그름(是非)', '좋고 나쁨'의 이분법적 사고를 넘어, 사물들이 저마다의 관점과 조건에 따라 가지는 의미를 찾으려 하였고 분별을 넘어 모든 것을, 도의 관점에서 평등하게 보고자 하였다. 한 편에서 보면 잘못되어 보이지만 다른 편에서 보면 잘된 것일 수 있다. 크고 작은 것, 적고 많은 것 역시 상대적 관점에 따라 다를 수 있다. 태산이 크지만 온 천하를 놓고 보면 작고, 100년이 길지만 1000년에 비하면 짧다.

장자는 쉴 새 없이 시비를 논하는 사람은 마치 원숭이와 같다고 하였다. 원숭이가 아침에는 세 되, 저녁에는 네 되의 먹이를 주자 화를 내더니, 바꾸어 아침에 네 되, 저녁에 세 되 주니 즐거워 한 것과 같다. (조삼모사(朝三暮四), 장자 2편, 齊物論) 도의 입장에서 보면 시비, 대소, 다소는 모두 서로 통하여 하나가 되며 차별이 없다.

이렇게 장자는 관점과 맥락의 차이와 다양성을 극단적으로 인정하는 입장이다. 그러나 살인, 도둑질, 사기 등 타인에게 해악을 끼치는 행위까지도 다 상대적 가치로 볼 수 있겠는가의 문제는 좀 더 깊이 고려해 봐야 할 것이다. 다만, 장자의 이러한 관점은 당시 시대상과 연결되어 있다. 장자의 상대주의적 관점은 절대적인 진리나 가치를 내세우며 분쟁과 고통을 유발하는 당시의 혼란한 시대 상황에 대한 반성에서 비롯되었다. 장자가 살았던 전국시대는 전쟁과 권력 다툼이 끊이지 않는 혼돈의 시기였고 지식인들은 혼란을 해결하기 위해 저마다 절대적 기준을 제시했지만, 이는 오히려 더 큰 갈등을 낳았다. 예를 들어, 당시 맹자는 타고난 인의(仁義)와 도덕을 내세우며 옳고 그름을 구분하고자 하였는데, 장자는 이러한 절대적 가치관이 실제로는 권력 다툼과 명분 싸움에 악용되어 사회적 분쟁을 심화시킨다고 보았다. 그러한 권력 투쟁은 심할 경우 많은 사람의 생명을 앗아가는 원인이 되기도 하였다. 장자는 또한 언어가 시비(是非)를 가리고 사물을 규정하는 과정에서 오히려 본래의 자연적인 상태를 왜곡하고 해친다고 생각하였다. 그는 '이것(是)'과 '저것(非)'으로 나누는 이분법적 사고 자체가 모든 문제를 일으키는 근본 원인이라고 보았다. 인간이 만든 절대적인 도덕과 규범이 오히려 더 큰 폭력과 모순을 낳을 수 있다. 예를 들어, 백성을 위한다는 명분으로 전쟁을 일으키거나, 정의를 실현한다는 명목으로 또 다른 폭력을 행사하는 경우이다.

장자는 인간과 사물의 삶과 죽음, 성취와 소멸은 끊임없이 변화하며 서로 통하는 것이라 보았다. 이러한 맥락에서 그는 고정된 관점을 버리고 자유롭게 이리저리 노니는 세계(소요유: 逍遙遊)를 주장하였다. 이러한 자세는 자신이 발 딛고 선 자리를 벗어날 수 있어야 가능하다. 이때 내 삶의 세계 지평이 확장될 수 있다. 이전의 나와 결별해 새로운 세계를 만나 스스로 변화할 수 있어야 자유를 얻는다.

북해에 물고기가 있으니, 그 이름은 곤(鯤)이다. 곤의 크기는 몇 천 리인지 알 수 없다.

곤이 변해서 새가 되니, 그 이름은 붕(鵬)이다. 붕의 등 넓이도 몇 천 리인지 알 수 없다.

붕이 기운을 내어 날면, 그 날개는 마치 하늘에 드리운 구름과 같다. 이 새는 바다의 기운이 움직일 때 남쪽 바다로 옮겨가는데, 남쪽 바다는 하늘의 못(天池)이다. 매미와 작은 비둘기(혹은 메추라기)가 이를 비웃으며 말했다. "우리는 힘껏 날아올라야 느릅나무나 박달나무 가지에 오르는데, 때로는 닿지 못해서 땅에 떨어지기도 한다. 그런데 왜 굳이 구만리나 높이 날아서 남쪽으로 가려고 하는가?" (장자 1편, 소요유(逍遙遊))

물고기가 거대한 새가 되었다는 것은 변화의 상징이다. 북쪽 바다의 거대한 물고기 곤이 날아다니는 거대한 새 붕으로 변하는 것은, 한 가지 모습에 머물지 않고 끊임없이 변화하는 세상의 본질을 보여준다. 이는 제한된 존재가 무한한 자유를 지향하는 가능성을 상징한다. 그런데 어떤 작은 새는 붕이 하루에 구만리를 날기 위해 바람을 기다리는 것을 보고 비웃는다. 이는 세상 사람들이 자기 기준에서 다른 사람들의 행위를 비난하는 것과 같다. 장자는 작은 새의 모습을 통해 좁은 경험과 지식에 갇혀 더 넓은 세상의 가능성을 보지 못하는 사람들의 어리석음을 비판하는 것이다. 우물 안 개구리처럼 자기 안의 편협한 시각에 갇혀 세상을 평가하는 것은, 어리석은 짓이다. 사람은 자기가 있는 곳, 자기 관점을 벗어나 변화하는 것, 더 다양하게 크게 볼 수 있어야 한다. 장자는 곤이 붕으로 변해 남쪽 바다로 가는 과정을 통해, 모든 고정 관념과 편견을 탈피해 진정한 정신적 자유에 이르는 '소요(逍遙)'의 경지를 보여준다.

장자의 관점에서, 도는 본래 경계가 없고 모든 만물은 서로 통하는데, 경계를 긋고 차별을 만들면서 시비, 미추, 귀천, 대소, 다소, 성패가 생겼으며 이에 따라 투쟁과 논쟁이 생긴 것이다. 자기가 옳고 다른 사람이 틀렸다는 것을 증명하려고 여러 학설이 만들어진 것이다. 인간은 한 단면만을 보고 스스로 대단하다고 여기며, 서로 투쟁하는 가운데 초목이 시들어가듯 하루하루 쇠락해지며 죽어간다. 이들은 도를 분열시키고 자기 학설로 대도를 덮어 사람들이 도를 얻기 어렵게 만들었다.

천지는 광대하고 사물은 다양하기에 유한한 인간의 머리로 다 인식할 수 없다. 장자는 세상의 개개인과 각 사물이 각각 비교할 수 없는 각자 나름의 가치를 지니고 있다고 보았다. 이러한 시각에서 보면, 공부나 일을 잘하건 잘하지 못하건, 노래를 잘 부르건 부르지 못하건 모두 가치가 있다.

그가 주장하는 '제물(齊物)'의 관점은, 세상 모든 존재가 다 평등하고 모두 가치가 있다는 것이다. 하나하나의 사물이 집단성에 매몰되지 않고 각자의 색깔로 빛난다. 이러한 그의 사상을 오늘날에 비추어 보면, 표준화된 성공 기준으로 사람을 평가하는 풍조에 대하여 비판적으로 생각해 볼 여지가 있다.

장자는 공자가 인의를 이야기하면서 인위적인 기준을 만들어 자연적 평등성을 왜곡한다고 비판하였다. 그리고 제자백가가 진리의 한쪽 면만을 강조함으로써 도 자체를 보지 못한다고 지적하였다. 부분적 지식으로 전체 문제를 해결하려는 것은 잘못이다.

〈장자〉 외편 지락(至樂) (18편)에는 바닷새의 일화가 등장한다. 바닷새가 노나라에 왔는데 임금이 기뻐 맞이하면서 종묘에서 잔치를 베풀고 음악을 연주하고 고기를 접대했으나 새는 놀라 먹지도 않고 사흘만에 죽었다.

바닷새는 바다, 숲, 호수에서 평화롭게 날아다니고 헤엄치며, 진흙 물고기를 잡아먹는 것인데 인간 사회의 화려한 음악과 요란한 잔치는 이 새에게는 오히려 공포와 스트레스가 될 수 있는 것이다. 이 우화는 자신의 기준에서 좋은 의도와 행동이라도, 상대의 고유한 특성과 필요를 존중하지 않고 대하면 비극적인 결과를 초래할 수 있다는 점을 보여준다. 즉, 진정한 존중과 사랑은 상대를 깊이 이해하고 그의 입장에서 생각하며 배려하는 것임을 나타낸다. 이러한 장자의 생각을 잘 들여다보면, 앞에서 문제가 되었던 살인, 도둑질, 사기와 같은 타인에게 해를 끼치는 행위에 대한 장자적 해법도 생각해 볼 수 있다. 각자의 처지를 헤아릴 줄 알며 그에 따라 배려하며 조화를 이루려 한다면 그런 인간 사회의 문제도 자연의 조화와 순리처럼 해결할 수 있는 것이다.

종묘, 잔치, 음악, 고기 등은 귀하고 좋은 것으로 생각되지만, 어떤 사람에게는 원하는 것이 아닐 수도 있다. 사람들은 각자가 원하는 것이 다양하고 다르다. 어울리고 소통하려면 내 기준을 앞세우기보다 상대의 다른 상황을 이해하고 배려할 줄 알아야 한다. 이러한 관점에서 유가나 제자백가의 주장이나 방식은 각각 하나의 길일뿐 그것만이 정답이라고 주장해서는 안 된다.

C. 역설적 지혜와 물아일체(物我一體)의 삶

장자는 나무들을 보라고 한다. 짧고 굵은 것은 가축을 매는 말뚝으로 사용하고 좀 더 큰 것은 집을 만드는 데 사용하였다. 좀 더 길고 튼튼한 것은 관을 만들었는데 이처럼 쓸모 있는 나무들은 자신의 생명을 지키지 못하고 죽게 되었다. 그런데 산의 어떤 나무는 엄청나게 커서 목수가 도저히 어찌할 수 없어 쓸모없다고 하였다. 그러나 그 나무는 그래서 자기의 생명을 오래 유지하였다.

또한, 한 장애인이 있어 꼽추고 다리가 옆구리에 있었는데 이 사람은 불구이기에 모든 사람이 징병이 되어 전쟁에서 죽었지만, 징병이 되지 않고 자기가 할 수 있는 일인 의복을 꿰매고 세탁하는 일로 자기뿐 아니라 10명 가족을 부양하며 오래 잘 살았다.

구불구불하여 재목으로 쓰지 못하는 나무는 들판에서 다른 나무들이 다 베어져 나가도 그대로 있으면서 사람과 동물들이 그 아래에서 서늘하게 쉴 수 있도록 해 준다. (장자 4편, 인간세; 20편 산목)

이러한 우화들에는 쓸모없는 것의 쓸모 있음을 보여주는 장자의 역설적 지혜가 담겨 있다.

이러한 생각은 우리의 일상적 판단을 뒤집는다. 우리는 어디서나 쓸모 있는 인간, 표준적으로 생산성과 효율성 있는 사람이 되라고 하지만, 장자는 쓸모없어 보이는 인간도 어떤 면에서 행복할 수 있고 가치가 있음을 암시한다. 장자는 세속적 가치를 초월해서 보고자 하였다. 인간 사회는 유용성의 기준으로, 일률적으로 평가하려 하지만 그것이 큰 위험의 근원이 될 수 있으며, 무용해 보이는 것도 나름의 훌륭한 가치를 지닐 수 있음을 지적합니다. 쓸모없음은 단순히 가치가 없는 것이 아니라, 오히려 자기 본성을 온전히 보존하며 외부의 위협으로부터 자유로워지는 지혜가 될 수 있다. 이것은 우리의 일상적 고정 관념을 깨고 전혀 다른 시각에서 볼 수 있는 열린 안목의 지혜를 담고 있다. 또한, 이것은 무위(無爲)를 실천하는 삶의 길도 제시한다. 즉, 인간은 인위적 가치와 욕망을 내려놓고 자연의 흐름에 따라 사는 무위의 삶을 통해 비로소 참된 평화와 자유에 이를 수 있다는 것이다.

장자는 자연에 따라 사는 삶의 도를 실천하기 위해 '심재(心齋)'와 '좌망(坐忘)'의 방법을 제안하였다. '심재'란 마음을 깨끗이 하고 아무것도 생각하지 않으며 일체를 잊어버리는 것이다. 여기서 일반적으로 '재계'의 뜻은 종교적 의식으로 몸과 마음을 깨끗이 하고 부정의 일을 멀리하는 것을 뜻한다. '좌망'이란 자기의 신체와 손발을 잊어버리고 눈과 귀의 움직임을 멈추고 육체를 떠나 마음의 지각을 버리며 모든 차별을 넘어 위대한 도와 하나가 되는 것을 의미한다. 이때 좋아함과 싫어함의 차별도 없어지고 일정한 것만을 추구하는 마음이 없어지며 자연의 변화를 그대로 따르게 되며 자연과 하나가 된다. '좌망'은 고정된 나를 버림으로써 자기 한계를 넘어서는 방법으로 자기 주관으로 상대를 보려는 편협함을 넘어서게 한다. 이러한 자세를 추구할 때 차별과 독선이 사라지고 경계와 구분이 사라진 마음을 얻는다. 장자는 '좌망'이 가능한 사람을 진인(眞人), 참된 사람으로 칭하였다. 진인은 만물 평등의 세계관, 제물의 관점으로 세상을 바라본다.

장자는 '물아일체(物我一體)'의 경지를 추구하였다. 이것은 곧 사물과 내가 하나가 되는 도의 경지를 뜻한다. 대자연과 한 몸이 될 때, 세상일에 구애받지 않고 자유롭게 노닐 게 된다. 이때 출세와 이익과 같은 세속적 욕망을 잊게 되고 생사마저도 초월한 진정 자유로운 삶을 살게 된다.

〈장자〉에는 해골과의 대화 장면이 등장한다. 한 사람이 해골에게 안타깝다고 하자, 해골은 '나는 세상의 번뇌와 시름에서 벗어나 자유로워져 지금 왕보다도 더 좋다'고 하였다. 또한, 장자는 부인이 죽자, 처음에는 슬퍼했으나 나중에는 노래를 불렀다. 아내의 기가 우주로 돌아가 평온히 무한 광대한 집으로 돌아간 것이라 하였다. (장자 18편, 지락)

제자들이 스승 장자가 죽을 때 성대히 장사 지내려 하자, 장자는 "천지가 나의 관이며 일월성신이 순장할 보석이며 만물이 부장품이다."라며 성대히 장사할 필요가 없다고 하였다. (장자 6편, 대종사)

장자의 관점에서, 죽음이란 다시 대자연, 우주로 돌아가는 일이다. 사람의 생명은 하나의 기(氣)이며 이것은 대자연의 일부이다. 기가 모이면 생(生)이요, 기가 흩어지면 사(死)로서 모두 자연의 흐름일 뿐이다. 따라서, 삶이 변하여 죽음이 된 것은 사계절의 순환과 같이 다시 우주, 대자연 안으로 되돌아간 것이다. 위의 이야기들은 죽음을 슬픔의 대상이 아닌, 본래의 자연 상태로 돌아가는 순리로 받아들이는 장자의 초연한 태도를 보여주는 것으로 삶과 죽음을 낮과 밤의 교체처럼 자연의 순환으로 인식하는 생사일여(生死一如)의 삶의 태도를 제시한다.

장자의 이러한 생각은 연어들이 상류로 올라가 알을 낳고 죽으면서 그 주변의 생태계와 자연환경을 더욱 풍성하게 하는 자연현상에 비추어 보아도 일맥상통한다. 큰 대자연의 순환 관점에서 보면, 생명체의 죽음은 먹이와 거름이 되어 다른 생명체가 살아갈 수 있는 원동력이 된다.

만물은 살고 또 죽으며 죽은 것은 그 씨를 남겨 그 씨가 또 새로운 한 세대를 만든다. 만물은 서로 계속 뒤바뀐다. 낮과 밤이 바뀌듯 안전과 위험은 상호교체되며 재앙과 행복은 서로 뒤바뀌며 생성되며 이것의 완결은 저것의 시작이 된다. 이러한 장자의 관점에서, 득도한 사람은 모든 것을 사물의 변화에 맡기고 간섭하지 않으며, 인간 세상의 영욕에 집착하지 않게 된다.

장자는 세상 사람들이 끊임없이 작은 울타리에서 분투하는 개미들과 같다고 하였다. 세상 사람들은 끊임없이 싸우고 나라와 나라는 계속 전쟁하는데, 큰 우주에서 인간들의 싸움을 보면 개미들이 싸우는 것과 다를 바 없다. 장자는 그 작은 굴레에서 깨쳐 나오는 것, 곧 대소, 다소, 영욕, 비난, 칭찬, 시비, 미추 등을 초월하여 크고 넓게 볼 수 있어야 한다고 주장한다.

장자는 인간의 삶에서 편협한 주관적 눈으로 광대한 세상을 보는 것을 지양하고, 이분법적인 기준으로 모든 것을 대립 · 구분시키는 것을 초월하여, 크고 넓은 시각에서 객관적으로 또 통합적으로 볼 수 있는 안목을 제시한 점에서 의의가 있다. 그리고 인간 중심적이며 이기적인 요즘 세상에, 다른 생명체 및 환경과의 공생, 자연의 큰 조화와 변화의 원리를 수용한 것에서도 의의를 찾을 수 있다.

그러나 모든 사람에게는 각자가 처한 특수하고 구체적인 문제가 있고, 그것을 떠나 막연히 무위자연, 물아일체의 초월적 삶을 살아갈 수는 없는데, 구체적이고 미시적인 삶의 문제를 들여다보는 데는 좀 더 섬세한 안목이 필요하다. 또한, 부정의와 불평등과 같은 사회적 문제를 해결하기 위해서는 나름의 윤리와 정책이 필요한데 그러한 모든 것에서 초월한다는 것은 현실적이지 못한 한계로 평가해 볼 수 있다.

참고문헌

『論語』
『道德經』
『孟子』
『莊子』

김현주(2009). "도덕적 상상력으로서 루소의 공감각", 「초등교육연구」 22(3). 137-157.
심승환(2012). "인간 본성의 교육적 의미에 대한 고찰: 합리성, 자연성, 본래성의 통합적 관점에서", 「교육철학연구」 34(2). 79-115.
오수웅(2009). "루소의 도덕과 법", 「정치사상연구」 15(2). 65-93.

Rousseau, J. J.(1762a). *Emile*. 권응호 역(2000). 홍신문화사.
Rousseau, J. J.(1762b). *Du Contract Social*. 이태일 외 역(1994). 범우사.
Rousseau, J. J.(1776). "Rousseau Judge de Jean-Jacques, Dialogue". in Roger D. Masters and Christopher Kelley(ed.)(1992). *The Collected Writings of Rousseau*, vol. 1. University Press of England.
Hume, D. *A Treatise of Human Nature*. 김성숙 역(1994). 동서문화사.

3 의지적 · 본래적 존재

(1) 실존은 본질에 앞선다

인간은 이성과 감성 외에 또 다른 주요한 성향을 가지고 있으니 그것은 바로 의지이다. 많은 학자들이 의지를 감성, 이성과 함께 인간성의 주요한 특징으로 포함시켰고 지 · 정 · 의가 조화롭게 갖춰진 인간을 온전한 인간(全人)으로 보았다. 철학적으로 의지에 초점을 둔 유파는 실존주의였다. 쇼펜하우어는 인간의 본질이 칸트가 말한 것처럼 이성적 사유가 아니라 의지이며 의지의 행위가 바로 인간의 삶을 움직이는 것이라고 주장하였다(Weimer, 1982: 58). 이성은 플라톤의 관점 이래로 대체로 객관적이며 항구 불변한 진리 추구와 관련된다. 그러나 세계와 만물은 끊임없이 변화하며 새롭게 생성된다. 인간도 어떤 고정 불변한 본질 속에 놓여 있는 것이 아니라 개개의 고유한 상황 속에서 주관적으로 자신의 삶을 선택하고 결정해 나가는 것이다. 바로 이러한 맥락에서 실존주의자들은 데카르트의 "나는 생각한다. 그러므로 나는 존재한다."는 명제에 반발하며, 실존이 본질보다 우선이라고 보았다(Sartre, 1990: vol.2. 202). 인간은 각자 고유한 지금, 여기의 실존상황에서 자기 스스로를 만들어 나가는 존재이다.

실존주의에 의하면, 인간에게 어떤 근본적인 본성이란 없으며 인간 개개인은 각자 자신의 본성을 어떻게 만들지 결단하고 만들어 간다. 이러한 주체적 의지를 가진 인간이야말로 참 인간, 본래적인 인간인 데 반하여 어떠한 유형과 체계, 관습과 여론 속에 휩쓸려 사는 사람은 비 본래적인 인간이다. 사르트르는 인간이 지속적으로 기존의 것과는 다른 가능성을 생각하고 그것을 수행하는 시도를 특별히 강조한다(Sartre, 1990: vol.1. 124-126; vol.2. 196). 인간의 모든 삶, 생각과 감정도 자신의 선택과 책임이다. 슬픔을 느끼는 것은 당사자 본인이 슬픔을 선택하였기 때문이다. 감정은 단순히 우리에게 닥쳐오는 것이 아닌, 세계를 대하는 개인의 방법 혹은 태도로 개인의 의지에 달려 있다. 사람의 성격 역시 개인의 의지에 달려 있다. '나는 소심하다', '나는 이 일에 맞지 않는다' 등은 우리가 어떤 특정 상황에서 행동하는 방식을 표현한 것일 뿐이며, 얼마든지 '다르게' 행동할 수 있는 여지가 있다(Ibid., 217). 얼마든지 다르게 행동할 수 있음에도 불구하고 사람들은 자신의 행동에 대한 타인들의 반응을 의식하고 고정관념 속에서 같은 행동, 틀에 박힌 행동만을 되풀이 하게 된다.

니체는 인간을 "짐승과 초인 사이에 놓인 밧줄"로 표현한다(Nietzche, 1883: 37). 인간은 매우 연약하고 환경의 힘에 좌우되는 존재이지만 동시에 자기의 한계를 초월할 수 있는 강인한 의지력을 가진 존재이다. 니체는 인간이 '과정상의 존재'이며 선택의 가능성이 있다는 점에서 위대하다고 보았다. 과정상의 존재란 기존의 틀을 벗어나 끊임없이 새로운 것으로 생성·변화하려는 생동하는 힘, 이 힘에의 의지(will to power)를 지닌 존재라는 의미이다. 그런데 문제는 산업사회 이후 모든 것의 가치가 대중화됨으로써 인간 개인의 고유한 가치를 모색하는 노력이 상실되었다는 점이다. 니체, 사르트르를 비롯한 실존주의자들은 바로 이러한 배경에서 인간이 참다운 인간이 되기 위해서는 자신의 고유한 결단과 선택, 책임이 필요함을 주장하였다. 고유하고 참다운 인간이 되기 위해선 자신의 의지가 대중의 관습, 여론, 심지어는 자기 자신의 구태의연한 기존의 생각에 의해 구속되지 않아야 한다.

니체는 아폴론과 디오니소스를 대비하면서 인간에게는 아폴론으로 상징되는 정신, 합리성, 원칙, 질서, 절대성, 사고만 있는 것이 아니라 디오니소스로 상징되는 몸, 창조성, 변화, 다양성, 표현이 있음을 강조하며 오히려 참다운 인간, 역동적으로 스스로를 창조하는 인간이 되려면 후자가 더욱 중요함을 주장한다. 니체는 또한 낙타, 사자, 어린아이의 비유를 통해 참다운 인간으로의 변화를 설명한다. 낙타는 주인의 짐을 싣고 주인의 명령에 따라 사막의 길을 간다. 낙타가 상징하는 것은 바로 '순종과 인내로 외부에서 지시된 것, 기존의 질서, 지시와 틀, 습관에 따라 행동하는 것이다. 이에 비해 사자는 주인의 지시에 도전한다. 외부의 질서, 기존 가치 체계, 기존의 나쁜 습관에 구속된 자기를 부정하고 자신의 새롭고 고유한 가치를 추구하려 한다. 사자는 새로운 가치 창조를 위한 자유를 상징하나, 아직 창조의 단계는 아니다. 어린아이의 단계에 이르러야 비로소 인간은 모든 것에 자유롭게 개방되어 긍정적으로 자신의 세계를 창조하여 간다. 사자가 도전과 부정의 단계, 자유의 획득 단계라면, 어린아이는 "스스로 굴러가는 수레바퀴"로 긍정과 창조의 단계이다(Nietzche, 1883: 52-55). 어린아이는 선과 악, 고정된 틀이 없다. 자신과 세계, 모든 것을 있는 그대로 수용하며 동시에 변화의 계기로 본다. 호기심과 순수의 상징으로 끊임없이 자라나고 변화될 가능성으로 넘쳐 있다. 인간은 이렇게 변화하여야 하는 존재이며 그 변화의 핵심에는 개개인의 고유한 의지가 존재한다.

한편 키에르케고어(S. Kierkegaard, 1813~1855)도 인간 존재에 대한 실존적 관점을 제시하였다. 그는 니체가 무신론적 관점에서 인간 실존을 본 것과 달리, 유신론적(기독교적) 관점에서 인간의 실존을 보았다. 그는 당시 덴마크 교회와 헤겔철학에 대한 문제의식을 가지고 있었다. 당시 교회는 객관적인 교리를 맹목적으로 전달하려고 하였고 교인들은 그것을 아무런 의심 없이, 개인적인 성찰 없이 수용하고자 하였다. 또한 당시 철학에 지대한 영향력을 미치고 있었던 헤겔은 세계가 절대적이고 보편적인 원리나 체계로 구성되어 있고 개개의 인간도 그 일부분으로 기능하고 있다는 관점을 제시하였다. 케에르케고어가 본 인간은 어떤 객관적이고 보편적인 관념이나 체계에 의해 살아가는 존재가 아니라 그것을 개개인의 고유한 삶의 현실 속에서, 내면에서 깊이 반성하고, 첨예한 갈등과 고뇌 속에서 실존적인 결의를 할 수 있는 존재이다. 즉, 인간은 객관적이고 이념적인 존재가 아니라 주관적이고 실천적인 존재이다.

키에르케고어가 볼 때 인간은 모순적인 존재이다. 한편으로는 현실적이고 유한한 한계를 지니고 있지만, 다른 한편으로는 이를 초월할 수 있는 무한한 신적 가능성을 지니고 있다. 진정한 인간은 유한성 속에 방치되어 있거나 무한성을 이념적으로만 수용해서는 안 된다. 객관적인 현실 속에 놓인 자신을 철저히 직시하는 한편, 주관적으로 이 현실을 넘어설 가능성, 특히 신의 속성과 은총이 자신의 삶에 실현될 수 있는 가능성을 추구하여야 한다. 또한 중요한 것은 완결된 형태가 아닌, 그 실존적 인간으로 가는 과정, 즉 현실성과 가능성의 모순적 상황에서 이것이냐 저것이냐의 치열하고 열정적인 고뇌와 분투의 과정이다. 이것은 마치 예수 그리스도가 인간의 속성(인성)과 하나님의 속성(신성)을 동시에 지니고 그의 이 땅에서의 사명(십자가, 인류구원)을 이루고자 한 모습과도 같다. 영화 〈패션 오브 크라이스트(The

Passion of the Christ), 2004〉에서 십자가의 길을 가는 예수의 고뇌와 고난을 묘사한 것처럼, 그가 본 인간 실존의 극치는 바로 두 가지 모순되는 것 속에서 치열하게 결단하는 열정(passion)이다. 열정은 실존하는 개인에게 실존의 최고조에 이른 상태로 인간의 현실적 한계에도 불구하고 영원한 신적 속성을 구현하고자 하는 의지이다(Kierkegaard, 1968: 176).

이렇게 모순과 갈등 속에서 결의하는 존재인 인간은 본래의 자아, 본래의 인간성을 실현하기 위해 니체가 제시한 낙타 → 사자 → 어린아이와 유사하게 몇 가지 실존적 단계를 거친다. 이것이 유명한 키에르케고어의 '인간 실존의 세 단계'이다. 첫 번째 단계는 미적 단계로서 이때 인간은 감각적 본능에 따라 욕구와 쾌락을 충족하려 한다. 자신의 삶과 세계에 대한 진지한 생각을 싫어하고 계속 자극적인 것을 추구한다. 자신이 하던 일이나 인간관계도 싫증나면 언제든지 내던지고 유혹적인 것을 찾는다. 그러나 이러한 찰나적 유혹 추구 속에서 번번이 공허함과 절망감을 느끼게 되고 자극에 속박된 자신을 자각하게 된다. 미적 단계의 인간은 이러한 자각과 반성을 계기로 윤리적 단계로 이행한다.

윤리적 단계의 인간은 현재의 상태를 반성하고 더 나은 미래를 추구한다. 이 단계에서는 옳고 그름에 대한 엄격한 기준을 가지고 스스로를 판단하며 심판한다. 자신이 추구한 부, 명예, 권력, 쾌락이 진정한 자아를 위해 중요한 것이 아님을 깨닫게 되고, 사회의 일원으로서 사회의 번영을 위해 기여해야 할 책임의식을 갖게 된다. 그러나 윤리적 단계의 인간은 또 한번의 중대한 내면적 갈등을 겪게 된다. 자신의 이상적이고 엄격한 양심에 비해 자신의 행동은 늘 그 기준에 크게 못 미쳐 있다. 이러한 죄의식 및 이상과 현실 모습 간의 갈등을 계기로 종교적 단계로 이행한다. 종교적 단계의 인간은 자신의 유한성을 깨닫고 절대적 존재의 필요성을 인식하게 된다. 종교적 단계에도 두 가지가 있는데 하나는 내면에 있는 절대적 진리를 상기하거나 참선을 통해 각성하고 회심하는 것이고, 다른 하나는 내부가 아닌 외부의 초월적 존재, 신의 절대적 은총과 사랑을 믿고 의지하는 것이다(표재명, 1998: 23-29).

(2) 본래적인 인간, 비 본래적인 인간

인간은 왜, 어떻게 비 본래적으로 되는가? 하이데거(M. Heidegger, 1889-1976)는 인간이 본래적인 상태, 참된 모습에서 비 본래적으로 퇴락하게 되는 계기를 세 가지 중요한 요소로 설명한다. 첫째로 인간은 많은 사람들이 일상적으로 주고받는 잡담에 의해 지배되어 대중의 똑같은 의식 속에 사로잡힘으로써 퇴락하게 된다. 서로가 주고받는 잡담이 이해와 해석의 기준이 된다. 잡담은 어떤 대상을 피상적으로, 상식선에서 다루며 직접적으로 깊이 있게 살피지 않는다. 잡담 속에서 피상적으로 전달되는 내용만을 들음으로써 개개인은 각자가 해당 대상과 진실한 관계를 맺지 못하며, 상식적이고 평균적 수준의 지식으로 모두가 같은 의견을 갖게 된다. 둘째로 인간은 계속적인 일상적 호기심 때문에 퇴락한다. 인간은 살면서 계속 주변을 둘러보며 외견상 새로운 것, 눈에 끌리는 것을 추구한다. 정작 자기에게 가까이 있는 것은 보지 않고 멀리 있는 것, 낯선 것을 찾고, 기분전환을 위해 '아이쇼핑'을 즐기려 한다. 이렇게 함으로써 인간은 한 가지를 깊이 포착하고 이해하지 못하고, 지금 여기 자기가 처한 곳에 머물지 못하며근원을 상실한 채 끊임없이 떠돌아다닌다.

잡담은 대중적인 관심사를 끌려고 하기에 호기심을 부채질하고 호기심은 잡담의 화제를 제공한다. 오늘날 시청률을 의식한 대중매체와 가십과 유행에 끌려 다니는 대중의 모습은 이러한 상황을 보여준다. 셋째로, 인간은 애매성으로 인하여 퇴락한다. 잡담과 호기심을 통해 사람들은 대상들을 피상적으로 보게 되고 그것의 진실한 모습을 모른 채 누구나 무엇이든 말하고 그것을 아무 생각 없이 받아들인다. 사람들은 무엇이 진실인가에 관심을 가지지 않고 흥미를 끄는 것에 관심을 가지며 떠도는 소문이 소문을 해석하고 재생산한다. 소문과 기대치에 의존한 채 진실한 것에서 멀어지게 된다(Heidegger, 1927: 214-222).

이러한 퇴락의 요소로 인해 인간은 자기 자신과 타인, 그리고 사물과 세계의 진실한 것으로부터 뿌리 뽑힌 채 비 본래적으로 살게 된다. 본래성을 뜻하는 영어 'authenticity'는 헬라어 'authentikos'에서 왔고 이는 근원의(original), 진실한(genuine), 주된(principal)의 의미로서, 자기를 뜻하는 'autos'와 행위자(doer)를 뜻하는 'hentes'가 합쳐진 단어이다. 'authenticity'의 한글 번역어인 본래성(本來性)은 '뿌리 혹은 근원에서 온 성질'의 뜻을 지닌다. 이를 통해 본다면 본래적인 것이란 근원적이며,

진실하고, 주된 것이며 자기가 스스로 행위하는 것을 뜻하는 반면, '비본래적인 것'은 파생적이며, 허위적이며, 종속된 것이며 타인에 의해 움직이고, 근원에서 직접 온 것이 아닌 부차적 · 간접적으로 온 성질을 뜻한다(심승환, 2012: 97-98). 하이데거, 실존주의가 보는 인간의 본래성은 바로 이러한 의미와 상통하는 것으로 인간이 자신과 세계에 대해 직접적으로 그 진실한 근원을 깊이 마주하고자 하는 의지적 태도이다. 반면, 비 본래성은 호기심, 잡담, 소문에 의해 간접적으로 이야기되는 것에 끌려 자신과 세계의 진실한 근원으로부터 멀어진 상태를 의미한다.

잡담, 호기심, 애매성 속에서 비 본래적 존재가 된 인간이 어떻게 다시 본래적 존재로 될 수 있는가? 하이데거는 그 방법을 '죽음'으로 본다. 그가 보는 죽음이란 생물학적인 죽음이 아닌, 앞으로 자기에게 닥칠 죽음을 '미리 가봄'을 의미한다. 죽음은 인간에게 "가장 고유하고 몰교섭적인 가능성"이다(Heidegger, 1927: 321). 죽음은 그 누구도 대신해줄 수 없는 오직 그 자신의 일이다. 죽음은 반드시 오는 것으로 피할 수 없으며 자신이 직접 대면하여야만 한다. 호기심, 잡담, 애매함 속에서 살아오던 일상적인 자신의 모습 속에서 벗어나 오직 죽음 앞에서 홀로 자기와 직면하게 된다. 죽음 앞에서 소문이나 피상적인 관심은 고려 대상이 될 수 없다. 죽음을 진실로 마주할 때 인간은 비 본래적으로 살았던 자신을 자각하고 삶의 유한성을 상기하며 자기만의 고유한 삶을 어떻게 살아야 할 것인가를 고민하게 된다. 인간은 이때 "세인의 온갖 환상으로부터 벗어난, 정열적이고 사실적이며 스스로를 확실히 깨닫고 있는" 자기 자신으로 돌아온다(Heidegger, 1927: 341).

인간에게 세상의 눈과 늘 되풀이되는 관습에서 떠나 고유한 자기를 발견하도록 일깨우는 것은 바로 양심이다. 하이데거가 보는 양심은 칸트가 말하는 법정으로서의 양심, 옳고 그름을 합리적으로 심판하는 것이 아닌, "일깨워주는 것, 충격적인 계기, 단속적으로 흔들어 깨우는 것"이다(Heidegger, 1927: 350). 양심은 심판하기 보다는 호소한다. 세인의 소리를 듣기보다 자기의 소리를 듣고 죽음 앞에 책임 있는 삶을 살기를 호소한다. 남들이 하는 대로, 내가 일상적으로 살아 온, 다람쥐 쳇바퀴 돌리는 삶에 경종을 울린다. "너 그렇게 살래? 그게 진짜 너야?" 뱀이 종전 비늘을 벗고 환골탈태하듯이, 연어가 종족보존을 위해 살던 곳을 버리고 필사적으로 역류하듯이, 김유신 장군이 기생집으로 향하는 말의 목을 잘랐듯이 필사적인 변화의 행동이 필요하다. 죽음을 무릅쓰고 새로 태어나지 않으면 안 되는 것이다.

양심은 타인의 방식과 일상의 습관 속에 안주하던, 그러면서도 밖으로 떠돌기만 했지 진짜 자기의 삶을 살지 못했던 '불안'을 폭로한다. 이를 통해 비 본래적인 모습에서 본래적인 자기, 지금 여기의 고유한 자기로 돌아와야만 한다는 양심의 소리를 듣고 수용하도록 하는 의지가 발동한다. 바로 이 의지를 하이데거는 '결의'로 표현한다. 결의는 자기 자신으로 존재하기 위한 실존적인 결단과 선택이다(Heidegger, 1927: 348). 인간을 진짜 인간, 본래적인 인간으로 만드는 것은 합리적 사유나 자연적 감정이 아닌, 이것이냐 저것이냐의 기로에서 절박하게 선택하고 결단하는 의지인 것이다.

그런데 과연 본래적인 인간은 이렇게 홀로 자기와 마주하고 자기 스스로의 선택과 의지를 통해서만 이루어지는 것인가? 이에 대해 테일러(Taylor)는 조금 다른 시각의 본래성의 개념을 제시한다. 테일러는 현대인들이 오직 개인의 선호도에 따라 사는 개인주의 속에서 가치와 의미를 상실하고 있으며, 도구적 이성의 지배 속에서 효율성만을 추구하여 목적을 상실하였으며, 시장체제와 관료제의 영향으로 정치적 자유와 참여가 제한됨으로써 본래성을 상실하였다고 본다(Taylor, 1991: 1-10).

이러한 문제의식에서, 테일러는 인간 삶의 본질적 성격인 '대화와 관계'를 통해 이 문제를 극복하고 인간이 본래성을 회복할 수 있다고 본다. 인간은 타자와의 상호작용을 통하여 인정(recognition)과 때로는 갈등을 통해 자신의 정체성을 형성한다. 정체성은 무엇이 가치 있는 것인지에 대한 의미의 지평(horizons of significance)을 통해 이루어진다. 음식 메뉴 고르듯 단순 선호도에 따른 선택이 아닌, 진정으로 중요한 선택, 자아 정체성의 형성은, 자신의 존재 배경인 역사, 자연의 요구, 동료 인류의 요구, 시민으로서의 의무, 신의 계시 등 자신과 관계하는 중요한 타자들의 폭넓은 의미의 지평을 진중하게 고려함으로써 이루어질 수 있다(Taylor, 1991: 38-40).

그런데 우리가 어떻게 타자와 진지하게 마주하고 대화할 수 있는가? 부버(M. Buber)는 인간이 서로를 수단적으로 대하는 나-그것의 간접적 대응방식에서 벗어나 서로의 전존재를 직접적으로 대면하는 나-너의 직접적 만남을 추구할 때 인간의 실존은 본래적이라고 주장한다(Buber, 1965: xiv-xv). 즉, 인간은 타자와의 진정한 만남과 관계 안에서 진정한 인간이 된다. 부버가 보는 진정한 관계는 자신의 모든 편견, 선입관, 조건적 의도 등을 배제하고 타자의 전 존재를 그대로 직면하는 것을 의미한다(Buber, 1958: 11). 예를 들어, 어떤 사람을 모델로 쓰려는 의도로 보면 외모에 주목할 것이고, 경리로 쓰려고 한다면 회계 관리 능력을 볼 것이고, 단순히 돈을 빌리려 한다면 그 사람의 재력을 볼 것이다. 진정한 관계는 이렇게 자신의 조건적 의도를 가지고 그 사람의 한 면만을 보는 것이 아니라, 그 사람 자체를, 그 전체를 순수하게 만나고 대하는 것이다. 물론 부버는 현대 사회에서 모든 조건적·수단적 태도를 배제한다는 것은 힘들다는 점을 인정하였다. 문제는 오직 그러한 태도만이 지속되고 그것으로 인간이 지배될 때 인간 존재는 왜곡되어 비 본래적으로 된다는 것이다. 그러한 조건적 상황 속에서도 다시금 지속적으로 순수하고 직접적인 관계를 추구하고자 노력하는 것이 중요하다. 이렇게 상대를 순수하게 직접적으로 마주하려는 의지가 있을 때 진정한 관계가 형성되며, 진정한 관계를 통해 인간은 본래적으로 된다.

요컨대, 이 절에서 본 인간은 피상적이고 일상적인 태도에서 탈피하여 자기 자신이나 타인이나 세계에 대하여 그 뿌리까지 진실하게 마주하여 진정한 자기, 진정한 관계, 진정한 삶을 추구하는 치열한 의지의 존재인 것이다.

참고문헌

심승환(2012). “인간 본성의 교육적 의미에 대한 고찰: 합리성, 자연성, 본래성의 통합적 관점에서”, 「교육철학연구」 34(2). 79-115.

표재명(1998). 『키에르케고어 연구』. 지성의 샘.

Buber, M.(1958). *I and Thou*. New York: Charles Scribner's Sons.

Buber, M.(1965). *Between Man and Man*. New York: Macmillan.

Heidegger, M.(1927). *Sein und Zeit*. 전양범 역(2001). 서울: 동서문화사.

Kierkegaard, S.(1968). *Concluding Unscientific Postscript to the Philosophical Fragments*. D. Swenson and W. Lowrie(trans.). Prinston: Prinston University Press.

Nietzsche, F.(1883). *Also Sprache Zarathustra*. 황문수 역(2001). 문예출판사.

Sartre, J. P.(1943). *L'être et le néant*. 손우성 역(1990). 삼성출판사.

Taylor, C.(1991). *The Ethics of Authenticity*. MA: Harvard University Press.

Weimer, W.(1982). *Schopenhauer*. Darmstadt: Wissenschaftliche Buchgesellschaft.

4 영적 · 종교적 존재

(1) 아우구스티누스와 코메니우스의 영적 인간관*

가. 들어가며

오늘날 세상은 무엇이 바람직한가에 대한 정신적 가치보다 얼마나 많이 얻고 누리느냐의 물질적 가치가 더 중시되는 경향이 강하다. 그 배후에는 목적보다 수단을 추구하는 도구주의와 누구나 재산만 있으면 자신의 취향대로 소비하는 소비문화가 사회를 이끌어가는 소비주의가 있다. 힐(Hill, 1989: 174)은 소비주의는 현대사회의 중요한 특징으로 물질적 필요를 추구함으로써 인간의 영적 본성과 필요에 대한 관심을 멀리하게 된다고 지적한다. 이러한 상황은 보편적 전통 규범이 무너지고 포스트모던 시대에 다원화된 주관적 취향이 강화되는 경향과도 연결된다. 그러나 다른 한편으로는 세계화, 지구화와 매스미디어를 통해 행사되는 세계 자본주의 시장의 영향력 속에서 불안과 무력감을 느끼지 않을 수 없다(Giddens, 2000: 23-24). 매스미디어는 다양한 방식의 선전을 통해 대중에게 명품주의를 확산시키고 노동시장은 인간을 상품화하여 경쟁을 과열시키면서 자본의 구조적 힘에 의해 약자에게 소외감을 느끼게 한다.

물질문화와 도구주의는 학문과 교육도 물질적 가치의 성취를 위한 수단으로 간주되도록 하고 있다. 힐(Hill, 2008: 191)은 오늘날 학생들이 매스미디어, 컴퓨터, 이메일, 전화, 비디오게임 등의 영향으로 즉각적 유흥과 물질문화에 익숙해져 깊이 있

* 이 글은 2016년 『교육사상연구』 제30권 제3호에 실린 저자(심승환)의 논문, "아우구스티누스와 코메니우스 사상에 나타난 영성교육의 의미 고찰"을 수정한 것이다.

는 생각, 독서, 토론이나 돈 벌이에 직접적으로 도움 되지 않는 학습은 거부 반응을 보인다고 분석한다. 그런데 이러한 물질문화의 영향과 물질적 가치의 추구 속에서 인간은 한편으로 무엇인가 채워지지 않는 무의미함과 공허함을 느낀다. 이것은 인간이 물질적 가치로만 채울 수 없는 영적이며 초월적 특성을 함유하고 있기 때문이다(신승환, 2006: 574).

물질보다 정신적 근원을 추구하는 인간의 모델을 우리는 찾을 수 있을까? 아마도 그 모델은 채워지지 않는 물질적 욕망과 연약함을 극복하기 위해 영원하고 근원적인 것을 추구하며, 문제의 근원 및 해결이 자신의 내면과 이 세상의 종합적인 체계 속에 존재하며 그 조화로움의 회복을 추구하여야 한다는 통전적인 안목을 소유하였을 것이다. 아우구스티누스와 코메니우스는 바로 이러한 점을 여실히 보여주는 교육적 모델로 볼 수 있다.

아우구스티누스는 공적 생활의 근심에서 벗어나서 깊은 탐구에 몰두하면서 창조적인 여가를 즐기려 하였다. 그는 스스로의 이러한 삶을 '교양 있는 여유' 또는 '기독교인의 삶의 여유'라고 말하였다(Brown, 1967: 162). 그에게 행복이란 오늘날의 물질적 욕망의 충족이 아니라 행복의 근원인 참다운 진리인 불변성과 영원성을 탐구하고 추구하는 것이었다. 그리고 이러한 추구는 인간 스스로의 불충분성을 극복하는 조건이다(Koerner, 1979: 134). 인류의 오랜 사상적, 학문적 업적 속에는 진, 선, 미에 대한 탐구가 있었고 오늘날에도 인문학과 교양에 대한 관심과 탐구는 과거보다는 약화된 경향이 있으나 여전히 명맥을 유지하고 있다. 특히 오늘날 웰빙에 대한 관심은 내면적 안식에 대한 관심으로 마음 수련, 정신 수련 단체의 예들을 쉽게 발견할 수 있다. 그러나 문제는 세상의 심각한 혼란과 악한 실상 속에서, 그리고 인간의 지적 한계와 의지적 연약성 속에서 과연 인간 개개인이 오직 스스로 충분히 진선미의 근본 의미와 가치를 자각하고 안식할 수 있는가?

이러한 문제의식 속에서 우리는 세상과 자신에 대해 통찰하는 지적 탐구가 개인의 노력뿐만 아니라 어떤 초월적이고 근원적인 영적 기반과 연결될 필요가 있음을 생각할 수 있다. 아우구스티누스는 〈고백록〉을 통하여 인간이 자기 힘으로 극복하기 힘든 한계와 역경에 부딪혔을 때 포기하지 않고 궁극적인 진리와 선(善)을 지속적으로 추구할 수 있는 힘과 지혜의 원천이 어디에 있는가를 제시하여 준다.

한편, 코메니우스는 30년 전쟁 등 크고 작은 전쟁의 소용돌이 속에서 각종 참상과 비극, 인간의 분열과 갈등을 목격하고 그 근원으로서의 인간의 죄악과 탐욕의 심각성을 성찰하였다. 그는 인간 내부에는 하나님이 심어 놓은 경건과 지혜의 씨앗이 있으나 한편으로는 악한 성향이 있다고 보았고, 세상의 혼돈과 문제들의 극복은 전자를 근간으로 후자를 극복하여야만 된다고 보았다. 그는 인간이 세속적이며 자기중심적인 일에서 벗어나 하나님의 섭리와 계획을 추구할 수 있어야 새로운 희망을 볼 수 있다고 생각하였다(이숙종, 1996: 178).

코메니우스는 우선적으로 외적인 것에서 내적인 것으로 관심을 돌리는 것이 문제해결의 열쇠로 보았다. 그의 관점에 의하면 건강, 미, 부귀 등을 탐욕적으로 바라고 여기에만 집착한다면 이는 결국 인간에게 허영과 방해물이 될 것인 반면, 선천적으로 하나님께서 인간에게 심어 놓은 지식과 신앙과 덕성의 생명의 기초를 추구한다면 인간은 탁월성을 성취할 수 있다. 이 세상의 문제는 그 문제의 근원과 근원적 해결방향에 대한 깊은 통찰과, 지속적이고 단계적인 근원적 목적 추구의 과정을 통해서 극복가능하다. 그가 본 해결의 근본은 인간의 목적이 '하나님과 더불어 영원한 행복을 누리는 것'이라는 목적에 대한 분명한 인식, 또한 이를 달성하기 위해 '하나님 형상을 닮아가며 하나님의 뜻을 이 땅에서 실현'할 수 있도록 추구하고 노력하는 것이다.

하나님의 형상과 뜻을 추구하는 인간은 세상의 모든 구성물들을 깊이 성찰하며(합리적 피조물), 자신과 세상을 현명하게 통제하며 세상이 합당한 목적으로 적절하게 성취되도록 하며(모든 피조물의 지배자), 하나님의 완전함과 거룩함을 닮아가야(창조주의 형상과 기쁨이 되는 피조물) 한다. 이러한 세 가지 목적 또는 인간 존재의 근간은 지식, 덕성, 신앙의 씨앗의 발현과 함께 서로 연결되어 인간과 세상을 이상적으로 실현하는 생명의 기초이다(Comenius, The Great Didactic, 정확실 역 2007: 45-47).

인류의 학문과 교육의 역사에서 볼 때, 인간성 및 인간교육에 대한 관점은 지 · 정 · 의 또는 지 · 덕 · 체의 3가지 요소로 구분하고 관점에 따라서 주지주의, 주정주의, 주의주의로 나뉘고 그에 따라 그 인간성을 실현하는 교육의 강조점도 상이하게 나타났다. 그러나 코메니우스의 관점에 의한다면, 지성, 감성, 의지 또는 지성, 덕성, 체성은 하나님의 형상 및 뜻을 실현하는 유기적으로 연결된 통합체이다. 코메니우스는 하나님의 형상인 인간 존재의 통합성에 기초하여 모든 사람, 모든 내용, 모든 포괄적 방법이라는 범교육론을 제시하였다(Comenius, Pampaedia Allerziehung, 정일웅 역, 2005). 즉, 인간의 완성은 인간과 세상의 유기적으로 연결된 전체로서의 큰 목적을 통합적으로 인식하고 구현하여야 이루어진다. 이같이 인간의 근본 문제에 대한 깊은 인식, 초월적 존재와의 연결, 지 · 정 · 의의 종합적 접근, 인간과 세상의 종합적 인식 등을 볼 때 우리는 코메니우스로부터 기존 인간성의 관점과는 다른, 영성의 의미를 생각해볼 수 있고 현대사회의 주요한 문제들에 대한 근원적 해결방향을 찾아볼 수 있다.

아우구스티누스와 코메니우스는, 전자는 고대에서 중세로 이행하는 과도기에, 후자는 새로운 근대사회의 시작점에서 다양한 시대적 문제와 요구들에 대해 근본적으로 기독교적 영성을 바탕으로 대처하고자 한 유사한 역사적 맥락을 공유한다고 본다. 특히 아우구스티누스는 〈고백록〉을 통하여 본인의 삶의 구체적인 사건들과 경험들을 통해 다양한 삶의 문제들을 근본적으로 어떻게 극복해 나가야 할지를 제시하였고, 코메니우스는 범조화적 인간학과 범교육론을 통해 전쟁과 갈등, 혼돈의 시대에 어떻게 진정한 평화와 행복을 추구할지를 주장하였다. 이 글은 이 두 사상가를 통하여 한편으로는 개개인의 삶에 초점을 둔 미시적인 차원에서, 다른 한편으로는 인간 전체의 공통된 거시적인 차원에서 영성 및 영성교육의 의미를 종합하여 오늘날 물질주의, 소비주의, 도구주의 등으로 인한 문제들에 근본적으로 대처할 수 있는 방향을 논의해 보고자 한다. 물질문화와 도구주의를 극복하는 방안은 다양한 차원에서 접근할 수 있으나 여러 실질적인 대안들에 보다 근원적인 정신적 토대가 될 수 있는 것이 영성이라 본다. 이하에서 아우구스티누스와 코메니우스가 본 영성은 무엇이며 이를 어떻게 키울지에 대해 살펴보겠다.

나. 영성 및 영성교육의 일반적 의미

영성과 관련된 영어의 'spirit'이란 말은 히브리어나 헬라어로 'ruah' 또는 'pneuma'인데 그 어원적 의미는 '공기 중에 무형의 움직임(intangible movement of the air)'을 뜻한다(Wright, 2000: 7). 이 용어와 관련하여 〈요한복음〉에는 '바람'을 언급하며 어디서 와서 어디로 가는지 알 수 없다고 표현하며(3:8), 〈창세기〉에는 하나님이 땅의 흙으로 사람을 만드시고 코에 '생기'를 불어넣어 '생령(living soul)'이 되었다고 언급되어 있다(2:7). 이러한 용례들은 영성이 근본적으로 '감각을 초월한 신비한 특성, 역동적이며 삶 또는 생명과 관계되는 특성'을 내포함을 짐작하게 한다. 〈Concise Oxford Dictionary〉의 사전적 정의에 의하면 'spirituality'는 첫째, 물질과 반대되는 정신적인 것, 둘째, 성스럽고 종교적인 것, 셋째, 정련되고 민감한 영혼의 의미를 뜻한다. 첫 번째 의미는 주로 서구 사회의 전통사상인 플라톤의 영향으로 인간을 정신과 육체로 구분하고 전자는 영원불변하며 반면 후자는 일시적이며 변화무쌍한 것으로 보는 관점에 근거한다. 플라톤은 이상적 상태는 변화하는 물질세계를 내면의 영적인 부분이 다스려야한다고 보았고 이 같은 관점은 서양 역사에서 중요한 영향력을 미쳐 왔고 또한 현대 자본주의 사회의 물질주의, 소비주의 경향에 대한 반박의 토대로서 작용한다(Wright, 2000: 7-8).

두 번째 영성을 '성스럽고 종교적인 것'으로 보는 관점에서는, 신 혹은 어떤 초월적 존재가 모든 사물의 중심이며 인간의 영적인 삶(생명)은 그 신성한 것에 대한 추구를 통해 이루어진다. 이는 첫 번째 관점이 변화하는 물질적 부분을 제어하고 불변하는 정신적(영적) 부분을 살리는 자각과 교육의 과정을 강조하는 것과 달리, 근본적으로 초월적 존재의 도움, 그에 대한 추구를 필수적인 것으로 보는 시각이다. 이 영성관의 초점은 정신과 물질의 대조가 아닌, 신성한 것과 세속적인 것의 대조이다. 이 관점에서는 대자연과 같은 물질세계는 하나님의 창조계의 일부로서 하나님의 신성한 섭리가 부여되어 있기에 함께 찬양하여야 할 대상이고, 인간의 영성은 물리적 세계로부터의 도피가 아니라, 죄악 및 타락에서 벗어나 신성한 모든 것을 추구하여야 한다. 그런데 현대 사회에서는 무신론적 관점이 팽배함에 따라, 과거에 신을 의존하거나 추구하던 것에서 '궁극적인 의미' 같은 것으로 대체됨으로써 영성의 종교성 및 신성함의 요소는 상당부분 약화되었다.

마지막으로, 영성을 '정련되고 민감한 영혼'의 의미로 보는 관점은 깊은 내면의 자아 성찰을 통한 진정한 자아의 각성 및 내면 수양에 초점을 둔다. 이 관점은 첫 번째 관점처럼 영성을 정신과 물질의 대립으로 보지도 않고, 두 번째 관점처럼 반드시 초월적인 존재와의 관계에서만 보지도 않는다. 이 영성관은 과거 종교적 영향이 강했던 시대에는 경건 훈련, 기도, 묵상 등과 관련되며, 현대에는 정신분석학의 자기 이해나 수련 단체의 명상 수련 활동과 관련이 많다(Wright, 2000: 9).

유재봉(2013: 104-105)은 영성의 개념을 설명하면서 "초월성"과 "내재성"을 주장한다. 첫째, 영성은 무시간적 · 무공간적 특성을 지니고 있어, 어떤 한 부분으로 인식되던 것이 하나의 전체로 드러나며 논리적 혹은 사실적으로 분리된 것이 통합되어 나타난다. 이러한 영성의 초월적 성격은 현상의 이면에 있는 궁극적 실재를 추구하게 하고 실재의 한 측면을 넘어 전체를 통합하여 이해하도록 한다. 둘째, 영성은 모든 것에 붙박혀 있거나 편재해 있는 특성으로 신의 형상, 즉 신의 지성과 도덕성을 가진 인간은 신의 진선미성(眞善美聖)의 지고의 이상적 가치를 추구할 수 있다.

이상의 영성의 개념들을 종합해보면, 영성이란 감각적·가시적인 것과 대조되는 것으로 생명의 기를 생성·유지하게 하는 것이며, 변화하는 물질세계에 반하여 변치 않는 정신세계와 관련되고, 세속적인 것에 반하여 신성한 존재와 가치를 추구하는 것이며, 자아성찰과 내면의 수련을 통해 정련되고 민감한 영혼을 함양하는 것이며, 시공을 초월하여 통합적으로 인식하는 초월성과 신의 온전한 성품을 분유한 내재성을 지닌 것이다. 그런데 문제는, 현대사회의 다원주의 경향과 물질주의 문화 속에서 이 같은 폭넓은 영성의 개념이, 한편으로는 '개개인이 나름대로 생각하는 인생의 의미와 목적에 대한 성찰' 정도로, 다른 한편으로는 '지나친 물질주의로 인한 다양한 사회문제, 도덕적 문제에 대한 대안적, 치료적 방책'의 의미로 좁혀지는 경향이 다분하다는 점이다.

Carr(2003: 213)는 영국이 근래에 주로 세 가지 이유로 영성 및 영성교육에 관심을 기울이게 되었다고 설명한다. 그 이유는 첫째, 문화 다원주의 및 개인주의와 관련된 사회적 협력의 쇠퇴, 둘째, 세속주의 및 물질주의 영향으로 인한 전통적 가치의 붕괴, 셋째, 도덕보다는 경제적 이익에 초점을 둔 교육 목표이다. 이러한 배경하에서 영국은 교육과정에 공식적으로 영성을 강화하는 정책을 추진하였다. 그런데 이러한 교육정책의 근저에는 영성을 비교적 협소한 시각에서 일종의 태도적인 것으로 보는 관점이 있는데, 여기서는 영성을 종교성 없이 영적인 삶에 대한 경험적인 것으로 본다. 이는 아름다운 일몰 장면이나 음악을 대할 때 느끼는 신비롭고 경이로운 것에 대한 심미적 태도와 관련된다. 이 관점에 입각한 영성교육은 문학, 음악, 과학 등 다양한 교과를 연계하여 사물 및 세계의 경이로움과 아름다움을 심미적으로 느끼고 아울러 자기 욕구에 치우친 이기적 태도를 극복하여 사물 및 세계와의 공감능력, 관계적 태도를 함양하는 데 그 목표가 있다(Carr, 2003: 215).

이러한 관점과 유사한 맥락에서 Jacobs(2003: 61-62)는 영성이란 '지속적인 신념'으로서 세상의 불확실성, 역경 속에서도 느낄 수 있는 안정감으로 정의의 실천, 미

(美)에 대한 기쁨, 깊은 이해, 사랑과 돌봄의 실천 등을 통해 의미와 가치의 풍성함을 깨달을 때 가능하다고 주장한다. 그는 개개인이 각자의 삶 속에서 스스로 중요하게 의미를 부여하는 가치가 견고하게 자리 잡을 때 역경을 이길 수 있다고 본다.

위와 같은 현대의 영성관은 개개인의 다양한 주체적 능력과 의지를 긍정적으로 보며 또한 일상 수준에서 도달 가능한 영성의 의미를 제시한다. 그러나 종교적인 관점을 배제한 채 오직 이 세상과 개개인의 신념 안에서만 생각할 때 과연 인간이 그러한 흔들림 없는 신념이나 가치를 얼마나 잘 생성하고 유지할 수 있는가?

세상은 인간이 스스로 감당하기 힘든 극도의 혼란과 악한 실상으로 넘쳐난다. 인격과 덕행으로 사회적으로 존경받는 인물이나 지적, 학문적으로 큰 성취를 거둔 학자라도 한 순간의 시련과 유혹을 이겨내지 못하는 예들을 우리는 무수히 본다. 또한 가시적인 세계와 달리 영적인 세계는 인간 개개인이 스스로 일상적인 경험과 배움으로써 이해할 수 없는 부분이 오히려 더욱 크게 존재한다. 문학, 음악, 과학, 봉사활동 등으로 심미적 태도를 키우거나 다양한 삶의 경험과 실천을 통해 모종의 가치관을 얻는 것으로 우리는 충분히 영적인 세계의 폭넓은 의미와 어떠한 것에도 흔들림 없는 견고한 신념, 평화로운 마음을 소유할 수 있는가? 바로 이러한 문제에 대하여 아우구스티누스와 코메니우스의 종교적 관점의 영성의 의미를 탐구해보면서 하나의 해답을 모색해 보고자 한다.

다. <고백록>을 중심으로 본 아우구스티누스의 영성교육의 의미

A. 자신의 한계 및 하나님의 도움의 필연성에 대한 자각

아우구스티누스는 〈고백록〉의 상당 부분에서 자신 및 인간의 연약함과 한계에 대하여 서술한다. 그는 “내 병은 많고도 중하다.”(Conf. X. 43[1])고 고백했으며 “어찌 인간이 진리를 가르칠 수 있겠는가?”(Conf. XIII. 38)라고 문제 제기하였다. 아우구스티누스가 볼 때, 인간은 때로 선한 의지를 가지고 있더라도 끊임없는 이 세상의 유혹과 시련, 죄악 속에서 넘어지고 고뇌하며, 진리와 선(善)을 지적으로 탐구하고

1) 이하에서 〈고백록〉을 축약하여 Conf.으로 표시하고 권은 로마 숫자로, 장은 아라비아 숫자로 표시하겠다. 〈고백록〉은 1955년 Westminster Press에서 출간된 *Confessions and Enchiridion* (ed. Albert Cook Outler)을 참고하였다.

추구하지만 스스로의 지적 노력의 한계를 경험한다. 인간의 의지적, 지적 한계에 대한 성찰은 아우구스티누스 자신의 삶에 대한 회고와 반성으로부터 비롯된다.

그는 어린 시절 거짓말, 도둑질, 폭음과 폭식, 명예욕, 타인 비난, 싸움 등의 수치스러운 행동들에 빠져 살았고(Conf. I. 18) 청소년기에는 극심한 육욕으로 가득 차 있었고 교만의 결과로 낙담과 좌절감에 휩싸였음을 고백한다(Conf. II. 2). 그는 자신을 '정욕의 노예'로 표현하며 육체의 눈을 통해 들어오는 유혹과 시험이 얼마나 강력한지를 고백하며, 허망한 호기심으로 마술, 기사, 이적, 극장, 점성술에 빠져 있었고 나름대로 악의 근원에 대하여 지적으로 성찰하였으나 끝내 지적 한계에 봉착하였음을 고백한다(Conf. VII. 7). 회심하기 전까지 그는 때때로 자신의 문제에 대해 반성하고 돌이키기도 하나 끊임없이 이러한 타락과 방황은 반복된다.

아우구스티누스의 의지적인 한계는 지적인 한계에 대한 성찰과 연결된다. 그는 수사학 교수로서 당대의 높은 학문과 지성을 소유하고 있었고 스스로 자신의 지적 능력에 대한 상당한 자신감을 가지고 있었다. 그는 다양한 철학적 문제에 대하여 논리적으로 추론하고 타인과 토론하기를 좋아하였고, 명확하고 합리적으로 이해되지 않는 것에 대하여는 경멸의 태도를 가지고 있었다. 그런데 이러한 태도는 당대의 유명한 교부였던 암브로시우스와의 만남을 통하여 도전받게 되었다. 암브로시우스는 성경을 문자적인 의미가 아닌 영적인 의미로 해석하였고 이는 그에게 이제껏 무시하였던, '명확히 보이지 않고 설명할 수 없는 영적인 세계'와 그 의미를 성찰하게 하였다(Conf. VI. 4).

이와 더불어 아우구스티누스는 암브로시우스의 침묵 속의 독서 장면을 목격하고 중요한 도전을 받게 된다. 당시에는 소리 내어 읽고 문답하는 독서법이 주류였는데 암브로시우스는 타인의 방문에도 불구하고 침묵 속에서 조용히 읽고 있었다. Baldwin(2008: 23)은 암브로시우스의 이러한 침묵의 독서 장면이 아우구스티누스에게 자극이 되어 그로 하여금 조용히 내면 깊숙이 들어가 스스로 질문하게 하고 영적 실체에 대한 성찰을 이끌었다고 지적한다. 즉, 이러한 성찰이 그에게 지적 교만에서 벗어나 인간이 스스로 이해하기 힘든 영적 세계가 있고 이에 대해 겸손한 내적 성찰을 통해 접근하여야 함을 자각하게 하였다. Caranfa(2013)는 소크라테스와 아우구스티누스의 지적 탐구 과정에서 공통적으로 '침묵'의 중요성을 지적하며 침묵이 상징하는 바는 우리가 말로 다 할 수 없고 즉각적으로 다 알 수 없는 어떤 신성한 것이 존재하며 이는 조용히 침묵 속에서 내면에 들려지는 소리를 경청함으로써만 접근할 수 있음을 지적한다.

아우구스티누스에게 앎은 믿음에서 시작된다. 믿음은 교만한 앎에서 정선되고 겸손한 앎으로 이끌며 희미한 앎에서 분명한 앎으로 인식의 방향을 전환시킨다(양명수, 1999: 133). 그는 로고스는 신비의 베일에 싸여 있어 거만한 자가 이해할 수 없는 것이며 오직 자신을 낮추는 자가 들을 수 있다고 고백한다(Conf. III. 5). 〈고백록〉의 거의 전반에 걸쳐 그는 진리, 선, 미, 행복 그리고 그에 대비되는 거짓, 악, 추함, 불행의 근원 등에 대하여 길고 긴 지적 숙고를 시도하였으나 결국 하나님의 은혜와 성령의 인도에 따른 회심의 경험과 '내면의 교사'의 가르침에 따른 참 깨달음이 있기 전까지는 끝없는 지적 딜레마의 연속이었다. 그에게 있어 참된 앎은 하나님의 은혜와 인도를 통한 존재와 의지(믿음) 전체의 연결된 변화가 없이는 불가능한 것이었다(Conf. XIII; 주영흠, 2014: 276-277). 바로 이러한 지적 한계와 하나님의 인도의 필연성에 대한 자각이 그의 영성관의 근본이라고 볼 수 있다.

아우구스티누스에게 있어 지적인 한계보다 더 근본적인 것은 인간 존재 자체의 유한성, 곧 죽음이었다. Dunne(2003)은 인간의 영적 삶에서 중요한 것은 '내면성(internality)'으로 진리와 선 자체가 마음의 좋은 상태, 영혼의 필요를 규정한다고 본다. 그에 의하면 우리의 영혼은 고통과 슬픔 속에서 동시에 삶의 기쁨과 경이로움을 경험할 수 있는 힘을 가지고 있다. 우리는 고통에 연약하며 필연적인 죽음, 슬픔과 탄식 속에 살아가는 존재이지만 그럼에도 이를 기쁨으로 변화할 수 있는 능력, 세상의 선과 미에 대한 감사함을 느낄 수 있는 감수성을 지녔으며 바로 이것이 인간의 영성을 보여주는 것이라 주장한다. 그런데 문제는, 만약 어떤 사람이 더 이상 기쁨이나 감사함을 느끼기 힘들 정도로 큰 충격과 슬픔을 경험한다면, 어떨 것인가? 여기서 스스로 극복하기 힘든 근본적 한계를 느낀다면 어떻게 하는가?

Hadot(1995)은 삶의 배움, 대화의 배움, 죽음의 배움, 읽기의 배움을 영혼의 훈련의 네 가지 방법으로 보았는데, Martin(2008)은 이에 근거하여 〈고백록〉 전반이 이 네 가지 훈련에 관한 이야기이며 특히 이 중 '죽음의 배움'을 통해 아우구스티누스는 인간의 유한성과 개별성에 대한 자각과, 이를 초월한 무한성과 보편성을 성찰하게 되었음을 지적한다.

아우구스티누스는 〈고백록〉 4권에서 친구의 죽음으로 극도의 슬픔과 공포, 심리적 방황을 경험하였음을 고백한다. 이러한 상실의 슬픔으로 그는 깊은 음란과 타락의 생활을 하게 된다(Conf. IV. 8). 그러나 그는 여기서 그치지 않고 이를 계기로 죽음에 대해 성찰하면서 모든 개체의 생멸과 유한성, 부분성을 깨닫고 이것들은 전체이자 하나이며 무한한 존재, 곧 하나님과 연결되지 않으면 참다운 생명력을 누릴 수 없음을 알게 된다. 한시적이고 유한한 피조물에 대한 사랑에 머물러 있을 때 우리는 어쩔 수 없이 슬픔과 두려움을 떨쳐 낼 수 없다. 그는 우리 안에 한시적인 육체가 아닌, 영원한 부분인 영혼을 통해 영원한 하나님과 연결되어 있을 때, 또 그 안에서 인간 간에 사랑을 나눌 때만이 흔들림 없이 확고히 설 수 있다는 통찰을 경험하게 된다(Conf. IV. 10-12).

아우구스티누스는 친구의 죽음 뿐 아니라 그가 가장 사랑하였고 인생의 멘토로서 존경하였던 어머니의 죽음 앞에서 이와 유사한 깊은 자각을 경험한다. 그는 어머니의 임종을 "말할 수 없는 슬픔"이라 표현하며 그가 의지하였던 존재의 상실로 생각하였다. 그런데 어머니의 임종은 시기적으로 보면 그가 이미 '회심의 순간'을 경험한 후였다. 이전 같으면 그 자신만을 의지하였으나, 이제 그는 극도의 슬픔과 절망감 속에서도 '죽음'에 대해 더욱 깊이 묵상하며 영원한 하나님과 그리스도의 사랑을 성찰한다. 그는 죽음에 대한 성찰을 통해, 인간은 육체적으로 죽지만 근본적으로는 '죄와 교만'으로 죽으며, 이는 곧 유한한 인간이 자신의 교만으로 영원한 하나님과 단절됨으로 인한 것으로, 오직 하나님의 은혜의 공로, 그리스도의 구원에 의해 인간은 다시금 영적으로 살 수 있음을 자각한다. 죽음 앞에서 인간은 두렵고 절망적일 수밖에 없지만, 영원한 하나님의 은혜와 그 안에서의 영원한 안식을 통해 희망을 찾을 수 있다.

이와 같은 아우구스티누스의 관점에서 볼 때, 자신을 비롯한 모든 인간은 지성, 감성, 의지의 모든 면에서 한계를 가지고 있고, 이를 극복하기 위해서는 인간 각자 스스로의 힘만으로는 해결 불가능하고 하나님의 은혜와 인도가 필요하며, 이를 깊이 성찰하고 자각하는 것으로부터 참다운 영성이 자라날 수 있다.

B. 함께 나눔을 통한 영적 성장

앞서 영성의 개념에서 보았듯이 영성의 중요한 부분 중에 하나는 자아에 대한 깊은 성찰이다. 그런데 Taylor(1992)에 의하면 자아정체성은 개인이 홀로 내면 성찰을 통해 이뤄지는 것이 아니라 공동체의 타인과의 관계, 자연 세계와의 관계, 신과의 관계의 발달을 통해 이루어진다. 정체성은 자아가 삶에서 직면하는 '의미와 가치들'을 인식함으로써 가능한데 이는 홀로 구성되는 것이 아니라, 사람들 및 다양한 차원의 존재들과 지속적으로 교류함으로써 이루어진다. Hull(1998: 66)은 영성은 '사람 내부에 존재하는 것이 아닌 사람 사이에 존재하는 것'이라 주장한다. 그는 사람들이 타인의 삶에 동참하고 사람 상호 간에 존엄성, 관용, 상호 신뢰, 공존과 공유를 경험하며, 타인을 위한 삶의 가치를 인식하고 공동체를 재창조함으로써 영성이 성장할 수 있음을 강조한다.

〈고백록〉 전반에 나타난 아우구스티누스의 삶의 이야기를 보면, 그는 끊임없이 어머니, 친구들, 제자들, 직 · 간접적 영향을 준 인생의 멘토들, 책과 성경, 하나님과의 다양한 관계의 사건을 통해 자아를 성찰하고 다양한 의미와 가치들을 깨달았음을 확인할 수 있다. 일례로 〈고백록〉의 6권에서 아우구스티누스는 그의 동료이자 제자인 알리피우스와의 대화를 통해 행복의 의미를 성찰한다. 당시에 그는 거리의 술 취한 거지를 보며 한 순간의 쾌락에 젖어있는 것이 과연 행복인가를 생각하며 한시적인 성격을 가진 '명예'에 지나치게 빠져 있는 자신을 반성한다. 그런데 바로 그 시점에 알리피우스 역시 검투사 경기에 지나치게 탐닉해 있었고 아우구스티누스는 자신과 유사한 상황인 제자의 처지를 안타깝게 여기며 자신의 반성에 기초하여 그에게 관련된 책의 구절을 인용하며 가르침을 주었고, 이에 알리피우스는 더 이상 그것에 탐닉하지 않게 변화되었다(Conf. VI. 7).

이러한 사건을 기록한 아우구스티누스의 의도는 첫째, 그러한 일련의 과정이 본인의 영적 성숙에 중요한 의미가 있다는 점과, 둘째, 이를 독자에게 알려 독자들과 이러한 성찰과 깨달음을 공유하고자 한 점으로 볼 수 있다. 아우구스티누스의 삶은 스스로의 반성과 성찰, 타인과의 대화, 가르침과 배움 등의 사건이 긴밀하게 연결되어 있었다. 그의 삶에서 스스로의 깨달음으로서의 배움은 그 깨달음의 나눔으로서의 가르침으로 연결되며, 자아의 성숙과 타인의 성숙이 맞물려 진행된다. 그런데 〈고백록〉의 영적 각성의 나눔에서 중요한 부분은 성령의 역사가 인간들의 상호작용에 함께 작용한다는 점이다. 그가 위의 예에서처럼 제자와 더불어 깨달음을 나눌 수 있었던 배경에는, "자신의 마음과 혀를 뜨거운 숯불이 되게" 만드는 성령의 역사가 작용하였다(Conf. VI. 7). 성령의 역사는 교사 아우구스티누스의 영적 성찰의 의지, 제자에 대한 사랑의 의지, 제자 알리피우스의 순수한 열린 마음의 의지와 맞물려 영적 깨달음과 변화를 이끌게 된 것이다.

〈고백록〉의 가장 중요한 부분은 '회심'의 사건이다. 아우구스티누스는 아픔에서 기쁨으로, 굶주림에서 양식을 얻는 기쁨의 변화, 잃었다가 다시 찾은 것의 가치가 얼마나 큰 것인지 고백한다. 그런데 이 회심의 기쁨의 핵심은 그 혼자만의 것이 아닌, 타인들과의 함께 나눔에 있었다. 그는 사람들이 빛을 함께 보고 함께 즐거워하면 각자가 느끼는 기쁨이 더 풍성해진다고 하였고 먼저 가는 사람은 자신의 인도로 뒤따라오는 자로 인해 크게 기뻐할 수 있다고 하였다(Conf. VIII. 3-4).

〈고백록〉에서 이러한 영적 각성의 나눔은 '이야기(narratives)'의 나눔을 통해 전개된다. Verducci(2014: 579)에 의하면, 이야기는 특별한 인간 경험으로 관계, 맥락, 교육내용 속의 도덕적 문제를 드러내어 이를 통해 '도덕적 분별력'을 낳고 교육적 영향력을 발휘한다고 지적한다. 회심 사건 이전에 아우구스티누스는 빅토리누스, 안토니우스, 두 명의 황제 특사, 사도 바울의 이야기로부터 어떻게 자신이 영적 자극을 받고 공감하게 되었는지를 고백한다. 세속의 삶을 버리고 경건한 삶을 선택한 수도사 안토니우스의 이야기는 황제의 한 특사에게 전해지고, 그 특사는 다시 이를 다른 특사에게 전했으며, 이것은 또 그의 약혼녀에게 전하여져 영향을 주었고, 결국에는 아우구스티누스에게 전해져 영적 각성을 촉구한다(Conf. VIII. 5-6). 이처럼 〈고백록〉에서 보이는 영적 각성과 배움은 이야기의 연속적 전달과 공감을 통해 이루어진다. 이야기를 통해 사람들은 타인의 모습 속에서 자신의 죄악과 한계를 직면하며, 변하는 것과 변치 않는 것에 대한 통찰력과, 자신의 교만과 하나님의 인도의 필연성을 깨닫고 끝나지 않는 자기와의 싸움을 이길 수 있는 견고한 영성을 키워 나간다.

아우구스티누스의 회심에서 결정적 순간은 성경을 펴 읽는 것인데 그 계기는 복음서의 말씀을 자신에게 하는 말씀으로 받았던 안토니우스의 이야기였다. 또한 성경 말씀으로 참회하게 된 아우구스티누스가 제일 먼저 한 것도 알리피우스에게 그 이야기를 전하는 것이었다. 아우구스티누스가 '육신의 정욕의 극복'에 관한 로마서 13장의 말씀과 자신의 참회 이야기를 전하자 알리피우스는 로마서 14장의 '믿음이 연약한 자를 받아주라'는 내용과 함께 자신의 이야기를 덧붙여 전하였고 이는 아우구스티누스의 영적 깨우침을 더욱 풍성히 해주었다. 아우구스티누스는 또한 알리피우스와의 대화 후 어머니에게 자신의 참회를 전하였고 어머니는 이에 대한 기쁨을 '구하는 것보다 넘치도록 행하시는 주의 은혜'의 찬양으로 고백하였다. 여기서 중요한 점은 어머니의 삶의 이야기 속에 아우구스티누스의 참회의 이야기가 들어 있다는 점이다. 어머니는 주님이 꿈으로 보여준 '믿음의 통치'를 기대하며 아들의 회심을 간절하게 구하였고 중도에 아들의 방황을 보며 슬퍼하였으나 주님의 도우심의 믿음을 잃지 않고, 끝내 그녀의 간구의 결실이자 아들의 인생에서의 주님의 구원의 은총을 목격하였던 것이다(Conf. VIII. 12).

이처럼 〈고백록〉은 한 사람의 삶의 경험과 성찰의 이야기 속에 다른 사람의 이야기가 있고 그 이야기들이 서로 연결되고 보완되어서 영적 각성을 촉발하고 더 풍성히 자라나게 함을 보여준다.

라. 코메니우스의 범교육론과 영성교육

A. '하나님의 형상' 회복을 위한 '범지혜'로서의 영성

앞서 영성의 개념에서 중요한 부분은 바로 영성이 물질적이고 변화하는 것이 아닌, 정신적이고 영원불변한 것과 관련되며 이는 어떤 측면에서는 '신성하고 초월적인 것'과의 연결이 필요함을 확인하였다. 코메니우스는 인간의 궁극적 목적이 이 땅의 생애를 넘어서 있다고 보았다. 그는 이를 하나님의 창조 사건과 관련하여 설명한다. 인간은 단순한 물리적 삶의 유지 목적이 아닌, 하나님의 영혼을 분유받은 존재로(창조 시 코에 생기를 불어넣으심) '영적 생명'을 살아야 하는 존재이다. 이 영적 생명을 살기 위해서는 인간의 모든 행위, 생각, 말, 계획, 학습, 소유 등이 단계적 변화의 섭리에 따라 내생의 영원한 삶을 준비하고 지향하여야 한다.

인간의 삶은, 한편으로 감각, 지성, 의지의 발달로 영적 생명의 삶을 위한 발달을 돕기도 하지만, 다른 한편으로 식물적 혹은 동물적 생명의 특징상 감각과 욕망, 이생에 대한 집착을 추구하여 영적 삶에 방해가 되기도 한다. 이를 극복하기 위해서는 가장 근본적으로는 "하나님의 형상을 본받게 하기 위한 원형"(롬 8:29)으로 이 땅에 온 예수 그리스도의 모범을 본받아 현생이 잠시 왔다가는 곳이며 하나님과 함께 거하는 영원한 집을 지향해야 한다는 의식의 전환이 필요하다.

인간의 삶과 거처는 크게 어머니의 배, 지구, 하늘나라의 3단계로 이루어져 있는데 1단계는 2단계의 삶을, 2단계는 3단계의 삶을 준비하기 위해 존재한다. 단계의 진전을 통해 인간은 마지막 단계인 영원한 삶을 위한 합리적 영혼이 형성되며 이 과정은 때론 좁고 고통이 따르는 것으로 병아리가 껍질을 깨고 부화하듯이 전단계의 굴레를 벗어버리는 과정이 필요하다. 코메니우스는 이 같은 생의 과정을 마치 이스라엘 백성이 출애굽하여 광야생활을 통해 각종 사건을 체험하고 율법을 배우고 전쟁하며 마침내 요단강을 힘들여 건너 가나안으로 입성하는 여정에 비유한다 (Comenius, The Great Didactic, II, 1-12, 정확실 역, 2007: 35-39[2]).

이 같은 인간의 목적과 삶의 여정에 대한 관점은 코메니우스의 '범조화적 형이상학'에 기초한다. 아우구스티누스와 마찬가지로 코메니우스도 진리는 전체이자 하나인 하나님으로부터 나오며 하나님의 질서에 일치될 때 조화와 평화를 이루는 반면, 그것에서 이탈하고 분리되면 여기서 부조화의 문제가 발생한다고 보았다. 인간과 자연과 이 모든 세계 전체는 하나님으로부터 나왔고 인간의 활동과 최후 심판에 의해 다시 하나님께로 회귀한다. 모든 개별적인 것은 하나님이 창조하신 전체 세계 내에서 각자의 자리를 가지는데 인간의 타락에 의해 그 자리를 이탈할 때 문제가 생긴다. 문제의 해결은 근본적으로 예수 그리스도의 십자가의 대속에 의해 이루어졌으나 인간은 이에 기초하여 결심과 행동을 통해 가시적으로 그 잃어버렸던 질서를 회복할 수 있다. 코메니우스는 인간의 그러한 결심과 행동, 질서의 회복은 '범교육(pampaedia)'을 통해 가능하다고 보았다.

범교육은 보편적인 지혜인 '범지학(pansophia)'에 기초한다. 범지학은 '모든 사람에게, 모든 것을, 철저하게 알리는' 삼중적 전체 개념을 내포하고 있다. 코메니우스에게 이 범지학의 의미는, 첫째, '교육'이 지혜에 도달하는 주요 수단이며, 둘째, 지혜는 개인적인 덕목일 뿐 아니라 '인류 전체의 공동선'을 위한 수단이며, 셋째, 이 지혜는 특별한 사람만이 아닌 보통의 '모든 사람'이 다 도달 가능하다는 것이다. 범지학의 탐구대상은 전체로서의 실재로서 이는 모든 물리적인 것과 정신적인 것을 포괄하고, 감각적인 것, 지적인 것, 영적인 것을 포괄한다. 전체의 실재인 세계는 더 구체적으로 말하자면 '사물 세계', '인간의 세계', '성경의 세계'인데 세 가지

2) 앞으로는 이를 축약하여 GD II, 1-12(대교수학 2장, 1-12절)로 표시하겠다.

세계 모두 동일한 저자인 하나님으로부터 비롯되기에 조화와 질서를 가지고 있다. 그리고 인간에게는 이러한 세 가지 연결된 세계를 볼 수 있도록 하나님이 내면에 심어두신 지혜, 덕성, 경건의 씨앗이 존재하며 이를 통해 감각, 이성, 신앙의 안목으로 세계를 본다. 이 내면의 씨앗과 안목을 키우는 것이 바로 범교육 및 범지학의 핵심이다(오춘희, 1998: 36-39).

이러한 코메니우스의 세계와 인간에 대한 총체적 관점을 볼 때, 가장 중요한 점은 모든 전체가 하나님 안에서 유기적으로 '연관'되며 '조화와 질서'를 가진다는 것이다. 이러한 그의 세계관은 그 자체로 앞서 영성의 개념에서 두 번째로 검토하였던 '성스럽고 종교적인' 영성관에 상응한다. 이 관점에서는 하나님이 모든 것의 중심이며 인간의 참다운 삶(생명)을 위해선 절대적 존재인 신과의 연결, 신에 대한 의지와 추구의 노력이 필연적이다. 또한 이 종교적 영성관에서 중요한 점은 정신과 물질을 분리하고 전자를 우위에 둔 플라톤주의와 달리, 물리적 세계 역시 신의 창조물로서 신성함이 깃든 것이라는 점이다. 바로 코메니우스의 세계관의 핵심은 모든 물리적인 것과 정신적인 것은 동일한 창조주인 하나님으로부터 비롯된 연결된 전체이며, 이 연결된 전체를 제대로 이해하는 것이 인간의 목적이며, 이를 위해 또한 인간 내면의 지혜, 덕성, 경건의 씨앗이 서로 연합하여 작동한다는 점이다.

코메니우스가 궁극적으로 지향한 것은 바로 인간과 하나님, 인간과 자연, 인간과 인간, 인간 내면의 각 부분의 전체적인 조화와 연결을 통해 이 땅에서 창조주 하나님의 조화로운 질서의 뜻을 깨닫고 또 이를 실현하며 내생의 하나님과 함께하는 영원한 삶을 준비하는 것이었다. 이러한 코메니우스의 인간과 하나님 그리고 인간과 인간의 연결과 관계에 대한 강조는 앞서 고찰한 아우구스티누스의 영성관과 근본적으로 상통하는 부분이다. 또한 이러한 '관계성'과 '전체성'에 대한 인식은 근래 활발하게 논의된 홀리스틱 교육 사상의 영성관과도 연결된다. 송민영(2006: 97)은 홀리스틱 교육론의 영성의 의미에 대해 영성은 육체, 감정, 지성의 전체적 성장과 관계되며 자신 및 타인과의 깊은 만남을 추구하며 전체로서 상호 협력하는 생명을 실감함으로써 참된 자기, 참된 삶의 의미를 깨닫는 것이라고 설명하였다.[3)]

3) 홀리스틱 교육관은 인간의 내면과 타인, 세계와의 연결성과 교류 등의 통전적 안목을 함양하는 데 초점이 있다는 점에서 코메니우스나 아우구스티누스의 영성관과 연결되나 인간 존재의 근원, 궁극적 목적, 악의 영향력, 인간의 연약함 및 한계와 관련된 초월적이고 종교적인 통찰의 부분에

코메니우스는 하나이자 전체인 하나님이 창조한 모든 것이 유기적으로 연결된 전체 세계를 알기 위해 인간 내부의 유기적으로 연결된 능력들을 조화롭게 계발할 것을 주장한다. 인간은 하나님의 형상으로 내면에 온전한 능력이 잠재되어 있다. 그는 이 잠재된 능력이 실제로 온전하게 되도록 '모든 것으로' 가르쳐야 함을 강조한다. 그 모든 것이란 참된 것을 아는 '지식'과, 선을 사랑하며 나쁜 것의 유혹을 극복하는 '덕성'과 하나님과 올바로 교제하는 '신앙'이다. 즉, 인간은 첫째, 열린 눈으로 전체를 검토하고 모든 필요한 것을 아는 지식을 갖추어야 하며, 둘째, 가장 좋은 것을 선택하고 곳곳에서 평화롭게 살도록 행동하며 모든 것에 대해 기뻐하고 적은 것으로도 만족할 줄 아는 도덕적 태도를 함양하여야 하며, 셋째, 최고의 선인 하나님을 발견하고 다만 그로부터 자신을 분리하지 않도록 하는 경건한 신앙심을 키워야 한다.

코메니우스는 바로 이 세 가지가 조화롭게 달성될 때 인간이 비로소 애초에 지음 받은 하나님의 형상을 회복하며 영원하고 참된 복을 누릴 수 있다고 보았다 (Pampaedia Allerziehung, I, 5-9, 정일웅 역, 2005: 17-18 참고[4]). 이러한 지성, 덕성, 영성의 유기체적 조화의 관점은 인간성을 정신적인 부분과 물질적인 부분의 이원론적 관점에 근거하여 지 · 정 · 의의 영역으로 나누어 본 근대주의 인간관과 구별되는 특징을 보인다. 코메니우스의 관점에 의하면, 지성은 인간의 혼에 상응하며, 덕성은 인간의 몸에 상응하고, 영성은 인간의 영에 상응하는데 인간의 몸과 혼과 영이 분리될 수 없듯, 지성, 덕성, 영성도 분리될 수 없으며 함께 유기체적인 관계로 연결되어 배양되어야만 통합적 차원의 인간성을 구현할 수 있다(박민수, 2009: 127-128).

코메니우스의 이러한 전인적 인간관은 인간이 하나님의 형상이라는 인간의 영적 측면, 기독교적 관점에 근거한다. 그는 "우리의 형상을 따라 우리의 모양대로 우리가 사람을 만들고 그로 바다의 고기와 공중의 새와 육축과 온 땅과 땅에 기는

서 근본적으로 구별된다. 오늘날 도구주의와 물질문화 속에서 근원적 목적에 대한 통찰의 부족과 통제하기 힘든 심각한 사회악이 팽배하고 있다는 현실을 감안해 볼 때, 아우구스티누스와 코메니우스의 영성교육관은 보다 근원적이고 초월적인 차원에서 인간의 문제를 접근한다는 점에서 홀리스틱 교육관이 부족한 부분을 보완하고 보다 근원적인 차원에서 그 해결점을 모색할 수 있다고 본다.

4) 『코메니우스의 범교육학』. 이하에서 이 책은 줄여 PA로 표시. 앞의 로마 숫자는 Chapter, 뒤의 아라비아 숫자는 절을 표시함. 번역서의 페이지는 생략하겠음.

모든 것을 다스리게 하자"(창세기 1:26)는 말씀에 근거하여 인간의 정체성을 첫째, 합리적인 피조물, 둘째, 모든 피조물을 다스리는 피조물, 셋째, 창조주의 형상과 기쁨이 되는 피조물로 규정한다. 이 세 가지는 현세와 내세 생명의 기초로서 서로 연결되어 있다. 합리적인 피조물의 의미는 세상의 모든 것을 숙고하여 그 다양한 이치와 속성을 아는 것이며, 피조물의 지도자의 의미는 모든 사물을 합당한 목적으로 성취되도록 하며 지도자답게 의롭게 행동하여 자신과 타인을 올바로 통제하는 것이며, 하나님의 형상이 되는 것은 하나님의 완전함을 대표하는 존재로서 하나님의 거룩함과 같이 거룩함을 실현하는 것이다. 코메니우스는 바로 이 인간의 정체성으로부터 논리적으로 지식, 덕성, 신앙의 필요성이 도출된다고 본다. 그는 이 세 가지가 인간의 탁월성을 구성하며 외적인 장식에 대조되는 인간 생명의 본질이라고 표현하였다. 그는 인간이 이 세 가지를 위해 노력할수록 하나님의 형상을 회복하고 하나님과 더불어 사는 인간의 궁극적 목적에 가까이 가게 되는 것으로 이것은 인간 생애의 '본분'이라 보았다(GD, IV, 1-9).

우리는 앞서 영성의 어원적 의미에서 영성이 '보이지 않는' 것, '생명과 관계된' 것임을 살펴보았다. 코메니우스의 인간관과 세계관은 그 전체가 이러한 비가시적이며 생명과 관련된 영성의 차원에 근거한다고 볼 수 있다. 그의 관심은 근본적으로 오늘날의 개인적 차원의 자아실현이라든지 공동체의 번영과는 다른 것이었다. 그는 건강, 체력, 미, 부귀 등은 생명의 외적인 장식으로 이것들을 지나치게 추구한다면 오히려 중요한 것에 방해가 될 수 있음을 지적한다(GD, IV, 7).

현대 세계는 얼마나 더 많이 소유하고 누리느냐의 물질적 가치관이 팽배하여 있고 이는 개인과 집단의 '성공' 지향적 삶과 교육을 주도하여 모든 지식, 기술, 태도 등도 그러한 물질적 풍요를 달성하기 위한 도구적 성격이 다분하다. 또한, 그 모든 교육과정은 눈앞의 가시적 성과를 위한 것이기에 상호 간에 분절되고 전체적 · 유기적으로 연결되지 못한다. 가장 큰 문제는 그러한 가시적 성공을 추구하는 삶 속에서 비가시적인 내면의 삶이 소외되며 이는 방향상실감, 우울증, 자살, 이해할 수 없는 폭력, 분쟁과 갈등의 부작용을 야기한다는 점이다. 이러한 것을 해결하기 위해 프로그램화된 인성교육이나 명상 및 마음수련 같은 것을 한다고 하지만 코메니우스의 관점에서 볼 때, 이러한 것들은 인간의 정체성과 목적에 대한 근본적인 통찰에 따른 전체로서 체계적 · 유기적으로 진행되는 교육이 될 수 없다.

당대의 수준 높은 지적 교육을 받고 수사학 교수로서 사회적 명성과 지위를 누렸던 아우구스티누스가 지속적으로 내면의 방황과 갈등을 겪었던 것은 과거의 특정인의 이야기로만 볼 수 없다. 그에게 하나님의 존재와 그에 따른 그 자신이 가야 할 길을 분명히 깨달은 회심의 사건이 없었다면 그러한 방황과 갈등은 계속되었을 것이다. 코메니우스의 관점에 의하면, 인간의 삶의 모든 과정이 하나님을 향한 목적에 집중되어 있고 인간의 교육도 이를 이루어나가기 위한 유기적으로 연결된 과정이다. 피조물인 세상을 아는 지식은 결국 창조주의 뜻을 아는 것이며, 세상을 올바로 다스리는 덕성은 결국 창조주의 뜻을 실천하는 것이며, 창조주를 의뢰하는 신앙은 결국 하나님의 뜻과 일체가 되는 것이다. 결국 코메니우스의 모든 사상 체계는 하나님을 중심으로 인간이 살아가고 자라나가야 할 모든 행위들이 '범지혜'로서 유기적으로 연관된 영적인 전체로 볼 수 있다.

Meir(1971)에 의하면, 코메니우스의 가장 큰 유산으로 평가할 수 있는 부분은 바로 인간 배움의 이상을 제시하였다는 점이다. 그는 성경 말씀에 기초하여 코메니우스의 관점을 '하나님에 대해, 하나님에 의해, 하나님을 위한 배움'으로 설명한다. 이것은 배움의 목적-내용-방법의 유기적 연결로 코메니우스의 용어로는 '모든 사람에게, 모든 것을, 모든 방식으로'로 표현할 수 있다. 첫째, 모든 사람은 인간의 개별성과 보편성을 상징하며, 둘째 모든 것은 구체적 사실과 일반적 원리를 상징하고, 셋째 모든 방식은 사물들의 차이와 대립을 보는 한편 그 공통된 근간과 조화를 탐구하는 것을 상징한다. 이렇게 볼 때 인간의 배움은 한편으로는 가시적이고 개별적인, 기존의 '주어진 사실들'에 대한 앎을 의미하지만, 다른 한편으로는 그 이면에 있는 비가시적이고 보편적인, 어떤 '초월적인 것'을 보는 행위를 의미한다. 이를 달리 표현하면, 기존 사회의 문화적 '전통을 전수하고 유지'하는 것과 아울러, 그것을 '창조하고 초월'하는 행위로도 볼 수 있다.

바로 이러한 인간 배움의 양면을 종합하는 성격은 인간 자체가 하나님의 형상을 닮은 존재라는 사실에서 기인한다. 하나님은 전능하고 완전한 존재이면서 동시에 능력을 만들고 창조해나가는 존재로서 이를 닮은 인간도 주어진 것을 받지만 동시에 창조하고 초월하는 존재이다. 코메니우스가 보는 인간의 본성은 유한한 세계에 안주하지 않고 끊임없이 자신의 열망과 능력의 무한성을 찾아 궁극적으로 하나님을 향해 나아가는 것이다. 이러한 코메니우스의 관점은 인간 배움에 있어서 경험주의와 초자연주의를 종합하고 근세의 실재론적 세계관과 중세의 초월론적 세계관을 종합하는 것으로 변혁기에 있었던 당시 교육의 문제점 - 협소한 주입식 교육으로 인한 보편적 지식에 대한 무지 - 을 극복할 수 있었던 교육관으로 볼 수 있다 (Meir, 1971: 194-196).

우리는 앞서 영성의 의미에서 '초월성'과 '내재성'의 특징을 검토한 바 있는데 코메니우스의 모든 사상 체계는 전체로서 하나님의 형상을 실현하는 범지혜적 영성관으로 연결되어 있고, 이는 시험과 취업 준비용 단편화된 주입식 교육의 맹점을 극복하고 다양한 지식들의 근간을 통합적으로 관조할 수 있는 힘을 함양한다는 점에서 오늘날에 특별히 중요한 의미를 제시한다고 본다.

B. 삶의 '통전성(通全性)'으로서의 영성교육

코메니우스는 하나님의 온전한 형상을 실현하기 위해 '삶 전체가 하나의 학습장'으로서 '이론적인 부분'과 '실천적인 부분'을 유기적으로 연결하여 배우고 또 그 목적을 성취해가는 교육관을 제시하였다. 코메니우스는 당시 르네상스 인문주의 영향으로 고전강독 중심의 언어주의 교육의 문제점을 직시하고 학문이 삶에 연결되지 못하는, 단순한 학문을 위한 학문에 대해 비판하였다. 그런데 코메니우스의 관심은 이론을 통해 단순히 실천을 유도해 내는 것이 아니라, 삶의 실천 속에서 하나님의 뜻에 합당한 실천적 지식을 발견하고 추구하는 데 있었다. 코메니우스는 사물 세계에 대한 학습, 언어에 대한 학습, 경험적 학습 등을 통해 얻은 지식을 삶의 실천에 적용하고, 여기서 더 나아가 이 실천이 하나님의 뜻에 비추어 어떠한 의미와 목적을 지니는지, 또 이 의미와 목적에 비추어 다시금 자신의 삶에 있어서 사고와 행동이 어떻게 되어야할 지를 통찰하는 이론과 실천과 의미 성찰의 유기적 연결을 지향하였다(김기숙: 2003: 183-184 참조).

코메니우스는 범지혜를 성취하기 위해 형식적인 학교 기관 - 모국어 학교, 라틴어 학교, 대학 등 - 의 중요성을 보았으나, 이러한 학교는 결국 더 큰 '삶 자체의 학교(School of Life itself)'를 위한 준비이며, 이 세상의 모든 사람이 자신의 삶의 현장에서 '학생'이 될 수 있어야 한다고 보았다. 형식적 교육을 통해 개개인은 보다 성숙한 사람의 지도를 받을 수 있지만, 비형식적 교육 - 그 시작은 어머니 무릎학교, 곧 가정 - 을 통해 많은 사람들이 유용한 지식을 '상호 가르치고 배울 수' 있다. 이 세상 전체가 '가르치는 자'와 '배우는 자' 그리고 '배움의 내용'으로 구성되며 모든 단계의 사람들이 이 세 영역의 상호작용을 통해 삶 자체를 배운다. 교육의 목적은 각 사람이 자신의 삶의 방향을 스스로 주도하는 것이며, 모든 교육은 이렇게 스스로 삶을 이끌 수 있도록 안내하는 과정이다(PA V, 1-2; Sadler, 1966: 215).

삶 전체가 하나의 학교가 된다는 의미는, 시간적 차원에서 태아로부터 죽음에 이르기까지 인생의 모든 단계가 '유기적으로 연결'되어 결국 '하나님과 더불어 사는 영생'을 온전히 '준비해나가는 과정'으로 볼 수 있다. 인생의 각 단계는 저마다 습득하여야 할 과업들이 존재하며 이를 적절히 습득하지 못하였을 때 인간은 적합한 때를 놓치고 시간을 낭비하게 된다. 그는 자연에도 적절한 시기가 있듯이 인생도 아침이나 봄에 해당하는 유아기와 소년기, 오전이나 여름에 해당하는 청소년기와 청년기, 오후나 가을에 해당하는 장년기, 저녁이나 겨울에 해당하는 노년기가 있으며 자연이 시기에 맞게 부단히 일하며 쉬지 않는 것처럼 인생도 각 시기마다 해야 할 일이 있고 이를 적절히 성취할 때 기쁨에 이른다고 본다.

코메니우스는 이러한 인생 전체 단계에 걸친 배움을 태아 학교, 유아 학교, 아동 학교, 청소년 학교, 청년 학교, 장년 학교, 노년 학교, 죽음 학교로 명명하였고 이들은 몸과 마음과 영혼의 형성을 위해 유기적으로 연결되며 결국 하나님과 더불어 사는 영생으로 가는 연결된 사다리로 보았다. 각 단계의 학교는 다양한 차원의 세계를 인식하는 장으로서 태아기 학교는 가능성의 세계, 유아 학교는 원형상의 세계, 아동 학교는 천사의 세계, 청소년 학교는 자연의 세계, 청년 학교는 노동의 세계, 장년 학교는 도덕의 세계, 노년 학교는 영성의 세계, 죽음 학교는 영원의 세계에 상응한다. 앞의 두 학교는 가정이, 중간의 세 학교는 사회가, 마지막 학교들은 개인이 주요 역할을 담당해야 하기에 가정과 사회와 개인은 유기적으로 연결되어야 한다(PA V, 4-7; XV).

결국 코메니우스가 보는 하나님의 형상을 실현하는 범지혜의 영성교육은 태아에서 죽음에 이르기까지의 '평생의 시간적 차원'과, 가정, 마을, 도시, 국가, 세계 등 크고 작은 사회(형식적 학교기관과 비형식적 공동체 상호작용), 개인(몸-마음-혼), 또 그 외의 다양한 사물과 비 인공적 자연 세계의 '모든 공간적 차원'이 통섭하여 연결되는 '삶의 통전적 배움'을 지향한다.

코메니우스에 따르면 인간의 삶은 자신(개인)과 타인(공동체)과 하나님이 연결된 총체이다. 그가 범지혜의 교육을 통해 달성하고자 한 이상은 각 개인이 전인적으로 성장함과 함께, 더불어 사는 공동체가 올바른 방향으로 변화하고 이를 통해 창조주 하나님의 뜻을 구현하는 것이었다. 이러한 '개인, 공동체, 하나님'의 삼차원적 통섭 교육관을 구체적으로 보자면, 첫째, 각 개인은 '하나님의 지혜'의 형상을 바탕으로 세계의 다양한 지식을 통해 지혜롭게 성장하여 자신의 목적과 사물의 목적 및 그 구현 방법을 알아야 하는데, 특히 이 과정에서 자연을 통한 지식과 일을 통해 얻는 지식이 개인의 올바른 삶을 위해 중요하다. 둘째, 각 사람은 '하나님의 선함'의 형상을 바탕으로 자율성 및 합리적 사고능력과 선행의 실천을 통해 '도덕성'을 계발하여야 하는데 이를 통해 개인은 자신과 타인을 위해 선한 것을 분별하며 올바르고 견고한 관계를 유지하며 '공동의 행복'을 모색할 수 있다. 셋째, 각 사람은 '하나님의 거룩하심'의 형상을 바탕으로 하나님 앞에 경건하며 신실하게 살아가야 한다. 경건은 인간의 모든 생활을 지배하며 영위하는 가장 기본적인 영적 속성으로서 한편으로 모든 인간적 실수와 오류에서 자신을 보호하게 하며, 다른 한편으로 하나님과의 영적인 관계를 맺게 하는 신령한 힘이 된다.

'지식'은 자신과 혼에 주로 관련되며, '도덕성'은 타인 및 몸과 관련되며, '경건'은 하나님 및 영에 관련되는 것으로 사람의 혼과 몸과 영이 하나로 연결된 것처럼 자신과 타인과 하나님도 하나로 연결되어 있고 이 통전적 실체를 깨닫고 실현하기 위해선 지식과 덕성과 신앙심을 하나로 연결하여 함양하여야 한다. 코메니우스가 볼 때 인간 개인의 평화와 번영은 곧 공동체의 평화 및 번영과 연결되며, 이는 근본적으로 인간과 하나님의 평화, 하나님 나라의 실현과 연결되는 것으로, 이 궁극적인 평화와 번영을 위해 인간은 자신과 타인과 하나님을 연결하여 통전적으로 성찰하며 성장해 나가야 한다. 결국 코메니우스가 지향하는 통전적인 범지혜의 영성교육은 개인과 공동체, 자연과 하나님을 위한 통전적 과제로서 사람들, 사회와 세계, 자연과 하나님의 상호관계에서 발생하는 우주적이며 필연적인 프락시스(praxis)로 볼 수 있다(이숙종, 1996: 392-399 참조).

요컨대, 코메니우스의 관점에 의한 삶의 통전성으로서의 영성교육의 의미는, 학문과 실천의 연결, 모든 시간적 차원과 공간적 차원의 배움의 연결 및 통합, 형식교육과 비형식교육의 연결, 개인과 공동체와 하나님의 연결, 인간과 자연의 연결, 현생과 내생의 연결, 지식(혼)과 도덕성(몸)과 경건(영)의 연결 및 통합을 통해 삶에 대한 통전적인 범지혜를 갖추어 하나님의 형상에 합당한 삶을 주도적으로 살고 하나님과 함께 하는 영생을 준비하는 종합적인 영적 과정으로 볼 수 있다.

마. 맺음말

지금까지 아우구스티누스와 코메니우스의 관점을 통해 영성 및 영성교육의 의미를 고찰하여 보았다. 먼저 아우구스티누스는 〈고백록〉을 통해 자신과 인간이 삶의 험난한 과정에서 얼마나 연약한 존재인지에 대하여 깊이 성찰한다. 그는 고등교육을 받고 수사학 교수라는 사회적 지위와 지성을 소유하고 있었으나 자신을 '정욕의 노예'라 표현할 정도로 욕망의 유혹과 시험이 강력하며 그에 대한 자신의 의지가 연약함을 고백하였다. 또한 높은 수준의 학문과 추론 능력을 통해 다양한 철학적 문제에 대해 성찰하였으나 인간 개개인의 지적 능력만으로는 알기 힘들고 명확히 해명할 수 없는 영적 세계가 존재함을 실감하게 되었다. 아우구스티누스에게 참된 앎과 의지는 자기 스스로의 지적, 의지적 노력 위에 하나님에 대한 믿음과 겸손한 자세로 하나님의 은혜와 인도를 신뢰함을 통해 성취되는 것이다.

성경에서 '진리' 또는 '하나님 말씀'의 용어는 'Logos' 또는 'Rhema'인데 로고스는 일반적인 계시로 객관적이고 문자적인 의미의 진리와 말씀인 데 비해, 레마는 그 일반적 계시가 개개인의 특별한 상황에 비추어 성령의 도우심으로 특별하게 적용되는 특별한 말씀이다.[5] 아우구스티누스는 철학 서적과 성경을 보며 진리를 탐구하여 문자적이고 일반적인 의미를 발견하였으나 그것이 자신의 삶 속에서 구체적으로 적용되기 위해선 '내면의 교사'인 성령의 인도가 필요하였다.

아우구스티누스에게 가장 근본적인 한계로 다가왔던 것은 인간 존재의 유한성,

5) 말씀, 진리에 해당하는 헬라어 원어가 바로 로고스와 레마인데 어떤 곳에서는 로고스로 어떤 곳에서는 레마로 되어 있다. 로고스의 대표적 용례는 "태초에 말씀(Logos)이 계시니라 이 말씀이 하나님과 함께 계셨으니 이 말씀은 곧 하나님이시니라"(요 1:1)인데 이는 모든 인류와 세상을 창조하고 다스리며 구원하는 하나님을 지칭한다. 레마의 대표적 용례는 "이에 베드로가 예수의 말씀(rhema)에 닭 울기 전에 네가 세 번 나를 부인하리라 하심이 생각나서 밖에 나가서 심히 통곡하니라"(마 26:75)인데 여기서 말씀은 모든 이에게 통용되는 것이 아닌, 베드로의 구체적인 특수한 상황에서 베드로가 깨달아야 하는 메시지이다. 물론 성경에서 때로는 양자가 엄밀히 구분되지 않는 경우도 있으나 많은 경우에서 로고스는 일반적 의미로, 레마는 보다 특수한 상황적 의미로 나타나는 경우가 많다고 볼 수 있다.

곧 죽음이다. 그는 친구의 죽음으로 극도의 슬픔과 공포, 심리적 방황을 경험하였고 상실의 슬픔으로 음란과 타락에 빠지게 되었다. 또한 어머니의 임종을 보며 형언할 수 없는 상실의 슬픔을 겪게 되고 절망감을 느낀다. 그러나 이러한 죽음에 직면하여 인간의 생멸과 유한성, 부분성을 깨닫고 이는 전체이자 하나이며 무한한 존재인 하나님과 연결되어야만 참다운 생명력을 얻을 수 있음을 깨닫게 된다. 또한 그는 인간의 육체적 죽음 외에 죄와 교만으로 인한 영적 죽음을 인식하게 되고, 하나님의 은혜와 그리스도의 구원에 의해 하나님과 영적 관계의 끈을 다시금 회복할 때 영적으로 살 수 있음을 자각한다. 죽음 앞의 두려움과 절망은 영원한 하나님의 은혜와 그 안에서의 영원한 안식을 통해 극복된다.

아우구스티누스는 〈고백록〉 전반에 걸쳐 끊임없이 자신의 이야기 속에 주변 사람들의 이야기를 연결하여 소개하면서 자아를 성찰하고 진리를 탐구함에 있어 다양한 관계와 나눔의 사건이 어떻게 도움이 되는지 보여준다. 아우구스티누스는 명예에 빠져 있는 자신과 검투사 경기에 빠져 있는 동료 알리피우스의 상황을 연결하여 성찰하면서 그에게 반성의 가르침을 제시하였다. 그에게 자신의 깨달음으로서의 배움은 이것의 나눔으로서의 가르침으로 연결되어, 자아의 성숙과 타인의 성숙이 맞물려 진행된다. 영적 회심과 깨달음의 기쁨을 함께 나눌 때 더 풍성한 기쁨을 맛볼 수 있다. 〈고백록〉에서 아우구스티누스는 이야기(narratives)의 나눔을 통해 영적 각성을 공유한다. 그는 회심 이전에 빅토리누스, 안토니우스, 사도 바울 등의 영적 각성의 이야기를 통해 자극을 받게 되고 이러한 자극과 성령의 인도를 통해 성경책을 읽고 그것을 자신에게 적용하게 된다. 또한 회심 후 그는 동료와 어머니에게 자신의 회심 사건을 이야기하고 그들은 자신들의 말씀에 대한 성찰과 삶의 간증을 통해 화답하며 영적 성찰을 더욱 풍성히 해준다.

이와 같이 그에게 영성의 성장은 어머니, 친구들, 제자들, 인생의 멘토들, 책과 성경, 하나님과의 다양한 관계의 사건을 통해 이루어지며, 이야기의 나눔을 통해 타인의 모습 속에서 자신의 죄악과 교만, 하나님의 은혜의 의미를 깨닫게 된다. 〈고백록〉은 다양한 이야기들의 연결과 상호 교류를 보여줌으로써 자아정체성과 영성이 '관계'와 '나눔'을 통해 함양된다는 Taylor와 Hull의 영성관을 지지해준다. 아우구스티누스는 자신이 많은 사람들의 영적 각성의 이야기를 통해 성숙되었던 것처럼, 〈고백록〉에 나타난 자신의 삶의 이야기를 통해 독자들이 각자 자신의 삶에 그 의미를 적용하여 영적 성숙이 있기를 기대하였다.

한편, 코메니우스는 인간은 '하나님의 형상'으로 창조된 존재로 인간의 궁극적 목적은 현생의 물리적 삶의 영위가 아닌, 내생의 영원한 삶을 준비하는 것으로 보았다. 그는 범조화적 형이상학에 기초하여 세계와 인간은 하나님의 질서에 일치될 때 조화와 평화를 이루나 인간의 타락에 의해 부조화와 갈등이 발생한다고 보았다. 이 문제를 극복하기 위해선 그리스도의 구원에 대한 믿음과 이를 가시적으로 드러내는 결심과 행동이 필요하며 이것은 '모든 사람에게, 모든 것을, 철저하게(모든 방법으로)' 알리는 범교육을 통해 가능하다. 이 세계의 모든 것은 하나님의 뜻과 질서를 인식하는 연결된 전체이며 이 전체를 인식하는 것이 범교육의 목적인 범지혜이다. 범지혜의 탐구대상은 모든 물리적인 것과 정신적인 것을 포괄하는데, 인간은 하나님이 창조한 전체 세계인 사물세계, 인간세계, 성경세계에 대하여 하나님이 내면에 주신 감각, 이성, 신앙의 협력을 통해 탐구함으로써 이 범지혜에 도달할 수 있다.

코메니우스의 세계관은 종교적 영성관에 입각하여 인간과 하나님, 인간과 자연, 인간과 인간, 인간과 내면의 각 부분의 전체적 조화와 연결을 통해 하나님의 조화의 질서를 깨닫고 실현하며 내생의 영원한 삶을 준비하는 것을 지향한다. 이는 관계성과 전체성의 인식을 강조하는 홀리스틱 교육사상의 영성관과 연결되는 것으로 육체, 감성, 지성, 자신과 타인의 조화와 협력을 통해 참된 삶을 찾는 것을 추구한다. 인간이 하나님의 온전한 형상을 실현하려면 참되고 필요한 것을 분별하는 지식과, 선을 사랑하고 악을 물리치며 평화를 구현하는 덕성과, 최고의 선인 하나님을 알고 하나님과 교제하는 신앙을 조화롭게 함양하여야 한다. 이러한 코메니우스의 관점에 따를 때 인간성은 이원론(정신/물질) 혹은 삼원론(지/정/의)으로 구별되기보다는, 모든 부분이 하나님의 형상으로서 유기체적으로 연결되어 있고 또 그러한 연결과 조화를 통해 함양되어야만 온전한 인간성을 구현할 수 있다.

코메니우스는 인간의 근본 목적을 오늘날의 자아실현이나 공동체 번영과는 다른, 비가시적이고 생명과 관계된 영적 측면으로 보았다. 그는 인간이 외적 부분을 과도하게 추구할 경우 오히려 중요한 것에 방해가 될 수 있다고 지적한다. 인간의 모든 삶은 하나님을 향한 목적을 지향해야 하며 교육은 이를 이루기 위한 유기적으로 연결된 과정이다. 인간 교육은 인간의 창조 목적과 그에 따른 정체성에 부합하는 것으로 피조물인 세상을 아는 지식은 창조주의 뜻을 아는 것이고, 세상을 올바로 다스리는 덕성은 창조주의 뜻을 실천하는 것이며, 창조주를 의뢰하는 신앙은 하나님의 뜻과 일체가 되는 것이다. 이러한 기독교적 인간관에 기초하여 코메니우스의 범교육은 한편으로는 가시적이고 개별적이며 사실적인 지식을 추구하지만, 다른 한편으로는 그 이면의 비가시적이고 보편적이며 초월적인 지식을 추구한다. 창조주 하나님의 창조적 특성을 분유 받은 인간은 기존의 주어진 것, 유한한 세계에 머물지 않고 새로운 것을 창조하고 무한한 것을 추구하는 '초월적 성격'을 지니고 있다. 이러한 코메니우스의 관점은 단편화된 지식의 이면에 있는 보편적 근간을 통합적, 초월적으로 관조하게 하는 힘을 시사한다.

코메니우스는 삶을 '통전적'으로 바라보며 '삶 전체가 하나의 학습장'으로서 하나님의 뜻을 알아가고 실현해가야 한다고 주장한다. 이를 이루기 위해 첫째, 이론적인 부분과 실천적인 부분을 유기적으로 연결하여 배워야 한다고 보았다. 코메니우스는 이론적 학습을 삶의 실천에 적용하고 그 실천이 또한 하나님의 뜻에 비추어 어떤 의미를 지니는지 다시금 깊이 통찰하는 살아있는 지식을 추구하였다. 둘째, 코메니우스는 형식적 학교교육과 비형식적 교육을 종합하여 삶의 지혜를 배우고자 하였다. 형식적 교육에서는 전문적 지식과 성숙한 인격을 갖춘 교육자의 지도를 받을 수 있고 비형식적 교육에서는 세상 전체가 가르치는 자, 배우는 자, 배움의 내용이 되어 상호작용하며 삶의 유용한 지식과 삶 전체의 방향을 탐구하는 장이 될 수 있다. 셋째, 코메니우스의 통전적 영성교육은 시간적 차원에서 태아로부터 죽음에 이르기까지 인생의 모든 단계가 유기적으로 연결되어 하나님과 더불어 사는 영생을 준비하는 과정이며, 공간적 차원에서 개인, 가정, 마을, 도시, 국가, 세계, 자연과 사물, 궁극적으로 하나님 나라 등 모든 크고 작은 세계가 통섭하여 연결되는 삶의 통전적 배움을 지향하였다. 넷째, 코메니우스는 인간의 삶을 '자신-타인-하나님'의 연결된 총체로 보았다. 그의 범교육의 이상은 개인의 전인적 성장이 공동체의 평화와 연결되며 이를 통해 창조주 하나님의 뜻을 구현하는 것이다. 지식은 자신과 혼에, 도덕성은 타인과 몸에, 경건은 하나님과 영에 관련되는 것으로 사람의 혼과 몸과 영이 하나로 연결된 것처럼, 자신과 타인과 하나님도 하나로 연결되어 있으므로, 이 통전적 실체를 깨닫고 실현하기 위해 지식, 덕성, 신앙심을 하나로 연결하여 함양하여야 한다.[6]

이와 같은 아우구스티누스와 코메니우스의 영성 및 영성교육에 대한 관점을 종합하여 볼 때 우리는 어떠한 의미를 찾을 수 있는가?

첫째, 양자의 영성관은 공통적으로 '자신과 인간의 정체성 및 목적, 그 한계와 극복방향'에 대한 깊은 성찰에 뿌리박고 있다. 아우구스티누스의 〈고백록〉 전체는 자아에 대한 성찰의 기록이라 볼 수 있다. 그는 삶의 구체적인 사건들을 반성하며 자신을 성찰하였고 타인의 삶과 이야기 속에서 자신의 모습을 성찰하였다. 이 자아성찰을 통해 그는 끊임없이 자신은 누구이며 무엇을 위해 살아야 할 것인지 고민하였으며 이는 인간이 추구하여야 할 진리와 선(善), 미(美), 참된 행복, 기쁨과 평화가 무엇인지에 대한 지적 고찰로 이어졌다. 아우구스티누스의 자아와 인간에 대한 성찰에서 핵심적인 부분은 바로 인간의 연약함과 한계이다. 인간은 지적, 의지적, 감성적인 모든 부분에서 참다운 진리와 참된 선(善)을 깨닫고 추구하는 데 한계를 지닌 존재이다. 인간 스스로의 지적 능력에 의해 문자적 지식, 논리적 고찰로 인식할 수 없는 영적 진리가 존재하며 이는 '내면의 교사(성령)'의 인도를 통해 깨달을 수 있다. 또한 인간은 삶의 굴곡에서 겪는 수많은 유혹, 시련을 통해 스스로의 힘으로 극복할 수 없는 깊고 강력한 절망감, 분노, 욕망, 슬픔, 무기력함, 각종 악한 생각과 행동들에 직면하게 된다. 올바로 살려는 의지를 가지는 순간, 다시금 넘어지고 절망하는 인간의 연약한 모습을 〈고백록〉은 곳곳에서 반복적으로 그리고 있다. 아우구스티누스는 회심의 순간, "왜 너는 네 발로만 서려고 하느냐? 그래서 너는 설 수 없는 것이다. 그에게 너 자신을 맡겨라."(Conf. VIII. 11)라는 내면의 소리를 듣게 된다. 결국 아우구스티누스가 보는 인간은 그 한계를 극복하고 참된 행복을 실현하기 위해 하나님의 도움이 없이는 안 되는 존재이다.

코메니우스 역시 그의 모든 사상 전반에 걸쳐 인간 존재에 대한 근본적인 성찰이 그 중심을 차지하고 있다. 그는 인간의 궁극적인 목적은 하나님과 더불어 영원한 행복을 누리는 것인데, 이를 위해선 자신과 세계를 알아야 하며, 자신을 다스릴

---

6) 이러한 코메니우스의 통전성에 대한 관점은 아우구스티누스와 상통한다. 〈고백록〉 전반에 걸친 아우구스티누스의 진리탐구의 여정은 가시적이고 세속적인 삶이 비가시적이고 신성한 삶과 필연적으로 연결되어 있으며 이 연합성을 깨닫는 것이 곧 근원적이고 궁극적인 인간의 목적임을 보여주고 있다. 아우구스티누스는 자신의 삶과 성찰을 통해 인간이 삶의 국면에서 경험하며 사유하고 느끼며 타인과 교류하는 모든 것에서 부분적이며 한시적인 것이 전체적이고 영원한 근간, 곧 하나님의 섭리와 연결되어 있음을 독자들에게 피력하고자 하였다.

수 있어야 하며, 하나님을 향해 나아갈 수 있어야 한다고 보았다. 그는 인간은 '하나님의 형상'으로 지식과 덕성과 신앙의 씨앗이 내면에 심겨져 있어 세상을 알고 다스리며 하나님의 뜻을 실현할 수 있는 힘이 잠재되어 있다고 본다. 그러나 그는 또 한편으로 인간은 원죄와 타락으로부터 악성을 지녀서 부조화와 갈등을 야기할 수밖에 없는 존재라고 본다. 이러한 부조화와 갈등을 극복하는 길은 근본적으로 하나님(예수 그리스도)에 대한 믿음을 바탕으로 하나님이 심어주신 지식, 덕성, 경건의 싹을 범교육을 통해 자라나게 하여 하나님의 뜻을 알고 이를 실현하면서 이후의 영생을 준비하는 것이다.

이 첫 번째 항목에 대하여 아우구스티누스와 코메니우스를 비교하여 볼 때, 양자 모두 '자아성찰 및 인간성찰'을 영성 및 영성교육의 근간으로 보며, 오늘날의 비종교적 영성관과 달리, 인간의 정체성과 목적이 개개인의 가치관이 아닌, 하나님을 중심으로 구성된다고 보았다는 점에 공통적 특징이 있다. 그러나 아우구스티누스는 〈고백록〉이라는 장편의 자서전을 쓸 만큼 자신 및 인간 개개인이 겪는 구체적인 삶의 사건과 경험들에 드러난 미시적인 차원의 영성관에 보다 초점이 있었다고 한다면, 코메니우스는 상대적으로 그 자신의 구체적인 삶의 사건과 관련하여 영성을 논하기보다는, 범지학 사상을 통하여 인류 전체의 정체성과 목적을 구명하면서 인간 전체의 거시적 차원의 영성관에 보다 초점이 있었다고 본다. 영성은 한편으로는 개개인의 구체적인 삶의 경험에 대한 깊은 자아성찰과 관련되고, 다른 한편으로는 인간 공동체의 공통된 문제와 목적에 대한 거시적 통찰과 관련되며 이 양자가 또한 상호 긴밀히 연결된다고 볼 때, 양자의 초점을 종합하여 성찰할 때 깊이 있고 폭넓은 영성의 함양이 이루어질 수 있다고 볼 수 있다.

둘째, 양자의 영성관은 공통적으로 인간 및 세계의 '관계성'과 '통전성(通全性)'에 대한 종합적 안목에 기초한다. 이는 구체적으로 인간 내부의 지성, 감성, 의지 등의 연관, 외부적으로 인간과 인간, 인간과 자연 및 사물, 인간과 하나님의 연관과 그 유기적 전체에 대한 통찰로 볼 수 있다. 아우구스티누스의 영적 회심과 각성은 진 · 선 · 미와 행복, 인간의 정체성, 악의 실체와 근원, 하나님 등에 대한 깊은 '지적 탐구'와, 자신의 생각과 욕망만을 추구하는 데서 바뀌어 겸손히 주님을 신뢰하며 참다운 진리를 추구하는 치열한 '의지의 전환'과, 자신과 타인의 연약함과 죄성에 대한 통렬한 안타까움과 주님의 은혜와 인도에 대한 감사함 및 영적 깨달음의 나눔의 기쁨 등 종합적 '감성의 작용'이 함께 연결되었을 때 이루어졌다. 또한 아우구스티누스의 영적 성장과 각성은 외적으로 볼 때, 어머니, 친구들, 제자들, 멘토들, 책과 성경, 하나님과의 다양한 관계와 교류를 통해 이루어졌다. 아우구스티누스는 개별적인 관계와 교류의 사건들의 의미 성찰을 통해 결국 자신과 인간이 궁극적으로 추구하여야 할 진리, 행복, 선과 악, 궁극적으로 하나님에 대한 보편적이고 통전적인 앎을 추구하였다고 볼 수 있다.

이와 유사하게 코메니우스도 인간 내면의 지성, 덕성, 신앙이 조화롭게 자라나고 협력할 때 참다운 성숙이 있다고 보았다. 그는 인간은 하나님의 형상으로 하나님이 한분의 조화로운 통일체이듯 인간도 혼(지성)과 몸(덕성)과 영(신앙)이 하나로 조화된 통일체로 보았다. 또한 그는 혼은 자신, 몸은 타인, 영은 하나님에 상응하는 것으로, 혼과 몸과 영이 일체이듯 자신과 타인과 하나님을 연결된 전체로 보았다. 아울러 그는 삶 전체를 하나의 학습장으로 인식하여 시간적 차원에서 태아에서 죽음, 내생에 이르기까지, 공간적 차원에서 개인, 가정, 크고 작은 사회, 세계, 자연과 사물, 궁극적으로 하나님 나라 등 모든 세계가 통섭하여 연결되는 삶의 통전적 배움을 지향하였다.

둘째 항목에 관하여 아우구스티누스와 코메니우스를 종합하여 볼 때, 양자가 공통적으로 제시하는 영성은 인간의 내부적 요소들과 외부적으로 관련되는 모든 영역들의 관계성과 그들 사이에 관통하여 전체로서 구성되는 통전성의 의미를 종합적으로 통찰하는 안목으로 볼 수 있다. 따라서 이를 키우는 영성교육은 지성, 감성, 의지 등의 분절적인 훈련이 아닌 유기적이고 종합적인 함양을 지향하며, 개인과 공동체, 자연과 사물 세계, 또 이를 초월한 비가시적이고 더 큰 초월적 세계의 연관에 대한 '통전적인 안목과 감수성'을 키워주는 방향을 추구한다고 볼 수 있다. 이들의 영성관과 일반적인 전인(全人) 및 전인교육에 대한 관점의 차이는, 전자는 단순히 지 · 정 · 의 혹은 지 · 덕 · 체 등의 인간의 다양한 특성들을 종합적으로 키우자는 것이라기보다는, 근본적으로 인간이 하나이자 전체인 창조주 하나님의 형상이며, 창조주가 만든 세계의 다양한 부분들이 각기 다르지만 '전체로서 조화와 질서'를 가지며 '하나님의 온전한 뜻'을 실현한다는 '기독교적 세계관과 인간관'에 뿌리박고 있다는 점이다. 따라서 우리가 지성, 감성, 의지를 종합적으로 함양하며 타인 및 공동체, 자연환경의 연관성을 인식하는 교육을 추구한다고 하여도, 근본적으로 그것이 하나님의 창조 목적에 대한 이해, 인간과 하나님의 영적 관계와 교제,

하나님 말씀에 입각한 참된 질서와 조화의 인식을 성취하지 못하는 한 그들의 관점에서는 근본적인 한계를 가질 수밖에 없다.

마지막으로, 아우구스티누스와 코메니우스의 영성 및 영성교육관은 공통적으로 '초월성'과 '창조성'을 지향한다. Astley(2003: 145)는 영적 성장 과정은 일정 기간 동안에는 단지 상당한 고통으로 느껴지며 그 과정의 끝에 볼 수 있는 어떤 좋은 결과도 예측불가능하다고 지적한다. 이러한 관점에서 양자의 영성관은 기존의 성공이나 번영과는 '전혀 다른 새로운 가치관'을 제시한다. Moore(1988: 143-145)에 따르면 기독교적 영성은 진정한 보상 - 하나님으로부터의 보상 - 을 얻기 위해 어떤 보상도 추구하지 않아야 함을 보여준다고 한다. 이는 영적인 삶이 그 자체로 목적이며 그 무엇을 위한 수단이 될 수 없음을 의미한다. 아우구스티누스는 회심에 이르기까지 수십 년을 고통스러운 내면적 갈등을 겪었다. 그에게는 수사학교수라는 안정적 지위가 있었으나 끊임없이 자신을 반성하였고 결국은 세속적 지위를 내버리고 자신의 영적 깨달음을 증거하는 삶을 택하였다.

Astley(2003: 146)는 영성교육과 관련하여 다양한 맛(taste)을 언급하며 어떤 맛은 애초에 가진 것이 아니라 사람 자체가 변화됨으로써 습득된다고 주장한다. 아우구스티누스의 경우는, 영적 회심과 각성을 겪으며 '새로운 맛'을 습득한 것이다. 이 글의 서두에서 영성이 '생명'과 관련됨을 살펴보았다. 생명은 생성되고 자라나는 '창조와 변화의 힘'을 지니고 있다. 아우구스티누스의 삶과 영성관은 끊임없이 기존의 습관과 생각을 변화시키고 초월하며 새로운 것을 창조하는 생명력을 보여준다. 이는 궁극적으로는 가시적이고 유한한 세계를 초월하여 비가시적이고 무한한 세계를 바라보고 추구하는 안목과 힘을 의미한다.

이와 유사하게, 코메니우스도 인간의 목적을 오늘날의 자아실현이나 공동체 번영과는 다른, 비가시적이고 생명과 관계된 영적 측면으로 보았다. 그는 현세의 즉각적인 성공과 쾌락을 초월한, 내생의 하나님과 더불어 사는 영원한 삶을 지향할 것을 주장하였다. 그는 인간이 배워야 할 범지혜에 대해서도 가시적, 개별적, 사실적 지식을 초월하여 그 이면에 있는 비가시적, 보편적, 초월적 지혜에 도달하여야 함을 지적한다. 이는 기존 사회의 문화적 전통을 전수하고 유지하는 데서 더 나아가, 그것을 창조하고 초월하는 능력을 의미한다. 이러한 능력은 인간 존재 자체가 하나님의 형상을 닮은 존재이기 때문이다. 하나님은 이미 그 자체로 전능하며 온전히 완성된 존재이지만 또 한편으로 새롭게 능력을 창조하는 존재로서, 이를 닮은 인간도 주어진 것을 받지만 동시에 이를 새롭게 창조하고 초월할 수 있는 존재이다.

코메니우스와 아우구스티누스의 이와 같은 초월적, 창조적 영성관에 따를 때 인간의 교육은 근본적으로 가시적이고 유한한 세계에 안주하지 않고 끊임없이 자신과 세계의 '무한성'을 발견하고 '새롭게 창조'해나가 궁극적으로 '하나님을 향해' 자라갈 수 있도록 가르치고 배워야 한다고 볼 수 있다. 이러한 영성교육은 근본적으로 오늘날 목적에 상관없이 누가 더 많이, 더 빨리 성과를 산출해내느냐의 양적, 도구적 가치관을 극복하고 어떤 행위의 의미와 지향점을 숙고하게 하는 힘을 키워주리라 본다. 또한 이는 삶의 방황, 힘겨운 도전과 역경 속에서 포기하지 않고 지속적으로 자신을 반성하고 참된 가치를 추구할 수 있는 힘과, 자신과 타인, 공동체와 세계, 자연과 사물, 나아가 비가시적인 초월자(하나님)와의 '관계성'과 '통전성'을 인식하는 폭넓고 깊은 종합적 안목과 감수성을 함양시킬 수 있다고 본다.

(2) 키에르케고어의 역설 개념과 종교적 인간성*

가. 들어가며

오늘날 우리는 소위 포스트모던 사회, 다문화 사회라 하여 다양한 가치와 문화의 혼재와 교류 속에 살아가고 있다. 이러한 사회와 시대 상황은 하나의 전통적인 가치와 질서 체계를 일반적으로 전수하고 유지하며 살았던 전통적 사회의 삶과 교육의 맥락과는 다른 새로운 방식을 필요로 한다. 즉, 그것은 보편적 방식에 대해 특수하고 고유한 방식의 가치를 제기하며, 지속적인 것에 대하여 한시적인 것의 가치를 질문하고, 기존의 존재하는 문화와 질서에 대하여 그것의 문제와 한계를 인식하며, 하나의 방식을 직접적으로 전수하는 것에 대하여 복수의 방식을 질문하며 탐구하는 형식을 요구한다.

* 이 글은 2016년『한국교육학연구』제22권 제4호에 실린 저자(심승환)의 논문, "키에르케고어의 역설 개념에 담긴 교육적 함의 고찰"을 수정한 것이다.

키에르케고어(S. Kierkegaard)는 19세기 전쟁과 절대왕정의 붕괴, 시민혁명, 공산당선언 등 혼란과 격변의 유럽 사회 속에서 다수가 주목하였던 민중, 대중의 문제가 아닌, 각 개인의 내면에 초점을 맞추었던 사상가였다. 그는 자신의 사명은 사회 · 정치 운동에 참여하는 것이 아닌, 사람들이 정치 · 사회문제에 열중하고 무리를 이루어 절규하는 데서 간과하는, 인간의 내면을 통찰하는 것이라 보았다. 그는 당시 사회인들이 가지는 정신적 위기를 제시하고 이에 대한 해결방향을 찾고자 하였다(표재명, 1995: 171).

Manning(1993: 134)은 키에르케고어에 대한 비판적 논의에서 키에르케고어의 정신을 계승하는 것은 단순히 그의 정신에 따르는 것이 아니라, 우리 자신의 역사적 상황에서 문제를 직시하고 이에 대한 해결방향을 스스로 숙고하는 것이라고 지적한다. 키에르케고어가 당시 다수가 일반적으로 생각하던 방향에 대하여 그 문제점을 찾고 새로운 해결방향을 제시하였던 것처럼, 우리도 그가 살았던 시대와 유사하게 변화와 갈등의 상황 속에서 스스로 문제점을 고민할 필요가 있다. 그럼에도 불구하고 현실의 한국의 교육 상황은 입시제도라는 강력한 체제 속에서 각 개개인이 문제를 스스로 인식하고 해결의 방향을 주체적으로 모색하는 자질을 키우기보다는, 정해진 지식을 얼마나 잘 전수하고 기억하느냐에 주력할 수밖에 없는 실질적 형국으로 볼 수 있다. 바로 이러한 사회적 맥락 속에서 키에르케고어를 교육적으로 재조명할 필요성을 찾을 수 있다.

이 글은 키에르케고어 사상의 근간이자 그의 모든 철학적 개념과 주장에 폭넓게 관련되는 중심 개념을 기독교의 '신앙'에 기초한 '역설'로 보고 이를 주축으로 교육적 함의를 논구하고자 한다. 국내 키에르케고어 연구의 권위자인 표재명(1995: 50-51)은 키에르케고어가 전 생애에 걸쳐 추구한 것이 하나님과 인간의 실존적 관계로 이것은 곧 역설의 개념이며, 초기에서 후기까지 그의 모든 저작에서 끊임없이 추구된, 사상 전체의 핵심이라고 주장한다. 키에르케고어는 사상적으로는 헤겔의 사변철학에, 실제적으로는 당시 덴마크 교회의 형식적 권위주의에 항거하며, 중요한 것은 합리성과 기존의 체계적 관행이 아니라, 인간의 생각으로는 도저히 이해하기 힘든 역설을 각 개인이 이성이 아닌 신앙으로 수용하고 실천하는 것이라 주장하였고 바로 이것이 그의 전 사상에 걸쳐 중심이 되었다고 본다.

나. 보편과 개별의 역설

키에르케고어는 자신의 모든 작품에서 '단독자'라는 개념을 강조하였고 그 개념을 환기시키고 해명하는 데 주력하였다고 고백한다(S. V., XIII[7]: 563). 그런데 그의 단독자 개념은 모든 사람 중의 오직 한 사람을 의미하는 동시에 '누구나'를 의미하는 이중성을 내포하고 있다(S. V., XIII: 644). 즉, 키에르케고어는 대중의 보편적 행동방식과 상반되지만, 어떤 특별한 재능과 지위에 있는 자가 아닌 누구나가 가능한 실존의 행동 양식을 추구하였다. 그는 사회의 문제는 대중이 연합하여 불의한 권력과 체제를 무너뜨리지 못함에 있는 것이 아니라 대중의 무력함과 연약함 때문이라고 보았다. 그는 "단독의 개인이 온 세계를 앞에 놓고도 꼼짝도 않을 만한 확고한 윤리적 태도를 획득한 다음에라야 비로소 진정한 하나가 될 수 있다."고 역설하였다(S. V., VIII: 114). 대중이 보편적으로 추구하는 자유, 평등, 정의는 인간 개개인이 자신의 연약함과 한계를 직시하고 스스로 그것을 극복하지 못하는 한 무력할 수밖에 없다는 것이 그의 관점이다. 즉, 보편적 자유, 평등, 정의를 실현하려면 우리는 먼저 낱낱의 개인으로 흩어져 치열하게 스스로 분투하지 않으면 안 된다.

키에르케고어는 공산주의가 참된 평등을 가져오지 못하고 결국 '공포'를 야기할 것이라 지적하였다. 대중은 물질적인 것에 관심을 두고 서로 비교하며 상대적인 열등감 속에서 불만을 가지고 서로 경계하고 불안해하며 두려워한다. 그는 이러한 인간의 속성상 정치에 의해 평등을 추구하는 것은 불가능하며 각 개인이 하나님 앞에서 단독자로서 바로 설 때만 참된 평등이 가능하다고 보았다(표재명, 1995: 180).

키에르케고어에게 있어 자유와 평등과 같은 근대의 보편적 가치보다 더 근본적인 것은 개별자의 실존이었다. 그는 보편적 대중이 지향하는 모종의 윤리 체계를 뛰어넘는 각 개별자의 종교적 실존 단계를 추구하였다. 이 단계에 대한 그의 설명은 잘 알려진 『두려움과 떨림』이란 저작에 서술되어 있다. 여기서 그는 창세기 22장에 나오는 아브라함이 아들 이삭을 하나님께 번제로 바치는 사건에 대한 해석을 시도한다. 아브라함은 모리아산에서 그의 아들 이삭을 번제로 바치라는 하나님의 명령에 두려움과 떨림 속에 순종한다. 살인이라는 행위, 특히 자기 아들을 죽이는 행위는 보편적 윤리로는 도저히 용납할 수 없는 행위이며 아브라함의 일상적 판단

7) *Soren Kierkegaard's Samlede Vorker*(『키에르케고어전집』) 中 「나의 저작 활동의 관점」.

에도 극히 수용하기 힘든 것이었다. 그러나 아브라함은 이러한 일반적 생각을 고통 속에 내려놓고 하나님 앞에서 순종하였다. 여기서 아브라함의 의도는 인륜적-보편적인 것이 아니라 오직 신앙에서 성립되는 그와 하나님 사이의 순전한 개별적 관계였다(S. V., III[8]: 122-123). 키에르케고어는 이 사건에 대하여, "이 신앙의 운동은 반복되는 것이며, 개별자가 먼저 보편적인 것 안에 있은 후에 보편적인 것을 돌파하고 보편적인 것보다 높은 개별자로서 홀로 선다는 역설에 주의해야 한다."고 설명한다(S. V., III: 119). 한 인간으로서 아브라함은 인륜의 보편적 가치 안에서 생각하는 존재였으나, 중요한 순간 그 인륜을 넘어 오직 신과의 개별적 대면 속에서 실존적 결단과 행위를 택한 것이다.

그렇다면 키에르케고어는 보편적 윤리나 善에 대하여 무시하고 오직 개별적 실존과 善만을 주장하였는가? 키에르케고어에 대해 비판하는 학자들은 대체로 이러한 맥락에서 질문하고 비판한다. Manning(1993: 135-137)은 키에르케고어가 주장한 종교적 결단과 같은 행위가 자칫하면 히틀러나 후세인의 대량학살과 같은 만행을 옹호할 수 있는 위험성이 있다고 지적한다. 이 비판은 키에르케고어가 성찰이 내면적 열정을 오히려 쇠퇴시키기에 중요한 것은 열정이라고 주장하나, 히틀러도 나름의 열정을 가지고 유대인을 학살한 사례를 보면 열정을 최고진리로 여길 때 매우 위험한 일이 발생한다는 지적이다. 또 이와 관련된 지적은 타인과의 관계와 소통을 벗어나 오직 신과의 관계, 내면의 세계로만 몰입할 때 사회성이 떨어지고 타인 및 세상의 구체적인 실제와 멀어지게 된다는 점이다(Manning, 1993: 140-145).

그러나 키에르케고어가 의도한 것은 개인적인 善에서 끝나는 것이 아니었다. 그가 강조한 신앙도 결국 많은 사람들을 향한 열정과 연결되어 있다. 그는 "신앙은 기적이다. 그리고 어떤 사람도 이 신앙에서 배제되어 있지 않다. 왜냐하면 모든 사람의 삶을 하나로 이어주는 것은 정열이며 신앙은 바로 정열이기 때문이다."라고 서술하였다(S. V., III: 130). 실제로 키에르케고어가 중시하였던 것은 신앙과 함께 그 신앙의 표현, 열매로서의 '이웃사랑'이었다. 그는 "기독교인의 관심은 사랑 자체가 아니라 그 사랑의 실천 행위가 되어야 한다."고 주장하였다(Kierkegaard, 1962: 18).

그가 수많은 저작 활동을 통하여 하고자 하였던 것은 무엇인가? 그는 결국 자신이 성찰하고 경험하였던 종교적, 실존적 각성을 독자들과 나누고자 하였고 독자들

8) 『키에르케고어전집』 中 「두려움과 떨림」.

이 개별적으로 참 실존하는 존재가 되고 그러한 개개인이 모여 참다운 공동체가 되기를 정열적으로 소망하였던 것이다. 그는 아브라함의 엄청난 역설의 이야기를 통하여 독자들도 그 같은 '극한적 결단의 순간'에 어떻게 해야 하는지를 근본적으로 묻고자 한 것이다. 키에르케고어에게, 보편적 상식과 행동양식은 근본 문제에 대한 대처가 아니다. 오히려 그의 문제 인식은 '무력한 대중'이었다. 각 개인이 실존적으로 바로 서지 않고서 그저 대중적 노선만 따라 갈 때 문제는 해결되지 않는다. 문제의 근본 해결점은 각 개인이 보편적 상식과 사고로 이해할 수 없는 지점까지, 극한까지, 절대적으로 철저히 그 자신의 실존을 추구하는 것이며, 키에르케고어는 그것을 '신 앞에 선 단독자'의 모습이라 본 것이다.[9]

키에르케고어는 인간의 이성적 윤리의 善과는 차원이 다른, 그 이상의 하나님의 절대적 善을 추구하였다고 볼 수 있다. 그가 '윤리적인 것의 목적론적 정지'라 표현한 의도는, 아브라함의 사건 속에서 믿음의 행동이 윤리 규범을 완전히 취소하는 것이 아니라 새로운 善의 회복을 기대한 것으로 볼 수 있다(심민수, 2004: 23). 아브라함의 이야기는 실제로 아들을 바치는 데서 끝나는 것이 아니라, 하나님이 그 행위를 멈추게 하고 대신 숫양을 바치도록 하며 아브라함의 자손과 그들을 통한 천하만민의 복을 약속하는 장면에서 마무리된다.[10] 아브라함의 사건을 볼 때, 아브라함의 행동은 단지 인륜을 거역한 것인가? 아브라함은 절대적인 권능을 가진 창조주, 주재자인 하나님에 대한 확고한 믿음을 가지고 있었다. 그는 자신뿐만 아니라

---

9) Martinez(1988)는 키에르케고어의 개별성의 의의를 '책임(responsibility)'과 관련하여 논의한다. 그는 인간이 집단 속에 있을 때는 타인으로부터 일종의 '보호'를 받는 느낌으로 인해 책임감을 분명히 느끼지 못한다고 지적한다. 그러나 키에르케고어의 관점에서 실존하는 인간은 그 누구로부터도 보호를 받아서는 안 된다. 그는 오직 절대적이고 무조건적인 善에 비추어 행동할 뿐이다. 그런데 동시에 이 책임감은 근본적으로 타자 - 이웃, 신, 최고의 가치 - 를 전제한다. 인간이 욕망을 극복하고 고통을 참고 지속적으로 분투하는 것은 모종의 가치를 실현하기 위함이다. 그러나 이러한 타자를 향한 가치추구의 행위는 비교적이고 조건적인 기준에서 수행되는 것이 아니라 오직 그 자신의 절대적 善에 대한 책임에서 기인한다(Martinez, 1988: 111-112). 마르티네즈의 이러한 논의는 키에르케고어의 개별과 보편의 역설을 '책임'의 관점에서 지지하는 주장이라 본다. 키에르케고어 관점에서 책임은 한편으로는 오직 자기 자신에 대하여 이루어지나 다른 한편으로는 이웃을 향하고 있다. 그러나 그것이 어떤 대중적 기준, 비교적 기준에 의한 것이 아닌, 오직 그 자신과 절대적 善에 대한 무조건적이고 절대적인 기준에 의한 것이라는 점에서, 개별에 의하나 보편을 전제하여 행사되며 다시 개별의 절대적 기준을 지향하는 역설을 보여준다.

10) 「창세기」 22: 13-18.

자신의 후손과 민족의 번창을 약속한 하나님의 선한 뜻과 능력에 대한 강한 믿음에 기초하여 자신의 중대한 결단을 감행하였던 것이다.[11)]

보편과 대중의 오류, 무력함 속에서 지향하여야 할 것은 무엇인가? 그것은 곧 각 개별자의 극한까지 가는 참된 실존적 결단과 행위이다. 보편을 넘어선 절대적인 것, 영원한 것까지 각 개별자가 철저히 마주하여야 하며 그것은 설득과 이해가 아닌, 오직 단독의 개인이 스스로 체험하여야 할 것이다. 그러한 개별자의 실존적 결단과 행위가 먼저 있어야만 사회의 보편적 善의 근간이 마련되는 것이다. 바로 이러한 취지에서 키에르케고어는 "단독의 개인이 온 세계를 앞에 놓고도 꼼짝도 않을 만한 확고한 윤리적 태도를 획득한 다음에라야 비로소 진정한 하나가 될 수 있다."고 역설한 것이다(S. V., VIII: 114). 이러한 맥락을 보았을 때 앞서 Manning 등의 비판은 키에르케고어의 의도와 의의를 깊이 읽지 못했다고 볼 수 있다. 키에르케고어의 의도는 개인적인 확신과 열정이 있으면 무엇이든 하자는 것이 아니라 참된 善을 추구할 때 그 근간은 개별자의 극한에까지 가는 철저한 실존적 각성이 바탕이 되어야 한다는 점이다. 사회적 실제에서 구체적인 행동 지침을 이야기하지 않았다고 가치 없는 논의라고 볼 수 있는가? 오히려 대중적 처방책들이 무력하고 문제가 있다면 다시 철저히 개별자의 문제로 되돌아가 보아야 하며 역설적으로 그럴 때 오히려 사회의 문제를 극복하고 공동체의 善을 지향할 수 있다는 것이 키에르케고어의 보편과 개별의 역설인 것이다.

하나님은 모든 낱낱의 개별자를 주재하는 절대적 보편자이며 모든 세상의 진리이다. 그러나 오직 낱낱의 개별자는 하나님과 홀로 신앙적으로 마주하여야만 하나님의 그 보편적 진리를 깨달을 수 있다. 키에르케고어 사상 전체가 역설인 것은 하나님이 인간이 이해할 수 없는 역설이며 그것을 믿는 신앙 자체가 역설인 것에 기인한다.

실제로 우리 사회는 '무엇'에 초점을 맞추며 어떠어떠한 대중적 처방을 만드는데 주력하지 각 개인이 '어떻게' 임해야 하는가에 관심을 두지는 않는다. '어떻게'의 기준이 있다면 그것은 얼마나 많이, 빨리 생산하느냐의 '표준화된 경쟁적 척도'가 대부분이다. 교육 분야에 있어서도 양적, 경쟁적 척도인 역량(力量, competency)이

11) 이러한 약속에 관한 것은 이미 모리아산 사건 이전에 거듭 등장한다. 「창세기」 15: 4-5; 17: 5-6.

라는 개념을 앞세우며 각종 평가의 지표로 삼고 있다. Naess(1968)는 키에르케고어의 『결론적 비과학적 후서』(Concluding Unscientific Postscript)를 교육 문제와 관련하여 고찰하며 몇 가지 중요한 지적을 한다. 첫째, 현대의 문제는 지나친 체계화의 위험이다. 현대는 측정 가능한 방법에만 주목하여 '어떻게 즉각 시작할 것인가?'의 질문에 대응한 처방을 내리는 데 주력한다. 교육 분야에서 예를 들자면 학교에서 사용되는 교재는 '권위적인 방식'의 관점을 '전파'하는 데 초점이 있다. 학생들은 자신의 고유한 신념을 발달시키지 못하고 국가적, 학문적 도그마에 순종하도록 되어 있다. 학문의 대중화와 행정의 전문가들에 의한 이러한 체계화로 인하여, 개별적 가치판단과 신념의 생성은 위험에 처하며 그로 인해 창조성, 개별성, 영성이 쇠락하게 된다. 상이한 결과와 다양한 해석이 존재할 수 있음에도 불구하고 학생들은 대개 하나의 결과, 하나의 해석을 수용하여만 하는 형국이다. 이 상황에서 학생들은 모두에게 공통된 정해진 세계가 있다는 신념을 갖게 된다.

키에르케고어 관점에 의할 때 이러한 문제의 극복의 실마리는 무엇보다 세계는 하나의 골격으로 여기에 구체적인 모양과 색상을 부여하는 것은 결국 개별 학생에게 맡기는 것이다. 이것은 곧 각 개인의 선택이고 자기를 찾는 과정이며 자신이 살고 있는 세계를 조명하는 일이다. 키에르케고어는 가치를 생성하는 내면의 원천, 곧 내면성(inwardness)이 있으며, 이 내면성과 연결되지 않은 채 단지 외적 관찰에 동의하는 추상적 진리는 의미가 없음을 제시한다(Naeses, 1968: 196-197). 키에르케고어는 세계나 진리, 보편성 자체를 부인하거나 무시하는 것이 아니다. 그렇지만 그 보편적인 것의 진정한 의미는 각 개인이 진지하고 치열하게 스스로 내적으로 그 의미와 가치를 성찰할 때 비로소 발견된다는 것이다.

키에르케고어는 진지함과 열정, 선택의 깊이를 강조한다. 그런데 선택이 더욱 깊이 있어지고 열정적으로 될 때 그것은 대개 급진적인 특징 - 보편적인 것과의 단절 - 을 나타낸다. 학생들이 그 자신의 기존의 습관이나 부모나 교사로부터 듣는 직접적 지시의 압력에서 벗어나 오직 스스로의 새로운 선택을 추구할 때 이러한 깊은 선택이 이루어진다. 사회적으로 옳은 일, 과학적 혹은 종교적인 진리를 믿는 일이 중요한 것이 아니라, 단순한 외적 강요에 의한 선택에서 벗어나 스스로의 내면의 소리에 더욱 깊이 귀 기울이는 것이 중요하다. 문제는 오늘날의 교육 시스템에서 무엇을 배울지, 어떻게 배울지, 얼마나 배울지, 어떤 여가생활을 할지, 인간관계를 어떻게 할지 등이 마치 정답과 같이 정해져 있는 것이다. 그러나 키에르케고어의 관점에서는 이것들은 옳고 그름의 문제이기 보다는 학생들의 '깊은' 개별적인 선택의 문제이다(Naeses, 1968: 197-198). 만약 이러한 교육적 선택의 문제에 있어 보편적 진리가 존재한다면 선택의 내용에 있어서의 진실이 아닌, '선택의 자세에 있어서의 진실함'일 것이다. 즉, 그러한 문제에 있어 각 학생이 스스로 '어떻게', '얼마나 진실하게' 마주하느냐가 관건이다. 그렇게 될 때 역설적으로 그 배움이 보편적인 진리를 향하여 나가게 되며, 인간관계에 있어서의 보편적 善을 추구할 수 있을 것이다. 물론 종교적 실존주의의 입장에서 궁극적으로 그것은 단순한 보편 진리나 선이 아닌 종교적인 절대적 진리와 선의 추구일 것이나, 한 개별자가 아닌 모두에 해당되는 의미로 보아 상통한다고 볼 수 있다.

다. 영원과 시간의 역설

기독교 실존주의자 키에르케고어에게 최고의 절대적 역설은 바로 하나님이 인간의 몸으로 성육신한 사건이다. 하나님은 시간을 초월한 영원한 진리이며 결코 시간의 존재, 역사적 존재가 될 수 없음에도 불구하고 역사의 한 시점에 한시적인 인간의 모습으로 태어나고 자라고 살았으며 인간을 완전히 이해할 수 있기 위해 스스로 종의 모습을 취했다는 것은 인간의 이성으로는 도저히 이해 불가능한 절대적 역설이다(S. V., VII:[12] 203; S. V., IV:[13] 225). 이 절대적 역설은 두 가지 질적으로 완전히 상이한 것이 만나는 사건을 통해 이루어진다. 신은 영원한 본질적 진리인 반면 인간은 늘 한계에 부딪히는 비진리의 존재이다. 이 상이성의 핵심에는 '죄'의 유무가 있다. 인간은 진리에로 나아가려고 부단히 애쓰지만 죄로 인하여 진리로 나아가는 데 한계를 지닌다. 일차적 관건은 인간 스스로 '죄의식'을 자각하는 것인데 인간 오성으로는 그것을 깨우치지 못한다(표재명, 1995: 59).

여기서 절대적으로 상이한 존재인 영원과 시간의 만남, 신과 인간의 만남이 초래된다. 신은 인간에 대한 무한한 사랑으로 인간이 참으로 죄를 깨닫고 구원받기를 원했고 바로 이것이 절대적 상이성을 지닌 두 존재가 하나로 지양되는 계기가

12) 『키에르케고어전집』 中 「철학적단편 후서」.
13) 『키에르케고어전집』 中 「철학적단편」.

된다. 그러나 이 계기를 현실로 만드는 것은 각 개인의 실존적 결단이다. 이 결단은 가장 정열적인 내면화의 순간이요 가장 단축된 역설의 순간으로 각 개인이 죄를 자각하고 시간 안에 들어온 영원한 진리, 곧 성육신한 하나님(예수 그리스도)을 이성이 아닌, 신앙으로 받아들일 때 이루어진다(S. V., VII: 200; S. V., IV: 244). 이때 본질상 영원한 것이 역사적인 것으로, 역사적인 것이 영원한 것으로 생성된다(S. V., IV: 254). 즉, 믿음으로 이해 불가능한 이 역설을 수용할 때 영원한 진리인 하나님이 시간 속의 존재인 인간으로 되어 인간과 만나며, 한시적인 인간은 영원한 진리인 하나님과 더불어 거하게 된다.

바로 이 지점이 여타 종교와 기독교 실존주의자인 키에르케고어가 구별되는 부분이다. 여타 종교(종교성 A)는 불멸의 영혼이라는 영원성을 지향함에도 불구하고, 그것을 한시적인 연약함을 지닌 인간의 현실의 삶 속에서 해결하고자 하는데, 키에르케고어가 볼 때 바로 이러한 근본 모순으로 인해 인간의 문제는 여기서 여전히 난관에 봉착한다(Johnson, 1984: 112). 반면 기독교(종교성 B)에서는 한시적인 인간 실존과 영원성 사이의 모순을 인정하고 이 모순의 해결을 위해 영원한 존재인 신이 시간의 존재인 인간으로 된, 신이자 동시에 인간인 예수 그리스도를 '믿음'으로 현실성과 영원성 간의 근본적 문제 해결이 이루어진다(CUP[14]: 505-506).

그렇다면 인간이 어떻게 '시간성' 안에서 '영원성'과 관계하고 있다는 것을 실질적으로 표현할 수 있는가? 키에르케고어는 이 문제에 대하여 당시 덴마크 교회의 부패의 심각성과 연관하여 인식하였다. 당시 교회는 기존의 권위가 하나님의 진리와 동일시되고 기존의 문제를 인식하고 개혁하고자 하는 의지와 행위는 없이 오직 교리와 위로의 설교만이 존재하였다. 키에르케고어에게 참다운 실존적 인간은 곧 참된 그리스도인이고 이는 곧 그리스도를 닮는 것이었다. 그런데 우리 인간이 표본으로 삼을 그리스도는 아직 오지 않은 영광의 재림의 그리스도가 아닌, 우리 인간과 동일한 몸으로 우리에게 삶으로 보여준 그 모습, 곧 이 땅의 죄악으로 인하여 '고난' 받고 그것에 대항하여 '분투'하며 진리를 증거 하는 그리스도의 모습이다. 그러나 키에르케고어의 눈에 당시 교회는 이러한 그리스도의 모습을 본받기보다는 기존 관행을 평안히 지키고 삶의 즐거움을 설교하는 집단에 불과하였다. 그가 볼 때 이 시대에 필요한 것은, 바로 고난당하는 진리의 증인으로 산 그리스도를

14) Kierkegaard, *Concluding Unscientific Postscript*.

본받는 것이며, 그것이 곧 시간성과 영원성의 만남을 실제로 보여주는 삶이다. 즉, 이는 비진리의 세계(시간성)에서 진리의 세계(영원성)를 지향하며 수많은 문제 및 한계와 맞서 고난 속에 분투하는 삶이다. 그리고 인간은 그리스도를 본받아 사는 이 고난 속에서 하나님의 은혜를 배우고 의지하는 길을 알게 된다(J. P.,[15] II: 1605; J. P., III: 3772).

이 고난의 분투하는 삶은 곧 '고백'의 삶이기도 하다. 하나님 앞에서 자신의 삶이 얼마나 온전하지 못한 불성실한 것이었는지를 철저히 반성하고 결단하는 삶이다. 그리스도인의 삶은 고백을 통하여 자신의 한계와 하나님의 은혜를 깨달으며 자신에게 성실해지고 하나님에게 성실해지는 훈련의 과정이다. 이를 위해 각 개인은 하나님 앞에 잠잠하게 홀로 서 자신의 내면을 깊이 보며 자기를 성실히 고백하고 불온전함에도 베푸는 하나님의 은총을 받고, 그 후에 자기 일을 하고 이웃을 사랑하여야 한다. 이때 하나님이 깨닫게 하시며 도와주신다(S. V., XII[16]: 85-87).[17]

신 앞에 홀로 선 단독자는 또한 이웃과 올바로 마주하여야 한다. 키에르케고어는 실제생활에서, 세상에서 멋대로 살아가면서 기독교의 형식과 가식에 안주하는 당시 기독교계를 비판하며 일요일(가식의 태도)에서 월요일(현실의 문제)로 전환되어야 함을 신랄하게 지적하였다. 그는 일요일에 교리를 설교한 후 월요일에는 미천한 사람들과 대화조차 하지 않는 성직자들을 보며 이같이 지적하였다. 그는 이러한 태도 변화를 위해 예수 그리스도가 보여준 이웃사랑의 모범을 배워야 함을 주장한다. 이 시대의 문제는 그리스도를 지나치게 추상화하여 결과적으로 사회적 약자에게는 잔혹한 현실이 되게 한 점이다. 그리스도가 병자, 귀신들린 자를 고치고 무리

15) *Soren Kierkegaard's Journals and Papers*.
16) 『키에르케고어전집』 中 「그리스도교에로의 훈련」.
17) 이러한 키에르케고어의 고백을 통한 영적 훈련의 관점은 기독교의 발전에 큰 영향을 준 아우구스티누스의 삶과 사상에 특히 잘 나타나 있다. 아우구스티누스는 〈고백록〉을 통해 자신과 인간이 삶의 험난한 과정에서 얼마나 연약한 존재인지에 대하여 깊이 성찰한다. 그는 고등 교육을 받고 수사학 교수라는 사회적 지위와 지성을 소유하고 있었으나 자신을 '정욕의 노예'라 표현할 정도로 욕망의 유혹과 시험이 강력하며 그에 대한 자신의 의지가 연약함을 고백하였다. 또한 높은 수준의 학문과 추론 능력을 통해 다양한 철학적 문제에 대해 성찰하였으나 인간 개개인의 지적 능력만으로는 알기 힘들고 명확히 해명할 수 없는 영적 세계가 존재함을 실감하게 되었다. 아우구스티누스에게 참된 앎과 의지는 자기 스스로의 지적, 의지적 노력 위에 하나님에 대한 믿음과, 겸손한 자세로 자기를 반성하고 하나님의 은혜와 인도를 신뢰함을 통해 성취되는 것이었다(심승환, 2016: 165-166).

에게 먹을 것을 주며 장애우(장님, 앉은뱅이 등), 죄인, 소외된 자와 함께 하고 그들을 돌본 실제적 행위를 본받아 실천하지 못하고, 그리스도인이 정신적인 것만 강조할 때 사회적 약자들에게는 잔혹한 일이 된다(J. P., I: 347; S. V., XII: 72). 키에르케고어 관점에서 이 시대의 진정한 구원은 '공산당선언'과 같은 정치 혁명에 있는 것이 아니라 낱낱의 단독자가 그리스도의 모범을 따라 '내 이웃을 내 몸과 같이 사랑'하는 이웃사랑의 실천을 진실로 힘써 행할 때 이루어진다. 또한 그 실천은 한시적이고 불온전한 존재인 우리 각자가 영원하고 절대적인 진리의 하나님 앞에 참으로 홀로 섰을 때 가능하다.

요컨대, 키에르케고어가 최고의 역설로 강조한 영원과 시간의 역설은 하나님과 인간, 진리와 비진리, 절대성과 상대성, 이상과 현실, 신앙의 세계와 이성의 세계의 본질적 차이에도 불구하고, 인간에 대한 무한한 사랑으로 영원의 존재가 역사 속에 성육신한, 신인 동시에 인간인 예수 그리스도의 존재와 그에 대한 믿음으로 인해 만나며 지양된다. 그것은 하나님의 은총 속에서, 이성과 사고가 아닌, 내면의 자유 의지의 가장 정열적인 결의의 행위 속에서 가능하다. 이는 또한 예수 그리스도가 가장 큰 계명으로 강조한 이중 계명, 곧 '하나님에 대한 사랑과 이웃 사랑'[18]으로도 설명될 수 있다. 마음과 목숨을 다하여 하나님을 사랑하는 행위는 곧 키에르케고어가 본 하나님 앞에서 신실하게 홀로 서는 바로 그 행위이며, 내 이웃을 내 몸과 같이 사랑하는 것은 곧 현실의 삶에서 자신과 이웃의 문제를 함께 통찰하면서 올바로 살며 이웃 사랑을 실천하는 것이다. 영원하고 절대적인 진리인 하나님 앞에 진실로 홀로 서는 그 행위 - 자신의 문제와 한계에 대한 통렬한 자각과 하나님 은혜에 대한 신뢰 - 는 우리의 현실의 시간 속에서의 실천의 근간이 되며, 예수 그리스도의 모범을 따라 현실의 삶에서 이웃 사랑을 적극적으로 실천하는 그 행위를 통해 우리는 영원한 하나님에 대한 사랑을 실현하며 이 땅에서 영원한 하나님의 영광을 실현할 수 있는 것이다. 영원(신)이자 시간(인간)인 예수 그리스도의 십자가의 종축의 상징이 하나님과 인간의 관계이며, 횡축의 상징이 인간과 인간의 관계라면 양자가 만나 교차할 때 비로소 기독교의 참다운 정신, 아가페가 실현된다고 본다. 그리고 바로 이것이 키에르케고어 사상에 담긴 영원과 시간의 역설의 중대한 함의라고 본다.

---

18) 「마태복음」 22: 37-40.

오늘날의 사회는 상대주의적 가치가 팽배함으로 영원하고 절대적인 가치에 대한 진지한 고려가 점점 약해지고 사라지고 있다. 임의적이고 즉흥적인 쾌락과 만족의 추구가 지속적이고 항구적인 삶의 가치보다 우선시되고 있다. 이와 아울러 현대의 도구주의와 소비문화의 보편적 영향력은 개개인의 가치 판단을 강력하게 조종한다. 이는 한시적인 쾌락이나 대중적 영향을 넘어 각 개인이 무엇이 진정 올바르고 좋은 것인가, 나 자신은 어떻게 살고 있으며 또 궁극적으로 어떻게 살아야 하는가에 대한 진지한 반성을 어렵게 한다. 이러한 질문은 곧 키에르케고어가 실존의 단계로 설명하였던 미학적 단계, 윤리적 단계를 넘어 종교적 단계의 깊은 성찰을 요구하는데, 위의 상황은 많은 대중이 미학적 단계에 머물거나 좀 더 나아가도 윤리적 단계에서 더 진척이 어려운 현실을 보여준다.

키에르케고어 관점에 의할 때, 이를 극복하는 근본적인 길은 인간 각자가 자신의 욕구와 구태의연한 습관에서 벗어나, 또 대중의 영향 속에서 벗어나, 홀로 영원하고 절대적인 것과 마주하여 참으로 깨닫는 것이다. 오늘날의 사람들이 한시적인 가치 속에 지나치게 얽매여 있는 것은 비가시적이고 초월적인 세계에 대한 삶의 통전적인 안목인 영성이 부족하기 때문이다. 키에르케고어의 역설 개념을 통해 볼 때 이러한 영성의 근간은 영원한 진리인 하나님 앞에 한시적인 비진리인 인간 개개인이 진솔하게 마주하여 자신의 죄악과 한계를 자각 · 고백하며 하나님의 은혜 - 구원을 위해 성육신한 신 · 인간인 예수 그리스도의 존재와 그에 대한 믿음 - 의 필연성을 인식하는 것이다.

한국의 교육현실은 입시와 취업에 직결되는 정보와 기술을 숙지하는 데 혈안이 되어 있다. 잠시 시간을 내어 나는 누구이며 어떻게 살고 있으며 어떻게 살아야 하는가의 질문을 할 여가가 없다. 그 결과 눈앞에 보이는 것 그 너머를 보고 나아가 그 이상을 보는 힘을 기를 수 없다. 키에르케고어는 이 교육현실 앞에서 무엇이라 말할 것인가? 가장 우선적으로 가르치는 자나 배우는 자나 교육을 하는 자 개개인이 한시적 시간의 근본에 '영원'이 있다는 것을 깨달아야 한다. 그러한 연후에 그 영원을 바라보고 그 영원에 비추어 자기의 오늘의 삶을 치열하게 반성하여야 한다. 또한 자기의 문제와 연관하여 주변의 사람들, 특히 사회의 도움을 필요로 하는 사람들의 문제를 통렬히 느끼며 적극적으로 치열하게 이를 위한 사랑을 실천하는 훈련을 해야 한다. 바로 이럴 때 시간성 속에서 영원성을 찾고 실현할 수 있다. 중요한 관건은 깊은 내적 성찰과 실제적 실천이 병행되면서 삶의 통전적인, 영적인 안목이 성장하는 동시에 실제 삶의 태도와 방식이 변화되는 길을 모색하여야 한다는 점이다. 근래의 인성교육은 봉사활동과 같은 실천 프로그램과, 지적 정보의 전달과 같은 교과수업이 별도로 진행되며 성찰과 실제가 연결되지 못한다는 점이 가장 큰 문제이다. 상기한 키에르케고어의 영원성과 시간성의 역설의 교육적 함의는 영원한 진리와 자신의 문제에 대한 치열한 내면적 성찰과 아울러, 그 성찰을 바탕으로 자신과 타인의 문제를 연결하여 적극적으로 삶에서 실천하는 행위가 상호 교차·교류하며 참된 깨달음과 삶으로 지양된다는 점이다.

라. 존재와 비존재의 역설

키에르케고어가 보는 인간은 가능성과 현실성이 교차하는 존재이다. 샤를 르 블랑(Charles Le Blanc, 2004)은 이에 대해 재미있는 나비의 비유를 통해 설명한다. 현재의 나비는 이전에 애벌레였다. 현실의 나비에 대하여 애벌레는 하나의 '가능태'이며, 나비가 하나의 존재라면 애벌레는 그에 대해 (나비가 아닌) '비존재'이다. 즉, 가능태인 애벌레는 생성과정을 거쳐 현실태인 나비가 된다. 인간은 애벌레와 같이 하나의 가능성, 잠재성의 모습을 거쳐 현실의 정해진 존재의 모습으로 생성되었지만 그 현실태는 또 다른 가능성을 가지고 있다. 현실의 그 정해진 모습은 완전히 고정불변한 것이 아니라 늘 새로운 변화의 가능성을 간직하고 있다.[19] 바로 이 점에서 인간은 현실성(존재)과 가능성(비존재)이 공존하는 역설적 특징을 지닌다. 인간이 가능성의 존재라는 점은 늘 '불안'을 느낀다는 것을 통해 알 수 있다. 불안은 무엇인가 정해져 있지 않은 가운데 수많은 가능성과 선택의 여지, 선택으로 예견되는 부정적 예상으로부터 초래된다. 한편, 가능성이 극도로 많거나 아예 없을 때 인간은 '절망'하게 된다. 이러한 불안과 절망은 기본적으로 인간의 한계, 유한성으로부터 기인한다(Blanc, 2004: 107-109).

키에르케고어는 전통철학의 형이상학적 관점과 본인의 윤리학적 관점의 차이를

19) 헤겔의 변증법이 정-반-합의 과정을 거쳐 종국의 완결된 절대정신으로 통합, 지양되는 것에 반하여 키에르케고어의 실존의 변증법은 끝이 정해져 있지 않고 새로운 선택의 가능성으로 열려 있다. 여기서 초점은 통합이 아닌, 이것이냐 저것이냐의 더욱 치열한 선택 상황이다.

'가능성'의 유무로 보았다. 형이상학적 관점은 관념성(이상성)을 현실성 안에 끌어들여 인간이 모든 조건을 갖고 있는 것으로 전제하고 따라서 어떠한 변화 혹은 생성의 가능성을 무력하게 한다(Kierkegaard, 1996: 16, 19). 이와는 반대로 키에르케고어가 보는 인간은 존재와 비존재의 '사이의 존재'로서 현실의 삶 속에 존재하지만, 늘 이것의 소멸과 변화(죽음, 비존재)의 가능성을 안고 있고 이로 인해 불안해한다. 사이의 존재(inter-esse)로서의 인간은 이러한 불안을 계기로 자신의 정체성, 존재의 의미에 대한 깊은 관심(interest)을 가지게 된다(하일선, 2016: 154-156).

기존의 철학이 인간의 이성을 신뢰하며 이를 통해 어떤 이상적 상태를 논리적으로 제시한다면, 키에르케고어는 그러한 관념적, 논리적 이상보다는 인간의 현실적 한계와 변화무쌍함, 그로 인한 불안에 초점을 맞춘다. 오히려 그는 불안 나아가서 그 극한, 곧 절망이야말로 인간이 참다운 존재를 찾는 길임을 암시한다. 즉, 미래에 어떻게 될지 모르는 불안, 나아가서 자신이 현재 살고 있는 이 삶의 기반이 완전히 소멸될 수 있는 절망(죽음) 속에서 인간은 비로소 절대적 존재인 하나님을 찾게 된다. 하나님은 항상 존재하며 항상 선하며 이에 반해 인간은 존재할 수도 있고 아닐 수도 있으며, 선할 수도 있고 악할 수도 있다. 수없는 실패와 좌절 속에서 또한 어떤 것이 옳은 길인지 막막할 때, 더 나아가 삶의 소망이 무너질 때, 찾을 수 있는 것은 항상 존재하며 항상 善인 하나님이다. 절대적 존재인 하나님 앞에 자신은 아무것도 아님(비존재)을 상한 마음으로, 고통 속에 깨달을 때 하나님과의 관계가 공고해지며 참다운 실존의 심화가 있게 된다.[20] 자신의 한계감과 극도의 불안, 절망 속에서 하나님에 대한 믿음은 인간에게 가능성의 소망을 갖게 하고 그 존재의 두려움을 잠잠케 한다. 자신의 유한성에 대한 자각과 하나님의 능력과 은혜에 대한 믿음이 이 절망과 불안을 극복하게 한다(Blanc, 2004: 109; 115-116).

이 비존재와 존재의 역설은 또한 인간의 '존재화의 과정'으로도 설명할 수 있다.

20) "지극히 존귀하며 영원히 거하시며 거룩하다 이름하는 이가 이와 같이 말씀하시되 내가 높고 거룩한 곳에 있으며 또한 통회하고 마음이 겸손한 자와 함께 있나니 이는 겸손한 자의 영을 소생시키며 통회하는 자의 마음을 소생시키려 함이라"(이사야 57: 15); "심령이 가난한 자는 복이 있나니 천국이 그들의 것임이요 애통하는 자는 복이 있나니 그들이 위로를 받을 것임이요"(마태복음 5: 3-4); "내가 그리스도와 함께 십자가에 못 박혔나니 그런즉 이제는 내가 사는 것이 아니요 오직 내 안에 그리스도께서 사시는 것이라 이제 내가 육체 가운데 사는 것은 나를 사랑하사 나를 위하여 자기 자신을 버리신 하나님의 아들을 믿는 믿음 안에서 사는 것이라"(갈라디아서 2: 20).

인간은 끊임없이 참된 것을 찾아 사고하는 한편, 정해진 시간과 공간 속에 존재한다. 인간은 사고와 존재가 일치되는 지점을 추구하지만, 이러한 실험적 과정은 결코 끝나지 않고 지속되는데 바로 이것이 존재화의 과정이다. 인간이 추구하는 진리란 절대적이고 객관적으로 확정되기 어렵고 다만 근사치(approximation)에 있을 뿐이다(CUP: 169).

키에르케고어가 보는 인간의 사고는 헤겔의 관념론처럼 그 자체로 완결될 수 있는 것이 아니다. 그것은 항상 실존의 상황과의 관계 안에서만 의미가 있고 그 관계 안에서 끊임없이 역동한다. 사고가 아직 존재하지 않은 비존재의 가능태라면, 존재는 현존하는 현실태이다. 여기서 인간의 실존은 바로 비존재와 존재 혹은 가능태와 현실태의 사이에 있고 가능태(사고)가 현실태(현실)가 되고 현실태(현실)가 다시 가능태(사고)가 되는 호환(alternation)의 상태이다. 실존하는 인간은 곧 사이의 존재(inter-esse, being between)이자 과정상의 존재(being becoming)이다. 바로 이 사이의 존재라는 인간의 특수성에서 '어떻게 살아야 할 것인가'의 윤리적 실존의 관심(interest)[21]이 생긴다. 존재가 하나의 확정되고 고정된 존재라면 이러한 관심은 소멸되지만, 존재이지만 또 다른 변화와 생성의 가능성을 지닌 비존재일 때 바로 이러한 윤리적 실존의 관심이 생긴다(CUP: 279-280). 비존재인 사고는 존재인 현존상황으로 지향되어야만 하고, 존재인 현실은 다시 새로운 가능성을 생각하는 비존재가 되어야만 한다. 바로 이것이 사이의 존재이자 과정상의 존재인 인간의 숙명적인 존재와 비존재의 역설이다. 주체적으로 실존하는 인간은 사고 속에서 끊임없이 자신의 실존 상황을 '재생산'하고 존재화의 과정으로 '해석'한다(CUP: 79).

오늘날 한국의 교육은 추상적으로는 다양한 좋은 교육목표를 제시하나 실지로는 일률적인 목표, 곧 입시, 취업, 성공을 추구하고 있다. 또한 교사와 학생은 그 정해진 목표에 맞추어 정해진 교육과정 - 지식의 체계 - 을 가르치고 배우고 있다. 이러한 정해진 틀 속에서 내가 나의 독특한 삶 속에서 어떻게 살아야 할 것인가의 질문은 사라진다. 즉, 이는 본 절의 존재와 비존재의 역설에서 강조되는 '사이의 존재', '과정상의 존재', '가능성의 존재'로서의 인간의 실존적 모습이 사라질 수밖에 없는 현실을 보여주는 것이다. 키에르케고어는 삶의 기준을 삶의 현실 속에서 성찰하여야 함을 주장한다. 지식의 습득이나 취업 등이 과연 내 자신의 삶에 어떠

21) interest는 어원적으로 보면 사이(inter)에 있다(esse, to be)는 뜻에서 왔다.

한 의미가 있는지에 대한 자기성찰이 있어야 한다. 이것은 어떤 목표지점에 도달한 후에도 다시금 새로운 가능성을 향하여 질문하고 도전하는 지속적 의지와 노력을 이끈다.

우리는 주변에서 남들이 부러워하는 전교 일등의 놀라운 학업성취를 한 학생이나 명문대에 입학한 학생이나 높은 사회적 지위와 경제적 부를 이룬 사람이 자살하는 사건들을 보게 된다. 한국교육의 실제적 목표인 입시, 취업, 지위를 달성하고도 왜 자살이라는 극단적 선택을 하는가? 여기에는 물론 다양한 외부 요인들도 있겠으나, 근본적으로 성공을 향한 인생여정에서 열심히 배우고 노력한 과정이 '내가 왜 살고 어떻게 살아야 하는가?'의 실존적 질문과 연결되지 못하였다는 데 문제가 있다. 한편, 대중적 성공을 성취한 이들의 상당수는 거기에 안주하려 하며 더 이상 어떤 변화와 창조의 노력을 하지 않는 모습을 많이 볼 수 있다. 어떤 지위나 부 자체가 목적이고 그것을 성취하는 순간 정체되는 것이다. 이것은 개인적으로나 사회적으로 지속적 진전을 막는 심각한 장애이다.

또 하나의 문제는 우리 자신이 어찌 해야 하는지, 어떻게 될지 모르는 근본적 불안에 대처하지 못한다는 점이다. 키에르케고어 관점에서, 근본적으로 이것은 이성보다는 신앙의 문제에 속해 있다. 유한한 인간이 해결할 수 없는 근본적 불안은 신 앞에서 신의 은혜와 인도에 대한 믿음을 가질 때 극복할 수 있다. 오히려 인간은 아무 것도 할 수 없다(절대적 비존재)는 극도의 절망의 순간에, 무엇이든 할 수 있으며 길을 인도하는 하나님(절대적 존재)을 의지할 때 참 실존을 경험한다. 이것은 삶과 죽음의 실존적 관점에서도 해석할 수 있다. 자신의 존재에 대한 절대적 회의, 진정한 죽음을 자각하는 순간, 곧 절망의 끝에서 절대적 비존재를 자각한 순간, 영원한 존재이며 진리인 하나님과 성육신하여 인간 구원을 이끄는 아가페의 그리스도를 신뢰할 때 여기서 진정한 삶이 시작된다. 키에르케고어 관점에서 실존은 근본적으로 또 궁극적으로 이러한 기독교적 역설의 믿음에 근거한다. 오늘날 한국 사회의 젊은이들은 취업, 결혼, 출산을 포기하며 그 어느 때보다 힘든 시기를 살고 있다. 아무 것도 할 수 없다는 극도의 절망은 드라마 속 이야기가 아니라 많은 이들의 현실이다. 그들이 그러한 인생의 절망적 순간을 이겨낼 수 있는 가장 근본적인 내면의 힘을 키우는 교육은 무엇인가? 기독교 실존주의자 키에르케고어의 역설은 이 점에서 중대한 의미를 제시한다.

요컨대 키에르케고어의 관점에 입각할 때 우리 삶과 교육의 지향점은 첫째, 배움의 목표와 내용이 자신의 '현재 삶' 및 '미래의 삶'의 의미와 '지속적으로' 연결되어 스스로 성찰할 수 있도록 안내되어야 하며, 둘째, 자신의 한계에 대한 자각 속에, 영원하고 절대적인 존재에 대한 신뢰의 영성을 키우는 훈련이 이루어져야 한다.

마. 직접과 간접의 역설

키에르케고어는 항상 자신을 직접 드러내지 않고 가명을 쓴다든지 다른 인물을 통해 독자들에게 간접적으로 이야기하였다. 그가 독자와의 소통의 방법으로 이러한 방식을 취한 이유는 무엇일까? 그는 고대 그리스의 소크라테스를 하나의 모범으로 삼고 독자, 대중 혹은 학습자에게 직접 답을 전달하지 않고 스스로 탐구하게끔 독려하고자 하였다. 소크라테스는 질문과 탐구의 과정 속에서 청자들로 하여금 스스로 중요한 존재로 느끼게 하지만 뭔가 설명을 듣고자 할 때 말없이 그들을 떠난다(Manheimer, 2003: 44-45). 키에르케고어 연구자 만하이머는 자신이 그의 간접전달을 연구하게 된 것은 주로 성인 대상의 교육에서 철학적 자서전에 대해 함께 성찰을 시도하였던 것이 계기였다고 한다. 교사로서 그는 단지 기본적 설명과 토론을 진작시키고 발표를 권장하며 책을 통해 자아를 성찰하며 타인의 삶을 들여다보도록 안내하였다. 그의 이러한 가르침은 키에르케고어 연구자로서 그 지혜를 자신의 것으로 만드는 삶, 교사로서 자신의 삶을 찾는 것과 연결된 것이었다(Manhemer, 2003: xiii-xv).

우리가 키에르케고어를 교육과 관련하여 생각해 볼 때, 그 방식에 있어서 중요한 점이 바로 이 간접전달의 방식이다. 간접전달 역시 교사의 가르침처럼 남을 도와주려는 목적을 가지고 있다. 그런데 간접전달은 어떤 최종적인 결과물을 보여주는 것이 아니라 화자가 자신의 현재 진행 중인 삶의 과정과 가능성을 드러냄을 통해 이루어진다. 간접전달은 삶의 종착점이 정해지지 않고 늘 열린 상태에서 화자가 그 가능성을 탐구하는 과정과, 한 사람의 삶의 방법을 청자가 자신의 삶에 비추어 공감함을 통해 이루어진다. 여기서 화자와 청자는 삶의 발달과정과 미래의 과제를 공유한다(Manhemer, 2003: 271-272).

그런데 키에르케고어가 독자들에게, 그의 사상을 접하는 사람들에게 진정 원했던 것은 무엇인가? '간접전달'은 하나의 이야기의 '방식'이지 그것 자체가 그가 추구하고 전하고자 하였던 가장 중요한 사상의 핵심은 아니다. 역설적이게도 그 간접전달은, 독자가 자신의 삶의 실존 문제를 '직접', 주도적이고 가장 생생하게 마주하게 하기 위하여 어쩔 수 없이 택한 방식이었다. 키에르케고어는 정보의 전달을 목표로 하는 '지식의 소통'과, 교육을 목표로 하는 '힘의 소통'을 구별하며, 전자는 '무엇'이라는 질문에 대한 직접적 소통 방식을, 후자는 '어떻게'라는 질문에 대한 간접적 소통 방식을 취해야 함을 주장한다. 전자가 취급하는 객관적 진리는 '누가' 그 사실을 전하고 듣느냐에 상관없이, 결정된 형태로서 보고된 사실을 확인하고 직접적으로 전달된다. 반면, 키에르케고어가 중요시하는 주관적 진리는 구체적 상황에 놓인 구체적 개인에 해당되는 것으로 수용자가 이 진리를 자신이 직접 획득하여 '자기 것'으로 삼는 것을 요구하기에, 모순적 문제(아이러니)의 제시나 가명을 통한 이야기 같은 우회적이고 간접적인 소통의 방식을 취할 수밖에 없다(Blanc, 2004: 135).

인간이 본인의 실존적 문제에 대해 스스로 직접 그것을 대면하여야 한다는 점은 특별히 종교적 단계의 실존에서 더욱 중요하게 부각된다. 키에르케고어의 관점에서 인간은 윤리적인 단계를 넘어 종교적인 단계, 특히 기독교적 종교성을 추구할 때 참다운 실존을 경험할 수 있다. 그런데 개인이 윤리적 단계에 머물 때 문제되는 것은 바로 '보편적인 가치 기준'에 따르는 것이다. 보편적 윤리는 모든 사람에게 모든 시간에 적용된다. 이때 하나님은 그 개인에게 사라져 보이지 않게 되고 무력하게 된다. 반면, 키에르케고어가 '신앙의 기사'로 묘사한 아브라함의 경우는 하나님의 영원한 목적 앞에서 보편적 윤리를 자발적으로 보류한다(Kierkegaard, 1983: 54, 59, 68; 소병철, 2013: 407). 키에르케고어의 종교적 실존 관점에서 그 절정은 하나님 앞에 낱낱의 개인이 홀로 서서 그 영원한 존재를 자신이 직접 가장 정열적으로 대면하는 것이다. 이 정열의 순간은 곧 믿음으로, 믿음은 보편적 이성으로, 객관적으로 사유될 수 없는 가장 개인적이고 직접적인 것이다. 역설적이게도 저자로서(혹은 교육자로서) 키에르케고어는 독자와 많은 배우는 이들에게 이 하나님과의 가장 개인적이고 직접적인 만남을 안내하기 위해, 아브라함의 이야기를 예시하는 것과 같은 간접적인 전달의 방식을 취할 수밖에 없었던 것이다. 그가 보기에 무엇인가를 직접적으로 설교하는 것은, 듣는 자로 하여금 자기의 실존 상황을 자신이 직접 성찰하고 나아가 신과 직접적으로 대면하게 하는 행위를 저해하는 것이다.

키에르케고어가 강조하는 내면성을 키우는 일은 어떤 교재 내용이나 일방적 설명으로 될 수 없다. 이것은 교사와 학생의 만남, 개인적 관계를 통해 가능하다(Naess, 1968: 200). 키에르케고어가 보는 교육은 어떤 내용적 지식을 전달하는 것이 아니라, 힘과 태도를 기르는 것이다. 지식에 초점을 둘 때 배우는 자는 단지 그 어떤 것을 알게 되는 데 그친다. 지식을 넘어 태도를 기르려면 태도는 삶과 관련되기에 가르치는 자와 배우는 자 본인의 삶의 실존 상황에 초점을 두지 않으면 안 된다. 즉, 교사는 '실존하는 윤리가'로서 어떻게 하면 더 잘 살 수 있는가에 대한 교사 자신의 삶에 대한 고민과 열정, 또 그것을 학생의 삶에 대한 뜨거운 관심과 열정에 연결하여 가르침에 임하여야 하며, 학생은 교사와의 대화와 관계 속에서 학생 자신의 삶의 현실과 목적을 깊이 성찰하여야만 한다(표재명, 2000: 49-50).

보통 교육의 핵심 구성 요소로 교사, 학생, 교육내용을 제시한다. 교사가 교육내용이라는 매개체를 통해 학생과 소통하는 것이 일반적인 교육 활동이다. 그런데 키에르케고어의 관점에서는 이 교육내용이라는 매체는 뒤로 빠지고 교사와 학생이 직접 대면한다. 교육내용이 있다면 삶에 대한 실존적이고 윤리적인 태도인데 그것은 어떤 교재 같은 내용을 전달해서는 얻을 수 없는 것이다. 오직 삶에 대한 실존적 고민을 두고 교사와 학생이 직접 마주하는 방법 밖에는 없다.

여기에는 또한 기독교적 실존주의자 키에르케고어에게 또 하나의 중요한 태도, '내 이웃을 내 몸과 같이' 사랑하는 뜨거운 열정이 작용한다. 학생에 대한 뜨거운 사랑, 나의 삶에 대한 열정만큼 강력한 학생의 삶에 대한 열정, 바로 이것은 교사와 학생을 직접 마주하게 한다. 그러나 교사는 그 실존적 문제에 대해 직접적으로 이야기할 수 없다. 교사가 문제의 핵심과 해결방향에 대한 본인의 생각을 직접적으로 이야기해줄수록, 학생이 자기의 실존 상황에 대해 주도적으로 각성할 수 있는 힘은 점점 쇠락해지기 때문이다. 바로 여기에 교육, 교사와 학생의 상호작용에 있어 키에르케고어의 직접과 간접의 역설이 작용한다. 여기에는 교사 자체가 완성의 존재가 아니라 지속적으로 완성을 향해 나아가는 가능성의 존재, 사이의 존재라는 특성도 작용한다. 만약 절대적 진리를 가진 자라면 그것을 직접 이야기해주면 될 것이나 교사는 그렇지 못하고 단지 학생과 함께 진리를 찾는 '구도의 동반자'이다. 참다운 실존이 무엇이냐를 놓고 교사와 학생은 가장 정열적으로 직접 마주하나 그 의사소통의 방식은 간접적일 수밖에 없는 것이다.

바. 맺음말

이 글은 대중화와 물질문명, 도구주의가 팽배한 현대사회와 교육에서 기독교 실존주의자인 키에르케고어의 '역설'의 개념에 담긴 의미를 고찰하였다.

첫째, 키에르케고어의 역설은 보편과 개별의 역설이다. 보편적 대중이 추구하는 자유와 평등, 정의는 먼저 개개인이 실존적으로 바로 서지 않을 때 무력하다. 단독자의 개념은 오직 한 사람의 의미와 함께 보편적으로 '누구나'의 의미를 동시에 내포하고 있다. 아브라함이 아들 이삭을 바치는 사건을 예에서, 실존하는 인간은 먼저 보편적 윤리 안에서 사고하나, 어느 순간 그것을 넘어 신 앞에 선 단독자로서 오직 신과의 개별적이고 신앙적인 대면을 통해 종교적 실존을 경험한다. 그러나 그 단독자는 오직 자기에게만 관심을 기울이는 것이 아니라 이웃에 대한 폭넓은 사랑의 열정을 실천한다. 대중의 오류와 무력함 속에서 그 근본 대안은 각 개인의 가장 개별적인 실존적 각성과 결단이다. 또한 이것은 보편적 진리인 하나님이 각 신자에게는 개별적인 신앙으로서 대면해야 하는 존재라는 신학적 관점으로도 볼 수 있다.

둘째, 키에르케고어의 역설은 영원과 시간의 역설이다. 이 역설은 기본적으로 본질상 영원한 존재인 하나님이 특정한 역사적 시점에 인간의 몸으로 성육신한 것에 기인한다. 인간의 이성으로써 이해 불가능한 이 역설을 믿음으로 수용할 때 한시적인 비진리의 존재인 인간은 영원한 진리인 하나님과 만난다. 그리고 이 믿음의 순간을 통해 영원한 존재는 시간의 상황 속으로, 곧 인간의 삶 속으로 오게 되며, 시간적 존재인 인간은 영원한 하나님과 동행하는 삶, 영생의 삶을 살 수 있게 된다. 영원성과 시간성의 교류를 실질적으로 표현하는 삶은 기독교의 형식적 교리를 설파하고 안주하는 것이 아닌, 시간성 속에 삶의 각종 문제와 한계, 죄악 속에서 분투하며 끊임없이 영원성을 새롭게 찾고 지향하는 것이다. 이를 위해 각 개인은 자신의 삶을 영원한 진리인 신 앞에서 철저히 고백하며 자신의 한계를 반성하며 각성하여야 한다. 아울러 종교적 교리에 머물러 있는 것이 아니라 우리의 시간적 상황 속에서의 이웃 사랑, 특히 소외된 이웃에 대한 적극적 사랑의 실천을 통해 영원한 하나님에 대한 사랑을 실현할 수 있다.

셋째, 키에르케고어의 역설은 존재와 비존재의 역설이다. 이것은 애벌레와 나비의 비유에서처럼, 인간이 현존재이기 이전에 애벌레와 같은 비존재의 상태였다가 현존재로 되며, 현존재는 다시 미래에 대하여 비존재의 상태라는 점을 보여준다. 인간은 가능성의 존재로서 무엇이 될지 알 수 없는 불안을 안고 있는 동시에 잠재성을 가지고 있다. 인간은 사이의 존재로서 현실의 존재 속에서 사나 언젠가는 소멸 및 변화(비존재)를 겪을 수 있는 존재이다. 이것은 인간에게 근본적 불안을 야기하며 그 불안의 정점, 절망 속에서 인간은 신을 찾게 된다. 무한한 절대적 존재인 신에 대해 인간은 유한한, 아무 것도 아닌 비진리, 비존재이다. 절대적 존재인 신 앞에서 자신의 정체성을 알고 신을 신뢰함으로써 인간은 참다운 실존을 경험할 수 있다.

이 역설은 또한 존재화의 과정 속에 있는 인간의 특성을 보여준다. 인간은 사고 속에서 가능태를 현실태로 추구한다. 실존하는 인간은 사고 속에 멈추지 않고 늘 그 사고를 현실로 추구한다. 그러나 인간은 또한 그 현실에 멈추지 않고 그것을 하나의 가능성으로 삼고 미래를 바라보며 새로운 변화를 모색한다. 즉, 키에르케고어 관점에서 실존하는 인간은 가능태(비존재)를 현실태(존재)로, 현실태(존재)를 다시 가능태(비존재)로 지속적으로 호환해나가며 참다운 존재화의 과정을 추구한다고 볼 수 있다.

넷째, 키에르케고어의 역설은 직접과 간접의 역설이다. 그는 소크라테스를 하나의 모범으로 삼고 그의 산파술의 방법을 그의 저작활동의 방법으로 사용하고자 하였다. 작가로서 사상가로서 그는 자신의 사상을 직접 독자에게 전하고자 하지 않았고 이야기 속에서, 질문 속에서 독자들이 스스로 생각하게끔 안내하고자 하였다. 그러나 이 간접의 방법은 오직 독자들이 직접 자신의 실존의 문제를 대면하고 깨닫도록 하기 위한 것이다. 특히 종교적 실존 단계에서 각 개인이 신과 대면하는 것은 개별적이고 직접적인 신앙의 경험을 요구한다. 이러한 실존적 문제, 신앙의 경험의 직접성을 위해 어쩔 수 없이 그는 간접전달의 방식을 취한다.

그가 추구한 힘과 태도를 기르는 교육은, '무엇' 즉 객관적 정보를 가르치는 교육이 직접적 방식을 취하는 것과 달리, '어떻게'와 관련되는 것으로 간접적 방식을 취할 수밖에 없다. 교사와 학생은 구도적 동반자로서 어떻게 살아야 하는가의 실존적 문제를 놓고 직접 마주하나 그 실존의 교육을 추구하는 한 대화의 방식은 간접적일 수밖에 없다.

오늘날 우리는 표준적 척도 속에 경쟁하고 있다. 성적, 명문대와 일류 직장, 연봉과 지위, 명품 등이 우리의 삶과 교육의 지표이며 그것을 획득하기 위해 싸우며 얻지 못하여 슬퍼한다. 그 속에서 '나는 누구이며 어떻게 살아야 하는가'의 질문은 사라진다. 키에르케고어의 역설은 기본적으로 나 자신의 가장 개별적인 실존을 깊이 파고들 때 그곳에서 오히려 보편적 善과 진리를 찾을 수 있다는 것이다. 교육의 모든 과정이 이 '나를 탐구하고 각성하는 활동'에 초점을 맞추어야 한다. 그런데 그것은 가장 근본적으로는 영적인 문제로서 영원한 존재 앞에 한시적 자아의 한계를 자각하고 영원함을 추구할 수 있는 영적 안목을 가질 수 있도록 해야만 가능하다.

또한 참 실존을 위해 배우는 사람은 완성된 존재가 아닌 끊임없이 새로운 가능성을 모색하는 사이의 존재로서 노력하지 않으면 안 된다. 배움의 과정이 완성된, 정해진 지식의 체계로서 전달되어서는 이를 성취할 수 없다. 학생 개개인의 삶의 문제와 긴밀하게 연결되어서 끊임없이 역동적인, 생동하는 지식으로서 재해석되어야 한다. 또한 이를 위해 교사는 스스로 자신의 실존에 대해 깊이 성찰함과 동시에 학생의 삶에 대한 깊은 사랑을 가지고, 가르침의 내용을 본인의 실존적 고민과 연결시킴과 동시에 그것을 학생이 스스로의 실존 문제와 관련지어 직접 깊이 들여다보고 스스로 해결방향을 모색하도록 안내해주어야 한다. 이 과정에서 교사 자신도 실존적으로 각성하게 되지만, 교사는 미완성의 존재라는 점을 항상 염두에 두고 자신의 가르침을 '어떻게' 하여야 하는가를 지속적으로 고민하여야 할 것이다.

참고문헌

김기숙(2003). 코메니우스의 인간성 교육론과 기독교대학. 서울: 한들출판사.

박민수(2009). 인성함양을 위한 기독교 교양교육의 새로운 패러다임: 코메니우스 이론을 중심으로. 한국기독교대학교목회, 대학과 선교, 17(1), 113-142.

소병철(2013). 종교성과 도덕성은 조화할 수 있는가?: 키에르케고르와 칸트의 종교관을 중심으로, 인문과학연구, 31, 397-420.

송민영(2006). 홀리스틱 교육사상. 서울: 학지사.

신승환(2006). 현대문화에서의 영성론 연구. 하이데거 연구, 15(1), 565-585.

심민수(2004). 키에르케고어의 실존적 단독자 사상의 교육적 함의. 한국교육학연구, 10(2), 5-35.

심승환(2016). 아우구스티누스와 코메니우스 사상에 나타난 영성교육의 의미고찰. 교육사상연구, 30(3). 147-176.

양명수(1999). 아우구스티누스의 인식론: 이성과 계시 또는 앎과 믿음. 서울: 한들출판사.

오춘희(1998). 코메니우스. 연세대 교육철학 연구회 편, 위대한 교육사상가들 II. 서울: 교육과학사.

유재봉(2013). 교육에서의 영성회복: 학교에서의 영성교육을 위한 시론. 교육철학연구, 35(1), 97-118.

이숙종(1996). 코메니우스의 교육사상. 서울: 교육과학사.

주영흠(2014). 아우구스티누스의 생애와 교육사상. 서울: 그리심.

표재명(1995). 키에르케고어 연구. 서울: 지성의 샘.

표재명(2000). 키에르케고어. 연세대학교 교육철학회 편. 위대한 교육사상가들 IV. 서울: 교육과학사.

하일선(2016). 다문화사회에서 사이존재로서의 인간과 불안: 키에르케고어의 인간이해를 중심으로. 교육의 이론과 실천, 21(1). 145-166.

Astley, J.(2003). *Spiritual Learning: Good for Nothing?* (in Spirituality, Philosophy and Education, ed. David Carr and John Haldane). London: RoutledgeFalmer.

Augustine(1955). *Confessions and Enchiridion* (trans. & ed. Albert Cook Outler). London: The Westminster Press.

Baldwin, D.(2008). *Models of Teaching and Models of Learning* (in Augustine and Liberal Education, ed. Kim Paffenroth and Kevin L. Hughes). New York: Lexington Books.

Blanc, C.(2004). *Kierkegaard.* 이창실 역. 키에르케고르. 서울: 동문선.

Brown, P.(1967). *Augustine of Hippo*. 차종순 역. 아우구스티누스의 생애와 사상. 서울: 한국장로교출판사.

Caranfa, A.(2013). Socrates, Augustine, and Paul Gauguin on the Reciprocity between Speech and Silence in Education. *Journal of Philosophy of Education*, 47(4), 577-604.

Carr, D.(2003). *Three Conceptions of Spirituality for Spiritual Education* (in Spirituality, Philosophy and Education, ed. David Carr and John Haldane). London: RoutledgeFalmer.

Comenius, J. A. *The Great Didactic*. 정확실 역(2007). 대교수학. 서울: 교육과학사.

Comenius, J. A. *Pampaedia Allerziehung*. 정일웅 역(2005). 범교육학. 서울: 그리심.

Concise Oxford Dictionary. Oxford University Press(2011).

Dunne, J.(2003). *Spirituality and its Counterfeits* (in Spirituality, Philosophy and Education, ed. David Carr and John Haldane). London: RoutledgeFalmer.

Giddens, A.(2000). *Runaway World - How Globalization is Reshaping Our Lives*. 박찬욱 역. 질주하는 세계. 서울: 생각의 나무.

Hadot, P.(1995). *Philosophy as a Way of Life: Spiritual Exercises from Socrates to Foucault* (ed. Arnold Davidson; trans. Michael Chase). Oxford: Blackwell.

Hill, B. V.(1989). "Spiritual Development" in the Education Reform Act: A Source of Acrimony, Apathy or Accord?, *British Journal of Educational Studies*, 37(2), 169-182.

Hill, M.(2008). *Reading without Moving your Lips: the Role of the Solitary Reader in Liberal Education* (in Augustine and Liberal Education, ed. Kim Paffenroth and Kevin L.Hughes). New York: Lexington Books.

Hull, J. M.(1998). *Utopian Whispers: Moral, Religious and Spiritual Values in Schools*. Norwich: Religious and Moral Education Press.

Jacobs, J.(2003). *Spirituality and Virtue* (in Spirituality, Philosophy and Education, ed. David Carr and John Haldane). London: Routledge Falmer.

Johnson, H.(1984). *A Kierkegaard Critique*. 임춘갑 역. 키르케고르의 실존사상. 서울: 종로서적.

Kierkegaard, S.(1936). Soren Kierkegaard's Samlede Vorker. Udg. af A. B. Drachmann, J. L. Heiberg og H. O. Lange. Anden Udage., Bd. I-IX, Kobenhavn, vol. 15.

Kierkegaard, S.(1944). *Concluding Unscientific Postscrip*t. trans. David F. Swanson. Princeton: Princeton Univ. Press.

Kierkegaard, S.(1962). *Works of Love., trans. Howard and Edna Hong*. New york: Harper and Row.

Kierkegaard, S.(1978). *Soren Kierkegaard's Journals and Papers, I-VII*. trans. Howard and Edna Hong. Indiana: Indiana Univ. Press.

Kierkegaard, S.(1983). *Fear and Trembling*. trans. Howard and Edna Hong. Princeton:

Princeton Univ. Press.

Kierkegaard, S.(1996). *Der Begriff Angst*. Frankfurt am Main: eva-Taschenbuch Bd. 21.

Koerner, F.(1979). *Das Sein und der Mensch*. Karlalber: Freiburg Verlag.

Manhemer, R.(2003). *Kierkegaard As Educator*. 이홍우 · 임병덕 역. 키에르케고르의 교육이론. 서울: 교육과학사.

Manning, R.(1993). Kirerkegaard and Post-Modernity: Judas as Kierkegaard's Only Disciple, *Philosophy Today*, 37(2). 133-152.

Martin, T.(2008). *Augustine's Confessions as Pedagogy: Exercises in Transformation* (in Augustine and Liberal Education, ed. Kim Paffenroth and Kevin Hughes). New York: Lexington Books.

Martinez, R. (1988). Kierkegaard's Ideal of Inward Deepening, *Philosophy Today*, 32(2). 110-117.

Meir, B-H.(1971). Unity-Liberty-Love: Reflections on John Amos Comenius, *Religious Education*, 66(3). 192-199.

Moore, G.(1988). *Believing in God: A Philosophical Essay*. Edinburgh: T.&T. Clark.

Naess, A.(1968). Kierkegaard and the Values of Education. *The Journal of Value Inquiry*. 2(2). 196-200.

Sadler, J.(1966). *J.A. Commenius and the Concept of Universal Education*. London: George Allen & Unwin Ltd.

Taylor, C.(1992). *Sources of the Self: The Making of the Modern Identity*. Cambridge: Cambridge University Press.

Verducci, S.(2014). Introduction: Narratives in Ethics of Education. *Studies in Philosophy and Education*, 33(1), 575-585.

Wright, A.(2000). *Spirituality and Education*. London: RoutledgeFalmer.

제 **2** 부

삶의 유형과 배움

1. 정치와 배움
2. 문화와 배움
3. 종교와 배움

인간은 다양한 관심을 가지고 산다. 다른 동물은 본능만 충족되면 만족하나 인간은 본능 이상의 복잡한 요구들을 느끼며 추구한다. 모종의 이익과 명예와 권력을 추구하며 편리함, 안락함, 쾌적함 그리고 더 폭넓은 미적 가치와 도덕적 가치를 추구한다. 이러한 인간의 추구들은 근본적으로는 더 나은 삶에 대한 관심이며 진 · 선 · 미의 가치에 대한 열망이다. 가치와 관심은 사람에 따라서 사회적, 환경적 배경의 영향에 따라 상이하게 나타난다. 정치적인 관심이 강한 사람이 있는가 하면 경제적 이익을 추구하는 사람도 있고, 문화에 대한 관심이 강한 사람이 있으며 이와는 전혀 차원이 다른 종교적인 가치를 추구하는 사람도 있다. 추구하는 관심과 가치의 차이는 상이한 삶의 유형과 방식을 가져온다. 그리고 삶의 관심과 방식의 차이는 배움의 방향과 밀접한 관련을 맺는다. 인간이 어떠한 삶의 유형을 추구하느냐는 인간이 어떠한 방향으로 어떻게 배우고 성장하며 자아실현을 이루느냐의 문제와 직결되기 때문이다. 이하 내용에서는 비교적 많은 사람들이 공통적으로 추구하는 정치적, 문화적, 종교적 삶의 유형을 중심으로 이들이 배움과 어떻게 관련되며 각각의 유형에 있어 바람직한 배움의 방향은 무엇인지에 관해 다루어 보겠다.

1 정치와 배움

(1) 정치적 삶과 배움

인간은 정치적 동물이다. 정치인이 아니더라도 모든 사람들은 자신의 의지를 관철시키고자 한다. 그 의지가 경제적 이익과 관련될 수도 있고 어떤 이념이 될 수도 있다. 그런데 문제는 인간이 혼자 살아가는 것이 아니라 함께 살아가며 다수가 모일 때는 자연스럽게 상이한 관심사가 대립하게 된다는 점이다. 하나의 공동체가 유지되려면 이러한 상이한 관심과 주장들을 조정하여야 하는데 이와 관련된 인간 간의 결탁과 분쟁, 통솔과 복종, 설득과 합의 등의 다양한 행위가 바로 정치이며, 정치는 모종의 힘 혹은 권력(power)과 권력의 관계에 의해 움직인다.

권력관계와 이에 대한 의존의 성향은 인간 본성과 관련된다. 무엇을 하든 인간은 모종의 힘을 필요로 하며 그 힘을 사용하여야 한다. 힘 혹은 권력은 경제적인 것에서 오기도 하고 기술적인 것에서 오기도 한다. 때로는 권력의 근거는 이보다는 좀 더 추상적인 인격이나 종교적 권위에 의해 발생하기도 한다. 권력은 일종의 능력과 의지로서 인간은 권력을 통해 자신의 가치관을 타인에게 행사한다(Spranger, 1928: 188). 인간이면 누구나가 모종의 가치관과 의지를 가지며 이를 이루기 위해 모종의 힘을 동원하려고 한다고 보면, 정치적 성향과 권력에 대한 의지는 그 정도의 차이는 있지만 모든 인간이 기본적으로 공유하는 성질이라 볼 수 있다.

권력은 크게 보면 법이나 제도를 통해 국가나 공공 단체에서 행사되며, 작게 보면 가정, 직장 등 다양한 인간관계에서 작용한다. 푸코는 모든 관계는 필연적으로 권력관계이며 인간의 모든 실천은 권력의 효과라고 주장한다. 권력은 각종 제도나 규율을 통해 인간의 행동방식을 통제한다. 이러한 통제가 과거에는 군대나 경찰

등 명확한 물리적 힘에 의해 작동되었으나 현대 사회에는 그보다는 모종의 지식체계를 통한 사회화 과정을 통해 눈에 보이지 않게 작동된다. 말과 글, 다양한 경로의 담론을 통해 힘을 가진 집단의 특정한 지식과 규율이 행사된다. 담론은 무엇이, 누가 올바르고 우월하며 반대로 무엇이, 누가 잘못되고 열등한 것인지를 진술한다. 지배집단은 합리적이며 우월하고 피지배집단은 불합리하며 열등하여 감시와 처벌과 교화의 대상이 되어야 한다고 본다. 푸코는 중앙 감시탑에서 죄수들을 감시하고 통제하도록 고안된 원형감옥인 '판옵티콘(panopticon)'과 같이 감시와 통제의 방식이 사회 전반에서 행사되고 있음을 지적한다(Foucault, 1975).

그런데 이러한 통치와 권력의 논리는 이미 고대 사회에서부터 유래된다. 플라톤은 인간은 성향과 자질에 따라 마치 금, 은, 동처럼 그 수준을 분류할 수 있다고 보았다. 그의 기본적 관심사는 개인과 국가에서 어떻게 하면 '올바름(정의)'을 실현할 수 있느냐 하는 것이었다. 인간의 내부에는 합리적인 부분과 그렇지 않은 부분이 있는데 전자가 후자를 통솔할 때 인간의 정의가 실현된다는 것이 플라톤의 생각이다. 합리적인 부분은 바로 이성이며 그렇지 못한 부분은 기개와 욕구이다. 기개와 욕구는 상황의 변화에 따라 변하나 이성은 항상 올바르고 좋은 것을 판단하며 이를 추구한다. 개인에게 있어 이성이 기개와 욕구를 통솔하며 이성이 제 기능을 다할 수 있도록 기개와 욕구가 복종하며 필요한 기능을 수행할 때 최선이 되듯이 국가 전체로 보아도 이와 비슷하다. 금의 영혼, 합리적 통찰력을 지닌 사람이 통치자가 되고 은의 영혼, 용감한 기개를 지닌 사람들이 수호자가 되어 통치자를 보조하며, 동의 영혼, 필요한 욕구와 노동력을 지닌 사람들이 생산자가 되어 국가에 필요한 각종 물질들을 공급할 때 국가는 최선의 정의가 이루어진다. 현대에는 민주정이 이상적인 정체로 생각되지만 플라톤은 민주정은 멋대로 할 수 있는 자유가 허용되어 무질서(무정부상태)와 혼란만 초래된다고 보았다. 영원불변한 진리를 사유할 수 있는 자질과 성향을 가진 자를 가려내어 장기간의 체계적인 교육을 통해 철인통치자(philosopher-king)로 만들고 그를 통해 국가가 통치될 때만 공동체의 정의는 실현될 수 있다. 철인통치자는 올바름과 최선을 통찰하며 판단하는 동시에 모든 국가구성원들에게 이것을 교화시키는 교육자이다. 그는 본인 자신이 진리를 깨우친 당사자로서 이제 무지와 오류의 어둠 속에 있는 대중에게 참과 거짓을 분별하도록 이끈다(Plato, 1953).

'정의의 실현'이라는 이념적 이유로부터 정치를 생각하여, 합리적 이성을 갖춘 통치자를 중심으로 위에서부터 통솔하고 교화하는 국가의 틀을 상정한 플라톤과 달리, 근세의 홉스(Thomas Hobbes, 1588-1679)는 개개인의 기본적인 욕구로부터 정치의 양상을 생각하였다. 홉스가 보는 인간은 욕망의 존재로 이를 충족하기 위해 보다 큰 힘을 추구한다. 이것은 잘못된 것이 아니고 지극히 자연스럽고 정당한 것이다. 인간 각자는 자신의 자연적 요구, 생존의 필요인 이 욕망을 충족하기 위해 자유롭게 힘을 사용할 수 있는 권리가 있는데 이것이 바로 자연권이다. 모든 인간은 평등하며 누구나 원하는 것을 추구할 권리가 있는데, 문제는 모두의 욕망을 충분히 충족시킬 만큼 자원이 무한하지 않다는 점이다. 결과적으로, 이러한 자연 상태로 놔두면 "만인의 만인에 대한 투쟁 상태"가 벌어지게 된다. 열심히 일하여 거둔 수확을 힘으로 가로채는 일이 빈번히 발생하게 되고 사람들은 불안과 공포, 폭력과 죽음 속에 비참한 삶을 살아야 한다. 이러한 비극을 막기 위해선 개인이 자유롭게 욕망을 추구하는 자연권을 적절히 제한하는 인간 상호 간의 계약이 필요하다. 사람들은 자신의 권리를 주권자, 곧 '커먼웰스' 혹은 '리바이어던'에게 위임하고 그로 하여금 인민의 생존과 안전을 지키도록 한다. 홉스는 불완전한 주권은 다시금 전쟁상태를 야기할 수 있다고 보아 주권자는 입법권, 사법권, 징수권, 임명권, 처벌권 등 절대권력을 가지고, 인민들은 비판, 불복종, 처벌 등 이에 대한 저항할 권리가 부정된다고 보았다(Hobbes, 1651).

홉스는 인간의 분쟁 해결을 위한 최소한의 계약 기구로서 국가 주권을 상정하였으나, 근세 이후 국가의 통치권은 점점 더 광범위해지고 강고하게 발전하였고, 특히 자본주의 체제가 발달하면서 자본가의 이익을 옹호하게 되면서, 상대적으로 노동자 계급의 권리는 소외되는 상황이 전개되었다. 마르크스(K. Marx, 1818~1883)는 이 같은 소외의 문제를 심각하게 비판하며 이를 극복하기 위한 혁명적인 접근을 제시하였다. 마르크스가 보는 인간은 '노동하는 존재'이다. 인간은 다른 동물과 달리 능동적이고 생산적인 존재로 생존의 수단을 직접 생산한다. 인간은 변화하는 환경 속에서 의식적인 계획과 생산 활동을 통해 삶을 영위한다. 그리고 이 생산 활동을 통해 인간은 자아를 실현한다. 그런데 자본주의 사회에서는 노동자가 사용하는 물질이나 생산품을 자본가가 관리함으로써, 인간은 자신의 노동으로부터 만족과 자아실현을 하지 못하고 소외감과 허탈감을 갖게 된다.

마르크스는 이 같은 소외의 문제의 뿌리는 역사적으로 전개된 생산력과 생산관계의 변화 과정에 있다고 보았다. 이것이 소위 '역사적 유물론'인데 이에 의하면 인간성은 역사적으로 변천해 온 사회적 관계에 의해 정해진다. 생산력의 증대는 필연적으로 생산관계의 변화를 야기하며 이러한 변화가 원시공동체 사회, 고대 노예제 사회, 중세 봉건제 사회, 근대 자본제 사회로의 역사적 변천을 초래한 것이다. 마르크스는 인간의 물질적 생산 방식(토대)이 정신적인 삶의 방식(상부구조)을 결정한다고 보았다. 자본주의 체제는 본디 노동을 통해 자아를 실현하는 인간을 착취의 방식에 길들이게 한다. 여기서 착취하는 인간과 착취당하며 소외당하는 인간 모두 그러한 방식을 당연한 듯이 수용하는 '그릇된 의식'에 빠지게 된다. 마르크스는 만약 사회 환경이 인간을 형성한다면 그 환경을 인간적으로 만들어야 한다고 보았다. 이에 그는 소외와 착취의 자본주의 체제를 노동자 혁명을 통해 붕괴시키고 생산수단을 공유화하는 공산주의 사회를 만들고자 하였다(Marx, 1990).

마르크스가 이상으로 생각한 공산주의 사회는 인간이 누구나 억압이나 착취 없이 평등한 대우를 받고 노동을 통해 자아를 실현하며, 모두가 함께 나누며 함께 번영하는 공동체의 가치를 실현하고자 하는 것이다. 이를 위한 기본 조건은 기존 사회체제의 불평등과 억압, 착취의 구조적 모순과 인간 소외의 문제를 비판적으로 인식하는 것이며, 이 비판의식을 통해 노동자혁명, 노동해방을 이루어 그 구조적 모순을 근본적으로 해결하는 실제 행동이다.

이제껏 전술한 다양한 인간의 정치적 측면과 관련된 관점들에 공통된 것은 '기존의 체제와 질서에 대한 문제의식'과 그에 대한 대안책의 제시이다. 그런데 여기에 근간이 되는 두 가지 큰 개념의 축은 바로 '개인'과 '공동체'이다. 홉스는 개개인의 욕망의 추구에 주목 —사회체제는 이를 위한 수단— 하였고 반대로 플라톤, 아리스토텔레스, 마르크스는 공동체의 정의 실현에 주목하였다. 개개인의 욕구(이익) 추구와 공동체의 모종의 가치 실현 간의 갈등 구조가 인간의 정치적 삶에서 가장 근본적인 문제인 것이다.

바로 이 문제에 직접적으로 주목한 정치사상이 자유주의와 공동체주의이다. 자유주의에서는 인간 각자가 나름의 가치관을 가지고 자신의 이익을 추구할 자유로운 권리를 보장하여야 한다고 주장한다. 만약 국가나 어떤 집단이 특정한 가치관이나 정책노선을 지지한다면 개개인의 자유로운 선택 권리가 억압되기에 국가는 '중립적 입장'을 취해야 하며, 특정 관점이나 세력이 지배하고 특정 부류가 소외되지 않도록 중재하는 역할이 필요하다. 자유주의가 보는 개인은 '무연고적 자아'로 특정한 배경의 영향 없이 다양한 가치를 객관적으로 형량하여 판단하는 존재이다(Rawls, 1971). 이에 반해, 공동체주의는 현대의 도덕적·정치적 혼돈 상태가 개개인이 자신의 주관적 감정에 이끌려 선택하는 '주정주의'에 있다고 보고, 이를 극복하려면 사회적 관행과 전통의 중요성이 회복되어야 한다고 주장한다. 아무런 영향 없이 중립적이고 자율적으로 판단하는 무연고적 자아는 오직 허구에서만 가능하며, 모든 인간은 가족, 지역사회, 종교단체 등 다양한 집단의 문화적 상호작용의 영향하에서 자아를 형성하며 발달시켜 나간다. 인간이 자신의 감정이나 주관적인 이익 추구에 구속되지 않고, 사회적 관행을 통해 공동체의 목적과 가치를 고려하며 그에 비추어 자신의 역할, 삶의 방식을 정하는 가치판단의 '기준'을 가져야 한다는 것이 공동체주의자들의 핵심이다(MacIntyre, 1981).

정치는 인간이 집단적인 생활을 하면서 어떠한 가치와 이익을 추구하며 이를 달성하기 위한 다양한 방식의 노력과 힘을 사용하는 한 인간의 삶에 필연적으로 나타난다. 문제는 어떠한 의사를 관철하기 위한 방식이 합리적이냐 그렇지 못하냐는 것이다. 플라톤이 말한 '철인통치자'와 같은 완벽한 지혜를 갖춘 인간이 공동체의 모든 문제에 가장 합리적인 해결책을 제시한다면 이상적일 수 있을 것이다. 그러나 인간의 역사에서 이런 완벽한 인간은 없었으며 앞으로도 나타나기란 거의 불가능할 것이다. 설령 그러한 사람이 있다고 해도 오늘날 같이 '평등', '민주주의', '다양성'을 중요한 가치로 여기는 사회에서 그 한 사람의 주장에 모든 구성원이 일사불란하게 따른다는 것은 불가능한 일이다. 따라서 오늘날의 정치에서 가장 중요한 문제는 어떻게 합리적인 방향으로 의사를 수렴하고 조정하며 합의를 도출하느냐이다. 그리고 이를 성취하기 위한 관건은 그러한 정치적 능력과 태도를 지닌 인간을 육성하는 교육과 배움이다. 여기에는 무엇이 올바르고 좋은 방향인지를 숙고할 수 있는 철학적 · 도덕적 사고능력, 열린 마음으로 다양한 가치와 의견들을 수렴하고 대립적 관점을 조정하고 합의를 도출할 수 있는 의사소통적 합리성, 공동체의 가치와 전통, 사회적 관행을 존중하는 자세, 사회의 불의와 불평등, 다양한 모순들을 비판적으로 인식하는 능력 등의 함양이 폭넓게 포함된다.

정치는 정치인들만의 일이 아니다. 인간이 집단적으로 의사결정을 해야 하는 모든 공간, 가정, 학교, 지역사회, 직장, 정당, 시민단체, 국가, 그 밖의 모든 공동체에서 정치는 인간의 삶을 주도한다. 이러한 인간의 정치적 삶이 합리적인 방향으로 이루어지기 위해 배움이 필요하나, 역으로 이러한 다양한 공동체의 정치적 삶 속에서 인간은 도덕적 가치와 판단능력, 의사소통방식, 문제해결능력 등을 배운다. 즉, 정치적 삶이 바람직한 방향으로 이루어질 때 인간은 그 속에서 지적, 인격적 성장을 경험할 수 있다. 이하의 절에서는 바로 이러한 인간의 정치적 삶과 관련된 다양한 배움의 문제들을 자세하게 다루어 보겠다.

(2) 자유주의, 공동체주의 그리고 교육1)

가. 서론

인간의 삶에서 가르침(teaching)은 지적, 인격적, 심미적 성장을 조장하는 필수적인 활동이다. 가르침은 인류의 역사와 함께 하며 많은 학자들이 그 의미에 대하여 숙고하였다. 가르침은 배움을 의도하며 배우는 자 및 배움의 내용과 긴밀하게 연결되어 배우는 자로 하여금 신조, 지식, 행위, 습관을 습득할 수 있도록 이끈다(Hirst, 1971). 피터스(1966: 45)는 교육은 교육받은 사람을 양성하는 행위로 가치있는 일을 전달하고 이것에 헌신하도록 하며, 지식과 이해, 폭넓은 지적 안목을 길러주며 교육받는 자가 의식과 자발성을 가지고 배워야 한다고 보았다. 에이어스(1995: 126)는 가르치는 자는 배우는 자를 비판적으로 사고하고 질문하며 표현하고 읽도

1) 본 절의 내용은 2010년도 『한국교육학연구』 제16권 제2호에 실린 저자(심승환)의 논문, "자유주의와 공동체주의의 종합적 시각을 통한 가르침의 목적 고찰"을 수정한 것이다.

록 이끌며, 협동적으로 활동하고 공공의 선을 고려하며 행동하도록 이끈다고 주장한다. 한편, 호건(2003)은 가르침과 배움이 서로 연결되어 인간의 삶의 방식 그 자체를 이룬다고 보며 나딩스(2003)는 가르침이 배려와 신뢰의 관계를 수반하며 이것은 그 자체로 목적적인 활동이라고 보았다.

이상의 견해들을 종합해 볼 때, 가르침의 목적은 개인적 측면과 사회적 측면 모두에 걸쳐 있다. 첫째, 가르침은 개인적으로 배우는 자의 사고와 가치관의 변화, 지식의 습득, 행동의 변화 등을 유도한다. 아울러 가르치는 자 또한 가르침의 과정을 통해 지적, 인격적, 심미적 변화를 경험할 수 있다. 둘째, 가르침은 사회적으로 발생하며 사회적 활동을 원활히 하는 데 도움을 준다. 가르침은 절대 홀로 일어나지 않고 가르치는 자와 배우는 자의 사회적 상호작용을 통해 일어난다. 인간은 어려서부터 부모나 어른, 선생님으로부터 가르침을 받고 어른이 되어 취직하여도 직장상사나 선배로부터 직업 지식과 기술을 배운다. 혼자서 책을 보며 책을 통해 가르침을 얻는다고 하여도 그 책의 저자 혹은 내용과 상호작용을 하게 된다(심승환, 2007: 15). 교사 없이 학생들끼리 스터디를 한다고 해도 학생들은 서로를 가르치고 서로에게서 배운다. 이처럼 모든 가르침은 사회적 상호작용을 통해 일어난다. 아울러 가르침을 통해 사회적으로 중요시되는 가치 및 규범과 사회활동에 필요한 지식, 기술, 행동방식을 배우게 되며 이것들은 결국 사회(공동체)가 더욱 번영·발전할 수 있는 토대로서 작용한다.

가르침의 이러한 두 가지 중요한 목적, 개인적 측면과 사회적 측면은 각각 자유주의와 공동체주의의 주된 주장과 관련된다. 자유주의는 공동체가 개인들의 계약에 기초하므로 공동체의 목적이나 가치보다 개인의 권리와 자유가 더욱 중요하다고 본다. 공동체는 특정한 가치를 개인에게 강요할 수 없으며 개인이 다양한 가치 중에 자유롭게 선택할 수 있다고 주장한다. 개인은 좋은 삶에 대해 스스로 판단·선택하며 공동체는 중립적인 입장에서 단지 절차상의 올바른 원리만을 지켜주면 된다(노명식, 1991; 김선구, 1999).

반면, 공동체주의 입장에서는 첫째, 개인은 공동체의 가치와 목적에 의해 부분적으로 구성되는 '구성적 자아' 또는 '연고적 자아'로 간주된다. 둘째, 가치 규범은 역사적 공동체의 특수한 사회문화적 전통 속에 내재되어 있다고 본다. 셋째, 공동체는 공동의 선 및 좋은 삶을 상정하고, 개인들로 하여금 공적 활동에 적극적으로 참여하여 공동선을 추구하고 시민적 덕목과 자아를 실현할 수 있도록 도와야 한다고 본다(홍은숙, 2006: 85).

이렇게 볼 때, 자유주의적 입장에서는 개인이 간섭이나 제제에서 벗어나 자유롭게 좋은 삶을 판단하고 선택할 수 있도록 도와주는 것을 목적으로 가르쳐야 하며, 공동체주의 입장에서는 공동체의 가치 규범을 잘 배우고 공동체 활동에 잘 참여하며 공동체의 이상을 추구할 수 있도록 가르쳐야 한다. 양 입장은 인간관에서부터 근본적으로 대립되는 성격을 취하기 때문에 서로 화합하기가 일면 불가능해 보인다. 자유주의는 칸트의 철학에 근간하여 '무연고적인(unencumbered) 자아관'을 주장한다. '무연고적인 자아관'이란 개인이 어떠한 외적 전통이나 권위에도 의존하지 않고 옳고 그름을 독자적으로 판단하고 선택한다는 관점이다. 반면에, 공동체주의는 헤겔의 철학에 근간하여 '연고적 자아관'을 주장한다. 즉, 인간은 반드시 자신이 처한 특수한 역사적 현실을 고려하여 그 공동체의 전통, 규범, 관습을 따를 때 자아의 정체성을 인식하며 공동체가 추구하는 가치를 위해 헌신하며 공동체가 바라는 역할기대를 수행할 때 자아실현을 달성한다고 본다.

공동체주의에서 볼 때, 자유주의적 자아관은 자아는 항상 공동체 내에서 존재하고 활동한다는 측면에서 현실과는 거리가 먼 추상적인 것이 된다. 자유주의에서 볼 때, 공동체주의 자아관은 개인이 항상 공동체의 굴레 속에서 생각하고 행동해야 한다는 측면에서 개인의 자율적인 판단과 선택을 저해하는 관점이 된다. 이렇게 대립적인 양측의 관점들을 조화시킬 수 있는 가능성은 있는가?

나. 자유주의 시각에서 본 가르침의 목적

A. 자유주의의 기본 관점: 롤스를 중심으로

자유주의의 역사적 배경은 16-18세기의 절대군주정 시대로 거슬러 올라간다. 당시 국제 무역이 활발해지고 자본주의가 발달하면서 부르주아 계급이 부상되었다. 이 부르주아 계급은 정부 규제를 탈피하여 자유로운 경제활동을 하고자 하였고 강력한 중앙정권의 정치·경제적 수탈에 대항하여 개인의 자유권을 주장하고 신분차별에 반대하며 법치주의를 옹호하였다. 이러한 고전적 자유주의는 비록 부르주아 계급의 관점만을 대변한다는 계급적 한계를 드러내지만 국가의 통제에 앞서 개인의 권리와 자유를 주장하고 법적 · 절차적 원리에 입각하여 통치되어야 한다는 기본 입장만은 현대 자유주의의 관점과 일치한다.

현대의 자유주의 사상을 체계적으로 발달시킨 학자는 존 롤스이다. 롤스는 자유주의의 이론적 근거로 '공정으로서의 정의론(justice as fairness)'을 주장하였다. 공정으로서의 정의의 핵심은 '원초적 상황(original point)'과 '무지의 장막(veil of ignorance)'이다. 이것은 자신의 신념과 자신이 처한 상황의 특수성을 모르는 사람들이 계약을 통해 합의에 이르는 가상적 상황을 뜻한다. 사람들은 자기에게 어떠한 입장이 이득인지 혹은 중요한지 모르기 때문에 특정한 노선을 주장하거나 서로 대립하지 않고 중립적인 상태에서 합의하게 되는데 롤스는 바로 이러한 무지의 상태에서의 합의에서 치우치지 않는 공정함을 도출하였다. 예를 들어 사람들이 케이크를 나눌 때 각자 자신이 어느 조각을 가질 것인지 모르는 상황에서는 그 케익이 공정하게 잘릴 것이란 가정이다. 원초적 상황의 사람들은 자신들이 어떤 재능과 소질을 타고나는지 또 어떤 사회적 지위를 가질 것인지 알지 못한다. 이것은 바로 사람들이 재능과 지위 등의 면에서 모두 평등할 때 공정함이 이루어질 수 있다는 관점이다. 아울러 원초적 입장의 사람들은 자신의 특정한 선(goodness) 관념 —무엇이 선인가에 대한— 을 가지고 있지 않기에 구속되지 않고 자유롭다. 특정한 선 관념이 없다는 것은 선 관념을 형성하고 수정하고 합리적으로 추구하는 능력에 관심이 있다는 것이다. 즉, 개인이 어떠한 고정 관념 없이 다양한 가치 중에 스스로 자유롭게 선택하고 수정할 수 있도록 하는 데 중점이 있음을 의미한다(Mulhall & Swift, 2001: 33-36).

이러한 가상적 상황은 현실에서는 거의 불가능하다.[2)] 즉, 개개인은 누구나 가정환경, 종교, 인종, 성, 계층 등의 측면에서 특수한 배경과 가치관을 지닌다. 특수한 배경과 가치관은 각자의 이익과 신념에 의해 서로 다른 주장들을 만들고 이 주장들을 상대방에게 관철하려고 한다. 이때 좀 더 강력한 권력을 가진 집단 혹은 개인의 주장은 약한 집단의 주장을 무시하고 자신의 것을 관철하게 된다. 원초적 상황은 바로 특정한 입장이 지배하여 평등하고 자유로운 선택을 막는 문제 상황에 대

2) 샌델(1982: 105)은 롤스가 가정한 무지의 구성원들은 현실적으로 존재할 수 없다는 점에서 롤스의 원초적 상황의 합의는 결코 현실적으로 발생하지 않는다고 반박한다.

한 이상적인 상황을 제시하는 것이다. 이상적 상황이 현실적으로 그대로 발생하지 못하더라도 그 공정함으로서의 정의의 원리는 다양한 입장이 충돌하고 불평등이 존재하는 현실에서 충분히 추구할 가치가 있다는 점에서 롤스의 정의론은 의의를 가진다. 특정한 선 관념이 지배하지 않는 공정하고 중립적인 상황의 사람들은 두 가지 정의 원칙에 합의한다.: 1) 모든 이는 자유와 평등의 권리를 가진다. 2) 기회균등의 원칙을 지키며 불평등이 존재한다면 최소수혜자에게 가장 이득이 되도록 분배가 이루어진다(Rawls, 1971: 302).

이러한 롤스의 정의론은 칸트의 자유주의 철학에 기초한다. 칸트는 사회적 이익보다 정의를 최고의 도덕적 가치로 보았다. 사람들은 각자 무엇이 선인가 혹은 무엇이 행복을 가져오는가에 대한 나름의 관점을 가진다. 만약 특정한 선 관념 혹은 행복관이 지배하게 된다면 이것은 일부 사람들이 자기 나름의 선 관념을 발달시키고 유지시키는 자유를 막게 된다. 칸트는 어느 누구도 타인에게 자신의 특정한 관점을 강요해서는 안 되며 이것은 각자가 자신의 자율적 판단에 따라 행복을 추구해야 하기 때문이라고 주장한다(Kant, 1970: 74). 어떤 사람들은 경험적인 근거에서 혹은 특정한 가치관에 의하여 특정한 방향이 사회적으로 유익을 가져올 것이며 개인들은 이것에 따라야 한다는 점을 강조할 것이다. 그러나 칸트철학에 근거한 자유주의는 개인의 자유롭고 평등한 권리가 어떠한 사회적 이익에도 우선하며 그것에 종속되지 않음을 의미한다. 칸트의 관점에 의하면 어떠한 목적이 선택되느냐보다 목적을 선택하는 자율적인 의지가 중요하다.

이러한 칸트철학에 근거한 롤스의 관점은 선택의 자유를 중요시하며 이것을 보장하기 위해선 어떠한 제약에도 얽매이지 않는 독립적이고 추상적인 자아가 필요하다. 추상적 자아는 인간 개개인에게 보편적으로 주어진 이성에 입각하여 사유하는 존재로 특정한 사회문화적 상황을 초월하는 초월적 주체이다. 이 주체는 특정한 목적의식에 구속되지 않고 다양한 가치 가운데 자유롭게 선택하고, 거리를 두고 평가하며 합리적으로 수정할 수 있다. 즉, 최종 목표로서 특정한 가치를 추구하는 것보다 절차로서의 공정함을 강조한다는 점에서 좋음(善, goodness)보다 올바름(正義, justice)이 우선된다(심성보, 1994: 294-295).

롤스의 초기 입장은 〈정의론〉에서 드러나듯이 비교적 포괄적인 도덕적 교리로 제시되었으나 후기 입장은 〈정치적 자유주의〉에서 보이듯 정치적인 정의에 초점을 맞추었다. 자율성, 중립성, 합리성을 강조하는 공정한 절차적 정의는 이것이 하나의 지배적 가치로 군림한다면 그와 상이한 다른 중요한 신념들을 통제하는 상황이 초래된다. 이러한 문제에 대해 롤스는 사적인 측면에서는 다양한 신념과 가치들을 자유롭게 존중하여야 하지만 공적인 정치적 장에서는 공정으로서의 정의가 최고의 원칙으로 지켜져야 함을 주장한다. 상충하는 견해들을 지지하는 구성원들로 이루어진 사회에서는 모든 구성원들에게 공적으로 정당화될 수 있는 원칙이 요구된다. 롤스는 입헌민주주의 체제에서는 다양한 종교적, 철학적, 도덕적 신념들이 불가피하게 공존, 대립하게 된다고 주장한다. 이러한 다원주의적 현실을 인정할 때 다양한 구성원 모두가 공유할 수 있는 관념을 찾는 것이 중요하다. 바로 이 공유된 근본 관념으로부터 자유로운 판단과 합리적인 합의가 일어날 수 있다(Rawls, 1993: 100-101). 다양한 신념에도 불구하고 모든 구성원에게 정당화될 수 있는 영역은 공적 이성에 의해 제약된다. 공적 이성은 사람들이 공적인 역할을 수행할 때, 즉 시민으로서 지니는 이성이며 공공의 선 및 정의를 지향한다. 사람들이 공적인 토론의 장에서 상호작용할 때는 교회와 같은 각자의 특수한 단체에서 생각하고 행동하는 것과는 다른 방식으로 행동하는 것이 요구된다. 예컨대, 롤스는 대법원의 역할을 공적 이성의 전형이라 한다. 대법원판사들은 자신의 모든 결정을 헌법과 관련 법규 및 판례에 의거하여 설명해야 한다.

이러한 측면에서 롤스의 정치적 자유주의는 공정한 절차에 의해 구성되는 정의 원칙을 강조한다. 칸트가 도덕적 구성주의를 주장한다면 롤스는 정치적 구성주의를 주장한다. 정의원칙은 직관이나 이성에 의해 창출되는 것이 아니며 형이상학적 논쟁결과에 주목하지 않는다. 정치적 구성주의는 무엇이 최고의 선인가, 인간의 본질은 무엇인가 등의 논란이 되는 질문은 각자의 신념(사적인 영역)에 맡겨 두고 상이한 신념에도 불구하고 공통적으로 동의할 수 있는 절차적 정의만을 강조하기 때문에 공적인 정당성을 얻을 수 있다.

롤스는 합당한 포괄적 교리들(신념들) 간의 합의점을 찾는 것을 중첩적 합의(overlapping consensus)라고 표현한다. 이 중첩적 합의 개념은 몇 가지 특징을 가진다. 첫째, 도덕적 신념이든 종교적 교리이든 어떠한 포괄적 교리가 합당하지 않다면 중첩적 합의 대상에서 제외된다. 예컨대, 식인제도와 같은 광적이고 공격적인 교리들, 즉 인간생활을 불행하게 만드는 조건들은 합당하지 않다. 이것은 정치적 자유주의는 절차적으로 공정하게 합의만 된다면 그 어느 것도(심지어 인간의 삶에 해악을 주는 것) 괜찮다는 입장이 된다는 반론에 대해 대답할 수 있다. 둘째, 중첩적 합의는 어떠한 도덕적, 종교적, 철학적 교리들로부터도 가능한 한 독립해 있다. 즉, 이것은 특정의 형이상학적, 인식론적 교리를 제공하지 않는다. 이러한 불편부당의 입장으로부터 중첩적 합의는 다양한 신념들과 지속적으로 조화를 이룰 수 있고 이들에 의해 공통적으로 지지될 수 있는 것이다.

셋째, 중첩적 합의는 단순한 힘의 균형으로 이루어진 잠정적 타협과는 달리 안정성을 유지한다. 예컨대, 두 국가가 전쟁하다가 잠정적으로 휴전협정을 체결한 경우 이것은 양국의 힘이 대체로 균형을 이룬 가운데 잠정적으로 전쟁을 중단한 것일 뿐이다. 양국은 언제든지 전쟁을 재개할 가능성이 있고 한 국가가 힘이 우월하다면 다른 국가를 점령 혹은 제압하여 자국의 정치·경제적 목적을 관철시킬 것이다. 이와는 달리 중첩적 합의는 힘과 이익에 기초한 합의가 아니라 도덕적 근거에서 비롯된 합의이다. 오늘날 많은 입헌 민주주의 국가에서는 종교적 관용을 헌법적 원리로 포함하고 있다. 이 원리는 비록 한 종교의 교세가 압도적일지라도 상대적으로 약세인 타 종교의 교리나 종교 활동을 인정하는 도덕적 관점에 기초한다. 이 합의는 힘의 균형 때문도 아니고 경제적 이익 때문도 아니다. 모두가 자신의 도덕적인 신념에 비추어 보더라도 그것이 합당하다는 인정하에 수용·유지되는 합의인 것이다. 바로 이러한 측면에서 이 합의는 잠정적이지 않고 —세력이나 이해관계 등의 상황적 변동과 관계없이— 안정적으로 지속될 수 있는 것이다(Rawls, 1993: 179-185).

B. 자유주의 관점에 기초한 가르침의 목적

상기한 자유주의 관점은 가르침의 목적에 어떠한 함의를 주는가? 셰플러는 모든 문화는 새로 태어난 성원들에게 그 문화의 규범을 습득시키도록 유도하지만 이 과정이 모두 가르침은 아니라고 주장한다. 즉, 이 과정이 가르침이 되려면 가르치는 자가 자기의 견해를 제시할 때 배우는 자가 그 내용을 이해하고 독립적으로 판단할 수 있어야 한다. 단순히 권위나 그 밖의 이유로 배우는 자로 하여금 특정 내용을 믿게 하였다고 하여 가르침이 되지는 않는다. 가르침이 되려면 가르치는 자가 이유를 제시하고 배우는 자가 스스로 평가하고 비판할 수 있어야 한다(Scheffler, 1960: 57-58). 즉, 가르침은 배우는 자로 하여금 스스로 평가하고 판단하고 비판할 수 있도록 이끄는 데 그 목적이 있다. 만약 배우는 자로 하여금 강제적으로 무엇을 믿도록 만든다면 이것은 가르침이 될 수 없다. 자유주의는 앞에서 보았듯이 어떠한 형태의 강제와 강요도 용납하지 않고 평등한 상태에서 자유로운 선택을 보장하는 것을 핵심적 주장으로 삼고 있다. 바로 이 점은 가르치는 자가 어떠한 권위에 의해 주입하거나 교화시키지 않고 배우는 자로 하여금 스스로 배우는 내용을 평가하고 판단하며 비판할 수 있도록 하는 가르침의 목적을 제시한다고 볼 수 있다.

만약 가르침이 일방적이고 지시적인 방식으로 이루어진다면 이것은 학생의 자유로운 선택의 권리를 침해하는 것일 뿐 아니라, 수동적인 성향을 키워 장차 자율적이고 주도적인 행위능력 함양에 치명적인 장애를 줄 수 있다. 어릴 적부터 구체적인 행동방식을 지시받고 지식 및 가치관을 거름 과정 없이 그대로 수용한 학생들은 수동적 행동방식에 익숙해지고 이것은 장차 성인이 되어 자기가 주도적으로 일을 처리하기보다는 주어지는 것들에 단지 수동적으로 반응하는 행동성향으로 이어질 수 있다. 교과서에서 혹은 교사가 특정한 행동이 좋으며 해야 한다고 지시하기 때문에 하는 행동은 그 지시의 강도가 약해지거나 없어지면 소멸하게 된다. 그러나 본인이 그 가치를 합리적으로 자각할 때 미덕은 내발적인 동기에 의해 실현되며 이것은 특별한 외부적 지시 없이도 지속적으로 실행되는 특성을 가지는 것이다. 더욱이 다양하고 변화무쌍한 현실문제에 부딪혀서 도덕적으로 올바르고 바람직한 결정을 내리려면 타율적으로 암기된 단편적인 지식이나 습관만 가지고는 부족하며 스스로 바람직한 결정을 내리는 방법을 갖추고 있어야 한다(심승환, 2008: 167). 이것은 자율적으로 다양한 정보와 관점들을 비교 · 평가하여 현 상황에 가장 적합한 해결안을 선택할 때 가능하다. 자유주의 관점에 기초한 가르침은 학생이 인생의 중요한 순간, 중요한 결정을 내릴 때 수동적으로 이끌려 가는 것이 아니라 자율적인 평가와 선택을 수행할 수 있도록 이끈다. 이러한 가르침의 목적은 학생의 인격과 자유권을 존중한다는 근본적인 의의와 함께 자율적 · 주도적 판단 및 수행능력을 함양한다는 실제적인 의의를 동시에 가지고 있다.[3)]

3) 자유주의자들은 아동(학생)의 자기 교육의 권리를 주장한다. 자유주의자들이 보는 권리는 의무

자유주의가 개인의 자유와 자율을 강조하기에 자칫 이러한 가르침은 사회적 중요성을 무시하고 개인적 독선에 빠지지 않을까 우려할 수 있는 여지가 있다. 분명 가르침, 혹은 넓은 의미의 교육은 사회적 상호작용을 필수적으로 수반하는 활동이다. 듀이는 교육을 논함에 있어 경험의 지속적인 갱신과 의사소통의 측면을 강조하여 설명한다. 인간은 환경과 지속적으로 교류함으로써 지식, 기술, 태도 등을 습득하고 보완시키고 수정한다. 또한 의사소통을 통해 듣는 사람은 정보나 가치규범을 들음으로써 성장하게 되고 말하는 자는 상대방의 입장을 배려함으로써 태도를 변화시키게 된다(Dewey, 1916: 40-45). 이러한 교육관은 가르침이 절대 홀로 일어나지 않고 반드시 상호적으로 일어나며 지속적인 수정을 지향한다는 점을 의미한다. 앞에서 보았듯이 자유주의는 다양한 가치관을 지닌 사람들이 그 누구도 상대를 압제하지 않는 상태에서 자유로운 판단 및 수정의 가능성을 열어 놓는다. 이러한 자유주의의 입장은 가르침이 특정한 신념에 고착화되지 않고 다양한 가치관과 지식에 열려 있고 이들과 자유롭게 상호 교류를 통해 지속적으로 수정할 수 있도록 이루어져야 함을 제시한다.

자유주의 관점은 다양한 의견을 교류하며 합의하는 점을 강조하는데 이는 장래 민주주의 사회에서의 시민의 역할 및 사회참여 능력의 함양과 관련된다. 민주주의 사회의 시민은 선거, 투표, 여론 형성, 토론과 합의 등의 정치적 행위를 수행할 때 공정한 절차를 중시하여야 하며 타인의 다양한 의사를 존중하면서 합의를 도출할 수 있는 능력이 요구된다. 민주주의는 바로 특정한 신념의 도그마에 압제당하지 않고 다양한 의사들이 자유롭고 평등하게 교류되고 정당한 절차에 의해 합의에 도달하는 정신이자 제도이다. 자유주의 관점의 가르침은 학생들로 하여금 바로 이러한 민주주의적 의사소통방식을 배우도록 이끌어주어 장차 민주주의 사회에서의 올바른 역할과 참여를 가능하게끔 준비시켜 준다는 목적을 가진다.

와 관련된 도덕적 의미를 가진다. 즉, 권리는 개인 자신의 관심(이익)을 보호하지만 이것은 타인의 권리를 침해하지 않는 조건이 요구된다. 자유주의는 또한 아이들이 눈앞의 단기적인 이익을 넘어 스스로 무엇이 장기적으로 진정한 이익이 되는지를 탐색하는 한편, 세계의 다양한 지식과 가치들을 협상할 수 있기를 기대한다(Brighouse & Swift, 2003: 363-364). 따라서 자유주의가 아동들에게 교육권을 부여하는 것은 방종에 이르게 하는 것이 아니라, 아동들이 즉흥적 취향을 넘어 도덕적인 시각에서 다양한 점을 자율적으로 고려하고 판단하도록 기회를 제공하고 장려하려는 취지를 지닌다.

자유주의를 비판하는 진영에서는 자유주의가 개인의 사회적 발달이라는 측면을 무시한다고 지적한다. 그러나 실제로 자유주의는 개인이 사회적으로 형성된다는 점을 존중한다. 현대 다원주의 사회의 교육정책과 관련하여 자유주의는 부모의 양육방식의 자유와 아이들의 자율성 함양의 두 측면을 모두 존중하면서 발달하였다. 이러한 조화를 강조하면서 자유주의는 자율(autonomy)이란 개념을 삶의 방식을 결정하기 위한 사회적으로 조건화된 능력으로 보고 있다. 개인은 자신의 이유와 신념에 따라 판단하고 선택할 자유가 있지만 이 선택은 사회적인 영향 안에서 할 수 있다. 사회적인 영향을 인정하고 존중한다고 하여 개인적인 성찰과 선택이 무시되는 것이 아니고 반대로 후자를 강조한다고 하여 전자를 무시하는 것이 아니다.

자유주의자들은 자율 능력이 타고나는 것이 아니라 계발되는 것이라는 점을 인정한다(Curren, 2006: 454). 그러나 특정한 노선 및 가치관에 의해서만 학생들이 교화될 때는 다양한 신념과 가치를 탐색하고 이를 통해 자율적으로 선택하는 기회가 봉쇄되기에 이 자율적 능력의 발달이 왜곡된다. 국가는 부모들이 그들의 자유로운 의사에 따라 자녀들을 가르칠 권리를 존중해야 하지만 만약 자녀가 특정한 방식으로만 교화된다면 국가는 아동의 자율성 함양을 위해 부모의 양육권을 적절히 제한할 필요가 있는 것이다. 즉, 부모의 자율이든 자녀의 자율이든 이것은 사회의 큰 틀 안에서 영향을 받고 또 발달할 수 있다.

자유주의 관점에 기초한 가르침은 또한 자아성찰 및 자아정체성 확립에 부정적일 수 있다는 우려가 있다. 학생들에게 중립적인 관점을 견지하도록 하며 다양한 가치를 제시하다 보면 자칫 혼란에 빠져 내가 누구이며 무엇을 지향하는가를 찾지 못하거나 망각할 수 있다는 것이다. 그러나 이러한 위험은 오히려 무조건적인 맹신과 수용에서 발생한다. 어떠한 특정 가치관을 거름 장치 없이 따를 때 '나'는 사라지고 그 가치관이 '나'를 점령하게 된다. 이와 반대로 자유주의 관점은 어떠한 가치관으로부터도 압제당하지 않으려 하므로 그것을 그대로 수용하지 않고 평가하고 비판하게 된다. 이 평가와 비판은 '나'의 주관이 없으면 불가능하다. 평가와 비판은 기존의 나의 관점과 외부의 새로운 관점을 비교하면서 '나'의 존재와 특성을 더욱 잘 인식하게 된다. 기존의 관점은 새로운 관점을 평가하고 비판하면서 수용할 것은 수용하고 배제할 것은 배제하게 된다. 이런 과정을 통해 지속적으로 변화·발달되는 자아를 형성해 가게 된다. 이러한 자아관은 외부 가치에 의한 압제뿐만이 아니라 자아 내부에 있는 선입견, 고정관념의 압제를 끊임없이 극복해 나갈 것을 지향한다. 이같이 자유주의에서는 고정적인 인간이 아니라 지속적으로 변화하는 인간을 지향하며 이러한 인간을 양성하는 것이 바로 자유주의 관점에 기초한 가르침의 목적이다.

다. 공동체주의 시각에서 본 가르침의 목적

A. 공동체주의의 기본 관점

공동체주의는 19세기 인간소외, 도구주의, 가치붕괴현상 등 자본주의 경제체제의 폐단에 대한 비판에서부터 그 기원을 찾아 볼 수 있다. 이러한 비판으로부터 일련의 학자들은 공동체에 대한 가치를 새롭게 중시하게 되고 헤겔, 마르크스 이론을 수용하면서 이론을 발달시켰다. 현대에 공동체주의는 1980년대 들어서 샌델, 맥킨타이어, 테일러, 월저 등이 자유주의 이론에 대한 비판을 함으로써 본격적으로 발전하였다.

샌델(1982)은 롤스의 관점은 반사회적 개인주의라고 비판한다. 롤스에게 공동체는 개인들이 상호이득을 위해 체결한 협동체제에 불과하다. 따라서 공동체보다 개인이 선행하며 개인의 도덕적 선택은 자의적인 선호의 표출이 된다. 또한 롤스는 경합하는 선 관념들 사이에 중립을 지켜야 한다고 주장하는데 이는 현실적으로 거의 불가능하다. 공동체주의에서는 인간을 연고적 자아 또는 구성적 자아로 본다. 인간은 인종, 성, 문화, 계층, 종교 등 각각 특수한 사회문화적 배경을 지니며 이러한 배경은 개개인의 독특한 가치관과 감정을 형성한다. 이러한 가치관을 지닌 인간은 사물을 정확하게 자르는 기계가 아닌 이상 무엇이 좋은가에 대하여 치우치지 않는 중립적인 입장을 결코 취할 수 없다.

롤스가 제시한 사회 이전에 개체로 존재하는 자아(무연고적 자아) 또한 현실적으로는 맞지 않다. 즉, 롤스의 개체적 자아는 상호이득을 위한 계약체계로서 공동체를 보는데, 이러한 관점은 공동체 내의 유대관계 및 공동체의 가치를 제일목표로 생각하는 경우 —가족 구성원에 대한 근원적 애착, 강력한 신앙공동체, 당원들의 충성된 관계 등— 를 설명하지 못한다. 즉, 타인과의 관계와 공동체 가치가 인간으로서의 정체성에 근원적이라고 여기는 사람들에게는 롤스의 관점은 적절치 못하다.

공동체주의에서 볼 때 자유주의는 개인의 선택을 지나치게 강조한 나머지 공동체의 긍정적 영향력까지 제한할 위험이 있다. 물론 어떠한 집단이나 교리가 개인의 자유로운 선택을 제한할 수 있다. 이때 국가가 해당 집단의 과도한 압제를 막고 개인의 자유로운 선택을 보장하는 것은 바람직하다. 그러나 개인의 선택권을 보장한다는 명목으로 국가가 공동체에 지나치게 간섭하고 제제하다 보면 공동체가 그 구성원에게 긍정적인 가치를 심어줄 수 있는 계기마저 막게 된다. 인간의 삶을 풍요롭게 하는 것은 개인의 선택 이전에 이미 주어진 가족, 문화, 종교나 도덕적 가치 속에서 발견된다. 자아는 사회의 전통, 관습, 문화, 규범의 영향을 통해 구성된다. 아울러 좋은 사회란 우리의 삶이 공동의 선을 지향하며 이 안에서 화합하는 가운데 이루어진다(Callan & White, 2009: 94-95).

보다 근본적인 입장에서 볼 때 개인의 선택 혹은 가치관은 개인이 속한 공동체의 문화의 영향을 받는다. 공동체주의자 테일러는 바로 공동체의 문화적 영향이 개인의 가치관을 형성한다는 점을 설명한다. 테일러(1985)는 인간은 자기 해석의 동물이라고 한다. 인간의 정체성은 매 순간의 상황에 스스로 부여하는 의미에 의해 구성된다. 이 의미는 특정한 상황에서 인간이 반응하는 것, 예를 들어 느낌, 열망 같은 것인데 이것은 문화의 수준과 유형, 특히 사람들의 언어 특징의 영향을 받는다. 즉, 개인의 정체성은 의미 부여에 의해 이루어지고 이 의미 부여는 공동체의 언어 문화적인 특징을 통해 이루어진다. 이렇게 볼 때 개인은 공동체와 불가분의 관계에 있는 것이다.

테일러는 자기 해석과 자기 이해는 오직 타자와의 관계를 통해서만 가능하다고 주장한다. 우리가 걷고, 움직이고, 행동하고, 말하는 방식은 아주 어렸을 적부터 타인의 반응(칭찬, 질책 등) 및 그에 대한 자신의 의식(자랑, 수치 등)을 통해서 형성된다(Taylor, 1989: 15). 우리는 우리를 길러준 주변의 사람들과 끊임없는 대화를 하면서 도덕적 의식과 관련된 언어들을 습득하게 된다. 우리는 공포, 사랑, 걱정, 인격성숙 등이 무엇인지 타인과의 상호적 경험을 통해 배운다(Taylor, 1989: 35). 그러므로 개인의 정체성은 그가 자라난 특정한 환경과 그 안에서의 특정한 경험에 의해 형성된다.

물론 개인은 가족이나 자신의 특정한 배경에 대해 반감을 가질 수도 있다. 이러한 반감을 통해 전혀 상이한 가치관을 지향해 나갈 수도 있다. 그러나 그 전환조차 타인과의 상호작용을 통해서 가능하다. 우리의 인격은 타인의 생각들에 기초하여 혹은 반응하여 발달한다. 고문에 대한 반감, 타인의 고통에 대한 연민 등 우리의 도덕적 직관은 타인의 생각과 관련된다. 우리는 우리의 반응의 적절성에 대해 스스로 평가한다. 이것은 '강한 가치평가(strong evaluation)'로 시간의 흐름과 함께 공동체 속에서, 공동체를 통하여 형성된다. 만약 개인이 공동체의 가치 규범으로부터 떨어져 홀로 판단하려 한다면 여러 사태에 대하여 단지 주관적인 욕구에 따라 평가하게 되는데 이것이 '약한 가치평가(weak evaluation)'이다(목영해, 2007: 52-53). 테일러는 개인주의적 자유주의자들이 자율성에 필요한 조건을 이해하지 못하고 있다고 지적한다. 진정한 자율적 선택을 위해선 무엇이 가치 있는 것인가에 대한 대화와 경험을 제공하는 공동체가 필요하다(이지헌, 1997: 182).

맥킨타이어는 올바르고 적절한 가치판단, 도덕적 판단에 있어서 공동체의 역할과 중요성을 고찰한다. 맥킨타이어(1981)는 현대의 도덕·정치 문화가 혼돈 상태에 빠져 있다고 지적한다. 이러한 혼란은 주정주의(emotivism)에 의한 것으로 개개인이 각자의 감정 및 신념에 따라 판단하지만 타인에게는 마치 이 판단(결정)이 객관적인 의무사항인 것처럼 설득하려고 하기 때문에 발생한다. 주정주의적 문화의 특징적 인간형은 탐미주의자, 관리자, 임상치료사로 들 수 있다. 탐미주의자는 사회를 자신의 쾌락을 위한 무대로 생각하여 타인을 자신의 쾌락을 위한 수단으로 여긴다. 관리자는 자신의 목표를 최대한 효율적으로 달성하기 위해 타인을 관리하려고 한다. 그러나 목표 자체에 대한 평가는 하지 않으며 이것은 그저 주어진 것으로 여긴다. 임상치료사는 신경증 증상들을 관찰하며 여기서 사회적 유용성을 얻으려 한다. 그는 환자들이 갖고 있는 내적 가치에 근거해서 평가하는 일을 피한다. 이들의 공통점은 타인을 자신의 목적을 위한 수단으로 여기고 목적 자체를 평가하는 일을 회피한다는 점이다(Mulhall & Swift, 2001: 115-116).

주정주의적 자아에게는 자신의 관점을 평가할 객관적인 기준이 없다. 동시에 자신의 관점을 포함해서 모든 것이 비판의 대상이 될 수 있다. 이러한 자아는 해당 상황의 특수성 및 자기 자신의 특수성에 대한 성찰 없이 추상적이고 보편적인 관점에서 생각하려 한다. 도덕 판단의 원천을 아무런 연고 없는 자아에게 맡기고 개인의 사회적 역할이나 사회적 관행을 고려하지 않는다. 현대의 주정주의적 자아는 사회적 이상 및 특성과는 상관없이 자아가 형성되었다고 여기며 어떤 인생의 역정(history)에 의해서도 영향을 받지 않고 오직 매 순간의 임의적 판단에 따라 움직이는 추상적인 실체, 유령과 같은 특성을 지닌다(Mulhall & Swift, 2001: 117).

맥킨타이어(1981)는 도덕적 혼란을 극복하기 위해선 목적(telos)의 개념을 다시금 강조하여야 한다고 주장한다. 도덕은 '왜 그러해야 하는가?'에 대한 합리적 정당화가 필요한데 이것은 사실(존재)로부터 가치(당위)로 곧장 나아가게 하는 목적 개념에 의해서 가능하다. 우리가 무딘 칼은 나쁘고 날카로운 칼은 좋다는 결론을 얻을 수 있는 것은 바로 칼의 목적이 자르는 데 있다는 것을 알기 때문이다. 인간 본성이 어떤 목적을 지니는지 안다면 이 목적을 기준으로 인간 행동의 선과 악을 분별할 수 있다. 즉 이 목적을 실현하는 데 기여하는 품성이나 행동유형과 그렇지 못한 것을 구분하고 전자를 좋은 것으로, 후자를 나쁜 것으로 간주할 수 있다. 맥킨타이어는 인간 존재를 목적에 의해 인식한 전통은 멀리 고대 그리스로 거슬러 올라간다고 설명한다. 그때 사람이 된다는 것은 가족 구성원, 시민, 군인, 철학자, 사제(司祭) 등 각각의 목적을 지닌 일련의 역할을 완수하는 것이었다(MacIntyre, 1981: 56).

인간의 목적을 사회적 역할과 관련하여 볼 때 우리는 특정한 연고 없이 임의적으로 판단하는 유령적 존재로서의 자아상을 극복할 수 있고 그러한 자아들의 도덕적 혼란을 방지할 수 있다. 맥킨타이어는 인간은 목적을 지닌 존재며 이 목적은 덕을 통해 실현 가능하고 덕의 계발은 공동체의 번영과 공공의 삶에 필수적인 요소라는 아리스토텔레스의 철학에 의거하여 자신의 이론을 발달시킨다. 그러나 아리스토텔레스의 관점은 형이상학적 생물학에 의거하고 있고 폴리스라는 독특한 정치공동체의 맥락에서 도출된 것이다. 맥킨타이어는 아리스토텔레스의 관점을 오늘날의 맥락에 맞추어 재구성하기 위하여 형이상학적 전제에 의존하지 않고 폴리스와는 상이한 오늘날의 공동체의 시각에서 보고자 한다. 이를 위해 그는 사회적 관행(practice), 삶의 서사적 통일성, 전통이라는 세 가지 주요 개념을 제시한다.

첫째, '사회적 관행'이란 사회적으로 확립된 협동적인 인간 활동의 일관되고도 복합적인 양식이다. 이것은 그 활동양식에 적합한 탁월성의 기준을 가지며, 사람들이 이 기준에 도달하려고 노력함으로써 그 활동에 내재된 가치가 실현되고, 탁월성을 성취하는 인간의 능력이 증진되며, 그와 관련된 목적 및 가치에 대한 사고가 확장된다(MacIntyre, 1981: 175). 이 개념을 이해하기 위해선 몇 가지 부연 설명이 필요하다. 먼저, 사회적 관행은 단순하고 자족적인 활동이 아니다. 예를 들어 공차기는 복합적인 기술을 요하지 않고 단순하며 협동적인 활동이 아니라 혼자서도 간단하게 할 수 있다. 그러나 축구는 드리블, 패스, 슛 등 다양한 기술이 복합적으로 요구되며 혼자서 할 수 없고 협동적으로 할 수 있다. 이러한 면에서 공차기는 사회적 관행이라 할 수 없으나 축구는 사회적 관행으로 볼 수 있다. 다음으로 축구는 축구에 맞는 탁월성의 기준을 가진다. 우리가 숨쉬기를 할 때는 이에 대한 특정한 탁월성 기준은 없다. 그러나 축구를 잘한다고 할 때 우리는 패스, 수비능력, 전략, 공수전환 등 그에 대한 탁월성의 기준을 가지고 있다. 그리고 이러한 기준에 도달하기 위해 노력하다 보면 축구 그 자체에서만 찾을 수 있는 기술과 흥미를 얻을 수 있다. 이것은 배구나 농사 등 여타의 활동에서 얻을 수 없는 독특한 것으로서 축구 안에 '내재된' 가치이다. 만약, 축구를 통해 부와 명성을 얻었다고 할 때 이것들은 축구 외에 다른 것을 통해서도 얻을 수 있으므로 '내재된' 가치가 아니라 '외재적' 가치이다. 마지막으로 축구를 잘하기 위해 열심히 노력하다 보면 근력, 체력, 유연성, 심폐지구력, 상황판단능력 등 다양한 신체적, 기술적, 지적 능력이 증진되고 축구 및 단체스포츠가 가지는 목적 및 가치, 예를 들어 협동정신(팀워크), 준법정신(페어플레이) 등의 가치도 폭넓게 생각하게 된다.

사회적 관행에 참여하기 위해선 이 관행의 표준과 방식을 수용하는 것이 필요하다. 나 자신의 선호와 취향, 태도를 사회적 관행의 공동의 표준 및 권위에 복종시켜야 한다. 이 공동의 권위에 대한 복종은 물론 무조건적인 수용만은 아니고 문제제기가 가능하고 이를 통해 참여자들의 생각이 변화될 수 있다. 그러나 그 문제제기는 반드시 구체적인 공동의 기준을 고려하여 이루어져야지 추상적인 반론이나 개인적인 선호의 표현이 되어서는 안 된다. 예를 들어, 축구에서 3-5-2 전법보다 4-5-1 전법이 더 효과적이라고 반론할 수는 있지만(여러 이유를 들어), '축구는 골을 먹는 게 더 좋다!'와 같은 주장은 아무런 의미가 없는 것이다. 이것은 사회적 관행에 참여한다는 것이 추상적인 공리공론을 하거나 주관적인 느낌(주정주의)을 표현하는 것이 아니라 사회적으로 합의된 공동의 기준을 지향하여 활동한다는 의미를 지닌다.

둘째, '삶의 서사적 통일성'이란, 우리의 삶이 여러 행위들로 연결되어 있고 이 행위들은 저마다 특정한 의도들에 의해 이루어지며 의도들은 특정한 배경 위에서 이루어진다는 것이다. 따라서 개인의 행위는 그 하나만을 떼어내서 생각할 수 없고 삶의 전체적인 배경과 이야기 속에서만 이해할 수 있다. 인간은 개인적으로 그리고 상호 관계 속에서 미래를 지향하며 살아간다. 인간은 여러 배경 혹은 상황의 영향하에서 무엇을 해야 하는지, 무엇이 가능하며 불가능한지 등을 살펴서 의도를 정하고 이 의도에 따라 미래를 설계하고 추구하게 된다. 바로 이러한 점에서 미래에 대한 관념은 목적에 대한 의식이다. 미래는 비록 예측하기 어렵지만 인간은 모두 미래의 목적을 향해 나아간다(MacIntyre, 1981: 200-201).

자신의 과거-현재-미래에 대한 서사적 성찰은 여러 가지 사회적 관행에 동시에 참여하여 각 관행의 요구사항이 상충할 때 합리적 선택을 할 수 있는 틀을 제공한다. 예를 들어, 조기축구회에 참여하여 더 잘하려는 사람이 동시에 가족생활에도 성실히 잘하려고 한다면 시간적인 면에서나 정신적 · 육체적인 에너지의 측면에서나 갈등상황이 초래될 수 있다. 이때 '과연 나는 어떻게 살아왔고 무엇을 위해 살아가는가?'를 성찰한다면 아마 더욱 중요한 것이 무엇일지 판단할 수 있다. 인생의 중요한 순간의 판단과 결정은 자기 삶의 역사, 현재의 상황, 미래의 삶의 목적 등을 연관하여 생각하며 삶의 의미를 깊이 성찰하는 것을 통해 합리적으로 이루어진다. 자유주의에서와 같이 진공상태, 시공간적으로 아무 연고 없는 자아관에 터하여 판단, 선택하는 것은 공동체주의에서 보면 현실적으로 불가능하며 또 부적절하다. 삶의 서사적 통일성에 대한 성찰은 자신의 삶의 의미와 목적을 공동체적 배경과 공동체의 목표와 결부하여 깊이 성찰함으로써 좋은 삶을 찾는 길을 열어준다.

셋째, 전통이란 일련의 사회적 관행들 및 이것들의 가치로서 세대를 넘어 전승된 역사적 특수성 및 사회적 특수성으로 개인의 삶에 도덕적 출발점을 제공하는 것이다. 나는 누군가의 아들 혹은 딸이며 한 지역에 살며 어떤 단체의 구성원이며 종족 및 민족의 구성원이다. 나에게 좋은 삶이란 그 구성원으로서의 좋은 역할과 관련된다. 나는 나의 가족, 지역, 종족, 민족으로부터 역사적 유산과 사회적 기대, 책무를 부여받고 있다. 바로 이러한 역사적 특수성과 사회적 특수성으로부터 나의 도덕적 출발점이 도출된다(MacIntyre, 1981: 204-205). 예를 들어, 한국 사회는 강한 유교적 전통을 지닌다. 이 유교 전통은 가족생활에서의 예절 및 의식(儀式)으로부터 사회생활, 정치활동 등의 다양한 활동의 규범을 제시한다. 유교는 삼국 시대 한반도에 전래된 이래 역사적으로 전승되어 발전하였고 조선시대의 충효사상, 삼강오륜, 관혼상제 의식 등 국가 이념일 뿐만 아니라 대중적으로도 큰 영향을 미쳐 왔다. 이 전통은 한자문화권의 중국이나 일본의 유교 전통과는 또 다르게 한국의 지역 문화적 특수성을 바탕으로 발전하여 왔다. 오늘날에도 가정이나 사회생활에서 예절, 관습, 윤리 등의 면에서 —사회적 역할 기대의 측면— 유교 전통은 명시적으로나 잠재적으로 많은 영향을 미치고 있다.

한국인이라면 설사 유교 전통에 비판적일지라도 자신의 가치관, 도덕적 판단의 배경에 이 전통의 영향이 잠재되어 있을 것이다. 충성심, 효도, 어른 공경, 신의 등은 우리의 도덕적 가치관의 배경을 이룬다. 물론 지나치게 형식화된 유교의례, 남녀차별 등의 면에서 유교 전통을 비판할 수도 있다. 그러나 우리가 땅 위에 서 있듯이 유교를 비판하는 사람도 적어도 잠재적으로나마 한국 유교 전통의 토대 위에 서 있음이 분명하다. 그것이 없다면 비판의 대상을 알지 못하기에 비판조차 불가능한 것이다. 특정한 전통의 문제점을 인식하고 그 외의 다양한 전통의 장점을 보며 자기 나름의 가치관, 인생관을 정립하려면 그 특수한 전통을 출발점으로 삼아 보편적으로 탐색해 나가는 것이 요구된다. 이런 측면에서 전통은 개인이 어떤 삶이 좋은 삶인지 판단하는 데 토대가 된다.[4]

B. 공동체주의 관점에 기초한 가르침의 목적

부버(1958; 1965)는 인간의 왜곡되지 않은 참된 실존은 관계에서 실현된다고 본다. 인간 상호 간에 서로를 이용하려는 것보다 서로를 진정으로 이해하고 믿고 공유할 때 인간은 이러한 관계형성과 대화를 통해 참된 자아를 찾을 수 있다. 학생과 교사가 왜곡된 모습이 아닌 참된 자아를 찾으려면 가르침은 이 관계 형성을 우선적인 목적으로 삼아야 할 것이다(심승환, 2007: 202). 공동체주의의 핵심은 바로 개인의 삶을 인간 간의 관계 안에서 보는 것이다. 인간은 가족, 민족, 성, 문화, 계층, 종교, 지역 등 각각 특수한 사회문화적 배경을 지니며 이러한 배경에 의해 독특한

4) 공동체주의에 대한 반론은 다음 몇 가지로 정리할 수 있다. 첫째, 자유주의를 비판하면서도 공동체주의 나름의 분명한 대안이 부족하다는 점이다. 공동체를 강조하지만 어떠한 공동체가 구체적으로 좋은 공동체인지, 그러한 공동체를 이루기 위한 조건과 방안은 무엇인지에 대하여 직접적인 설명이 없다(박정순, 1999: 31). 둘째, 공동체의 가치를 강조하다 보면 상대적으로 개개인의 자유와 권리가 위축될 수 있고 이로 인해 사회가 전체주의화할 우려가 있다는 점이다. 셋째, 공동체주의는 종교, 인종(민족), 계층, 지역 등 문화권 간의 갈등을 심화시킬 수 있고 해당 문화권 내의 개인의 자유로운 선택을 제한할 수 있는 위험이 있다. 이러한 반론에 대해 공동체주의는 공동체 내의 개인의 권리와 자유는 중요하지만 개인의 정체성은 공동체의 가치에 토대를 둔다고 답변한다.

자아가 형성된다.

가르침은 인간이 주체가 되어 인간을 대상으로 행하는 행위이다. 인간이 주체가 된다는 것은 가르침의 방향과 과정을 인간 스스로 결정하는 것이다. 즉, 가르침은 가르치는 자와 배우는 자가 무엇이 중요하고 어떻게 가르쳐야 할지 등에 대하여 그 가치를 판단함으로써 이루어진다. 인간을 대상으로 행한다는 것은 가르침이 인간을 변화시키는 행위라는 의미이다. 연결하여 생각하면, 가르침은 인간을 변화시키기 위해 인간 스스로 가치 있게 여기는 변화의 방향을 지향하여 이루어지는 활동이다. 그런데 어떤 것이 인간 형성의 바람직한 방향인지에 관한 가치 판단은 아무런 기반 없이 개인이 창조해내는 것이 아니라, 각 개인이 속한 공동체의 규범, 가치, 전통에 기초하기 때문에 가르침은 반드시 이 공동체의 규범, 가치, 전통을 통해 또 이것들을 지향하여 이루어져야 한다.

가르침은 인간 형성의 바람직한 방향을 목적으로 한다고 할 때 그 내용을 이루는 것은 지적, 도덕적, 심미적 성장이다. 그런데 지식, 도덕적 가치관, 미적 감수성은 테일러가 강조하는 각 공동체(사회)의 언어 문화적 배경 및 이것을 통한 상호작용에 의해 구성된다. 무엇이 올바르고 필요한 지식인지 남을 배려하고 사랑하는 것은 무엇인지 등을 타인의 반응과 자신의 의식(상호작용)을 통해 알게 된다. 이러한 공동체주의 관점에 의거할 때 바람직한 방향의 인간 형성을 추구하는 가르침의 보다 세부적인 목적은 타인과의 상호작용을 보다 원만히 잘 할 수 있도록 이끄는 데 있다. 모든 사람이 공동체 안에서 태어나고 자란다고 하여 타인과의 상호작용을 자연히 다 잘 할 수 있는 것은 아니다. 어떤 사람은 타인을 회피하려고 하고 혼자서 있으며 타인의 소리를 잘 들으려 하지 않는다. 또 어떤 사람은 타인과 교류하더라도 자기주장만을 고집하고 좋은 점을 받아들이려 하지 않고 자기의 단점을 고치려 하지 않는다. 이런 경우 상호 교류가 힘들어지고 공동체의 가치와 지식을 배우는 것이 힘들어진다. 따라서 공동체주의 관점의 가르침은 기본적으로 관계의 기술을 가르치는 데 주력하여야 한다.

윌슨(1965: 160-161)은 두 가지 종류의 가르침을 제시한다. 첫째는 인간 실존에 본질적이지 않은 것에 대한 가르침으로 사실적 지식을 가르치는 것이고 둘째는 인간 실존에 본질적인 것으로 상호작용 혹은 의사소통의 기술을 가르치는 것이다. 전자는 사실, 정보 등을 전달하고 암기하게끔 하는 것이고, 후자는 특정한 상황과 맥락에서 어떻게 생각하고 말하며 행동해야 할지 등에 관한 규칙 및 적응기술을 가르치고 배우는 것으로 인격적 상호작용을 수반한다. 관계의 기술은 개인이 타인 및 사물과 상호작용하는 방법을 의미한다. 책과의 상호작용 기술(저자의 의도 이해 및 독자 상황에의 적용), 타인과의 대화 기술, 미술 작품 감상 방법, 공동 작품 제작을 위한 협동 작업의 기술 등이 이 관계의 기술의 예가 된다. 이를 위해선 (상대방에 대해) 집중하여 관찰하고 주의 깊게 듣는 태도, 연결하고 비교하며 구분·분류하고 종합하는 기술, 비판적인 사고 및 창조와 적용 기술을 가르치고 배우는 것이 필요하다(심승환, 2007: 24).

맥킨타이어의 세 가지 개념, 사회적 관행(practice), 삶의 서사적 통일성, 전통은 가르침의 목적을 공동체주의 관점에 기초하여 논할 때 중요한 틀을 제시한다.[5] 첫째, 가르침은 사회적 관행에 참여할 수 있도록 이루어져야 한다. 사회적 관행이란 개념은 먼저 사회적으로 확립된 협동적인 인간 활동이란 특징을 지닌다. 인간은 홀로 살 수 없고 반드시 사회 내에서 타인들과 어울려 함께 살아간다. 이러한 공동생활을 위해선 구성원들이 공유하는 지식과 가치를 배워야 한다. 만약 어떤 지식 혹은 가치가 개인의 독립생활(현실적으로는 거의 불가능한 무인도의 생활 등)을 위한 것이라면 사회적 특성을 가진 인간의 삶에서는 아무런 의미가 없는 것이다.

사회적 성격을 지닌 지식과 가치는 개인적 직관보다는 사회적 협의 및 합의의 과정을 통해 형성되고 이렇게 형성된 것을 배우려면 협동적 상호작용을 거쳐야 한다. 왜냐하면 협동적 상호작용을 거치지 않고는 그 사회적 속성을 제대로 이해할 수 없기 때문이다. 가령, 인간 상호 간의 관계에서 나온 배려(caring)라는 가치는

5) 홍은숙(2002)은 공동체주의 관점에 의거하여 교육의 개념을 "전통의 탐구와 개인적 삶의 서사적 통일성 형성을 위한 사회적 실제에의 입문으로서의 교육"이라고 정의한다. 이때 전통의 공동선 추구와 개인 삶의 서사적 통일성을 형성하는 것이 교육목적이고 사회적 실제(관행)에 입문하는 것이 교육내용의 측면을 이룬다. 저자는 교육이 가르침보다 폭넓은 상위 개념으로 보고 있으나 교육은 현실적 용례를 볼 때 학교교육, 직업교육과 같이 보다 형식적인 측면에 초점이 있는 데 비해 한국말의 가르침(배움을 수반하는 활동)은 보다 폭넓은 맥락을 제시한다고 보아 교육보다 가르침과 배움이란 용어를 선호한다. 저자의 관점으로 가르침은 공교육에서 직업교사의 직접적 교수 활동을 포함하여 책에서 저자의 간접적인 가르침 등을 포함한 활동으로서 가르치는 자가 배우는 자의 지적, 인격적, 심미적 성숙을 위한 선한 의도를 가지고 행하는 활동의 과정 및 그 결과를 의미한다. 이렇게 볼 때 전통 탐구, 개인 삶의 통일성 형성은 자동적으로 교육목적 혹은 가르침의 목적이 되는 것이 아니라 지적, 인격적, 심미적 차원의 인간 성숙과 어떻게 관련되는지를 검증해 보아야 한다. 또한 사회적 관행에 입문 혹은 참여하는 것은 가르침의 목적과는 어떤 관련이 있는지의 고찰이 필요하다.

혼자서 직관적으로 알 수 있는 것이 아니다. 그것은 타인과의 상호작용을 통해서만 그 본연의 의미를 깨달을 수 있다. 가르침이 인간의 지적, 인격적, 심미적 성숙을 목적으로 하며 그 지식, 도덕, 미적 감수성은 사회적으로 형성되며 상호(협력) 활동을 통해서 습득된다고 할 때 가르침의 목적은 사회적 관행에 참여하는 것과 긴밀한 관련이 있게 된다.

또한 사회적 관행은 자체 내에 탁월성의 기준과 내재적 가치를 지니며 인간능력을 증진시키며 사고의 확장을 이끈다. 인간 성숙의 주요 지표인 지식, 도덕, 미적 감수성은 질적인 측면에서 탁월성의 기준을 가지고 있고 여기에 도달하려고 노력하는 와중에 그 자체에서 오는 기쁨이 있다. 학문 탐구 및 발견의 기쁨, 타인을 도와주는 기쁨, 아름다운 것을 느낄 수 있는 데서 오는 기쁨은 외부의 그 무엇을 위한 것이 아니라 자체 안에서 나오는 내재적 가치라 하겠다.

다음으로 지식, 도덕, 미적 감수성은 모두 인간 능력의 증진과 관련된다. 지식이 쌓임으로써, 도덕적 태도가 발달됨으로써, 심미적인 안목이 깊어질수록 인간의 전반적인 능력은 고양된다. 또한 지식, 도덕, 미적 감수성은 인간이 여러 활동을 함에 있어서 그것을 왜 하는가, 어떠한 의미와 중요성을 지니는가에 대한 사고와 관련된다. 진정한 지식은 단순히 정보들을 집적하여 암기하는 것이 아니라 그 정보들이 어떠한 가치를 지니는지 평가하여 적용하는 것을 포함한다. 단순히 물고기를 얻는 것이 아니라 물고기 얻는 방법을 아는 지식(방법적 지식)은 자율적이고 주도적인 판단과정이 수반되어야 한다. 도덕 역시 도덕교과서의 덕목들을 암기하는 것이 아니라 각 덕목들이 왜 중요하며 현실적 상황에서 어떠한 가치를 지니는지 아는 것이 필요하다. 심미적 안목의 경우도 어떠한 작품이나 사건을 볼 때 미술 선생님이 혹은 기자가 그것이 어떠하다고 설명해주어서 느낄 수 있는 것이 아니라 본인 스스로 그 가치를 깊이 생각해보아야 되는 것이다. 바로 이러한 과정을 거쳐 목적 및 가치에 대한 사고가 깊어지는 것이다. 이렇게 볼 때, 사회적 관행 개념은 지식, 도덕, 미적 감수성과 연결되며 사회적 관행의 참여는 지적, 인격적, 심미적 성숙을 지향하는 가르침의 목적과 연결된다.

그런데 사회적 관행에 참여하는 것 자체를 가르침의 목적으로 보는 데는 몇 가지 문제가 있다. 첫째, 맥킨타이어는 '체스'를 사회적 관행의 예로 드는데 그렇다면 체스와 같은 게임에 단순히 참여하는 것만으로 가르침의 목적을 달성했다고 할 수 있는가? 맥킨타이어의 사회적 관행 개념 설명을 잘 살펴보면 사회적 관행은 참여자의 사고의 폭을 확대시킨다는 점을 발견할 수 있다. 이 사고는 해당 활동의 탁월성 기준, 그 목적과 가치 등에 관한 것이다. 체스의 탁월성은 게임에 이기기 위한 전술, 기술, 지략이며 이 게임과 관련된 목적과 가치는 흥미, 게임 예절(규칙 준수, 메너 등), 준비 과정에서의 노력, 인내력 등이다. 체스를 하며 단순히 게임에 이기는 데만 주목한다면 지적, 인격적, 심미적 성숙과 관련된 가르침의 목적과는 별로 관련되지 않을 것이다. 그러나 체스를 하며 준비과정에서 탐구력과 인내력이 증진되고 공공의 규칙 준수의 중요성 및 상대방에 대한 배려와 예절 등을 생각하고 승부를 떠나 함께 즐기는 것 자체가 소중하다는 심미적 가치를 발견하게 된다면 충분히 가르침의 목적과 연관될 수 있다.[6] 특히 체스에서 얻은 능력과 가치 등을 다른 분야에도 적용할 수 있는 지속적이고 확산적인 적용과 응용[7]이 이루어진다면 인간 성숙을 위한 가르침의 목적 달성을 위한 중요한 계기가 될 것이다.

둘째, 사회적 관행에 참여하여 능력을 계발하고 사고를 확장시키는 수준에 이르려면 단순히 참여하는 것을 넘어서 열의를 가지고 능숙하게 참여할 수 있어야 한다. 체육 시간에 억지로 하거나 이제 막 시작한 축구에서는 어떠한 성취를 거두기란 어렵다. 자율적인 동기를 가지고 참여하고 여러 가지 규칙과 기술에 숙달되었을 때 능력도 계발되고 협동정신, 페어플레이 정신 등에 대하여도 폭넓게 생각할 수 있게 된다. 이상과 같은 두 가지 근거로 볼 때, 사회적 관행의 참여는 그 자체로 가르침의 목적이 되기보다는 가르침의 목적을 달성하기 위한 가르침의 소재가 된다. 축구 활동 자체가 가르침의 목적이 아니라 축구를 통해 배울 수 있는 지식, 도덕, 심미적 안목이 가르침의 목적이다. 이러한 목적을 달성하기 위해서는 가르치는 자의 친절하고 계획적인 안내가 필요하다. 배우는 자가 해당 활동을 하면서 무엇이 중요하며 어떻게 준비하고 노력해야 하는지의 구체적인 안내가 없다면 그

6) 물론 맥킨타이어의 본래 의도가 이러한 점까지 폭넓게 포함하고 있는지는 의문이지만 그의 사회적 관행 개념의 설명에 기초하여 이러한 의미를 독자로서 유추하여 해석할 수는 있다. 텍스트의 해석은 저자와 독자와의 대화로 저자의 의도를 그대로 옮기는 것이 아니라 독자가 현 상황의 맥락에서 독자 나름의 시각으로 그 의미를 해석하는 것이다.

7) 가르침과 배움은 연결된 활동이며 지속성 및 응용능력은 배움의 중요한 요건을 이룬다. 배움이 되기 위한 또 다른 요건들로는 자발성 및 자율성, 합리적 사고능력, 배우는 대상에 대한 이해가 있다(심승환, 2007: 36-42).

활동이 무의미한 시간 보내기가 될 수 있기 때문이다.

'사회적 관행' 개념은 '삶의 서사적 통일성' 개념과 연결되면 가르침의 목적과 보다 더 깊은 관련을 가지게 된다. 즉, 가르침이 인간 개개인이 주체와 대상이 되어서 하는 활동임을 감안한다면, 다양한 사회적 관행 중 개인의 삶의 시·공간적 배경 및 특정한 목적과 관계되는 활동은 그 가르침과 중요한 관련을 갖는 것이다. 삶의 서사적 통일성이란 개념은 개인이 행동함에 있어 특정한 의도를 가지고 하게 되며 이 의도는 개인이 속한 역사적, 사회적 현실, 구체적 상황 등에 의해 영향을 받고 이 의도에 의해 삶의 목적과 방향이 정해진다는 의미이다. 즉, 개인은 과거-현재-미래의 각자 나름대로의 삶의 이야기를 가지고 있고 이야기의 흐름, 맥락에 의해 행동의 방향이 정해진다. 가르침은 모든 사람에게 일반적인 것이 아니고 가르치는 자와 배우는 자의 특수성에 기초하여 상이한 방향을 가진다. 가르침의 목적이 인간의 지적, 인격적, 심미적 성숙을 조장하는 것이라고 해도 그 구체적인 목표는 개인마다 상이하다. 개개인의 삶의 경험, 사회적 상황, 주관적 가치관에 따라서 가르침의 목표와 배움의 목표가 제각기 다양하게 설정될 것이다.

가르치는 자가 자신의 입장과 배우는 자의 입장을 종합하여 구성하는 가르침의 목표는 개개인의 상이한 상황에 따라 다양하게 구성될 것이다. 각 개인의 상황은 과거의 경험에 비추어 볼 때 현재 그리고 미래 가장 필요한 혹은 가장 중요한 가치가 무엇이며 이 가치에 상응하는 활동, 능력, 태도, 기술 등은 무엇일지 선택하게 만든다. 예를 들어, 어떤 개인에게는 지식, 도덕, 미적 감수성 중에서 지식의 측면이 가장 필요할 것이고 장래 개인의 비전을 위해선 지식 분야에서도 인문·사회과학 관련 지식이 더욱 중요할 수 있다. 이런 상황에서 천편일률적으로 동일한 방향으로 가르치기 보다는 그 개인의 삶의 독특한 가치를 존중하여 그에 맞는 특수한 가르침의 목표를 제시하여 이끄는 것이 필요하다.

그런데 이를 위해서는 '나' 자신을 돌아보는 훈련이 뒷받침되어야 한다. 즉, 나는 어떠한 존재이며 무엇을 위해 살고 있는가 등에 대하여 자아를 성찰하는 훈련이 필요하다. 이를 통해서 자신이 속한 가족, 지역, 민족, 국가의 공동 가치와 그에 따른 자신의 역할을 알게 되고 또한 자신의 삶의 역사를 통해 자신의 고유한 성격, 재능, 취향, 꿈을 발견하게 된다.[8] 바로 자아 성찰을 통해 자신의 사회적 역할과

8) 자아성찰 훈련은 가르치는 자(교사)에게도 필요하다. 교사는 교재 내용 그대로 교사용 지침서대

개인적 특성 및 비전에 바탕을 둔 삶의 목표가 정해지고 이 목표에 따라 가르침의 목표가 정해지며 이에 따라 구체적인 가르침의 소재(사회적 관행 포함)도 정해지는 것이다.

'전통' 개념은 공동체주의 관점의 핵심적 부분을 제시하고 있다. 한번 더 정리하자면 전통이란 일련의 사회적 관행들 및 이것들의 가치로서 세대를 넘어 전승된 역사적 특수성 및 사회적 특수성으로 개인의 삶에 도덕적 출발점을 제공하는 것이다. 개인의 삶에서 무엇이 중요하고 가치있는가의 판단기준은 개인이 속한 사회에 전승되어 온 전통에 근거한다. 즉, 개인의 삶의 서사적 통일성은 전통과 불가분의 관계에 있는 것이다. 또한 사회적 관행들이 세대를 넘어 걸러지고 유지되면서 해당 사회의 역사적 상황에 상응하여 가장 중요한 부분들이 집적되고 이를 통해 형성된 것이 전통이다. 따라서 전통은 해당 사회의 에토스, 핵심 가치이자 정신의 집결체이다. 여기에는 역사적 유산, 사회적 기대가 함축되어 있고 좋은 삶에 대한 개인의 인생관, 가치관은 바로 이러한 사회적 맥락 안에서 형성된다.

가르침은 지적, 인격적, 심미적 성숙을 지향하는데 지식, 도덕, 미적 감수성은 각각 세대를 넘어 축적된 해당 사회의 역사적 유산과 사회적 기대의 틀 안에서 형성된다. 배우는 자는 해당 사회의 역사, 문화유산, 사상 등을 탐구함으로써 사회가 요구하는 지식과 공동으로 추구하는 가치를 알게 되고 그것이 곧 사회 안에서 살아가는 개인적 삶의 가치임을 깨닫게 된다. 바로 이러한 전통 탐구를 통한 사회-개인적 삶의 연속성 안에서 성숙된 자아실현을 이루는 것이 가르침의 진정한 목적이라 하겠다.

라. 자유주의와 공동체주의의 종합적 관점을 통한 가르침의 목적

A. 종합의 가능성 및 필요성

황경식(2006: 45)은 자유주의와 공동체주의를 개인주의 대 공유된 가치관으로 날카롭게 대조시키는 것은 현실적인 논의를 지나치게 단순화한 것이라고 지적한다. 왜냐하면 양자는 이미 상대편의 중심 가치를 자신의 입장 속에 고려하고 있기 때

로 전달하는 컴퓨터가 아니다. 학생들에게 자신의 독특한 시각으로 독특한 방식으로 해석하고 설명해야 한다. 그러려면 자신이 누구인가, 어떠한 특수한 사회적 맥락 안에 자신이 존재하는가, 사회적 가치는 무엇이고 교사 개인이 추구하는 가치는 무엇인지 심도 있게 성찰하고 의미를 해석하여 표현하는 연습이 교사 교육과정에서 필요할 것으로 본다.

문이다. 신중한 자유주의는 공동의 책임과 공유된 가치관이 바람직한 사회의 필수 요소임을 인정하며 신중한 공동체주의 역시 통합된 사회질서관 속에 진정한 개인성(individuality)의 여지를 남겨두고 있다. 사회 안에서는 자유주의와 공동체주의의 중요 주장과 가치가 상호보완적으로 공존하지 않으면 안 되는 현실적인 요청이 있다. 즉, 개인의 자율성에 기초하여 개인의 권리와 자유만을 지나치게 강조할 경우 상호 협력과 조화를 이루는 안정적인 사회를 구축하기 힘들며, 공동체 속에서의 특정한 역할에 의해 개인을 규정할 경우 개인의 권리와 자유, 나아가 개인 간의 평등한 관계를 확보하기 힘들 것이다(홍성우, 2005: 406).

현대 사회는 다문화주의 사회이다. 사회 안에 다양한 인종, 계층, 종교, 국적, 신념, 관습 등을 지닌 사람들이 혼재되어 있고 이들은 각자 자신의 문화를 지키고 주장하려고 하며, 사회는 이런 주장들이 서로 대립 · 분열되지 않고 조화롭게 공존 · 교류할 수 있도록 정책적 노력을 기울이고 있다. 이러한 점에서 다문화주의 사회는 필연적으로 자유주의와 공동체주의 가치를 함께 존중하여야만 하는 상황에 있다. 테일러(1994)는 개인은 그가 속한 공동체의 이념이나 전통에 입각하여 행동하므로, 어떤 보편적인 절차에 의해 개인 권리의 보장을 꾀하기 보다는 개인이 속한 공동체들의 차이를 먼저 고려해야 한다고 주장한다. 그러나 개인은 특정 집단(혹은 가정)의 규범, 관습에 구속받지 않고 스스로의 가치관에 의해 자신의 삶을 영위할 자유와 권리를 지닌다(Dhillon & Halstead, 2003: 152-153).

문제는 다양성, 복합성을 가진 사회에서 개인과 사회가 모두 좋은 삶의 질을 구현하려면 어떠해야 하는가이다. 일단 가장 기본적인 전제는 개인이 없는 사회는 존재할 수 없고 사회가 없는 개인도 존재할 수 없다는 것이다. 사회 안의 개인들이 외면하고 반항하는 사회는 그 존립이 힘들며, 공동의 가치, 규범, 문화의 근간이 없는 무연고적인 개인은 오직 상상 속에서만 가능하다. 두 번째 전제는 다양한 개인과 집단은 그 독특성(자유와 권리)이 충분히 보장됨과 아울러 공동체(집단의 경우 더 큰 상위의 공동체)의 공동선을 위해 조화로운 교류와 공유가 이루어질 때 좋은 삶을 영위할 수 있다는 것이다. 인간은 성격, 재능, 취향, 신념 등이 모두 다른 존재이다. 각자가 가진 독특성이 존중되고 그것을 더욱 빛나게 발달시킬 때 각자의 자아실현이 이루어질 수 있다. 그런데 각자가 자신의 독특성만을 지나치게 추구하고 상대방에 대한 이해와 교류가 부족하다면 함께 사는 공동체는 조화와 협력이 힘들게 된다.

아울러 이 경우에는 자기(자기 집단)가 갖지 못한 타인(타 집단)의 가치있는 장점들을 배울 수 없게 된다. 그렇다면 개인적으로나 사회적으로 불행하며 발달이 정체될 수밖에 없다. 반대로 사회(혹은 큰 공동체)의 공통적인 가치만을 강조하고 개인(작은 공동체)의 개별 가치를 무시한다면 한 방향으로 공동 가치를 향해 효과적인 단합은 잘되겠지만 개인의 독특한 재능의 발달이나 사회의 다원적인 각도의 발전은 이루어질 수 없다.

자유주의와 공동체주의는 상이한 관점에도 불구하고 공통적으로 상호교류를 인정하고 존중한다. 롤스의 정치적 자유주의에서는 사적인 영역에서 상이한 신념을 지닌 개인들의 존재를 인정하고 정치적 영역에서 어떻게 특정한 주장이 압제하지 않은 채 공정함을 유지하며 대화하고 합의할 것인지를 논의하였다. 또한 테일러는 개인은 특정한 언어 문화적인 공동체 내에서 자신의 말과 행동에 대한 타인의 반응, 그리고 그에 대한 자신의 의미 부여를 통해서 자신의 정체성을 형성해간다고 하였다. 양자 모두 개인과 개인, 나아가 개인과 공동체, 더 크게 보면 공동체와 공동체의 상호적인 교류를 중요한 것으로 보고 있다.

바로 이 점에 양자의 연결 및 종합의 가능성과 필요성의 핵심이 있다. 자유주의는 각 개인의 다양한 입장을 최대한 존중하고자 하지만 이것은 독립적으로 존재하는 개인을 위한 것이 아니라 상호 교류하는 사람들 간의 공정한(일방이 타방을 압제하지 않고 평등한) 대화를 위한 것이다. 공동체주의도 공동체의 가치와 전통을 소중히 여기지만 이것은 개인들이 무조건 수용하라는 것이 아니라 타인과의 의사소통, 사회적 관행의 참여 등 사회적 상호작용의 과정을 통하여 이루어진다는 의미이다. 이렇게 양자는 모두 상이한 개체 간의 상호교류의 가치를 중요하게 보지만 한 쪽은 개개인의 독특성의 보장에 초점을 두는 반면 다른 쪽은 공동의 선 추구에 초점을 둔다. 개별성과 공동선은 모두 중요한 가치로서 개인과 사회가 모두 올바르고 좋은 상태를 구현하기 위해선 이 두 가치의 상호보완이 필요하다. 요컨대, 양자의 접점을 통해 우리는 종합의 가능성을 모색할 수 있고 양자의 차이를 통해 종합(상호보완의 측면)의 필요성을 발견할 수 있다.

B. 종합적 시각에 의한 가르침의 목적

자유주의에서는 하나의 고정된 가치관이 압제하지 않고 다양한 선 관념이 비교되며 지속적으로 수정된다. 여기서는 각 개인이 가정이나 소속집단의 가치관을 넘어서 각자의 자유로운 사고와 선택을 발달시키고 성취할 수 있도록 여건을 마련해주는 데 초점을 둔다. 자유주의 교육은 개인이 각자의 재능과 단점을 스스로 파악하고 이러한 앎에 근거하여 다양한 가치들 중에 합리적으로 본인의 길을 선택할 수 있도록 이끌고자 한다. 이러한 합리적 선택을 위해선 다양한 상충하는 입장들 간에 어떻게 그리고 왜 중첩적인 합의가 도출되는지 그 절차적 방법과 의미를 알고 이것이 개인의 도덕적 성장에 어떠한 관련이 있는지 성찰하게 할 필요가 있다(Bull, 2008: 453-454). 이러한 자유주의 관점에 기초한 가르침의 목적은 무엇보다도 각 개인이 특정한 신념이나 고정관념에 얽매이지 않고 자유롭게 다양한 가치들을 비판하며 지속적으로 기존 관념을 수정하고 보완해가는 능력을 키우는 데 있다.

이를 위한 보다 구체적인 목표는 우선 배우는 자로 하여금 편견에서 벗어나 다양한 문화와 신념의 존재와 가치를 인정하고 존중하는 태도를 길러주며, 다양한 관점을 상호 비교하여 선택하는 비판적, 합리적 사고능력을 배양시키는 것이다(Parekh, 1986: 26-29). 이러한 능력은 가르침의 내용에 대해 배우는 자가 스스로 평가하고 비판할 수 있음을 의미한다. 가르치는 자는 이를 위해 어떠한 권위에 의해 주입하거나 교화시키지 말아야 한다. 자유주의적 가르침의 목적은 배우는 자의 인격과 자유권을 존중하면서 그들의 자율적 · 주도적 판단 및 수행능력 함양을 지향한다. 또한 자유주의적 가르침은 다양한 지식 및 가치관 속에서 지속적으로 관점을 수정할 수 있는 열린 사고의 증진을 추구한다. 이러한 열린 사고는 상이한 의견의 대립 속에서 공유된 공정한 절차에 따라 협의하는 민주주의적 의사소통능력 함양을 지향한다. 요컨대, 자유주의적 가르침은 다원적인 인간, 지속적으로 변화하는 인간, 비판적으로 사고하는 인간 양성을 그 목적으로 한다.[9)]

공동체주의에 기초한 가르침은 무엇보다도 공동체의 가치 인식 및 공동체 내의

---

9) 자유주의적 가르침은 다양한 가치 가운데 자율적이고 합리적으로 선택하는 능력을 최고의 목표로 삼고 있다. 이범웅(2007: 210)은 이러한 목표를 위해 구체적으로 함양시켜야 할 능력들을 다음과 같이 제시한다. ① 근본적인 전제(가정)를 설정하고 의문을 제기할 수 있는 능력 ② 어떤 도덕적 결정이나 관점들의 예상치 못한 결과를 발견하는 능력 ③ 불완전한 추론을 알고 분석할 수 있는 능력 ④ 공정하고 불편부당하게 증거를 평가할 수 있는 능력 ⑤ 확실하고 분명하게 주장할 수 있는 능력 ⑥ 토론의 순서를 정하고 다른 사람의 발표를 방해하지 않고 잘 청취할 수 있는 능력 ⑦ 논의를 인신공격으로 흐르지 않게 하면서 주장할 수 있는 능력 ⑧ 타인의 관점으로부터 문제를 바라보는 능력 ⑨ 자신의 감정과 느낌의 특성에 의문을 제기하는 능력

인간 간의 관계 형성을 지향한다. 이를 위해 가르치는 자는 배우는 자로 하여금 자신의 뿌리, 곧 가족, 민족, 성, 문화, 계층, 종교, 지역 등 특수한 사회문화적 배경을 성찰하고 탐구할 수 있도록 이끌어야 한다. 가르치는 자는 공동체의 규범, 가치, 전통이 무엇인지 설명하는 한편 배우는 자가 스스로 탐구할 수 있도록 유도하여야 한다. 이 탐구는 타인 및 사물과 적절히 상호작용하고 관계를 맺을 수 있는 방향으로 이루어져야 한다. 배우는 자가 '나'의 존재는 공동체, 타인과의 관계를 통해 형성된다는 점을 분명히 인식하게 하고 타인의 소리를 주의 깊게 듣는 기술, 연결하고 비교·종합하는 기술, 비판적 사고 및 창조·적용의 기술을 배우도록 이끌어야 한다. 공동체주의 가르침은 사회 구성원들이 공유하는 지식과 가치를 개인적 직관보다는 협동적 상호작용의 과정을 통하여 배우도록 하는 데 목적이 있다. 이것은 예를 들어, 듀이(1916)가 주장하듯이 민주주의라는 가치를 민주주의적 상호작용을 통해 배우게 하는 것이다.

공동체주의 가르침은 또한 '나'의 과거-현재-미래를 성찰하고 이를 이야기(story-telling)할 수 있도록 이끌어야 한다. 개인의 과거는 개인이 속한 가족, 지역, 민족, 종교집단 나아가서는 역사적, 사회적, 정치적 배경을 이해함으로써 이야기될 수 있다. 즉, 배우는 자는 자신의 성격, 가치관, 인생관, 세계관 등이 어떻게 이들 배경을 통해 형성되었는지 이해하는 것이 필요하다. 이를 위해 가르치는 자는 배우는 자가 속한 역사, 지리, 정치, 경제, 사회, 문화, 과학기술 등에 관한 폭넓은 정보를 안내하며 스스로 탐색할 수 있도록 이끌어야 한다. 특히 가르치는 자는 그러한 배경들이 어떻게 배우는 자의 '삶'과 관련되는지를 구체적으로 성찰하게끔 유도하여야 한다. 맥킨타이어는 사회적 관행에 입문하는 것은 현대에 그 관행에 참여하는 구성원들뿐만 아니라 과거의 사람들과 교류하는 것이라고 설명한다. 특히 그 탁월한 성취가 과거의 사회적 관행을 넘어 현재에까지 세대를 넘어 전승된 것이 바로 전통인데 이 전통을 배우는 것이 정의, 용기, 성실 등의 사회적 미덕을 구현하며 현재의 사회적 자아를 형성하는 데 밑바탕이 된다(MacIntyre, 1981: 181). 전통 안에는 역사적 유산 및 사회적 기대가 함축되어 있다. 따라서 가르치는 자는 특별히 해당 사회(공동체)의 문화유산, 사상, 윤리 등을 안내하며 이것을 현 사회의 가치규범 및 배우는 자의 현재적 삶에 연관시켜 성찰하게끔 이끌어야 한다. 아울러 이러한 과거와 현재의 탐구를 통해 배우는 자가 자신의 미래에 가장 필요하며 중요한 가치, 활동, 능력, 태도, 기술 등은 무엇일지 발견하고 이를 위해 노력하게 끔 이끌어야 한다. 여기서 핵심은 전통과 사회적 가치가 개인의 가치관 형성 및 자아실현의 토대가 된다는 것이다.

자유주의와 공동체주의 관점에 기초한 가르침의 목적은 각각 개인의 자율적 판단 및 선택을 강조하느냐, 공동체의 가치 및 전통을 강조하느냐의 차이로 요약할 수 있다. 양자는 나름대로 중요한 의미를 지니며 서로 부족한 부분은 상대방의 주장을 바탕으로 보완할 필요가 있다. 가르침은 인간 개개인의 성장을 추구하며 이것은 개인의 자율적 판단능력의 함양과 공동체의 축적된 지식 및 가치의 습득이 모두 필요하며 이 양자는 서로가 서로를 필요로 하기 때문이다. 인간에게 자율적 판단능력이 결여되면 지식을 주입하더라도 이것을 주체적으로 이해하지 못하고 특정한 상황에 주도적으로 적용하지 못하게 된다. 또한 공동체의 지식과 가치를 습득하지 못하는 인간은 사회생활이 힘들고 자율적 판단능력은 무에서부터 창출되는 것이 아니라 기존에 사회적으로 형성된 다양한 지식과 가치를 접하고 평가함을 통해 형성된다. 우리는 양 관점의 종합의 매개점을 상호교류에서 찾을 수 있다. 개인이 편견과 고정관념을 탈피하여 다양한 관점을 비교하여 선택하려면 필연적으로 타자와의 상호 교류가 요구되며, 공동체의 구성원이 해당 공동체의 가치와 전통을 알려면 필연적으로 공동체 구성원 및 전승된 문화유산과의 상호교류가 요구된다. 따라서 자유주의와 공동체주의의 종합적 관점에서 가르침의 목적은 무엇보다도 학습자가 타자와 능숙하게 상호 교류할 수 있는 능력을 키우고 이를 통해 다양한 지식과 가치들을 합리적으로 평가하여 선택하는 한편, 공동체의 역사적 유산 및 사회적 규범들을 습득하게 하는 데 있다.

상호교류의 능력을 가르치려면 반드시 가르침의 주체 혹은 권위가 분산되어야 한다. 그렇지 않고 한 곳으로 권위가 집중되면 다양한 가치의 교류가 상호적으로 일어나지 못하게 된다. 따라서 국가, 부모, 전문적 교육자들은 배우는 자를 인도할 공동의 책임이 있다. 만약 가르침의 권위가 국가에 집중된다면 부모 혹은 작은 공동체의 특정한 가치관을 무시하게 되고, 가족에 가르침의 권위가 집중되면 가족의 특정한 가치관을 넘어서 다양한 가치를 객관적으로 평가하기 힘들며, 개개인에게 가르침의 권위가 집중되면 공적인 정치적인 활동에 참여하기 위한 정치교육에 소홀할 수 있다. 따라서 국가, 부모, 전문적 교육자들이 함께 배우는 자들을 인도하는 가운데 국가공동체의 공적 정치활동에 잘 참여할 수 있도록 준비시키며, 좋은 삶에 대한 다양한 가치관 중에 합리적으로 —합당한 이유를 가지고— 선택하게 하며, 가족 및 공동체의 선(the good)을 알고 여기에 참여할 수 있도록 하여야 한다(Gutmann, 1987).

마. 결론

지금까지 자유주의 및 공동체주의의 기본 관점과 이에 근거한 가르침의 목적을 각각 살펴본 후 양자의 시각을 종합한 가르침의 목적을 고찰하여 보았다.

자유주의는 근세 부르주아 계급의 자유로운 경제활동의 요구에서부터 비롯되어 칸트의 사상에 근거하여 롤스의 정의론 및 정치적 자유주의에서 체계화된 관점이다. 롤스는 '원초적 상황' 및 '무지의 장막'을 상정하여 특정한 신념이나 사회적 배경에서 초연한 무연고적 자아들이 공정한 절차를 통하여 합의에 도달하는 공정함으로서의 정의를 제시하였다. 또한 그는 비판들과 시대적 상황을 고려하여 윤리적인 자유주의 대신 정치적인 자유주의를 주장하며 서로 상충하는 합당한 신념들 사이에서 특정한 형이상학적 교리를 주장하지 않은 채 상호 인정하는 원칙을 통해 합의하는 '중첩적 합의' 개념을 제시하였다. 자유주의는 특정한 가치관과 권위가 개인의 자율적인 판단과 선택을 지배하거나 방해하지 않고 개인이 스스로 다양한 대안들을 검토하고 합당한 이유를 근거로 선택하고 지속적으로 수정해나가는 개인적 권리와 자율에 초점을 둔다. 이것은 외부 및 자기 내부의 편견, 선입관, 고정관념 등으로부터 탈피하여 객관적이고 중립적인 비판정신 및 반성능력을 요구한다.

자유주의에 기초한 가르침의 목적은 배우는 자가 어떠한 편견 및 권위에도 얽매이지 않고 대상을 자율적으로 평가하고 판단하며 비판할 수 있도록 이끄는 데 있다. 이러한 가르침의 목적은 학생의 인격과 자유권을 존중하는 근본적 의의와 함께 자율적 · 주도적 판단 및 수행능력을 함양하는 실제적인 의의를 동시에 가진다. 자유주의적 가르침은 배우는 자가 다양한 가치관과 지식에 열려 자유롭게 이들을 상호 비교하며 지속적으로 반성하고 수정하도록 이끈다. 아울러 자유주의적 가르침은 배우는 자로 하여금 특정한 신념의 도그마에서 벗어나 다양한 의사들을 존중하며 공정한 절차에 의해 합의하고 결정하는 민주주의적 시민 역할을 배우도록 이끈다. 이러한 가르침을 통해 자유주의는 고정적인 인간이 아니라 끊임없이 반성

하며 변화하는 인간 양성을 추구한다.[10)]

공동체주의는 자본주의 경제체제의 폐단에 대한 비판에서부터 기원하여 헤겔, 마르크스 이론을 수용하여 1980년대 이후 샌델, 맥킨타이어, 테일러, 월저 등이 자유주의 이론을 반박하면서 본격적으로 발전하였다. 공동체주의에서는 자유주의가 주장하는 무연고적 자아, 즉 어떠한 배경으로부터도 동떨어져 추상적이고 중립적으로 사고하는 인간은 현실적으로 불가능하다고 지적한다. 공동체주의는 인간을 연고적 자아 또는 구성적 자아로 보아 개인은 자신이 속한 사회문화적 배경에 따라 형성된다고 주장한다. 인간의 태도와 도덕적 의식은 공동체 속에서 타인과의 대화와 경험을 통해 형성된다. 현대의 도덕적 혼란은 각자의 감정에 따라 행동하는 주정주의에서 비롯된 것으로 이를 극복하려면 인간이 목적에 따라 행동해야 하며 이 목적은 공동체(사회)의 공동선과 관련된 사회적 역할에 근거한다. 현대의 공동체의 삶에서 필요한 것은 사회적 관행(practice) 참여, 삶의 서사적 통일성 형성, 전통 탐구로 볼 수 있다. 개인은 사회적 관행에 참여함으로써 협동적 활동을 경험하며 탁월성과 사고능력이 고양된다. 또한 개인은 자기 삶의 배경과 역사, 현재의 상황, 미래의 삶의 목적을 연관하여 생각하며 삶의 의미를 공동체적 배경과 목표에 결부하여 성찰하게 된다. 아울러 개인의 정체성은 전승된 역사적 유산에 근거하며 사회적 기대와 책무를 부여받고 있다. 개인의 가치관, 인생관은 해당 공동체의 특수한 전통을 탐구함으로써 정립될 수 있다.

공동체주의에 기초한 가르침의 목적은 배우는 자가 공동체의 가치, 규범, 전통을 존중하여 수용하고 공동체 속에서 타인과의 관계 형성을 능숙하게 잘 할 수 있도록 이끄는 데 있다. 이를 위해 가르치는 자는 배우는 자가 협동적 상호작용을 통해 사회적 가치규범과 지식들을 배울 수 있도록 이끌어야 한다. 배우는 자가 타인의 소리를 주의 깊게 듣고 반응하도록 하며 '나'의 정체성이 어떻게 사회문화적

---

10) 김성훈(2006)은 Mill의 자유주의를 학생의 선택을 중심으로 하는 7차 교육과정과 관련하여 논한다. 자유주의는 학생 개인의 의식, 사고, 견해, 감정의 자유를 보장하고 개별적 기호와 성향에 따라 교육의 내용과 방법을 차별화할 것을 시사한다. 또한 교사는 학생이 자신의 의사를 자유롭게 표현하도록 이끌며 개별성을 보호하며 증진시킴과 아울러 개인적 필요, 능력, 관심을 반영하여 교육과정이 운영되어야 한다. 이것은 단위학교 재량권 확대, 특별활동 시간 확충, 학생 선택중심 교육과정 등 선택의 자유를 극대화하고 학생의 수준, 소질, 적성, 진로에 따라 교육내용 및 방법을 다양화, 차별화하는 7차 교육과정의 방침과 상응한다. 이러한 교육은 결국 학생의 자율적 자기 결정 능력을 신장시키는 도덕적인 목적을 지향한다고 할 수 있다.

배경을 통해 형성되는지를 성찰하도록 인도하는 것이 필요하다. 가르치는 자는 해당 공동체의 역사, 문화유산, 지리, 윤리 및 사상 등을 소개하고 이를 탐구하게 함으로써 배우는 자 자신의 지식, 인격, 미적 감수성을 발달시키고 자신의 인생의 의미와 목적을 찾을 수 있도록 이끌어야 한다.

자유주의와 공동체주의에 기초한 가르침의 목적은 각각 장점과 함께 부족한 점을 지니며 상대방의 주장을 수용함으로써 보완되어야 할 필요성을 지닌다. 또한 양자는 소통불가능하지 않고 '상호 교류'라는 공통점을 바탕으로 종합될 수 있다. 종합적 시각에서 볼 때 가르침의 목적은 배우는 자가 공동체의 가치와 전통을 탐구하는 동시에 여러 대상에 대해 자율적으로 판단하여 선택할 수 있도록 이끄는 데 있다. 다양한 대상을 동시에 객관적으로 보는 능력은 일단 하나의 대상을 익숙하게 이해하는 능력에 기초한다. 이것은 아동의 지적, 인격적, 심미적 발달 과정에서 드러난다. 아이들은 우선 자기에게 익숙한 단순한 것으로부터 점차 사고의 폭을 복잡한 것으로 확장시켜 나간다. '가르치다'는 '갈다'와 '치다'의 합성어로 연마하고 정제하며, 새로운 것을 생산해내며 바른 길로 인도하는 복합적인 의미를 담고 있다. 가르침은 배우는 자로 하여금 기존의 지식과 사고를 더욱 심화시키는 한편, 이를 바탕으로 다양한 지식과 가치들을 새롭게 수용하고 이들을 평가·판단하여 올바른 것을 선택하는 능력을 함양시켜야 한다. 바로 전자의 기존 지식의 심화는 공동체주의적 가르침의 요소이고 후자의 다양한 지식의 수용 및 객관적 평가·선택은 자유주의적 가르침의 요소라고 볼 때 보다 온전한 가르침은 양자를 종합함으로써 이루어진다고 볼 수 있다.

(3) 시민 교육의 방향*

가. 서론

교육은 사회와 공동체를 떠나서 생각하기 힘들다. 교육의 목표는 사회의 가치를

---

* 본 절은 2011년도 『교육사상연구』 제25권 제2호에 발표된 저자(심승환)의 논문, "시민 교육의 방향에 대한 교육철학적 고찰"을 수정한 것이다.

담고 있으며 교육의 내용은 사회의 지식을 담고 있고 교육의 방법은 사회적 상호작용을 통해 이루어진다. 교육의 중요한 목표 중의 하나는 사회의 예비구성원인 학습자들을 사회에서 요구하는 지식, 기술, 태도를 익히도록 하여 성숙한 구성원으로 준비시켜 사회에 잘 참여할 수 있도록 하는 것이다. 교육의 목표를 개인의 인격성장이라고 하더라도 그 '인격'의 의미는 사회적 가치를 담고 있기에 교육과 사회는 불가분의 관계에 있다. 사회(society)는 넓게 보면 세계를 생각해 볼 수 있겠으나 일반적으로 국가(nation)나 크고 작은 공동체(community)를 지칭한다고 할 수 있다. 국가나 공동체가 교육과 불가분의 관계에 있다면 교육을 논함에 반드시 공동체를 논하여야 함을 의미한다. 교육을 공동체와의 관련성에 초점을 가지고 고찰할 때 이것은 '시민 교육(civic education; citizenship education)'이라고 할 수 있다. 현대 사회에서 시민사회 공동체와 세계 공동체가 등장하면서 모든 사람들은 공동체에 소속되었고 공동체의 구성원으로서의 시민의 범주에 포함되었다.[11)]

시민의 교육은 공동체의 가치와 개인의 가치 실현 간의 조화로운 균형 가운데 추구되는 것이 이상적이다. 개인의 온전한 성숙은 공동체의 가치실현 및 공동체의

11) 물론 역사적으로 볼 때 모든 사람이 시민으로 인정받은 것은 아니었다. 전근대사회에서는 특히 특정한 지위와 권리, 공동체에 참여할 능력이 없는 사람은 시민으로 인정받지 못한 경우가 많았다. 고대 그리스에서는 '관직과 법정의 운영에 참여하는 사람(Aristotle/나종희 · 천병희 역, 1990: 115)'으로서 여성, 어린이, 노예, 외국인은 시민의 대상에서 제외되었다. 아리스토텔레스는 시민이 아닌 사람은 인간이긴 하지만 완전한 의미의 인간이 아니라고 보았다. 중세에는 교회 공동체에 속한 천국 시민과, 세속 도시 정치에 참여하는 도시 시민으로 구분되었다. 중세에 봉건영주로부터 자치권을 획득한 자치도시가 생기면서 자치도시의 시민이 이후 근대 시민 개념으로 이어진다. 이것은 프랑스의 'citoyen'과 독일의 'burger'에서 유래하는데 도시에 살면서 일정한 권리와 자유를 누리는 사람들을 지칭했다(Turner, 1994: 212 -213). 근대 절대왕정 시기에 들어서면서 국민국가가 형성되고 국가의 구성원으로서의 '국민'이 등장하였는데 이는 법에 의해 권리와 의무가 규정된 사람으로 한정되었다. 한편 근대에 자본주의가 발전하면서 시민은 실질적인 의미에서 경제적 자유와 권리를 누리는 부르주아계급에 제한되었다. 그러나 현대사회에 오면서 국가와 시장의 문제점을 비판하고 감시하며 평등한 권리를 보장받으려는 시민사회 공동체가 발생하였다. 이것은 개인과 집단의 권리를 지키기 위해 자유롭게 형성된 공적 영역으로 그 경계는 항상 개방되어 모든 사람이 참여가능하다. 한편 국제적 교류, 다원화가 증진되면서 한 국가, 한 공동체에 소속되지 않고 자유롭게 이동, 교류하는 현상이 많아지면서(외국인, 다문화가정, 해외노동자 등의 예) 이제 특정 국가(공동체)에 법적으로 규정된 권리와 의무의 존재로서의 시민보다는 세계화된 공동체의 세계 시민의 개념이 설득력을 얻게 되었다(송현정, 2003: 55-58). 이러한 배경에서 저자는 '시민'의 개념을 '시민사회 공동체의 시민' 내지는 '세계 시민'의 개념으로 규정한다.

상호작용을 통해 이루어지며, 공동체의 가치실현은 공동체 구성원 개개인의 성숙과 좋은 삶에 기초하기 때문이다. 그런데 기존의 시민 교육에 관한 논의는 대체로 자유주의나 공동체주의 이론에 근거하여 진행되었다. 자유주의에 근거한 논의는 고전적 자유주의인 밀, 벤담에서부터 현대적 자유주의인 롤스나 노직의 이론을 인용하면서 주장되었다. 이들은 우선 사회를 개인들의 동의에 의해 계약적으로 구성되는 영역으로 보고 사회 정의는 개인의 자유를 보다 완전히 보호하는 것으로 사회는 이를 위한 수단적 위치에 있다고 본다. 롤스(Rawls, 1971: 16)는 정의의 원칙은 사람들의 다양한 이익들에 대한 충돌하는 주장들을 사회적으로 절충하고 합의에 이르도록 하는 데 있다고 주장한다. 롤스는 합리적인 합의를 위해 어떠한 이익이나 가치에도 치우침 없는 철저히 중립적인 개인들이 합의에 이르는 가상적 상황(veil of ignorance; original position)을 상정하게 된다(Rawls, 1971: 137). 이러한 자유주의의 정의를 실현하기 위해선 무엇보다 치우치지 않은 중립성, 합리성, 자율성을 가지고 판단하는 시민의 교육이 필요하다. 시민교육은 특정한 가치의 습득이 중요하기보다는 다양한 가치들 중에 중립적이고 합리적으로 판단하여 선택할 수 있는 능력의 함양이 중요하다.

이에 반해 공동체주의는 개인보다 공동체의 선(善; good)을 강조한다. 이것은 멀리는 아리스토텔레스로부터 헤겔, 가깝게는 맥킨타이어, 샌델, 월쩌 등의 이론에 근거하여 주장되었다. 공동체주의자들은 자유주의의 자아관을 공동체의 전통과 문화로부터 유리된 자아, 무연고적 자아, 고립된 원자론적 자아로 비판하며 상황적 자아관, 구성적 자아관을 제시한다. 자아는 공동체의 전통, 문화, 규범 속에서 구성된다. 개인은 공동체의 목적과 가치 안에서 정체성을 형성하며 공동체의 공동선(common good)을 추구하며 살 때 좋은 삶(good life)을 실현할 수 있다고 본다.

맥킨타이어(MacIntyre, 1981)는 현대 사회의 혼돈 상태의 원인은 목적을 생각하여 평가하지 않고 개개인이 각자의 신념을 타인에게 강요하려는 "주정주의(emotivism)"이며 이를 극복하기 위해선 인간의 목적을 사회적 목적 및 역할과 관련하여 성찰하는 것이 필요하다고 보았다. 인간 목적 실현을 위한 시민교육은 개인의 탁월성을 길러주는 "사회적 관행(practice)"에 참여하고(MacIntyre, 1981: 175), 자신의 삶의 다양한 배경과 목적에 대해 성찰하는 삶의 서사적 통일성을 추구하며(Ibid., 200-201), 세대를 넘어 전승된 역사적 특수성으로서 개인 삶의 도덕적 출발점이 되는 전통을 배움으로써 이루어진다(Ibid., 204-205).

문제는 자유주의와 공동체주의 시민교육론은 각각 일면에 편중되어 있다는 점이다. 자유주의는 개인에 초점을 맞춤으로써 공동체의 가치와 목적, 공동체 안에서의 상호작용을 통한 성장의 측면을 간과하는 면이 있고 공동체주의는 공동체에 초점을 둠으로써 개인의 자율적이고 합리적인 선택과 판단의 함양 측면을 경시하는 면이 있다. 개인이 공동체의 가치, 지식들의 기반 없이 성숙할 수 있는가? 다양한 가치들을 판단하려면 우선 어떤 익숙한 하나의 가치관에 기초하여야 하는 것이 아닌가? 공동선(공동체의 가치)이란 어떻게 형성되며 그것은 반드시 선하다고 할 수 있는가? 특정한 공동체의 선을 학생들에게 전수하는 것이 진정 바람직한가? 공동체의 가치들이 충돌할 때(예컨대 기독교적 가치관 대 유교적 가치관), 혹은 공동체와 개인의 가치가 충돌할 때 과연 무엇을 어떻게 선택하는 것이 좋은가?

공동체의 가치 및 목표와 개인의 가치가 충돌할 때 바람직한 시민교육의 방향은 무엇인가? 국가와 개인, 국가와 학부모, 교사와 학생, 학생과 학생, 학부모와 학생 등의 가치가 충돌할 때 과연 바람직한 교육 방향은 무엇인가? 거트먼(Amy Gutmann)은 민주주의 교육론을 제시하며 국가, 학부모, 학생, 교육전문가 등의 주체들이 각각 자신의 목소리를 주장할 때 합리적으로 합의를 도출하는 과정으로서의 시민교육론을 주장하였다. 그녀는 "의식적 사회재생산(conscious social reproduction)"의 교육목표를 제시하며 비억압과 비차별의 원리에 의해 모든 구성원이 동등하게 참여하고 합리적으로 심의하는 방법을 주장한다. 예비시민이 길러야 할 핵심 자질이 바로 이 비판적이고 합리적인 심의의 능력(critical deliberation)이다.

한편, 하버마스(Jürgen Habermas)는 의사소통행위 이론을 주장하며 개인들이 사회·문화적 전통과 맥락의 배경(lifeworld) 안에서 타당성과 진리성을 진지하게 논의하며 상대방의 진실한 의도와 객관적 상황 등을 깊이 이해하고 비판하며 조정하는 과정을 제시한다. 하버마스에 의거할 때 이러한 공론의 장이 형성됨으로써 사회의 비판적 개혁이 가능하며 이러한 사회를 위해 시민 교육은 학생들에게 의사소통행위 과정에 입문하고 참여하게 하여 의사소통적 합리성을 함양시켜야 한다.

거트먼과 하버마스 이론의 구체적인 양상은 상이하게 전개되지만, 양자는 현대 사회 및 교육의 장에서 충돌하는 가치와 입장들을 합리적으로 수용하여 조화로운 시민 교육의 방향을 시사한다는 점에서 상통한다. 상기한 문제의식들을 해결하기 위해 양자는 좋은 이론적 기반을 제공할 것으로 기대하며 서로 다른 면에서 서로의 부족한 점을 보충할 수 있다고 본다. 시민 교육의 올바른 방향을 모색함에 있어, 거트먼의 이론은 특히 국가 대 소집단(가족, 종족, 전문가 집단 등)의 거시적 차원의 갈등 해결에, 하버마스의 이론은 개인 대 개인(특히 교사와 학생)의 상호작용방식에 중요한 함의를 제시하리라고 본다.

한국 사회에서 시민교육에 대한 연구는 어떠한 중요성을 갖는가? 서구에서는 시민사회가 먼저 존재한 후에 중앙 집중화된 국가권력이 정비되었다. 이것은 국가에서도 시민사회의 자율적, 합리적 의식이 그 기반으로 작용함을 의미한다. 이와 달리 한국의 경우 국가가 선행하여 존재한 후에 시민사회가 발전하면서 자율적 시민사회에 대한 의식이 약하다(최장집, 2009: 74). 특히 한국 시민사회는 자본주의보다는 제국주의나 권위주의에 대한 정치적 투쟁 과정에서 결사와 운동 영역을 중심으로 저항적으로 형성되었다. 시민사회가 정당성 없는 국가권력에 대한 반발로 이루어졌기 때문에 매우 정치적이고 저항적인 성격을 갖는다. 내부의 자생적 토대가 약하고 저항적인 성향이 강하기에 이는 합리성과 지속성을 띠기보다는 비합리적이고 선동적인 위험성을 내포한다(강대현, 2008: 55; 허수미, 2010: 187).

특히 재벌(대기업)과 정부주도 경제성장정책으로 인해 단기간의 국가경제발전을 이룬 한국은 시장의 논리가 그 어느 나라보다 강력하게 사회를 통제하고 있다. 한국 시민사회의 비합리적이고 선동적인 경향과 시장경제논리의 강력한 영향을 고려할 때, 왜곡됨 없이 합리적인 판단을 할 수 있는 시민 자질이 요청되고 이를 위한 시민교육은 과연 어떠해야 할지의 구체적인 논의가 필요하다.

국내 시민교육에 대한 연구는 주로 사회과 교육 연구에서 진행되었다(송현정, 2003; 홍남기, 2009; 김우미, 2009; 허수미, 2010 등 참조). 물론 시민교육의 목표인 시민성(citizenship)[12]이

12) 시민성의 개념은 논쟁적이어서 고정적으로 말하기 힘들다. 일반적으로는 공동체의 구성원인 시민으로서 갖추어야 할 자질로 이해된다. 이것은 개인과 공동체의 관계에서 파생된 것으로 공동체와는 별개로 개인의 사람다움과 관련되는 인간성과는 구분된다. 시민성은 사회구성원으로서 사회적 역할 수행을 위해 필요한 품성과 자질로서 공적인 성격을 갖는다. 한편으로, 시민성은 공동체를 주로 시장 경제체제로 볼 때 개인적 소비자로서의 역할로 규정되고, 다른 한편으로 공동체의 목표와 가치를 강조할 때 시민성은 구성원으로서의 자질로 규정할 수 있다. 전자는 자유주의에 기초하며 개인의 자유, 권리, 선택을 강조하는 계약적 시민성으로, 후자는 공동체주의에 기초하며 공동체의 전통, 가치, 충성심 등을 강조하는 공동체적 시민성으로 볼 수 있다(김영인, 2007: 25-29).

나 시민의 자질 함양은 사회과 교육의 중요한 목표임은 분명하나 시민교육이 꼭 사회과에 국한된 영역이 아님도 분명하다. 좋은 시민으로서 갖추어야 할 자질은 지식, 기술, 도덕성, 사회성, 논리성, 심미성, 감수성, 영성, 창의성, 신체적 역량 등 모든 방면에 걸쳐 있고 이를 위해서는 모든 교과가 관여해야 마땅하다. 그럼에도 불구하고 사회과에 시민교육 연구가 편중되고 있는 현실 자체가 문제라고 본다. 이러한 문제의식에서 근본적으로 교육철학적 시각에서 시민교육의 방향을 논하고 이를 바탕으로 모든 교과로 이러한 논의가 확산될 것을 기대한다.

이하 본론에서는 거트먼과 하버마스의 주요 이론을 논하고 이를 바탕으로 시민교육의 방향을 종합적으로 고찰하겠다. 거트먼과 하버마스의 이론은 철학적 개념들과 치밀한 논리적 구조로 이루어져 있어 먼저 그 핵심개념과 주요 논지의 맥락을 상세하고 충분히 고찰하고 해명하지 않고는 그 시사점을 논하기 힘들다. 이에 본 연구의 구조는 일반적 연구와는 조금 다르게 본론에서 먼저 상세하게 그 이론을 고찰하고 종합논의에서 그 함의와 시사점을 자세히 논하는 방식을 취하겠다. 본 연구의 결론부분은 단순히 요약이 아닌 주제와 관련된 종합적이고 실제적인 논의가 될 것이다. 본 연구의 논의 및 적용 범위는 주로 학교교육에 초점을 둘 것이나, 학교교육이 필연적으로 사회적 맥락에서 수행되므로 학교 밖의 교육실제와 정책도 필요한 부분을 함께 다룰 것이다.

나. 거트먼의 민주주의 교육이론에 근거한 시민교육

A. 민주주의 교육이론의 필요성

거트먼(Amy Gutmann)은 좋은 교육이 되려면 이에 대한 이론이 필요하다고 주장한다. 학업성취도의 하락, 십대 임신률 증가 등의 교육현실의 문제에 직면하여 과연 무엇을 중점적으로 가르쳐야 할 것인지에 대해 의견이 나뉠 때 (교육)이론은 교육정책의 판단기준을 제공하며 특히 국가(정부) 차원에서 시민교육의 방향성을 제시한다. 그렇다면 다양한 교육이론 중 거트먼이 민주주의 교육이론을 주장하는 근거는 무엇인가? 그녀는 기존의 다양한 이론들은 현실적이고 구체적인 교육문제에 대한 충돌하는 가치관 속에서 만족할만한 합의점을 도출하기에 어렵다는 점을 지적한다.

예컨대, 성교육을 학교에서 시켜야 하는가의 문제에 대하여 공리주의는 행복추구의 관점을 피력하나 과연 성교육이 행복추구에 부합하는가 —가령, 성교육과 행복추구의 관계, 누구의 어떠한 행복인가— 의 질문에 적절히 응답할 수 없다. 권리이론(rights theory)은 학생들의 선택권을 보장한다는 측면에서 성교육을 옹호한다고 주장할 수 있지만 과연 미성숙자로서의 학생들의 가치판단을 어느 정도 신뢰할 수 있는가의 문제에 직면한다. 개념적 접근은 교육의 의미로부터 기준(합리성)을 도출하려고 하나 이는 교육의 도덕적 이상이나 개념이해에는 도움이 될지언정 현실적 교육문제에 있어서 누가, 어떻게 판단하여야 하는가에 효과적으로 응답하기 어렵다. 자유주의 이론은 학생들의 자율성(autonomy)과 책임을 옹호하며 학생 스스로의 선택을 주장하나 학부모의 선택이나 개별학교 및 지역사회의 선택 역시 중요하다고 볼 때 이를 중재할 만족할 만한 설명을 제공하지 못한다. 아울러 자유주의가 철학적으로 원칙상의 최선의 교육만을 논할 때 충돌하는 의견 가운데 어떤 교육정책을 택할 것인지에 대한 방향을 제시하기 어렵다. 기능주의 역시 기존질서의 재생산에만 관심을 두고 교육현실문제의 충돌하는 다양한 입장의 존재와 그 해결방안에 대해 응답하지 못한다(Gutmann, 1999: 4-10).

이러한 이론들과 달리, 민주주의 교육이론은 교육의 도덕적 이상에 대한 다양한 차이를 인정하고, "민주주의적 심의(democratic deliberation)"를 통해 이 차이를 조화시키며 이 심의의 과정 그 자체가 민주주의 교육 과정의 중요한 일부임을 주장한다. 민주주의 교육이론은 견해 차이 속에서 교육문제를 결정할 주체가 누구이며 그 권위의 도덕적 근거는 무엇인가를 판단하도록 한다. 우리는 다양한 견해 차이를 조화시키려는 심의 과정을 통해, 함께하는 삶의 방식을 고양시키고, (차이 가운데) 끊임없이 우리 자신의 도덕적 이상을 수정하면서 자신의 정체성을 찾고 발달시켜 나갈 수 있다(Gutmann, 1999: 11-12).

거트먼은 민주주의 교육이론의 타당성을 논증하기 위해 플라톤, 로크, 밀의 이론을 바탕으로 한 가족국가(family state), 종족 국가(state of families), 개인 국가(state of individuals)의 교육 형식의 장단점을 비교하며 이를 변증법적으로 종합한다.

a. 국가주의 형식의 시민교육

국가주의 형식의 시민교육은 무엇인가? 국가주의의 교육 형식은 플라톤의 이론에 기초한다. 플라톤이 볼 때 좋은 교육은 정의에 기초하며, 개인의 좋은 삶은 국가의 선(善)에 대한 기여이므로 개인의 정의와 국가의 정의는 일치된다. 모든 시민은 절대적인 교육목표(참된 삶)에 동의하며 국가는 모든 교육 가능한 아이들에게 절대적이고 참된 진리를 탐구하도록 가르쳐야 한다. 시민들은 사회적 선에 기여함으로써만 자신들의 선을 구현할 수 있으며, 자신 및 사회에 공통적으로 선한 것만을 추구하도록 배우게 된다. 이러한 개인적 미덕과 사회 정의 간의 일치를 보장하기 위해 교육에 대한 국가의 강력한 권위가 필요하다. 그 권위는 올바름에 기초한다. 플라톤의 가족국가는 국가가 (반드시 도덕적으로 올바른 것이 아니더라도) 어떠한 목표를 주장하여도 그 권위가 인정되며 시민들은 이에 따라야 한다고 보는 다른 유형의 가족국가와 구별된다(Gutmann, 1999: 22-25).

이러한 국가주의에 대해, 거트먼(Gutmann, 1999: 25-28)은 국가주의는 그 절대적인 선을 발견하기 어렵고, 설령 누군가(플라톤에 의하면 철인통치자) 이것을 발견하였더라도 실질적으로 국가의 모든 시민들이 이것에 동의하여 자녀교육을 맡기기란 어렵다고 그 문제점을 지적한다. 철인통치자가 발견한 선이 진정 객관적인 것이라도 이것을 알지 못하는(교육받지 못한) 이전 세대의 사람들은 이것에 반대할 수 있다. 즉, 문제는 시민 각자가 자신이 생각하는(혹은 믿는) 좋은 삶을 추구할 권리가 박탈된다는 것이다. 국가가 가족의 가치를 소중히 여기는 사람에게 가족과 사유재산을 모두 박탈한 채 국가의 의무를 수행하도록(플라톤의 수호자계층) 하는 것이 국가에는 선일지 몰라도 과연 그 개인에게도 최선이 될 것인가? 개인들이(가족이) 스스로 각자의 신념에 따라 자신의 삶을 주도하며, 나아가 올바른 사회 형성에 참여할 자유와 권리는 없는가? 플라톤의 가족국가의 문제는 시민 각자가 자신의 선을 추구하며 자녀에게 그것을 교육시킬 자유를 부인한다는 점이다. 사람들의 좋은 삶에 대한 도덕적 신념이 서로 다를 때, 국가가 어떤 절대적인 삶의 방식을 주장할 수는 없다.[13]

13) 저자가 볼 때 플라톤의 이론에 대한 거트먼의 비판은 이론적인(theoretical) 것이라기보다는 실질적인(practical) 것으로 보인다. 즉, 이론적으로(혹은 철학적으로) 볼 때 보편적이고 객관적인 선이 존재한다면 이미 그 선은 모든 것에 해당되는 것이며 모든 사람의 선에 부합되는 것이다. 또한 각자가 좋은 삶을 추구하려면 — 스스로 좋은 삶을 포기하지만 않는다면 —

b. 가족주의 형식의 시민교육

가족주의 형식의 시민교육은 무엇인가? 국가에 전적인 교육권을 부여하자는 가족국가의 논리와는 달리, 가족주의는 자녀들에게 가족의 전통과 가치관을 가르칠 부모의 교육권을 주장한다. 그 근거는 첫째, 결과론적 측면에서 부모가 자녀들의 장래 유익을 가장 잘 보장해 줄 수 있다는 점(로크의 주장)과 둘째, 권리의 측면에서 부모는 자녀에 대해 부모 자신의 삶의 방식을 가르칠 천부적인 권리를 소유한다는 점이다(Gutmann, 1999: 28-29).

이러한 가족주의에 대해 거트먼(Gutmann, 1999: 29-31)은 부모의 교육권을 인정하더라도 아이들에게 가족의 것과 다른(혹은 충돌하는) 삶의 방식 및 가치관을 접할 기회를 완전히 차단시킬 권리까지 인정할 수 있는가에 대해 문제점을 제기한다. 결과론적으로 볼 때도, 부모에게 전적으로(배타적으로) 교육권을 맡긴다면, 아이들이 협소한 가족의 가치관에 갇히고 이로 인해 다양한 국면의 가치들을 보고 합리적으로 평가하는 지적 능력 함양이 어려울 것이다. 아미쉬(Amish) 공동체의 예와 같이 모든 세속적인 영향을 차단한 채 자신들의 고유한 종교적 관행만을 가르친다면 아이들은 협소한 생각의 틀에 갇히게 될 것이다. 또한 부모가 자녀 이익의 최대 보호자라는 로크의 주장은 낙관론으로 아동 학대와 같은 심각한 경우를 적절히 설명하지 못한다. 아무리 개방적으로 사고하도록 가르치는 가정이라 할지라도 그 가정에만 교육권을 전적으로 부여하고 다른 교육적 영향들을 차단한다면 역시 아이들의 다양한 사고의 확장에 한계가 있을 것이다.

미국 역사에서 한때 가톨릭 신자의 자녀들은 킹 제임스 버전의 성경을 읽지 않는다는 이유로 제제를 받았다. 미국의 대다수를 차지하였던 개신교의 부모들은 자녀들이 가톨릭에 대해 수용적일 때 이를 저지하였다. 물론 현재의 공교육에서 이러한 문제는 극복되었으나 만약 국가가 학교교육을 통해 개입하지 않고 부모의 가치관에만 전적으로 교육을 의존할 때는 이러한 문제(차이에 대한 비관용적 태도)의 해결

반드시 이 선에 따라야 한다. 만약 거트먼이 철저히 이론적으로 플라톤을 비판하려고 한다면 보다 원론적인 측면에서 성찰하여야 한다. 즉, 보편적이고 객관적인 선은 있을 수 없다든지, 있다고 하더라도 각자에게 좋은 선도 함께 존재함을 논증해야 한다. 전자의 경우, 시민 각자는 당연히 각자가 생각하는 선을 추구해야 할 것이고, 후자의 경우 공동선과 개별선을 함께 추구할 수 있는데 이 경우는 양자가 충돌할 때 무엇을 우선시해야 할 것인지를 논의해야 할 것이다.

은 어렵다. 특히 다양한 인종이 함께 사는 다인종(다문화) 국가에서 오직 가족적, 인종적 교육만을 주장한다면, 타인종(타문화)에 대한 인종적 편견, 나아가 인종차별주의와 같은 부작용을 일으킬 소지가 있다. 종족국가 형식의 교육은 부모의 교육의 권리와 자유의 가치를 인정한 점, 사회적 다양성을 지향할 수 있다는 점, 국가에서 공통적으로 다루기에는 어려운 문제들을 가정교육에서 소화가능하다는 점 등의 장점이 있다. 그러나 이러한 장점, 특히 사회적 다양성은 아이들이 자기 부모(가정)와는 다른 삶의 방식과 가치관을 접하고 다양하게 사고할 수 있는 기회가 부여되지 않는 한 피상적인 수준에 머물 수밖에 없다(Gutmann, 1999: 32-33).

c. 개인주의 형식의 시민교육

개인주의 형식의 시민교육은 무엇인가? 밀(John Stuart Mill)에 따르면 부모가 자녀를 자신의 일부로 여기고 전적으로 통제권을 행사하는 것은 자유의 오용이며, 국가가 시민들의 다양한 견해를 편협하게 몰아가는 것은 악(evil)이라고 하였다. 아이들은 다양한 충돌하는 삶의 방식 중에서 자유롭게 스스로 선택할 수 있도록 보장되어야 한다. 물론 밀은 미성숙자인 아동의 자유와 권리의 한계를 인식했으나, 동시에 아동에게 특정한 방식을 국가나 부모가 강제해서는 안 된다는 점도 분명히 하였다. 부모나 국가는 좋은 삶의 방식에 대하여 아이들이 편견을 갖도록 유도해서는 안 된다.[14)]

개인주의 국가는 선택 기회 보장과 좋은 삶의 개념에 대한 중립성을 주장함으로써 가족국가와 종족국가의 약점을 보완한다. 이러한 중립성은 부모나 국가가 충족시킬 수 없는 교육적 이상이다. 왜냐하면 부모는 자신의 신념에 따라 자녀를 교육시키고자 하는 열망을 가지고 있고, 국가는 비록 자유주의 국가라도 지배적 문화양식을 가지고 사회를 통합하려는 의도를 가지고 있기 때문이다. 이러한 이유로 국가나 부모의 교육적 간섭을 부정한다면 미성숙자인 아이들을 오직 그들 스스로 배우도록 방치해야만 하는가? 이에 대한 대안은 편견에 지배받지 않고 아이들을

14) 미성숙자인 아동의 자유와 선택의 한계의 측면과 국가와 부모의 일방적 교육의 위험을 상정할 때, 대안은 제3의 교육집단, 교육전문가 집단의 중립적 교육이다. 즉, 아동에게 다양한 가치들을 제시하고 선택할 수 있도록 안내하는 교육이 필요하다. 거트먼은 아마도 이 점을 밀의 이론을 통해 발전시킨 것 같으나 밀 스스로가 이 점에 대하여 구체적으로 설명하고 시민교육이론을 체계화하지는 못하였다고 본다.

자율적으로 선택할 수 있도록 안내해줄 수 있는 전문적 교육가를 상정하는 것이다(Gutmann, 1999: 33-34). 아이들에게 사회의 다양한 가치들을 접하게 하여 사려 깊은 분별력을 키우도록 하자는 주장은 칸트나 벤담의 이론에서도 확인할 수 있다(Kant, 1900: 19; Bentham, 1843: 10).

현대의 자유주의 사상가들도 이와 유사하게 주장한다. 성인들은 마치 모든 것을 알고 있는 듯이 아이들을 대해서는 안 되며 아이들에게 다양한 삶의 감각을 스스로 느끼도록 해주어야 한다(Ackerman, 1980: 139). 그렇다면 이 감각은 무엇인가? 만약 아이들이 자신이 누구인지를 모른 채 무조건 다양한 가치들만을 접하게 한다면 그 선택은 끝이 없을 것이고 무의미할 것이다(Sandel, 1982: 161-165; 168-183). 롤스(Rawls, 1971)가 주장하는 무지의 장막(veil of ignorance) 안에서 아무런 연고도 없는 자아가 선택하도록 하는 상황은 그 자유주의적 이상은 좋다고 하더라도 현실적으로는 불가능하다. 모든 사람은 시간과 공간, 국가, 문화, 정치·경제적 체제, 인종, 계층, 종교, 성, 가족 등의 직간접적인 영향 안에서 의식적·무의식적으로 자신의 정체성을 형성해간다. 온건한 자유주의자들은 이러한 영향력을 인정하되 시민교육의 목표는 성인이 아이들에게 특정 가치를 주장함 없이 장래에 더 성숙한 자유로운 선택을 할 수 있도록 도와주는 것이라고 주장한다(Ackerman, 1980: 148).

개인주의 시민교육론에 대해 거트먼(Gutmann, 1999: 37-38)은 자유로운 선택 그 자체는 시민교육의 목적이 되기에 부족하다고 지적한다. 시민교육은 자유 그 자체보다는 장래의 시민(아이들)에게 바람직한 미덕 함양을 지향한다. 성숙한 시민으로서의 부모와 공동체의 시민들은 미성숙한 예비 시민들에게 자신들이 깨달은 바람직한 미덕을 가르칠 권리가 있고, 또 이것은 무수한 가치들 속에서 끝없는 선택의 기로에 있는 미성숙자들에게 방향성을 제시해 준다는 점에서 필요하고 바람직하다. 자유주의자들이 주장하는 자유나 선택의 자유도 —자유의 개념을 지나치게 확장시키지 않는 한— 다양한 가치나 미덕중의 하나일 뿐이고 그것만이 유일하고 궁극적인 교육의 목표가 될 수는 없다.

B. 민주주의 시민교육론

국가, 부모, 전문적 교육자는 어느 한 쪽이 전적으로 교육적 권위를 떠맡을 수 없다. 이 세 주체는 예비 시민들의 인격 형성에 중요한 역할을 공유한다. 이러한 교육권위의 분산 및 공유는 민주주의 교육의 핵심가치인 의식적 사회 재생산(conscious social reproduction)을 지지한다. 의식적 사회 재생산은 공동체의 구성원(시민)들이 평등하게 교육에 영향을 줄 수 있도록 권한 부여되어 예비시민들의 가치, 태도, 행동방식을 형성하는 과정이다. 이것은 절대적인 교육목표는 될 수 없으나 다양한 시민들의 의견을 폭넓게 수용한다는 점에서 문제점을 최소화한 목표로 볼 수 있다. 이것은 시민교육의 의사결정과정에서 구성원 누구도 소외되지 않고 함께 의식적으로 합의한 교육적 실제로서 타당성과 권위를 갖게 된다(Gutmann, 1999: 14; 39). 의식적 사회 재생산과정에서 부모들은 자신들의 고유한 가치관을 가르칠 수 있고, 아이들은 전문가의 도움을 통해 자기 가족의 가치관과는 다른 다양한 가치관들을 접하고 평가할 수 있으며, 국가(공동체)가 시민들에게 요구하는 권리와 의무를 배우는 정치교육이 이루어진다. 예비시민들인 아이들은 한편으로는 가족과 공동체의 유산들을 배우며 다른 한편으로는 그것들을 다른 삶의 방식들과 비교하며 비판적으로 숙고해야 한다.

이 비판적 숙고를 가능하게 하기 위해선 두 가지 원칙이 필요하다. 첫째는 "비억압(nonrepression)의 원칙"으로 국가나 공동체가 교육에서 좋은 삶에 대한 경쟁하는 가치관들을 제한하지 못하게 하는 것이다. 이것은 단지 소극적인 자유가 아니라 관용과 상호존중과 같이 합리적 숙고과정을 도와주는 품성 함양과 연결된다. 부모나 성인들도 아이들이 다양한 가치관을 평가하며 합리적으로 숙고하는 과정을 구속하여서는 안 된다. 둘째는 "비차별의 원칙"으로 모든 교육 가능한 아이들은 차별받지 않고 교육을 받아야 한다. 이 원칙을 위해서 소수인종, 여성, 저소득층 등의 아이들이 교육에서 차별받지 말아야 한다. 교육 차별을 받은 아이들은 좋은 삶을 선택하는 과정에 참여하는 능력과 열망이 억압되기 때문이다. 이런 의미에서 비차별의 원칙은 분배적 정의를 추구하며 "비억압의 원칙"을 보완한다(Gutmann, 1999: 42-45).

민주주의적 시민은 가족, 일, 놀이, 시민 · 종교 단체 등 하위 공동체의 영향과 동시에 더 넓은 공동체의 영향 안에서 좋은 삶의 방식을 자유롭게 선택하는 민주주의적 심의과정을 배운다. 심의(deliberation) 능력의 함양은 민주주의 시민교육의 핵심목표이다. 합리적 심의 능력은 단순히 습관과 권위를 추종하는 것을 넘어서서 복잡한 상황에서 사려 깊은 판단을 하도록 해준다. 합리적 심의 능력은 한편으로는 도덕적 품성 함양이 필요하고, 다른 한편으로는 비판적 추론능력의 함양이 필요하다. 즉, 이것은 도덕적이든 비도덕적이든 무엇이든 논리적 근거만 훌륭하다면 된다는 소피스트식의 주장을 거부하면서, 어릴 때부터 예비시민들에게 상위공동체와 하위공동체의 미덕들을 습관과 훈육을 통해 가르치는 것을 주장한다. 아울러 공동체의 가치는 무엇이든 권위와 습관을 통해 몸에 익히도록 해야 한다는 전통주의자나 행동주의적 주장을 거부하며 공동체의 가치라도 비판적으로 판단할 수 있는 비판적 추론능력이 필요하다는 것이다.

과학·수학 교과는 논리적 기술을 함양하고, 문학은 해석적 기술을 가르치며, 역사는 다양한 삶의 방식을 이해하도록 해주며, 체육은 스포츠맨십을 가르치기에 기존의 교육과정들은 모두 도덕성 함양 및 비판적 추론능력 함양의 양대 목표 성취에 중요하게 이바지한다(Gutmann, 1999: 49-51). 의도적 교육과정 외에 다양한 잠재적 교육과정도 예비시민의 도덕성 함양에 기여한다. 교실 안에서 예절과 질서 지키기, 서로 다른 학생들과 어울리기, 책임 지키기, 규칙 준수하기, 다른 학생 도와주기, 함께 청소하기 등이 그 예이다(Gutmann, 1999: 53).

심의(deliberation)란 개인적 차원에서는 판단을 위한 사려 깊은 성찰을 의미하며 제도적 차원에서는 정책결정에서 찬반의 논리적 근거들을 심도 있게 논의하는 것을 의미한다. 심의 능력의 함양은 민주주의 사회의 이상을 실현하는 데 필수적이다. 민주주의는 시민들 간의 상호 배려와 신뢰에 기초하여 공동체의 규범을 만들고 시민들은 이를 준수한다. 심의하는 시민들(예비시민들)은 한편으로는 민주주의적 삶에 필요한 좋은 습관을 익히며 다른 한편으로는 상호존중과 같은 민주주의적 이상을 침해하는 것들을 비판한다. 심의하는 시민들은 자신의 주관적 이해를 넘어서 공적 규범을 신중하게 고려하며, 민주주의적 원칙을 위반하는 규범들을 비판하고 논의와 양심에 호소하는 설득을 통해 이를 변혁시키고자 한다(Gutmann, 1999: 52).

거트먼은 예비시민의 도덕성 함양 및 심의능력 배양을 위해서 가치중립적 입장, 보수적 도덕주의, 자유주의적 도덕주의의 입장이 지닌 문제점 극복을 주장한다. 첫째, 가치중립적 입장은 아이들이 어떤 가치에도 구속됨 없이 자신의 가치를 자유롭게 발달시키고 타인의 가치를 이해할 수 있도록 중립적 위치에서 오직 가치명료화 과정만을 가르치자는 것이다. 문제는 모든 가치관을 동등하게 대우할 때 아이들이 잘못된 주관주의로 빠질 수 있다는 점이다. 즉, 아이들이 각자 자신의 견해를 주장할 수 있기에 누가 옳고 누구는 그르다고 말할 수 없다고 생각한다면 예컨대 인종차별주의와 같은 견해는 어떨까? 그것도 단지 잘 명료화만 해주면 될 것인가? 이러한 잘못된 견해는 명료화가 아니라 정당한 비판이 이루어져야 한다.

둘째, 보수적 도덕주의는 전통적 권위를 중시하며 아이들에게 가르칠 것은 도덕적 추론이 아니라 전통적 미덕에 따라 행동하도록 하는 것이라고 주장한다. 도덕적 행동을 위해선 먼저 교육자가 도덕적 품성을 갖추고 모범을 보여야 한다. 그런데 이러한 덕성의 모범과 습관이 중요하긴 하나 이것만으론 시민의 도덕성 함양에 부족하다. 현대사회는 복잡한 새로운 문제들이 지속적으로 발생하며 다양한 가치들이 충돌하는데 이때 습관에 따른 행동만으론 옳은 판단을 하기 힘들다. 또한 현대 민주주의 사회에서는 중요정책결정에 있어 다양한 사람들이 다양한 주장들을 할 때 전통적 권위에 순종하는 것이 아니라 다수의 동의를 거친 합의에 따라 결정된다. 따라서 도덕적 행동의 가르침은 반드시 비판적 추론능력으로 보완되어야 한다.

셋째, 자유주의적 도덕주의는 도덕적 자율성을 최고의 목표로 삼고 모든 이에게 일반화할 수 있는 원칙에 근거한 도덕적 선택능력을 키우고자 한다. 그런데 이러한 도덕성은 오직 보편적 원칙 그 자체에만 근거하기에 미성숙자인 아이들이 도달하기엔 너무 추상적이고 이것을 학교 교육과정에서 구체화하여 적용하기란 어렵다(Gutmann, 1999: 54-60).

자율성은 누가 옳다고 하기에 옳은 것이 아니라 그것이 옳기 때문에 그것을 추구하는 것이다. 그렇다면 학교에서 교사가 자율성을 가르친다는 것은 힘들다. 아울러 근본적으로 보편화시킬 수 있는 도덕 원칙이 과연 존재하는가의 문제도 생각해 볼 수 있다. 자율성이나 중립성도 하나의 가치이며 이론의 여지없는 보편타당한 가치로 보기는 힘들다. 학교교육에서 실현가능한 도덕성은 하나의 절대적이고 추상적인 원칙이라기보다는 다양한 미덕들을 내포한 인간관계의 도덕성(morality of association)이다. 아이들은 가족, 친구, 교사 등과의 다양한 관계에서 타인을 배려하며 자신의 적절한 역할을 생각함으로써 도덕성을 발달시킨다. 학교에서 협력적 관계를 통해 학생들은 공감, 신뢰, 관용, 공정성 등의 도덕 감각과 참여의 의지를 키울 수 있다.

이러한 관계의 도덕성은 보수적 도덕주의자들이 주장하는 사회적 관행과 습관을 통한 도덕성과도 연결된다. 즉, 아이들이 부모를 사랑하는 것을 배운 후에 독립성을 배우듯이 애국심을 배운 후에 정치적 독립성을 배운다. 아이들은 먼저 준법정신 및 선거참여 등 시민으로서의 의무를 배운 후에, 좀 더 성숙하면서 그들의 진정한 의무는 기존의 체제와 규범들을 순종하는 수준에서 더 나아가 정치에 대한 비판적 사고로 확장되어야 함을 깨닫게 된다. 도덕교육은 무도덕주의를 넘어서 도덕적 관행을 익히는 데서 시작하고 여기서 더 나아가 기존의 관행을 비판적으로 숙고하는 데 궁극적 목적이 있다. 이러한 비판적 숙고 능력을 학교교육에서 배양시키기 위해서는 우선 학교교육의 환경과 교육과정이 다양성을 경험할 수 있도록 지원되어야 한다. 학생들의 성(sex), 인종, 종교적 다양성이 보장되는 가운데 협력적 문제해결과정에서 학생들이 다양성을 존중하면서, 교과에서 일련의 사실적 정보들을 습득하기보다는 합리적인 판단능력을 발달시키는 방향으로 구성되어야 한다(Gutmann, 1999: 61-63).[15)]

다. 하버마스의 의사소통행위 이론에 근거한 시민교육

A. 문제 인식: 생활세계와 체계

하버마스는 사회는 "생활세계(lifeworld)"와 "체계(system)"로 구성된다고 주장한다(Habermas, 1981b: 197). 우선, 생활세계는 언어와 문화로 구성된다. 이 생활세계는 전통사회에서 특징적으로 볼 수 있다. 전통사회는 종교적 가치관에 의해 강력하게 통합되어 있었다. 전통사회에서는 종교적 합의가 사회의 정합성을 구축하는 힘으로 작용하였다. 전통사회의 사회적 정합성은 사회적 역할, 공동체의 정체성, 해석방식, 규범으로 구성되며 이성보다는 세계관을 나타내는 사회적 관행과 조직에 의

15) 거트먼에 대한 비판은, 민주주의 교육의 목표를 의식적 사회재생산이라고 주장할 경우, 그 목표 설정과정에서 가족국가에서의 국가와 종족국가에서의 부모와 같은 역할을 거트먼 자신이 하고 있다는 점이다(김회용, 1999: 35). 또한 거트먼 자신이 사회 내에 교육목표에 대한 충돌하는 이견들이 많아 단일한 목표를 제시할 수 없음을 주장하면서 민주주의 교육 혹은 의식적 사회재생산을 마치 사회구성원들이 공동으로 목표하는 것으로 가정하는 것은 무리가 있다는 점이다(Pybas, 2004: 19). 그러나 민주주의 교육이 지향하는 비억압과 비차별의 원칙의 내용적 측면만을 본다면 거트먼이 제시한 민주주의 교육론은 하나의 목표라기보다는 다양한 목표들을 중재하는 원리로서 의의를 가진다고 보겠다.

해 정착되었다. 이러한 역할, 상호작용, 정체성, 해석방식, 규범들의 총체가 생활세계를 구성한다. 생활세계는 문화, 사회, 개인의 세 가지 구조적 요소를 가지고 있다. 문화로서의 생활세계는 전통에 내재되어 있으며 우리의 언어 등의 일상생활에 잠재된 기반으로 작용한다. 개인들은 일상생활에서 전통의 배경지식을 기반으로 행동하게 된다. 사회로서의 생활세계는 한 집단의 구성원으로서 상호주관적으로 인식되는 규범을 통해 행동을 조정하는 방식을 지칭한다. 이렇게 형식적으로 구성되는 행동방식은 제도, 조직, 사회관계가 된다. 생활세계의 개인적 수준은 개인이 한 문화적 전통 안에서 성장하고 단체생활에 참여하면서 가치 지향성을 내면화하고 일반화된 행동양식을 습득하며 개인적이며 사회적인 정체성을 발달시킴에 따라 형성된다(Cohen and Arato, 1992: 427-428). 이렇게 볼 때 생활세계는 문화, 사회, 개인적으로 구성된 구성원의 공유된 배경지식이라고 할 수 있다.

비록 사회가 복잡화된다고 해도, 개인과 집단은 여전히 생활세계에 위치하며 전통과 배경지식, 상호주관적으로 인식된 규범, 일반화된 행동방식, 정체성 등의 영향을 받는다. 생활세계의 구조는 이해의 상호주관성의 형식을 구성한다(Habermas, 1987: 126). 화자와 청자는 생활세계에 속하며 생활세계는 대화와 논증을 위한 장소이다. 화자와 청자는 생활세계에서 서로의 발언이 타당하다고 주장하며 이것을 비판하고 확증하며, 의견불일치를 표출하고 동의를 이룰 수 있다(Habermas, 1981b: 206). 대화참여자들은 공유된 배경지식인 생활세계에 근거하여 발화하며 상황을 정의하고 수정하며 보완하는 과정을 통해 상호 간의 이해를 추구한다.

그런데 서구사회가 변화 발달하면서 세계관은 갈수록 합리화되어 갔다. 이러한 합리화가 점증 · 가속됨에 따라 사회통합은 구성원 사이에서 잠정적으로 동의되는 규범, 사회적 관행, 해석방식보다는 점차 설득과 합의 형성을 도모하는 의사소통의 기능에 의해서 수행되었다. 하버마스는 사회가 변화 발달하면서 사회 조직과 제도들 —사회적 "하위체계들(social subsystems)"— 이 생활세계로부터 발달하였다고 주장한다. 특히 현대 서구 자본주의 사회에서 사회관계가 돈과 권력에 의해 통제되어 감으로써 두 가지 현저한 체계가 발달하였으니 바로 경제적 체계와 정치적(관료제적) 체계이다(Habermas, 1987: 154). 이 두 체계는 비언어적 수단을 사용하여 사회통합의 메커니즘으로 작용함으로써 생활세계와는 동떨어지게 된다. 이들은 상호 이해를 추구하는 의사소통에 의존하지 않고 경제적 체계는 돈을, 정치적 체계는 권력관계를 통합 수단으로 사용한다(Crick and Joldersma, 2007: 80).

경제체계는 물품, 서비스, 노동의 교환을 통해 사회를 통합하고자 한다. 교환과정은 사용가치를 교환가치로 바꾸고 물품을 상품으로 바꾼다. 개인들이 돈을 통해 매개되는 상품과 서비스의 교환에 참여함으로써 사회통합이 일어난다. 이 과정에서 각자는 자기 이익만을 산출해내고자 하며 교환들은 개인들 간의 일련의 금전적인 계약관계로 구성된다(Habermas, 1987: 308). 결국 경제체계의 통합은 상호 이해의 소통이 아니라 '돈 되는', '금전적 이익이 되는' 것을 목표로 한시적인 계약에 의해 작동한다. 한편, 정치체계는 관료제적 조직을 통해 운영되며 측정가능성 혹은 효율성을 통해 통합을 추구한다. 관료제적 조직은 문화적 전통으로부터 독립해 있으려 하며, 사회나 개인에 무관심하여 생활세계로부터 거리를 둔다(Habermas, 1987: 307). 관료제적 조직은 대화를 통한 구성원의 상호이해를 무시하고 비언어적인 권력관계를 통해 각자 역할을 정의하며 조직의 목표달성을 위한 측정가능성, 효율성을 추구한다.

사회의 구성원들은 경제체계와 정치체계에 불가피하게 참여하게 된다. 학교와 같은 제도화된 조직도 이 두 체계의 영향을 직·간접적으로 받는다. 문제는 이 체계들은 통합을 위해 오직 비언어적 방식을 사용하며 상호성과 의사소통에 기초한 이해와 동의를 추구하지 않는다는 점이다. 이렇게 되면 사회의 가치와 규범, 문화, 개개인의 의사가 무시된 채 오직 조직의 효율성과 이익을 추구하게 된다. 양 체계 안에서 영향을 받아 움직이는 학교교육도 결국 공동체의 가치와 학교구성원 및 관계자(교사, 학생, 학교행정가, 학부모 등)의 개개인의 의사와 상호 이해가 무시된 채, 오직 경제적 이득과 권력관계에 의해 정해진 조직의 목표와 규정에 따라 움직이는 —그 목표가 과연 타당하고 좋은 것인지의 논의도 무시된 채— 비인간화된 교육 —인간 사회의 공동가치 및 개개인 인격이 무시된다는 측면에서— 의 실제가 될 수밖에 없다.[16] 따라서 문화적, 사회적 차원이건 개인적, 인격적 차원이건 인간이 서로의

16) 관료제적 구조는 교사와 학생에게 가르치고 배우는 내용에 대해 무관심하게 한다. 이것은 오직 성적과 같은 계량화된 목표(accountability), 정해진 일과, 통계자료에만 관심을 둔다. 특히 정치체계는 집중화된 평가체계를 통해 학교 내의 모든 의사결정과 책무들을 단순하게 이것에 맞춰 효율적으로 달성하도록 통제한다. 경제체계는 교육을 국가경제발전을 위한 수단으로 간주함으로써 교육을 식민화한다. 이것은 오직 경제적 번영을 가져오게 할 인적자원생산에만 관심을 둔다. 학생들은 장래 취업을 위한 졸업장 수여기능으로 학교교육을 대하고 교사,

가치관을 충분히 나누고 비판하며 사회문화적 정체성과 개인적 정체성을 형성시켜 나가는 인격적 사회가 되려면 반드시 경제체계와 정치체계가 생활세계를 잠식하지 못하도록 막고 더 나아가 생활세계의 의사소통을 강화시켜야 한다.

체계가 생활세계를 침식하는 것을 막기 위해선 생활세계 안에 상호 이해와 동의를 추구하며 전통, 유대, 정체성을 재생산할 수 있는 특화된 사회제도가 필요하다. 이러한 사회제도가 바로 시민사회(civil society)라고 할 수 있는데 이것은 의사소통행위를 통하여 서로 이해하며 행동을 조정하고 사회를 통합하고 재생산한다(Cohen and Arato, 1992: 429).[17)]

B. 의사소통행위 이론과 시민교육

상호 주관적으로 공유된 생활세계는 의사소통행위의 배경을 이룬다(Habermas, 1981a: 149). 하버마스는 이 의사소통행위의 규범적 토대로서 "이상적 담화 상황"을 제시한다. 이상적 담화(발화) 상황의 조건(화용론적 전제조건)은 이해가능성, 진리성, 정당성, 진실성이다.

이해가능성은 의사소통의 가장 기본적인 조건으로 대화자들이 상대방의 말의 의미를 이해할 수 있도록 표현되어야 함을 뜻한다. 진리성은 말하는 내용이 객관적인 세계와 관련하여 참이어야 함을 뜻한다. 정당성은 말하는 내용이 규범적으로 타당해야 함을 뜻한다. 진실성은 대화자 개인이 진실한 마음과 자세로 대화에 임하여 그 표현이 진정성을 담고 있어야 함을 뜻한다(Habermas, 1979: 3). 좋은 의사소

학생, 교과는 경제적 교환의 모델에 의해 제어된다. 교사는 시험을 위해 가르치고 학생은 졸업장을 위해 배우며 교과는 취업준비를 위해 이득이 되는 것으로 조정된다. 이렇게 양 체계는 시민교육을 생활세계로부터 유리시켜 식민화한다(Crick and Joldersma, 2007: 82 -84).

17) 하버마스는 시민사회를 "자유의사에 기반한 비국가적 · 비경제적인 결합"으로 본다. 따라서 이것은 정치체계와 경제체계의 영향에서 벗어나 상대적인 자율성을 유지하는 자율적 공공권으로(예를 들면 시민포럼, 시민운동, 비영리단체, 자원봉사단체 등) 정치적 의사형성을 위한 담론공간으로 기능한다. 시민사회는 사회전체에 관계되는 모든 문제를 감지하고 주체화하는 역할을 수행한다. 이렇게 설정된 문제는 토의를 거쳐 국회 등 제도화된 정치영역으로 제기된다. 시민사회는 반성을 통한 논의의 힘인 의사소통 권력을 형성하고 이것은 공동체의 의사결정에 영향력을 미친다(Habermas, 1992; 한상진 · 박영도 역, 2007; Saito, 2000; 윤대석 외 역: 52-53). 시민사회는 공론영역에서 생활세계에 침범하는 체계의 권력을 여과 · 감독한다. 학교는 담화주체들에게 의사소통 합리성을 교육하는 공간이면서 동시에 그 자체가 의사소통적 권력을 산출하는 특수한 공론영역이다(김우미, 2009: 64).

통이 되려면 이러한 네 가지 조건을 대화자들이 상호 간에 개방적이고 진지하게 검증하여 그에 따라 비판과 수정이 일어나며 상호 이해에 기초한 동의에 이르는 과정이 되어야 한다. 이를 위해 우선적으로 요구되는 것은 직접적 혹은 간접적인 조건을 통해 일방이 타방을 강제하고 억압하는 상황이 없어야 하며, 서로가 충분히 이해에 이를 수 있을 때까지 성실하고 인내심 있게 대화를 전개할 수 있는 의지이다. 바로 이렇게 의사소통이 이루어 질 때 대화자들은 서로의 주장과 확신을 공유하고 이 공유된 확신은 행위를 구속하는 진정한 힘을 발생시킨다(Habermas, 1992: 62-63).

진리성, 정당성, 진실성의 조건에 상응하는 언어 행위는 각각 목적론적 행위, 규범 규제적 행위, 극적(표현적) 행위이다. 목적론적 행위는 행위자의 생각과 의도가 세계의 사실과 일치하는가에 초점을 맞춘다. 이것은 사실성에 기초하여 화자가 청자에게 자신의 생각과 의도를 수용하도록 하는 데 목적이 있다. 규범 규제적 행위는 어떤 행위가 문화적으로 전승된 사회의 가치나 규범에 부합하는가, 그 규범이 구성원들의 공동관심사에 맞추어 타당한 것인가에 초점이 있다. 여기서 언어는 문화적 가치를 전승하고 재생산하며 합의를 담지하는 매체가 된다. 극적 행위는 행위자가 배우와 같이 관객인 상대방(대화참여자)에게 자신의 주관적 의사를 표현하는 것이다. 이것은 자기를 자기가 의도한 방식으로 성공적으로 드러내고 상대방이 자신을 그렇게 받아들이도록 하는 데 목적이 있다. 여기서 언어는 자기표현의 매체가 된다.

이 세 가지 행위는 모두 일면적이고 제한적인 성격을 갖는다. 목적론적 행위는 언어를 설득이나 목적달성의 매체로 축소시키고 주로 객관세계에 관여하며 이성이 이론적-도구적 합리성에 의존하고, 규범 규제적 행위는 언어를 합의나 재생산의 매체로 축소시키고 주로 사회세계에 관여하고 도덕적-실천적 합리성에 의존하며, 극적 행위는 언어를 표출적 기능 혹은 자기연출의 매체로 축소시키고 주로 주관세계에 관여하고 이성이 심미적-표현적 합리성에 제한된다. 하버마스는 의사소통행위만이 위의 세 가지 행위를 포괄하면서 각각의 일면적이고 제한적인 역할을 극복할 수 있다고 보았다. 의사소통적 행위모델만이 언어를 축소되지 않은 상호이해의 매체로서 보며, 이때 대화자는 공동의 상황해석을 유도하기 위해 생활세계의 지평으로부터 객관세계, 사회세계, 주관세계와 동시에 관계하게 된다(Habermas, 1981a: 152-169). 의사소통행위를 통해 참여자들은 객관적, 사회적, 주관적 세계를 폭넓게 바라보며 진리성, 정당성, 진실성을 상호 검증하며 서로의 의사와 사회적 가치와 사실들을 진정성 있게 논의함을 통해 개인적으로 정체성을 발달시키며 사회적으로 강제되지 않은 진정한 합의의 기반을 마련할 수 있다.

의사소통행위는 상호 이해를 목적으로 하는 발화수반적 행위이다. 이것은 화자가 주장, 약속, 명령, 고백 등을 표현하고 청자가 이것을 이해하는 것을 목적으로 하기에, 청자에게서 어떤 효과를 노리는 발화수단적 행위(발화효과적 행위)와 대비된다. 발화효과적 행위는 대화자의 상호 이해를 추구하지 않고 화자의 의도, 즉 전략적 행위가 성공하는가에 초점이 있다. 이에 반해 발화수반적 행위는 의사소통 참여자들이 상호 이해 과정의 배경을 형성하는 생활세계 안에서 이루어진다(Habermas, 1981a: 427-433). 발화효과적 행위, 즉 전략행위에서는 일방의 계획에 타방이 순응해야 하나 의사소통행위에서는 참여자들이 서로 자신들의 개인적 행위 계획을 조정하고 조화시킬 수 있다. 의사소통행위는 상호 간의 주관적, 객관적 상황의 타당성을 이해하고 동의하는 과정을 통해 이것이 가능하다. 반면, 전략적 행위에서는 심리적 왜곡, 공포, 보상과 처벌, 또는 이유나 근거에 대한 동의가 아닌 요소 등을 통해 강압적으로 동의에 도달하게 한다(Young, 1990: 173-174).

영(Robert Young)은 하버마스의 의사소통행위 이론을 교수-학습의 실제와 연결하여 논의한다. 의사소통행위와 연결되는 이상적 교수 담화 상황(IPSS)[18]은 교사와 학생이 전략적인 목적으로 대화하지 않고, 자신들의 해석에 기반이 되는 배경지식(생활세계)들을 살펴보고 진정한 상호 이해를 추구하는 과정이다. 이것은 교수자와 학습자가 어느 한쪽 일방의 의도만을 만족시키지 않고 상호주관적으로 인정하고 동의하는 것을 뜻한다. 이와 반대되는 상황은 교사가 학생들 자신의 참조틀 안에서 타당하게 보이는 근거가 아닌, 다른 근거에서 자신의 주장을 학생들이 수용하도록 이끄는 것이다. 그 결과는 학생들에게 얄팍한 지식, 학생들의 심층적 신념과 무관한, 학교를 졸업한 후 곧 잊어버리는 지식만을 탐구하게 한다. 이것은 학생들이 계속해서 배울 수 있는 성숙한 능력의 발달을 가능케 하는 비판적 대화 능력을 개발할 기회를 막게 한다. 전략적 · 일방적 교화는 무반성적 학습을 낳는다. 무반성적 학습은 암묵적으로 제기된 이론적, 실천적 타당성 요구가 순진하게 당연시되고, 추론에

18) IPSS는 Ideal Pedagogical Speech Situation의 약자이다. 이것은 영이 하버마스의 이상적 담화 상황을 교실 상황에 적용한 것으로 교실 담화 상황에서 왜곡된 의사소통을 비판하고 합리적인 방식으로 바라볼 수 있게 하는 틀을 제시한다.

의해 고찰됨이 없이 수용되거나 거부되는 행위 맥락에서 발생하는 학습이다(Young, 1990: 180-184; Habermas, 1976: 15).

시민교육이 미래의 시민들에게 합리적 사고능력과 협력적 상호작용의 능력을 함양하는 것을 지향한다면 무비판적이며 무반성적인 학습을 유도하는 이러한 전략적 교화는 반드시 극복되어야 한다. 교사와 학생의 생활세계에 대한 진정한 이해에 기초하여 타당성을 검증하고 합리적으로 동의에 이르는 수업이 되어야 한다. 이러한 의사소통적 수업이 하나의 모델이 되어 예비 시민인 학생의 상호이해능력, 의사소통능력을 함양시키고 비판적이고 합리적인 사고와 판단의 능력을 고양시키는 것이 필요하다.

C. 인식관심과 의사소통 합리성에 기초한 시민교육

하나의 사회제도이자 시민사회로서의 교육은 예비시민들인 학생들의 의사소통과 상호 이해를 함양시키며 전통, 유대관계, 정체성을 발달시키고 재생산하고자 한다. 그런데 이것을 가능하게 하려면 학교가 정치 체계와 경제 체계의 식민화하는 영향으로부터 가급적 자유로워야만 한다. 시민 교육에서 이를 도모하기 위해선 하버마스가 말한 기술적 인식관심을 넘어서 해석적, 해방적 인식관심의 지식 기반이 요구된다. 기술적 관심은 물리학과 수학과 같은 자연과학, 분석과학에 의해 생산되는 지식과 관련된다. 이것은 목표화된 과정, 수단적 행동을 예측하고 통제하는 관심이다. 개인적 삶에서 이 관심은 개인의 외부조건에 대한 적응을 통해 나타난다. 사회적 삶에서 이 관심은 사회에 구조화된 지속적인 생산력과 소비방식의 형태를 취한다. 해석적 관심은 역사나 사회과학과 같은 학문에 의해 발달된 지식과 관련된다. 이것은 인간의 사회 세계의 삶과 관련된 상호 주관적인 이해의 실천적 관심이다. 개인적 차원에서 이 관심은 사회의 언어와 의사소통체계로의 입문에 의해 나타난다. 사회적 차원에서 이 관심은 사회를 해석하기 위해 활용되는 문화적 자원들에 나타난다.

마지막으로 해방적 관심은 비판 과학에 의해 생산된 지식과 관련된다. 이것은 이데올로기, 세계관, 가치체계의 구속을 극복할 수 있는 관심이다. 이것은 개인적으로는 현재의 사회적 양식, 해석, 역할에 의한 전적인 영향력을 극복하고, 나름대로의 정체성을 구축함으로써 드러난다. 사회적으로 이 관심은 한 사회가 수용하거나 질문하는 정당성으로서 드러난다. 이 세 가지 인식관심에 대한 구분은 하버마스의 후기 저작에서 변하지만 이 중 해석적, 해방적 관심은 후기 저작에서도 지속적으로 중요하게 다뤄지며 특히 의사소통행위에서 이들은 중요하게 연관된다 (Outhwaite, 1994: 33).

이 세 가지 인식관심은 시민교육에 중요한 문제인식과 함의를 제시한다. 교육이 생활세계로부터 유리되고 점점 더 경제체계와 정치체계에 의해 식민화된다는 것은 상호이해를 추구하는 의사소통행위가 되지 않고 전략적 행위화됨을 의미하고 이것은 바로 도구적 관심에 의해 교육과정이 지배됨을 의미한다. 특히 학교에서 시험 준비를 위해 제공되는 지식은 도구적(기술적) 지식으로 시험에서의 성취를 지향하는 목적을 합리적으로 수행하기 위한 수단으로서, 주로 정보로서의 지식이며 이것은 학생의 생활세계와 유리되어 대화적 방법이 아닌 전략적인 교수-학습으로 전달된다. 물론 기술적 관심, 자연과학적 지식과 정보도 장래 시민사회의 요구에 필요하다고 볼 때 시민교육에서 배제되어서는 안 되는 부분이다. 그러나 시민교육이 구성원 간의 합리적인 상호소통과 이해, 사회의 공통된 가치관에 대한 이해와 합리적인 비판과 개혁을 위한 준비가 되어야 한다면 기술적 관심에 의한 교육의 지배는 분명히 극복되어야 한다. 시민교육에서의 기술적 관심의 지배를 막기 위해서는 다른 두 관심, 해석적 관심과 해방적 관심이 균형적으로 확보되어야 한다.

한편으로, 예비시민으로서 학생들은 장래 적극적인 사회참여를 위해서 인간의 사회세계 맥락에서 간주관적인(intersubjective) 삶의 이해를 하도록 연습되어야 한다. 이것은 사회의 언어 체계와 상호적 의사소통 체계로의 입문을 의미한다. 또한 이것은 학생들에게 사회가 그 자체를 해석하는 틀인 문화적 자원을 분명하게 이끌어올 수 있는 능력을 함양시켜 주어야 함을 의미한다. 다른 한편으로, 장래 시민으로서 민주주의적 삶에 효과적으로 참여하기 위해서 학생들은 해방적 관심을 함양하는 것이 필요하다. 이것은 자신의 이데올로기, 세계관, 가치체계의 굴레를 넘어서 생각할 수 있음을 의미한다. 즉, 학생들은 자신의 정체성이 사회의 패턴, 해석, 역할 규정에 의해서만 구속당하지 않도록 해야 한다. 이것은 사회가 일반적으로 수용하고 있는 정당성에 대해 질문할 수 있음을 뜻한다. 이러한 두 가지 방향의 능력 함양을 위해선 해석적 · 해방적 관심에 기초한 교육과정과 교수-학습의 방법을 좀 더 체계적으로 개발하여야 할 것이다. 특히 이를 위해 교사와 학생이 전략적으로 내용전달과 숙지에만 매달리지 않고 서로를 존중하고 경청하며 상호 이해 및 공동체에 대한 이해와 비판이 진지하게 일어날 수 있는 교수-학습의 실제를 발달시켜야 할 것이다. 이를 통해 시민교육은 의사소통적 합리성으로서의 시민성을 익히는 장이 되어야 한다(Crick and Joldersma, 2007: 85-86).

의사소통 합리성은 교육의 본래 의미와 맞닿아 있다. 의사소통 합리성은 상호 이해, 지식의 공유, 상호 신뢰와 조화를 통한 간주관적 공통성의 형성을 기반으로 한 합의를 추구한다(McCarthy, 1981: 290). 교육은 교사와 학생이 가르치고 배우는 상호작용이며 상호 이해와 합의를 전제로 한다. 교사가 가르치고자 하는 의도와 내용을 학생이 이해하고 동의하여야 한다(한기철, 2008: 116). 상호 이해와 진정한 동의에 기초한 상호작용이 되지 않는다면 혹은 그것을 추구하지 못한다면 일방적인 주입이나 선전이 될 것이고 이것은 교육의 참 모습이라 보기 어렵다. 교사와 학생이 의사소통 합리성에 의거하여 이해가능성, 진실성, 진리성, 타당성을 서로 검증하며 대화할 때 어떠한 지식이나 규범을 진정으로 수용하여 내면화할 수 있기에, 의사소통행위는 곧 상호작용을 통한 인격성장으로서의 교육의 의미와 통한다.

의사소통 합리성은 시민교육의 양대 축인 개인과 공동체의 중요성을 모두 지지한다. 이것은 자유주의와 공동체주의의 편향성을 상보적으로 지양할 수 있는 시민성이다(김우미, 2009). 첫째, 의사소통 합리성은 자아를 상호주관적으로 보고 이상적 담화상황의 네 가지 요건을 상호검증하기에 자아의 독단과 자의성을 극복할 수 있다. 근본적으로, 롤스(Rawls, 1971)의 무지의 장막(veil of ignorance)이나 원초적 입장(original position)과 같이 무연고적 자아에 의해 중립적으로 판단하는 주체의 허구성에서 벗어나, 학습자들이 자신의(그리고 상대방의) 생활세계를 바탕으로 상호작용함을 보여주기에 자유주의의 문제점을 극복할 수 있다.[19]

둘째, 의사소통 합리성은 합리적인 비판에 기초하므로 조직(혹은 상대방)의 의도나 가치를 단순히 추종하지도 않는다. 교수-학습의 실제에서 학생들은 도구적 관심과

19) 스트라이크(Strike, 1998)는 윤리적 포괄적 신념들 간에 정치적 중립을 표방하는 롤스의 정치적 자유주의가 너무 약하여 좋은 삶의 비전을 보장하기 어렵다는 점을 지적한다. 포괄적 신념이 없이는 개인의 도덕적 특성을 발휘하기는 힘들다. 따라서 아이들이 좋은 삶에 대해 성찰하기 위해서 교육자료, 대화, 제도를 통해 포괄적 신념에 입문하게 하고 다른 신념들과 대화(비판적 비교성찰)함을 통해 도덕성을 발달시키는 것이 중요하다.

지식에 기초한 전략적 행위가 아닌 해석적 · 해방적인 의사소통을 지향하기에 합리적 동의의 도출과정을 이해하고 연습한다. 그럼으로써 사회의 공동선이 단순히 학생들이 배워야만 할 최고선으로서 당연하게 인식하고 수용하는 것이 아니라, 사회적 합의로서 가치를 지닌 것으로 충분히 자율적으로 이해하게 되고 장래 소통과 동의의 과정을 거쳐 그 공동선을 주체적으로 만들어낼 수 있는 능력이 생긴다. 또한 이런 과정으로 의사소통 합리성은 필요하다면 사회적 가치에 대해서도 비판하고 개혁할 수 있는 능력을 함양시킨다.

셋째, 의사소통 합리성은 대화참여자의 주관적인 세계와 객관적인 세계에 대한 진지하고 온전한, 인내심 있는 이해를 추구하므로 충돌하는 가치와 견해 사이에서 현실적이면서 동시에 합리적인 동의를 구축할 기반을 마련할 수 있다. 다양한 견해가 첨예하게 대립되는 현실의 정치와 교육의 장에서 자유주의는 그 합의과정을 지나치게 형식화 · 합리화하여 이해하며 공동체주의는 공동체의 가치 간의 충돌상황을 설득력 있게 설명하지 못한다. 이와 비교하여 의사소통 합리성은 개인과 공동체의 가치와 주장, 사회적 사실과 문화적 배경 등을 폭넓고 깊게 탐구하여 상호간에 진지한 이해, 비판, 조정의 과정을 도모함으로써 갈등상황의 해결에 현실적이며 합리적으로 기여한다.

넷째, 의사소통 합리성은 개인의 자율적 판단과 공동체의 가치 및 전통의 습득을 동시에 추구함으로써 자유주의와 공동체주의가 각각 일면에서 추구하는 교육의 목표를 종합적으로 보완한다. 자유주의에 기초한 가르침의 목적은 배우는 자가 어떠한 편견 및 권위에도 얽매이지 않고 대상을 자율적으로 평가하고 판단하며 비판할 수 있도록 이끄는 데 있다. 공동체주의에 기초한 가르침의 목적은 배우는 자가 공동체의 가치, 규범, 전통을 존중하여 수용하고 공동체 속에서 타인과의 관계 형성을 능숙하게 잘 할 수 있도록 이끄는 데 있다(심승환, 2010: 45-46). 그런데 의사소통 합리성은 도구적 인식관심, 해석적 인식관심, 해방적 인식관심을 포괄하며 이론적 합리성과 실천적 합리성을 포괄하고 있기에 한편으로는 객관적인 눈을 가지고 세계를 평가하며 다른 한편으로는 선한 가치를 내면화하고 실천하고자 하는 데 기초가 된다.

라. 종합논의 및 결론

지금까지 거트먼과 하버마스의 이론을 살펴보았다. 먼저 거트먼의 민주주의 교육론은, 기존의 다양한 이론들은 현실의 교육문제에서 충돌하는 가치들의 합의점을 도출하는 데 한계가 있다는 문제의식에 기초한다. 민주주의 교육론은 다양한 교육적 목표들의 차이를 인정하고 민주주의적 심의 과정을 통해 차이를 조화시키고자 한다. 이 심의 과정을 통해 함께하는 삶의 방식을 고양시키고 지속적으로 자신의 이상을 수정하면서 정체성을 발달시켜 나갈 수 있다. 민주주의 교육론은 가족국가, 종족국가, 개인주의 국가의 편향된 교육목표를 극복하고자 한다. 먼저 가족국가에서 주장하는 국가의 선이 곧 개인의 선이라는 전제를 의심한다. 시민 각자는 자신이 생각하는 좋은 삶에 대한 믿음이 있고 이것을 추구할 권리가 있다. 부모들은 자신들이 확신하는 가치에 따라 자녀를 키울 권리가 있다.

다음으로 거트먼은 종족국가에서 주장하는 절대적인 부모의 교육권이 보장되면, 부모들은 특정한 가치만을 절대시하여 가르칠 위험이 있고, 이는 아이들을 협소한 생각의 틀에 갇히게 할 수 있다고 비판한다. 특히 다문화 사회에서 가족적, 종족적 교육만을 주장한다면 타문화에 대한 편견과 비관용적 태도를 낳을 수 있다. 또한 거트먼은, 중립적 입장에서 학생 개인의 자율적이고 합리적인 판단능력만을 키우자는 개인주의 국가의 주장의 문제점을 논한다. 자유로운 선택 그 자체가 시민교육의 목적이 될 수는 없고 장래 시민에게 바람직한 미덕을 함양시켜 주는 것이 필요하다. 특히 끝없는 선택의 기로에 있는 아이들에게 부모와 공동체의 가치를 심어주는 것이 필요하다.

민주주의 교육은 국가, 부모, 전문적 교육자가 교육권위를 분산하고 공유하여 의식적 사회재생산을 추구할 때 이루어진다. 의식적 사회 재생산은 공동체의 구성원들이 평등하게 교육에 영향을 주며 예비시민들의 가치, 태도, 행동방식을 형성하는 과정이다. 부모는 자신들의 고유한 가치관을 가르치고, 아이들은 전문가의 도움을 받아 다양한 가치관을 접하여 합리적으로 판단하고, 국가는 시민들에게 필요한 공동의 목표를 제시할 수 있다. 이러한 의식적 사회 재생산이 이루어지기 위해선 다양한 가치들이 제한되지 않도록 하는 비억압의 원칙과 모든 아이들이 평등한 교육을 받을 수 있도록 보장하는 비차별의 원칙이 있어야 한다.

시민들이 다양한 가치와 영향력하에서 합리적으로 판단하고 선택하기 위해선 '비판적 심의 능력'의 함양이 필요하며 바로 이것이 민주주의 시민교육의 핵심목표이다. 심의란 개인적 차원에서는 판단을 위한 사려 깊은 성찰이며 제도적 차원에서는 정책결정에서의 심도 있는 논의를 의미한다. 비판적 심의 능력은 도덕적 품성의 습득과 비판적 추론능력의 함양이 병행될 때 성취될 수 있다. 예비시민들은 한편으로 공동체주의적 입장에서 공동체의 미덕들을 습득하며, 다른 한편으로 자유주의적 입장에서 다양한 가치에 대한 비판적 평가능력을 함양하는 것이 필요하다. 즉, 비판적 심의능력은 자유주의와 공동체주의 교육목표의 편중성을 극복하여 종합할 수 있는 시민교육의 목표이자 시민의 자질이다. 심의는 주관적 이해를 넘어서 공적 규범을 고려하고 민주주의 원칙에 근거하여 비판하며 논의와 양심에 호소하는 설득을 통해 개혁을 시도한다. 심의의 능력은, 학생들이 다양성이 보장되는 교육환경과 비판적 숙고가 가능한 교육과정을 통해, 한편으로 다양한 관계에서 배려, 공감, 신뢰와 같은 미덕을 습득하고, 다른 한편으로 비판적 평가 및 추론능력을 발달시킴으로써 이루어질 수 있다.

한편, 하버마스의 문제인식은 현대 자본주의 사회에서 점차 생활세계가 경제체계(시장경제)와 정치체계(관료제적 조직)에 의해 식민지화됨에 따라 의사소통 합리성이 도구적 합리성에 의해 지배당하게 되었다는 것이다. 생활세계는 문화, 사회, 개인의 요소로 구성되며 전통, 사회적 행동방식, 정체성을 포괄하며 공동체에서 상호소통하는 개인들의 공유된 배경지식이 된다. 생활세계는 대화와 논증을 위한 장소로 사람들은 생활세계 안에서 서로의 타당성을 주장하고 비판하며 조정하고 동의하는 소통을 수행한다. 사람들은 생활세계 안에서 상황을 정의하고 수정하며 보완하면서 상호 간의 이해를 추구한다. 그러나 경제체계와 정치체계의 메커니즘이 점점 더 사회를 통제함에 따라 사회적 합의는 의사소통에 의해 이루어지지 않고 비언어적인 수단, 돈과 권력관계에 의해 수행된다. 사람들은 상호 이해를 추구하기보다는 이익과 효율성에 의해 선택하고 행동한다. 이로써 교육은 공동체의 가치, 여러 교육관계자(교사, 학생, 교육행정가, 학부모)의 의사에 대한 이해를 추구하기보다는 주어진 목표달성(시험성적, 취업 등)을 이루려고 하는 기술적 관심에만 몰두하게 된다.

이러한 문제를 해결하기 위해선 생활세계 안의 의사소통을 회복시켜야 하고 이를 위해 시민교육은 바로 이 의사소통의 합리성을 가르치고 배우는 장이 되어야 한다. 좋은 의사소통이 되기 위해선 대화자들이 이해가능성, 진리성, 정당성, 진실성을 상호 검증하여야 한다. 대화자들은 서로 말의 의미를 이해하며 객관적 세계에 비추어 참인지를 살피며 내용의 규범적 타당성을 조사하며 진실한 의도인지를 살펴야 한다. 이러한 조건들을 진지하고 인내심 있게 서로 맞추어 볼 때 진정으로 공유된 확신이 생기고 이것은 행위를 구속하는 진정한 힘을 발생시킨다. 이는 공동선이 어떻게 형성되며 또 차후 비판 · 평가될 수 있는지에 대해 설명하지 못하는 공동체주의의 한계를 보완하는 것이다. 의사소통행위는 목적론적 행위, 규범규제적 행위, 극적 행위의 제한적 일면들을 모두 포괄하는 완전한 대화의 방식이다. 즉, 이것은 도구적-이론적 합리성에 의거하여 객관적 세계(사실과 진리)를 관찰하며, 도덕적-실천적 합리성에 의거하여 사회적 세계(사회적 가치나 행동방식)를 성찰하고, 심미적-표현적 합리성에 의거하여 주관적 세계(주관적 의사)를 고려하기에 대화자 상호간의 주 · 객관적인, 온전한 상호 이해와 진정한 합의를 도모할 수 있다.

의사소통행위는 상대방에게 자신의 의도를 관철시키려는 전략적 행위와 대조된다. 전략적 행위는 심리적 왜곡, 공포, 보상과 처벌, 강압 등에 의존하지만 의사소통행위는 진정한 이해에 기초한 동의를 추구한다. 교수-학습 상황에서 객관적 세계, 사회적 세계, 주관적 세계를 폭넓게 관찰하고 성찰하면서 교사와 학생이 상호간에 이해가능성, 진실성, 정당성, 진리성을 검증한다면, 깊은 이해를 기초로 하기에 교사가 설명하는(또는 교수학습과정에 연계되는) 세계의 폭넓은 지식을 학생이 깊이 내면화할 수 있고, 그 대화과정 자체를 통해 비판적 성찰과 대화 능력을 개발할 수 있을 것이다. 의사소통행위는 도구적 관심, 해석적 관심, 해방적 관심을 균형 있게 포섭하고자 한다. 그런데 만약 현실에서 도구적 관심이 지배하고 있다면 해석적 관심과 해방적 관심의 비중을 좀 더 강화해야 한다. 도구적 관심은 자연과학적 지식과 관련되고 수단적이고 기술적인 것에 관심을 두며, 해석적 관심은 역사, 사회과학 지식과 관련되며 사회를 해석하고자 하는 관심이고, 해방적 관심은 비판 과학의 지식과 관련되며 사회적 가치의 정당성에 대한 질문에 관심을 둔다. 이 세 가지 관심이 균형 있게 확보되기 위해서 학생들은 사실적 지식의 학습을 넘어서 사회의 전통과 문화를 해석할 줄 알아야 하고, 자신의 정체성 및 사회적 정당성을 질문하고 비판할 수 있어야 한다. 이것은 한편으로는 공동체의 전통과 사회적 관행에 입문하는 것을 의미하고, 다른 한편으로는 자율적, 비판적, 객관적으로 자신과 공동체를 평가하고 판단함을 의미하기에, 자유주의와 공동체주의 교육관을 변증법적으로 지양한다고 할 수 있겠다.

거트먼의 민주주의 교육론과 하버마스의 의사소통행위 이론은 시민 교육에 어떠한 함의를 주는가? 첫째, 양자는 모두 교육의 장에서 다양한 가치, 입장, 요구들이 충돌할 때 해결 방향을 제시한다. 시민 교육은 교육이라는 목표를 위해 공동체와 개인의 가치를 조화시킬 때 성공적으로 이루어진다. 그런데 한국의 교육 현실은 국가의 정책적 요구, 기업의 요구, 다양한 시민단체의 요구, 학부모의 요구, 교사의 요구, 학생의 요구들이 팽팽한 긴장감을 가지고 충돌하고 있다. 교육과학부장관의 평균임기는 가장 짧고 교육이야기가 나오면 누구나 전문가가 되어 목소리를 높이는 형국이다. 일제강점기 및 권위주의 통치기간을 거치고 국가 및 재벌기업 주도의 경제성장의 역사를 거친 한국사회는 한편으로는 체제 순응적 성향을, 다른 한편으로는 급진적이고 선동적인 성향을 갖게 되었다.[20] 이러한 한국의 역사적 · 사회적 상황에서 거트먼이 제시한 민주주의적 심의의 과정이나 하버마스가 제시한 의사소통행위의 과정은 합리적이면서 현실적인 —롤스의 무지의 장막과 같은 비현실적 방책과 비교하여— 해결방안이라 할 수 있다.

심의와 의사소통은 주관적이고 객관적인 다양한 상황과 입장들을 깊이 이해하고 비판하며 조정할 수 있는 계기가 된다. 비억압 · 비차별의 원칙이나 이상적 담화 조건은 각 당사자들이 서로 억압과 강요가 아니라 동등한 입장에서 충분한 의견 교환을 거쳐 진정한 동의에 이르게 한다. 이것은 시민 교육의 목표들과 내용들과 방법들을 논의하고 선택하는 과정에서 합리적인 합의와 의사결정이 될 수 있는 방향을 제시한다. 교육에 관한 다양한 공청회, 간담회, 워크숍, 포럼 등을 더욱 활발하고 체계적으로 구성하여 진행할 필요가 있다. 현재 시행되는 것들은 상당히 형식적이고 대화 진행방식도 참여자들의 다양한 의사를 진정으로 깊이 있게 경청하고 나눌 수 있는 체계적 구성이 미흡하다.

일단 국가적 차원에서는 정치인, 교육행정가, 교육전문가, 학교행정가, 교사 등

20) 그러나 저자는 한국사회의 '정(情)', '멋', '한(恨)', '흥' 등의 독특한 정서적 기풍은 공감의 의사소통을 위해 상당히 중요한 기반이 된다고 본다. 반드시 서구의 '합리성'이 한국사회의 이같은 정서적 공감능력보다 우월하다고 보지 않는다. 같은 중요성을 가지며 오히려 이것을 합리적인 자질과 결합시킬 수만 있다면 더없이 좋은 의사소통능력이 되며 이상적인 시민의 자질 내지는 시민 교육의 목표로 중요한 요소가 된다고 본다.

다양한 교육관계자가 모여 정기적, 비정기적으로 공론의 장을 마련하여야 할 것이다. 그리고 지역 학교 단위에서는 지역 교육행정가, 학교행정가, 교사, 학부모, 학생들이 모여 학교행정 및 교육방향에 대해 다양한 의견교류가 있어야 할 것이다. 비판적 심의와 의사소통행위가 될 수 있도록 참여자 모두가 동등하고 충분하게 자신의 의사를 표명할 수 있도록 하고, 단지 발언내용뿐만 아니라 그와 연관된 사회적인 상황과 참여자가 처한 개인적인 상황까지 충분히 이해할 수 있으며, 상호 합리적인 비판과 그 비판에 대한 경청이 일어나며 이해와 동의를 통한 조정이 될 수 있는 대화가 되어야 한다.

첨예하게 대립되는 상황, 신속히 정리될 수 없는 상황에서도 절대로 쉽게 결론지으려고 해서는 안 된다. 쉽게 결론지으려는 방식 자체가 도구적 합리성을 드러낸다. 중요한 시민 교육의 방향에 대하여 목적과 가치 그 자체부터 진지하게 고민하여야 하지 경제적 이득이나 행정의 효율성을 생각하여 그냥 쉽게 결론지으려 해서는 안 된다. 또한 이러한 공론의 장에 예비 시민인 학생들이 반드시 참여하게 하여 한편으로는 하나의 교육주체로서의 의사를 표명할 기회를 주고, 다른 한편으로는 민주적 의사소통 방식을 배우는 기회를 주어야 한다. 물론 그 전에 모든 교실 수업을 통해 비판적 심의와 의사소통방식을 연습하여야 함은 당연하다.

둘째, 거트먼의 민주주의 교육론과 하버마스의 의사소통행위 이론은 그 자체로 훌륭한 교수-학습의 모델이 될 수 있다. 시민교육은 미래의 시민들로 하여금 공동체의 중요한 정책결정과정에 적극적으로 참여하며 합리적으로 의사를 결정할 수 있는 자질을 길러주어야 한다.[21] 민주주의적 심의 과정과 의사소통행위 과정은 교사와 학생이 어떻게 상호작용하여야 하는지를 보여준다. 거트먼은 아이들이 시민성(도덕성)을 함양하기 위해선 한편으로 공동체의 바람직한 미덕들을 습득하고, 다른 한편으로 학생 스스로 중립적이고 객관적인 입장에서 비판의 사고과정을 거쳐야 한다고 주장하였다. 하버마스는 대화자들이 객관적, 주관적, 사회적 세계를 고루 탐색하며 진리성, 진실성, 정당성을 심사하도록 제안하였다. 거트먼의 주장은

21) 이승종(2007: 51-52)은 시민교육은 바로 시민의 참여의지와 능력을 배양하기 위한 것이라 주장한다. 그런데 한국사회의 시민교육은 참여보다는 정치사회화로 수행되어 체제와 질서에 순응하기 위한 수단으로 되었고 일부 이루어진 참여교육마저도 실제적인 참여보다 지식전달 위주로 이루어져 그 효과에 한계가 있음을 지적한다.

교육을 직접 주제로 다루었기에 보다 직접적으로 적용 가능한 데 비해, 하버마스의 주장은 교육이라는 주제를 직접적으로 다룬 것이 아니기에 해석을 통해 간접적으로 적용하여야 한다.

그러나 일단 양자 모두 교수학습과정에서의 일방성이 아닌 상호성을 강조하며, 자유주의와 공동체주의 교육관의 일면적 한계를 보완하는 교수학습과정을 제시한다. 즉, 거트먼의 경우 공동체의 미덕 학습과 학습자의 자율적 · 비판적 판단의 병행을 제시하며, 하버마스의 경우 객관적, 사회적, 주관적 세계의 탐색은 공동체의 가치 및 정체성의 탐색을 조장하며 진리성, 진실성, 정당성에 대한 엄밀한 심사과정은 합리적이고 자율적인 판단능력을 고양시킬 수 있다. 교사와 학생이 대화로 상호작용할 때 어떻게 하여야 할 것인지에 대해서는 하버마스의 경우가 보다 구체적인 방향을 제시하는 반면,[22] 시민성(도덕성) 함양을 위한 구체적인 교육방법의 경우에는 거트먼이 보다 직접적으로 제시하였다(모범, 습관, 인간관계의 도덕성, 비판적 성찰과 판단, 다양한 교육환경 조성 등).[23]

우선 하버마스의 경우 교육에 대한 직접적 설명이 부족하며 한국교육 상황이 다르기에, 그의 의도를 자구적으로 수용하기보다 하버마스(저자)의 지평을 연구자(해석자)의 지평을 통해 융합적 해석을 시도한다면, 한국 교수학습 상황에 가장 근본적이고 중요한 적용점은 바로 교사와 학생, 학생과 학생 상호 간에 진정으로 이해하려는 기본자세이다. 교사는 어떻게 해서든 내용을 잘 전달하여 성적을 향상시키려는 전략적 의도에 메여 있고, 학생은 (특히 공교육의 경우) 대충 시간 보내서 졸업장만 얻고 사교육을 통해 대입시험대비만 잘하면 된다는 목적-수단 합리성에 사로잡혀 있다. 학생 상호 간에도, 일방적으로 전달되는 교실수업상황 외에도, 진정한 교류, 이해보다는 경쟁자로 여길 경우가 많다. 고등교육에서도 '취업', '각종 평가' 등이

---

22) 홍남기(2009)는 하버마스의 의사소통행위이론을 사회과 교실수업에 적용하여 연구하였다. 그는 사회과 수업이 과거에 비해 학생들의 자율적 참여 수준이 향상되었음에도 불구하고 아직도 교사의 의도와 통제하에 지배되는 현실을 지적하였다. 학생들의 자율적 판단능력을 증진시키려면 전략적 행위를 규제하고 타당성을 논증하는 방식이 필요하다. 그런데 이것은 적극적이고 능력 있는 학생들에게는 효과가 있으나 그렇지 못한 학생들은 소외될 수 있기에 의사소통행위 방식에 덧붙여 공감적인 대화나 설명, 이야기 등이 필요함을 제시한다.

23) 아마도 거트먼과 하버마스 이론을 비교하자면 좀 더 심화된 고찰이 필요하고 여러 측면에서 유사점과 차이점을 찾을 수 있을 것이다. 그러나 이 글의 목적은 비교가 아니고 시민교육의 방향이기에 그 주제는 후속 연구를 기대한다.

교수와 학생들을 도구적 합리성에 메이게 하고 상호이해와 소통을 저해한다.

이렇게 자신의 경제적 이득, 효율성만을 생각하는 데 익숙한 학생들이 사회에 나오면 어떨까? 그들이 정치인, 행정가, 경영인, 부모, 교사가 되어 사회를 이끌어 갈 때 다양한 가치와 입장들을 수렴하고 소통하는 것이 아니라 협소한 경제적 이익, 행정적 효율성만을 추구할 때 사회 전체적인 문제가 발생하고 교육은 똑같은 악순환을 되풀이하게 될 것이다.[24] 이것을 극복하려면 가장 미시적인 교육의 장인 교실의 상호작용에서부터 변화되어야 한다. 저자는 교사-학생 상호작용에서 하버마스의 담화조건이나 세계, 행위, 합리성, 관심의 분류 중 가장 중요한 요소는 바로 '진실성'이라고 본다.

하버마스가 주장하는 상호이해는 냉철한 객관적 합리성만이 아니라, 객관적 세계와 아울러 주관적 세계에 대한 상호 간의 이해에 기초한다. 주관적 세계의 상호이해는 깊은 공감과 진실성이 요구된다. 저자가 볼 때, 한국 교육현실의 교사-학생 상호작용에서 바로 이 '진실성'과 '공감'이야말로 상호 이해의 가장 근본적인 요소라고 생각한다. '진실성'은 상대방이 검증하기 이전에 발화자 자신이 가장 깊이, 철저하게 의식해야 한다고 본다. 즉, 교사 자신이 학생을 대할 때 진실한 마음을 가지는가를 철저하게 반성하여야 한다. 그저 대충 진도 나가고 시간 떼우고 적절히 연기하고 나가려고 하는가, 아니면 그 학생을 정말로 이해하려고 하고 정말로 무엇인가를 그 학생에게 가르치려고 하는가를 진정성 있게 반성해야 할 것이다. 바로 여기에서 교수학습과정의 이상적 상호소통이 시작되리라고 본다. 학생 한 명을 진실하게 이해하려는 노력은 그 학생의 생활세계 전체를 이해하려는 것이다. 교사가 학생의 삶 전체를 진정으로 이해하려고 노력할 때 그 진정성은 학생에게 느껴지고 학생도 교사를 진실하게 대하기 시작할 것이다.[25]

거트먼은 도덕성 함양을 논하면서 전통적인 모범과 습관, 미덕습득이 여전히 중

---

24) 저자는 경제적 가치 · 행정적 효율성이 중요하지 않다는 것이 아니다. 그것도 하나의 가치이지만 그것보다 더 근본적인 가치도 있고 그 외의 많은 중요한 가치들이 있기에 여러 가지 요소들을 정말로 진지하게 조율해 봐야 한다는 것이다.

25) 물론 여기에는 구조적인 문제도 있다. 일단 교사 일인당 학생 수가 너무 많고 진도와 시험준비, 행정적 업무의 과다 등의 문제가 있다. 정치인, 교육행정가, 학교행정가, 교육전문가(교육정책, 교육과정, 교육평가에 관여하는)는 이 점을 심각하게 인식하고 교수학습이 의사소통행위와 비판적 심의가 될 수 있도록 기본적 여건을 조성하는 데 노력하여야 할 것이다.

요함을 주장하였다. 미덕은 말로만 설명한다고 배울 수 있는 것이 아니다. 교사가 진정한 이해와 소통은 어떻게 하는가를 학생에게 절실하게 직접 보여줄 때 가장 강력하게 학생이 배울 수 있다. 이러한 교사의 모범을 학생이 느끼고 이해하기 시작할 때, 이러한 이해와 소통의 연습을 학생 상호 간에도 할 수 있도록 다양한 대화적 상호작용의 수업을 시도할 필요가 있다. 진실성을 확실히 체험한 후에 타당성과 진리성, 객관적 세계에 대한 해석, 비판 등도 시행할 수 있다. 교사들은 특히 타당성 및 진리성의 검증, 해석, 비판 등을 실제로 학생들 수준에서 흥미를 가지고 쉽게 수행할 수 있도록 적절한 질문과 상호작용방식을 개발할 필요가 있다. 이러한 교수학습과정은 사회과나 특정교과에서만 하는 것이 아니라 모든 교과에서 시행하여야 하고 이를 위해 상기한 기본취지를 살릴 수 있는 구체적 방법을 개발하여야 한다. 이러한 상호소통과 비판적 심의를 몸으로 연습한 학생들은 사회에 나와 그대로 수행할 수 있으리라 본다.[26]

셋째, 양자는 시민교육의 교육과정 구성에도 중요한 시사점을 준다. 양자를 종합해볼 때 교육과정 구성의 핵심 요건은 첫째, 공동체의 가치와 지식을 접하게 하고 둘째, 합리적이고 민주적인 의사소통과정을 배우며 셋째, 비판적이고 자율적인 성찰과 판단능력을 고양시키는 것이다. 거트먼은 과학, 수학, 문학, 역사, 체육 등 기존 교과의 도덕성 함양 및 비판적 사고능력 고양의 의의를 논했으며 이와 함께 교실 안에서 질서 지키기, 다양한 학생들과 어울리기, 책임 지키기, 규칙 준수, 다른 학생 도와주기, 함께 청소하기 등의 잠재적 교육과정의 의의도 지적하였다. 한편, 하버마스의 도구적 인식관심, 해석적 인식관심, 해방적 인식관심에 의거하여 볼 때 각각 자연과학, 사회과학, 인문학 등을 넓게 포괄하며 이에 더하여 의사소통행위를 경험하고 비판적인 의식을 함양할 수 있는 시민단체 활동의 참여, 봉사활동 등의 다양한 정규 교과 외의 활동도 중요하다고 볼 수 있다.

의사소통행위와 비판적 심의를 실제로 교육과정에서 구현하기 위해선 각 교과의 구체적 내용 구성이 내용전달식에서 대화식, 토의식, 해석·발견식 등으로 재편되어야 한다. 이것은 정말로 중요하다. 각 교과교육의 전문가와 교사들이 모여 의견을 교류하고 이를 개발하고 지속적으로 수정·발전시켜 나가야 할 것이다. 아울

26) 사실 가장 기본적으로는 가정에서 부모와 자녀 간 대화에서 이러한 상호소통과 심의가 연습되어야 할 것이다.

러 교과와 교과 외 활동을 긴밀하게 연결하여 실제 사회세계를 체험하고 교류하면서 이해할 수 있도록 구성되어야 할 것이다.[27)]

하버마스와 거트먼은 공통적으로 사회의 다양한 요구와 주장들을 민주적이고 합리적으로 수렴하고 비판하며 해결점을 모색하는 시민교육의 방향을 제시한다. 그런데, 하버마스는 특히 미시적인 관점에서 개인 대 개인(특히 교사와 학생)이 생활세계를 바탕으로 진실하고 합리적으로 소통하는 모범적 교실 상호작용의 모델을 제시하였고, 다른 한편으로 거트먼은 특히 거시적인 관점에서 국가 대 소집단(국가정책 대 학부모 입장, 국가정책 대 전문가 입장 등)의 첨예한 입장 충돌이 있을 때의 민주적 해결방식과, 그러한 민주적 정책 형성과정이 시민교육에 주는 의의를 제시한다는 점에서 양자는 상호보완적으로 시민교육의 방향에 중요한 함의를 준다고 볼 수 있다. 본 절의 교육철학적 논의를 바탕으로 교육 각 분야의 전문가와 교사들의 보다 실제적인 연구와 적용이 이루어지기를 기대한다.

27) 거트먼과 하버마스 이론의 한계는 첫째, 교육적 맥락에서 보면 그것을 교육현장에 적용하기에는 지극히 원론적인 수준에서 논의되었다는 점이다. 물론 하버마스는 교육 분야에 포커스를 두고 쓰지 않았기에 이론 자체가 갖는 한계라고 볼 수는 없다. 그러나 그것을 교육에 적용하였을 때는 구체화의 한계에 직면한다는 것이다. 거트먼은 교육을 주제로 썼음에도 불구하고 구체적인 교육의 정책, 과정, 방법이 어떠해야 하는지에 대해 상당히 원론적인 수준에 머물러 있다고 본다. 물론 교육철학적 안목으로 썼기에 그럴 수 있다고 하더라도 교육철학도 실제에 연결하여 생각하는 것이기에 구체적 문제를 다루어야 한다고 본다. 둘째, 교육현장에 깊이 내재하고 있는 교육적 불평등의 다양한 양상들을 양자는 치밀하게 분석하고 이에 대한 구체적인 해결방향을 제시하지 못한다는 점이다. 의사소통행위 및 비판적 심의가 교육현장에서 왜곡되지 않고 실현되기 위해서는 반드시 교육현장에서 드러나는 불평등과 차별을 심층 분석하고 이에 대한 해결방향을 논의하여야 한다고 본다. 하버마스는 비판이론가이기에 자본주의 사회의 부정의의 모습을 고찰하였지만 그것이 교육현장의 구체적인 불평등의 양상들을 자세히 파헤치고 대안을 제시하기엔 한계가 있고, 거트먼은 비차별의 원칙을 원론적인 수준에서 주장하지만 교육현실에서 차별이 구체적으로 어떻게 드러나며 그러한 특수한 상황들에 대하여 어떻게 대처하여야 할지 —물론 군데군데 조금씩 보이지만— 구체적인 논의가 미흡하다.

참고문헌

강대현(2008). “시민교육과 사회과”. 서울: 한국학술정보. 「사회과교육연구」 17(4). 183- 198.
김선구(1999). 『공동체주의와 교육』. 서울: 학지사.
김성훈(2006). “Mill과 7차 교육과정: Mill의 자유주의가 학생 선택중심 교육과정에 주는 시사점”. 「교육과정연구」, 24(3), 25-38.
김영인(2007). 『청소년 참여와 시민성 함양』. 서울: 내일을 여는 지식.
김우미(2009). “시민성의 전제로서 의사소통 합리성”. 「시민교육연구」 41(2). 47-71.
김회용(1999). “Amy Gutmann의 초등학교에서의 민주적 교육의 핵심가치와 교육 목적”. 「초등교육연구」 13(1). 31-46.
노명식(1991). 『자유주의의 원리와 역사』. 서울: 민음사.
목영해(2007). “공동체주의 교육론에 대한 비판적 고찰”. 「교육철학」, 38, 47-65.
박정순(1999). “자유주의의 건재”. 「철학연구」, 45, 18-46.
송현정(2003). “사회과 교육의 목표로서 시민성의 의미에 대한 연구”. 「시민교육연구」, 35(2). 45-70.
심성보(1994). “자유주의와 공동체주의의 논쟁과 교육철학적 긴장”. 「교육학연구」, 32(5), 289-304.
심승환(2007). 『가르침과 배움의 철학』. 서울: 교육과학사.
심승환(2008). “비판적 사고를 통한 배움의 의미”. 「교육철학」, 41, 165-202.
심승환(2009). “다문화교육의 의미에 대한 교육철학적 고찰”. 「교육철학」, 45, 121-150.
심승환(2010). “자유주의와 공동체주의의 종합적 시각을 통한 가르침의 목적 고찰”. 「한국교육학연구」 16(2). 21-50.
이범웅(2007). “자유주의 도덕교육과 권위주의 도덕교육 사이의 제3의 접근”. 「초등도덕교육」, 25, 205-240.
이승종(2007). “참여 활성화를 위한 실천적 시민교육”. 박재창 (편). 「민주시민교육의 전략과 과제」. 서울: 오름. 49-70.
이지헌(1997). 『개인, 공동체, 교육 II: 자유주의, 공동체주의』, 사회주의. 서울: 교육과학사.
최장집(2009). 『민중에서 시민으로 —한국 민주주의를 이해하는 하나의 방법』. 서울: 돌베개.
한기철(2008). 『하버마스와 교육』. 서울: 학지사.
허수미(2010). “시민사회의 특성과 시민성 교육의 방향”. 「사회과교육연구」 17(4). 183- 198.
홍남기(2009). “의사소통합리성 함양과 사회과 교실수업 —하버마스의 의사소통 이론에 관한 비판적 고찰을 중심으로”. 「시민교육연구」 41(3). 183-204.
홍성우(2005). 『자유주의와 공동체주의 윤리학』. 서울: 선학사.
홍은숙(2002). “공동체주의 교육의 개념 연구: 사회적 실제에의 입문으로서의 교육”. 「교육철학」, 27, 173-198.

홍은숙(2005). "자유주의 사회에서의 시민교육: 공적 영역과 비공적 영역의 이중언어교육". 「교육과정연구」, 23(3), 207-230.

홍은숙(2006). "자유주의적 지식교육관에 대한 비판적 고찰". 「교육철학」, 36, 83-98.

황경식(2006). 『자유주의는 진화하는가』. 서울: 철학과 현실사.

Ackerman, B.(1980). *Social Justice in the Liberal State*. New York and London: Yale University Press.

Aristotle. 나종희 · 천병희 역(1990). 정치학/시학. 서울: 삼성출판사.

Ayers, W.(1995). *To become a teacher: Making a difference in children's lives*. NY: Teachers College Press.

Bentham, J.(1843). *The Works of Jeremy Bentham*. Edinburgh: W. Tait.

Buber, M.(1958). *I and Thou*. NY: Charles Scribner's Sons.

Buber, M.(1965). *Between Man and Man*. NY: Macmillan.

Brighouse H. & Swift A.(2003). Defending Liberalism in Educational Theory. *Journal of Education Policy*, 18(4), 355-373.

Bull, B.(2008). "A Politically Liberal Conception of Civic Education". *Studies in Philosophy of Education*, 27, 449-460.

Callan, E. & White, J.(2003). "Liberalism and Communitarianism". In Blake, N. et al.(ed.), *The Blackwell Guide to the Philosophy of Education*. 강선보 외 역(2009). 『현대 교육철학의 다양한 흐름 II』. 서울: 학지사.

Cohen, J. & Arato, A.(1992). *Civil Society and Political Theory*. Cambridge, MA: MIT Press.

Crick, R. & Joldersma, C.(2007). "Habermas, Lifelong Learning and Citizenship Education". *Studies in Philosophy and Education* 26(2). 77-95.

Curren, R.(2006). "Developmental Liberalism". *Educational Theory*, 56 (4), 451- 468.

Dewey, J.(1916). *Democracy and Education*. NY: Macmillan. 이홍우 역(2007). 『민주주의와 교육』. 서울: 교육과학사.

Dhillon, P. & Halstead, M.(2003). "Multicultural Education". In Blake, N. et al.(ed.), *The Blackwell Guide to the Philosophy of Education*. 강선보 외 역(2009). 『현대 교육철학의 다양한 흐름 I』. 서울: 학지사.

Foucault, M.(1975). *Discipline and Punish: The Birth of The Prison*. S. Smith (trans.). New York: Pantheon.

Gutmann, A.(1987). *Democratic Education*. Princeton: Princeton University Press.

Habermas, J.(1979). *Communication and the Evolution of Society*. Thomas, M.(trans.). Boston: Beacon Press.

Habermas, J.(1981a). *Theories des kommunikativen Handelns: Handlun-gsrationalitat und gesellschaftliche Rationalisierung*. 장춘익 역(2006). 『의사소통행위이론 1: 행위합리성과 사회합리화』. 파주: 나남출판.

Habermas, J.(1981b). *Theories des kommunikativen Handelns: Zur Kritik der funktionalistischen Vernunft*. 장춘익 역(2006). 『의사소통행위이론 2: 기능주의적 이성 비판을 위하여』. 파주: 나남출판.

Habermas, J.(1987). *Theory of Communicative Action*. vol. 2. Lifeworld and system: A Critique of Functionalist Reason. Boston, MA: Beacon Press.

Habermas, J.(1992). *Faktizität und Geltung: Beiträge zur Diskurstheorie des Rechts und des demokratischen Rechtsstaats*. 한상진 · 박영도 역(2007). 『사실성과 타당성: 담론적 법이론과 민주적 법치국가 이론』. 파주: 나남출판.

Hirst, P.(1971). "What is Teaching?" *Journal of Curriculum Studies*, 3, 5-18.

Hobbes, T.(1651; 1980). *Leviathan*. London: Penguin Books.

Hogan, P.(2003). "Teaching and Learning as a way of life". *Journal of Philosophy of Education*, 37(2), 207-223.

Kant, I.(1970). "On the Common Saying: This may be true in theory, but it does not apply in practice", in Hans Reiss (ed.) (trans. H.B. Nisbet), *Kant's Political Writings*. London: Cambridge University Press.

Kant, I.(1900). *Kant on Education*. Churton, A.(trans.). Boston: D. C. Heath and Co.

Keeney, P.(2007). *Liberalism, Communitarianism and Education. Burlington*, VT: Ashgate Publishing Company.Outhwaite, W.(1994). *Habermas: a Critical Introduction*. Stanford, CA: Stanford University Press.

Pybas, K.(2004). "Liberalism and Civic Education: Unitary versus Pluralist Alternatives". *Perspectives on Political Science* 33(1). 18-29.

MacIntyre, A.(1981). *After Virtue: A Study in Moral Theory*. Notre Dame, IN: University of Notre Dame Press.

McCarthy, T.(1981). *The Critical Theory of Jürgen Habermas*. Cambridge: The MIT Press.

Marx, K.『칼 맑스 · 프리드리히 엥겔스 저작 선집 1』. 최인호 외 옮김(1990). 박종철출판사.

Mulhall S. & Swift A.(1992). *Liberals and Communitarians*. NY: Blackwell Publishers Ltd. 김해성 · 조영달 역(2001). 『자유주의와 공동체주의』. 서울: 한울.

Noddings, N.(2003). "Is teaching a practice?" *Journal of Philosophy of Education*, 37(2), 241-251.

Parekh, B.(1986). "The Concept of Multicultural Education". In Modgil, S. et al.(ed.) *Multicultural Education: The Interminable Debate*. London: Falmer.

Peters, R. S.(1966). *Ethics and Education*. London: George Allen & Unwin Ltd. 이홍우 · 조영태 역(2003). 『윤리학과 교육』. 서울: 교육과학사.

Plato. *The Republic*. B. Jowett(trans.).(1953). London: Oxford.

Rawls, J.(1971). *Theory of Justice*. Cambridge, Mass.: Harvard University Press.

Rawls, J.(1993). *Political Liberalism*. NY: Columbia University Press. 장동진 역(1998). 『정치적 자유주의』. 파주: 동명사.

Saito, J.(2000). 윤대석 외 역. 『민주적공공성』. 서울: 이음.

Sandel, M.(1982). "Liberalism and the Limits of Justice". New York: Cambridge University Press.

Scheffler, I.(1960). *The Language of Education*. Springfield, IL: Thomas.

Strike, K.(1998). "Liberalism, Citizenship and the Private Interest in Schooling". *Studies in Philosophy of Education* 17(1). 221-229.

Spranger, E.(1928). *Types of Men*. P. Pigors(trans.). Halle: Max Niemeyer Verlag.

Taylor, C.(1985). "Interpretation and the Sciences of Man". *Philosophy and the Human Sciences: Philosophical Papers*, Vol. 2. NY: Cambridge University Press.

Taylor, C.(1989). *Sources of the Self: The Making of the Modern Identity*. Cambridge, MA: Cambridge University Press.

Taylor, C.(1994). "Politics of Recognition". In Gutmann, A.(ed.) *Multiculturalism*. Princeton: Princeton University Press.

Turner, B.(1994). *Citizenship: Critical Concepts*. vol. I. NY: Routledge.

Wilson, J.(1965). "Two Types of Teaching". In Archambault, R. D.(ed.) *Philosophical Analysis and Education*. London: Routledge & Kegan Paul.

Young, R.(1990). *A Critical Theory of Education: Habermas and Our Children's Future*. 이정화 · 이지헌 역(2003). 『하버마스, 비판이론, 교육』. 서울: 교육과학사.

2 문화와 배움

(1) 문화적 삶과 배움

인간은 자신이 처한 특수한 환경의 영향에 따라 생각하며 행동한다. 인간의 삶에 영향을 주는 환경에는 자연적, 지리적 환경과 함께 인간이 만든 인공적 환경, 관습과 삶의 방식과 같은 문화적 환경이 있다. 문화는 의, 식, 주와 같은 가시적인 것에서부터 이념이나 신앙과 같은 정신적인 것에 이르기까지 인간 삶의 양식을 폭넓게 포괄한다. 엘우드(Elwood, 1975: 77- 91)에 따르면, 문화는 인간이 자연과 자신을 지배하고 통제하기 위하여 습득한 모든 힘을 포함하며, 도구, 무기, 의복, 주거, 기계, 산업제도와 같은 물질적인 문명과 언어, 예술, 종교, 도덕, 법률, 정치 등의 비물질적인 또는 정신적인 문명을 포괄한다.

문화는 인간이 세상을 '보는' 방식을 규정한다. 문화인류학자 피콕은 문화가 어떻게 인간의 보는 방식에 영향을 주는지에 대한 재미있는 일화를 소개한다(Peacock, 1986). 미국의 한 부자가 아름다운 아내를 얻고 그녀의 모습을 그려 벽에 장식하기 위해 당시 세상에서 가장 뛰어난 화가로 불리던 피카소를 불러 초상화를 그리도록 하였다. 피카소는 자신의 표현방식을 사용하여 입체파 작품으로 그녀를 그렸는데 이를 보고 그 부자는 깜짝 놀라며 자기 아내와 전혀 다르다며 지갑 속의 아내 사진을 보여 주었다. 그러자 피카소는 그녀가 정말로 그렇게 생겼냐며 반문하였다. "당신의 아내가 정말로 이렇게 작단 말이오?" 사진은 3차원 입체 실물을 2차원으로 만든 것이고 대개 실물보다 축소되어 있다. 사진이 실물의 모습이라고 인지하는 방식은 우리가 '관습적으로 보고 배운' 것이다. 원주민의 경우 자기 아이의 사진을 보고 자기 아이로 이해하는 데 어려움을 느낀다(Herskovits, 1959).

문화(文化)의 어원은 먼저 동양에서 보면 '文'은 돌에 인위적으로 새긴 것 또는 여러 색이 어우러져 이루어진 아름다운 문양에서 유래한다. 이러한 뜻에서 발전하여 예의와 법도를 의미하게 되었고 더 발전하여 미(美), 선(善), 덕행(德行)을 의미하게 되었다. 한편 '化'는 '변화하다', '생성하다', '조화하다'는 뜻으로 가르침을 통한 교화나 선한 행위를 통한 감화를 의미하였다. 〈주역〉에 "천문을 관찰하여 시기의 변화를 살피고 인문을 관찰하여 천하를 교화시킨다."[1]는 말을 통해 우리는 동양고전에서 문화의 용례를 찾을 수 있다. 동양적 어원을 통해 보면 문화는 인공적으로 만든 것으로 미적, 도덕적 가치가 내재함을 알 수 있다. 또한 문화는 변화, 생성, 조화의 의미를 내포하며 특히 인간의 교화와 관련되는 개념임을 알 수 있다.

이러한 변화와 생성의 개념은 문화에 관한 서양의 어원에서도 찾을 수 있다. 문화(culture)는 '경작', '재배' 등을 뜻하는 라틴어 'cultura'에서 온 것으로 자연 상태에 인공을 가하여 변화시키거나 무언가를 새롭게 창조해 내는 것을 의미한다. 인간의 역사는 변화와 창조의 역사이다. 인간은 자연을 통해 불과 도구를 만들어 내고, 종이와 책을 만들고, 복잡한 기술과 과학과 문명을 이룩하였다. 이러한 변화와 창조야말로 인간 존재를 특징짓는 핵심적인 요소로서 인간은 바로 문화적 존재인 것이다. 그리고 문화의 어원인 '경작'이 황무지 같은 땅을 작물이 자랄 수 있는 좋은 땅으로 갈아 준다는 의미에서 우리는 그 변화의 방향에 '미적 가치'가 매개되어 있음을 알 수 있다. 인간은 다른 동물과 달리 현 상태에 만족하지 않고 좀 더 나은 가치를 추구한다. 인간은 거칠고 조야한 것에서 아름답고 세련되고 조화로운 것을 만들려 한다. 인간은 배부른 데서 만족하지 않고 보다 아름답고, 올바른 것이 무엇인지를 찾고 때로는 그것을 창조하기 위해 노력하는 존재이다. 아름답고 가치 있는 것을 향한 변화와 창조의 성향이 바로 문화와 인간성 개념의 상통하는 지점이요, 인간의 문화적 속성을 보여주는 것이다.

---

1) "觀乎天文, 以察時變, 觀乎人文, 以化成天下."(『周易』「賁卦」).

그런데 이 문화의 중요한 특징은 문화의 내용이 집단 구성원 간에 공유되고 세대를 넘어 전승된다는 점이다. 전술한 동양 어원에서도 '교화'의 의미를 확인하였듯이, 문화는 공동체의 가치와 규범, 삶의 방식으로서 상호작용과 교육을 통하여 공유 및 학습되고 어린 세대와 후속 세대에게 전승된다. 그런데 우리가 인간 존재의 특수성을 생각해 볼 때 무엇보다 먼저 관계성과 상호작용을 떠올려 볼 수 있다. 두 사람이 서로 기대어 있는 상형문자에서 온 사람 '人'과 사이를 의미하는 '間'의 한자를 통해 보아도 인간의 관계적 성향은 본질적인 것임을 알 수 있다. 인간은 생존적인 부분에서나 정신적인 부분에서나 홀로 살 수 없고 상호 교류하며 협력하며 사는 존재이다. 상호 작용을 통해 '의미'를 알고 사물과 세상을 이해하는 해석의 안목을 가지게 되며 넓게는 삶의 방식을 배우게 된다. 인간은 또한 문자나 그 밖의 수단을 사용해 한 세대를 넘어 자신들의 축적한 지식과 가치관을 후손들에게 물려주며 유・무형적 문명을 창조하는 유일한 동물이다. 바로 관계와 상호작용, 세대를 넘어 전승되는 지식과 가치는 문화의 핵심적 속성이면서 동시에 인간 존재의 특수성을 설명하는 가장 중요한 요소라 할 수 있다.

문화가 이루어지는 전제 조건은 인간의 미적 감각과 역사적 감각이다. 독일의 해석학자 가다머(Gadamer)는 인간은 교양(Bildung)을 통해 이러한 감각을 육성시킨다고 보았다. 미적 감각은 아름다운 것과 추한 것, 좋은 성질과 나쁜 성질을 서로 구별하게 하고, 역사적 감각은 현재와 과거가 어떻게 다르며 현재 시대에 가능한 것을 알게 한다. 이러한 감각은 예술작품이나 역사적 사건을 성숙한 안목으로 고찰할 수 있도록 하며 타자와 여러 관점들에 대해 열린 시각으로 주시하도록 한다 (Gadamer, 1960/1990: 39).

이러한 안목은 배움을 통해 성숙한다. 사람은 어렸을 적부터 부모나 친구의 칭찬이나 질책과 같은 반응을 통해, 또는 책과 다양한 매체의 간접 경험을 통해 무엇이 좋고 나쁜지에 대한 모종의 가치 기준을 세워 간다. 좀 더 자라서는 정규 학교 교육이나 종교단체 등을 통해 다양한 지식과 규범들을 본격적으로 배운다. 이러한 모든 형식적・무형식적 교육 혹은 배움의 과정을 통해 인간은 선악과 미추에 대한 감각, 상황과 맥락에 적절한 삶의 방식을 익히게 되는데, 바로 이것이 문화를 이루는 바탕이 된다. 그런데 여기서 중요한 점은 미적・역사적 감각이 고정불변한 형태로 전승되는 것이 아니라는 점이다. 그것은 전술했듯이 문화의 창조와 변화의 성격과 연결된다. 문화의 바탕이 되는 미적·역사적 감각 혹은 안목은 공동체의 가치관의 습득을 통해 발달하지만, 또한 지속적으로 변화하며 창조력을 가지고 있다. 우리는 많은 예술작품이나 건축물들에서 이전 세대의 방식과 그와는 다른 색다른 방식이 공존함을 발견할 수 있다. 한국의 전통가옥들을 보면, 다른 문화권의 가옥과는 다른 한국 전통가옥만의 보편적인 멋과 미를 찾을 수 있다. 그러나 다른 한편으로, 우리는 그것들 속에서 역사적으로 환경의 변화, 종교적 신념의 차이, 정치적·경제적 변화 등의 영향으로 각 시대마다 상이한 모습도 발견할 수 있다. 우리는 여기서 한국적 미에 대한 보편적 가치 그리고 이를 바탕으로 각 시대의 변화상에 따라 새롭게 창조되는 미의 상이한 표현방식을 생각해 볼 수 있다.

이와 같이 문화의 기본은 시대를 넘어 공유되고 전승되는 보편적 가치와 함께 각 시대의 역사적 맥락을 반영한 특수성과 창조성이다. 그런데 이러한 보편성과 특수성을 보는 눈은 문화를 이루는 기반이기도 하지만 인간이 좋은 삶을 누리기 위한 필수적 요건이자 인간 배움의 중요한 목적이기도 하다. 배움은 인간을 참다운 인간, 좋은 인간으로 육성하는 활동인데, 이를 위해선 인종과 지역적 차이를 넘어 공유되는, 다른 동물과 구별되는 인간으로서의 참다운 보편적 성향에 대한 추구와 함께, 상이한 상황과 변화하는 환경에 대응한 다양한 지식, 기술, 태도의 함양이 동시에 요구된다. 우리는 바로 이 지점 —보편성과 특수성의 교차점— 에서 인간성, 문화, 배움의 연결고리를 찾을 수 있다.

문화의 본질적 의미가 정체되어 있지 않고 끊임없이 역동적으로 발전해 나가는 것이라면, 이를 이루기 위해선 비판하며 질문할 수 있는 능력이 요구된다. 문제제기가 없다면 호기심을 억눌러 인간 정신의 발달을 촉구할 수 없고 생산적인 힘을 발휘하지 못하게 된다. 질문과 비판은 기존의 상태의 문제점과 한계를 성찰하게 하며 새롭고 더 나은 것을 추구하도록 한다. 기존의 것에 얽매여 있지 않고 새로운 것을 열어내는 이러한 비판적 행위를 통해 인간은 자유로운 존재임을 확인한다. 이러한 비판적 의식은 교육의 주된 목적이다. 교육은 성장세대로 하여금 문화를 전승시킬뿐더러 새로운 문화를 창출하는 책임 의식을 배양해 주어야 한다. 문화적 행위로서 인간의 도야를 목표로 하는 교육은 문화에 대한 책임성과 비판의식, 곧 "문화적 성숙함"의 도야를 추구하여야 한다(정영근, 2005: 166).

문화와 교육은 삶을 해석하고 실천하는 준거의 틀이다(조용환, 2001: 5). 양자 모두 세상과 현상들을 어떻게 볼지, 그리고 어떻게 행동해야 할지를 판단하게 하는 기반이 된다. 그런데 기존의 많은 논의들은 문화를 주로 전통적인 것 또는 현 사회의 주된 방식으로 보았고, 교육은 문화를 전승하는 보수적 기능으로 보아 기존의 방식을 사회구성원에게 심어주는 다소 보수적 입장이 주류였다. 그러나 문화와 교육이 인간의 참다운 삶, 바람직한 삶을 이해하고 실현해나가는 데 진정으로 기여하려면 기존의 것의 수용을 넘어서 새로운 것을 창조해나가는 역할을 담당해야 할 것이다. 이는 또한 시대적 맥락에 부응하는 일이기도 하다. 21세기는 감성, 표현, 창조가 가치를 지니는 시대이다. 경제, 과학기술, 예술, 스포츠 등 인간 활동의 많은 분야에서 이제는 기존의 주류적인 방식을 답습하고 순응하는 것보다 새롭고 다양한 방식을 표현하고 지속적으로 창출해내는 것이 더욱 높은 평가를 받는다. 이러한 창조적인 활동을 가능하게 하는 것은 창조적인 감각이며 이를 길러주는 것이 바로 인간의 배움이다.

배움은 인류가 오랫동안 축적한 문화유산을 바탕으로 풍성한 안목을 길러주는 한편, 세계의 다양한 문화를 접하면서 변화와 차이를 인식하도록 하여야 한다. 인간은 이렇게 길러진 풍성하고 창조적인 안목으로 보다 나은, 새로운 문화를 창조할 수 있는 것이다. 배움은 문화를 바탕으로 하며 문화는 배움을 바탕으로 발전·창조된다. 이러한 문화와 배움의 상호 조장의 과정을 통해 인간은 인간답게 되며 더 좋은 삶을 실현해 갈 수 있는 것이다.

(2) 다문화교육*

가. 서론

현재 세계는 정치적, 경제적, 민족적, 지역적, 국가적, 문화적 교류와 이동이 매우 활발하게 진행되고 있다. 아무리 폐쇄적인 사회라 하더라도 이러한 전 지구적인 교류 및 이동의 영향을 완전히 벗어나기는 힘들게 되었다. 지역, 국가 간의 자

* 본 절은 2009년도 『교육철학』 제45권에 발표된 저자(심승환)의 논문, “다문화교육의 의미에 대한 교육철학적 고찰”을 수정한 것이다.

원 및 자본, 정치체제, 종교, 자연환경, 생활방식 등의 차이는 다양한 사람들의 다양한 요구(need) 및 가치관과 맞물려 대규모의 인구 이동을 발생시킨다. 사람들은 일자리를 찾기 위하여, 더 나은(주관적 기준) 교육환경을 찾아서, 종교 및 정치 이념적 특성에 따라서, 살기 좋은 복지환경, 자연환경을 찾아서 다른 국가, 다른 지역으로 이동한다. 일례로 미국의 경우 1820년에서 1970년 사이 4천 5백만 명의 이주민이 미국으로 들어왔다(Bennet, 2003: 55). 한편 한국의 경우 국내 체류 외국인 수가 1997년도에 386,972명이었다가 2014년에는 1,797,618명으로 급격히 증가하였다(통계청, 2014).

이러한 대규모의 인구 이동은 상이한 인종, 언어, 계층 등 다양한 문화를 지닌 사람들이 한 사회체제에서 함께 공존, 공생해야 하는 문제를 초래한다. 이들은 상이한 문화로 인해 불가피하게 갈등 상황이 초래되며 특히 해당 사회체제를 지배적으로 움직이는 기존의 주류 집단과 이주해 온 소수 집단 간의 불평등, 차별, 소외의 문제가 발생한다. 미국의 예를 보면 이미 17세기 초반부터 흑인들이 노예라는 신분으로 백인들과 공존하여 왔고 이들은 점차 늘어나 인종 차별, 흑인의 인권 문제를 중요한 사회적 문제로 부각시키기에 이른다. 이 첨예한 문제는 남북전쟁(1861)을 발발시켰고 그 결과 노예해방(1863)이 이루어졌다. 그러나 인종 차별은 여전하였고 19세기 후반에는 철도공사를 위해 많은 중국인이 입국하면서 아시아로부터의 이주도 급격히 증가하였다. 또한 점차 노동자 계층(working class)의 숫자가 많아지고 이들의 빈곤 문제, 빈부격차 문제가 첨예화되기 시작하였다. 미국사회 내에서 소수집단에 대한 평등한 권리 요구가 점차 증가하면서 마침내 1870년 선거권을 모든 인종에게 부여하게 되며 1920년에는 여성도 선거권을 얻게 된다(P. Tiedt & I. Tiedt, 2002: 5).

미국은 20세기에 접어들면서 다인종사회에 대한 해결안으로 용광로 비유(melting pot)에 의한 동화주의(assimilationism) 정책을 강력히 추진하였다. 이것은 소수인종집단이 자신들의 언어, 관습 등을 잊고 영어 및 주류 문화의 가치관을 배워 동화되도록 만드는 것이었다. 그러나 각 인종집단들은 특정 지역에 모여 살며 자신들의 문화를 고수하려 하였고 특히 자신들의 학교에 아이들을 보내 그들의 언어와 관습을 배우도록 하면서 이 동화정책에 반발하였다. 이러한 반발에 대응하여 미국은 소위 샐러드 비유(a tossed salad)를 통해 다양한 집단이 그들의 독특성을 유지한 채 전체

사회에 기여하는 다원주의(pluralism) 정책을 추진하기에 이른다.

소수 집단의 차별에 대한 본격적인 저항의 움직임은 1960년대 민권운동(civil rights movement)을 통해서였다. 이 민권운동의 중심에는 흑인들이 있었다. 소수인종 집단들은 거주, 고용, 교육 등에서 차별을 철폐할 것을 주장하였다. 특히 이들은 교육과정에 자신들의 경험, 역사, 문화, 관점을 반영할 것을 주장하였다. 또한 소수인종 학생들이 자신들의 역할모델을 찾을 수 있도록 교원, 직원의 인종을 다양화할 것을 요구하였다. 소수인종집단의 이러한 활발한 운동은 여권운동에 영향을 주었다. 여성의 차별에 주목한 이들은 여성이 고용, 임금, 교육 등에서 얼마나 어떻게 차별받고 있는지를 밝히고 이 차별의 제도화와 정당화를 비판하며 평등한 권리를 요구하였다. 이들은 또한 교육과정이 남성 편향적으로 구성되어 있음을 지적하고 여성의 역할 및 목소리를 담는 방향으로 개편되어야 함을 주장하였다(J. Banks, 2004: 6).

이러한 소수집단의 요구 및 운동은 사회정책 및 교육정책을 변화시켰다. 소수집단 아이들을 위한 다양한 보상교육이 시행되었고 소수인종집단의 문화를 연구하는 인종 연구들이 발달하였다. 처음에는 소수집단 학생들이 자신의 집단에 대한 연구를 하며 정체성을 함양하는 데 주안점을 두었으나 점차 다수집단 학생들(백인)도 소수집단의 문화를 배워야 한다는 의식이 증진되면서 다문화적 연구가 본격적으로 추진되었다. 교사들도 이러한 연구를 하게 되고 교재도 소수집단의 문학, 음악, 역사 등을 포함하는 방향으로 개편되었다(Gollnick & Chinn, 1994: 27-28). 1963년에는 이중언어교육법이 제정되어 이중 언어 교육을 장려하였고 1973년에는 이중언어교육개혁법이 제정되어 언어뿐만 아니라 역사, 문화도 이중교육프로그램에 포함시킬 것을 규정하였다(P. Tiedt & I. Tiedt, 2002: 9).

이러한 문화 간의 갈등 및 다수집단과 소수집단의 차별에 대한 인식과, 이 차별을 철폐하기 위한 정책적인 노력을 통하여 바로 다문화주의 및 다문화교육이란 개념이 발달한 것이다. 미국과 같이 상대적으로 긴 다인종문화의 역사를 가지지 못한 한국은 상기하였듯이 급격하게 증가하는 외국인과 이로 인해 발생하는 다문화사회의 문제들에 대한 대응이 상당히 미흡한 현실이다. 이러한 문제는 교육에 있어서도 마찬가지이다. 그런데 이러한 문제를 정책적, 제도적, 방법적으로 해결하기 위해선 반드시 그 정책, 제도, 방법을 뒷받침할 정확하고 충분한 이해와 이 이해에 근거한 체계적인 이론이 있어야 한다. 현상을 제대로 이해하지 않고 피상적인 대책만을 내놓는다면 그 대책은 잘못되거나 부족할 수 있다. 즉, 다문화교육은 다분히 현실적인 문제에 대한 실천적, 정책적 성격을 가진 개념이지만, 이것의 본질 혹은 특징들을 정확하고 충분히 이해하여 정책을 올바로 이끌 이론이 필요한 것이다. 다문화교육에 관하여 지금까지 비교적 많은 연구가 있었으나 이들은 주로 통계자료에 의한 현황 파악, 방법론적 대책을 위주로 진행되어 다문화교육이 무엇인가라는 교육철학적 고찰은 상당히 불충분하다. 다문화교육이론에 대한 일반적인 개관(김기홍, 1999; 정영근, 2004; 김선미 · 김영순, 2008) 교육과정 및 정책에 초점을 둔 연구(김선미, 2000; 장인실, 2003, 2006, 2008; 설규주, 2004; 박상철, 2008 등), 다문화교육 현황 및 실태에 초점을 둔 연구들(김정원 외, 2005; 설동훈 외, 2005; 오경석 외, 2007; 안경식 외, 2008 등)은 비교적 활발하였으나 다문화교육이 무엇인지 그 의미를 교육철학적으로 깊이 다룬 연구들은 상당히 부족하다.[2] 즉, 상기한 연구자들은 비록 그 개념을 간략히 언급하더라도 초점은 교육사회학, 사회과 교육, 교육과정, 교육정책 등의 시각에서 본 다문화교육의 현황과 과제였다. 그런데, 급격히 다문화화 되는 한국 사회의 현실에서 올바르고 좋은 교육적 대응을 하기 위해선 반드시 다문화 교육의 의미를 철저히 해명하는 이론적인 뒷받침이 있어야 한다.

이러한 논의의 배경에서 본 절에서는 첫째, 다문화교육이란 개념의 핵심구성요소인 문화, 다문화, 교육의 의미를 밝히고, 이들이 어떠한 관계를 이루며 다문화교육의 개념을 구성하는지 설명할 것이다. 둘째, 다문화교육의 의미를 구성하는 핵심준거를 찾고 이 준거 안에 내재된 모순적 실재(reality)를 설명하며 이 준거를 실제적으로(practically) 뒷받침할 교육적 대응에 관하여 논할 것이다.

저자는 플라톤, 듀이, 코메니우스의 사상을 통해 교육 개념 및 다문화주의와의 관계를 접근하려고 한다. 이 사상가들의 저작들은 많은 부분을 할애하여 교육 개념을 이해하기 위한 중요한 통찰을 제시하고 있다. 또한 이들의 교육사상에서 다

2) 이러한 문제의식 속에서 최근에 교육철학회, 한독교육학회, 한국어린이문학교육학회가 공동주최한 다문화교육 관련 국제학술대회(2008/10/18)는 비교적 철학적인 입장에서 다문화교육을 접근하려고 한 중요한 시도였다고 하겠다. 이 학술대회발표 중 정영근, 조상식, 가토(Morimichi Kato), 메이슨(Mark Mason) 등의 연구는 중요한 교육철학적 성찰을 담고 있다. 이들은 교육철학적 연구를 본격화하기 위한 하나의 계기 혹은 문제제기를 시도한 연구라고 생각된다. 아직도 다문화교육의 의미를 분석하고 그 규범적인 측면을 비판적으로 바라보며 다양한 시각들을 종합하여 사변하는 교육철학적 연구는 매우 부족한 형편이다.

문화주의와 관련된 중요한 함의들을 발견할 수 있고 이것들은 또한 다문화주의의 핵심요소들과 연결된다. 이 사상가들의 교육 개념을 통해 다문화교육의 핵심준거인 독특성, 연관성, 상호작용을 도출하고, 이 핵심준거들을 교육의 실제에서 구체적으로 설명하기 위해 뱅크스와 파레크의 관점을 고찰하며, 차이와 연결의 모순적 실재를 데리다의 아포리아(aporia) 개념을 통해 설명하고자 한다.

나. 문화의 개념

다문화교육이란 무엇인가를 교육철학적으로 규명하기 위한 본 연구의 접근방법은 이 개념의 하위요소들인 문화, 다문화, 교육의 개념들을 먼저 상세히 고찰하고 이를 토대로 이 하위개념들이 상호 간 어떤 관계를 지니는지를 파악하는 것이다. 이러한 접근방법을 취하는 이유는 다문화교육이란 개념이 여러 개념이 연결된 복합적 개념이기 때문에 그 하위개념들과 이들의 상호관계를 분명히 밝혀야 할 필요성이 있기 때문이다.

문화는 특정한 환경의 맥락에서 특정한 집단이 생존 및 적응을 위해 창조하고 발달시킨 유형적, 무형적 대상의 총체이다. 특정 집단의 구성원은 상호 의사소통을 통해 특정 환경에서의 생존 및 적응에 적절한 지식 및 가치들을 발달시키며 이를 공유한다(Bullivant, 1993). 문화라는 개념이 성립되려면 먼저 문화의 주체와 환경이 필요하다. 문화의 주체는 인종, 국가, 가족 등에서부터 가장 작게는 한 개인이 될 수도 있다. 환경은 자연적, 물리적 상태 및 작용으로부터 사회적, 정신적 조건 및 영향력 등을 포괄한다. 문화의 주체는 특정한 환경 상황에 처하여 생각하고 말하며 행동하는 방식을 발달시킨다. 이러한 행위방식은 개인 및 사회의 경험을 통해 역사적으로 축적되고 이 축적된 경험은 의사소통을 통해 공유 · 전달 · 변화되는 것이다(Erickson, 2004: 32).

문화의 이러한 핵심적 특징을 확인하고 잠시 문화 개념에 대한 다양한 접근을 살펴보자. 이 다양한 접근들에 공통된 속성을 도출한다면 문화란 무엇인가를 규정할 수 있는 준거가 나올 것이다. 사실 많은 사람들이 문화의 개념에 대해 나름대로의 다양한 정의를 시도하여 왔다. 이 정의들을 유형화하면 다음과 같다.

첫째, 문화를 경작(cultivation)으로서 보는 관점이다. 이것은 가장 고전적인 접근으로 서유럽의 계몽기로부터 유래하여 20세기 초반까지 지속되었던 관점이다. 이는 세계의 여러 원시부족들의 미개한 생활양식과 대조적인 보다 발달되고 세련된 사람들(주로 서구문명)의 지식 및 기술 등과 관련된다(Gollnick & Chin, 1994: 3). 수확을 위해선 거친 땅을 갈아야 하듯이 이 관점은 정련되지 않은 자연적 상태를 정련하여 변화시킨다는 의미이다. 경작을 위해선 기술이 필요하듯이 경작으로서의 문화 개념은 기술적(artistic) 관점과 상응한다. 손가락을 훈련시켜 피아노를 치고, 사물을 보는 안목과 손놀림을 연습하여 그림을 그리고, 몸동작, 발동작 등을 연습하여 발레리나가 되듯이 이 관점의 문화란 숙련된 기술을 의미한다(Erickson, 2004: 34).

둘째, 문화를 전통으로서 보는 관점이다. 이 관점에서는 문화를 세대를 거쳐 전승된 사회적 유산의 총합으로 본다. 타일러(B. Tylor, 1871/1970: 1)에 따르면 “문화란 지식, 신념, 예술, 도덕, 법, 관습, 기타 능력 및 습관들을 포함한 복합체로서 사회구성원에 의해 습득된 것”이다. 즉, 이 관점에서의 문화는 미성년자들이 사회활동을 위해 갖추어야만 하는 특정 사회의 핵심적인 지식 및 규범 등을 말한다. 이런 측면에서 문화는 사회화의 주요 내용으로 문화화(enculturation)가 곧 사회화(socialization)라 볼 수 있다. 사회적 유산 및 전승을 강조하는 이 관점은 생물학적 유전과 유사하지만 유전은 태생적으로 획득되는 것인 반면, 전통으로서의 문화는 후천적으로 학습된다는 차이점이 있다. 미국인(백인) 혈통을 지녔지만 중국인 가정에서 양육된 아이는 외모로는 미국인이지만 표정, 행동 및 사고방식은 중국인이다. 바로 이 예가 사회적 유산으로서의 문화가 생물학적 유전과 다름을 보여준다(Kluckhohn, 1949: 19). 사회의 예비 구성원들은 문화화를 통해 자녀, 학생, 남편, 아내, 교사, 은행원, 정치인 등 각 부류의 역할에 적절한 행동양식을 습득한다(Gollnick & Chin, 1994: 6).

셋째, 문화를 많은 정보들의 결합체로 보는 관점이다. 한 집단 내에는 많은 상이한 정보들이 혼재되어 있으며, 이들은 커다란 정보의 장(pool) 안에 묶여 저장되어 있다(Goodenough, 1981). 한 집단 내의 개인들 및 하위집단들은 이 거대한 정보의 장 전체를 인지하지 못하며 그 중의 일부, 상이한 정보들을 소유한다. 이 관점의 가장 중요한 점은 바로 상위의 보다 일반적인 문화 밑에 하위의 상이한 문화들이 공존, 결합되어 있다는 것이다. 언어의 예를 보자. 언어는 발음, 문법, 어휘의 핵심요소로 구성된다. 한국어, 영어, 중국어, 일본어 등은 모두 발음, 문법, 어휘의 핵심요소를 지니며 언어의 범주에 해당된다. 그러나 한국어와 중국어는 각각 상이한 발음, 문법, 어휘 체계를 지닌다. 또한 한국어 내에서도 영남 방언, 호남 방언 등의 각 지역 방언이 존재하며 이들은 각각 상이한 발음, 문법, 어휘 특징들을 보인다. 더욱 미세하게 보면 각 개인들마다 조금씩 상이한 발음, 문법, 어휘 특징들을 보여 같은 한국인이 구사하는 같은 한국어이지만 개인의 언어는 제각기 다르다 하겠다. 바로 언어나 한국어 같은 것을 일반문화(general culture) 혹은 거시문화(macroculture)라 하겠고, 각 지역 방언이나 각 개인의 언어를 하위문화(subculture) 혹은 미시문화(microculture)라 할 수 있다(Erickson, 2004: 35-36).

넷째, 문화를 상징체계로 보는 관점이다. 이 관점에서 문화는 한 사회집단의 구성원들이 대상을 접근하는 개념적 틀 혹은 구조이다(Geertz, 1973). 이 개념적 구조는 핵심적인 상징들로 해당 집단의 구성원들에 의해 널리 공유된다. 집단 구성원들의 행동 및 사고방식에는 반복적이고 공통되는 핵심적인 패턴이 있는데 이 패턴이 바로 문화이다. 따라서 이 관점은 집단 내 구성원들의 공유와 공감에 터한 일관성, 공통성을 강조한다. 레바인(LeVine, 1984: 67)은 이러한 맥락에서 문화를 "한 집단의 유력한 지적, 도덕적, 심미적 기준 및 의사소통의 의미를 포함하는 공유된 사고의 조직체"로 본다.

다섯째, 문화를 상이한 권력들 간의 관계 및 작용으로 보는 관점이다. 이 관점은 근현대 사회에서 어떻게 문화가 생산, 분배, 재생산되는지에 초점을 둔다. 지루(Giroux, 1988: 116-117)는 문화는 특정한 시기에 한 사회의 다양한 집단들이 만든 불평등한 관계를 통해 발달되며, 이러한 불평등한 관계는 개인 및 집단이 자신의 목적을 규정하고 성취하는 능력에 영향을 준다고 주장한다. 이 관점은 하위집단 간의 지위, 권력, 정치적 관심의 차이를 강조한다. 정치적 혹은 사회경제적으로 지배적인 권력과 지위를 가진 집단과 그렇지 못한 집단은 사고 및 행동의 방식, 지식 및 가치관이 상이하다. 이 관점은 주로 이러한 정치적 · 사회경제적 계층 간의 상이한 이해방식과 관련된다.

문화는 일상행위 속에 내재되어 있는데 이는 습관적인 동시에 전략적인 특성을 갖는다. 행위는 어떠한 목적 및 결과를 성취하기 위한 실천적(practical) 노력으로 단순히 어떤 규범이나 일관된 상징체계를 따르지 않는다. 바로 이 점에서 상기한 관점들과 대조된다. 집단이든 개인이든 문화의 주체는 단지 사회적 환경에 의해 수동적으로 조성되는 존재가 아니라, 자신의 목적을 위해 능동적으로 환경을 변화시키려고 노력한다. 따라서 문화는 환경을 통해 생성되기도 하지만 환경을 변화시키기 위한 문화 주체의 수단(tool)이 되기도 한다. 지배적 집단은 자신들의 지배 상태를 유지, 강화시키려고 할 것이고 피지배 집단은 억압, 불평등 상태를 극복하려고 할 것이다. 지배 집단은 자신들의 규범, 가치관, 이해방식(지배 문화)을 피지배집단에게 강요할 것이고 피지배집단은 여기에 대항하여 그들의 고유한 문화를 발달, 주장할 것이다. 바로 이러한 과정을 통해 필연적으로 갈등 상황이 초래되고, 문화는 바로 이러한 갈등 상황에서 각 집단에 상이하게 생성되고, 또한 그 갈등 상황의 진전, 변화에 따라 지속적으로 변화되는 것이다(Giddens, 1984).

상기한 문화에 대한 다양한 접근들 간의 공통적 속성을 정리하자면, 첫째, 문화는 거대한 집단이든 작은 집단이든 아니면 개인이든, 문화 주체가 있고 이 주체와 환경(또 다른 주체 포함)의 상호작용을 통해 형성되며 변화된다는 점이다. 어떤 발달된 기술 혹은 지식을 터득하든지, 사회구성원으로서의 태도를 형성시키든지, 다양한 정보를 소통하든지, 상징체계를 공유하든지, 정치적 혹은 사회경제적 이해관계를 주장하든지, 문화의 주체는 필연적으로 자연적, 사회적, 정신적 환경의 작용에 직면하여야 하며 이러한 환경과의 상호소통을 경험하여야 한다. 특정한 자연적, 지리적 조건하에서 특정 지역의 독특한 의식주 문화가 발달되고 새로운 세대는 그 지역의 독특한 의식주 문화를 기성세대와의 상호작용을 통하여 습득하며 자신들만의 새로운 문화를 여기에 부가하면서 변화시키는 것이다. 혹은 지배적 집단은 피지배 집단과의 정치적 갈등관계 속에서 자신들의 문화를 발달시키며 피지배집단은 이에 상응하여 자신들의 목소리를 주장하며 전체 문화를 새로운 방향으로 변화시키는 것이다. 문화 개념을 이해하는 데 이러한 상호작용 혹은 상호소통이란 개념이 매우 중요하다. 즉, 문화는 어떤 단일 개체가 완전히 독자적으로 창조해내는 것이 아니란 점이다. 이 점은 이후 다문화 및 교육 개념과의 연관성을 설명할 때 핵심이 될 것이다.

둘째, 문화는 독특성과 연관성을 함께 지니고 있다. 한 문화는 그 문화 내에 다른 문화와 구별되는 무언가 독특한 속성을 공유한다. 그 독특성은 미적 감각 및 기술이 될 수도 있고, 예의범절과 같은 생활규범일 수도 있으며, 이데올로기 혹은 정치적 목표 및 전략이 될 수도 있다. 혼동하지 말아야 할 것은 독특성이 단일성 혹은 유일성은 아니란 점이다. 문화 A는 다른 문화들(B, C, D …)과 구별되는 속성을 지녔으나, 그렇다고 다른 문화들과 공유하는 것이 아무 것도 없는 전혀 별개의 개체가 아니라는 것이다. 한국어와 일본어는 문법, 어휘, 발음에서 많은 부분 차이나지만 일정 부분을 공유하고, 한국인의 의식주 문화와 일본인의 의식주 문화는 차이만큼이나 공유 부분도 많다. 만약 문화주체(집단 혹은 개체) 간의 차이가 전혀 없거나(A=A=A=A …) 문화주체 간에 공유점 혹은 연결점이 전혀 없다면(A//B//C//D …) 이것은 문화라 할 수 없을 것이다. 정리하자면, 문화가 되기 위한 필수적인 준거는 첫째, 문화주체와 환경과의 상호작용, 둘째 독특성과 연관성의 공존이다.

다. 다문화, 다문화주의의 개념

A. 다문화의 개념

전 절에서 우리는 문화의 준거 중 하나로 한 문화는 다른 문화와 구별되는 독특한 속성을 공유한다는 점을 살펴보았다. 이 문화의 독특성에 주목한다면 일단 개념적으로는 낱낱의 개별문화와 이 개별문화들이 모인 복합된 문화가 가능할 것이다. 다문화의 일차적 의미는 이러한 복합 문화이다. 우선 가장 알기 쉽게 글자의 의미로 풀어본다면 다문화(多文化)란 단일문화(單一文化)에 대하여 다수의 문화가 혼재 · 복합된 상태를 지칭할 것이다. 그런데 우리는 전 절에서 문화는 독특성과 함께 연관성을 동시에 지닌다는 점을 확인하였다. 즉, 아무리 작은 단위(개인)로 쪼갤지라도 다른 개체와 완전히 다른 속성만을 지닌 문화는 존재하지 않는다. 다시 말하면 한 개인 안에도 엄밀히 보면 여러 문화가 공존한다(Erickson, 2004: 40).

이런 측면에서 굿이너프(Goodenough, 1987)는 다문화를 인간의 일상적인 경험과 연결하여 이해한다. 모든 인간은 하나 이상의 문화적 집단 혹은 미시문화에 참여한다. 인간은 자신이 참여하는 다양한 미시문화들의 패턴에 따라 인지하고, 평가하고, 믿고, 행동한다. 예컨대, 개인 갑은 한국인, 여성, 중산층, 40대, 불교인이다. 갑은 이러한 각각의 문화집단의 특성들을 함께 보유하며 이들은 복합적으로 갑이 사고하고 행동하는 양식에 영향을 준다. 즉, 가장 작은 단위인 개인 내부에도 다양한 사고와 행동의 양식이 존재하며 이것은 다양한 미시문화들이 복합되어 작용한다는 의미이다. 이렇게 볼 때, 모든 문화는 필연적으로 다문화이며 단일문화란 현실적으로 있을 수 없다.[3] 그렇다면 다문화라고 함은 문화의 다양성 및 복합성을 강조하는 것으로 보아야 하고, 다문화라는 개념보다는 다문화주의(multiculturalism)란 하나의 이념이 있다고 볼 수 있다.

B. 다문화주의의 정책적 배경

다문화주의는 문화들 간에 공통된 보편성을 강조하기보다는 지역적, 역사적으로 다양한 문화들의 존재와 가치를 인정하며 강조한다. 현재의 다문화주의는 또한 개별 문화의 순수성 혹은 단일성을 부인하며 극단적인 상대주의를 배격한다. 상대주의는 한 문화의 가치는 오직 그 내부에서만 판단할 수 있고 다른 문화는 이를 판단할 수 없다고 본다. 그러나 한 문화가 의미체계를 창출하고 정체성을 발달시키는 데에는 복잡한 영향력이 역동적으로 작용한다(J. Donald, 2007: 291-292). 스튜어트 홀(S. Hall, 2002: 25)은 이러한 다문화주의의 쟁점을 다음과 같이 설명한다.

> 지속적으로 변화하는 세계에서, 지배적 집단이건 피지배 집단이건, 중심부이건 주변부이건, 모든 공동체와 사회는 더욱 복합적인 성격을 띠게 된다. 사회는 상이한 전통 및 지역으로부터 기원하는 다양한 하위집단들로 구성되며 이들은 서로 분리되지 않고 한 영역에서 함께 생활하여야 하는 공동 운명체가 된다. 그럼에도 불구하고 이들은 자신들의 역사적 기원의 독특성을 보존하기를 원한다.

이러한 다문화주의 이념은 어디에서 어떠한 목적으로 발달되었는가? 진은영(2008: 257-267)은 다문화주의의 배경을 정치 프로그램, 철학적 기초(공동체주의와 자유주의), 후기 자본주의 이데올로기로 나누어 설명한다. 먼저, 다문화주의는 점증하는 이주민 집단과 그에 따른 다인종·다문화 사회의 형성에 대응한 정책적 입장이다.

3) 정영근(2008)은 상호문화성이란 개념을 강조하면서 이것은 문화 속에 내재한 보편성과 문화들 간의 연관성을 드러내는 것이라고 설명한다. 어떤 문화도 다른 문화와 관련 없는 순수한 문화일 수 없다. 상호문화성은 문화 간의 관련성뿐만 아니라 차이점과 유사점도 인정함으로써 모든 인종과 문화가 동등한 위치와 가치를 부여받음을 뜻한다. 이는 개별문화의 고유성과 문화 간의 보편성을 제시하기 때문에 다른 언어, 종교 등에 대해서 선입관 없는 태도와 동등한 상호 교류를 조장한다. 이는 정치적으로는 다원적·민주적 사유방식을 주장하며 특정문화가 다른 문화를 지배 혹은 획일화시키는 것을 비판적으로 고찰할 계기를 제공한다.

산업 자본주의 시스템이 전 지구적으로 진전됨에 따라 많은 사람들은 경제적, 정치적, 종교적 동기 위에서 새로운 지역, 국가로 이주하게 되고 다양한 인종, 다양한 문화 집단이 모인 해당 국가는 이들을 적절히 제어할 정책이 필요하게 되었다. 미국 또는 캐나다와 같은 국가들은 초기에는 동화주의(assimilationism)를 표방하며 앵글로색슨의 정통성[4]을 중심으로 모든 하위집단문화들을 흡수·통합하려고 하였다. 이것이 소위 용광로(melting-pot)의 비유이다. 그러나 이러한 동화정책은 다양한 이주민 집단의 반발을 사게 되었고 이들은 극단적인 경우 분리주의를 표방하며 연방정부를 괴롭혔다. 이러한 반발에 대한 대응이 바로 각 하위집단의 독특한 문화적 차이를 존중하는 문화 다원주의(cultural pluralism) 혹은 다문화주의이다. 이것은 각 하위집단의 공동체 및 자치 기구를 인정하고 이들의 내부 결속력 및 정체성을 존속·강화시키는 각종 활동들을 인정하는 정책이다.

프랫(Pratte, 1979: 141)은 문화다원주의의 적용을 위한 세 가지 준거를 제시한다.: 1) 정치, 인종, 민족, 종교, 경제, 연령 등 다양한 형태의 집단들이 문화적 다양성을 누린다, 2) 공존하는 집단들이 동등한 정치적, 경제적, 교육적 기회를 누린다, 3) 사회조직체의 기초로서 문화다원주의 가치를 지지할 행동적 노력이 뒷받침된다. 정책적 차원의 다문화주의는 각 하위집단들에게 그들의 독특한 문화를 보존하는 자치권을 부여하는 데 그 중점이 있는데 여기에는 현실적으로 그 권한이 효력을 발휘할 수 있도록 권력 및 자원을 (특히 소수집단에게) 균등하게 배분 혹은 지원할 수 있는 제도가 마련되어야 한다. 만약 다문화주의가 그러한 현실적 지원 없이 이념적 슬로건에만 머문다면 프랫이 제시한 상기 준거들을 충족시키지 못할 것이다.[5] 또한 다원주의가 분리주의로 변질되지 않도록 하위집단 간의 교류, 국가(사회) 전반적인 유대감의 유지 정책이 병행되어야 한다. 만약 여러 문화들이 극단적인 폐쇄 정책을 강행한다면 그것은 다양성을 저버리고 자기집단문화에만 집착하는 것으로 다문화주의에 오히려 역행하는 것이기 때문이다.

---

4) 미국의 경우 동화의 중심에는 주류인 WASP(White, Anglo, Saxon, Protestants)이 자리하고 있었다.

5) 조상식(2008)은 현재 다문화에 대한 연구가 실재로부터 괴리되고 있음을 지적한다. 예컨대, 이주노동자들이 처해있는 현실적인 조건(열악한 노동환경, 인권유린, 법적 불평등, 문화적 소외, 교육기회 박탈 등)을 고려하지 않은 채, 문화적 관용과 같은 성찰적 차원만을 다룬다면 연구는 이론적, 실천적 무력감에 빠질 수밖에 없다고 주장한다.

C. 다문화주의의 철학적 배경

다문화주의는 철학적 기초로서 공동체주의와 관련된다. 테일러(Charles Taylor)는 인정의 정치학(politics of recognition)을 주장하며 개인 혹은 집단의 독특한 정체성이 지배적인 정체성에 의해 동화되지 않기 위하여 차이의 인정을 강조한다. 테일러는 자유주의적 정치학이 동등한 권리 보장을 위한 획일적 규칙 적용으로 말미암아 다양한 문화의 상이한 목표들을 부정하는 결과를 초래하였음을 지적한다. 자유주의는 개인 권리를 절차적으로 보장하는 것을 절대적인 이상으로 여긴다. 그런데 개인은 독립적으로 판단하지 않고 공동체의 이념이나 전통에 입각하여 생각하고 행동한다. 따라서 어떤 보편적인 절차에 의해 개인 권리의 보장을 꾀하기보다는 개인이 속한 공동체들의 차이를 먼저 고려해야 할 것이다. 자유주의 역시 서구의 한 문화, 한 이념에 지나지 않는다. 즉, 자유주의는 세계의 다양한 이념 가운데 하나에 불과하며 이를 보편적인 규범으로 적용할 이유가 없다. 캐나다 퀘백주의 프랑스어 보호정책은 보편적 절차를 넘어 특정한 문화적 조건을 고려한 예라 하겠다. 그는 다양한 문화들이 그 자체로 동등한 가치를 지니고 있음을 인정하고 이러한 다양성의 인정 위에 좋은 삶을 이루기 위한 통합이 되어야 한다고 주장한다(Taylor, 1994). 요컨대, 다문화주의는 각 집단의 독특성을 보존, 지지하는 의미를 지닌다.

다문화주의는 또 다른 철학적 기초로서 자유주의와 관련된다. 킨첼로와 스타인버그(Kincheloe & Steinberg, 1997: 10)는 자유주의적 다문화주의(liberal multiculturalism)를 주장하며 이는 다양한 문화적 배경의 개인들이 "공통된 인간성과 타고난 평등을 공유한다."는 신념에 근거한 개념으로 본다. 다문화주의는 자민족 중심주의, 문화적 지배, 인종 차별주의, 고정관념(편견), 차별에 반대하는데 이러한 입장은 정의, 자유, 평등이라는 자유주의의 핵심 가치들에 근거한다(Halstead, 1996). 또한 소수자, 소외집단에 대한 적극적 지원정책(affirmative action) 또한 지각된 불평등에 대한 합리적인 대응으로서 자유주의의 핵심가치에 근거한다고 하겠다. 전술한 공동체주의적 다문화주의가 개인보다는 공동체에 주목한 것에 반해 자유주의적 다문화주의는 개인에 보다 초점을 둔다. 개인은 특정 집단(혹은 가정)의 규범, 관습에 구속받지 않고 스스로의 가치관에 의해 자신의 삶을 영위할 자유와 권리를 지닌다(Dhillon & Halstead, 2003: 152-153). 킴리카(Kymlicka, 1995)는 테일러가 주장하듯이 다양한 문화들을 모두 동등하게 존중할 경우, 한 문화 집단에 소속된 개인의 권리가 침해당할 수 있음을 지적한다. 그의 주장에 따르면, 다양한 문화를 존중하는 데는 일정한 전제 조건이 따른다. 즉, 한 문화가 그에 속한 개인들의 좋은 삶에 도움을 준다면 존중하고 보존해 주어야 한다는 것이다. 개인의 좋은 삶은 개인 스스로 선택·결정하는 것이므로 모든 공동체는 반드시 이 개인적 자유를 보장해주어야 한다. 그런데 문제는 개인의 자유를 보장한다는 이 자유주의가 일종의 초문화적 규범이 되어 모든 소수집단을 일률적으로 판단·규제한다는 데 있다.

전술하였듯이 자유주의 역시 서구에서 기원한 하나의 이념일 뿐 세계 다양한 문화집단들은 자유주의와는 상이한, 그러면서도 공동체의 삶을 근거지우는 나름대로의 규범을 가지고 있다. 미국 인디언들의 생활규범은 고유한 가치를 지니고 있는데 서구적 자유주의 시각에서 그 집단을 통제한다면 이는 소수문화에 대한 억압이 될 것이다(Parekh, 2000). 공동체주의와 자유주의의 입장은 다문화주의의 핵심 쟁점을 잘 드러내 준다. 즉, 다문화주의는 각 사회집단의 독특한 규범, 가치, 권리를 존중하는 한편, 사회집단에 속한 개인들의 신념과 권리를 아울러 존중해야 하는 이중적 필요를 함유하고 있다. 이러한 이중적 필요는 중용(中庸)의 원리에 따라 양자의 가치를 균등하게 존중하되 상황에 따라 적절히 조처해야 하는 규범적 노력을 의미한다.

D. 다문화주의의 이념적 배경

다문화주의는 또한 후기 자본주의 이데올로기로서 발달하였다. 다문화주의는 시장경제의 전략적 움직임과 맥을 같이 한다. 특히 다국적 기업은 이 다문화주의를 사업전략으로 활용한다. 다국적 기업은 다양한 문화를 지닌 노동자들의 생산성을 높이기 위해, 의식주, 예술 등의 분야에서 민족적, 지역적 다양성을 활용하여 수익률을 극대화하기 위해 다문화주의를 이윤확대의 전략으로 삼는 것이다. 또한 다문화주의는 노동자들에 대한 통치전략으로 활용된다. 기업가들은 노동자들이 집단행동을 통하여 저항하지 못하게 하기 위하여 노동자들의 문화적 차이를 조장한다. 인종, 언어, 국적, 종교, 성, 연령 등 노동자들의 다양한 문화적 차이를 강조하고 장려함으로써 기업가들은 이들의 힘을 분산시켜 결집된 의사표명이나 집단행동을 사전에 차단함으로써 통제를 용이하게 만드는 것이다. 더욱 근본적인 문제는 이 다문화주의가 자본주의의 자기 방어 기제로 활용된다는 점이다. 차이와 다양성을 강조함으로써 자본주의 체제의 심각한 문제들을 묵인하고 당연시하게 된다는 점이다(진은영, 2008: 265-267).

요컨대, 다문화주의는 첫째, 점증하는 다문화, 다인종 사회에서 각 집단의 자치와 집단 간의 상호공존을 동시에 모색할 현실적 필요성에 대한 정책적 대응이며 둘째, 각 집단의 독특한 정체성을 보존, 지지하는 공동체주의 및 개인의 자유와 자율적 선택권을 존중하는 자유주의에 근거하며, 셋째, 후기 자본주의 이데올로기로서 다양성이란 가치를 매개로 이윤 및 권력을 강화시키려는 정치적 의미를 지닌다. 이러한 배경들의 공통점은 다문화주의가 각 집단 혹은 개인의 독특한 요구를 보존, 지원하려는 가치와, 집단(개인) 상호 간의 공존, 소통, 조화를 모색하려는 가치가 동시에 작용한다는 것을 드러낸다.[6)]

라. 교육과 문화, 다문화주의의 관계

A. 교육의 개념 및 다문화주의와의 관련성

a. 플라톤의 관점

지금까지 문화, 다문화, 다문화주의의 의미를 고찰하였다. 그렇다면 (다)문화 및 다문화주의는 교육과 어떠한 관련을 가지는가? 이 양자의 관계를 이해하는 것이

6) 마지막 배경, 후기 자본주의 이데올로기 부분은 다문화주의를 교육의 필연적인 혹은 바람직한 목적으로 보는 본 연구의 취지와 다소 괴리되어 보인다. 즉, 후기 자본주의는 다양성을 추구하는 것 같지만 그것은 단지 이윤과 권력의 유지를 위한 수단이라고 한다면 어떻게 이것이 교육의 의미 및 바람직한 목적과 관련될 수 있는가? 그러나 본 저자는 보다 폭넓은 시각으로 자본가 집단(다국적 기업 혹은 그와 관련된 정치권력 등)의 의지(요구) 역시 다문화적 실제의 한 요소라고 본다. 즉, 각 집단은 각자 자신들의 요구를 지니되 이것들은 상호 조화를 이루어야 한다는 점이 다문화주의의 핵심이다. 특정 집단이 이윤추구 및 권력유지를 꾀하는 것 자체가 문제가 아니라 이것이 실제 타 집단의 요구를 억압하는 것이 문제이다. 이 경우 다양한 타 집단들이 그러한 억압적 권력의 실상을 알고 필요하다면 이들 간에 연합하여 그 억압적 권력을 제어할 필요가 있다. 후기 자본주의가 다양성과 차이를 비록 표면적인 취지로 강조한다고는 하지만, 그 다양성은 그 자체로 견제의 힘을 가져서 어떤 억압적인 권력도 제어할 수 있는 강력한 기반이 된다. 물론 현실적인 문제는 그렇게 쉽고 단순하지는 않지만 (많은 구체적이고 현실적인 대책 필요) 이러한 다양함의 공존을 통한 견제와 조화는 후기 자본주의의 맥락에서 오히려 역설적으로 발현되는 것이다.

바로 다문화교육의 의미를 밝히는 중요한 과제이다. 그리고 양자의 관계를 고찰하기 위해선 먼저 교육의 의미를 밝히는 것이 필요할 것이다.

플라톤은 〈국가론〉 7권에서 교육을 받은 인간과 그렇지 않은 인간을 동굴의 비유를 통해 예시한다. 동굴 안의 한 죄수는 몸이 속박되어 오직 한 쪽 벽만을 응시하며 자신이 보는 인공 조형물의 그림자가 진리라고 여긴다. 그러다가 그는 속박에서 풀려 인공 조형물을 직접 보게 되고 동굴 밖으로 나가 물에 비친 사물의 모습, 실제 사물, 마지막으로 태양을 차례로 보게 된다(Republic, 514a-516b). 이 빛으로 가는 과정은 편협한 감각경험의 편견에 사로잡힌 인간(교육받지 못한 인간)이 최종 원인을 성찰(교육받은 상태)하는 과정이다. 그 과정에서 필요한 것은 동굴의 속박에서 벗어나 빛으로 안내하는 안내자와 다양한 매개물이다. 물론 플라톤이 강조하는 바는 이 안내자와 매개물이 아니라 개인 스스로의 궁극적 원인의 탐구이지만 그러한 최종적인 단계에 도달하기 위해선 그 과정에서 반드시 안내자와 매개물이 필요하다. 동굴의 비유에서 최종 단계까지 이른 선각자는 동굴 속에 속박된 자들(교육받지 못한 자들)을 빛으로 안내하기 위해 내려간다. 그런데 안내자가 상기한 단계를 뛰어넘어 갑자기 빛을 보여주려고 하면 눈부셔서 도망간다고 설명한다. 이와 관련하여 플라톤은 교육의 본질은 사람들의 정신 안에 지식을 주입(시력을 생산)하는 것이 아니라 개개인이 본래 가진 학습능력(시력)을 바탕으로 배움을 쉽고 효과적으로 도와주는 것이라 지적한다(Republic, 518c-d).

앞에서 우리는 문화가 성립되려면 필연적으로 주체와 환경과의 상호작용이 필요하고 문화는 독특성과 함께 (다른 문화와의) 연관성을 지닌다는 점을 확인하였다. 그리고 이 상호성, 연관성은 모든 문화가 필연적으로 다문화임을 확증한다는 점을 살펴보았다. 상기한 동굴의 비유에 나타난 플라톤의 교육관은 첫째, 편견으로부터의 탈피를 의미한다. 개인(혹은 집단)의 편협한 경험에 입각한 견해는 일부를 마치 전체인 것처럼 착각한다는 점에서 왜곡된 것이다. 이러한 편견은 여러 매개물(조형물, 물에 비친 그림자, 실물 등) 및 안내자의 도움을 통해 점차 극복되는 것이다. 즉, 배우는 자는 환경 및 배움의 안내자(혹은 가르치는 자)와 상호작용을 통하여 진리에 이른다. 바로 이 주체와 환경과의 상호작용에서 우리는 (다)문화와 교육의 필연적 연관성을 찾을 수 있다.

둘째, 플라톤의 교육관은 주입이 아니라 개인의 고유한 학습능력을 바탕으로 한 반성을 의미한다. 진리인 빛은 학습자 내부에 이미 존재하는데 편협한 감각경험의 굴레에 갇혀 이를 제대로 발견하지 못하는 것이다. 따라서 가르치는 자(혹은 교육자)는 자신의 지식을 일방적으로 학습자에게 주입할 것이 아니라 학습자가 스스로 자신을 되돌아보며 성찰하도록 안내해줘야 한다. 이는 교육에 있어서 개인의 독특성에 대한 존중과 함께 진리(혹은 지식)를 모든 개개인이 함께 공유하고 있다는 연관성을 시사한다. 바로 독특성과 연관성은 (다)문화의 성립준거인 동시에 교육의 의미를 구성하는 중요한 요소인 것이다. 자신의 굴레에서 벗어나 타자(수많은 타자들)의 존재와 가치를 알고 일방이 타방을 강제하지 않고 상호 독특성을 존중하는 가운데 소통하며 이를 통해 자신의 정체성 및 타자와의 연관성 및 보편성을 깨닫는 과정이 교육의 본질인데 이는 바로 문화의 성립준거이며 다양한 문화의 가치와 공존공생을 강조하는 다문화주의의 핵심인 것이다.

b. 듀이의 관점

듀이(Dewey, 1938)는 교육을 경험의 지속적인 재구성 과정으로 본다. 경험은 유기체와 환경과의 상호작용을 통해 이루어진다. 환경은 숲, 도로와 같은 물리적 환경뿐만 아니라 장난감, 책의 내용, 실험 재료, 상상 속의 사물을 포함한다. 지식은 인간의 사고와 독립된 객관적 실체도 아니고 그렇다고 인간의 정신에 의해서만 구성되는 주관적인 것도 아니다. 지식은 유기체와 환경과의 상호작용을 통해 형성된다. 지식은 인간이 환경의 상태 혹은 변화에 상응하여 의도하고 계획하며 이 계획을 실행하였을 때 환경이 어떻게 반응하는가, 즉 그 결과를 반성하면서 기존 사고를 수정, 보완함으로써 이루어진다(Dewey, 1907; 1925). 또한 개인은 공동 목적을 성취하기 위해 함께 행동하며 개인적인 관점과 행동양식을 상호 조정해 가는데 바로 이러한 의사소통의 과정을 통해 개인적인 세계는 변화된다. 의사소통은 한 개인이 다른 개인에게 정보를 전달하는 일방적인 작용이 아니라 공유된 세계를 창출하는 개인행동의 상호 조정과정이다(Biesta, 1994; 심승환, 2007).

아이들은 부모, 가족, 친구들과 상호작용하면서 행위의 의미 및 공동체의 규범을 터득하고 기존의 행동방식을 변화시킨다. 이렇게 하나의 경험은 인간 행동을 변화시켜 이후의 후속경험에 영향을 준다. 선행경험을 통해 습득한 지적인 태도, 감수성, 반응방식은 후속경험에서의 태도, 반응방식을 구성한다. 이것이 바로 경험들 간의 지속적인 상호작용이며 이 과정을 통해 성장 즉, 교육이 이루어진다. 선행경험은 후속경험에 새로운 능력과 관심을 불러일으켜 이후 학습을 조장한다(Dewey, 1938). 언어를 배우면 단지 언어구사능력뿐만 아니라 논리적 사고능력 및 문학, 사회문화, 역사 등에 대한 관심이 증대된다.

이렇듯 듀이가 보는 교육은 경험의 연속성 및 상호작용이 핵심이다. 일단 개인 내부적으로는 지성, 감성, 덕성, 영성 등 다양한 특성들이 상호작용하며, 선행경험(기존의 지식, 기술, 태도 등)과 후속경험(새로운 지식, 기술, 태도 등)이 상호작용한다. 또한 개인과 환경(타인)이 상호작용하며 사고 및 행동의 양식을 지속적으로 변화시키는 것이다. 앞에서 확인한 문화의 성립준거인 상호작용 및 연관성은 바로 듀이가 보는 교육의 핵심적 요소인 것이다. 개인과 환경, 선행경험과 후속경험이 분절되고 아무런 교류가 발생하지 않는다면 듀이가 보는 교육은 일어나지 않는 것이다. 또한 개인과 환경, 선행경험과 후속경험 간에 아무런 구분 없이 똑같다면 그러한 상호작용이 불가능하다는 점에서 개개인의 독특성, 경험의 독특성은 필연적인 전제인 것이다. 이 점에서 또한 교육의 독특성은 문화의 독특성과 연결되는 것이다.

한편, 듀이는 교육을 민주주의와 긴밀히 연결시킨다. 학생들은 민주주의라는 가치를 배우기 위해(교육목적) 민주적으로(교육방법) 상호작용한다. 결국 듀이가 보는 교육 개념의 핵심에는 경험의 재구성과 함께 민주주의라는 이념이 자리한다. 민주주의에서는 사회성원이 다양한 관심사를 가지고 이를 상호인정하며 여러 사회집단 사이에 자유로운 상호작용이 존재하며 사회적 관습이 변화한다. 민주주의는 하나의 도그마에 사로잡히지 않으며 특정한 권위나 가치에 의해 일방적으로 복속, 조종당하지 않고 다양한 가치의 교류에 의해 형성되며 지속적으로 변화된다. 민주주의는 외적 권위를 탈피하여 자발적인 성향과 관심에 의해 구성된다(Dewey, 1916). 인간이 지적, 인격적으로 성장하려면 지속적으로 다양한 지식과 가치들을 공급받아 이를 토대로 오류를 고치고 새로운 점을 찾으며 보다 나은 길을 열어야 한다. 그런데 만약 특정한, 일원화된 가치가 주입되어 고착화된다면 이것은 상기한 갱신, 반성, 보완에 치명적인 장애를 초래한다. 개인은 타율적으로 세뇌당하는 것에 익숙하게 되어 자신의 독특한 문제점과 지향점을 찾기 힘들게 되고, 일원화된 주입은 다양한 지식과 가치들의 공급과 비교를 통한 성장을 가로막는 것이다.

듀이의 민주주의 개념에 입각한 교육은 다양하고 지속적인 상호작용을 통해 나와 남을 비교하며 여러 지식과 가치들을 비교하면서 자신의 정체성을 찾고 반성과 갱신을 통해 성장을 모색한다는 의미를 지닌다(심승환, 2007: 109-110). 우리는 여기서 듀이의 교육관이 다문화주의의 핵심주장과 연결된다는 점을 발견할 수 있다. 다문화주의는 하나의 문화가 절대적인 권위를 행사하여 수많은 문화들을 압제하고 획일화하는 사태에 대항하여 다양한 문화의 가치와 공존, 이들 간의 상호교류를 주장한다. 이것은 앞서 홀(S. Hall)의 설명에서 확인하였듯이, 한편으로는 개인 및 집단의 독특성과 차이를 보존, 조장하며 다른 한편으로는 집단 간의 공생을 위한 조화와 연대를 강조하는 것이다. 듀이의 교육관은 어떠한 권위에도 조종당하지 않는 개개인의 자율적인 관심에 근거하여 타인과의 활발하고 지속적인 상호교류를 통해, 한편으로는 자신의 정체성을 돌아보고 발달시키며 (절대화되지 않도록 지속적으로 반성 · 갱신시키며), 다른 한편으로는 타인과의 공동체생활의 규범과 기술을 익히는 데 그 핵심이 있다. 바로 이 점에서 듀이의 교육관은 필연적으로 문화 및 다문화주의와 연결되는 것이다.[7)]

c. 코메니우스의 관점

플라톤과 듀이 이외에도 (다)문화 및 다문화주의와 교육의 관계에 중요한 시사점을 제공한 교육사상가는 무수히 많을 것이다. 예컨대, 코메니우스(J. A. Comenius)는 범교육론을 주장하며 모든 사람들이, 모든 범주를 통해, 철저하게 교육받는 이상을 제시하였다(Pampaedia Allerziehung, 제 1장). 이것은 첫째, 교육대상(혹은 주체)이 모든 어린이, 노인, 가난한 자, 부자, 귀족, 천민, 남자, 여자, 장애우 등을 포함한 모든 연령, 계층, 성, 민족을 포괄하며, 둘째, 교육내용이 모든 사물, 모든 학문, 예술, 언어를 포괄하며, 셋째, 교육방법적으로는 모든 것을 활용하여 다양한 방법으로 모두가 완전한 이해에 도달하도록 이끄는 것이다. 물론 현실적으로 이를 실현하기

7) 듀이는 학교의 과업이 학습자가 다양한 사회 환경을 미리 경험해 보도록 하는 데 있다고 주장한다. 사회는 가정, 마을, 지역, 인종, 사업체, 클럽, 종교 단체 등 다양한 풍속, 전통, 요구를 지닌 복수 집단들로 연합되어 구성되어 있으며, 학습자는 학교에서 인종, 종교, 풍습이 다른 아이들과 함께 배우며 이러한 사회의 다양성과 그 다양성 속의 조화에 대한 시각을 발달시킨다고 한다(Dewey, 1916: Chapter 2). 이러한 주장은 듀이가 다문화교육을 명시적으로 정의하지는 않았지만 그의 교육에 대한 시각은 바로 다양성과 연관성(조화)을 추구하는 다문화주의에 입각한 것임을 알 수 있다.

엔 여러 가지 풀어야 할 숙제가 있을 것이다. 그러나 일단 방법적인 세부문제를 접어두고 그 사상적인 초점만을 논하자면 다문화주의와 상당부분 관련된다. 다문화주의는 무엇보다 개인이나 집단이 신분, 연령, 성, 지역, 관습, 권력, 경제력, 신체적 차이 등을 막론하고 차별받지 않고 평등한 대우를 받을 것을 주장한다.

또한 코메니우스의 교육관은 범지학 사상에 입각하여 모든 학문은 하나의 뿌리에서 나온 연결된 나무라고 보기에 다양한 교육내용의 관련성과 연결을 특별히 강조한다. 특히 연령단계별로 상이한 교육체제와 방법을 제시하고, 라틴어 학교 이전에 모국어 학교를 제시하여(Didactica magna, The Great Didactic 참조) 다양한 지역 언어 학습의 필요성을 주장하였다. 이는 그가 교육에 있어서 다양성(차이), 관련성, 보편성을 아울러 강조한 것으로 볼 수 있다. 문화와 다문화주의의 핵심은 앞서 누차 확인하였듯이 독특성과 연관성의 변증법이라 하겠다. 다양한 차이가 필요하며 또 그 가치를 존중하면서도 상호 간의 연결, 교류, 공생이 필요하고 이를 위해 모종의 공통된 가치를 함께 이루어내는 것이 필요한 것이다. 이렇게 볼 때 코메니우스 교육관 역시 문화 및 다문화주의의 핵심과 상통한다고 하겠다.

B. 문화와 교육의 관계 분석

더 많은 사상가 및 교육 사조를 통한 더 깊은 논의가 필요하겠지만 문화와 교육의 관련성은 일단 이 정도로 확인할 수 있겠다. 그런데 이 장을 마치기 전에 한 가지 중요한 문제를 해결해야 할 것이다. 즉, 문화 및 다문화주의가 교육의 개념과 연관된다는 것은 인정하더라도 과연 그 관계가 구체적으로 무엇인가라는 점이다. 앞서 양자의 연관성에만 초점을 둔 나머지 혹자는 그러면 "문화 = 교육인가?"라는 의문을 가질 수 있을 것이다. 관계는 여러 가지가 있다. 양자가 일치하는 것이 있을 수 있고, 상호 공집합을 가지지만 다른 부분(차집합)을 가지는 경우도 있으며, 하나가 다른 하나를 포함하는 경우도 있고, 공집합이 전혀 없는 별개의 관계일 수 있다. 또한 공간적인 관계분석이 아닌 시간적으로 보면 하나가 원인, 다른 하나가 결과가 될 수 있고, 혹은 하나가 수단 다른 하나가 목적이 될 수도 있으며, 하나가 다른 하나로 완전히 변하는 경우도 있고, 그 상호 관계가 수시로 변화하는 역동적인 관계도 있을 수 있다.

일단 공간적 분석으로 접근하자면 문화(다문화주의)와 교육은 공집합과 차집합을 가진 관계라 하겠다. 상술하였듯이 양자가 공유하는 핵심속성은 바로 독특성, 연관성, 상호교류이다. 그러나 문화와 교육은 분명 공유하지 않는 부분이 있다. 즉, 개인이나 집단의 특정한 생활양식, 사고방식, 관습, 언어, 상징체계, 정치적·권력적 의도 등은 문화가 될 수는 있어도 그 자체로 교육이라 할 수 없다. 교육은 반드시 가르침과 배움의 상호적 행위가 있어야 하며, 이로 인하여 지적, 인격적, 심미적, 신체적, 영적인 변화가 있어야 하고, 그 변화가 바람직한 (혹은 좋은) 방향으로 이루어져야 한다(심승환, 2007). 예컨대, 한국어에는 다른 언어와는 구별되는 존댓말이라는 것이 있다. 물론 다른 언어에도 상대를 높이는 혹은 존경을 표시하는 어휘들이 있지만 한국어에는 문법, 어휘, 발음 등에서 보다 풍성하고 체계적인 존칭의 표현들을 찾을 수 있다. 이 존댓말은 분명 한국의 역사적·지리적 환경을 통해 사회구성원이 상호교류하면서 (혹은 다른 언어 및 문화의 영향을 받으며) 다른 언어와는 다른 체계로 발달된 것이다. 이것은 분명 한국인의 문화라 하겠다. 그러나 존댓말 자체가 교육은 아니다. 부모나 교사 등이 존댓말을 가르치고 아이는 이를 배우고 나아가 그 존댓말의 잠재된 의미(상대방에 대한 배려 및 존경)를 깨달아 도덕적으로 성숙하며 타인과 어울리는 기술 및 태도를 터득하여 전인격적으로 바람직하게 변화되었을 때, 이 과정 및 결과를 교육이라 할 수 있다.

이 전인격적인 변화의 과정 및 성숙은 물론 문화를 역동적인 현상으로 파악할 때(그 생성 및 변화과정을 포함하여 인식할 때) 문화에도 있을 수 있다. 그러나 그 요소는 문화가 되기 위한 필요조건도 충분조건도 아니다. 인간의 전인격적 성장 및 성숙이 없어도 문화는 성립되며 그것만 있다고 문화가 성립되는 것은 더더욱 아니다. 반면 인간의 전인격적 성장 및 성숙이란 개념은 다양한 가치와 사태를 포괄하는 것으로 교육을 위한 필요조건을 넘어 충분조건이라 할 수 있다.

한편, 문화와 교육의 관계를 시간적 차원으로 분석하자면 상호 수단과 목적이 되는 관계라 하겠다. 한편으로는 문화를 수단으로 교육이라는 목적을 이루어내며 다른 한편으로는 교육을 수단으로 문화라는 목적이 이루어진다고 하겠다. 에릭슨(Erickson, 2004: 31-32)은 문화는 모든 인간 활동의 수단(tool)이라고 본다. 망치나 언어를 사용할 때 우리는 이것들을 의식하지 못하듯이 문화는 마치 공기와 같이 우리 주변에서 우리 활동을 위하여 사용되지만 의식되지 않는다. 또한 문화는 컴퓨터의 소프트웨어처럼 인간의 행위에 있어 의미와 실행절차를 만든다. 우리가 교육을 함에 있어서 활용되는 다양한 가치, 규범, 재료 등이 바로 문화이다. 교육을 어떤 목적으로 어떤 내용을 통해 어떤 방법으로 행하는가를 의도, 계획, 실행하는 모든 절차에서 문화는 그 수단이 된다. 문화의 개념에서 살펴보았듯이 문화는 의미체계로서 인간의 사고와 행동방식에 영향을 주기 때문이다. 또한 의식주, 예술, 언어 등과 같은 비교적 가시적인 문화들은 교육의 중요한 소재 및 방법이 될 것이다. 한편, 교육에 의해 문화의 생성, 전달, 발달(변화)이 이루어진다.

어떤 문화가 처음 발생하기 위해서는 주체와 환경과의 접촉 및 상호교류가 일어나야 하는데, 많은 경우 집단이나 개인이 어떤 아이디어를 얻고 가시적, 비가시적인 독특한 결과물을 만들어내는 데는 주변 집단, 부모, 교사, 동료, 책, 자연환경 등과 더불어 직간접적인 가르침 및 배움을 통한다. 또한 한 문화가 세대를 거쳐 전승되거나 혹은 공간적으로 확장되려면 이를 전수하고 배우는 행위가 필요한데 여기서 바로 교육이 그 수단이 된다. 아울러 한 문화는 가르치고 배우는 행위를 통해서 (적게는 그 문화집단 구성원 상호 간에, 크게는 타 문화 구성원과의) 새로운 요소를 발견(혹은 창출)하여 더욱 풍성하게 만들거나 기존의 것을 수정하여 그 내용을 변화, 발달시켜 나가는 것이다. 이처럼 문화와 교육은 상호 수단과 목적이 되는 상호 조장적인 관계라 하겠다.

마. 다문화교육의 의미 및 목적

A. 다문화교육의 의미

앞서 우리는 모든 문화는 필연적으로 다문화이며 문화와 교육은 독특성, 연관성, 상호교류라는 핵심적 요소를 공유하면서 서로가 서로를 조장하는 상호 조장적인 관계임을 확인하였다. 그렇다면 다문화교육이란 무엇인가? 모든 문화는 다문화인데 '다문화'라 함은 문화의 다양성 · 복합성을 강조하는 것과 같이, 모든 교육은 사실 다문화적으로 '다문화교육'이라 함은 교육의 다문화적 특성을 강조하는 의미로 볼 수 있다. 이것은 가장 근본적으로는 교육의 주체(혹은 대상)인 인간이 다문화적이기 때문이다. 앞서 보았듯이, 한 인간은 성, 인종, 민족, 국적, 가족, 연령, 계층,

종교, 언어 등 다양한 차원의 문화집단들에 동시적으로 참여하며 이들로부터 동시적으로 영향을 받고 있다. 교육의 주체와 대상이 이러한 다양한 문화들에 속하며 이들의 동시적 영향권 내에 존재하므로 교육의 목적, 내용, 소재, 방법도 당연히 다문화적일 수밖에 없는 것이다(Erickson, 2004: 33). 그렇다면 (아무리 작은 단위라도) 모든 교육은 필연적으로 다문화교육인 것이다. 그런데 그 앞에 '다문화'라는 수식어를 넣은 것은 강조의 의미로 교육이 이 다문화적 가치를 더욱 존중하고 증진해야 한다는 하나의 이념적, 정책적 의미로 받아들여야 할 것이다.[8)]

이러한 취지에서 뱅크스(J. Banks, 2004: 3)는 다문화교육이란 하나의 사고(idea)이자 교육개혁운동이며 과정(process)이라고 주장한다. 이 같은 주장은 당위적 차원과 실제적 차원을 동시에 고려한 이해라 하겠다. 당위적 차원에선 모든 인간은 본래적으로 평등한 권리를 소유한 존재로서 성, 계층, 인종 등의 문화적 차이를 넘어서 균등한 교육기회를 누리고 보장받아야 함을 의미한다. 실제적 차원에선 성, 계층, 인종 등 문화적 차이로 인하여 균등한 교육기회를 누리지 못하는 사람들이 존재하므로 이러한 현실적 문제를 실제적으로 해결할 개혁이 이뤄져야 함을 의미한다. 나아가서 인종, 성 차별 및 다양한 편견은 계속 새로운 형식으로 발전하므로 이러한 교육평등은 (실제적 차원에서) 완결되지 않는 이상으로 지속적인 과정을 통해 이뤄져야 함을 의미한다.

뱅크스의 견해는 주로 다문화교육의 주체 및 대상에 초점을 두었지만 다문화교육은 교육내용의 측면에서 더 중요한 의미를 지닌다. 즉, 현대의 다양하고 복잡한 사회에서 문화의 다양한 측면을 배우지 않고는 성장할 수 없다(Erickson, 2004: 33). 현대는 비교적 제한된 지식, 기술만을 필요로 하였던 농경, 목축 사회와 달리 다양한 산업분야에 상응한 다양한 정보, 지식, 기술을 필요로 하고 더더욱 빠르게 변화하는 상황에 대응, 지속적으로 그 지식을 다양하게 보완해 나가야 한다. 또한 제한

8) "모든 교육은 다문화적"이라는 말은 교육의 주체, 목적, 내용, 방법 등이 다양한 성, 인종, 계층, 지역 등의 요소로 구성된다는 것이다. 그러나 이것이 반드시 그 다양성을 조화롭게 혹은 균형적으로 반영한다는 의미는 아니다. 즉, 교육의 실제에서 한 인종 혹은 한 지역의 요소가 그 밖의 인종이나 지역보다 강하게 작용할 수 있다. 이러한 불균형, 부조화, 불평등 문제는 끊임없이 제기되는데 다문화교육은 이러한 문제에 대응하여 단순히 여러 문화요소가 공존하는 것 이상으로 그 다양한 요소들이 가능한 한 조화와 평등을 추구하여야 한다는 점을 강조하는 이념적 성격을 갖는다.

된 지역에서 비교적 고립적으로 생활하던 과거와는 달리 지역적 교류가 왕성한 현실에서 타 문화에 대한 지식은 필수적이라 하겠다. 또한 전술하였듯이 한 개인이 다양한 문화집단에 동시에 참여하므로 여기에 필요한 다양한 지식을 함께 갖추어야 한다. 즉, 교육내용면에서 다양한 문화집단의 가치, 지식, 정보, 기술을 필연적으로 접해야 한다.

파레크(1986: 26-29)는 자유주의적 입장에서 다문화교육의 의미를 논한다. 만약 교육이 단일한 문화적 방향으로 진행된다면 이는 소수 집단 아이들을 소외시킬 뿐만 아니라, 다수 집단의 아이들에게도 편협하고 피폐화된 결과를 낳을 것이다. 이러한 교육은 상상력과 호기심, 비판적인 자기성찰의 성장을 제한하고, 거만하고 무감각하며 차별주의적인 태도를 조장한다. 반면에, 다문화교육은 아이들이 자신들만의 문화와 신념을 넘어서도록 장려함으로써 개방적이고 생동감 있는 탐구정신 및 합리적인 비판능력의 발달을 돕는다. 학생이 자신의 감정이나 신념, 혹은 자기 집단(가족, 종교, 또래집단 등)의 편견에 사로잡혀 있으면 실재의 다양한 측면을 보기 힘들 뿐만 아니라 자신(혹은 자기 집단)의 오류를 판단하기 어렵게 되어 결국 실재의 인식과 자기반성에 치명적인 장애를 초래한다. 더욱이 편향된 내용을 지속적으로 접하게 되면 편향된 가치관에 익숙해져서 다른 것(차이, 타자)에 대한 이해, 배려, 공감의 태도에 장애를 초래한다. 반면에 다양한 문화를 통해 배우는 학생들은 지속적으로 다른 관점을 탐구하는 태도를 함양하기에 개방적이고 정체되어 있지 않게 된다. 따라서 이들은 한 관점이 잘못될 수 있음을 인정하고 이용 가능한 다양한 대안들을 찾고 이들을 상호 비교하여 그 중에 선택하는 비판적, 합리적 사고능력을 배양하게 되는 것이다.

이러한 다양한 방향으로 열려 탐색하는 교육은 비단 이성적 능력뿐만 아니라 호기심과 감수성(예: 한 가지 맛에 길들여진 아이는 미각이 둔해질 것)과 같은 감성의 도야와 겸손함, 타인에 대한 배려 및 존중과 같은 도덕성의 함양도 함께 증진할 것이다. 인류가 역사적으로 축적했던 위대한 지식은 거대한 산과 같아 결코 편협한 시각으로 조명할 수 없는 것이다. 교육이 인류의 위대한 지식을 탐구하는 것이라면 반드시 다양한 시각의 통로를 열어 그 폭넓은 측면에 접근하도록 도와야 한다. 이러한 관점에 따른다면 다문화교육은 많은 이들이 생각하는 것처럼 반드시 다인종 구성에 의해서만 이루어지는 것은 아니다. 학교의 인종적 구성과는 관계없이 다문화교육은 편견에서 벗어나 다른 문화의 풍부한 다양성과 여러 가지 삶의 방식들과 인류의 다양한 유산들을 개방적으로 사고할 수 있는 태도를 육성할 것이다(Dhillon & Halstead, 2003: 153).

B. 다문화교육의 두 가지 목적: 차이와 조화

앞서 다문화주의의 두 핵심 축이 독특성(차이)과 연관성(상호 연대)이라는 점을 확인하였듯이 다문화교육의 핵심목적은 이 연관성과 차이를 동시에, 균형(balance) 있게 조장하는 것이다. 연관성(유사성)에 대한 강조는 넓은 사회에서 상호 간의 관용을 조장할 것이다. 그러나 유사성을 지나치게 강조하다 보면 문화적 차이에 대한 무감각과 획일성에 의한 압제를 이끌 수 있다(Halstead, 1995: 267). 반대로 차이(다양성)는 문화적 풍요함을 제공할 수 있는 장점이 있지만 차이를 지나치게 강조하다 보면 고정관념을 발달시키고 분리와 사회적인 배제를 강화시킬지도 모른다. 따라서 다문화교육은 한편으로는 차이를 존중하고, 다른 한편으로는 다원주의 사회에서의 조화와 유대를 조장하는 방향으로 나가야 할 것이다.

차이를 존중하는 교육은 학교 자체가 가능한 모든 소수 집단 아동의 문화적 요구와 감수성에 대하여 긍정적으로 대하는 노력으로 볼 수 있다. 이것은 예컨대, 학생들의 다양한 문화적 경험을 활용하기, 학생들의 고유한 문화적·종교적 신념에 반한 것을 강요하지 않고 그들의 문화적 정체감을 존중해주기, 문화적·종교적·인종적 편견과 차별에 대항하는 태도 육성, 소수 집단 학생들의 정체성을 지지하는 교과과정 도입 등을 통해 실현될 수 있다. 조화 및 유대를 조장하는 교육은 모든 학생들이 문화적 배경에 상관없이 시민으로서 조화롭게 살아가기 위한 관용과 존중, 상이한 문화에 대한 간(상호)문화적 이해와 같은 태도의 배양을 의미한다. 이를 위해선 교육의 장(학교)이 다양성을 자연스럽게 경험하는 다원주의 사회의 축소판이 되어야 한다. 교·직원, 학교이념, 학교구조, 교수 실제, 교육과정, 학생 구성 모두가 다양성을 넓게 포용하는 형식으로 조성되는 것이 좋다. 이러한 교육환경을 통해 학생들은 자연스럽게 타자(타문화)와 어울리는 법을 배우게 된다. 만약 현실적으로 이러한 다문화적 교육환경 창출이 힘들 경우 최소한 교육소재만이라도 다양한 문화적 특징들을 포섭, 교류할 수 있는 것으로 만들어야 할 것이다.

특정한 세계관이나 유일한 선(The Good)의 개념을 무비판적으로 제시하지 말고 학생들이 자신의 가정을 스스로 질문하고 상호 토론하며 다양한 대안들을 폭넓게 평가하는 능력을 배양시켜야 한다. 폭넓은 문화적 시야를 실제적으로 육성하기 위해선 다양한 문화 집단의 문학, 예술, 음악, 역사, 종교 등을 배우면서 이들 간의 연관성을 탐구하는 것이 효과적일 것이다. 특히 교사는 학급활동(토론, 조별활동 등) 및 그 외 활동을 통해서 학생들이 다른 학생의 상이한 생각, 행동 등을 이해하고 세심하게 존중, 배려해주는 태도를 육성해야 할 것이다(Dhillon & Halstead, 2003: 151-152).

다문화교육의 핵심목적인 독특성과 연관성은 함께 중요하며 균형을 이루어야 하겠지만 '정-반-합'의 과정을 통해 쉽게 완결되고 해결될 문제는 아니다. 양자는 해결되기 힘든 딜레마의 성격을 지닌다. 뱅크스가 다문화교육은 끝나지 않는 과정(process)이라 한 점은 이 딜레마와도 관련된다. 따라서 이 글이 교육방법적 아이디어를 제시하는 글이기보다는 철학적 의미를 찾는 연구인 이상 이 딜레마에 대한 보다 깊은 논의가 필요할 것이다. 데리다(J. Derrida)는 아포리아(aporia)라는 개념을 통해 인간의 모순을 주장한다. 아포리아는 원래 그리스어로 일반적이고 궁극적인 결론에 도달할 수 없는, 결코 완전히 해결될 수 없는 지속적인 딜레마의 상태를 의미한다. 이것은 양자가 서로 다가가기는 하지만 결코 하나로 합체될 수 없는 상태(coming without pas)를 말한다(Derrida, 1993: 8).

아포리아는 경계를 지닌 대상들 간에 존재한다. 경계는 지리적 영역, 언어, 문화와 같은 인류학적 경계, 학과와 같은 문제적 경계, 개념, 용어와 같은 개념적 경계가 있다(Derrida, 1993: 23). 이러한 경계는 하나가 다른 하나에 관심을 가지며 다가감에 따라 변화한다. 언어, 문화, 개념, 담론의 경계는 닫혀 있지 않고 항상 타자에 열려 있다. 하나는 그 자신의 고정된 영역에 그대로 머물러 있지 않고 다른 하나로 다가가지만(coming), 결코 양자 간의 그 경계가 완전히 없어지는 것이 아니다. 경계를 넘어 상대방에게 다가가는 시도(기존의 위계질서를 질문하는 것)는 필연적이지만 동시에 이 경계를 완전히 넘어가 상대방 영역에 공존하는 것은 불가능하다(Derrida, 1992). 아포리아가 발생하는 시점은 바로 이 필연적이지만, 불가능한 경계횡단의 시도에서이다. 양자가 접근할 때 상대방의 주장과 상호 간의 갈등을 인식하게 되고 하나의 해답(결론)을 만들어야 한다는 압박감을 느끼게 된다. 아포리아가 시사하는 바는 바로 이 갈등적 상황에 대한 대응이다. 일방은 타방에 대하여 관심을 기울여야 하는 동시에 끊임없이 변화가능성에 주의해야 한다. 양자가 접근하여 간혹 경계를 인식할 수 없을 정도로 되었을 때조차 상대방은 결코 자아 안으로 흡수되지 않는다. 타자는 차이를 간직하고 있으며 새롭게 변화할 가능성을 가지고 있다(Wang, 2005: 47).

데리다는 이러한 아포리아의 필요성을 주장한다. 인간 조건의 모순적 상황을 직면하는 것이 바로 책임(responsibility)이다. 이것은 기존의 권위와 전통에 대한 도전으로서 보편적인 규칙, 고착화된 개념 및 실제의 권위를 의심하는 것이다(Derrida, 1995: 27). 권위와 전통은 결국 그 자체에 의존한다. 자기의 권위, 전통, 고정관념에 갇혀 있으면 타자에게 접근할 수 없고 그러면 차이와 모순을 발견하지 못하며 이에 대응하지 못한다. 타자의 소리를 듣고 여기에 대응하면서 자아는 자기 굴레를 넘어 새로운 삶의 영역을 발견한다. 그런데 타자의 소리는 지속적인 변화가능성을 가지고 있다. 타자의 물리적, 정신적 조건, 상황들은 지속적으로 변화하므로 어느 한 순간 그것을 완벽히(종국적으로) 이해하고 자기화할 수 없다. 또한 타자의 소리에 대한 대응은 자아를 타자에 종속시키는 것을 의미하지 않는다. 자아 또한 타자에 대하여 끊임없이 변화하는 차이(difference)로 존재하기 때문이다(Derrida, 1991). 자기와 타자의 차이와 이것의 지속적인 변화가능성을 인정할 때 고착화된 위계질서의 지배로부터 벗어날 수 있다. 또한 타자의 소리를 듣고 이에 대응할 때 자아를 재발견할 수 있다. 타자와의 관계를 통하여 차이를 인식할 때, 자아는 자기 문화와 전통을 더욱 분명히 인식하게 되며, 그 차이를 통하여 자기 문화를 새롭게 변화·발달시킨다(Derrida, 1992: 11).

아포리아는 두 가지 중요한 함의를 지닌다. 그것은 첫째, 보편적 규칙에 대한 도전이고, 둘째, 현재 상태의 방치(inaction)에 대한 도전이다. 전자는 현재에 대한 비판적인 재성찰을 요구하며 후자는 미래의 가능성에 대한 개방적 의식을 요구한다(Derrida, 1992: 78). 즉, 한편으로는 자기와 타자 양자의 차이를 인식하지 못하는(혹은 무시하는) 보편화에 도전하여 차이를 발견하고 이를 존중하며, 다른 한편으로는 그러한 차이를 당연시여기며 상호 단절하려는 분리주의에 도전하여 대화와 교류를 통한 변화를 추구하려는 노력을 의미한다.

데리다의 관점은 다문화교육에 어떤 구체적인 의미를 제시하는가? 다문화교육이란 바로 아포리아와 같이 상호 접근해야 하지만 결코 하나로 완전히 화합되지 않는 딜레마를 의미한다. 이것은 연관성(유대)과 다양성(차이), 전통과 혁신, 자아와 타자 간의 끝나지 않는 아포리아이다. 상이한 두 가치가 충돌할 때 사람들은 손쉬운 해결(상대를 무시하거나 자기 기준에서 하나로 종합)을 모색한다. 특히 교육에서는 확고하고 명확하게 정해진 내용을 학생들에게 명쾌하게 전달하려는 현실적 요구가 있다. 그러나 아포리아가 시사하는 교육은 바로 종국적인 결론(일반화)을 거부(유보)하고 지속적으로 차이를 찾고 변화를 모색하는 것이다. 이것이 바로 상호교류와 연대를 추구하되 다양성과 차이를 인정하는 다문화교육의 의미인 것이다.

C. 다문화교육의 실제적 적용: 교사-학생 관계

이러한 다소 추상적인 개념을 좀 더 구체화하여 설명할 필요가 있다. 따라서 마지막으로 교육의 핵심이자 가장 미시적인 차원이라 할 수 있는 교사-학생 관계에 대해 논하며 이 글을 마무리할까 한다. 교사는 학생을 가르칠 때 자신의 권위를 이용하여 일반화된 결론을 일방적으로 전달해서는 안 된다. 교사가 반드시 먼저 인식하여야 할 것은 자신이 성, 계층, 인종, 민족, 연령, 종교, 정치적으로 특정한 편향성을 가지고 있으며 학생(개개의 학생들)은 또 다른 문화적 특성을 지니고 있다는 점이다. 교사는 학생의 독특한 문화적 배경과 이와 관련된 독특한 생각과 행동을 인정해야 한다. 교사의 문화와 생각으로 혹은 교재가 제시하는 방향으로 학생의 그 독특성을 흡수, 일반화시키려 해서는 안 된다. 바로 아포리아로서의 다문화교육은 손쉬운 해결을 추구하지 않고 오히려 갈등 상황을 추구한다. 먼저 교사는 정해진 교육과정(교육목적, 내용, 교재 등)과 자신의 문화와의 차이를 발견해야 한다. 정해진 교육내용을 마치 자신의 것인 양 그대로 흡수하는 것은 바로 자아를 타자에 복속시키는 행위이다. 기존 교육과정과 교사 자신의 관점의 차이, 그 갈등의 과정을 통해 양자는 변화한다. 이 변화된(변화하는) 교육내용을 가지고 학생에게 다가간다. 여기에서도 역시 무턱대고 학생의 문화, 생각, 행동을 그대로 받아들이지 않는다. 학생의 문화를 인정하고 학생의 목소리를 듣지만 여기에 더하여 교사는 학생과는 다른 교사 자신의 문화를 제시해야 한다. 교사와 학생은 교사가 가르치고자 하는 내용과 학생이 배우고자 하는 내용의 차이를 인식해야 한다.[9]

9) 유아교육에서 고등교육에 이르기까지 현장 교육자들은 이러한 상황이 무엇인지 누구보다 절실히 느낄 것이다. 이러한 차이는 근본적으로 앞서 상술한 다양한 문화(성, 연령, 인종, 계층, 가족 집단의 하위문화 등)의 차이에서 비롯되는 것이다.

이러한 차이를 인식하며 끊임없이 대화할 때 교육은 일방성과 고정성의 압제에서 벗어난다. 교사와 학생 모두는 이 끝나지 않는 갈등과 대화의 과정을 통해 자신을 변화 · 발전시켜 나간다. 교사와 학생은 아포리아로서의 다문화교육을 통해 기존의 사고, 지식, 기술, 태도, 행위에 도전하며 새로운 측면을 탐구한다. 특히 학생은 이 과정을 통해 쉽게 결론내지 않고 충돌하는 측면을 지속적으로 성찰하고 반성하는 태도를 지니게 된다.

이러한 아포리아로서의 교사-학생관계, 가르침-배움의 실제를 구현하기 위해선 교사와 학생의 문화적 차이를 실제적으로 인식할 방법이 뒷받침되어야 할 것이다. 이를 위해 교사는 교실, 운동장 등 학교의 모든 장소에서 학생 개개인의 행동을 세밀히 관찰하며, 학생의 문화적 실제 및 선호도를 직접 질문하며, 학부모와 학생의 문화, 선호도 등에 대하여 대화하고, 학교 내 다양한 문화집단에 대해 연구하여야 할 것이다(Ogbu, 1992). 학생들에게 비판적인 자서전을 쓰게 하고 자기 가족의 이야기를 나누게 하여 학생 스스로 자기를 성찰하고 교사와 다른 학생은 이를 통해 차이점과 유사성을 생각하도록 한다(Sylvester, 1994; Hooks, 1993 등). 이러한 관찰과 지식을 토대로 가르침의 내용을 구성하고 이를 학생의 고유한 경험과 연결한다. 학생이 가진 기존의 지식, 기술, 태도, 사고와 행동의 방식, 습관, 취향 등을 기반으로 새로운 지식을 접하게 해주어 학구적, 직업적, 사회적 잠재능력을 조장한다. 또한 성, 인종, 계층, 종교 등 다양한 미시문화를 교육내용에 포함시키되 분리가 아닌 상호 연결된 내용으로 다루어야 한다. 이 중 하나만 강조하고 다른 것은 무시하는 것, 예컨대 인종차별 극복을 강조하면서 성차별을 묵인하는 내용은 다문화교육이라 할 수 없다(Gollnick & Chinn, 1994: 297).

교사는 수업에 대해 학생들에게 저널(소감문)을 쓰게 하여 학생 개개인의 서로 다른 반응을 살피며, 학생들이 자신의 생각을 발달시키게 하는 한편 교사 자신의 응답(코멘트)을 통해 새로운 측면을 인식하게 한다(Gollnick & Chinn, 1994: 302). 또한 교사는 학생이 가지는 편견뿐만 아니라 사회 내에 존재하는 차별과 불평등을 탐구하고 도전하도록 도와주어야 한다(Gollnick & Chinn, 1994: 304). 개인 내부 혹은 개인 상호 간의 편견과 압제는 더 큰 사회내의 편견, 차별, 소외와 연결되므로 다문화교육이 진정 의미를 가지려면 사회구조적인 불평등에 대한 비판적인 탐구와 이를 통한 혁신이 있어야 할 것이다.

바. 맺음말

지금까지 다문화교육의 의미를 밝히기 위해 문화, 다문화, 다문화주의, 교육의 의미를 탐색하고 이들의 상호관계를 고찰하였다. 문화는 관점에 따라 경작, 전통, 정보들의 결합체, 상징체계, 상이한 권력들 간의 작용으로 볼 수 있는데 그 공통적 속성(문화의 준거)은 주체와 환경의 상호작용을 통해 형성·변화된다는 점과 독특성과 연관성을 공유한다는 점이다. 모든 문화(심지어 가장 작은 단위인 개개인 포함)는 다양한 미시문화들(인종, 성, 계층, 연령, 종교 등)의 복합체로서 사실상 다문화이다. 따라서 다문화라고 함은 문화의 다양성 및 복합성을 강조하는 의미이며 이는 다문화주의라는 하나의 이념을 주장하는 것으로 볼 수 있다. 다문화주의는 다인종(다문화)사회의 현실적 요구에 대한 정책적 대응, 공동체주의와 자유주의의 이중적 기반, 후기 자본주의 이데올로기를 배경으로 등장한 이념으로 각 집단(개인)의 독특한 요구들을 존중하되 이들 간의 공존, 조화를 함께 추구한다.

플라톤, 듀이, 코메니우스의 교육사상에 근거한 교육의 의미는 교육자와 학습자, 학습자와 교육환경, 학습자 상호 간의 다양성(차이, 독특성), 연관성, 상호교류(조화)를 통해 지적, 인격적 성장을 꾀하는 것이다. 문화와 교육의 관계는 독특성, 연관성, 상호교류라는 핵심속성을 공유하고, 교육을 통해 문화를 발달시키며 문화는 교육의 중요한 소재 및 방법이 된다는 측면에서 상호 수단과 목적이 되는 관계라 하겠다. 모든 교육은 교육의 주체인 인간과 그 환경이 다문화적으로 구성되어 있기 때문에 필연적으로 다문화적 성격을 가진다. 따라서 다문화교육이라 함은 강조의 뜻으로 다문화적 가치를 더욱 존중하고 증진해야 한다는 하나의 이념적, 정책적 의미로 해석할 수 있다. 즉, 이것은 현대의 다양한 사회적 맥락에서 문화의 다양한 측면을 배워야 한다는 점, 편협하고 정체된 시각에서 벗어나 개방된 시각과 자기반성, 타인(다른 것)에 대한 이해, 배려, 공감의 태도를 길러야 한다는 점, 인류의 거대한 지식의 보고를 다양한 관점에서 접근해야 한다는 점을 강조하는 이념이라 하겠다.

다문화교육은 한편으로는 차이(다양성)를 존중하고, 다른 한편으로는 조화와 유대를 조장하는 교육이다. 차이를 존중하는 교육은 다양한 집단의 문화적, 종교적, 인종적 특수성을 존중해야 하며, 조화와 유대를 지지하는 교육은 상호문화적 이해를 배양하는 것으로 교직원, 학교이념, 학교구조, 교수 실제, 교육과정, 학생 구성, 교육 소재 등이 모두 다양성을 드러내며 학생들 상호 간에 다양한 내용들을 상호 소통하는 방향으로 되어야 한다.

다문화교육은 독특성(차이)과 연관성(조화)의 이중적 가치를 지니는데 이는 데리다가 말한 아포리아와 같은 성격으로서 양자가 서로 다가가지만 결코 완전히 합체될 수는 없는 상태를 의미한다. 다문화교육은 차이와 조화, 전통과 혁신, 자아와 타자 간의 끝나지 않는 아포리아로서 종국적인 결론을 유보하고 지속적으로 차이를 찾고 변화를 모색하는 의미를 지닌다. 이것은 교육의 핵심이자 가장 미시적 차원인 교사-학생 관계에서도 드러난다. 교사는 정해진 교육과정과 자신의 문화와의 차이를 발견하여야 하며 학생은 교사나 교재의 가르침을 일방적으로 흡수하지 않고 지속적으로 충돌하는 측면을 질문하고 반성한다. 교사는 학생 개개인의 특수성을 찾고 존중해야 하며 학생은 교사 및 다른 학생의 상이한 의견을 수용하여 새로운 시각을 넓혀 나가야 한다. 다문화교육의 의미에 대한 근본적인 성찰을 토대로 우리는 다문화사회의 현실적 요구에 적절히 부응할 수 있는 보다 구체적인 방법들을 모색할 수 있을 것이다.

(3) 현대 문화와 자율성*

가. 들어가며

인간의 삶은 끊임없는 선택과 판단으로 이루어진다. 어떤 음식을 먹을지 혹은 어떤 옷을 입을지와 같은 사소한 일에서부터 어떤 진로로 나아갈지 혹은 어떤 일을 할지, 더 나아가 어떤 가치관을 가질지와 같은 중대한 문제에 이르기까지 우리는 수많은 선택과 판단을 하며 살아간다. 이러한 선택 중에는 즉흥적 욕구대로 결정해도 무리가 없는 것들도 있지만, 상당한 경우 가치 판단과 관련되어 있고 그 결정에 따라 차후 장기간 개인의 삶과 타인의 삶에 중대한 영향력을 미치는 것들도 많다. 그런데 현명한 선택이 되려면 각 개인의 선택이 그 자신의 정체성과 잘

* 이 글은 2014년 『교육사상연구』 제28권 제1호에 발표된 저자(심승환)의 논문, “자율성에 대한 비판적 검토를 통한 교육적 이상으로서의 의미 고찰”을 수정한 것이다.

부합되어야 한다. 자신의 정체성, 성향, 가치는 그 누구보다도 스스로 알고 만들어 가야 한다. 만약 개인의 정체성이나 가치관이 스스로의 판단 과정 없이 단순히 타인에 의해 결정된다면, 내면적 동기 및 만족을 기대하기는 힘들며, 자신의 신념과 충돌하거나 의심될 때 혼란감이 발생한다.

현대 사회는 다원화 사회, 다문화 사회, 글로벌 사회라고 한다. 다양한 문화적 맥락 속에서 다양한 가치들이 사회 내에 공존하며 상호 간에 영향을 주고 있다. 과거 상대적으로 폐쇄적인 집단 속에서 단일한 문화와 가치 속에서 평생을 살았던 사람들과는 달리, 대부분의 현대인들은 지속적으로 다양한 문화와 가치의 영향을 받는 가운데 자신이 어떠한 가치를 추구할지 선택하여야 한다. 이를 위해서는 특정한 가치를 일방적이며 타율적으로 수용하는 대신 스스로 객관적인 자세로 합리적 준거와 이유를 통해 다양한 가치들을 검증하고 평가하는 능력이 요구되는데 이것이 바로 합리적 자율성(rational autonomy)이다. 이는 합리적 의사소통을 통해 정책을 결정하는 민주주의 사회가 요구하는 시민의식과도 연결된다.

교육은 (좋은) 인간이란 무엇이며 이를 어떻게 실현할 것인가의 근본 질문을 가지고 (좋은) 인간의 양성 및 완성을 추구한다. 좋은 인간의 양성 및 완성을 위해서는 전술한 자율적이고 합리적인 판단 및 선택 능력이 필수적으로 요구된다. 특별히 한국의 교육현실은 입시와 취업 중심의 교육으로 인해 이러한 합리적 자율성의 함양을 기대하기 힘든 상황이다. 어떠한 다양한 가치들이 있으며 그것들은 어떠한 중요성과 의미를 지니며 자신은 그 중에 무엇을 지향해야 좋을지를 진지하게 사고하도록 유도하는 교육이 아니라, 무조건 국·영·수 중심의 시험성적을 올려 명문대에 들어가고 무조건 토익성적과 스펙 등을 올려 조건 좋은 회사에 들어가는 것에 매몰된 교육이 되어 있다. 이러한 교육현실에서 자율성의 의미를 되새겨보는 것은 중요하다고 본다.

기존의 자율성에 관한 연구들은 대체로 자율성의 교육적 의미를 밝히는 것[10]이나 특정한 학자의 이론을 중심으로 고찰한 것[11]이나 비판적 관점[12]에서 본 것으로

---

10) Dearden(1972), White(1999), Winch(2006) 등의 연구.

11) 디어든(Dearden)을 연구한 이지헌(2000), 화이트(J. White)를 연구한 김희봉(2005), 놀(Nohl)을 연구한 김철(2009), 가타리(Guattari)와 프레네(Freinet)를 연구한 정훈(2013) 등의 연구.

12) 예를 들어, 공동체주의 및 본래성 입장의 비판을 다룬 Taylor(1977), 페미니즘 입장의 비판을

유형화할 수 있다. 자율성은 인간의 본성 및 정체성과 관련된 것이기에 다양한 철학적 관점들을 종합적이며 비판적으로 다루어야 하며 그것을 교육과 관련하여 고찰하려면 특히 현대 사회의 특수성과 교육현실의 문제들을 함께 고려하여야 하는데 이러한 종합적 관점의 연구들은 별로 없었다. 교육에서 자율성은 진정 필요하고 중요한 것인가? 현대 사회에서 그것은 어떤 의미와 한계를 지니는가? 자율성은 공동체의 善의 실현과 어떠한 관련이 있는가? 중립적이고 합리적인 주체의 관점은 수용할 수 있는가? 자율성은 본래성과는 어떠한 관련이 있는가? 자율성은 좋은 삶, 자아정체성, 민주주의 시민의식 등의 가치와는 어떠한 관련이 있는가? 이글은 이러한 질문들에 대한 논의를 종합하여 교육에서 자율성의 의미와 한계를 고찰하고자 한다.

나. 논의의 배경: 자율성의 한계에 대한 비판적 검토

A. 외부영향력과 가치충돌의 문제

자율성은 교육에서 중요한 가치로 인정되어 왔다. 문제는 현실에서 이를 구현할 때 수반되는 장애들을 어떻게 대처하고 극복하느냐이다. 현대 사회는 다국적 기업을 주축으로 하는 자본과 시장의 영향력, 이와 관련된 대중 매체와 광고의 영향력이 개인의 심미적 · 반성적 활동을 잠식하고 있다. 개인들은 이러한 영향하에 대안들 중에서 그저 자신이 원하는 것을 찾는 수준의 가벼운 선호도의 평가에 그치고 있다(Smith, 1997: 128). 자신의 욕구와 타인의 영향을 평가할 보다 상위의 욕구 혹은 가치관이 있다고 하여도 그것까지도 흔들 수 있는 지속적이고 강력한 외부 영향력들이 현대 사회에는 존재한다. 예를 들어, 어떠한 광고들은 단지 특정 상품의 장점을 선전하는 것에서 더 나아가 자신들이 팔려고 하는 그 상품과 관련된 '특정한 삶의 방식'을 선호하도록 체계적으로 고안되어 있다. 더구나 현재 대부분의 국가들은 자본주의 시장 경제 체제를 옹호하여 자유 시장 경쟁과 개인의 선택을 국가적으로 지원하고 있다(Ibid., 130). 반복적이고 체계적인 외부의 영향들은 개인의 자율

다룬 Friedman(2000), 포스트모더니즘 입장의 비판을 다룬 Rorty(1991), White의 입장에 대한 비판을 다룬 유재봉(2001) 등.

적이고 합리적인 판단능력을 마비시킬 정도로 강력하다. 무엇이 좋은지에 대한 기준은 대중 매체 등을 통해 반복적으로 우리에게 주입되는 정보들에 의해 흐려지며 장악된다. 우리는 결국 그러한 강력한 외부적 영향하에서 마치 특정한 삶의 방식이 진리인 양 세뇌당하고 그것에 이끌려 살게 된다.

하버마스는 이러한 측면과 관련하여 전통사회와 현대 자본주의 사회를 비교한다. 전통사회는 종교적 가치관에 의해 강력하게 통합되어 있었다. 사회적 역할과 공동체의 정체성이 사회적 관행을 통해 정착되어 있었고 개인들은 일상생활에서 전통의 배경지식을 기반으로 행동하였다. 그러나 현대 자본주의 사회가 발달함에 따라 사회관계는 돈과 권력에 의해 통제되어 감으로써 경제적 체계와 정치적(관료제적) 체계를 발달시켰다(Habermas, 1987: 154). 경제체계는 물품, 서비스, 노동의 교환을 통해 사회를 통합시키고자 하는데 개인들은 여기서 오직 각자의 금전적 이익만을 추구하며 이것이 의식을 지배하게 된다. 또한 정치체계는 관료제적 조직을 통해 구성원의 개인적 관심사들을 오직 조직의 효율적인 목표달성 쪽으로 전환시킨다(Ibid.: 307-308). 무조건 돈 많은 것이 최고이며 어떠한 목표가 주어지든 더 많이, 더 빨리 생산하고 수행해내는 것이 최고인 사회가 되었다.

이러한 경제적, 정치적 이데올로기에 의해 우리의 자율적 의식은 외부로부터 통제되는 "허위의식(false consciousness)"이 된다. 광고나 드라마 등의 대중매체는 (물론 건설적인 비판의 수단도 되지만) 많은 경우 명품과 대저택 등을 반복적으로 보여주며 우리에게 물질적 가치를 주입하고 정부, 기업, 학교, 공공단체 등 많은 조직들은 보상체계 등을 통하여 현재 목표가 과연 가치 있는 것인지, 어떤 목표를 추구하여야 하는지에 대한 반성적 판단을 중지시키고 오직 주어진 목표를 효율적으로 달성하는 데만 혈안이 되게끔 이끈다.

자율성을 실현하는 데 있어 외부적 영향력과 함께 또 다른 중요한 문제는, 가치들이 나름대로의 준거와 영향력을 가지고 팽팽히 맞서 있어 개인이 과연 무엇이 좋은지를 판단하기 힘든 '가치 충돌'의 경우이다. 이러한 상황은 특히 급격한 인구 이동, 문화 간의 상호 교류를 통하여 형성된 '다문화 사회'를 배경으로 한다. 다문화사회에서는 서로 다른 문화 간에 상이한 전통, 종교적 신념, 관습, 생활방식, 취향 등으로 인하여 갈등이 야기된다. 특히 이러한 갈등은 한 가정이나 집단 내에서 더욱 첨예하게 발생한다. 예를 들어, 근래 한국 사회의 경우, 동남아 여성과 한국 남성 간의 국제결혼이 많은데 베트남, 필리핀, 인도네시아, 캄보디아 등의 국가들은 부계와 모계를 함께 존중하며 부부가 평등하며 상보적인 역할을 담당하는 '양변제 가족제도'의 문화인 반면, 한국은 남편에게 상대적으로 강한 권위와 부양책임이 주어지는 '가부장제' 문화가 여전히 강하여 이를 계기로 가정 내의 갈등이 발생하고 있다(구정화 외, 2009: 79). 동남아 여성은 결혼을 하였어도 자신의 친정 가족을 위해 경제적 도움을 제공하고 자신의 의사를 존중받고자 하나, 한국 문화에서는 '출가외인'으로 아내는 남편과 자식을 위해 '현모양처'의 도리를 다하며 남편의 권위와 의사에 순종할 것을 요구한다. 이 상황에서 이 여성들은 자국의 문화와 한국의 문화 간의 차이와 갈등을 겪게 되고 양자를 동시에 충족시키지도 포기하지도 못하는 상황에서 선택과 판단이 어렵게 된다.

또 다른 예는, 특정한 종교적 전통 속에서 자라난 사람이, 그와는 상당히 대립되는 새로운 문화를 접하거나 그 공동체에 들어갔을 때 두 가지 삶의 가치와 방식 중에서 선택의 한계에 봉착하는 경우이다. 가령, 유교집안에서 자라난 아이가 기독교를 접하고 교회를 다니면서 본인은 그 기독교적 신념을 가지게 되었음에도 불구하고 유교적 집안의 의례에 참여해야 하는 상황은 매우 대처하기 힘든 경우이다. 기독교는 우상숭배를 철저히 금기시하며 특히 살아있는 사람이 아닌 죽은 자에게 절하거나 어떠한 상이나 사물(위패 등)에 절하는 것은 금하고 있는데, 제사는 유교의 중요한 의례로서 유교적 전통을 행하는 가정에서는 이것을 거부하기란 힘들다. 개인의 합리적 판단의 준거는 당사자의 배경지식과 경험, 습관, 사고방식 등으로부터 오는데 많은 경우 가치 충돌이 발생할 때 개인적 지식과 경험만으로는 그 해결이 어렵다. 더욱이 그 가치 판단이 자기 삶의 정체성(identity)과 연결되었을 때는 어떤 추상적인 사유나 협상으로 해결되기는 힘들다. 상기 예에서 심한 경우에는 자기 부모와 의절하여야 하는 상황도 발생한다. 종교적 신념이나 문화적 전통 등은 나름대로 깊은 가치 체계와 역사적 뿌리를 가지고 있어 어느 것이 좋다고 객관적으로 판단하기 힘들며 특히나 개인이 그 신념 체계나 전통에 속해 있을 경우에는 중립적인 입장에서 가치 판단을 하기란 거의 불가능하다. 상기 예에서 당사자는 단순히 절을 하느냐, 마느냐가 아니라 유일한 하나님에 대한 경외의 기독교적 가치와 효경(孝敬)의 유교적 가치간의 충돌, 현실적으로는 자신의 종교적 신념과 가정의 화합의 첨예한 충돌에서 어떠한 길이 옳은지(좋은지)의 선택의 한계에 직면하게 된다.

상기한 두 가지 문제(외부 영향력과 가치 충돌)의 공통점은 개인적 판단 및 선택의 한계와 관련되는데, 하버마스를 비롯한 시민의식 함양을 연구한 학자들은 이에 대해 타인과의 적극적인 교류, 의사소통을 통한 합리성의 도출을 대안으로 제시한다. 우리는 타인과의 의사소통을 통하여 스스로는 볼 수 없었던 자신의 판단의 문제점들을 알아갈 수 있다(Smith, 1997: 131). 타인과 더불어 논의하는 중에 우리의 생각을 구속하고 조종하는 강력한 외부 영향력들을 분별하고 그것들을 극복할 합리적 방향을 모색할 수 있다. 이러한 의사소통적 합리성은 우리 삶에 영향을 주는 권력과 그 남용을 인식하게 하며 우리 자신이 다시금 자율적 힘을 되찾도록 한다. 이것은 기만, 자기기만, 환상, 집착 등을 인식하고 서로 간에 합리적인 근거를 모색하게 한다. 이러한 집단적 교류를 통한 자율성은 개인적이고 결정적인 합리성이 아닌 과정적이며 대화적으로 이루어진다(Ibid.: 134-136). 또한 이러한 공적인 장을 통한 대화는 구성원들이 자기 혼자서는 알 수 없었던 다양한 의견들을 나누고 토론을 통해 대립되는 의견들에 대한 타당성과 이유들을 합리적으로 함께 검증하면서 합리적인 대안을 찾는 능력과 태도를 기르게 할 수 있다.

교육은 지적, 인격적 성숙을 추구하는데 이는 외부로부터의 다양한 지식 및 가치관의 수용과 자기 스스로의 지속적인 반성과 실천을 통해 이루어진다. 외부의 영향을 차단하고 산다면 지식의 한계와 독선에 빠질 것이고, 반대로 외부의 영향에 지나치게 의존하게 되면 자아정체성의 혼란과 타율적 성향을 초래할 것이다. 또한 상이한 가치들을 접하고 인식의 폭을 넓힐 수도 있으나 개인이 감당하기 힘들 정도로 강력한 가치 충돌에 직면한다면 역시 정체성의 혼란과 삶의 방향 설정의 한계를 경험할 수 있을 것이다. 따라서 외부로부터의 충전과 개인 내부로부터의 자율적인 반성은 인간의 지적, 인격적 성숙을 위해 양날의 검이자 조화를 이루어야 하는 두 가지 핵심 축이다. 진정한 의미의 —교육적 이상으로서의— 자율성은 단순히 자기 스스로 무엇인가를 하는 것이 아니라 자신을 얽매고 있는 불합리한 권력과 속박을 인식하고 이를 극복하는 데 있다. 그러한 불합리한 속박에서 벗어나지 못하는 한 지적, 인격적 성숙을 기대하기란 어렵기 때문이다.

그런데 이러한 속박으로부터의 해방은 한편으로는 타인과의 적극적인 의사소통을 통하여, 다른 한편으로는 스스로의 치열한 자기반성을 통하여 이룰 수 있다. 무조건 타인과 대화를 많이 한다고 하여 불합리한 속박들을 극복할 수 있는 것이 아니고 오히려 타인을 통해 그것이 강화될 수도 있다. 타인은 자신이 볼 수 없는 부분을 발견하고 건설적 비판을 통해 지적해줄 수 있으나, 다른 한편 특정한 가치를 강화시키거나 새롭게 주입할 수도 있다. 따라서 타인과의 교류는 반드시 개인 내부의 주체적이고 합리적인 잣대를 가지고 그 타당성을 검증하며 비판하고 재정립하는 상보적 과정이 필요하다.

가치 충돌과 혼란의 경우에도 타인의 조언 및 지적과 비판적인 논의는 개인 인식의 한계를 극복할 수 있는 중요한 원천을 제공하나, 타인이 자신의 삶의 깊은 정체성을 이해하고 조언하기란 한계가 있다. 진정한 자아(the true self)를 인식하고 진정한 자기의 길을 찾는 것은 그 누구도 아닌 자신이 할 수 있는 것이다. 상기 예와 같은 다문화가정의 가치 충돌, 종교적 신념의 충돌 등의 문제는 전문적 상담과 주변인의 조언도 필요하겠으나 궁극적으로는 자아정체성에 대한 치열한 자기반성과 주체적 결단을 통해 해결할 수 있을 것이다.[13] 갈등적인 문제의 해결은 매우 힘든 것이나 이러한 경험은 인식의 폭을 넓히고 깊이 있는 내면적 반성의 힘을 강화하여 지성과 인격의 함양에 크게 기여할 것이다.

B. 자율성과 본래성

인간 개인의 '자유'에 초점을 둔 사상가들은 많이 있으나 철학사에서 대표적인 두 부류는 바로 합리주의적 전통과 실존주의적 전통으로, 전자는 자율성(autonomy)을, 후자는 본래성(authenticity)을 인간의 본질적이고 중요한 성향으로 주장하였다. 양자는 모두 어떠한 대상이나 사태에 대하여 타인(외부)에 의해 좌우되지 않고 개인 스스로 사고, 판단, 선택하는 능력 및 태도를 의미한다. 그런데 양자의 중요한 차이

13) 이와 관련하여 자율성과 본래성의 문제는 후술하겠다.

는 (물론 학자들에 따라 관점이 다양하지만) 전자가 보다 객관적이고 중립적인 평가를 강조한다면, 후자는 보다 주관적이고 참여적인 선택을 강조한다는 점이다. 전자의 초점은 무엇이 더욱 합리적이고 타당한가에 있으나, 후자는 무엇이 고유한 나를 찾게 하며 진정한 나의 길을 실현시킬 것인가에 있다.

합리성을 강조하는 자율성은 자신의 고유한 소망이나 관점이 중요한 것이 아니라 합리적인 평가가 중요하며 이를 위해서는 합리적인 마음의 틀을 키우는 필수적인 지식 기반의 교육과정이 필요하다(Peters, 1973). 이에 반해, 고유성을 강조하는 본래성은 산업사회의 대중화와 인간 소외의 배경 속에서 인간 개인이 참다운 존재가 되기 위해서 자신의 고유한 결단과 선택, 그리고 책임의 필요성을 의미한다. 이는 대중의 관습, 여론, 자신의 구태의연한 기존의 생각 등에 좌우되지 않고 지속적으로 새롭게 스스로 거부, 선택하는 힘을 나타낸다(Sartre, 1957: 65). 인간은 일상적으로 이야기하는 잡담에서 피상적인 전달에 사로잡히고 대상의 본질을 자신이 직접 살피지 못한다. 또한 호기심에 이끌려 계속 새로운 것을 찾는 중에 자기가 현재 처한 것을 깊이 들여다보지 못한다. 이와 아울러, 사람들은 소문과 기대치에 의존하여 대화함으로써 무엇이 진실한지 모르고 애매한 상태에 놓이게 된다. 이러한 잡담, 호기심, 애매성을 통해 사람들은 자기와 주변 사람들로부터 뿌리가 뽑힌 채 비 본래적인 상태가 된다. 이러한 비 본래적 상태에서 본래적인 상태로 돌아오려면 죽음과 같은 절박한 인식을 통해 피상적인 관심, 가식, 일상성과 평균성에서 벗어나 지금, 여기의 진정한 자기를 찾는 치열한 결의가 필요하다(Heidegger, 1927).

진정한 자기를 찾는 것은 합리주의적 교육 전통에서 강조하는 체계화된 지식의 형식으로의 입문으로는 불가능하다. 니체가 볼 때 객관적인 지식은 인간 삶에 본질적인 삶의 상황에 대한 이해와 무관하고 단지 집적된 생각과 이론의 안내일 뿐이다. 인간이 가장 심각하고 어려운 문제들에 직면하여 마땅한 길을 고민할 때 깊고 숭고한 교육이 일어난다(Nietzsche, 1964: 5). 본래성에 이르는 교육은 객관적인 지식이나 그것에 이르는 방법론이 아닌 삶의 구체적인 상황의 의미와 가치를 성찰하고 진정한 자신의 길을 찾는 의지를 키우는 데 초점이 있다. 그런데 이러한 진정한 자기 정체성을 찾는 데는 자신에게 중요한 타인과의 진지한 상호작용을 통하여 자신의 역사적 맥락, 자연 환경, 공동체의 요구와 의무 등의 다양한 의미의 지평들을 종합하는 노력이 또한 필요하다(Taylor, 1991: 38-40).

자율성과 본래성은 상이한 철학적 전통과 관심에 근거하며 교육에 대한 함의도 상이하다. 그렇다면 양자의 접점을 찾거나 종합적 논의를 하는 것은 불가능한 것인가? 인간의 교육은 인간의 좋은 삶을 위한 지적, 인격적 성숙을 추구한다. 자율성이든 본래성이든 초점은 보다 완전한(인간다운) 인간이란 무엇이며 이를 어떻게 실현하느냐에 있으며 양자는 모두 '자유'에 주목하고 있다. 자유는 기본적으로 어떠한 구속 상태로부터의 해방을 의미하는 소극적 의미의 자유와 인간의 본성과 정체성(개성)을 온전히 실현할 수 있는 적극적 의미의 자유를 포함한다.

이러한 두 가지 의미의 자유를 '온전히' 실현하기 위해서는 한편으로는 다양한 가치를 보는 객관적이고 합리적인 안목을 가져야 하며, 다른 한편으로는 자신의 고유한 상황과 정체성을 읽는 주관적이고 실존적인 안목을 가져야 한다. 즉, 교육적 이상으로서 온전한 자유를 실현할 수 있는 인간의 성향은 객관적이고 합리적인 안목과 주관적이고 실존적인 안목을 겸비하여야 한다. 이러한 맥락에서 자율성이 교육적 이상으로서 자리매김하려면 본래성을 수렴한 확장된 개념이 되어야 하며, 반대로 본래성도 보다 완전한 교육적 이상이 되려면 자율성의 의미를 수렴하여야 할 것이다. 테일러(Taylor, 1991)는 타인, 공동체, 그보다 더 넓은 환경과의 상호작용 속에서 이루어지는 본래성을 주장하였다. 그의 이러한 관점은 자율성과 본래성의 상호 대화의 가능성을 보여주며 교육적 이상으로서 보다 확장된 의미의 자율성과 본래성을 구성할 수 있는 여지를 시사한다. 교육적 이상으로서의 자율성과 본래성은 다양한 지식과 가치의 수용 및 합리적인 판단, 자아정체성과 자신의 고유한 삶의 방식에 대한 내적 성찰과 결의가 병행됨으로써 가능하다.[14)]

자연, 인간, 사회, 문화 등 이 세계에 대한 폭넓은 내용 지식과 그 지식에 이르는 방법적 지식은 분명히 합리적으로 사고하고 판단하는 객관적 안목을 키워줄 것이다. 이러한 합리적이고 객관적인 안목 없이는 외부의 특정한 이데올로기나 자신의 즉흥적인 욕구에 구속되기 쉬울 것이다. 한편, 진정한 자아를 깊이 있게 성찰하며 지금, 여기의 구체적인 상황에서 자신이 가야 할 길을 결단하는 의지가 없다면 자

14) 자율성에 본래성의 개념까지 포함시키는 것은 그 의미를 지나치게 확대하는 것이 아닌가 하는 의문을 야기할 수 있다. 저자가 이 글에서 고찰하고 주장하는 바는, 우선 기존 학자들이 주장한 자율성 개념의 한계들을 비판적으로 지적하고, 다음으로 다양한 철학적 관점들의 중요한 함의들을 수용하여 교육적 이상 또는 목적으로서 보완되고 확장된 의미의 자율성을 나름대로 새롭게 제언하는 데 있다.

기의 고유한 정체성을 실현하기란 불가능할 것이다. 어떠한 이론이나 지식이 학습자 개개인의 구체적인 상황 속에서 어떠한 의미를 가지고 어떻게 적용되어야 하느냐에 대한 주체적이고 창의적인 노력이 없다면 지식 습득이 그 학습자의 진정한(고유한) 자아실현으로 발전하는 데는 한계가 있을 것이다.

마주하는 사람과 대상에 대해 전존재를 걸고 그 뿌리까지 온전히 진정성 있게 살피는 본래성의 자세는, 또한 지식과 가치를 왜곡됨 없이 수용하고 스스로의 고유한 안목으로 정립할 수 있는 보다 완전한 의미의 자율성에 이르게 할 것이다. 요컨대, 온전히 자유로운 인간을 키우는 교육적 이상으로서의 자율성은 단지 합리적인 마음의 틀만 갖추고 있는 것이 아닌, 진정한 자아를 성찰하고 실현하는 본래성의 의미를 수렴한 것이어야 한다.

다. 자율성과 교육의 관련성

인간의 교육에서 자유 및 자율성을 다룬 학자들은 많지만 그것을 중심에 두고 주장한 유명한 학자는 바로 루소(J. J. Rousseau)이다. 그는 인간이 타인들에 의해 좌지우지되면서 불구의 인간이 되며 온갖 편견·권위·필요, 부지중에 빠져드는 사회제도로 인해 인간 속에 내재한 자연성을 말살한다고 하였다(Rousseau, 권응호 역, 2000: 7). 루소가 보는 이상적인 인간은 편견에 의해 왜곡되지 않은 본래의 감성과 이성(자연성)을 보존하는 자연인으로, 자연인은 진정으로 자기를 위하는 동시에 타인을 위하는 것이 행복이라 여긴다. 자연인은 변화무쌍한 다양한 직업, 사회적 위치와 상관없이 먼저 인간이 되어 어디서든지 인생의 선한 일과 악한 일을 분별할 줄 안다. 루소가 볼 때, 바로 이러한 인간을 키우는 교육이 가장 훌륭한 교육이다(Ibid., 9-12). 루소의 자연인은 진정 자기에게 필요한 것을 열렬히 사랑하는 자기애(amour de soi)를 추구한다. 그는 타인의 권위, 타인의 필요, 타인의 이목 때문이 아닌 오직 자기의 필요와 판단에 의해 움직인다. 또한 이러한 능력과 태도를 키우는 교육은 타인이 설명해주는 것이 아닌 스스로 관찰하고 느끼며 자기 생각을 만들고, 비판하고 문제해결하며 검증하는 방식에 의한다.

그런데 '자기가 원하는 것'을 따르는 것이 진정 바람직한 인간의 기준이라고 볼 수 있는가? 어떤 사람이 약물 중독, 도박, 폭행을 원하여 그것을 행한다면 그것은 바람직한가? 이 부분에 대하여 칸트(I. Kant)는 보다 명쾌한 이해를 제공한다. 그에 의하면 도덕적으로 자율적인 인간은 성향 혹은 욕구에 의해 지배되는 것이 아니라 자신의 이성에 의해 입법된 법칙이 자신의 행위를 구속한다. 이때 인간은 강박이나 중독과 같은 타율성으로부터 자유로워지고 진리와 타당한 것을 올바로 인식할 수 있다(Kant, 최재희 역, 1995: 409). 이것은 곧 자율성을 타인 및 자신의 욕구로부터 오는 모든 구속으로부터 벗어난 '합리적 마음'과 관련하여 보는 관점으로 이러한 칸트의 관점은 이후 피터스(R.S, Peters), 허스트(P. Hirst), 셰플러(I. Scheffler)와 같은 합리주의적 전통의 교육철학으로 이어졌다. 이들은 자율성이란 합리적으로 검증된 선택을 하는 것이며, 자율성의 발달을 위해서는 학생들에게 합리성의 적절한 형식 및 필수적인 지식 기반을 제공하는 의무 교육과정이 필요하다고 주장하였다(Bonnet and Cuypers, 2003: 327).

그런데 인간은 칸트의 다소 이상적인 관점과는 달리 의무적·당위적으로 善을 추구하지만은 않고 삶의 '실용적 가치'를 추구한다면, '합리적인 선택'은 실용적 관점에서도 여전히 인간의 삶에서 중요한가? 현대 사회에는 다양한 가치, 신념, 사회적 역할이 혼재되어 있고 직업, 사회적 위치가 시시각각 변화한다. 이러한 다양성과 유동성을 가진 사회에서 가치, 신념, 직업 등을 적절히 선택하는 능력의 배양은 성공적인 삶의 준비를 위해 필수적이다(Winch and Gingell, 2004: 95). 한편 이와 더불어 사회와 국가의 가치와 정책들을 그저 수동적으로 수용하는 것이 아니라, 그것들이 타당하며 적절한지를 스스로 평가하고 비판하며 나아가 대안을 제시하는 능력은 개인뿐 아니라 공동체의 삶을 위해 중요한 일이다.

먼저 개인적 선택의 문제에서 볼 때, 자율성은 단지 어떤 목적을 달성하기 위한 수단의 선택, 혹은 방법(방식)의 선택만이 아닌 삶의 궁극적인 목적 및 가치의 선택과 관련된다. 바로 이 점에서 우리는 자율성을 교육목적으로 생각해 볼 수 있다. 교육은 인간을 바람직한 방향으로 가르치고 기르는 활동이며 이를 위해 근본적으로 필요한 일은 배우는 자에게 스스로 그 바람직한 방향이 무엇인지를 숙고·발견하도록 인도하는 일이다. 더욱이 시대적 배경을 고려해볼 때, 과거 특정한 가치관이 지배하던 전통사회와는 달리, 다양한 가치관들이 경합하는 현대사회에서는 합리적인 평가와 판단을 통해 적절한 삶의 방향을 선택하는 것이 요구된다. 그 평가와 판단의 준거는 무엇보다 우선적으로 자신의 관심과 능력이 될 것이다(Ibid.: 96).

자신의 삶의 가치관과 진로는 자신이 가장 좋아하며 능력을 발휘할 수 있는 것과 가장 잘 조응될 때 최선의 효과를 발휘할 것이다. 그리고 자신의 관심과 능력은 자신의 내면에서, 자신의 경험으로부터 가장 잘 알 수 있는 것이기에 타인이 아닌 —물론 타인의 도움을 받을 수는 있으나— 자신이 자율적으로 발견할 때 최선의 결과를 얻을 수 있다. 이와는 달리, 삶의 방향과 진로가 타율적으로 지시될 때, 그 당사자는 자발적인 내면적 동기를 지니기 힘들기에 이러한 상황에서는 진정 행복한 삶을 영위하는 데 한계가 있을 것이다.

한편, 자율성은 개인의 삶을 넘어 공동체 혹은 국가적 차원에서 생각해 볼 수 있다. 공동체의 전통과 가치는 개인의 신념과 세계관의 토대가 되기 때문에 개인이 합리적인 선택을 함에 있어 중요한 기반이 된다. 이러한 측면에서 자율성은 자아와 자아의 뿌리인 공동체의 가치를 수용하고 이해하는 것을 수반한다. 그런데 개인이 공동체의 가치를 무비판적으로 수용하기만 한다면 그릇된 측면의 비판이나 부족한 부분에 대한 보완이 이루어질 수 없다. 따라서 자율성은 이에서 더 나아가 공동체의 근본 가치나 국가 체제의 정당성에 대해 평가하고 질문할 수 있는 자세나 능력을 의미한다(Winch, 2006: 20). 어떠한 국가(공동체)도 궁극적이고 완벽할 수 없다면, 그 국가의 개선과 발전을 위해서는 지속적인 반성과 갱신이 필요하다. 그런데 만약 그 국가 내의 구성원들이 모두 타율적인 성향을 가지고 있다면, 다시 말해 주어지는 이념, 정책, 제도에 그저 순응하기만 한다면, 그러한 비판적 반성과 갱신은 거의 불가능할 것이다. 특히 어떤 국가가 불합리한 가치와 제도들을 유지하고 있을 때 상기한 상황에서는 그 변화가 힘들 것이며 그 결과는 구성원들의 불행, 좋지 못한 삶으로 이어질 것이다.

공동체의 번영은 그 공동체의 구성원인 개인의 행복과 연결되어 있다. 삶의 목적과 방향을 선택할 때 개인은 자신의 능력과 관심 외에 공동체의 번영을 고려해야 한다. 그리고 이를 위해 때로는 기존의 공동체의 이념이나 정책을 질문하고 그와는 다른 관점으로 비판적 반성의 자세를 시도해야 할 것이다. 공동체의 이념과 정책에 대해 동의할 때에도 그것이 단순한 수동적 동의가 아닌 '적극적 동의'가 되어야 할 것이다. 수동적 동의는 주어지는 것에 대한 단순한 수용인 반면 적극적 동의는 합리적 반성을 통한 동의이다. 후자의 경우, 개인들은 자신의 생각을 통해 그 합리적 이유를 알고 이는 확실한 내면적 동기로 자리 잡히고 이는 다시 자발적인 실천으로 이어진다. 이는 '참된 앎은 실천으로 이어진다.'는 소크라테스의 관점과 유사하다. 반면, 전자의 경우는 공동체의 이념과 정책을 그저 맹목적으로 따르기에 내면적 동기와 자발적인 실천으로 이어지기 힘들다. 마치 강제 동원된 죄수들처럼 무엇이 왜 좋은지를 모르고 타율적으로 행하는 집단과 스스로 왜 좋은지를 알고 자발적으로 행하는 집단을 비교해보자. 양자의 구성원들 개개인의 삶의 질과 공동체의 삶 모두 큰 차이가 있을 것이다.

교육은 지성, 감성, 의지를 키우는 일이다. 지성이란 경험에 기초하여 새로운 지식을 생성하고 재구성하며 의미를 사유하는 능력이다. 그런데 지식과 의미가 외부로부터 타율적으로 주입될 때는 자신이 스스로 그 이유와 근거를 치밀하게 사유하지 못하기에 진정한 자기의 지식, 생성력을 가진 지식으로 뿌리내리지 못하고 단편적이고 한시적인 정보의 기억에 머물게 된다. 따라서 지성의 도야에 있어서 자율성을 통한 탐구는 핵심 요건이다. 스스로 어떠한 삶의 목적이 바람직한지, 그것을 어떠한 방식으로 추구하는 것이 적절한지 자율적으로 사고하는 것은 그 자체로 진리에 대한 탐구능력, 지적 성향과 능력을 키운다. 감성이란 타인과 사물 세계에 대한 공감과 소통 능력이며 미적 가치에 대한 섬세한 감수성이다. 공감과 소통, 가치의 인식은 자기와 타인에 대한 깊은 이해에서 비롯된다. 자율성은 자신의 관심, 성향, 능력과 사회적 가치에 대한 탐구, 무엇이 좋은 것인지에 대한 탐구에 기초하므로 자율성과 감성의 도야는 긴밀하게 연결된다.

의지는 모종의 동기를 가지고 특정한 목적을 추구하며 강한 결의에 따라 행위를 추진하는 힘을 의미한다. 자율성의 가장 기본적이고 중요한 요소는 바로 타율이 아닌, 자기 스스로에 의한 판단과 실천이다. 자율성은 자신이 어떠한 목적을 추구하여야 할지에 대해 스스로가 치열하게 고민하고 결의하며 실천하려는 태도를 수반한다. 타율적으로 주어진 것에 대한 순종이 아닌, 자율적으로 찾고 판단하며 추구하는 자율적 행위는 의지의 도야와 불가분의 관계라고 볼 수 있다. 이렇게 볼 때 '자율성'은 인간이 바람직한 인간이 되기 위해 추구하여야 하는 핵심적 덕목일 뿐만 아니라 지성, 감성, 의지의 함양을 위해 필수적인 교육목적으로 볼 수 있다.[15]

15) 그런데 자율성을 이렇게 해석할 때 '스스로 결정하거나 행동하는 성향'의 사전적 의미를 지나치게 확장시킨 것이 아닌가 하는 의혹이 제기된다. 자율성 그 자체는 지 · 정 · 의 혹은 지 · 덕 · 체의

라. 자율성에 대한 이론적 도전과 응답

자율성의 기본 전제는 개인이 자유롭게 자신의 가치관과 삶의 방식을 선택할 수 있다는 것인데 이에 대한 근본적인 이론적 도전은 공동체주의와 포스트모더니즘에 의해 이루어졌다. 샌델(Sandel, 1982)이나 맥킨타이어(McIntyre, 1981)는 롤스(Rawls, 1971)의 '무연고적 자아관'을 비판하며 개인은 역사적이며 사회적인 맥락 속에서 자아를 형성시키며 발견한다고 주장한다. 개인의 가치관과 삶의 방식은 개인이 중립적인 입장에서 다수의 선택지 중에 자유롭게 선택하는 것이 아니라 자신이 자라고 살아 온 사회적 배경, 역사적 전통, 가정환경 등의 영향을 통해 '형성'된다. 개인은 공동체의 가치를 알고 전통과 사회적 관행에 입문함으로써 바람직한 삶을 영위할 수 있으며 구성원들의 이 같은 삶을 통해 공동체도 추구하는 가치를 실현할 수 있다.

공동체주의의 관점은 개인과 사회의 연결 측면을 실제적으로 잘 설명하였다. 개인은 어떠한 진공 상태에서 사고하고 판단하는 것이 아니라 자신의 사회적 배경의 영향하에서 그렇게 할 수밖에 없다. 또한 규범적인 측면에서 볼 때 개인이 자신이 속한 공동체의 가치와 사회적 관행들을 배우는 것은 정체성의 확립과 공동체 구성원으로서의 준비 및 역할 수행을 위해 바람직하다. 그런데 그렇다고 하여 개인의 자율적인 선택과 판단이 전혀 불가능하거나 혹은 바람직하지 않은 것인가? 우선 사실적인 측면에서 볼 때, 인간은 주어진 조건대로만 움직이는 로봇이 아니라 자유의지(free will)를 가지고 선택, 실행하는 존재이다. 동일한 사회적 배경 내에서도 그 구성원들의 가치관과 삶의 방식은 천태만상이다. 다음으로 규범적인 측면에서 볼 때, 개인이 주어진 사회적 가치와 방식들만을 섭렵하고 그대로 따르는 것이 바람직하냐는 문제는 두 가지의 반론을 생각해볼 수 있다. 첫째, 그 가치와 방식들이 개인의 좋은 삶에 긍정적으로 작용하지 못할 수 있다는 점이고, 둘째, 해당 사회의 가치와 방식 외에 다른 것들을 섭렵하고 그러한 삶의 방식을 선택할 때에 더 나은

전인적 가치나 지혜, 용기, 절제, 배려, 성실 등 구체적인 가치 덕목과는 달리 중립적이다. 무엇인가를 스스로 한다고 하여 그것만으로 인간의 궁극적인 '善'의 상태라고 하기에는 부족하다. 그러나 상기한 설명에 따를 때, 자율성을 교육의 궁극적 목적이라고 보기는 힘들지라도 그 과정에 이르는 데 도움을 주는, 혹은 궁극적인 가치와 연관된 하위의 목적으로 보는 것은 가능할 것이다. 이와 관련하여 자율성과 '좋은 삶'의 논의는 후술하겠다.

삶을 영위할 수도 있다는 점이다.

국제화 사회에서 우리의 지식과 삶의 방식은 혈연적 집단과 인종적, 지역적 집단, 전통에 한정되지 않는다. 인종, 지역적 배경, 전통이 상이한 다양한 문화들과 교류함으로써 우리가 선택할 수 있는 삶의 방식이 더욱 다양해졌다(Wringe, 1997: 122-123). 더욱이 다양한 문화의 사람들과 함께 공존하고 교류하여야 하는 다문화, 글로벌사회의 현실에서 다양성에 대한 열린 마음과 수용은 핵심적 덕목이라 하겠다. 또한 우리의 정체성은 공동체의 가치와 사회적 관행에 뿌리박고 있으나 그렇다고 고정불변한 것은 아니다. 우리의 삶의 여정에서 시시각각 변화하는 상황은 우리로 하여금 (실존적인) 선택을 하도록 하고 이것은 때로는 힘들지만 기존의 정체성을 버리고 새로운 정체성을 찾고 정립하여야 할 경우도 있다(Ibid.: 123).

요컨대, 공동체주의의 관점은 한편으로는 자신의 정체성과 공동체의 가치를 발견하고 함양시키는 데 중요한 의미를 가지나, 다른 한편으로는 다양한 가치와 삶의 방식을 적극적으로 수용하고 선택하는 데 있어서 다소 한계가 있다. 자율성은 자아정체성과 독립성의 튼실한 기초 위에 발휘된다. 아무런 기준이나 기반 없이 외부의 가치들을 판단하고 선택한다는 것은 불가능하다. 이러한 의미에서 공동체의 가치와 사회적 관행은 분명히 자율성의 중요한 기반이 된다. 그러나 개인이 오직 자신이 속한 공동체의 가치와 사회적 관행에만 '고착'되어 있다면 다양한 가치들을 폭넓게 보고 선택할 수 있는 안목을 가질 수 없다. 이에 보다 확장된 의미의 자율성은 공동체주의의 관점을 수용하되 그 한계를 인식하고 자유주의적 관점을 함께 수용하는 방식으로 새롭게 정의되어야 한다. 즉, 이것은 자신이 속한 공동체의 가치를 기반으로 다양한 문화적 가치들을 폭넓게 보고 선택할 수 있는 능력이자 성향을 의미한다.

포스트모더니즘은 자율성의 논의에 대한 또 다른 중대한 도전이다. 이것은 전통적 의미의 합리성의 타당성과 가치를 부인할 뿐 아니라, 사회적·정치적 맥락 속에서 자신의 상황을 인식하는 능력 및 그에 따른 가치판단과 삶의 선택 가능성 자체를 의심한다는 점에서 공동체주의보다 더욱 근본적인 도전으로 볼 수 있다. 포스트모더니스트들은 지식의 부분성, 왜곡, 우연성을 강조하며 진리, 이성, 진보, 도덕적 의무 등의 계몽적 도식들을 의심한다(Deleuze, 1984; Foucault, 1991). 지식은 권력과 연결되어 있으며 정상인과 비정상인, 정상적인 것과 비정상적인 것을 나누어 일반화시키려 한다. 현재 지식 체계들과 정당화 방법들은 특정한 역사적 맥락에서 특정한 권력관계로부터 도출되었다(Foucalt, 1973). 우리의 일상적인 실재는 매우 다양하고 복잡하여 일반화시키기 어렵고 또 어떤 일반화된 진술들이 있다 하더라도 실재에 비추어 참과 거짓을 검증하는 것은 불가능하다(Lyotard, 1988). 또한 우리의 세계에 대한 정보들은 변화하는 대중 소비자의 기호에 맞춰진 대중매체의 고정관념, 정치적 수사와 선전 등으로 인하여 체계적으로 왜곡, 오도되어 있다(Baudrillard, 1989).

포스트모더니즘의 관점은 합리적 자율성의 조건 혹은 토대가 되는 지식과 가치 판단능력의 한계를 적절히 지적하였다. 과연 고정관념과 편파성을 뛰어넘어 합리적인 판단을 가능케 하는 객관적인 잣대로서의 보편타당성을 지닌 지식과 가치가 존재하는가? 포스트모더니즘이 지적하는 지식과 가치의 편파성과 맥락성은 분명히 객관적인 판단과 선택의 한계를 드러낸다. 그러나 우리가 완전히 객관적인 혹은 중립적인 판단을 통해 보편타당한 진리나 善에 이르지 못한다 하여 특정한 맥락에서 좋은 혹은 더 나은 판단을 하지 못하는 것은 아니다. 개인의 바람직한 삶을 추구하는 교육적 의미의 자율성은 보편타당한 합리성을 의미하기보다는 특정한 맥락에서 그에 적절한 좋은 선택을 할 수 있는 주관적 합리성을 의미한다. 포스트모더니즘 관점이 강조하는 보편적 지식의 한계, 일반적 가정에 대한 회의, 지식의 왜곡 가능성, 차이와 맥락의 중요성 등은 자율성의 중요한 요건인 비판적이고 반성적인 안목과 맥락에 맞는 정체성과 가치의 인식에 오히려 긍정적으로 작용한다.

문제는 개인의 인식 능력 자체가 어떠한 권력 혹은 강력한 선전 등의 영향력에 의해 철저히 구속되어 있어 좋은 판단을 할 수 없는 경우이다. 그러나 대부분의 인간은 외부로부터 유입되는 것을 그대로 믿고 따르기만 하는 것이 아니라 자신의 경험과 주관을 통해 걸러낼 수 있는 능력도 가지고 있다(Wringe, 1997: 124). 인간의 역사를 보면 불합리한 압제에 일정 기간 구속되어 있었다고 해도 후에는 이를 항거하고 극복한 사례가 많이 있다. 물론 이러한 비판적 인식과 극복은 자기 혼자서 이루어내기는 힘들다. 외부적 영향력에 의해 강하게 구속되어 있을 때는 자기가 처한 상황과 자신의 정체성, 나아가야 할 방향을 분별하기란 어렵기 때문이다. 그러나 전술하였듯이 타인과의 적극적인 의사소통 및 스스로의 치열한 반성을 통해 문제 상황과 극복 방향을 진지하게 함께 논의, 탐구한다면 그러한 비판적 인식과 극복이 가능할 것이다. 요컨대, 보편타당한 것을 입법하고 명령하는 칸트식의 자율적 주체는 포스트모던 관점과 대립되지만 삶의 구체적인 맥락에서 좋은, 더 나은 것을 타인과 함께 모색하는 자율성은 포스트모던 관점과 충분히 연결될 수 있다.

마. 자율성과 좋은 삶의 실현

무엇인가를 스스로 하는 능력이나 성향이라는 협의의 사전적인 의미의 자율성은 그 자체로는 인간의 궁극적인 목적으로는 보기 힘들다. 자율성이 인간의 행복 또는 번영, 올바르고 좋은 상태와 결부될 때 비로소 이것은 어떤 목적의 가치를 지닌다. 그렇다면 과연 자율성은 인간의 좋은 삶, 가치 있는 삶과 어떤 관련이 있는가?

아리스토텔레스에 의하면 인간의 행복은 탁월한 삶을 영위할 때이며 이는 인간이 미덕들(virtues)을 추구할 때 이루어지며 사회 구성원들이 덕을 추구하고 실현할 때 좋은 사회를 이룰 수 있다. 이때 덕과 행복이 유기적으로 연결되기 위해서는 사람들이 덕의 추구나 실현이 육체적인 만족, 경제적인 번영 혹은 타인으로부터의 인정(협의의 잘삶 혹은 번영)을 위함이 아니고 그 자체로서 가치 있음을 알아야 한다(Winch, 2006: 84-86). 만약 어떤 사람이 사업에 성공하기 위해서 혹은 사람들에게 인정받기 위해서 덕을 추구한다면, 사업에 실패하거나 사람들에게 인정받지 못할 때는 덕이 아무런 의미가 없어진다. 이 상황에서 그(녀)는 아마도 덕의 추구를 그만둘 것이다. 즉, 이러한 경우는 덕의 추구가 상황과 조건에 따라 영향을 받으며 지속적인 동기로 작용할 수 없다. 인간은 감정과 동기를 지닌 존재로 성실함이나 배려와 같은 덕이 어떠한 유용성 때문이 아니라 그 자체로 좋은 것임을 스스로 인식하는 것이 중요하다. 다시 말해 덕을 추구하는 것 자체가 행복임을 인식하는 것이다.

그런데 문제는 유일한 단 하나의 덕(德)이나 선(善)이 있는 것이 아니고, 개개인마다 또 사회마다 그것을 다르게 인식한다는 점이다. 무엇이 올바르고 좋은 삶인가에 대한 다양한 관점, 복수의 가치들이 존재할 때 필요한 것은 개인들이 스스로 그것들 중에 (자신의 좋은 삶을 위해 무엇이 적절한지) '합리적인 판단과 선택'을 하는 것이다. 바로 여기서 자율성이 좋은 삶의 실현과 필연적으로 관련된다. 자율성이 있는 사회에서는 개인들이 자신의 삶을 가치 있게 하는 역할들을 자유롭고 합리적으로 선택하여 수행한다. 사회 구성원들에게 각자 특정한 역할이 기대되며 할당되는 전통 사회나 폐쇄적인 사회와는 달리, 오늘날의 대부분의 사회에서는 자신의 삶의 방향은 자신이 선택할 수 있다. 그런데 단순히 무엇인가를 선택하는 것이 아닌 자신에게 좋은, 적절한 삶의 방식을 선택하는 것은 모종의 능력과 성향을 요구한다. 이것은 무엇인가를 '성취함'과 관련되는 것으로 실천적인 경험, 자기 통제능력(自治), 상황적 인식을 필요로 하며 또한 일종의 '지식'으로서 자신에 대한 지식, 대안들에 대한 지식, 대안들을 평가하는 지식을 필요로 하며, 아울러 '성향'으로서 비판적인 합리성을 발휘하는 비판적 태도를 수반한다(Winch, 2006: 87-88).

무엇이 좋은 삶인지, 삶의 방향을 스스로 선택하는 능력과 성향을 자율성이라고 하였을 때, 문제는 과연 그 자율적인 선택의 한도를 어느 정도로 볼 것인가 하는 점이다. 학자들은 이에 관해 '강한 자율성(strong autonomy)'과 '약한 자율성(weak autonomy)'을 논의하였다. 먼저 강한 자율성은 합당하다면 개인은 삶의 방향과 가치에 관한 어떠한 선택도 가능하다는 관점이다. 이에 반해 약한 자율성은 개인의 선택은 모종의 가치에 의해 제한될 수 있다는 관점이다. 강한 자율성의 합당성 기준은 타인에게 위해를 미치지 않는 것으로 본인이 원하고 타인에게 해가 되지 않는다면 약물, 도박중독과 같은 합리적이지 않은 선택도 허용된다. 문제는 이 경우 그 당사자, 나아가 그런 사람들이 모인 사회가 좋은 삶 혹은 행복을 실현할 수 있는가 하는 점이다.

이러한 측면에 대한 비판적 입장에서 약한 자율성이 설득력을 가진다. 약한 자율성은 사회(공동체)의 공통된 가치(善)의 존재에 대해 긍정적으로 보며, 개인이 그것에 부합하지 않는다면 그러한 선택은 허용되지 말아야 한다는 주장으로서 이와 관련된 제도적 규제 조치에 대해서도 찬성한다(Winch and Gingell, 2004: 102). 그런데 이러한 약한 자율성을 강조하면, 사회의 공동선과 그에 따른 제도적 체제에 대해 개인의 비판 가능성을 막을 수 있다. 사회의 이념이나 제도가 개인이 볼 때 문제가 있다면 이에 대해 자유롭게 비판하고 대안을 선택할 수 있는 가능성을 열어 놓아야 한다는 측면에서 보면 오히려 강한 자율성이 설득력을 가진다(White, 1990).

자율성을 '교육'의 이상과 목적으로 볼 때, 중요한 것은 강한 자율이냐 약한 자율이냐 그 자체의 논쟁이 아니라 어떻게 하면 학습자로 하여금 스스로의 안목으로 바람직한 가치 판단을 통해 좋은 삶을 유도할 수 있는가 하는 점이다. 합리적인 가치 판단 능력은 '무(無)'에서 시작되는 것이 아니라 어느 정도의 배경지식, 토대가 되는 지식이 필요하다. 지식의 확산적 학습이 선행지식과 후속지식의 연결에서 오듯이, 가치 판단과 관련된 자율성의 함양에 있어서도 모종의 가치(특히 학습자가 속한 공동체의 가치)에 대한 학습을 발판으로 그와는 상이한 다양한 가치들을 확산적으로 배워 종국에는 다양한 가치들을 스스로 비교·평가하여 가장 바람직한 것을 자율적으로 판단하는 것이 필요하다.

무엇이 좋은 삶인지에 대한 판단 기준이 비교적 명확하게 정립되지도 못한 상태에서 아무 것이나 자유롭게 선택하게 한다면 약물이나 도박중독의 폐단 가능성이 있으며, 반면 언제까지나 특정한 공동체의 가치에만 묶어 놓는다면 그것을 비판하고 더욱 넓은 가치관·세계관을 키울 수 있는 자유로운 능력을 막을 위험이 있다. 즉, 교육적 관점에서 봤을 때 저자는 학습자가 속한 해당 공동체의 선(善)개념에 대한 학습(약한 자율)을 기초로, 그보다 더욱 다양한 가치들에 대한 스스로의 자유로운 선택 및 판단(강한 자율)으로 나아가야 한다고 본다.

이러한 맥락에서 중요한 것은 합리적인 선택을 가능하게 하는 안목의 함양이며, 이는 선택과 관련하여 지식과 이성을 통해 '검증된 열망(informed desire)'의 함양이 이루어질 때 가능하다. 검증된 열망이란 삶의 바람직한 방향에 대한 합리적인 숙고와 자신의 고유한 내면적 동기가 조화된 상태를 의미한다. 이는 잠재적인 목표와 가치가 (객관적으로) 바람직한가와 또 그것이 자신의 삶에 적용되었을 때 적합한가를 평가하는 비판적 정신(critical spirit)의 함양을 통해 성취된다. 무엇이 보편타당한 것인가에 대한 합리적 이성이 곧바로 개인의 구체적인 삶에서의 열의와 실천으로 연결되는 것은 아니다. 개인적인 열의와 실천은 모종의 가치가 자신에게 진정 좋은지, 왜 좋은지를 알 때 발생한다. 가치가 개인적인 검증 과정을 통해 확실히 인식될 때 비로소 행위의 강력한 동기로 작용된다.

이를 위해서는 개인이 삶의 순간마다 직면하는 문제들에 대하여 올바른 가치가 무엇인지 평가하며 근거를 탐구하는 모종의 숙련된 태도가 필요한데 이것이 바로 비판적 정신이다. 비판적 정신은 실천 이성이자 모종의 합리적인 성향(태도)으로서 일반적인 사고 기술의 습득보다는 구체적인 맥락에서 수용된 가치와 신념들에 대한 비판적인 사고의 훈련이 집적됨으로써 함양될 수 있다(Winch, 2006: 74). 무엇이 객관적으로 바람직한지, 또한 무엇이 자신에게 가장 좋은 것인지를 지속적으로 성찰하는 과정을 통해 학습자들은 객관적이며 또한 주관적인 좋은 삶을 판단하는 안목을 키울 수 있다.

그런데 비판적인 사고 역시 '무(無)'를 대상으로 하는 것이 아니고 특정한 내용을 가진 대상에 대한 것이고 그 구체적인 내용과 관련된 것이므로, 그 훈련은 반드시 구체적인 학문이나 학습활동의 핵심 개념이나 명제, 탐구의 방법, 추론의 근거에 대한 내용들을 충분히 습득할 때 이루어진다(Ibid.: 75). 인간의 내면 심리와 사회적 실상을 다루는 문학, 철학, 역사, 사회학, 경제학 등의 인문사회과학과 자연 환경과 인공의 세계를 다루는 이공계 학문들에 대한 폭넓은 지식은 객관적인 합리성의 안목을 키워 줄 것이다. 그러나 앞서 '자율성과 본래성'의 장에서 논하였듯이, 이러한 지식이 학습자 본인의 고유하고 실존적인 삶의 성찰로 연결되지 않는다면 교육적 이상으로서 심화된 의미의 자율성이라 하기에는 부족하다.

자율성은 '자기에 대한 이해와 지식'을 통해 완성된다. 완전한 의미의 자율성을 실현하기 위해서는 다양한 내용과 문제들에 대한 합리적인 탐구와 지식을 발판으로, 자기 자신의 가치와 특성들을 돌아보며 자신의 삶에 적용시켜야 한다. 자신에 대한 이해는 '나는 누구인가'를 묻는 자아정체성에 대한 성찰에서 비롯되며, 이것은 자신의 고유한 성격, 관심, 능력, 기질뿐 아니라 자신의 뿌리가 되는 사회에 대한 이해와 지식을 의미한다. 개인의 성향이나 관심은 천성적으로 고정된 것이 아니라 자라나면서 배움의 과정을 통해 형성된다. 따라서 중요한 것은 배움의 과정에서 한편으로는 (특정한 것의 가치를 인식하는) 자신을 관찰하도록 하면서 다른 한편으로는 좋은 가치관과 성향을 키워주는 일이다. 이것은 인간의 삶의 다양한 양식들(문화)에 대한 감상(평가)과 참여의 과정을 통해 이루어진다. 예를 들어 어떠한 미술작품을 감상할 때 학습자는 그 작품의 의도(목표), 미적 완성도, 기술의 난이도 등을 평가하면서 그 가치를 인식한다. 그런데 한편으로 학습자는 직접 미술 작품을 만들어 보면서 그것에 대한 도전의식, 성취감, 노력의 가치를 인식한다(Ibid.: 76-77).

자아정체성의 핵심에는 자신이 가장 귀하게 여기는 가치가 있는데, 많은 학습자들에게 이러한 가치 인식은 무엇이 진정 가치 있는지에 대한 지적, 심미적 안목이 성숙함에 따라 가능하게 된다. 아무 것도 없이 혼자 독방에서 성찰한다고 해서 자기를 완전히 알 수는 없다. 우리는 인류가 만든 지적, 문화적 업적 속에서 우리 자신의 정체성을 더욱 깊이, 완전하게 알 수 있는 것이다. 시(詩) 안에 담긴 시인의 깊은 사상과 감정, 노력 등을 보면서 우리는 그 안에서 우리 자신과 우리의 삶을 바라보는 안목을 가지게 된다. 나아가 한편의 시를 직접 써 본다면 그 활동을 통해 자아와 자아를 둘러싼 세계의 가치를 더욱 깊이 성찰하며 인식할 수 있을 것이다.

자아를 성찰하는 교육과정은 단지 전통적인 학문 양식의 교과들 내에서만 가능한 것은 아니고 현재 사회에서 수행되는 직업의 업무들을 미리 경험해보는 실제적인 활동을 통해서도 가능하다. 학습자는 특정한 업무 수행을 통해 한편으로는 그 활동 자체에서 느끼는 만족감(내재적 가치)과 타인에 대한 기여(외재적 가치)를 평가할 수 있다. 또한 이러한 예비 직업 교육활동은 자신의 관심과 능력을 발견하고 지속적으로 개발하며, 활동을 통해 해당 업무의 장점과 단점을 평가하여 숙고된 선택이 되도록 이끌 것이다. 또한 이러한 활동을 통해 학습자들은 자율성의 기반이 되는 근면, 판단력, 인내심, 자기통제와 같은 개인적 미덕과 협력, 책임감, 신뢰감 등의 사회적 미덕을 함양시킬 수 있다(Ibid.: 78).

물론 단순히 이러한 직업적 활동을 수행한다고 하여 상기한 가치 인식과 미덕들을 습득하는 것은 아니다. 그것들이 가능하기 위해 중요한 점은 그 활동 과정 속에서 학습자 스스로 그 활동의 다양한 가치를 깊이 있게 느끼고 생각할 수 있도록 적절히 안내하고 유도해주는 것이다. 이같이 문화예술교육 및 직업기술교육을 통한 가치평가와 자아성찰의 교육과정은 본래성의 함양을 수반한 교육적 이상으로서의 자율성의 실현에 중요한 기초가 될 것이다.

학습자들이 스스로 어떠한 가치가 바람직한지를 판단하는 성숙된 안목을 키우는 과정은 결코 쉬운 일이 아니다. 오히려 쉽게 가치관이 정립되는 것은 다양한 가치에 대한 비판적 정신을 약화시킬 위험이 있다. 전술하였듯이 가치관은 모종의 토대 위에 성숙되고 이러한 교육을 가장 효과적으로 제공할 수 있는 환경은 아마도 가정일 것이다. 가정 안에서 부모들은 자신들이 믿는 최선의 가치들을 자녀들에게 가르친다. 이러한 상이한 가정 배경으로부터 비롯된 다양한 가치들은 자유주의를 성숙시킬 수 있는 중요한 기초이다. 롤스의 정치적 자유주의에 의하면 다양한 신념들의 중첩적 합의를 통해 자유주의 국가는 '정의'를 이룰 수 있다(Rawls, 1993).

그런데 남 · 녀에 대한 차별적 인식, 인종적 편견, 낙태문제와 같은 윤리적 · 정치적으로 문제가 되는 사안에 대한 부모들의 입장이 강고하며 그 신념을 강력하게 자녀들에게 심어주려고 할 때 대부분의 어린 자녀들은 판단의 여지없이 이를 수용하게 된다. 자녀들이 장차 학교와 같은 외부 기관을 통하여 기존에 가졌던 이러한 신념을 재고(再考)할 수 있다면 다행이지만 이것이 되지 않는다면 평생 사회적으로 문제시되는 신념에 속박되어 살 수밖에 없는 문제가 발생한다.

콜런(Callan, 1997: 34-36)은 이러한 문제의 극복을 위해 "판단의 책무성(burdens of judgement)"을 함양시킬 것을 제안한다. 이것은 학습자들이 합당한 관점들의 다양성을 이해하고, 다양한 시각에서 가장 첨예하고 어려운 윤리적 문제들을 탐구함으로써 가능하다. 이러한 탐구는 관점들이 어떻게 다르며 윤리적 신념이 어떻게 선택되며 상이한 삶의 방식을 이끌게 되는지에 대한 성찰이 수반된다. 이것은 가족이나 공동체로부터 비롯된 신념을 단순히 추종하는 것이 아니라 자율적인 성찰을 통해 검증하는 과정에 의해 이루어진다.

우리가 좋은 삶을 추구할 때 봉착하는 어려운 문제는 무엇인가? 이 문제의 핵심에는 단순한 정합성(simple integrity)과 다원성(pluralism) 간의 갈등이 존재한다. 단순한 정합성을 가지고 산다면, 그 사람은 자신이 생각하는 선(善)과 자신의 역할, 공동체의 관행이 조화되며 갈등, 가식, 자기기만 없이 충심으로 자기 역할을 수행할 수 있다. 반면에 경쟁하는 다양한 가치들을 인식하고 그러한 다원적 가치관 속에서 자신이 해야 할 역할을 추구하는 관점이 있을 것이다. 후자의 경우 문제는 개인적인 선 개념이나 역할 개념의 혼란을 초래할 수 있고 이것이 통합되어 있다고 해도 공동체의 관행과 마찰을 빚을 수 있으며 이러한 혼란과 갈등은 충성심과 정체성을 위험하게 한다는 점이다.

아마도 전자의 대표적인 예는 특정한 종교 집단에서 그 종교의 신조를 굳게 믿으며 자라고 생활해 온 사람일 것이다. 그런데 문제는 이러한 사람이 어떠한 사건으로 인하여 기존에 굳게 믿던 종교적 신념에 근본적인 도전을 받을 때 일반인들보다 더 극심한 충격과 혼란을 경험할 수 있다는 점이다. 콜런은 싱어(Singer, 1980)의 소설 『노예』(The Slave)를 예로 들며 이러한 갈등을 묘사한다. 이 소설의 배경은 17세기 폴란드로 전쟁 직후 주인공 야곱의 가족은 모두 죽고 야곱은 노예로 팔려간다. 그는 원래 독실한 유대교 가족에서 자랐지만 노예로 팔려 간 이후 동료 유대인들과 단절된 채 이방인들과 생활하였고 특히 이교도인 완다와 사랑에 빠지게 된다. 야곱은 유대인들로부터 보상금을 받고 노예 신분에서 풀려났으나 완다가 자신의 아이를 임신했다는 것을 알고 다시 돌아왔고, 유대교 성경에 따라 아이를 이방인들 틈에서 키울 수 없었기에 완다와 함께 도망갔다. 완다는 유대교로 개종하였으나 당시 폴란드 법에 개종은 사형이었기에 비밀로 하였다. 그러나 이것은 밝혀졌고 완다는 아이를 낳다가 죽었다. 야곱은 아기를 데리고 멀리 도망갔다. 비록 유대인들과는 떨어졌으나 여전히 그는 자신의 신앙을 지키고자 하였다. 이러한 야곱의 경험은 어찌 보면 극심한 고통과 불운이나, 한편으로는 인생의 더 깊고 성숙한 의미를 만들어갈 수 있는 계기가 된다. 야곱은 공동체와 일치되는 신념(가치관)과 역할 관념을 가지고 있었으나 노예생활, 망명생활, 아내와의 사별 등의 힘겨운 사건들을 통해 자신의 믿음에 큰 도전을 받았다. 그런데 이러한 시련에서 오는 의심들은 어디서나 늘 인도하시는 여호와 하나님을 따르는 진정한 자아와 충돌하였고, 야곱은 이러한 의심들을 결국 헛된 것으로 여기며 그의 유대교 신앙을 더욱 굳게 지켜 나갔다(Callan, 1997: 60-65).

소설의 작가 싱어도 유사한 유대교 배경을 가지고 있었는데 그의 형은 그에게 세속의 문학과 현대 과학을 소개하였고 이는 그가 부모로부터 들었던 유대교 신조와 충돌하였다. 그는 다양한 분야의 책을 읽으며 또한 작가로 활동하며 끝나지 않는 회의를 지속하였고 자신을 '영원히 잊혀진 자'로 묘사하였다(Singer, 1984: 352). 여기서 관건은 보다 단순한 신념을 가지고 사는 것이 좋은지, 아니면 다원적 가치 속에 더 깊고 지속적인 회의 속에 사는 것이 좋은지에 대한 양자택일보다는 인생의 심각한 도전들과 충돌하는 가치 속에 '판단의 책무성'을 가지고 그 자신의 최선의 판단을 추구하느냐의 여부이다.

야곱은 삶의 힘겨운 갈등 상황에서 그의 신조에 비추어 어떻게 사는 것이 최선인지에 대하여 고민하였고 싱어도 기존의 단순한 가치를 의심하게 하는 다양한 경험을 통해 삶의 방향을 고민하였다. 삶의 방식에 대한 판단은 기존의 자신의 신념에 대한 삶의 치열한 도전들에 직면하여서, 그리고 기존의 것과는 전혀 다른 가치관들을 숙고하면서, 한편으로는 더욱 성숙된 신념으로 될 수도 있고, 때로는 자기 파괴적인 경험을 감수하기도 하여야 한다. 이때 '상실의 경험'이 정체성을 무너뜨리는 부정적인 것만은 아니다. 상실의 경험을 통해 새로운 것을 얻게 되고 그 잃은 것은 자신에게 최선의 것이 아니었음을 판단하게 될 것이다. 단순한 가치관을 포기해야 할 때 고통스러운 방향상실감을 맛보게 되나, 오히려 이러한 경험을 통해 더 강력한 자유를 느낄 수 있다(Callan, 1997: 65-69). 판단의 책무성은, 자신의 신념에 근본적으로 도전하는 삶의 실존적 경험을 통하여 단순한 결론을 지양하고,

충돌하는 가치들에 대하여 치열한 반성과 판단이 이루어질 때, 교육적 이상으로서의 진정한 의미의 자율성이 함양됨을 시사한다. 싱어의 소설과 삶은 바로 이러한 치열한 실존적 자기반성과 판단을 통한 자율성의 또 다른 중요한 모습을 우리에게 실제적으로 예시한다.

바. 결론: 한계를 초월하는 교육적 이상으로서의 자율성

이 글이 핵심적으로 주장하고자 하는 교육적 이상으로서의 종합적 자율성은, 단순히 개인적 자유와 자치를 보장하고 합리적인 이성에 따른 판단력을 키우자는 기존의 주류적 견해와 달리, 개인의 뿌리가 되는 공동체의 가치와 나아가 그것을 넘은 다양한 가치들을 수렴하고 치열하게 평가하여 지속적으로 재구성되는 의미의 자율성이다. 이는 끊임없이 자신과 공동체의 한계를 인식하고 그 한계를 초월하고자 노력하는 교육적 정신(spirit)이다. 이러한 자기 한계 인식과 초월의 자율성은, 지식의 형식으로의 입문과 합리적 마인드 형성을 강조하는 주류적 자유교육론의 입장과 달리, 자신이 누구인지 그 정체성과 본래성을 치열하게 탐구하는 한편, 지속적으로 타인(타방)과 열린 대화를 추구할 수 있는 실존적 의지와 태도를 수반한다.

자율성에 대한 철학적 논의는 루소와 칸트, 합리주의 전통의 많은 학자들에 의해 이루어졌다. 자율성은 한편으로는 타인의 권위, 이목, 필요로부터 벗어나 진정한 자신의 필요를 추구하는 것이며 또한 강박이나 중독에서 벗어나 자신의 합리적인 이성에 따르는 것이다. 피터스, 허스트, 셰플러와 같은 교육철학자들은 자율성을 합리적인 마음으로 보고 이를 키우기 위해선 합리성의 형식 및 필수적 지식 교육의 필요성을 주장하였다.

한편, 자율성은 현대사회의 실용적 가치와도 관련되는 것으로 현대사회의 다양하고 변화되는 가치, 신념, 사회적 역할의 혼재 속에 적절한 가치와 진로를 선택하는 능력은 성공적인 삶을 위해 필수적이다. 또한 사회와 국가의 가치와 정책들을 타율적으로 수용하기보다는 그에 대한 타당성과 적절성을 평가하며 대안을 제시하는 자율적 노력은 공동체의 번영을 위해서도 중요한 일이다.

자율성은 단지 수단과 방법의 선택이 아닌 삶의 목적과 가치에 대한 선택과 관련된다는 측면에서 '교육목적'으로 볼 수 있다. 교육은 인간을 바람직한 방향으로 가르치고 기르는 활동인데 이를 위해 근본적으로 필요한 것은 스스로 자신의 관심과 능력을 토대로 바람직한 방향을 찾는 것이다. 한편, 교육의 목적은 개인뿐만 아니라 공동체의 좋은 삶을 추구하는데 이는 공동체의 이념과 정책에 대한 합리적인 반성과 이에 따른 지속적인 혁신을 통해 이루어질 수 있다. 개인과 공동체의 바람직한 방향에 대한 합리적이고 자율적인 사고는 그 자체로 진리에 대한 탐구능력, 지적 성향과 능력, 미적 감수성, 자율적 의지력을 키우기에 지성, 감성, 의지의 종합적 인성 함양을 위한 필수적인 교육목적으로 볼 수 있다.

교육적 이상으로서의 광의의 자율성을 키우는 일은, 결국 인간의 좋은 삶을 추구하는 과정이며 완전한 인간성이 '眞 · 善 · 美, 智 · 情 · 意'를 총체적으로 포함하는 것이기에 인간과 세계에 대한 풍부한 지식, 합리적이고 비판적인 사고력, 다양한 가치에 대한 안목뿐만 아니라 삶의 모든 실존적인 국면에서 느끼는 통찰과 결의 등이 포함된다. 이러한 자율성의 교육을 이루기 위해선 공교육인 학교교육뿐만 아니라 가정교육, 사회교육 그리고 학습자가 삶의 모든 과정에서 스스로 배우는 모든 비형식 교육, 무형식 교육, 잠재적 교육 등이 총체적으로 동원되어야 할 것이다.

그런데 현대 사회에는 자율성을 실현하는 데 몇 가지 중요한 문제점이 있다. 먼저 거대한 자본과 시장의 영향력, 대중 매체와 광고의 영향력이 개인의 자율적인 사고를 막고 있다. 무엇이 좋은지에 대한 기준이 외부 영향력을 통해 주입되는 정보에 의해 흐려지며 장악된다. 현대 자본주의 사회는 경제적 체계와 정치적 체계를 통해 돈과 권력에 의해 통제됨으로써 사람들은 합리적인 가치 판단이 아닌 물질적 욕구와 수단적 효율성만을 추구하게 된다. 외부 영향력과 함께 또 다른 중요한 문제는, 가치들이 나름의 준거를 가지고 팽팽히 대립될 때 개인이 그 중에 판단하기 곤란한 경우이다.

특히 다문화사회를 특징으로 하는 현대 사회는 한 가정이나 집단 내에서 상이한 전통, 가치관, 관습 등으로 인한 갈등이 빈번하다. 개인의 합리적 판단의 준거는 배경지식과 경험, 습관 등에서 오는데 상이한 문화 전통과 가치의 충돌에 직면하여서 개인은 정체성의 혼란과 함께 가치 판단의 한계에 직면하게 된다. 외부 영향력과 가치 충돌의 문제는 개인적 판단의 한계와 타인과의 협력적 소통을 통한 합리성 도출의 필요성을 시사한다. 개인은 타인과의 협력적 소통 과정을 통해 자신이 혼자서는 볼 수 없었던 권력의 작용과 그 남용, 기만, 자기기만, 환상, 집착 등을 인식할 수 있고 불합리한 속박에서 벗어나 자율성을 되찾고 합리적인 방향을 모색할 수 있다.[16] 다만 타인과의 소통이 오히려 타인에 대한 의존이 될 수 있으므로 반드시 개인 내부의 주체적인 반성과 조응되어야 한다. 가치 충돌의 문제에서도 타인의 조언과 지적은 개인의 신념과 경험의 한계를 넘어 보다 넓게 객관적으로 현안을 보는 데 도움이 될 것이다. 그러나 이것도 자기 삶의 선택인 만큼 자아성찰과 자율적 반성이 반드시 병행되어야 할 것이다.

한편, 이론적으로 중립적이고 합리적인 자아관에 근거한 자유주의적 자율성은 공동체주의와 포스트모더니즘의 반론에 직면한다. 자율성은 아무 것도 없는 진공상태에서 혹은 완전한 중립적 시각에서 발휘될 수 없으며 반드시 공동체의 가치와 사회적 관행의 기반 위에서 성립할 수 있다. 그러나 또한 자율성은 개인이 해당 공동체의 가치관의 틀 속에서만 매여 있는 것이 아니라 그것을 넘어 더욱 다양한 가치들을 폭넓게 고찰함을 통해 온전히 실현될 수 있다. 포스트모더니즘이 지적하는 지식의 편파성, 왜곡가능성, 맥락성은 한편으로는 보편타당한 합리성 도출의 한계를 적절히 제시하고 있으나 다른 한편으로는 비판적이고 반성적인 안목과 특정한 맥락을 읽는 능력을 시사함으로써 자율성의 의미를 더욱 심화시킬 수 있다.

자율성은 인간 개인의 자유에 초점을 두고 있는데 실존주의 학자들이 주장한 '본래성'의 개념 역시 그 초점이 유사하다. 양자는 모두 외부 영향이 아닌 개인 스스로의 판단과 선택을 강조하나, 자율성은 합리성과 타당성에 따른 객관적인 평가를, 본래성은 고유한 자아에 대한 성찰과 실존적인 선택에 중점을 둔다. 합리주의 전통에서 보는 자율성의 교육은 체계화된 지식의 형식으로의 입문을 강조하나, 본래성은 삶의 구체적인 상황, 치열한 결단이 필요한 상황에서 삶의 의미를 찾고 결의를 다지는 과정을 통해 참다운 교육이 실현된다. 그런데 인간 교육의 이상으로서의 자유를 온전히 실현하기 위해서는 한편으로 어떠한 속박에서 벗어나 다양한 가치를 보는 객관적·합리적 안목을 가져야 하며, 다른 한편으로 자신의 고유한 상황과 정체성을 읽는 주관적·실존적 안목을 가져야 한다. 바로 이러한 측면에서

16) 정훈(2013)은 가타리(Guattari)의 자율적 주체성 개념을 프레네(Freinet)의 실천 이론과 함께 고찰하면서 개인은 집단 내·외에서 상이한 수준과 의미들을 통해 어울리고 소통함으로써 자신을 발견하는데, 이러한 자율성을 함양하기 위해 학교 밖 나들이, 글쓰기 출판활동, 학교간 교류, 학교 전체구성원 회의 등의 집합적 참여와 소통의 장을 통해 일방적 권위 속에 속박되어 있는 학습자의 자율적 주체성을 지속적으로 재창조하는 교육을 제안한다.

교육적 이상으로서의 자율성은 진정한 자아를 성찰하고 실현하는 본래성의 의미를 수렴한 것이다.

그런데 자율성이 궁극적인 인간의 목적으로 되기 위해선 인간의 좋은 삶, 가치 있는 삶의 개념과 연결되지 않으면 안 된다. 아리스토텔레스에 따르면 내재적 가치를 가지는 덕의 추구 자체가 행복인데, 문제는 복수의 덕이나 선이 존재할 때 개인이 스스로 이들 중에 자신에게 적절한 것을 합리적으로 선택하여야 한다. 바로 이 지점에서 자율성이 좋은 삶과 연결된다. 그런데 자율적 선택의 정도에서 학자들의 주장은 '강한 자율성'과 '약한 자율성'으로 나뉜다. 강한 자율성은 타인에게 위해를 미치지 않는다면 어떠한 선택도 가능하다는 입장인데 반해, 약한 자율성은 사회의 공통 가치에 부합되지 않는 선택을 규제하자는 입장이다. 강한 자율성은 약물 중독과 같은 선택도 허용하는 한계가 있는 한편 사회의 이념과 정책에 대한 적극적 비판이 가능하다는 강점도 있다. 반면 약한 자율성은 선택이 공동체의 가치 기준에 구속되나 적어도 공동체 내의 구성원들이 공유하는 가치를 구현할 수 있다는 강점이 있다.

교육 이상으로서의 자율성은 개개인의 토대가 되는 공동체의 가치를 발판으로 이를 넘어 더욱 다양한 가치들을 비교하며 해당 공동체의 가치를 비판적으로 볼 수 있는 성숙된 안목을 키우는 것이므로 약한 자율성에서 시작하여 강한 자율성으로 나아가야 한다. 이러한 성숙된 안목을 키우려면 삶의 바람직한 방향에 대한 합리적인 숙고와 자신의 고유한 내면적 동기가 조화된 '검증된 열망'을 지녀야 하며 또한 이를 위해서는 실천 이성이자 합리적인 성향인 '비판적 정신'의 함양이 필요하다.

자율성의 교육은 합리적 판단의 기초가 되는 풍부한 배경지식과 가치를 보는 안목의 함양이 핵심인데, 이는 한편으로는 인류의 지성이 축적된 다양한 학문을 통하여 다른 한편으로는 스스로 성찰하고 활동할 수 있는 감상과 창작 활동을 통하여 가능하다. 또한 현재 사회에서 수행되는 다양한 업무들을 경험하면서, 그에 대한 내재적 가치와 외재적 가치를 평가하며 자신의 관심과 능력을 찾아 개발하고 더욱 성숙된 선택 능력을 함양시킬 수 있다. 성숙된 판단력의 교육에서 중요한 것은 첨예한 윤리적 문제들에 직면하여 합당한 관점의 다양성을 이해하고 검증하는 '판단의 책무성'을 배우는 것이다. 이는 인생의 심각하고 중요한 상황에서 가족이나 공동체로부터 비롯된 신념을 단순히 추종하는 것이 아니라 스스로의 치열한 성찰과 숙고하는 과정을 통해 가능하다. 치열한 숙고의 과정으로 인해 기존의 신념이 더 한층 성숙될 수도 있고 때로는 상실과 새로운 신념의 수용 경험을 통해 더욱 성숙된 자율성을 배울 수 있다.

결국, 우리가 자율성을 교육적 이상으로서 논의하기 위해서는, 온전한 인격체의 완성을 이상으로 하는 교육목적을 고려할 때, 먼저 기존의 자율성 개념에 대한 다양한 문제점과 한계를 인식하고, 그러한 한계를 극복할 수 있는 더욱 보완된, '종합적인' 의미의 자율성을 재정립하여야 할 필요성이 있다. 이 글은 바로 이러한 목적을 구현하려고 하였다. 먼저 자율성은 다원화·다문화된 현대 사회적 배경에서 다양한 가치 속에 합리적인 판단을 하며, 입시와 취업 등에 집중되어 수단화되고 타율적으로 된 교육환경 속에서 스스로의 교육적 의미와 방향을 모색하기 위해 반드시 필요한 교육적 이상이다. 교육적 이상으로서의 자율성은 외부 영향력과 가치 충돌에 직면하여 한편으로는 타인과의 적극적 의사소통을 통하여 다른 한편으로는 스스로의 내적 반성을 통하여 합리성을 모색하며, 공동체의 가치와 전통을 바탕으로 더 나아가 더욱 다양한 가치들을 비판적으로 검토하고, 체계화된 지식 형식으로의 입문을 통한 합리성의 함양과 더불어 고유한 자아 성찰과 결의를 추구하며, 첨예한 윤리적 문제에 직면하여 기존의 신념을 고수할 것인지, 이를 버리고 새로운 것을 수용할지에 대한 치열한 숙고를 통한 판단의 책무성을 함양시킬 때 성취할 수 있다.

참고문헌

구정화 · 박윤경 · 설규주 공저(2009). 『다문화교육 이해』. 서울: 동문사.

김기홍(1999). "국제문화교육의 학문적인 이해 연구", 「한독교육학연구」 4(2). 한독교육학회, 113-130.

김선미(2000). "다문화교육의 개념과 사회과 적용에 따른 문제", 「사회과교육학연구」 4. 63-81.

김선미 · 김영순(2008). 『다문화교육의 이해』. 서울: 한국문화사.

김정원 외(2005). "외국인 근로자 자녀 교육복지 실태 분석 연구." 한국교육개발원.

김철(2009). "교육의 자율성에 대한 교육철학적 접근". 한국교육철학학회(구 교육철학회), 「교육철학연구(구 교육철학)」, 제44집, 5-22.

김희봉(2005). "J. White의 자율성 교육론". 한국교육철학회, 「교육철학」, 제27집, 125- 144.

박상철(2008). "다문화 사회에서의 학교 교육과정 정책", 「초등교육연구」 21(2). 1-19.

설규주(2004). "세계시민사회의 대두와 다문화주의적 시민교육의 방향", 「사회과교육」 43(4). 31-54.

설동훈 외(2005). "국내 거주 외국인 노동자 아동의 인권실태 조사." 국가인권위원회 연구보고서.

심승환(2007). 『가르침과 배움의 철학』. 서울:교육과학사.

심승환(2009). "다문화교육의 의미에 대한 교육철학적 고찰". 「교육철학」 35. 121-50.

안경식 외(2008). 『다문화교육의 현황과 과제』. 서울: 학지사.

오경석 외(2007). 『한국에서의 다문화주의. 현실과 쟁점』. 서울: 한울 아카데미.

유재봉(2001). "화이트의 자유교육론의 비판적 검토". 한국교육철학학회, 「교육철학연구(구 교육철학)」, 제26집, 143-162.

이지헌(2000). "디어든의 자율성 교육론". 한국교육철학학회(구 교육철학회), 「교육철학연구(구 교육철학)」, 제24집, 73-91.

장인실(2003). "다문화교육이 한국 교사 교육과정 개혁에 주는 시사점", 「교육과정연구」 21(3). 409-431.

장인실(2006). "미국 다문화 교육과 교육과정 연구", 「교육과정연구」 24(4). 27-53.

장인실(2008). "다문화 교육을 위한 교사 교육 교육과정 모형 탐구", 「초등교육연구」 21(2). 281-305.

정영근(2004). 『영상문화와 세계화시대의 교육』. 서울: 문음사.

정영근(2005). "문화와 교육에 대한 교육철학적 고찰". 「교육철학」 33. 157~173.

정영근(2006). "상호문화교육의 일반교육학적 고찰", 「교육철학」 37. 29-42.

정영근(2008). "한국사회의 다문화화에 대한 교육학적 성찰", 『지구화, 다문화사회 그리고 교육: 아시아의 교육』. 교육철학회 주관 국제학술대회자료집. 25-46.

정훈(2014). "자율적 주체성 형성의 장으로서 교실공간의 가능성: 가타리 이론과 프레네 실천의 만남". 한국교육철학회, 「교육철학」, 제49집, 293-320.

조상식(2008). "교육철학의 관점에서 본 다문화 교육의 의미와 한계", 『지구화, 다문화사회 그리고 교육: 아시아의 교육』. 교육철학회 주관 국제학술대회자료집. 93-107.

조용환(2001). "문화와 교육의 갈등-상생 관계". 「교육인류학연구」 4(2). 1-27.
진은영(2008). "다문화주의와 급진적 인권", 『철학』 95. 255-283.
통계청 사이트 www.kostat.go.kr "체류 외국인 현황 통계" 2014.

Baudrillard, J.(1989). *Selected Writings*, M. Poster(ed.). Cambridge: Cambridge University Press.
Bonnet, C. & Cuypers, S.(2003). "Autonomy and Authenticity in Education", in Blake et al.(ed.), *The Blackwell Guide to the Philosophy of Education*. Malden, MA: Blackwell Publishing.
Banks, James(2004). "Multicultural Education: Characteristics and Goals", Banks J. & Banks C.(Ed.). Multicultural Education: Issues and Perspectives. MA: John Wiley & Sons, Inc.
Bennet, Christine(2003). *Comprehensive Multicultural Education: Theory and Practice*. MA: Allyn and Bacon.
Biesta, G.(1994). "Education as Practical Intersubjectivity: Towards a Critical-Pragmatic Understanding of Education", *Educational Theory* 44(3). 299- 317.
Bloom, A.(1991). *The Republic of Plato*. NY: Basic Books.
Bullivant, B.(1993). "Culture: Its Nature and Meaning for Educators", Banks, J. & Banks, C.(Ed.). *Multicultural Education: Issues and Perspectives* (2nd ed.). MA: Allyn and Bacon.
Callan, E.(1997). *Creating Citizens*: Political Education and Liberal Democracy. Oxford: Clarendon Press.
Commenius, J. *Pampaedia AllerZiehung*. 정일웅 역(2005). 『코메니우스의 범교육학』. 서울: 그리심.
Commenius, J. *The Great Didactic*. 정확실 역(2007). 『대교수학』. 서울: 교육과학사.
Dearden, R. F.(1972). Autonomy and Education, in *Education and Reason*. London: Routledge and Kegan Paul.
Deleuze, G.(1984). *Kant's Critical Philosophy: The Doctrine of the Faculties*. trans. H. Tomlinson and B. Habberjam, London: Athlone Press.
Derrida, J.(1991). "Difference", Kamuf, P.(ed.). *A Derrida Reader*. NY: Columbia University Press.
Derrida, J.(1992). *The Other Heading*. Bloomington: Indiana University Press.
Derrida, J.(1993). *Aporias*. Stanford: Stanford University Press.
Derrida, J.(1995). *The Gift of Death*. Chicago: University of Chicago Press.
Dewey, J.(1907). "The Control of Ideas by Facts", Boydston, J.(ed.). *The Middle Works*(1899-1924). Vol. 4. Carbondale: Southern Illinois University Press.

Dewey, J.(1916). *Democracy and Education*. 이홍우 역(1987). 『민주주의와 교육』. 서울: 교육과학사.

Dewey, J.(1925). "Experience and Nature", Boydston, J.(ed.). *The Later Works* (1925-1953). Vol. 1. Carbondale: Southern Illinois University Press.

Dewey, J.(1938). *Experience and Education*. 엄태동 편(2001). 『존 듀이의 경험과 교육』. 서울: 원미사.

Dhillon, P. & Halstead, M.(2003). "Multicultural Education", *The Blackwell Guide to the Philosophy of Education*. MA: Blackwell Publishing.

Donald, J.(2007). "Internationalization, Diversity and the Humanities Curriculum: Cosmopolitanism and Multiculturalism Revisited", *Journal of Philosophy of Education*. 41(3). 289-308.

Erickson, F.(2004). "Culture in Society and in Educational Practices", Banks J. & Banks C.(Ed.). *Multicultural Education: Issues and Perspectives*. MA: John Wiley & Sons, Inc.

Gadamer, Hans-Georg.(1960/1990). *Wahrheit und Methode*. 이길우 외 역(2012). 『진리와 방법 1』. 파주: 문학동네.

Geertz, C.(1973). *The Interpretation of Culture*. NY: Basic Books.

Giddens(1984). *The Constitution of Society: Outline of the Theory of Structuration*. Berkeley: University of California Press.

Giroux, H.(1988). *Teachers as Intellectuals: Toward a Critical Pedagogy of Learning*. MA: Bergin & Garvey.

Gollnick, D. & Chinn, P.(1994). *Multicultural Education in a Pluralistic Society*. NY: Macmillan College Publishing Company.

Goodenough, W.(1981). *Culture, Language and Society*. CA: Benjamin/ Cummins.

Goodenough, W.(1987). "Multiculturalism as the Normal Human Experience". Eddy, E. & Partridge, W. (Ed.) *Applied Anthropology in America*. NY: Columbia University Press.

Foucault, M.(1973). *The Birth of the Clinic: An Archaeology of Medical Perceptions*. trans. A. Sheridan, New York: Pantheon.

Foucault, M.(1991). What is Enlightenment? in P. Rabinow(ed.) *The Foucault Reader*. Harmondsworth: Penguin.

Habermas, J.(1987). *Theory of Communicative Action. vol. 2. Lifeworld and system: A Critique of Functionalist Reason*. Boston, MA: Beacon Press.

Hall, S.(2002). "Political Belonging in a World of Multiple Identities", Vertovec, S. & Cohen, R.(Ed.) *Conceiving Cosmopolitanism: Theory, Context and Practice*. Oxford: Oxford University Press.

Halstead, J.(1995). "Voluntary Apatheid? Problems of Schooling for Religious and Other Minorities in Democratic Societies", *Journal of Philosophy of Education*. 29. 257-272.

Halstead, J.(1996). "Liberal Values and Liberal Education", Halstead, J. & Taylor, M.(Ed.) *Values in Education and Education in Values*. London: Falmer Press.

Heidegger, M.(1927). *Sein und Zeit*. 전양범 역(2001). 서울: 동서문화사.

Herskovits, J.(1959). "Art and Value", In Redfield, R. et al. *Aspects of Primitive Art*. New York: The Museum of Primitive Art.

Hooks, B.(1993). "Transformative Pedagogy and Multiculturalism", Perry, T. & Fraser, J.(ed.). *Freedom's Plow: Teaching in the Multicultural Classroom*. NY: Routledge.

Kant, I. *Kritik der reinen Vernunft*. 최재희 역(1995). 『순수이성비판』. 서울: 박영사.

Kato, Morimichi(2008). "What it means to be a Cultivated Person in the Age of Globalization", 『지구화, 다문화사회 그리고 교육: 아시아의 교육』. 교육철학회 주관 국제학술대회자료집. 1-12.

Kincheloe, J. & Steinberg, S.(1997). *Changing Multiculturalism*. Buckingham: Open University Press.

Kluckhohn, C.(1949). *Mirror for man: The relationship of anthropology to modern life*. NY: McGraw-Hill.

Kymlicka, W.(1995). *Multicultural Citizenship*. Oxford: Clarendon Press.

LeVine, R. A.(1984). "Properties of Culture: An Ethnographic View", Shweder, R. A. & Levine, R. A. *Culture Theory: Essays on Mind, Self and Emotion*. NY: Cambridge University Press.

MacIntyre, A.(1981). *After Virtue: A Study in Moral Theory*. Notre Dame, IN: University of Notre Dame Press.

Mason, Mark(2008). "Ethics and Educational Development across National and Cultural Contexts", 『지구화, 다문화사회 그리고 교육: 아시아의 교육』. 교육철학회 주관 국제학술대회자료집. 47-60.

Nietzsche, F.(1964). "On the future of our educational institutions", *The Complete Works of Friedrich Nietzsche*. O. Levy(ed.). NY: Russell & Russell.

Ogbu, J.(1992). "Understanding Cultural Diversity and Learning", *Educational Researcher*. 21(8). 5-14.

Parekh, B.(1986). "The Concept of Multicultural Education", Modgil, S. et al.(ed.) *Multicultural Education: The Interminable Debate*. London: Falmer.

Parekh, B.(2000). *Rethinking Multiculturalism: Cultural Diversity and Political Theory*. London: Palgrave.

Peacock, J. L.(1986). *The Anthropological Lens*. Cambridge: Cambridge University Press.

Peters, R.S.(1973). Freedom and the Development of the Free Man, in J.F. Doyle(ed.) *Educational Judgements*. London: Routledge and Kegan Paul.

Pratte, R.(1979). *Pluralism in Education: Conflict, Clarity and Commitment*. IL: Thomas.

Rawls, J.(1971). *Theory of Justice*. Cambridge: Harvard University Press.

Rawls, J.(1993). *Political Liberalism*. New York: Columbia University Press.

Rorty, R.(1991). *Objectivity, Relativism and Truth*. Cambridge, UK: Cambridge University Press.

Rousseau, J. J.(1762). *Emile*. 권응호 역(2000). 서울: 홍신문화사.

Sandel, M.(1982). *Liberalism and the Limits of Justice*. Cambridge: Cambridge University Press.

Sartre, J. P.(1957). *Being and Nothingness*. Barnes, H.(trans.). NY: Methuen.

Singer, I. B.(1980). *The Slave*. New York: Farrar Straus Giroux.

Singer, I. B.(1984). *Love and Exile*. New York: Farrar Straus Giroux.

Smith, R.(1997). "The Education of Autonomous Citizens", in D. Bridges(ed.), *Education, Autonomy and Democratic Citizenship*. New York: Routledge.

Sylvester, P.(1994). "Elementary School Curricula and Urban Transformation", *Harvard Educational Review*. 64. 309-331.

Taylor, C.(1994). "Politics of Recognition", Gutmann, A.(Ed.) *Multiculturalism*. Princeton: Princeton University Press.

Taylor, C.([1977] 1985). "What is Human Agency?" in *Human Agency and Language, Philosophical Papers 1*. Cambridge, UK: Cambridge University Press.

Taylor, C.(1991). *The Ethics of Authenticity*. MA: Harvard University Press.

Tiedt, I. & Tiedt, P.(2002). *Multicultural Teaching: A handbook of activities, information, and resources*. MA: Allyn and Bacon.

Tylor, B.(1970). *Primitive Culture: Researches into the Development of Mythology, Philosophy, Religion, Language, Art, and Custom*. London: Murray. (Original Work 1871).

Wang, H.(2005). "Aporias, Responsibility, and the Im/possibility of Teaching: Multicultural Education", *Educational Theory* 55(1). 44-59.

White, J.(1990). *Education and the Good Life*. London: Routledge.

White, J.(1999). "In Defence of Liberal Aims in Education", in R. Marples(ed.), *The Aims of Education*, London: Routledge.

Winch, C.(2006). *Education, Autonomy and Critical Thinking*. New York: Routledge.

Winch, C. & Gingell, J.(2004). "Autonomy and Liberal Education", in *Philosophy and Educational Policy*. London: Routledge.

Wringe, C.(1997). "In Defence of Rational Autonomy as an Educational Goal", in D. Bridges(ed.), *Education, Autonomy and Democratic Citizenship*. New York: Routledge.

3 종교와 배움

(1) 종교적 삶과 배움

인간은 눈앞에 보이는 것들 너머에 있는 세계를 볼 줄 안다. 사람들은 때로 유용하고 일반적으로 좋다고 하는 것들과는 다른 어떤 것을 추구한다. 이같이 가시적이고 즉각적인 가치가 아닌 비가시적이고 궁극적인 가치를 추구하는 인간의 성향을 우리는 종교적 혹은 영적 성향으로 볼 수 있다. 종교적인 인간은 어떤 행위를 함에 있어 자신의 삶의 전체적이고 궁극적인 의미를 생각하며, 나아가 전체 세상의 의미 및 궁극적 방향과 연관하여 생각한다. 인간의 다른 성향과는 구별되게 종교성은 영혼의 구원을 지향한다. 도덕적 · 미적 가치를 추구하는 성향 역시 내면적 가치를 지향하나, 종교성은 단지 가치에 대한 추상적인 사색 혹은 이를 향한 조화로운 발달이 아닌, 개개인의 고유한 영적 · 종교적 경험에 기초한다. 이는 자신의 삶에 있어 어떤 신의 은혜 혹은 절대자의 섭리가 개입됨을 자각하는 경험이다 (Spranger, 1928: 236-237).

이러한 은혜나 섭리야말로 종교적 인간이 추구하는 궁극적인 개인적 가치이자 이 세계 전체의 최고의 가치이다. 종교적 인간에게 신의 은혜와 섭리는 그 무엇과도 바꿀 수 없는 절대적 가치가 되며, 인내하며 희생적으로 삶을 살아가게 하는 동력이 되고, 평온함 혹은 기쁨의 근거가 된다. 종교적 측면에서 인간은 자신의 운명이 신의 섭리라고 본다. 신이 자신의 인생을 통해 무언가를 이루려하기에 그것을 이루는 것이 곧 신의 뜻이자 자기 인생의 사명이며 궁극적 목적이다. 종교적 인간은 기도와 같은 경건 의식을 통해 자기 삶에 부여된 신의 사명을 깨닫고 역경 속에서도 이를 확고히 지속시킬 힘을 얻는다. 이러한 경건의 삶을 통해 신앙은 더욱 충만해지고 확고해지며 동시에 신의 은혜에 대한 의지와 간구는 더욱 깊어지게 된다. 종교적 인간에게 있어 신과의 친밀한 연결은 영혼의 구원으로, 신과의 분리는 곧 죄악으로 인식된다(Spranger, 1928: 237-238).

이러한 종교적 인간관은 시대와 문화에 따라 조금씩 상이한 측면을 보여준다. 동양의 유교사상에 의하면, 절대자의 섭리를 인간의 본성과 연결시켜 본다. 『中庸』에 따르면, 하늘이 명한 것을 성(性)이라 하고, 성을 따르는 것을 도(道)라 하며, 도(道)를 닦는 것을 교(敎)라 한다.[1] 성(性)이라는 한자는 마음(心)과 태어남 또는 삶(生)의 뜻이 합해진 것으로 '생득적 마음' 또는 '살고자 하는 마음'으로 볼 수 있다. 인간의 성(性)은 생득적으로 부여된 것이며 이것은 또한 살고자 하는 마음과 같이 지극히 자연스러운 것이다. 이러한 생득적이고 자연스러운 인간의 본성을 유교에서는 하늘의 命과 연결시켜 보는 것이다.

그런데 『孟子』에 보면, 인간은 仁·義·禮·智의 단초인 惻隱之心, 羞惡之心, 辭讓之心, 是非之心을 근본적으로 가지고 있다. 맹자는 우물에 빠진 어린 아이를 안타까이 여기는 마음은 어떤 교분이나 명예 때문이 아닌 인간이면 누구나 가지는 자연스러운 마음임을 예시하며, 위와 같은 선한 마음의 단초들은 마치 사람이 사지를 가지고 있듯 모든 인간이 생득적으로 자연히 소유하고 있음을 주장한다.[2] 문제는 자라나면서 사회적 악습에 접하면서 이러한 본래적 선성을 망각해간다는 점이다. 이러한 연유로 인간이 본래적으로 부여받은 이 선성을 다시금 찾아 가고 이루어 가는 것이 바로 참다운 인간이 가야할 마땅한 도리(道)라는 것이 유교의 핵심적 관점이다. 그리고 그 마땅한 길을 닦기 위한 방법(修道)이 바로 인간의 가르침과 배움(敎學)인 것으로, 유교에서 인간됨을 이루는 것과 인간의 배움은 필연적으로 맞닿아 있고 이는 天命, 종교적 사명의 실현과도 궁극적으로 연결되어 있다.

유교사상에서 종교적 섭리는 천지를 운행하는 이치요, 만물의 마땅한 이치(理)이자 인간사의 마땅한 법도로서 '禮'와 상통하며 공자가 완전한 덕으로 제자들에게 가르친 '仁'과도 상통한다. 공자는 자기의 사사로운 욕망을 극복하여 예(禮)를 회복하는 것이 바로 仁임을 가르쳤다.[3] 각종 유혹에 사로잡히지 않고 마땅히 행하여야

1) "天命之謂性, 率性之謂道, 修道之謂教" 『中庸』 1장.
2) 『孟子』 「공손추장구」上, 6장.
3) "克己復禮爲仁." 『論語』 「안연」 1장.

할 근본도리를 분별하여 지키는 것이 천명을 알고 천명을 이루어가는 것에 선행되어야 할 기본이다. 공자 자신의 修道의 인생 역정을 보면, 30세의 '而立', 40세의 '不惑', 이후 50세에 '知天命'을 이루었다.[4] 하늘의 명을 깨닫는 것은 반드시 올바른 뜻을 흔들리지 않게 확고히 하고 자신의 사사로운 욕심(재물욕, 권력욕, 명예심 등)에 미혹됨이 없도록 하는 것이 바탕이 되어야 한다. 이것은 유학에서 곧 修己의 과정으로 '格物-致知-誠意-正心'의 수양의 과정을 통해 이루어진다.[5] 매사에 집중된 마음으로 만물의 지극한 이치, 지극한 앎을 추구하고 정성스럽고 공경하며 성실한 마음으로 자신을 닦아 나가야 한다. 그리고 이러한 덕성을 함양하는 배움의 과정은 널리 학문을 공부하는 것과 병행되어야 한다. 역사와 문학 등에서 선현과 전통의 지혜를 널리 배우고(博學), 그 이치에 대해 깊이 묻고 사유하며(審問) 올바른 도리를 깨닫는 과정이 되어야 자신의 성품을 온전히 닦아 나갈 수 있다. 또한 이와 함께 가정, 이웃, 온 나라에 이르기까지 孝悌忠信의 덕행을 열심히 실천(集義, 積善)하는 일이 병행되어야 한다.

유교에 있어 인간됨의 실현의 길은 곧 天命을 알고 그 천명과 합치되어 가는 길이다. 공자가 "60세에 귀가 순하여지고(耳順) 70세에 마음이 하고자 하는 대로 행하여도 법도에 어긋나지 않았다"[6]고 한 것은 바로 이러한 인간됨의 완성의 과정, 유교에 있어 종교적 섭리를 깨닫고 실현하는 과정으로 볼 수 있다.

한편, 서양의 역사에서 중대한 영향을 미쳤던 기독교의 인간관은 기본적으로 인간의 죄와 악성, 그에 대한 하나님의 은혜와 구원의 섭리로서 설명될 수 있다. 성경에 의하면 인간은 하나님의 형상을 따라 창조되었다.[7] 이 구절은 한편으로는 인간이 하나님의 선성과 지혜를 본받은 존재임을 암시하나, 또 다른 한편으로는 완전한 하나님의 형상에 대한 하나의 '모상'으로서 불완전함을 암시하기도 한다. 즉, 인간은 분명히 선한 의지를 가진 존재이나 이는 불완전한 것으로 언제든 그릇될 가능성을 가지고 있음을 나타낸다. 이것은 바로 잘 알려진 '선악과 사건'으로 나타난다. 하나님은 인간에게 '자유의지'를 주었으나 인간은 하나님이 유일하게 금한 선악과를 먹는 행위를 선택하였다.

4) 『論語』「위정」 4장.
5) 『大學』經, 第四章.
6) "子曰, 六十而耳順, 七十而從心所慾不踰矩." 위의 책.
7) 「창세기」 1: 27.

성경 창세기에는 질투심에 의한 형제간의 살해 사건, 인간의 교만함을 상징하는 바벨탑 사건, 극심한 타락과 행악을 보여주는 소돔과 고모라성의 멸망, 노아의 방주 사건 등이 제시되어 있다. 노아의 방주 사건은 인간의 행악이 극에 달하여 하나님이 세상을 깨끗이 씻어내고 오직 의인 노아와 그 가족, 동식물의 한 종자만을 구한 이야기로 인간의 악성과 하나님의 은혜와 구원의 초기 모습을 보여준다. 이후 구약시대 이스라엘 민족의 역사는 바로 이러한 인간의 계속되는 교만과 타락, 행악, 그리고 그에 대한 하나님의 경고와 심판, 이를 당한 이스라엘 민족의 속죄와 간구, 이에 응답하는 하나님의 은혜와 구원, 그럼에도 다시금 반복되는 타락과 행악의 사건들이 반복된다. 이러한 역사의 결정적 순간은 바로 예수 그리스도의 십자가 대속 사건이다. 예수 그리스도는 십자가의 희생으로 단번에 인류의 죄를 대속하였고 기독교 신자는 바로 이것을 믿음으로써 구원에 이른다.

아우구스티누스는 기독교 신앙에서 중요한 점이 바로 구원은 인간적 공로가 아닌, 주님의 값없이 주어지는 은혜와 사랑이라는 점을 강조한다. 그는 인간의 죄악과 악한 성향, 인간의 한계, 교만과 탐욕의 심각성, 하나님의 은총과 예수 그리스도의 십자가 사랑 없이는 구원의 길이 없다는 점을 지적한다. 하나님은 인간의 내면의 교사이자 구원자이다(Mondin, 2011: 72-74). 즉, 기독교적 관점에서 인간은 우선적으로 자신의 교만함을 철저히 내려놓고 하나님의 은혜와 인도를 온전히 간구하며 의지하여야 한다. 이를 위해선 지속적으로 하나님과의 영적 교제를 행하여야 하는데 그 방법은 기도와 말씀 묵상이다. 기도와 말씀 묵상은 하나님의 뜻이 무엇인지를 분별케 하고 자신의 연약함과 죄악을 알고 돌이키게 한다. 이와 함께 기독교인이 하여야 할 일은 적극적인 사랑의 실천이다. 예수는 자신이 보여 준 사랑을 본받아 제자(성도)들이 서로 사랑을 실천하라고 하였다.[8] 예수가 보여 준 사랑은 조건적인 에로스가 아닌 무조건적인 아가페의 사랑이다. 상대의 처지를 깊이 이해하고 그를 위하여 어떠한 조건과 무관하게 전심으로 베풀어주는 것이 아가페이다. 아가

8) 「요한복음」 13: 34.

페의 사랑으로 어려운 이웃을 구제하고 예수의 복음을 전파하는 것이 기독교인의 사명이자 예수 그리스도를 닮은 온전한 사람으로 성화(聖化)되어 가는 길이다.

동양에서 유교와 함께 큰 영향을 미쳤던 종교는 바로 불교이다. 불교의 가장 기본적인 생각은 모든 인간의 삶, 생로병사는 고통의 연속이며 누구도 이를 피할 수 없다는 점이다. 본래 왕자였던 석가세존은 바로 이 고통의 근본이 무엇이며 인간이 어떻게 이 고통을 탈피할 수 있을지에 대해 문제의식을 가지고 수행의 길에 오르게 된다. 그는 당시 인간의 등급을 엄격하게 나누던 카스트제도에 반발하며, 모든 인간은 평등한 존재로 누구나 그 내면에 '佛性'과 '善性'을 가지고 있으며 이를 실현할 수 있다고 보았다. 불성을 찾아가는 가장 근본적인 일은 인생이 고통으로 이루어지며 그 고통은 집착에서부터 온다는 사실을 깨닫는 것이다. 인간이 노화와 병환, 이별과 갈등 등에서 고통을 받는 근본원인은 그 일들에 관하여 부질없는 욕망과 번뇌, 곧 집착을 하기 때문이다. 이는 세상의 모든 만물과 자아가 고정되어 있지 않고 끊임없이 변화한다는 '諸行無常, 諸法無我'의 법칙을 깨닫는 것과 관련되어 있다.

인생의 고통에서 해탈하기 위해서는 그 고통의 원인을 찾고 타오르는 욕망과 번뇌의 불길을 소멸하여야 한다. 이를 이루는 것이 곧 열반(涅槃, nirvana)이다. 그러나 이 열반의 경지에 들어가기 위해선 깊은 성찰과 수행의 과정이 필요하다. 이 과정은 바른 생각과 견해, 바른 말과 행동, 바른 자세와 자비로운 마음의 육성 등의 '八正道(正見, 正思惟, 正語, 正業, 正命, 正精進, 情念, 正定)'를 통해, 결국 마음이 무념무상의 명경지수와 같이 되어 참된 평화와 평정심을 찾을 때(正定) 온전히 이룰 수 있다. 불성을 이루는 수행의 과정을 지눌대사는 '돈오점수(頓悟漸修)'로 설명하였다. 돈오는 불성과 진리가 누구나 자기 안에 갖추어져 있음을 믿고 각자의 마음을 살펴 그 안의 불성과 진리를 깨닫는 것이며, 점수는 헛된 생각과 습관을 극복하기 위해 지속적으로 수행하는 과정이다. 돈오가 순간적인 각성이라면, 점수는 점진적이고 지속적인 배움과 수양의 과정이다. 참된 깨달음이 없으면 맹목적인 고행에 빠지며, 점진적 수행이 없으면 순간적 각성만으론 기존의 습관을 극복하기 어려워 깨달음이 곧 흐려지고 만다. 지눌대사는 이를 비유하여 어린 아기가 처음 태어났을 때에 모든 기관이 갖추어 있음은 어른과 같지만 그 힘이 아직 충분치 못하므로 상당 기간 자라나야 비로소 어른이 되는 것과 같다고 설명하였다.[9]

9) 『韓國佛教全書』 4冊, 709c-710a, 「목우자수심결」.

(2) 공자의 교육사상에 나타난 배움과 사고*

가. 서론

인간의 삶에서 배움(learning, 學)은 외부로부터 지식, 기술, 태도를 받아들여 익힘으로써 지적, 인격적, 신체적, 감성적, 기술적인 성장을 가능하게 하고 풍성하게 조장한다는 점에서 없어서는 안 될 필수적인 활동이다. 한편, 사고(thinking, 思)는 인간이 사물과 사태의 의미를 이해하고 각 상황에서 올바르고 좋은 방향을 모색하게 한다는 점에서 역시 인간 삶의 필수적인 활동으로 볼 수 있다. 이렇게 볼 때 인간이 지 · 덕 · 체(智德體) 혹은 지 · 정 · 의(知情意) 등의 면에서 조화로운 성장을 이루기 위해 가르치고 배우는 활동인 교육에서 배움과 사고는 반드시 수반되어야 할 요소이다. 이러한 교육의 핵심 요소의 개념이 분명히 밝혀질 때 우리는 이에 대한 이론과 실제를 올바로 수행할 수 있다. 한국의 교육은 그 문화적, 정신적 배경으로 유교적 전통, 유학 사상의 영향을 많이 받고 있기에 한국의 교육 현실에서 배움과 사고를 고찰하려면 유학 사상을 통한 조명이 필요하다.

유학 사상의 조명은 가장 먼저 공자로부터 시작되어야 한다. 공자는 유학 사상의 개창자이자 많은 제자들을 가르쳤던 교육자였다. 그는 평생토록 보다 인간적인 삶을 위하여 배우고 생각하며 가르쳤다. 이 점에서 그의 사상의 초점은 무엇보다도 교육이며 그의 교육사상에는 배움과 사고가 연결되어 있다. 공자는 "배우고 생각하지 않으면 어둡고, 생각하고 배우지 않으면 위험하다."고 하였고[10] 그의 제자 자하는 스승의 뜻을 계승하여 "널리 배우고 뜻을 독실히 하며 절실히 묻고 가까운 데서부터 생각하면 仁이 이 가운데 있다."고 하였다.[11] 공자는 이상적인 인격 상태인 '인(仁)'을 구현하기 위해서는 배움과 사고가 병행되어야 함을 주장한 것이다.

배움과 사고의 관계 고찰은 입시준비, 암기식 교육으로 편중된 한국의 교육현실에도 중요한 시사점을 줄 것으로 생각한다. 단시간에 정해진 지식을 묻는 시험에 대비하기 위한 교육은 배움과 사고의 병행, 연결을 어렵게 한다. 배움과 사고의

---

* 본 절은 2010년도 『교육철학』 제47집에 발표된 저자의 논문, "공자의 교육사상에 나타난 배움(學)과 사고(思)의 관계에 대한 고찰"을 수정한 것이다.

10) 『論語』 위정 15: 學而不思則罔, 思而不學則殆.

11) 자장 6: 博學而篤志, 切問而近思, 仁在其中矣.

관계 및 그 함의를 고찰한다면 이러한 교육현실을 개선하기 위한 시사점을 얻을 수 있을 것이다.

해석은 저자와 독자의 대화이다. 저자의 원뜻을 정확히 파악하는 것만큼 중요한 것은 독자가 처한 시대현실에 맞게 창조적으로 수용하는 것이다. 공자의 시대와 지금은 확연히 다르다. 따라서 공자의 사상을 오늘의 독자들의 시각으로 수용하려면 자구의 직역보다는 창조적인 의미부여가 필요하다. 그러나 공자 사상을 연구하는 만큼 지나친 의미 확장은 공자가 의도한 바를 벗어나 전혀 다른, 심지어는 반대의 방향으로 흐를 수 있는 위험이 있다. 공자사상의 본의에 충실하면서도, 이 시대의 교육현실에 상응한 창조적 해석을 위해 저자는 첫째, 『論語』 내의 관련구절을 모두 찾아 그 구절들의 공통된 의미를 살리고자 하였다. 공자가 여러 번 동일하거나 유사하게 주장한 요점을 찾는다면 그의 본래 의도를 가능한 정확히 파악할 수 있을 것이다. 둘째, 함축적인 의미를 내포한 구절들은 관련 구절뿐만 아니라 여러 학자들의 시각을 참고하여 해석하였다. 특히 맹자, 주자, 정자, 다산 등은 공자 사상을 폭넓고 심도 있게 고찰한 학자들로 이들의 해석을 참고하는 것은 해석자 임의의 의미 확장이나 변용을 막는 데 도움을 준다. 이러한 해석들을 모두 무시하고 혼자 해석한다면 그만큼 오류로 흐를 가능성이 많다. 다양한 시대의 학자들의 해석에 공통점이 있다면 그것은 공자의 본래 의도에 그만큼 맞는 것이고 시대를 넘어 공유할 수 있는 부분이 있다는 것이다. 셋째, 저자는 『論語』의 구절들을 21세기 한국의 교육현실에 맞게 오늘의 언어로 재해석하고자 하였다. 만약 공자가 직접 사용한 용어로만 서술한다면 오늘의 독자들은 이해할 수 없을뿐더러 오늘의 현실에 연결되기도 힘들 것이다. 따라서 공자의 본래 의도를 살리면서도 오늘의 맥락과 독자들의 이해를 고려하여 관련된 언어로 재해석하였다.

나. 배움(學)의 의미

A. 배움 개념의 다양성

저자의 조사에 의하면 『論語』에서 '學'은 총 사십 개 장에서 나타난다.[12] 공자와

12) 학이 1, 학이 6, 학이 7, 학이 8, 학이 14, 위정 4, 위정 15, 위정 18, 공야장 14, 공야장

제자들의 문답을 기록한 『論語』에서 '學'이 이렇게 많이 등장한 것은 공자가 제자들을 가르침에 있어 '學' 개념을 매우 중시하였음을 알 수 있다. 그런데 공자는 배움의 주체와 대상, 상황에 따라서 그 의미를 조금씩 상이하게 제시하였기 때문에 '學'은 많은 뜻을 포괄·함축하고 있고 따라서 배움의 의미를 일관적으로 단일한 용어로 설명하기란 쉽지 않다.[13] 그런데 바로 이러한 배움 의미의 다양성 자체가 공자가 보는 배움의 특징이다. 즉, 공자가 보는 배움은 배우는 자의 특수성(성격, 필요, 관심 등)과 구체적 상황의 특수성에 따라서 그 내용과 방법이 달라진다는 데 특색이 있다. 공자는 "배움이 있되 사고가 없으면 어둡다."[14]고 지적하면서도 다른 곳에서는 "종일토록 사고를 하였으나 무익하다."[15]고 지적하였다. 전자의 경우 배움에 있어 사고는 필수적인 요소라 볼 수 있으나 후자의 경우 사고는 인간의 성장을 도모하는 배움에 불필요한 것처럼 보인다. 그러나 주자의 해설에 따를 때, 후자를 이야기한 배경은 생각만 하고 배우지 않는 극단적인 사람들을 우려하여 공자가 경계한 말이다.[16] 『論語』의 많은 구절들에서 공자는 대화 상대자의 특성을 고려하여 달리 말하였으므로 주자의 이 해석은 타당하다고 본다. 배움은 한편으로는 시, 주역 등의 문헌 공부를 의미하기도 하고[17] 다른 한편으로는 성실함, 반성, 조화로

27, 옹야 2, 옹야 25, 술이 2, 술이 3, 술이 16, 술이 33, 태백 13, 태백 17, 자한 2, 자한 29, 선진 6, 선진 24, 선진 25, 안연 15, 자로 4, 헌문 25, 헌문 37, 위령공 1, 위령공 2, 위령공 30, 계씨 9, 계씨 13, 양화 4, 양화 8, 양화 9, 자장 5, 자장 6, 자장 7, 자장 13, 자장 22. * 편과 장의 체계는 전통문화연구회 성백효 역주의 『論語集註』에 따름.

13) 하안의 『論語集解』에서는 '學'을 '송습(誦習)'으로 풀이함으로써 '식(識)'으로 해석하였고 한·당 시기 대부분의 학자들은 '學'을 '각(覺)'으로 이해하였고 주자는 '효(效)'로 해석하였으며 양계초는 앎을 구하고(求知) 실천하는 것(實行)으로 보았으며 양일봉은 '學'의 목표(道), 내용(文, 行, 忠, 信), 과정(道, 德, 仁, 藝), 순서(修己, 安人), 방법(博學, 審問, 愼思, 明辯, 篤行), 효과(樂)로 나누어 설명하였고 호지귀는 '學'의 본의는 '德行'이며 이는 독서를 수반한다고 보았고 이경무는 '學'을 '식(識)', '효(效)', '각(覺)'으로 나누어 이해하였다(이경무, 2007: 227-228). 저자는 공자의 '學'을 '식(識)', '효(效)', '각(覺)'으로 나누거나 어떤 것이 더 중요하고 근본적이라고 설명하기가 어렵다고 본다. 공자에게 배움은 알고, 본받고(행하고), 깨닫는 작용이 함께 일어나기 때문이다. 예를 들어, 책을 통해 '효(孝)'를 보고 알며 훌륭한 사람의 '효'를 보고 깨닫고 부모에게 '효'를 직접 행하면서 더 깊이 알고 깨닫는다. 이것들은 상호 연결되어 익힘(習) —반복되면서 가슴속에 깊이 젖어 들어 체득됨— 이 더해진다.

14) 위정 15: 學而不思則罔, 思而不學則殆.

15) 위령공 30: 子曰, 吾嘗終日不食, 終夜不侵, 以思, 無益, 不如學也.

16) 위령공 30 주석: 此, 爲思而不學者言之.

17) 양화 9, 술이 16, 학이 6 등.

운 마음, 올바른 행동 등을 추구하는 것으로도 볼 수 있다.[18] 이렇듯 공자 사상에서 배움은 상황에 따라 그 내용과 방법이 다르다.

B. 배움의 목적

배움의 내용과 방법이 상황에 따라 조금씩 다르더라도 공자에게 배움의 궁극적인 목적은 일관된 것으로 보인다. 공자에게 배움은 다른 그 무엇을 위한 수단이기보다는 그 자체가 목적이다. 이것은 공자가 배움을 논함에 특별히 "배움을 즐김, 배움의 기쁨(好學)"을 여러 곳에서 강조한 것을 보면 알 수 있다. 공자는 "배우고 때때로 익히면 즐겁지 아니한가?"라고 하였고 배움을 좋아하는 군자의 행실에 대해 설명하였고 안회의 호학 태도를 언급하였으며 지치지 않는 배움의 태도를 지적하였고 자기를 위한 배움을 강조하였다.[19] 공자는 배움을 인간의 삶을 풍요롭게 하는 그 자체로 목적적인 행위로 보았고 특정한 직업에 필요한 지식과 기술을 습득하는 수단적 활동과 구별하였다(Ames & Hall, 1987: 46). 공자가 타인을 위한 학문(爲人之學)보다 자기를 위한 학문(爲己之學)을 강조한 의미는 배움이 사회적 효용성을 추구하기보다는 자기 자신의 인격적 성장과 완성을 추구한다는 뜻이다. 그리고 자신의 인격 성장을 위한 배움은 자율적인 동기에서 비롯되어 그 활동 자체가 만족과 기쁨을 가져다준다는 데 특징이 있다.[20]

공자는 "군자는 그릇처럼 국한되지 않는다."라고 하였다.[21] 그릇은 특정한 용도로의 쓰임에 그 목적이 있다. 공자는 다양한 지식과 기술, 인격을 겸비한 전인적 인간을 이상으로 보았고 배움은 이러한 전인적 인격 함양을 지향하여야 하며 장래의 특정 분야에서의 활용을 위해 특정 기술을 갖추는 것으로 보지 않았던 것이다. 이러한 공자의 관점은 그 자신의 배움에 그대로 투영되어 있었다. 『論語』는 공자가 배움이 넓어 어느 한 분야에만 명성을 남기지 않았다고 전하며 이것은 공자가 배움을 통해 道가 온전하고 德이 완비되어 있음을 뜻한다.[22] 그리고 공자는 자기만큼 충성되고 신의가 있는 사람은 있지만 자기만큼 배움을 좋아하는 자는 없음을

18) 학이 7, 학이 14, 옹야 2, 양화 8, 자장 7, 자장 22 등.
19) 학이 1, 학이 14, 옹야 2, 태백 13, 선진 6, 술이 2, 헌문 25 등.
20) 학이 1: 學而時習之, 不亦說乎.
21) 위정 12: 子曰, 君子不器.
22) 자한 2: 孔子, 博學而無所成名.

지적하였는데,[23] 이는 배움의 궁극적 목적으로서의 전인적 인격은 배움 자체를 즐기는 태도와 긴밀히 연결된다는 점을 보여준다. 즉, 지적 인격적으로 두루 겸비된 사람은 지칠 줄 모르는 배움의 열정이 있어야만 가능하며 배움을 즐기는 태도는 조화롭게 성숙한 자가 보여주는 것으로 전인적 성장과 배움의 기쁨은 공자의 '배움'에 있어 이중적 목적이다.

C. 배움의 내용[24]

공자에게 배움의 대상 혹은 내용은 매우 다양하여 몇 가지로 정리하기가 쉽지 않다. 모든 것을 대상으로 모든 것으로부터 배운다고 함이 오히려 더 정확한 표현이라 본다. 기존에 학자들은 대체로 공자 학단의 교육내용을 詩·書·禮·樂, 禮·樂·射·御·書·數, 文·行·忠·信 등으로 보았으나 『論語』에 보면 이러한 구체적인 책 내용이나 기술, 덕목에 국한되지 않고 인간과 사물의 모든 상황으로부터 배움이 이루어짐을 알 수 있다. 물론 『시경』과 『서경』과 같은 문헌 공부는 중요한 배움의 내용이지만 그것들은 전체 배움의 내용 중 일부라고 볼 수 있다(Creel, 2002: 128). 위나라 공손조가 자공에게 "공자는 누구로부터 배웠는가?"라고 묻자, 자공은 문왕과 무왕의 도가 아직 완전히 땅에 떨어지지 않아 사람들에게 널리 퍼져 있어, 현자는 그 중 큰 것을 알고 있고 현명하지 못한 자는 그 중 작은 것을 알고 있으니, 문왕과 무왕의 도를 알고 있지 못한 사람이 없으니 공자가 누구에겐들 배우지 않았겠으며 또 어찌 일정한 스승을 두었겠느냐고 대답하였다.[25] 주자의 해석에 따르면 문왕과 무왕의 도란 그들의 훈계와 업적, 주나라의 예악과 문장을 포괄하는 내

23) 공야장 27: 子曰, 十室之邑, 必有忠信如丘者焉, 不如丘之好學也.

24) 이 글에서 현대교육에 맞게 편의상 배움의 내용과 방법을 나누어 보았지만, 엄밀히 말하면 공자의 배움은 그 내용과 방법이 통합되어 있다. 예를 들어, 실천(덕행)은 배워야 할 내용이기도 하지만 그 덕행을 통해 깨달음과 인격적 성숙이 더욱 진전되므로 배움의 방법이기도 하다. 공자가 강조한 '立志'나 '溫故知新'도 배움의 내용이 되는 동시에 방법이 된다. 배움에서 배우고자 하는 의지를 분명히 세우는 것 자체가 배움의 내용이지만 이 '입지'를 통해 배움의 의욕이 고취되고 반성적 태도가 생기므로 중요한 배움의 방법이 된다. '옛 것을 익히고 새 것을 안다.'는 것은 기존의 지식과 정보를 배워 새로운 점을 발견하는 것으로 배움의 내용이 되지만 동시에 유추적 학습의 방법을 제시한다.

25) 자장 22: 衛公孫朝問於子貢曰, 仲尼焉學, 子貢曰, 文武之道未墜於地, 在人, 賢者, 識其大者, 不賢者, 識其小者, 莫不有文武之道焉, 夫子焉不學, 而亦何常師之有.

용으로[26] 이는 인간이 본받아야 할 올바른 행실과 규범, 지식 등을 널리 포함하는 것으로 볼 수 있다.

배움이 근본적으로 모든 사물 현상에 대한 폭넓은 탐구로부터 비롯된다는 것은 후대의 정자, 주자, 오징 등의 격물치지(格物致知) 및 거경함양(居敬涵養)론과도 일맥상통한다. 정자는 '격물(格物)'을 사물의 이치를 궁구하는 것으로[27] 앎 곧, 치지(致知)에 이르는 방법으로 보았다. 여기서 탐구의 대상인 사물이란 풀 한 포기, 나무 한 그루와 같은 자연 사물을 포함하여 우물에 빠지는 어린아이를 보는 것과 같은 인간관계에서의 직접적인 경험이나 경전이나 역사문헌을 접하는 간접적인 경험을 모두 포함한다(정상봉, 2007: 176-180). 이러한 정황을 접할 때 자신이 내면에 이미 가지고 있는 지적이고 도덕적인 안목을 바탕으로 올바르고 바람직한 앎에 이르는 것이 바로 '格物致知'이다. 오징은 배움에 있어 이치를 밝히는 독서 공부[28]와 마음을 한 곳으로 집중시키는 '경(敬)' 공부[29]를 함께 강조하고 이를 통한 참된 앎은 실천을 낳는다고 하였다.[30] 이러한 유학자들의 배움에 관한 논의는 『논어』에서 공자가 제시한 사물, 문헌, 반성, 실천 등 모든 것을 통한 배움과 상통한다.

편의상 배움의 내용을 이하에 몇 가지로 분류하여 논하겠다.

첫째, 문헌에 대한 공부이다. 공자는 배우는 자는 孝, 弟, 信, 愛 등의 도덕 실천을 먼저 하고 이후 詩書와 같은 글을 공부하라고 가르쳤다.[31] 주자는 이를 해석하며 실천이 중요하지만 글공부를 통하여 성현의 이치를 깨달을 수 있고 이것은 개인적 행동의 그릇됨을 제어할 수 있게 한다고 보았다.[32] 공자는 제자들에게 시를 배울 것을 권면하며 시는 마음을 움직이며 생각하도록 하며 조화롭게 관계를 만들게 하며 불의에 의분을 느끼게 하며 어버이와 임금을 섬기는 법을 알려주며 새와 짐승, 풀과 나무 등 자연에 대한 지식을 쌓게 한다고 하였다.[33] 시와 역사, 예에

---

26) 자장 22 주석: "文武之道, 謂文王武王之謨訓攻烈, 與凡周之禮樂文章."
27) 『河南程氏遺書』권 25, "格, 猶窮也, 物, 猶理也. 猶曰窮其理而已也."
28) 『宋元學案』권 92, 「草廬學案」.
29) 『吳文正集』권 4, 「主敬堂記」.
30) 『吳文正集』권 12, 「學則序」.
31) 학이 6: 弟子入則孝, 出則弟, 謹而信, 凡愛衆, 而親仁, 行有餘力, 則以學文.
32) 학이 6 주석: 力行而不學文, 則無以考聖賢之成法, 識事理之當然, 而所行, 或出於私意, 非但失之於野而已.
33) 양화 9: 子曰, 小子, 何莫學夫詩, 詩, 可以興, 可以觀, 可以群, 可以怨, 邇之事父, 遠之事君, 多識於鳥獸草木之名.

관한 문헌들은 인간과 사물의 다양한 이치를 담고 있어 이에 대해 탐구한다면 眞善美에 대한 통찰이 생기고 이는 인간의 지적, 인격적 성장 및 올바른 행동의 기초가 될 수 있다. 공자는 아들(伯魚)을 직접 가르치기보다는 '詩'와 '禮'를 공부하며 스스로 배우도록 권면하였다.[34] 공자는 詩·書·禮에 대하여 평소에 늘 이야기하였다고 한다.[35] 시는 공자의 최고 덕인 仁을 근본 바탕으로 두고 절제 있는 언어로 禮를 표현하고 있고 운율(樂)과 결합되어 인간의 감수성을 조화롭게 양성한다(남상호, 2007: 54-55). 배우는 자가 시를 공부함으로써 그 내용 안에 담긴 지극한 이치를 깨닫고 예의 법도를 알며 감정을 조화롭게 다스리게 된다는 측면에서 시 공부는 바로 전인적 성장을 낳는 배움인 것이다.

한편, 공자는 역사적 사건들을 자주 인용하면서 제자들을 가르쳤는데 〈서경〉, 〈춘추〉 등의 역사서들은 인간 삶의 다양한 문제들에 현명하게 대처하는 지혜와 도덕적 태도를 담고 있어 이를 탐구, 적용한다면 배우는 자의 지성, 덕성 함양에 필수적인 것이다. 공자는 "전술하되 창작하지 않는다."[36]라고 하여 기존에 전해오는 자료들을 충분히 연구하고 이를 해석하는 것을 중요시하였다. 이것은 바로 "옛 것을 익혀 새 것을 안다."[37]는 정신과 상통하는데 창의적인 지혜의 산출은 선현들이 쓴 자료들을 연구함으로써 나온다는 것이다. 이러한 〈논어〉의 기록들은 공자가 〈시경〉, 〈서경〉, 〈예기〉, 〈악기〉, 〈춘추〉, 〈역경〉 등을 탐구하고 해석하여 정리하면서 스스로 지혜와 덕성을 함양하였고 제자들도 이와 같이 옛 문헌들을 통하여 배울 것을 독려하였음을 짐작하게 한다. 그런데 이 문헌 공부는 단순히 내용을 이해하고 기억하는 것이 아니라 그 속에 담긴 의미를 창조적으로 해석하고 실제 삶에 적용하는 데 있다. 이는 후술할 배움과 사고와의 관계에 중요한 함의를 지닌다.

둘째, 공자는 〈논어〉 전편을 통하여 '실천' 공부를 강조하였다. 공자는 실천을 통한 배움(learning by doing)의 중요성을 여러 차례 언급하였다. 공자는 어진 이를 존중하는 것, 부모를 힘을 다해 섬기는 것, 임금에게 충성하는 것, 친구를 사귈

34) 계씨 13: 陣亢, 問於伯魚曰, 子亦有異聞乎, 對曰, 未也, 嘗獨立, 鯉趨而過庭, 曰, 學詩乎, 對曰, 未也, 不學詩, 無以言, 鯉退而學詩, 他日, 又獨立, 鯉趨而過庭, 曰, 學禮乎, 對曰, 未也, 不學禮, 無以立, 鯉退而學禮.

35) 술이 17: 子所雅言, 詩書執禮, 皆雅言也.

36) 술이 1: 子曰, 述而不作.

37) 위정 11: 溫故而知新, 可以爲師矣.

때 언행을 성실하게 하는 것 등의 실천이 바로 배움이라고 지적하였다.[38] 배움은 배부름과 편안함을 추구하지 않고 성실히 일하고 삼가 말하며 훌륭한 인격과 지혜를 갖춘 사람으로부터 가르침을 받는 데 힘쓰는 행동을 통해 이루어진다.[39] 공자는 제자 중에 배움을 좋아한 자로 안회를 언급하며 노여움을 남에게 옮기지 않으며 잘못을 두 번 다시 저지르지 않았다고 하였다.[40] 자신의 행동을 돌아보며 지속적으로 올바로 하려는 실천적인 노력이 바로 배움이며 이러한 노력은 좋은 습관과 태도를 낳고 이를 통해 보다 나은 인격이 형성되어 가는 것이다. 〈논어〉에서 '배움(學)'이 '배움을 좋아함(好學)'이라는 표현으로 자주 함께 등장한다는 것 자체가 배움이 행동과 실천을 통해 이루어짐을 뜻한다. 이것은 맹자가 '강하고 의연한 기운(浩然之氣)'은 '의로운 행동을 지속적으로 축적해 나감(集義)'을 통해 생성된다고 설명한 것과 상통한다.[41] 맹자는 "의지가 한결같으면 기를 움직이고 기가 한결같으면 의지를 움직이는데 곧 넘어지고 달리면 이러한 기를 통해 그 마음을 움직인다."고 설명한다.[42] 사람이 어떠한 행위를 지속적으로 열심히 하다 보면 그 습관을 통해 마음이 생성되는 것이다. 일정한 시간동안 참고 공부하는 습관을 통해 배움의 흥미와 욕구가 생기며 어른들과 동료들에게 예의범절을 지켜 행하다 보면 그 행위를 통해 공경심과 배려심이 싹튼다(심승환, 2008a: 13-14). 배우는 자가 집안에서는 부모에게 효도하고 형제간에 우애롭게 행하는 것(孝悌)이 배움의 최고 목적인 仁을 구현하는 근본이고 나아가서 이것은 이웃 간에 웃어른을 공경하며(敬) 상호 간에 성실하고(忠) 배려하는 마음(恕)과 신뢰(信)로 대하고 널리 국가·사회적으로는 대중을 사랑하며(汎愛衆) 어려움에 빠진 많은 사람들을 구제하는 행동(博施濟衆)이 바로 실천 공부로서의 배움의 동심원적 확산 원리이다. 이렇게 공자에게 배움은 선하고 의로운 행동을 자기 주변에서부터 널리 국가·사회적으로 실천해 감으로써 이루어진다.[43]

38) 학이 7: 賢賢, 易色, 事父母, 能竭其力, 事君, 能致其身, 與朋友交, 言而有信, 雖曰未學, 吾必謂之學矣.
39) 학이 14: 君子, 食無求飽, 居無求安, 敏於事而愼於言, 就有道而正焉, 可謂好學也已.
40) 옹야 2: 哀公問, 弟子孰爲好學, 孔子對曰, 有顔回者好學, 不遷怒, 不貳過, 不幸短命死矣.
41) 〈맹자〉 공손추 상 2: 敢問, 何謂浩然之氣, 曰, 難言也, 其爲氣也, 至大至剛 … 是集義所生者.
42) 〈맹자〉 공손추 상 2: 志壹則動氣, 氣壹則動志也, 今夫蹶者趨者, 是氣也而反動其心.
43) 공자에게 '修己'와 '安人(治人)'은 함께 가며(竝進) 상호 보완하는 것이라고 본다. 즉, 자기 몸을 수양한 후 이를 기본으로 사회적으로 덕을 베푸는 것도 맞는 것이지만 역으로 사회적인 덕행을 통해 자기 수양을 더욱 지극히 할 수도 있기에 양자의 병진, 상호보완이 가장 절실한 해석이다. 공자의 삶이 바로 이것을 보여준다. 비록 공자는 정치에 성공하지는 못했지만 제자양성을 통해

셋째, 문헌 공부와 실천 공부는 반드시 '마음' 공부를 기본으로 그리고 이것과 함께 이루어져야 한다. 공자는 널리 배우는 것(博學)은 뜻을 독실하게 하는 것(篤志), 절실히 묻는 것(審問), 가까운 것에서부터 생각하는 것(近思)과 병행되어야만 仁에 이를 수 있다고 하였다.[44] 주자는 이를 해석하며 이 네 가지의 병행은 마음을 보존하고 기존의 것을 익숙하게 하는 것이라고 하였다.[45] 배움은 기본적으로 배우려는 의지가 있어야 가능하며 사람이 널리 여러 가지 지식과 태도를 배웠다고 하더라도 독실한 의지를 가지지 못하면 이것들을 기억하고 실천하지 못하는 것이다. 또한 어떠한 원리가 왜 그러하며 현실에서 구체적으로 어떻게 적용되는가를 탐구하여 분명히 알아야만 그 지식이 완전히 자기 것이 된다. 배우려는 의지, 지키고 실천하려는 의지, 지속적인 탐구의 자세가 바로 마음 공부의 기본이다.[46] 공자는 싫증내지 않고 지속적으로 배우려는 의지(學而不厭)를 강조하였고[47] 덕을 닦고 배움을 익히며 의를 듣고 행하고 잘못을 고치는 것에 힘쓰고자 하였다.[48] 이러한 독실한 의지는 자발적이고 반성적인 마음으로부터 비롯된다. 공자는 다른 사람이 자신을 알아주지 않음을 의식하지 않고 스스로 인간사로부터 천리에 이르기까지 탐구하는 자세를 강조하였다.[49] 이것은 배우는 자가 타인을 의식하고 외부적 필요에 의해서 동기화되는 것(爲人之學)이 아니고 자신의 성장을 위한 반성을 토대로 내면적이고 자발적인 동기(爲己之學)에 의해 배움을 추진해나가는 것을 의미한다. 자기에게 부족한 부분을 보충하여 알고자 하며 자신의 장점을 지키고자 노력하는 반성적 자세[50]가

널리 사회에 덕을 베푼 삶이었고 대략 30대부터 70세 넘어서까지 제자들을 지속적으로 가르침으로써 자기의 수양을 더욱 지극히 하였다.

44) 자장 6: 博學而篤志, 切問而近思, 仁在其中矣.

45) 자장 6 주석: 從事於此, 則心不外馳, 而所存自熟, 故曰仁在其中矣.

46) '마음 공부'라는 용어는 공자가 직접 사용한 것은 아니다. 그러나 공자는 스스로의 인생 여정을 언급하면서 입지(立志-15세)로부터 시작하여 이립(而立-30세), 불혹(不惑-40세), 지천명(知天命-50세), 이순(耳順-60세), 종심(從心-70세)에 이르기까지 마음을 다스리는 수양을 강조하였고 이를 지속적으로 추구하였음을 알 수 있다. 또한 공자가 제자들과의 문답에서 반성적 태도를 거듭 강조한 것을 보면 그가 배움에서 자신의 마음을 돌아보고 바로 잡는 공부를 중요시하였다고 볼 수 있다. 이러한 측면에서 배움의 내용을 현대어에 맞게 '마음 공부'라고 표현하여도 무리가 없으리라 본다.

47) 술이 2: 子曰, 黙而識之, 學而不厭, 誨人不倦, 何有於我哉.

48) 술이 3: 子曰, 德之不修, 學之不講, 聞義不能徙, 不善不能改, 是吾憂也.

49) 헌문 37: 子曰, 不怨天, 不尤人, 下學而上達.

50) 자장 5: 日知其所亡, 月武忘其所能, 可謂好學也已矣.

인간의 성장을 가져오는 것이다.

마음 공부에서 자발적 의지만큼 중요한 부분은 바로 온전히 집중된 마음으로 상호 연관성을 성찰하는 자세이다. 공자는 자신이 많이 배우고 기억하는 자가 아니라 하나의 이치로 사물을 꿰뚫어 아는 자라고 하였다.[51] 이것은 공자가 다양한 지식과 정보를 주입·집적하지 않고 그것들의 연관성을 성찰하고자 하였음을 의미한다. 공자 제자인 증자는 공자의 일관지도(一貫之道)를 충서(忠恕)라고 하였다.[52] 忠과 恕는 모두 마음의 작용으로 忠(中+心)은 진실된 마음으로 온 마음이 한 가지에 집중된 것이며 恕(如+心)는 내 마음을 미루어서 타인의 마음을 헤아리며 안과 밖, 가까운 것과 멀리 있는 것, 기본과 세부적 적용 등을 연관하여 이해하는 것을 뜻한다. 맹자는 배울 때 잡념을 버리고 마음을 다하여 배우는 내용 및 대상에 집중할 것을 강조하였다.[53] 또 맹자는 "만물의 이치가 모두 나에게 갖추어져 있으니 자신을 돌이켜보아 성실하다면 즐거움이 클 것이요 恕를 힘써 행하면 仁을 구함이 이보다 가까울 수 없다."고 하였다.[54] 장재(張載)도 '대심(大心)'을 강조하며 자기와 외부세계를 연관시키고 부분과 전체의 유기적 원리를 생각하며 세계의 본질을 파악하고자 하였다(안종수, 1992: 158). 모든 배움에 있어 그 내용 및 대상에 전심하여 집중하고 성실하게 접근하는 것은 배움을 가능하게 하고 더욱 효과적으로 이끈다. 문헌 공부를 할 때 그 내용을 자신의 기존 가치관과 지식을 토대로 연관하여 이해하고 실천 공부를 하며 하나의 행위와 다른 행위를 연관하여 반성할 때 바로 지적, 인격적 진전이 일어나는 것이다. 이것은 전술한 반성적 자세와 관련된다. 외부의 대상을 배울 때 자기의 내면 지식 및 태도에 비추어 생각한다면 그 단점을 수정·보완하고 장점을 유지·발전시켜 나갈 수 있을 것이다.

공자는 어리석음(愚), 방탕함(蕩), 해침(賊), 급함(絞), 난폭함(亂), 경솔함(狂)의 여섯 가지 폐단을 지적하며 이것들은 각기 仁, 知, 信, 直, 勇, 剛(六言)을 좋아하되 배우지 않기 때문에 초래되는 폐단이라고 하였다.[55] 여기서 배움은 조화롭고 치우치지 않

51) 위령공 2: 子曰, 賜也, 女以予爲多學而識之者與, 對曰, 然, 非與, 曰, 非也, 予, 一以貫之.

52) 이인 15: 子曰, 參乎, 吾道, 一以貫之, 曾子曰, 唯, 子出, 門人問曰, 何謂也, 曾子曰, 夫子之道, 忠恕而已矣.

53) 〈맹자〉 고자 상 9: 奕秋, 通國之善奕者也, 使奕秋, 誨二人奕, 其一人, 專心致志, 惟奕秋之爲聽, 一人, 雖聽之, 一心, 以爲有鴻鵠將至, 思援弓繳而射之, 雖與之俱學, 弗若之矣, 爲是其智弗若與, 曰非然也.

54) 〈맹자〉 진심 상 4: 孟子曰, 萬物, 皆備於我矣, 反身而誠, 樂莫大焉, 强恕而行, 求仁, 莫近焉.

55) 양화 8: 好仁不好學, 其蔽也愚, 好知不好學, 其蔽也蕩, 好信不好學, 其蔽也賊, 好直不好學, 其蔽也

은 마음(中庸)의 함양을 의미한다. 이것은 외면적 형식(文)과 내면의 본질(質)이 조화되며 과감함(狂)과 삼가 지킴(狷)이 조화됨을 의미한다. 중용의 도를 실천하는 사람은 때와 장소에 따라 과감하기도 하고 삼가 지키기도 하는 것이다. 이는 시의적절하게 중용의 도에 맞음(時中)과 중용의 도를 잡아 저울질함(執中用權)을 의미한다(蔡仁厚, 2002: 145). 공자는 배움은 결국 이러한 조화로운 마음을 추구하여야 함을 강조한다. 그는 "더불어 배울 수는 있어도 함께 道에 이를 수는 없고 함께 道에 이른다 해도 함께 뜻을 세워 지킬 수는 없고 함께 뜻을 세워 지킨다 해도 상황에 맞게 조처할 수는 없다."고 하였다.[56] 양시는 이를 해석하며 자신을 위한 학문을 안다면 더불어 배울 수 있고 배움이 善을 밝게 아는 단계가 되면 함께 道로 나아가며 도에 대한 믿음이 돈독해지면 함께 뜻을 세워 지킬 수 있고 상황에 따라 조처할 줄 알아야 권도를 행할 수 있다고 하였다.[57] 이는 '學→道→立→權'의 단계가 상위로 갈수록 더욱 어려우며 상위의 단계는 하위의 단계를 발판으로 이루어지는 것으로 공자가 배움의 단계 혹은 과정을 제시한 것으로 볼 수 있다. 여기서 최상의 단계가 바로 상황에 따라 적절히 조처하는 '중용' 혹은 '권도'이다.

공자 자신의 배움 과정을 볼 때 15세에 배움에 뜻을 두고 30세에 뜻이 확고히 서며 40세에 미혹됨이 없어지고 50세에 하늘의 이치를 알게 되고 60세에 귀가 순하여 모든 것이 이해되고 70세에 마음이 하고자 하는 대로 하여도 법도에 어긋남이 없는 상태에 도달한 것[58]은 바로 이 '학→도→입→권'의 과정과 유사하다. 공자는 온유하면서도 엄하였고 위엄이 있으면서도 거칠지 않았으며 공손하면서도 편안하였다[59]고 하여 배움을 통해 마음의 조화로운 상태를 유지·달성하였음을 알 수 있다. 즉, 배움의 과정은 마음속에 의지를 세우고 이 의지를 돈독히 지키며 때에 따라 나아가고 물러나는 중용의 마음을 달성하는 것으로 결국 마음에서 시작되어 마음에서 완성되는 마음 공부인 것이다.

絞, 好勇不好學, 其蔽也亂, 好剛不好學, 其蔽也狂.

56) 자한 29: 子曰, 可與共學, 未可與適道, 可與適道, 未可與立, 可與立, 未可與權.

57) 자한 29 주석: 楊氏曰, 知爲己, 則可與共學矣, 學足以明善然後可與適道, 信道篤然後可與立, 知時措之宜然後可與權.

58) 위정 4: 子曰, 吾十有五而志于學, 三十而立, 四十而不惑, 五十而知天命, 六十而耳順, 七十而從心所慾不踰矩.

59) 술이 37: 子, 溫而厲, 威而不猛, 恭而安.

D. 배움의 방법

『論語』에서 學의 의미가 다양하게 제시되는 것에서 공자가 배움의 방법에 특별히 초점을 두었다는 점을 알 수 있다. 즉, 공자는 보편적인 배움의 개념을 제시하기보다는 배우는 자의 특수성에 맞는 상이한 배움의 방법에 관심이 있었다는 점이다(이경무, 2007: 227). 배움의 방법은 다양하다고 해도 모든 사람에게 공통적으로 적용되는 기본적인 방법은 본받음(效)이다. 주자는 배움이란 본받는다는 뜻으로 배우는 자는 먼저 깨달은 자의 모범을 본받아 선함을 밝게 알 수 있다고 하였다.[60] 공자는 제자들에게 항상 어진 이와 가깝게 지내라고 하였는데 이는 어진 이의 언행을 본받아 지혜롭고 의롭게 성장해가라는 의미로 볼 수 있다. 공자는 일상생활과 일을 할 때, 말을 할 때 올바르게 하라고 충고하며 道가 있는 자에게 찾아가 그 행동을 바르게 하는 것이 바로 배움을 좋아하는 것이라고 하였다.[61] 이 구절은 공자가 배움의 견고함에 대하여 언급하며 충성(忠)과 신뢰(信)를 위해 노력하며 유익한 벗을 가려 사귀어 허물이 있으면 고치라고 한 구절과 연결된다.[62] 스스로 올바른 행위를 실천함으로써 인격을 닦을 수 있지만 그 옳고 그름을 확실히 알려면 반드시 자기보다 인격적으로 혹은 지적으로 훌륭한 사람의 도움을 받아야 하는 것이다. 여기서 배움의 방법에는 자발적 실천과 본받음과 반성이 결합된다.

공자는 배울 때 항상 부족한 점을 생각하며 배운 바를 잃지 않고 유지하려고 애써야 함을 지적하였다.[63] 예를 들어, 책을 읽을 때에 배우는 자는 잘 이해하지 못한 점이나 잘못 이해한 점이 있는지 반성하여야 한다. 이 반성은 한편으로는 선생님이나 주변 사람에게 물어보아 도움을 받기도 하고 다른 한편으로는 스스로 그 미진한 부분을 반복적으로 읽고 다른 부분과 연관하여 올바르고 충분히 이해하도록 노력하는 것을 의미한다. 또한 그 이해한 내용은 반복해서 보고 현실상황에 적용해 봄으로써 그 지식이 완전히 자기 것이 되어 잃어버리지 않도록 붙잡아 두어야 한다. 정자는 "배우고 때때로 익힌다."는 구절을 해석하며 이것은 "반복하여 생각하여 가슴 속에 젖어들게 함"을 의미한다고 보았다.[64]

60) 학이 1 주석: 學之爲言, 效也, 人性皆善, 而覺有先後, 後覺者必效先覺之所爲, 乃可以明善而復其初也.
61) 학이 14: 君子, 食無求飽, 居無求安, 敏於事而愼於言, 就有道而正焉, 可謂好學也已.
62) 학이 8: 子曰, 君子不重則不威, 學則不固, 主忠信, 無友不如己者. 過則勿憚改.
63) 태백 17: 子曰, 學如不及, 猶恐失之.

공자가 보는 이상적인 덕, 모든 덕을 포괄하는 종합적 인격으로서의 仁은 인간이 본래 내재적으로 가지고 있는 것인데 이것이 드러나는 것은 반성과 자각을 통해서이다. 자기 안에 있는 仁義禮智의 단초를 바탕으로 외부의 가치와 지식을 포섭·확충하여 나감으로써 전인적 인격이 계발되는 것이다(蔡仁厚, 2002: 68). 공자는 "알고자 하는 마음이 간절하여 애태울 때 그 길을 열어주며, 표현하고자 하여 애태울 때 그 표현을 도와주며, 한 방향으로 알려주면 세 방향으로 유추하여 응답하지 않으면 가르치지 않았다."고 하였다.[65] 공자가 보는 배움의 방법의 가장 근본은 배우는 자의 자발적인 배움의 의지와 노력이다. 이것이 없다면 어떠한 깨달음도 성숙도 실천도 일어나지 못한다. 가르치는 자가 아무리 외부에서 지식과 태도를 넣어주려고 하여도 배우는 자의 의지와 노력이 없다면 깊이 있는 이해가 어렵고 보상 등의 조건이 사라질 때 금방 잊게 될 것이며 더욱이 동기가 없기에 형식적인 지식이 되어 삶에의 적용, 실천이 이루어지지 못할 것이다.

배우는 대상에 대한 이러한 전심의 마음, 집중하는 마음은 곧 사람과 사물을 진실하게 성심을 다하여 대하는 '충(忠)'의 자세이다. 배움의 의지와 노력은 올바르고 완전한 지식과 가치를 탐구하는 자세이며 이것의 요체는 반성을 통한 분별과 유추에 있다. 이것은 지속적으로 올바른 것과 그렇지 않은 것, 선한 것과 그렇지 않은 것을 분별하고 하나의 사실 및 가치를 통해 다른 사실 및 가치를 유추하여 깨닫는 것을 의미한다. 이는 공자가 여러 곳에서 강조한 '서(恕)'의 방법을 뜻한다. 공자는 자기의 마음을 미루어 가까운 데서부터 유추하는 것이 바로 仁의 방법이라고 하였다.[66] 각 개인의 마음속에 이미 있는 眞善美의 가치 기준에 의거하여 타인과 사물을 대할 때 올바른 지식과 가치를 그렇지 못한 것으로부터 분별하여 알 수 있다. 공자는 많이 듣고서 의심나는 점은 버리고 많이 보고서 위험한 것은 버리라고 지적하였다.[67] 기존의 지식에 비추어 새로운 지식의 문제점을 파악하기도 하고 새로운 지식의 장점을 수렴·확충할 수도 있는 것이다. 공자는 아래로부터 배워 위를 통달하였다고 하였다.[68] 즉, 배움은 자신의 기존 지식, 자기에게 친근한 일상의

64) 학이 1 주석: 程子曰, 習, 重習也. 時復思繹, 浹洽於中, 則說也.
65) 술이 8: 子曰, 不憤, 不啓, 不悱, 不發, 擧一隅, 不以三隅反, 則不復也.
66) 옹야 28: 能近取譬, 可謂仁之方也已.
67) 위정 18: 子曰, 多聞闕疑, 愼言其餘則寡尤, 多見闕殆, 愼行其餘則寡悔.
68) 헌문 37: 下學而上達.

경험으로부터 시작하여 보다 고차원적인 단계로 나아가는 것이다. 태어나면서부터 가지고 있는 지적 안목과 가치관을 바탕으로 일상에서 다양한 사물, 사람, 책, 자연 등을 접하며 기초적인 지식을 쌓아가며 이것들을 발판으로 새로운 지식을 분별하고 연관시키며 확충해나가는 것이다.

요컨대, 공자에게 배움은 전심을 기울인 의지, 경험과 실천, 사람과 문헌 등을 통한 본받음, 자기의 내면 지식과 외부 지식의 연관 및 확충 등을 통해 이루어지는데 이 모든 작용에서 공통적으로 작용하는 것은 분별하고 유추하는 반성적 사고이다.

다. 사고(思)의 의미[69)]

A. 분별과 유추

저자의 조사에 의하면 『論語』에서 '思'는 총 열 개 장에서 나타난다.[70)] 공자의 사상이 추상적이기보다는 다분히 구체적이며 실천적이라는 특징을 감안한다면 다른 중요 개념에 비해 다소 그 출현 빈도가 적은 것을 이해할 수 있다. 출현 빈도가 적다고 하여 그 개념의 중요성이 적다고 할 수는 없다. 『論語』에서 '中庸'을 직접적으로 언급한 것은 한 장[71)]이지만 어느 학자도 공자 사상에서 '중용'의 위상을 무시하지 못한다. 그 이유는 仁, 知, 德, 忠, 恕, 禮, 敬, 文, 質, 直, 和 등 공자 사상에서 중요한 개념들이 모두 치우치지 않고 시의적절히 조화롭게 적용하는 중용의 도와 관련되기 때문이다. 그리고 많은 관련 구절들이 간접적으로 이러한 점을 지지한다. 마찬가지로 '思'도 공자 사상의 중요 개념들과 관련되며 『論語』의 많은 구절들이 이러한 관련성을 지지해주고 있다. 다만 공자가 제자들을 가르칠 때는 대개 구체적이고 실천적인 방향으로 설명하였기에 '思'라는 직접적인 언급은 자주 하지 않은 것으로 보인다. 思의 옛 뜻은 容(그릇 용)과 睿(통할 예)로서 감싼다는 뜻과 통하게 한다는 뜻을 함께 내포한다. 이는 思가 한편으로는 외부로부터 여러 자료를 받아 소화

69) 『논어』에 나타난 '思' 개념을 보았을 때, 이것은 다분히 구체적이며 실천적인 성격을 가진다. 따라서 배움과 같이 목적, 내용, 방법으로 나누어 설명하기보다는 그 주요 특징을 통해 설명하는 것이 낫다고 본다.

70) 위정 15, 이인 17, 공야장 19, 자한 30, 헌문 13, 헌문 28, 위령공 30, 계씨 10, 자장 1, 자장 6.

71) 옹야 27: 子曰, 中庸之爲德也, 其至矣乎, 民鮮久矣.

시키고 다른 한 편으로는 그 의미를 유추하고 확장시킨다는 뜻을 가진다(張其昀, 1981: 142-143). 공자는 이러한 思의 함의를 발전적으로 살려 배움에 임할 것을 강조하였다. 하나를 들으면 그것을 통해 유추하여 열을 깨닫는 것을 칭찬하였고[72] 하나를 알려주면 그것을 통해 세 가지 방향으로 창의적 응답을 할 것을 권고하였다.[73]

공자는 시·서·예·악을 가르칠 때 형식적으로 혹은 문자 그대로의 의미를 전달하기보다는 그 속에 함축된 근본적인 의미를 찾고자 하였고 기존 내용으로부터 유추하여 창의적으로 해석하려고 하였다. 『시』와 『서』에 담긴 도덕적 의미와 교훈을 도출하려고 하였고 제자들로 하여금 창의적으로 생각할 수 있도록 독려하였다. 계술을 통하여 창작하는 공자의 정신을 계승하여 그의 제자들과 후대 유학자들은 공자가 계술한 내용을 보완하고 창조적으로 발전시켜 마치 굴리면 굴릴수록 더욱 커지는 눈덩이같이 유가학파의 사상이 갈수록 풍부해졌다(馮友蘭, 1999: 108-111). 공자가 보는 사고(思)는 기본적으로 바로 이 '계술(繼述)을 통한 창작' 혹은 "옛 것을 알아 이를 기반으로 새로운 것을 깨닫는 작용(溫故而知新)"[74]이다. 옛 것은 좁게는 전승된 문헌이라 볼 수 있지만 넓게는 기존의 모든 문화, 인간 행위를 포괄한다고 볼 수 있다. 공자는 "어진 이의 행동을 보고 그와 같기를 생각하며, 어질지 못한 이의 행동을 보면 내면에 스스로 반성해야 한다."고 하였다.[75] 우리는 책 속에 담긴 지식을 접하기도 하지만 직접적으로는 사람들의 행위를 보고 생각하게 된다. 이때 그 행위는 단지 '그러하다'고 사실적으로 보고 기술하는 것이 아니라 그 행위에 담긴 眞善美의 가치(賢/不賢)를 탐구하고 해석하여 자신의 인격적 성장을 도모하는 것이 바로 공자가 보는 사고의 요체이다. 이 사고 작용은 '분별'과 '유추'를 핵심 요소로 포함하고 있고 인간의 인격적 성장을 추구한다는 목적을 가지고 있다. 사고는 기존의 문헌 자료나 인간 행위를 보고 자신의 가치 기준에 의해 선과 악, 옳고 그름 등을 분별하는 한편 그 속에 담긴 함의를 찾고 새로운 점을 창조적으로 발견하는 것(유추)이다. 공자는 "배우기만 하고 생각하지 않으면 어둡다."[76]고 하였는데 이는 다양한 지식을 외부로부터 보고 듣지만 그 속에 담긴 진선미의 가치를 분별하지 못

72) 공야장 8: 回也, 聞一以知十.
73) 술이 8: 擧一隅, 不以三隅反, 則不復也.
74) 위정 11: 溫故而知新, 可以爲師矣.
75) 이인 17: 子曰, 見賢思齊焉, 見不賢而內自省也.
76) 위정 15: 學而不思則罔, 思而不學則殆.

하고 창조적으로 유추하여 알지 못하기에 그 배운 바가 밝게 이해되고 적용되지 못하는 것을 의미한다. 공자는 "많이 듣고서 의심나는 것을 버리고 많이 보고서 위험한 것을 버리라"고 하였고[77] "길에서 듣고 길에서 곧바로 말하면 덕을 버리는 것"이라고 하였다.[78] 이러한 구절들은 참된 것과 선한 것을 분별하고 의미를 해석하는 유추로서의 사고 작용을 설명한다.

B. 실천과의 연결

앞서 공자 사상이 구체적이고 실천적임을 언급하였는데 '思' 역시 생각 그 자체로 끝나지 않고 모두 실천적 행동 및 적용과 관련된다. 이는 사고가 항상 실천 속에서 그리고 실천을 지향하여 전개됨을 의미한다. 계문자가 세 번 생각한 뒤에 행하는 것을 보고 공자는 두 번이면 가하다고 하였다.[79] 주자의 해석에 의하면 이 구절은 이치를 궁구하는 것 못지않게 과단성 있는 실천이 귀중함을 드러낸 것으로 생각만 많이 하지 않도록 경계한 것이다.[80] 공자의 제자인 자장은 "이익을 보면 의로움을 생각하고 제사에서는 공경함을 생각하고 상사에서는 슬픔을 생각하라"고 하였다.[81] 사고는 바로 각 상황에서 정당한 행위가 무엇인지 생각하고 실천하기 위함이다. 안연이 仁에 대해 물었을 때 공자는 "예가 아니면 보지도 듣지도 말하지도 행동하지도 말라"고 가르쳤다.[82] 禮는 원래 제사 기구(豊)로부터 기원하여 점차 제사 때 사람의 행위와 의절을 지칭하게 되었고 이것이 다시 확대되어 인간 사회의 규례와 규범의 의미로 발전하였다. 공자는 특히 예의 형식적인 측면보다는 그 근본 의미인 진실된 마음(忠)과 올바름(義)을 강조하였다. 이것은 곧 인간 생활의 모든 질서에서 정당한 이치를 의미한다(蔡仁厚, 2002: 81-86). 즉, 공자는 보고 듣고 말하고 행동하는 인간의 모든 행위에서 정당한 이치가 무엇인지 분별하여 실천하라고 가르친 것이다. 이것은 널리 배우고 예로써 단속하라고 한 것과 관련된다.[83]

77) 위정 18: 子曰, 多聞闕疑, 愼言其餘則寡尤, 多見闕殆, 愼行其餘則寡悔.
78) 양화 14: 子曰, 道聽而塗說, 德之棄也.
79) 공야장 19: 季文子三思而後行, 子聞之, 曰, 再斯可矣.
80) 공야장 19 주석: 君子無窮理而貴果斷, 不徒多思之爲尙.
81) 자장 1: 子張曰, 士見危致命, 見得思義, 祭思敬, 喪思哀, 其可已矣.
82) 안연 1: 顔淵問仁, 子曰, 克己復禮爲仁 … 非禮勿視, 非禮勿聽, 非禮勿言, 非禮勿動.
83) 옹야 25: 子曰, 君子博學於文, 約之以禮, 亦可以弗畔矣夫.

다양한 지식은 구체적인 상황에서의 올바른 행위로 실천되어야 한다. 이 올바른 실천을 위해선 외부로부터 받아들인 일반적인 지식을 자신의 구체적 상황에 적합하게 해석하여 적용하는 사고 작용이 필요하다. 공자의 제자인 증자는 "군자는 생각을 할 때 그 위치를 벗어나지 않는다."고 하였다.[84] 공자는 임금, 신하, 아버지, 자식 등이 각자의 본분에 맞게 처신하는 명분론을 강조하였다. 각자의 특수한 상황에서는 그 상황에 맞는 올바른 행위 기준이 있다. 사고는 구체적 상황에서 합당한 행위 기준을 찾는 것이다. 공자는 보는 것, 듣는 것, 안색, 용모, 말, 일, 의심, 분함, 이익의 아홉 가지 상황에 맞는 아홉 가지 생각(밝음, 청명, 온화, 공손, 충성, 공경, 질문, 난점, 의로움)을 제시하였다[85] 이는 사고가 추상적이거나 보편적이지 않고 구체적인 각 상황에서 그에 적합한 도리를 추구하며 이를 통해 개인의 올바른 실천과 인격 함양을 지향함을 보여준다.

C. 인격 함양

공자의 삶의 과정을 보면 그가 지속적으로 인격적 성숙과 완전(仁)을 향해 노력하였고 이 노력의 중심에는 바로 치열한 사고(思)의 과정이 있었음을 알 수 있다. 이것은 인격함양의 과정이 단계별(15 立志 → 30 而立 → 40 不惑 → 50 知天命 → 60 耳順 → 70 從心)로 이루어짐을 의미한다.[86]

첫째, 인격함양의 시작은 배움에 대한 의지이다. 배움의 의지는 생각이 배우려는 대상에 집중되고 배우는 이유와 목적을 분명히 알 때 발생한다. 공자는 자신의 지적, 도덕적 성장을 위해서 반드시 배움이 필요함을 자각하였기에 배움의 의지가 생긴 것이다. 둘째, 배움의 의지가 있어도 구체적인 상황에서의 방향을 모르면 당황하게 된다. 배우는 자는 禮를 통해 각 상황에서 마땅히 행하여야 할 방법과 도리를 분명히 깨닫게 될 때 그 뜻이 더욱 분명해지고 확고해지는 것이다. 문헌 공부를 할 때는 어떻게 하여야 하고 사람을 대할 때는 어떻게 해야 하며 자신의 마음은

84) 헌문 28: 曾子曰, 君子, 思不出其位.

85) 계씨 10: 孔子曰, 君子有九思, 視思明, 聽思聰, 色思溫, 貌思恭, 言思忠, 事思敬, 疑思問, 忿思難, 見得思義.

86) 위정 4: 子曰, 吾十有五而志于學, 三十而立, 四十而不惑, 五十而知天命, 六十而耳順, 七十而從心所慾不踰矩.

어떻게 다스려야 하는지의 방법을 깨달을 때 배움의 방향이 확고히 서는 것이다. 셋째, 각 상황에 대한 방법을 알고 뜻이 확고해져도 무엇이 옳고 그른지 무엇이 더욱 좋은 것인지의 가치 기준이 명확히 서지 못하면 이리 저리 미혹될 수 있다. 따라서 배우는 자는 자신의 마음을 반성하는 한편 사람과 사물의 교훈을 숙고하여 바람직한 가치 기준을 확고히 하여 미혹되지 않는 것이 필요하다.

넷째, 배우는 자는 하늘이 자기에게 부여한 사명(天命)을 깨달아야 한다. 공자에게 하늘은 천지만물을 주재하는 종교적 의미보다는 인간 개개인의 도덕적 실천의 근거이다(徐復觀, 1984: 89). 천명을 깨닫는 것은 끊임없는 반성과 자각을 통해 이루어진다. 즉, 이것은 '과연 내가 목숨을 걸고 추구하여야 할 사명이 무엇인가', '내 마음이 진정 추구하고 기뻐하는 것이 무엇인가'에 대한 자각이다. 공자는 이러한 반성을 통해 평생 배움에 몸을 바쳐 도를 세우고 이를 사람들에게 가르치고 실천하는 것이 사명임을 자각한 것이다(김철운, 2005: 38). 바로 이러한 사명을 알 때 진정 자기를 위한 학문(爲己之學)이 되는 것이다. 다섯째, 배우는 자는 내면적 반성뿐만 아니라 외부 지식의 충전을 병행하며 이 두 가지 작용을 연결시킨다. 사람, 사물, 사건, 문헌 등 다양한 매체를 통해 들어온 지식이 자기 내면의 기존 지식 및 가치관과 원활하게 연결되어 이해될 때 지적, 인격적 성장이 이루어지는 것이다.

외부로부터 무분별하게 받아들이기만 할 때는 우리가 음식을 먹고 체하는 것과 마찬가지로 그 흡수, 소화에 지장이 초래된다. 또한 자기 주관, 자기 독선에 빠져 외부의 지식을 접하더라도 무시하고 배척한다면 더 이상의 지적, 인격적 성장을 기대하기란 어렵다. 바로 이러한 측면에서 공자가 배움의 과정에서 "귀가 순하여졌다(耳順)"고 표현한 의미는 곧 내·외의 상호 작용을 통한 원활한 이해과정으로 볼 수 있다. 마지막으로, 인격 함양의 최고 단계는 자기 내면의 동기가 자연스럽게 모든 인간의 도리에 합치되는 완성의 순간이다. 이것은 머리로 알고 의무감에서 행하는 단계(知者 또는 好者)를 넘어 자연스럽게 즐겨 행하는 단계(樂者)를 의미한다. 사람은 여기서 자기의 내면이 추구하는 바가 곧 인간의 도리임을 확인하고 이러한 확인을 통해 도덕적 행동을 즐겨 행할 수 있다.

이와 같이 인간의 삶은 평생의 과정을 통해 인격 성숙을 추구하고 이것은 지속적인 배움을 통해 이루어지며 배움의 과정은 배움의 필요성을 자각하고 구체적인 방법에 대한 지혜를 깨닫고 바람직한 가치 기준을 세우며 도덕적 사명을 반성·자각하고 내·외를 연관하여 이해하며 내면의 동기와 인간 도리의 합치됨을 확인하는 사고의 과정을 수반한다. 즉 배움과 사고와 인격함양은 공자에게 있어 불가분의 연결고리로 묶여 있는 것이다.

라. 배움(學)과 사고(思)의 관계

『論語』에서 배움과 사고를 직접적으로 함께 언급한 장은 총 3곳이다.[87] 그러나 사고(思)의 경우와 마찬가지로 직접 언급하지 않았더라도 여러 관련 구절들이 그 관계를 간접적으로 제시하고 있으므로 이를 통해 그 관계의 의미를 고찰할 수 있다. 앞에서 배움과 사고의 의미 고찰을 통해 이미 상당 부분 그 관련점이 드러났으나 이하에 이를 좀 더 분명하고 체계적으로 정리하여 설명하겠다.[88]

A. 목적의 동일성 및 상호보완성

앞에서 고찰하였듯이 배움과 사고는 모두 인간의 전인격적 성장 및 완성을 지향한다. 공자가 보는 배움의 본질은 자기 자신의 인간성, 참된 기쁨을 구현하기 위한 것으로 특정 직업 기술을 위한 준비 혹은 부, 명예, 국가발전을 위한 수단이 아니다. 詩·書·禮·樂 등을 읽고 익힘을 통해 배우는 자는 인간 사회와 천지 만물의 이치에 대한 지혜를 얻고 선각자의 모범과 자신의 자발적인 도덕적 행위의 실천을 통해 도덕적 태도를 배우면서 인격 함양을 추구하는 것이다. 또한 사고 역시 선·후 및 내·외를 연관시켜 지식을 확충하고 모든 인간 행위에서 올바로 처신하는 도덕적 행위 기준을 세움으로써 지적, 도덕적인 인격 성숙을 추구한다. 사고는 한편으로는 외부로 접하는 다양한 지식들을 비판적·창조적으로 성찰하고 다른 한편

87) 위정 15, 위령공 30, 자장 6.

88) 공자의 교육사상은 그의 교육실천 속에서 그대로 드러난다. 배움과 사고의 관계는 무엇보다 공자 자신의 삶을 통해 드러났다. 공자는 배우는 데 싫증내지 않고 시, 서 등의 문헌과 올바른 실천과 반성을 통해 끊임없이 배웠고 배운 바를 생각하고 이 생각을 통해 더욱 큰 배움을 얻었다. 특히, 제자들과의 문답을 보면 가르치고 배우면서 제자들과 본인의 성찰을 더욱 깊이 있게 발전시켜 감을 볼 수 있다(심승환, 2007b 참조). 공자는 사회적인 규범을 배우는 데 노력하는 한편, 구체적인 상황에서 합당한 도리를 깊이 생각하였다. 그의 삶 자체가 배움과 사고 어느 한 쪽으로 치우치지 않고 양자를 조화시키면서 양자를 함께 연결시켜 인격적 성숙이라는 동일 목적을 추구하였던 것이다.

으로는 끊임없이 자신의 장단점, 나아가야 할 방향을 반성하면서 지혜롭고 올바르고 선한 자아를 형성하는 데 이바지한다.

『論語』에서 배움과 사고를 함께 언급한 세 개 장 모두 양자가 인격적 성숙을 추구함을 보여준다. "배우기만 하고 생각하지 않으면 어둡고 생각하기만 하고 배우지 않으면 위험하다."[89]고 한 구절은 배움과 사고 중 어느 한 쪽이 결핍되었을 때 인간의 지적, 도덕적인 판단 및 실천이 장애를 받을 수 있음을 의미한다. 정종(1980: 97-98)은 學은 외부로부터 오는 것이고 思는 안으로부터 얻는 것으로 이 양자는 공자의 인생관에 있어 2대 방법 원리로 양자의 조화는 인격 형성에 필수불가결의 조건이라 하였다. 외부에서 지식을 받아들이더라도 비판적인 분별과 창의적인 유추가 이루어지지 않는다면, 산만한 정보들이 단순히 주입 · 집적되고 그 속에 담긴 진 · 선 · 미의 가치적 의미가 올바로 이해되지 못하며, 다양한 상황에 유동적으로 적용되지 못한다. 이때 인간의 지적, 도덕적 성장은 올바로 충분히 이루어지지 못한다. 반대로 내부적으로 반성만 하고 외부로부터 새로운 지식을 수렴하지 못한다면 독선에 빠지게 된다. 이러한 상황에서는 자신의 잘못을 수정하거나 부족한 점을 보완하지 못하여 지적으로나 도덕적으로 성장이 중단 또는 지체될 것이기에 인격 함양의 중대한 위험에 처하게 되는 것이다.

공자는 "내가 일찍이 종일토록 밥을 먹지 않고 밤새도록 잠을 자지 않으며 생각하였는데 유익함이 없었다. 배우는 것만 같지 못하였다."고 하였다.[90] 공자는 항상 배우는 자의 특수성을 고려하여 그에 적절한 가르침을 주었다. 주자는 이 구절이 생각만 하고 배우지 않는 자를 위한 가르침이라고 하였다.[91] 즉, 이 구절은 배움 없이 생각만 하였을 때의 결과를 보여준다. 옛 것을 통해 새로운 것을 깨닫고 계술을 통해 창작한 공자는 항상 기존의 전통, 문헌, 타인의 모범 등을 기반으로 자신의 사상을 발전시켰다. 아무 것도 없는 황량한 터전에서 무엇인가를 만들어낸다는 것은 불가능하다. 외부로부터 지식, 태도, 기술 등을 수렴하고 확충하여 이를 비판적이고 창의적으로 성찰함을 통해 생산적인 도야가 이루어질 수 있다. 바로 배움을 토대로 한 혹은 수반한 사고만이 개인의 성장에 유익함을 가져오는 것이다.

89) 위정 15: 學而不思則罔, 思而不學則殆.

90) 위령공 30: 子曰, 吾嘗終日不食, 終夜不侵, 以思, 無益, 不如學也.

91) 위령공 30 주석: 此, 爲思而不學者言之.

공자의 제자인 자하는 "배우기를 널리 하고 뜻을 독실히 하며 절실하게 묻고 가까운 데서부터 생각하면 仁이 이 가운데 있다."고 하였다.[92] 仁은 공자가 보는 이상적인 덕으로서 인간이 지향하여야 할 전인적인 인격을 뜻한다. 이 구절은 바로 전인적 인격을 위해 필요한 네 가지 방법(博學, 篤志, 切問, 近思)을 제시하는 것이다. 이것은 "군자는 文에 대하여 널리 배우고 禮로써 요약한다면 도리에 어긋나지 않을 것이다."고 한 구절과 연관된다.[93] 文이란 넓게는 선대의(전통의) 모범을 뜻하며 좁게는 예악의 규범, 형식(文質彬彬의 文)을 뜻한다. 따라서 文에 대하여 널리 배운다는 것은 인간 사회의 다양한 규범과 지식을 배운다는 말이다.[94] 한편, 禮로써 요약한다는 것은 구체적 행위를 위한 의지와 가치 기준을 명확히 세운다는 의미이다. 공자는 외면적인 형식(文)과 내부적 실질(質)의 조화를 강조하였다. 전통적으로 내려오는 인간 사회의 지식과 규범은 외면적인 형식(文)이고 개개인이 처한 구체적 상황에서의 의지와 행위는 내부적 실질(質)이다. 이것은 외부로부터의 수용과 내부적 적용의 관계로도 볼 수 있다. 널리 배우는 것(博學)은 외부의 지식·규범을 수용하는 것이고 뜻을 독실히 하고(篤志), 절실하게 묻고(切問), 가까운 데서부터 생각하는 것(近思)은 내부적 적용의 과정이다.

외부 지식을 개개인의 구체적 상황에 적용하려면 가장 먼저 필요한 것은 실천하려는 의지이다. 지식이 추상적인 지식으로 머물러 있지 않고 자기의 삶에서 실제 적용되려면 그 필요성을 자각하고 굳건하고 끈기 있게 실천하려는 의지를 세워야 한다. 이것은 공자가 강조한 진실되고 전심·집중된 마음(忠)을 의미하며 이를 위해서는 마음공부와 자각·반성을 위한 사고가 함께 작용되어야 한다. 절실히 묻는 것(切問)은 외부로부터 수용된 지식을 비판적으로 걸러내는 과정을 의미한다. '切'은 끊다, 갈다, 문지르다, 바로잡다, 고치다 등의 뜻을 포함한다. 비판적 사고(critical thinking)는 바로 준거와 이유를 지속적으로 묻고 보다 합리적이고 좋은 선택과 해결 방안을 모색하는 사고이다. 이것은 어떤 사태와 주장이 과연 '왜 그러한가?', '그것이 정당한가?', '그 준거는 무엇인가?', '그 과정과 방법은 어떠한가?' 등을 질문한

92) 자장 6: 博學而篤志, 切問而近思, 仁在其中矣.

93) 옹야 25: 子曰, 君子博學於文, 約之以禮, 亦可以弗畔矣夫.

94) 공자는 공문자가 文이라는 시호를 쓴 이유를 설명하며 "명민하면서도 배우기를 좋아하고 아랫사람에게 묻기를 부끄럽게 여기지 않았다."고 하였다(공야장 14). 文은 전통, 문헌, 규범의 자구적 의미뿐만 아니라 성실하고 겸손한 마음으로 끊임없이 배우고자 하는 자세를 의미한다.

다. 절실히 묻는 과정을 통해 개인은 수용된 지식이 과연 정당한지의 여부를 분별하고 폐기할 것은 폐기하고 보완과 수정이 필요한 것은 창의적으로 개선·발전시키는 것이다. 따라서 '切問'은 단지 비판적 사고뿐만 아니라 새로운 아이디어를 생산해내는 창의적 사고(creative thinking)를 수반한다. 마지막으로 '근사(近思)'는 개인이 자기에게 익숙하고 친근한 사실 및 경험으로부터 유추하는 것이다. 이것은 선행경험(선행지식)과 후속경험(후속지식)을 연결하여 이해하며 자기 내부에 있는 仁·義·禮·智의 가치관에 근거하여 외부 사태를 성찰하는 방법이다. '近思'를 통해 개인은 추상적인 내용을 구체적으로 이해하게 되고 외부의 지식을 자신의 지식과 가치관으로 체화시킬 수 있는 것이다.[95] 이상에서 이 네 가지 방법은 크게 배움과 사고의 상호보완적 작용으로 볼 수 있고 이것은 전인적 인격함양을 지향한다.

B. 실천을 통한 상호 연결

다산(茶山)은 배우는 자가 박학, 독지, 절문, 근사에 능하게 되면 효제충신(孝悌忠信)의 실천에 힘쓸 수밖에 없고 인륜의 완전한 덕인 仁이 그 가운데서 발현되는 것으로 이는 바로 앎이 있으면 행하는 원리라고 설명한다.[96] 공자 사상에서 배움은 실천을 통해서 실천을 목적으로 이루어지며 사고 역시 실천 속에서 실천을 지향하여 이루어진다. 공자는 덕행, 정사, 문학, 언어 중에 덕행을 으뜸으로 여겼고, 이 모든 과정은 덕행을 포함하고 있다(이명기, 1987: 95). 공자는 특정한 교재 혹은 문헌들을 통해서만 배우는 것이 아니라 인간의 모든 행위(자신의 행위, 타인의 행위 모두 포함)를 반성함을 통해 배울 것을 강조하였다. 공자는 "군자가 진중하지 못하면 위엄이 없으니 배워도 견고하지 못하다. 忠·信을 노력하며 자기보다 못한 자를 벗하지 말며 허물이 있으면 고치기를 꺼리지 말라."고 가르친다.[97] 이것은 배우는 자는 한편으로

95) 『中庸』 20장에서는 博學, 審問, 愼思, 明辯, 篤行으로 기술되어 있다. 이 중 '심문', '신사', '명변'은 '절문' 및 '근사'와 관련된다. '심문'은 배운 바를 자세히 물어 의심나는 부분이 없이 확실히 아는 것을 뜻한다. '신사'는 아는 것을 다시금 반성하여 올바른 행위를 생각하는 것이다. '명변'은 옳고 그름을 명확히 분별하는 것이다. 한편, '독행'은 '독지'와 연관된다. '독행'은 배우고 깨달은 바를 지속적으로 굳건하게 실천하는 자세로 독실한 의지가 기반이 되며 지속적인 실천궁행을 통해 그 의지가 더욱 돈독해지는 것이다.

96) 『與猶堂全書』 4집, 「論語古今註」 자장 6 주석: 補曰, 仁者, 人倫之至也, 能是四者, 則孝悌忠信不能不勉, 仁在其中矣, 言知者必行.

97) 학이 8: 子曰, 君子不重則不威, 學則不固, 主忠信, 無友不如己者. 過則勿憚改.

어떻게 하면 德 있는 행동을 할 것인지를 신중하게 고려하여 이를 실천하고, 다른 한편으로는 자신의 잘못과 부족함을 늘 반성하며 이를 개선하려고 노력하여야 함을 의미한다. 즉, 공자 사상에서 배움과 사고는 실천을 통해 연결된다. 양자 모두 실천의 과정 속에서 이루어지며 더 나은 실천을 위한 수단으로써 상호 협력하게 된다.

배움은 훌륭한 사람의 언행을 본받고[98] 항상 자신의 지식에 자만하지 않고 다른 사람에게 부지런히 물어[99] 자기 지식을 확충하는 실천 행동을 통해 이루어진다. 그런데 외부로부터 좋은 지식들을 많이 받는다고 하여도 이것이 자기 것으로 체득, 체화되지 못하면 올바른 실천이 이루어지기 힘들다. 공자는 "덕을 연마하지 못하고 배운 것을 탐구하지 못하고 義를 들어도 옮겨 실천하지 못하고 선하지 못한 것을 고치지 못하는 것이 바로 나의 걱정거리이다."라고 하였다.[100] 윤언명은 이 구절에 대하여 덕은 반드시 연마(修)된 후에 완성되며 배움은 반드시 탐구(講)한 후에 밝아지니 이러한 과정은 나날이 새롭게 하는 요체라고 해석하였다.[101] '수(修)'는 '닦다, 다스리다, 고치다'의 뜻을 내포하고 있다. 모가 나고 거친 돌을 갈아 부드럽게 잘 빠진 작품을 만들어가듯이 자신의 행동에 있어 올바르고 선하며 아름다운 부분은 더욱 발전시키고 잘못되고 추악한 부분은 제어하고 없애고 고쳐야 하는 것이다. 여기서 핵심은 자기의 장단점을 돌아보고 개선방향을 생각하는 반성적 사고과정이다. '강(講)'은 '익히다, 논의하다, 해석하다' 등의 뜻을 내포하고 있다. 이것은 외부로부터 들어 온 지식을 주체적 · 비판적으로 분별 · 소화하고 다양한 측면 및 의견을 수렴 · 종합하여 창조적으로 그 의미를 발전시키는 비판적 · 창조적 사고의 과정을 뜻한다. 이 과정은 단편적인 정보들에 내포된 깊은 의미들을 탐구하고 새로운 측면을 발견하는 것으로 이러한 의미에서 어두웠던 부분을 밝게 하는 작용이다. '강(講)'은 스스로의 내부적 사고이든 타인과의 상호작용(가르침이나 토론)에 의한 사고이든 본래 지식을 활용하고 적용한다는 측면에서 하나의 실천 활동이다. 외부로부터 배운 지식과 태도는 연마 과정과 탐구 과정의 사고 활동을 통해 자기 것으로 체득된다. 그것들은 더 이상 일반적인 지식이 아니라 각 개인의

98) 학이 14: 就有道而正焉.
99) 공야장 14, 태백 5.
100) 술이 3: 子曰, 德之不修, 學之不講, 聞義不能徙, 不善不能改, 是吾憂也
101) 술이 3 주석: 尹氏曰, 德必修而後成, 學必講而後明 … 此四者, 日新之要也.

일상생활의 구체적 상황에 적용되어 구체적인 방향을 제시하여 준다. 바로 이렇게 배움과 사고는 실천 속에서 함께 연결되어 더 나은 실천을 유도한다.

공자는 "옛 것을 익혀 새로운 것을 알면 스승이 될 수 있다."고 하였다.[102] '옛 것을 익히는 과정'은 배움에 해당하고 '새 것을 깨닫는 과정'은 바로 사고에 해당한다(이명기, 1987: 125). 이것은 배움과 사고의 활동이 가르침이라는 실천을 위한 전제 조건이 된다는 의미이다. 누군가를 가르치는 활동은 올바르고 풍부한 지식을 일깨워주고 바람직한 태도를 모범을 통해 알려주어야 하므로 지식과 인격이 깊이 도야되어야 가능한 일이다. 공자는 평생을 통하여 배운 사람이기도 했지만 또한 거의 일평생 가르침에 열심이었던 사람이다. 그가 인격함양을 위해 끊임없이 배우고 치열하게 생각한 것은 곧 제자들을 가르치고 나아가 많은 사람에게 올바른 도리를 일깨우기 위한 실천과 더불어, 그 실천을 지향하여 이루어졌던 것이다. 다산은 이 구절을 "예전에 배웠던 것을 타인에게 가르침으로써 다시금 옛 것을 익혀 새로운 점을 발견하게 되니 자기를 발전시키는 일이므로 스승이 할 만한 것이다."라고 해석한다.[103] 이것은 가르침이라는 실천 활동 중에 배움과 사고가 일어나 자아의 인격 성장이 이루어짐을 의미한다. 앞의 해석은 배움과 사고가 실천을 위한 전제로써 함께 작용하는 것이라면 다산의 해석은 가르침의 실천을 통해 배움과 사고가 일어나는 것으로 어떻게 해석하든 學, 思, 行(敎)은 밀접한 연결 관계에 있음을 알 수 있다.

C. '중용'의 도로서의 배움과 사고

공자 사상에서 여러 덕목들은 치우치지 않는 조화로운 상태를 추구한다. 知와 勇의 조화, 文과 質의 조화, 狂과 狷의 조화 등은 모두 중용의 덕을 추구하는 것이다. 배움은 仁, 知, 信, 直, 勇, 剛의 덕목들이 각기 극단으로 치우치지 않도록 조절하는 작용을 한다.[104] 하나의 성향, 하나의 행동방식, 하나의 가치관에만 편중된

102) 위정 11: 溫故而知新, 可以爲師矣.

103) 『與猶堂全書』 2집, 「論語古今註」 위정 11 주석: 舊學旣冷, 今以敎人之故, 得溫故而知新, 非益我之事乎? 人可以爲師矣.

104) 양화 8: 好仁不好學, 其蔽也愚, 好知不好學, 其蔽也蕩, 好信不好學, 其蔽也賊, 好直不好學, 其蔽也絞, 好勇不好學, 其蔽也亂, 好剛不好學, 其蔽也狂.

사람은 다양한 각도로 세계와 타인을 이해하고 자기를 성장시키는 데 장애를 갖게 된다. 배움은 배우는 자가 열린 마음으로 다양한 지식과 가치들을 수용하고 이들을 조화시킴으로써 치우치지 않은 지적, 도덕적 안목을 갖도록 이끈다.

공자는 "배움은 널리 하되 생각은 가까운 데서 하라."고 지적한다.[105] 보편적이고 다양한 지식과 가치들이 자기의 특수한 상황에서는 어떻게 적용될지를 탐구하는 것이 바로 사고이다. 생각은 각 사람의 독특한 직분에 합당하게 이루어져야 한다.[106] 또한 생각은 볼 때, 들을 때, 말할 때, 이익을 볼 때, 제사를 지낼 때, 위태로울 때 등 각각의 특수한 상황에 적합하게 이루어져야 한다. 물건의 무게에 따라 저울질을 달리 하듯 혹은 시소 양 쪽의 무게에 따라 중심 위치가 달라지듯 사고에 있어서 중용의 도는 바로 특수성을 살려 시의적절히 변화시키는 '權道', '時中'의 원리이다. 홀과 에임스(Hall & Ames, 1987: 47-48)는 〈위정〉 15장에 대해 "사고 없는 배움은 곤란함(perplexity)을 이끈다."고 해석하며 타인의 언행, 역사, 전통의 배움은 개인의 특수한 상황에 적합하게 적용되어야 한다고 지적한다. 또한 그들은 배움 없는 사고는 사회적 의미 및 가치와의 상호작용을 막기에 위험하다고 해석한다(Hall & Ames, 1987: 49). 즉, 배움과 사고는 모두 중용을 추구하지만 그 초점 및 작용 방식이 상이하다. 배움은 '조화(和)'로서의 중용에 초점을 두고 외부로부터 다양한 지식과 가치를 수렴하는 방식을 추구하는 데 비해, 사고는 '時中(權)'으로서의 중용에 초점을 두고 개개의 특수한 상황에 적용하는 방식을 추구하는 것이다. 전자는 보편성과 다양성을 추구하며 후자는 특수성을 추구한다. 전자는 사회적 가치 및 지식을 중시하며 외부와의 상호작용에 주력하는 한편, 후자는 개인적 가치 및 지식을 중시하며 내면적 반성에 주력한다. 중용에서 '조화'와 '時中'은 동전의 양면과 같이 반드시 동반되는 것과 같이 공자의 교육사상에서 배움과 사고는 한 쪽이 다른 쪽을 반드시 수반하여야만 존재할 수 있는 필연적 동반 관계이다. 전인격적 성숙(仁)을 추구하려면 배움을 통해 다양한 가치와 지식을 수렴하되 사고를 통해 개개인의 구체적 상황에 적절하게 적용되어야 하는 것이다.

105) 자장 6: 博學, 近思.
106) 헌문 28: 思不出其位.

마. 결론

지금까지 공자의 교육사상에 나타난 배움과 사고의 관계를 고찰하였다. 양자의 관계 고찰을 위해 먼저 배움의 목적, 내용, 방법을 살펴보았다. 배움은 배우는 자의 특성과 상황에 따라 다양한 내용과 방법을 포함하고 있으나 그 목적은 비교적 일관된다. 공자에게 배움의 목적은 모든 지식과 인격의 요소를 조화롭게 겸비한 仁을 구현하는 것으로 이것은 배움 자체를 즐기는 자세와 연관된다. 즉, 배움은 외부적인 목적의 수단이 되기보다는 자신을 위한 배움, 자신의 참다운 인격적 자아를 추구하는 데 있어서의 참된 기쁨 그 자체에 목적이 있다. 다음으로 배움의 내용은 다양하지만 크게 문헌 공부, 실천 공부, 마음 공부로 구별할 수 있다. 문헌 공부는 詩 · 書 · 禮 · 樂 등의 문헌에 담긴 인간과 세계의 다양한 지혜를 탐구하는 것을 말한다. 실천 공부는 孝 · 悌 · 忠 · 信 등의 올바른 도덕 행위를 실천함으로써 올바른 마음과 태도를 길러 인격을 도야하는 것이다. 마음 공부는 모든 배움의 기본으로 배우려는 의지를 굳게 세우고 전심 · 집중의 자세(忠)와 내외, 선후의 지식들을 연관하는 지혜(恕)를 기르며 조화롭고 시의적절한 중용의 마음을 기르는 것을 뜻한다.

배움의 방법은 먼저 훌륭한 인격을 갖춘 사람의 언행 및 문헌에 담긴 좋은 교훈들을 본받음을 통해 이루어진다. 본받는 것은 실천 및 반성의 방법과 결합된다. 자신의 행위에서 부족한 부분을 반성하여 외부로부터 본받아 확충하며, 문헌이나 스승을 통해 배운 바를 직접 실천해 보면서 그 구체적 상황에서의 적용이 어떻게 다른지, 어떠한 방향으로 되어야 하는지를 반성하는 것이다.

한편, 사고는 분별과 유추를 특징으로 한다. 분별은 문헌이나 인간 행위에 담긴 의미가 무엇인지 진선미의 가치 기준을 통해 비판적으로 성찰하는 것이며 유추는 기존의 지식을 토대로 새로운 내용을 발견하는 창의적인 사고를 뜻한다. 또한 사고는 항상 실천 속에서 실천을 지향하여 전개된다. 이는 인간 개개인이 처한 특수한 상황에서 각각 올바르고 좋은 행위의 기준은 무엇인지를 생각하는 것이다. 사고는 궁극적으로 개인의 인격성숙 및 완성을 지향한다. 배우려는 의지를 세우고 구체적 상황에서의 방향을 찾고 바람직한 가치 기준을 세우며 자아성찰을 통해 자신의 사명을 자각하고 내면의 지식 · 가치관과 외부의 지식 및 가치를 연결하여 이해하며 인간의 도리를 자연스럽게 체현함을 느끼는 모든 과정을 통해 사고는 인격함양을 추구한다.

공자사상에서 배움과 사고는 첫째, '인격함양'을 목적으로 상호협력 · 보완하는 관계로 볼 수 있다. 지덕체의 온전한 성장을 추구하려면 외부로부터 배우는 동시에 내면적으로 반성 · 적용이 이루어져야 한다. 외부에서 다양한 지식, 기술, 태도를 배우더라도 이것들이 과연 올바르고 좋은 것인지, 자신의 상황에는 어떻게 적용해야 하는지, 보완 · 발전시킬 부분은 무엇인지 성찰하지 못하면 어두운 상태로 집적되어 있게 되고 적절한 이해와 적용이 이루어지지 못한다. 반대로 내부적으로 성찰만 한다면 기존의 전통, 문헌, 타인의 모범 등 외부 지식의 확충이 없기 때문에 한계에 봉착하고 독선에 빠져 그릇된 지식과 가치관을 수정하기 어려운 위험이 있다.

둘째, 배움과 사고는 실천을 통해 상호 연결된다. 배우는 자는 덕 있는 행위를 본받고 실천함을 통해 배우며 또한 자기 행위를 지속적으로 반성함으로써 잘못된 점을 바로잡고 미진한 점을 보완해 나가야 한다. 널리 배우며, 뜻을 독실히 하고, 절실히 묻고, 가까운 데서부터 생각하는 활동을 함께 하면서 배우는 자는 仁을 실현하게 된다. 특히 배움과 사고는 가르침의 활동을 위한 준비가 되기도 하며 가르치는 활동 중에 배움과 사고가 함께 일어난다.

셋째, 배움과 사고는 '중용'의 양 측면을 이루는 필연적 동반자 관계이다. 배움은 외부로부터 다양한 지식을 수용하는 데 초점이 있기에 '조화'가 중요하다. 사고는 구체적 상황에 적용하는 데 초점이 있기에 '권(權)'이 중요하다. 배움은 다양성과 사회적 지식, 가치체계를 강조하며 사고는 특수성과 개인적 해석을 강조한다. 그러나 다양성과 조화는 특수성(차이)의 인정과 구체적 적용이 동반되어야 가능하며, 구체적 적용은 다양한 지식의 기반을 통해서만 가능하기에 양자는 필연적으로 상호 의존하는 관계이다. 문헌을 공부하고 실천하며 마음을 수양하는 모든 배움에는 필연적으로 분별과 유추의 반성적 사고가 동반되며, 분별 · 유추, 실천, 인격수양 등 모든 사고의 과정에는 기존의 지식과 모범을 본받는 배움이 동반되어야 하는 것이다.

한국의 교육 현실은 시험을 위한 준비에 모든 초점이 기울여져 있다고 하여도 과언이 아니다. 그리고 그 시험은 취지에 상관없이 실제로는 상당부분 암기력 측정에 편중되어 누가 얼마나 많이, 정확하게 외우고 있느냐에 따라 성패가 갈리게 된다. 이러한 시험을 위한 준비 교육은 자연히 공자가 추구한 배움과 사고가 연결되어 조화로운 인격을 추구하는 교육과는 동떨어져 있다. 물론 이러한 교육 현실을 당장 공자의 이상적인 교육사상에 맞게 전폭적으로 고치기란 불가능하며 경쟁이 불가피한 시대적 상황에도 맞지 않다. 그렇다면 이 교육현실에 공자의 '학사병진(學思竝進)' 교육관은 어떻게 적용될 수 있을까? 보다 구체적인 적용방법은 교육정책, 교육과정, 교육방법, 각과교육론에서 다루어야 하겠지만 저자는 무엇보다도 교사와 학생들의 기본자세가 중요하다고 본다. 아무리 입시가 현실의 관건이지만 교사와 학생은 그러한 상황에도 불구하고 배우면서 생각하고 생각하면서 배우도록 도와주고 노력하여야 한다.

교육현장에서 배움과 사고의 병행을 추구하려면 '博學, 篤志, 切問, 近思'의 방법을 함께 수행하여야 한다. 첫째, 널리 배우는 것(博學)은 기존의 교과서 위주, 입시준비교육의 틀을 넘어 모든 것을 통해 모든 방법으로 배우는 것을 의미한다. 특히 인문교양교육과 실천을 통한 배움이 대폭 강화되어야 한다. 문학, 철학, 역사 교육의 강화는 단지 양적으로만 확대되는 것을 뜻하는 것이 아니라 학생이 스스로 교과서 이외의 다양한 텍스트를 접하며 비판적이며 창의적으로 사고하며 그 의미를 이해하고 적용하는 것을 의미한다. 또한 조사·발표수업, 토론, 체험학습, 사회봉사활동 등 지식과 태도를 실제 활동을 통해 배울 수 있도록 다양한 기회를 제공하여야 한다. 그러나 여기서 중요한 것은 학생들이 이러한 활동을 점수를 잘 받기 위한 형식적 수단으로 대비하기보다는 스스로 그 활동에 흥미를 느끼고 적극적으로 참여할 수 있도록 동기화시키는 것이 중요하다.

둘째, 교육현실에서 학생들이 '독지(篤志)', 즉 배움의 의지를 확고히 다지도록 도와주어야 한다. 배움과 사고의 연결은 가장 근본적으로 '내가 왜 배우는가?'의 반성에서부터 시작된다. 교사와 학생은 그것은 입시, 취업 등의 당면한 목적보다 자신의 참다운 행복과 기쁨을 위한 것임을 반성하고 자각하도록 이끌고 노력하여야 한다. 바로 여기서 내면적이고 자발적인 배움의 의지가 나오며 이것은 배움을 즐겁고 인내심 있게 추진하는 힘을 줄 것이다.

셋째, '절문(切問)'은 학생들이 외부의 지식을 수용할 때 단순히 주입·집적하지 않고 비판적으로 묻고 창의적인 방향을 모색하는 것을 시사한다. 교사들은 모든 교과 수업에서 학생들이 교과내용을 접할 때 '왜 그런가?', '어떻게 그렇게 되는가?', '다른 측면은 없는가?' 등을 스스로 지속적으로 질문하면서 이해할 수 있도록 이끌어주어야 한다. 글을 읽고 쓰며 음악을 듣고 연주하며 미술 작품을 보고 만드는 등의 모든 교육과정에서 이러한 질문을 통한 비판적인 접근에 숙달된 학생들은 후에 사회에 나와 각 분야의 일을 할 때도 비판적이고 창의적인 과제 수행이 가능할 것이다.

넷째, '근사(近思)'는 외부로부터 수용된 지식, 기술, 태도를 학생들이 가지고 있는 선행지식, 경험, 가치관을 통해 연결하여 배우는 것이다. 모든 교과는 학생의 생활경험을 중심으로 구성되어야 한다는 듀이의 관점과 유사하게 '近思'의 교육은 교과내용을 학생들이 친숙하게 느끼고 구체적으로 생각하고 이해할 수 있도록 구성하고 도와주는 것이다. 교사는 학생들이 교과내용을 그들의 구체적인 상황, 현실의 삶에서 어떻게 적용될 수 있는지를 생각하도록 이끌어 주어야 한다.

이러한 '박학, 절문, 독지, 근사'의 학사병진 교육을 위해선 현실적으로 세 가지 선결과제가 있다. 첫째, 교사 교육 문제이다. 학생들을 배움과 사고의 병진으로 이끌려면 그에 맞는 교수법, 지도법을 갖춘 교사가 준비되어야 한다. 따라서 교사 교육에서 한편으로는 예비교사들이 스스로 널리 배우고 비판적·창조적으로 사고하며 반성하는 연습을 하며 다른 한편으로는 학생들을 그러한 방식으로 지도하는 방법을 배우도록 교사 교육과정이 편성되어야 할 것이다.

둘째, 학교교육에서 이러한 배움과 사고의 병행을 수행하려면 근본적으로 가정교육에서부터 시작되어야 한다. 아무 생각 없이 암기·주입하려는 교육방식은 가정에서부터 시작되기 때문이다. 부모들은 자녀들이 책을 읽고 생각하는 연습, 어떤 행동을 하며 반성하는 연습, 자신의 마음을 성찰하고 다스리는 연습을 지속적으로 할 수 있도록 적절한 환경과 도움을 제공하여야 한다. 현재 유치원생, 초등학생들도 각종 학원과 가정교사들로부터 많은 양의 지식을 주입받고 있다. 쉬는 시간에는 TV나 컴퓨터게임을 하기 때문에 학생들에게 생각하는 기회가 없어지게 된다. 따라서 무엇보다 부모들은 자녀들이 생각할 수 있는 시간을 만들어주어야 한다. 부모는 자녀와 여러 일상에서 대화를 많이 하며 스스로 생각하고 반성하는 습관을 길러주는 한편, 유치원이나 학교에서 배운 내용이나 경험에 대해 질문하며 생각을 유도하고, 생각을 통해 몰랐던 부분을 새로 알고 잘못 안 부분을 바로잡도록 한다. 부모는 자녀와 함께 책을 읽거나 음악을 감상하며 다양한 질문을 통해 아이들이 다양한 측면으로 깊이 사고하도록 유도하고 새롭게 깨닫도록 도와준다. 이렇게 가정에서 어려서부터 배움과 사고의 병행이 습관화되면 학교교육에서도 자연스럽게 이러한 방식을 지속시킬 수 있게 된다.

셋째, '학사병진' 교육을 위해 현실적으로 가장 시급한 것은 평가방식의 전환이다. 아무리 배움과 사고를 병행하려고 해도 수능을 비롯한 각종 시험에서 암기 위주로 출제된다면 현실적으로 교사와 학생들은 그에 맞게 가르치고 배울 수밖에 없다. 따라서 평가 문항의 수를 가급적 줄이고 학생들이 시간적 여유를 가지고 사고하여 풀 수 있는 문항을 개발하여야 한다. 아울러 단순한 사실을 묻기보다는 적용 및 응용문제를 개발하고 객관식, 단답형보다는 서술형으로 출제하는 것이 바람직하다. 또한 공정성을 유지하면서 일정 정도의 정보를 탐색하며 풀이할 수 있는 문제도 필요하다. 이러한 시험방식을 통해 그리고 이것을 대비하며 학생들은 지속적으로 배우고 생각하며 생각하고 배우는 연습이 가능할 것이다.

이러한 방식으로 배움과 사고가 병행된다면 지속적으로 널리 배우는 동시에 비판적, 창의적으로 생각하는 조화로운 인격의 인간, 스스로 자아성찰과 자아실현을 추구하는 행복한 인간을 양성할 수 있고, 이러한 인간들이 모인 사회는 보다 도덕적이며 발전적인 공동체가 될 것이다.

(3) 맹자 사상을 통해 본 배움*

가. 서론

인간의 배움은 다양한 각도에서 조명할 수 있다. 배움에 대한 다양한 시각은 근본적으로 인간 존재 자체가 지성, 감성, 덕성, 영성, 사회성 등 다양한 성향이 역동적으로 복합된 총체라는 데에서 기인한다. 배움이 무엇을 추구하는가, 혹은 배움의 목적은 무엇인가라는 질문에 대하여 먼저 생각할 수 있는 것은 '좋은 인간'의 형성이다. 그런데 이 '좋은 인간'이란 개념은 바로 위에서 제시한 인간의 다양한 성향 중 무엇을 강조하느냐, 각 성향 간의 관계는 어떠한가, 각 성향은 무엇이며 어떻게 형성되는가 등의 질문에 대하여 어떻게 답변하는가에 따라 무수한 상이한 관점이

---

* 본 절은 2008년도 『교육문제연구』 제31집에 발표된 저자의 논문, "맹자 사상을 통해 본 배움의 의미"를 수정한 것이다.

나온다. 예를 들어, 인간의 성향 중 지성을 가장 중심적인 것으로 보면 인간 배움은 바로 이 지성의 생성, 도야, 혹은 정립 과정이 될 것이다. 또 이 관점에서는 감성과 같은 다른 성향이 바로 이 지성의 생성 혹은 도야를 위해 보조적 · 보완적 위치에 있느냐 아니면 통제 · 억제되어야 할 위치에 있느냐에 따라 설명이 상이하게 될 것이다. 그리고 이해능력, 분석력, 비교 · 종합능력, 직관적 감수성 등 다양한 요소 중 지성을 무엇으로 볼 것인가에 따라 또 그것이 어떻게 생성, 도야, 정립되는가에 대한 상이한 설명에 따라 다양한 배움의 관점이 나오는 것이다. 플라톤처럼 지성이 태생적으로 인간 내부에 존재하고 다만 올바른 방향으로 사유할 수 있도록 방향전환만 시켜주면 된다는 관점이 있을 수 있고 듀이처럼 태생적으로 고정되어 주어진 지성을 부인하고 민주적 상호작용을 통해 지속적으로 재구성되는 경험으로서의 지성을 주장할 수도 있다.

이렇게 배움에 대한 다양한 시각의 가능성을 전제로 하여 이 절에서는 맹자 사상에 근거하여 배움의 목적, 내용, 방법 등을 고찰하고자 한다. 즉, 배움이라는 것을 하나의 '산'이라 비유했을 때 그 '산'을 조망하는 방법은 다양하지만 이 글에서는 '맹자'라는 시각을 통해 그 실체를 조명할 것이다. 그렇다면 맹자를 통해 배움의 의미를 고찰할 필요성은 무엇인가? 맹자는 공자 사상의 대통을 계승하였다고 평가된다. 특히 공자 사상에서 함축적인 부분을 보다 상세히 해명하고 특히 인간 심성에 대하여 깊이 있는 고찰을 이루어 유학의 근간을 완성하고 이후 송명이학이 탄생할 수 있는 단초를 제공하였다. 따라서 유학사상을 통해 배움을 조명하려면 반드시 맹자의 사상을 고찰할 필요가 있다. 한국인의 배움은 한국의 역사적 · 사상적 전통 위에서 실행된다. 배움은 가정, 학교, 사회 등의 문화적 공간에서 이루어지는데 한국인의 문화적 공간에는 그 근저에 삼국시대 이래 수 천년간 뿌리 깊게 우리의 생활과 의식에 작용했던 유학사상이 자리 잡고 있다. 따라서 한국이라는 공간적 맥락에서 배움을 규명하려면 반드시 그 문화적 공간에서 특수하게 역사적으로 작용하는 유학이라는 사상적 배경과 관련하여 논의할 필요가 있다.

맹자 사상은 주로 『맹자』를 통해 고찰된다. 『맹자』의 내용을 주제별로 크게 대별해 보면 인간 심성에 관한 것(심성론), 수양에 관한 것(수양론), 정치에 관한 것(정치론)으로 정리해 볼 수 있다. 이 중 '배움'이란 주제로 연구할 때 고찰해야 할 부분은 심성론과 수양론이라 하겠다. 첫째, 심성론을 보는 이유는 여기에 인간의 본성에 관한 설명이 담겨 있기 때문이다. 전술하였듯이 인간의 마음과 본성이 과연 어떤 것인가라는 문제는 배움이 성립되는 근간이 된다. 배움이 성립되려면 먼저 배움의 목적과 가능성이 규명되어야 한다. 배움의 목적을 인간을 '인간답게' 키우는 것으로 볼 때, '인간다움'이란 인간의 본래적 심성 혹은 인간이 인간으로서 마땅히 지향해야 할 당위적 가치에서 나오는 것이다. 따라서 맹자 사상에 담긴 심성론을 고찰함으로써 배움의 목적을 규명할 수 있다. 인간 심성의 규명은 또한 배움의 가능근거를 밝히는 일이기도 하다. 인간 심성이 스스로 깨닫고 배양해 나갈 수 있는 능력과 의지가 있느냐에 따라 배움의 가능성 여부가 결정되는 것이다.

둘째, 맹자의 수양론은 인간의 배움이 왜 필요한가의 문제를 해명하는 근거를 제공한다. 앞서 심성론은 주로 인간 본성이 선하며 배움은 바로 이 선한 본성에 근거하며 또한 이를 추구해야 함을 보여준다. 그런데 인간 본성이 이미 완전하고 그것이 그대로 유지된다면 배울 필요성이 없을 것이다. 배움은 더 나은 인격적·지적 상태를 추구하는데 만약 이미 그 자체로 완전한 상태라면 그 필요성이 없는 것이다. 한편, 배우는 자의 주체적 노력과는 상관없이 외부 환경의 영향력이 절대적이라면 역시 배울 필요성이 없을 것이다(아무리 노력해도 환경이 악하면 선하게 될 수 없다는 주장). 맹자 수양론은 인간의 심성이 본래 선하지만 외부의 악한 환경의 영향으로 이 본래적 선성이 봉쇄되어 있으며 따라서 이를 회복할 필요성이 있음을 밝히는 한편, 아무리 악한 환경의 작용이 있다고 하더라도 인간은 자신의 잠재된 선성을 회복·조장할 수 있는 의지와 능력이 있음을 보여준다. 수양론은 이러한 배움의 필요성 문제와 더불어 구체적으로 무엇을 어떻게 하여야 본래 선성을 회복·조장할 수 있는지, 즉 배움의 내용 및 방법에 대하여 시사한다.

따라서 저자는 맹자의 심성론 및 수양론에 대한 고찰을 통하여 배움의 성립근거라 할 수 있는 배움의 가능성과 목적, 필요성을 고찰하고 이를 기반으로 나아가 그 구체적인 내용과 방법을 제시함으로써 배움이라는 실체를 종합적으로 규명하고자 한다. 결론 부분에서는 본론에서 고찰한 맹자사상을 통한 배움의 의미를 정리한 후 이를 현대 교육의 맥락에 연결시켜 그 구체적 시사점을 설명하고자 한다.

나. 배움의 성립근거

A. 배움의 목적 및 가능성

맹자가 보는 인간의 본성은 식욕이나 성욕 등 생리적인 감정과 욕망을 따르는 것이 아니라 상대의 처지를 배려하는 선한 동기라 보았다. 고자는 태어나면서 갖추고 있는 것이 性이며[107] 이것은 바로 음식을 즐기고 여색을 좋아하는 것이라 보았다.[108] 맹자는 이러한 고자의 견해에 반박하며 인간은 생리적 본능만을 추구하는 금수와는 달리 상대의 처지를 살펴 차마 하지(해치지) 못하는 선한 동기인 '不忍人之心'을 가지고 있으며 바로 이것이야말로 금수와 구별되며 특정한 인간이 아닌 모든 인간이 가진 본성으로 보았다.

> 맹자가 말하기를, "사람들은 모두 다른 사람을 차마 해치지 못하는 마음을 가지고 있다 … 사람들이 모두 다른 사람을 차마 해치지 못하는 마음을 가지고 있다고 한 이유는, 사람들은 누구나 갑자기 어린아이가 우물로 들어가려는 것을 보면 모두 깜짝 놀라 불쌍히 여기는 마음이 일어나기 때문이다. 이런 마음은 그 어린아이의 부모와 교분을 맺으려고 해서도 아니며, 마을 사람들과 친구들에게 인자하다는 평판을 구하려고 하는 것도 아니며 잔인하다는 악명을 두려워해서 그런 것도 아니다."[109]

위 본문은 이러한 선한 동기로서의 인간 본성이 외부로부터 이차적으로 생기는 것이 아니라 인간 마음의 내부에서 자발적으로 일어난다는 점을 보여준다. 선한 동기는 어떠한 이익, 사회적 지위, 명예, 외부 시선에 대한 두려움 때문에 발생하는 것이 아니라 조건과 관계없이 자연스럽게 일어난다는 점에서 본성이라 할 수 있겠다. 조건에 따라 변화하는 마음은 외부 변화에 따라 발생하기도 하고 없어지기도 하는 것으로 인간의 본래 심성이라 할 수 없다. 남녀노소 어떤 신분의 어떤 처지에 있는 사람이건 위와 같은 상황을 볼 때 측은히 여기는 마음이 일어난다는 점에서

---

107) "告子曰, 生之謂性." 〈고자 상 3〉
108) "告子曰, 食色性也." 〈고자 상 4〉
109) "孟子曰, 人皆有不忍人之心 … 所以謂人皆有不忍人之心者, 今人乍見孺子將入於井, 皆有怵惕惻隱之心, 非所以內(納)交於孺子之父母也, 非所以要譽於鄕黨朋友也, 非惡其聲而然也." 〈공손추장구 상 6〉

이것이 모든 인간에 공통된 본래적인 심성이 되는 것이다.

그런데 "과연 모든 사람이 어린아이가 우물에 들어가려는 것을 보면 깜짝 놀라 불쌍히 여기는 마음이 일어나는가?"라는 질문을 던져볼 수 있다. 이러한 질문은 어떤 사람은 그런 장면을 봐도 별로 감정의 변화가 없으리라는 반대 경우의 가능성을 상정한 것이다. 좀 더 현대 상황에 빈번한 사례를 찾아 재편성해보자. 어떤 사람이 길을 가고 있는데 어린 아이가 달리는 찻길로 뛰어드는 광경을 목격했다고 하자. 이것을 보고 '으음, 뭐 그렇구나, 그럴 수 있지.'하고 태연하게 여기는 사람이 있을까? 실제 구해주는 행동을 하느냐의 여부는 다음 문제이다. 최소한 그 장면을 보고 놀라 안타까운 마음이 들지 않는다면 보통의 사람으로 보기는 힘들 것이다. 즉, 정상적인 정신을 갖지 못한 정신분열자 혹은 정신박약아라든지 사리분별을 못하는 영유아와 같은 특이한 경우를 제외한다면 대부분의 사람들은 그 아이가 차에 치일 상황, 죽거나 다치게 될 상황을 안타까워 할 것이다. 여기서 굳이 성인이 아닌 어린 아이를 사태의 주인공으로 삼은 까닭은 무엇인가? 아마도 맹자는 사람들의 이해를 돕기 위해 좀 더 현실상황에 있을 법한 사례를 상정한 것으로 볼 수 있다. 즉, 정상적인 성인이라면 스스로 우물에 빠지려고 하지는 않을 것이다. 그러나 무엇이 위험한지 모르는 어린아이에겐 호기심에서 그런 행위가 충분히 있을 법하기 때문이다. 사례의 가능성을 위해 그렇게 상정했지만 비록 성인이 우물에 빠지려 할 때에도, 혹은 달리는 찻길로 뛰어들려 할 때에도 안타까운 마음이 들 것이다.

그러나 여기서 두 가지 문제를 짚고 넘어가야 할 것이다. 첫째, 인간은 그러한 연민의 감정보다 자기 자신의 생리적 욕구, 안전의 욕구를 더욱 추종하는 이기적인 존재가 아닌가 하는 점이다.

'차마 하지(해치지) 못하는 마음'이란 해석은 어찌 보면 조금 어색한 듯하지만 생리적 본능과 욕망보다 더욱 우선적이고 근본적으로 모든 인간의 내부에 존재하고 작용하는 것이 바로 선한 동기임을 나타내 준다. 즉, 위의 상황에서 인간의 몸은 편안히 쉬거나 자신이 하고자 하는 다른 일을 하려고 하겠지만 어린 아이의 위급한 상황을 보았을 때 이러한 자신의 욕구 충족보다는 어린아이에 대한 안타까움이 앞서 일어나는 것이다. 길가에서 토스트로 허기를 달래는 사람이 찻길로 뛰어드는 어린 아이를 보면 먹던 것도 잠시 멈추고 놀라고 안타까워 할 것이다(그 장면을 목격했다면). 그리고 대부분의 경우 (아이 부모가 없다면) 먹던 것을 잠시 멈추고 아이가 찻길로 뛰어드는 것을 말릴 것이다. 조금 더 쉬운 예를 들자면 어른들이 자신도 배고픔에도 불구하고 더 먹고자 하는 아이를 위해 음식을 덜어주는 경우를 볼 수 있겠다. 바로 '차마 하지 못하는 마음'은 인간의 생리적 욕구를 발휘하기보다 더욱 앞서서 혹은 그것을 억제하는 인간의 가장 근본적인 동기이며 이러한 이유에서 인간의 본성(本性)이 되는 것이다.

두 번째 문제는, 과연 그러한 연민의 감정만으로 인간 본성이 선하다고 할 수 있는가라는 점이다. 달리 말하면, 행위와 실천이 동반되지 않은 순수한 감정 자체만으로 인간 본성이라 할 수 있는가라는 문제이다. 가령, 상대방의 처지를 불쌍히 여기지만 실제 행동은 상대방을 해롭게 한다면 이 사람은 선한 것인가, 악한 것인가? 이 문제는 후술할 배움의 필요성, 특히 의지의 단련 부분과 연관된다. 어떤 이의 본래적 심성은 다른 사람을 연민하고 배려하지만 현실적으로 드러난 양태는 다른 사람을 해한다면, 이는 엄밀히 말해서 본성이 선하지 않은, 혹은 악한 것이 아니라 본성이 가려져 있거나 혹은 소실되어 있는 것이다. 인간의 의지는 조건적 · 환경적 영향으로 그 방향 및 강도가 바뀔 수 있다. 약육강식, 이권쟁탈이 난무한 현실에서 타인에 대한 배려의 선한 마음은 그대로 유지되기 힘들다. 이런 맥락에서 맹자는 환경적 영향으로 인해 봉쇄 · 소실되는 선성을 설명한다. 그러나 선한 마음이 비록 봉쇄되고 많이 소실된다고 하지만 그 단초(뿌리)까지 완전히 제거되지는 않는다. 악행을 하면서도 타인의 어려운 처지를 불쌍히 여기는 마음조차 완전히 없어지지는 않는 것이다. 바로 이 불쌍히 여기는 마음이 (아무리 적고 미약할지라도) 잔존하는 한 인간은 이를 바탕으로 본래의 선성을 회복할 수 있는 의지와 능력을 가진다고 하겠고 이 점에서 비록 현재 실제로 드러난 행동이 선하지 않다 하더라도 그 본성은 선하다고 할 수 있는 것이다.

인간의 선한 동기는 육체적 욕망과 대립하였을 때 이를 초월할 수 있는 의지를 제공할 뿐만 아니라 이러한 선한 동기가 실현되었을 때는 육체적 욕구의 충족과는 비교할 수 없는 더욱 근본적인 만족감과 희열을 느끼게 한다(王邦雄 외, 2005: 21-22). 본성은 인간이 가장 강하게 혹은 가장 자연스럽게 추구하는 것이기도 한데 인간이 생리적 욕구의 충족보다 더욱 강하고 자연스럽게 선한 동기를 추구한다면 그것이 바로 본성이 되는 것이다. 맹자는 사는 것과 의로운 것을 모두 원하지만 그중에 하나만 택하여야 한다면 의로운 것을 취할 것인데, 그 이유는 사는 것보다 의로움을 더욱 강하게 원하고 있기 때문이라고 하였다.[110] 물론 이것은 인간의 본래 심성이라기보다는 인간은 모름지기 어떠해야 한다는 도덕적 당위를 주장한 것이라고 볼 수도 있다. 그러나 맹자의 경우는 인간의 본래 심성과 마땅히 추구해야 하는 도덕적 당위가 일치한다. 즉, 맹자는 불쌍히 여기는 마음과 (불의를) 부끄러워하고 싫어하는 마음과 사양하는 마음과 옳고 그름을 따지는 마음이 없으면 사람이 아니라고 하였다.[111] 이러한 선한 마음이 없으면 '사람이 아니다'라는 의미는 모든 사람이면 본래적으로 이 선한 마음을 갖추고 있음을 나타내는 동시에 (금수가 아닌) 사람이라면 마땅히 지켜야 할 도리임을 시사한다.[112]

이러한 맹자의 인간 심성에 대한 관점은 또한 '타율'에 반대되는 '자율'을 의미한다. 고자는 인간의 '性'은 버드나무와 같아 사람이 '仁義'를 행함은 버드나무를 가지고 그릇을 만드는 것과 같다고 주장한다.[113] 또한 고자는 이와 유사하게 '性'은 여울물과 같아 동쪽으로 터놓으면 동쪽으로 흐르고 서쪽으로 터놓으면 서쪽으로 흐르는 것으로 '善'과 '不善'이 따로 정해져 있지 않다고 주장한다.[114] 고자의 주장

110) "生亦我所欲也, 義亦我所欲也, 二者不可得兼, 舍生而取義者也. 生亦我所欲, 所欲有甚於生者, 故不爲苟得也." 〈고자 상 10〉

111) "無惻隱之心, 非人也, 無羞惡之心, 非人也, 無辭讓之心, 非人也, 無是非之心, 非人也." 〈공손추장구 상 6〉

112) 김인(2003: 50-51)은 맹자의 '性'을 관례 이전의 '성'과 관례 이후의 '성'으로 나눈다. 전자는 형식이요 후자는 표현으로 형식은 표현을 통해 표출된다는 점을 주장한다. 그리하여 '성'은 관례로 표현되기 이전의 형태로 타고나서 관례 속에서 살아가면서 완전한 형태를 갖추게 된다고 지적하며 이렇게 볼 때 맹자의 '성'은 타고나는 것이면서 동시에 획득되는 것이라고 본다. 이는 맹자의 '성'은 인간의 생래적인 심성이면서 동시에 추구해야 할 기준으로 보는 이 글의 입장과 근본취지에서는 같다. 그러나 타고난 '성'을 마치 플라톤의 관념론에 나오는 선의 이데아(the Form of the Good)와 같이 추상화, 형식화하는 것은 문제가 있다고 본다. '측은지심'과 같은 타고난 마음은 형식적이고 추상적인 것이 아니라 이미 그 자체로 행동을 내포하고 있는 개념이다. 이것이 하나의 관념으로서 외형적 표현방식이 갖추어져야만 완전해진다는 설명은 유학사상, 맹자사상을 서양사상 특히 플라톤의 이원론적인 방식으로 잘못 이해한 데서 근본적 오류를 찾을 수 있다. 맹자는 '측은지심', 수오지심, '사양지심', '시비지심'의 '四端'을 가지고 있는 것은 '四體'를 지니고 있는 것과 같아 '仁義'를 당연히 행할 수 있는 능력이 있는데, 만약 행할 수 없다고 말하는 자는 자신을 스스로 해치는 자라고 설명한다〈공손추장구 상 6〉. 공자로부터 비롯되는 유학사상의 핵심개념들인 仁·義·禮·知·忠·信·中 등은 모두 '마음'인 동시에 '실천'인 완전한 덕을 의미한다. 따라서 타고난 '성'이 불완전하며 외형적 표현을 통해 보완되어야 한다는 식의 설명은 재고찰이 필요할 듯 하다. 다만 타고난 '성'이 완전한 것이라면 후천적인 수양의 필요성이 왜 필요한가의 질문이 남는다. 이 문제는 다음 장에서 고찰하겠다.

113) "告子曰, 性猶杞柳也. 義猶桮棬也. 以人性爲仁義, 猶以杞柳爲桮棬." 〈고자 상 1〉

은 인간의 심성이 선하거나 악하거나 어떤 특정한 방향을 취하고 있지 않은 중립적 상태이며 외부적인 조작에 따라 비로소 타율적으로 특정하게 형성되는 것임을 의미한다. 이러한 주장에 대해 맹자는 버드나무로 그릇을 만들려면 그 버드나무를 해쳐야 하듯이 사람에게 '인의'를 행하게 하려면 그 본성을 해쳐야 하는데 그렇게 되면 천하 사람을 억지로 몰고 가서 오히려 '인의'를 해치게 된다고 지적한다.[115] 즉, 맹자의 말은 인간의 마음은 스스로 무엇인가를 추구하는 자율적 본성을 가지고 있으므로 만일 여기에 타율적으로 무엇인가를 강요하여 그 진로를 바꾸려 한다면 반발작용이 일어남을 뜻한다. 만약 고자와 같이 인간의 심성이 기계와 같이 외부에서 조정하는 방향에 따라 순순히 움직인다면 어떠한 반발도 없을 것이다. 그러나 사람은 어떠한 강제를 받을 때 이에 반발하게 된다. 아이들에게 아무리 도덕적으로 좋은 행동이라도 지나치게 강제한다면 이에 반발하여 오히려 정반대의 행동을 보일 것이다.[116] 주자도 바로 이러한 점을 인식하여 상기한 구절을 해석하며 천하 사람들을 강제로 몰아간다면 사람들이 그 강요되는 '仁義'가 오히려 자신들의 본성을 해친다고 여겨 즐겨하지 않을 것이라고 설명하였다.[117] 인간은 자율적으로 선을 추구하는 존재로 타율적으로 선을 강제한다면 오히려 반발을 초래한다는 것이다. 맹자는 물이 자연스럽게 아래로 흘러가는 것처럼 사람의 본성도 스스로 자연히 선을 추구한다고 본다.[118]

인간의 본성이 선하다는 것은 배움의 가능성이자 배움이 궁극적으로 추구해야 할 목적으로 볼 수 있다. 즉, 인간의 내면에 선한 싹이 있으므로 스스로 배울 수 있는 자율적 의지 및 능력이 있다는 점에서 배움의 가능성을 의미하며, 배움은 인

---

114) "告子曰, 性猶湍水也. 決諸東方則東流, 決諸西方則西流, 人性之無分於善不善也, 猶水之無分於東西也." 〈고자 상 2〉

115) "孟子曰, 子能順杞柳之性而以爲桮棬乎, 將戕賊杞柳而後, 以爲桮棬也, 如將戕賊杞柳而以爲桮棬, 則亦將戕賊人以爲仁義與, 率天下之人而禍仁義者, 必子之言夫." 〈고자 상 1〉

116) 맹자는 송나라 사람이 벼싹을 억지로 뽑아 자라게 하려다가 도리어 말라죽게 한 비유를 들어 인간의 심성을 기름에 있어서도 억지로 조장하지 말 것을 지적한다〈공손추 상, 2〉. 이 구절 역시 인간 본성이 타율적으로 조성되는 것이 아닌 자율적 실체임을 보여준다. 다만 그 자율적 의지가 어떠한 환경적 영향력에 의해서도 흔들리지 않고 유지되려면 그것을 강인하고 굳세게 키워주는 것이 필요한데 여기에 배움의 이유가 있는 것이다. 이 점에 대해서는 II장 수양론에서 상술하겠다.

117) "言如此, 則天下之人, 皆以仁義爲害性而不肯爲, 是, 因子之言而爲仁義之禍也." 〈고자 상 1: 주자 주〉

118) "人性之善也, 猶水之就下也" 〈고자 상 2〉

간을 바람직하게 키우는 것이라고 봤을 때 맹자의 관점은 그 바람직함, 선함의 기준이 외부에서 주어지는 것이 아니라 인간의 내면 본성에서 도출되는 것으로 바로 이것이 인간 배움의 궁극적 목적이 된다는 것이다.

B. 배움의 필요성

그런데 만약 인간의 심성이 본래적으로 선하고 또 이것이 그대로 유지된다면 굳이 배울 필요성이 있는가? 여기서 선하다는 의미는 仁義禮智를 포괄한 것으로 도덕성뿐만 아니라 지성 · 감성 · 사회성과 이를 실천할 수 있는 의지 및 능력을 포괄한다. 따라서 인간이 이러한 전인적 소양 및 능력을 이미 갖추고 있다면 더 이상 배울 필요가 없지 않겠는가? 이러한 질문에 대한 답은 다음 본문을 통해 찾을 수 있다.

> 맹자가 말하였다. 우산의 나무들은 일찍이 아름다웠는데, 큰 나라의 교외에 있어서 도끼로 매일 이 나무들을 베어내니 어찌 아름다울 수 있는가? 비록 밤사이 조금 자라나고 비와 이슬을 맞아 싹이 돋아난다 해도 (낮에) 소와 양을 방목해서 다시금 민둥산이 되게 한다. 사람들은 그 민둥산을 보고 이 산은 원래 좋은 나무들이 없었다고 하는데 이것이 어찌 이 산의 본래 모습이겠는가? 비록 사람은 仁義의 마음을 본래 지니고 있지만 이 좋은 마음을 잃는 것은 날마다 도끼로 나무를 베어내는 것과 같으니 이렇게 한다면 어찌 아름다움을 유지할 수 있는가? 밤사이 자라나는 것과 고요하고 평안한 가운데 길러지는 맑은 기운, 즉 사람의 공통된 선한 기운이 조금씩 생성된다 해도 낮에 하는 소행이 이것을 억누르니 계속 억누르다 보면 그 선한 기운은 더 이상 보존될 수 없고 선한 기운이 보존되지 못하면 금수와 비슷하게 된다. 사람들은 (이런 과정에 의해) 금수와 유사하게 된 결과만을 보고 인간에게 본래 좋은 재질이 없다고 하는데 이것이 어찌 사람의 본래 모습이겠는가.[119)]

본문은 인간의 선한 본성이 나쁜 환경과 욕망에 의해 봉쇄되며 상실됨을 보여준다.

119) "孟子曰, 牛山之木, 嘗美矣, 以其郊於大國也, 斧斤伐之, 可以爲美乎, 是其日夜之所息, 雨露之所潤, 非無萌蘖之生焉, 牛羊, 又從而牧之, 是以, 若彼濯濯也, 人見其濯濯也, 以爲未嘗有材焉, 此豈山之性也哉, 雖存乎人者, 豈無仁義之心哉, 其所以放其良心者, 亦猶斧斤之於木也, 旦旦而伐之, 可以爲美乎, 其日夜之所息, 平旦之氣, 其好惡, 與人相近也者幾希, 則其旦晝之所爲有梏亡之矣, 梏之反覆, 則其夜氣不足以存, 夜氣不足以存, 則其違禽獸, 不遠矣, 人見其禽獸也, 而以爲未嘗有才焉者, 是豈人之情也哉." 〈고자 상 8〉

즉, 나쁜 주위 환경의 영향에 의해 사람의 마음이 여기에 빠짐으로써 선한 마음이 가려지며, 욕망의 훼방으로 인하여 선한 마음이 보존되지 못하고 소멸되는 것이다(蔡仁厚, 2000: 52). 사람의 마음은 본래 우산의 아름답고 풍성하게 조성된 나무숲과 같이 선한 기운이 충만해 있는 것이다. 이것이 바로 전술한 전인적 소양인 仁義禮智의 근간이요, 한마디로 표현하면 '不忍人之心'인 것이다. 그런데 '큰 나라의 교외'라는 사회문화적 환경의 영향으로 이 본래의 선한 마음이 봉쇄된다는 것이다.

맹자 시대의 시대적 배경을 보면 모든 질서와 양심이 무너지고 힘과 이권이 곧 법으로 작용하였다. 크게는 나라와 나라 사이에서 작게는 사람 사이에서 자신의 이권을 위해서는 배신과 하극상이 빈번하였고 심지어는 부모형제까지 죽이는 일도 발생하였다. 왕과 공경대부와 같은 권세가들은 자신의 권세를 이용해 백성들을 탈취하고 전쟁 등에 이용하는 데 온 힘을 기울였고 그 밑에 있는 자들은 수단과 방법을 가리지 않고 권세를 차지하려고 하였다. 이런 현상은 조용한 산골이나 시골보다는 큰 도시에서 많이 발생하는 것이다. 바로 이러한 사회적 배경을 보고 맹자는 '큰 나라의 교외'라는 비유를 사용한 것이다. 마치 홉스가 주장하는 '만인의 만인에 대한 투쟁'을 연상시키는 이러한 환경은 오늘날에도 여전하다고 볼 수 있다. 다만 구체적 양상이 조금 다르지만 그 기본내용은 유사하다. 권력과 부를 차지하기 위해 모든 수단과 방법을 가리지 않고 타인과 사회의 복리와 질서를 무시한 채 자신의 사욕을 채우기 위해 각종 부정부패를 자행하는 사태가 오늘날에도 만연해 있다. 대체로 복잡하게 발달된 큰 사회일수록 이런 사태가 심각하며, 자라나는 세대들은 이러한 환경에 노출되어 불가피하게 그 영향을 받는 것이다. 환경적 · 사회문화적 영향은 비형식적 혹은 잠재적 교육과정이 되어 자라나는 세대의 인성과 태도를 형성시킨다. 자라나는 세대들은 기성세대의 이기주의, 사기, 폭력, 부정부패, 배신, 타락과 방종 등을 보며 자신도 모르게 그 태도를 닮아간다. 환경을 통한 악한 태도의 습득은 본래 가지고 있던 선한 마음을 가리게 되는데 이것이 '도끼로 나무를 베는' 행위인 것이다.

그런데 나쁜 환경의 영향으로 선한 마음이 가려졌다고 해도 그 뿌리마저 완전히 제거된 것은 아니다. 오감을 차단한 채 고요히 쉬는 밤사이에는 이러한 환경적 영향력을 거의 받지 않기에 다시금 그 순수하고 선한 기운이 조금 자라난다. 또한 꼭 밤사이가 아니더라도 낮에도 혼탁한 외부 세계에서 벗어나 고요히 내면을 돌아보며 평안하고 순수한 마음을 잠시 회복할 수 있다.[120] 그러나 이것이 지속되지 않고 다시금 외부의 악한 환경의 영향을 이기지 못하여 악한 행위를 저지르게 된다. 이 악한 행위는 잠시 싹텄던 선한 기운을 다시금 막는데 이것이 '소와 양을 방목하여 뜯어먹게 하는' 행위인 것이다. 즉, 본래 선한 마음이 가려지고 상실되는 원인은 환경적 요인과 본인의 행위인 것이다. 그렇다면 이러한 이중적 요인에 의해 봉쇄된 선한 마음은 다시 회복할 수 없는 것인가? 만약 그것이 불가능하다면 배움의 가능성 및 이유가 없어진다. 아무리 배워도 인간을 바람직하게, 선하게 변화시킬 수 없다면 배울 필요가 없는 것이다. 그러나 맹자는 모든 것은 잘 기른다면 자랄 수 있고 보존될 수 있다고 보았다.[121] 비록 환경적 영향과 욕심·악행으로 인해 선한 마음이 가려졌어도 그 뿌리까지 완전히 제거된 것은 아니므로 그 가려졌던 선한 마음을 다시금 찾아 기른다면 선하게 성장할 수 있다는 것이다.

다. 배움의 내용 및 방법[122]

A. 반성을 통한 자각

맹자는 학문의 道는 오로지 잃어버렸던 '仁義'의 마음을 찾는 것이라고 주장한

120) 밤의 기운(夜氣)은 물욕이 일어나지 않는 야간의 평정하고 맑은 우주적 기운이다. 그런데 낮에 의식이 깨어있는 동안 사람들은 자신을 우주와 분리시키고 남과 분리시킴으로써 욕심을 꽉 채우게 된다. 욕심이 꽉 차면 자신의 이익을 위해 남과 경쟁하고 남보다 잘되기를 바라기에 자신보다 앞서는 남을 미워하게 된다. 그러나 의식이 잠든 야간에는 다시 평정하고 맑은 우주적 기운으로 돌아간다. 잠든 야간에는 '浩然之氣'가 되살아난다. 그러므로 밤의 기운을 낮에까지 연장시키는 것이 '浩然之氣'를 기르는 방법의 하나이다. 사물과 접하지 않는 새벽과 밤에 조용히 이 기운을 기르면 '浩然之氣'가 길러진다(이상호, 2005: 268-269).

121) "苟得其養, 無物不長, 苟失其養, 無物不消." 〈고자 상 8〉

122) 맹자 사상에 있어 배움의 내용 및 방법은 사실 나뉘어 있기보다는 한 데 엮여있다고 생각한다. 즉, 반성, 의지의 단련, 실천, 이치 탐구, 전심·집중·수렴 등은 배움의 내용이 되는 동시에 방법이 된다. 물론 교과와 교육방법을 분리하여 이해하는 현대 교육적 시각에서는 잘 이해가 안 갈 수 있다. 그러나 현대 교육관에서도 "learning by doing(행함·경험으로써 배움)"의 시각에서 보면 그 의미가 상통할 것이다. 맹자에게 있어서는 시 몇 구절을 이해하고 창작하는 것이 배움의 내용이 아니라, 시를 이해함으로써 또는 시를 창작함으로써 반성하고 의지를 단련하여 선한 마음을 회복·조장하는 것이 그 배움의 내용이 된다. 실천을 통해 배운다는 관점에서 보면 배움의 방법(어떻게)과 내용(무엇을)이 통합된다고 보겠고 이것이 또한 맹자 사상에서의 배움의 특징이라 하겠다. 따라서 이하에서 논하는 반성, 의지의 단련 및 실천, 이치 탐구, 전심 등은 배움의 방법이 되는 동시에 배움의 내용이 된다.

다.[123] 오늘날에는 학과가 세분화되어 있어 사람들은 국어 · 영어 · 수학 · 과학 · 사회 등의 교과목이 곧 학습내용(배움의 내용)이라고 생각한다. 그러나 이 교과목들의 성립배경 및 과정을 추적해 본다면 '좋은(선한) 인간'을 형성하고자 하는 목적 및 필요성에서 그 세부적인 내용이 도출되었음을 알 수 있다. 좋은 인간이 되기 위해선 사회 및 자연현상을 넓고 깊게 탐구하고 합리적으로 사유하며 타인과 올바르게 관계를 맺고 소통하는 능력이 필요하며 이러한 능력을 조장하는 것이 바로 위의 교과들이라고 볼 수 있겠다(물론 현재 너무 형식화되어 있지만). 바로 이러한 측면에서 볼 때, 오늘날의 교과로서의 학습내용에 비추어 볼지라도 그 근본취지와 연원은 바로 맹자의 선한 마음을 찾는 것과 상통한다고 보겠다. 현대 교과들이 좋은 인간을 형성하기 위한 지식, 기술, 태도의 배양이란 취지에서 볼 때 사실 상호 연결되어 있듯, 맹자 사상에서 배움의 내용은 선한 마음의 회복이란 대전제하에 하나로 연결되어 있다. 즉, 맹자에게 있어 배움의 내용은 크게 볼 때는 선한 마음의 회복이며 구체적으로는 '惻隱, 羞惡, 辭讓, 是非'의 마음에 근거한 '仁 · 義 · 禮 · 知'의 확충인 것이다. 현대 교육적 관점에서 보다 쉽게 풀어 설명하자면, 배움의 내용은 외부에서 정해져서 배우는 자에게 전달되는 것이 아니라 배우는 자 내면에 잠재된 선한 마음에 기초한다. 선한 마음은 타자 혹은 외부상황을 공감하고 배려하는 마음, 옳지 못한 일을 부끄러워하는 마음, 매사와 사람에 대하여 공경 · 겸양 · 신중한 태도, 옳고 그름을 명확히 분별하여 아는 지혜인데, 바로 이것들을 찾아 조장하는 것이 배움의 내용이 된다. 물론 맹자 당시에도 詩 · 書 · 禮 · 樂과 같은 보다 구체적인 교과 혹은 五倫 등의 보다 세분화된 덕목이 존재하였고 맹자도 그 필요성을 인정하였지만 이것들 자체가 배움의 내용이라기보다는 배움의 내용인 선한 마음(四端)을 찾고 조장하는 데 촉매제 혹은 수단이 되는 자료들로 볼 수 있다.

그렇다면 이 선한 마음을 찾는 방법은 무엇인가? 맹자는 시각과 청각에서 오는 사물에 대한 욕망에 집착하지 말고 먼저 의지를 세우고 생각한다면 감각적 욕망이 사람의 마음을 좌우할 수 없다고 본다.[124] 의지를 세우고 생각하는 길이 바로 선한

123) "孟子曰, 仁, 人心也, 義, 人路也, 舍其路而不由, 放其心而不知求, 哀哉 … 學問之道, 無他, 求其放心而已矣." 〈고자 상 11〉

124) "耳目之官, 不思而蔽於物, 物交物則引之而已矣, 心之官則思, 思則得之, 不思則不得也 … 先立乎其大者, 則其小者, 不能奪也." 〈고자 상 15〉

마음을 보존(存心)하는 방법인데 이는 적극적으로 보면 시시각각 자신을 경책하여 본심을 잃어버렸음을 자각하는 것이고 소극적으로는 감각적 욕망을 절제하는 것이다(王邦雄 외, 2005: 29-30). 존심은 바로 스스로 자신을 돌아보아 나의 마음과 행위에 타인을 사랑하며 공경하는 마음과 매사에 성실함으로 최선을 다했는지의 여부를 반성함으로써 이루어진다.[125] 즉, 맹자에 따르면, 인간의 배움은 잃어버린 선한 마음을 찾는 과정으로 볼 수 있는데 이 과정에서 최우선적인 것은 자신을 돌아보는 반성적 자세이다. 선한 마음을 찾으려면 우선 현재 자신의 마음이 불선에 의해 가려졌음을 파악하는 것이 기본이다. 반성을 통해 타인을 사랑하지 못하고 불의한 일을 꾀하거나 저지르며 인간 간의 배려와 법도를 무시하고 옳고 그름을 분별하지 못함을 자각하는 일이 배움의 기초인 것이다.

좋은 인간이 되려면 자신의 현 상태를 자각할 수 있어야 한다. 배움은 인간이 지적·인격적으로 더 나은, 더 좋은 상태를 구현해나가는 과정인데 이 과정에서 현재 자신의 상태, 특히 그릇되고 부족한 부분을 깨닫는 것은 필수적이라 하겠다. 가령, 습관적으로 나쁜 말을 하고 온종일 컴퓨터 게임에 중독되어 있는 학생이 있다고 하자. 이 학생이 인격적으로 성숙하기 위해선 먼저 자신의 행동이 잘못되어 있음을 알아야 한다. 이 자각을 위해선 감정적 충동에 의한 행동을 잠시 제어하고 자신을 돌아보는 것이 필요하다. 충동적 행동의 지속은 반성과 옳고 그름에 대한 판단을 불가능하게 하기 때문이다. 이런 이유에서 '의지를 세우고 생각'하라고 한 것이다. 여기서 과연 무엇을 어떻게 생각하는가? 이것은 곧 배움의 내용 및 방법과 연결된 문제이다. 앞에서 우리는 배움의 내용이 선한 마음을 회복하는 것임을 확인하였다. 상기한 예에서 학생은 과연 자신의 내면에 있는 진심은 무엇인가를 발견하는 것이 그 사유의 내용이 된다.

내가 지금 하고 있는 말이 내가 진정으로 원하는 것인가, 아니면 충동적·습관적으로 나오는 것인가? 그 말로 인해 상대방 혹은 내 자신이 상처받고 실망하는데 이것이 정말로 내가 원하는 것인가? 내가 진정 원하는 것이 컴퓨터 게임인가? 컴퓨터 게임 중독으로 인해 내 몸과 마음은 어떤 영향을 받고 주변인(특히 가족)에게는

125) "君子, 以仁存心, 以禮存心, 仁者愛人, 有禮者敬人, 愛人者, 人恒愛之, 敬人者, 人恒敬之, 有人於此, 其待我以橫逆, 則君子必自反也, 我必不仁也, 必無禮也, 此物, 奚宜至哉, 其自反而仁矣, 自反而有禮矣, 其橫逆, 由是也, 君子必自反也, 我必不忠." 〈이루 하 28〉

어떤 영향을 주는가? 그런 영향이 내가 정말 바라는 것인가? 바로 이런 질문을 통한 사유와 반성을 지속적으로 하다 보면 자신의 현 상태가 무엇이 문제이며, 자신의 본연의 선한 마음은 어떠하며, 그것과 현 상태가 어떻게 배치되어 있는지를 자각하게 된다. 자신이 진정으로 원하는 것(잠재된 내면의 善心)이 단기간의 충동적인 욕구충족이 아니라 자신과 타인의 궁극적인 행복과 번영임을 깨닫고, 장차 이를 위해서 올바르고 가치 있는 행위를 분별하여 실행하게 됨으로써 인격적 성숙이 이루어지며 이것이 곧 배움의 과정이 되는 것이다.

B. 의지의 단련과 실천의 병행

반성을 통한 자각 다음으로 두 번째 필요한 배움은 욕심을 적게 하는 것이다. 맹자는 마음을 기르는 데는 욕심을 적게 하는 것이 최선으로 욕심이 적으면 (선한 마음을) 보존하지 못하고 잃어버리는 정도가 적을 것이요, 욕심이 많으면 보존되더라도 그 정도가 적을 것이라고 주장하였다.[126] 욕심을 적게 하기 위해선 의지의 단련이 필요하다. 즉, 어떠한 외부적 유혹에 대해서도 흔들리지 않는 마음(不動心)을 키움으로써 욕심을 적게 할 수 있다. 이런 맥락에서 맹자는 "의지는 기(氣)를 다스리는 장수"라 하였다.[127] '氣'는 사람의 몸에 충만하여 행위를 주도하는 기운이다. 공자는 젊을 때에는 혈기가 아직 안정되지 못하니 색욕을 경계하고 장성해서는 혈기가 매우 강렬하게 되므로 싸움을 경계하고 노년에는 혈기가 쇠하므로 이득을 얻는 것을 경계하라고 하였다.[128]

공자가 각 시기에 따라 기운이 준동함을 '경계'하라고 한 의미는 맹자가 '의지'를 잘 잡아 '기'를 제어하라는 말과 상통한다. '기'는 외부 환경 및 인간 감정의 변화에 따라 색욕, 권력욕, 물욕 등을 준동시키는데 이를 제어할 수 있는 것은 바로 굳센 의지를 세우는 것이다.[129] 그런데 이 의지는 의로운 행위의 '실천'과 상호보완적,

---

126) "孟子曰, 養心莫善於寡欲, 其爲人也寡欲, 雖有不存焉者, 寡矣, 其爲人也多欲, 雖有存焉者, 寡矣." 〈진심 하 35〉

127) "夫志, 氣之帥也, 氣, 體之充也, 夫志至焉, 氣次焉." 〈공손추 상 2〉

128) "孔子曰, 君子有三戒, 少之時, 血氣未定, 戒之在色, 及其壯也, 血氣方剛, 戒之在鬪, 及其老也, 血氣旣衰, 戒之在得." 『논어』 〈계씨 6〉

129) 다만 욕심을 적게 하는 것이 금욕주의적 수련과 같이 모든 기본적인 생리적 욕구를 완전히 차단하는 것을 의미하는 것은 아니다. 선한 마음과 의지를 가릴 정도의 지나친 욕심을 제어하

상호 조장적 관계에 있다. 맹자는 "의지가 한결같으면 기를 움직이고 기가 한결같으면 의지를 움직이는데 곧 넘어지고 달리면 이러한 기를 통해 그 마음을 움직인다."고 설명한다.[130] '넘어지고 달린다.'는 표현은 사람이 어떤 일에 매진하는 것으로 볼 수 있다. 사람이 어떠한 행위를 지속적으로 열심히 하다 보면 그 습관을 통해 마음이 생성되는 것이다. 일정한 시간동안 참고 공부하는 습관을 통해 배움의 흥미와 욕구가 생기며 어른들과 동료들에게 예의범절을 지켜 행하다 보면 그 행위를 통해 공경심과 배려심이 싹틀 수 있다. 맹자는 지극히 강하여 굽혀지지 않고 늘 샘솟듯 솟아나는 굳건한 기운인 '호연지기(浩然之氣)'를 기르는 것을 강조하였는데 이 기운은 의로운 행동을 지속적으로 축적해 나감으로써 길러진다고 하였다.[131] 즉, 정리하자면 배움은 선한 본심의 회복과 보존을 추구하는데 이것은 외부환경의 유혹과 감각적 욕망의 작용을 이겨낼 수 있는 의지를 단련함으로써 이루어지며 이 의지는 다시 의로운 행동의 지속적 실천을 통해 조장된다. 마음을 통해 실천에 이르고 다시 실천을 통해 마음을 조장하는 마음과 실천의 상호 보완, 상호 조장이 맹자가 보는 배움의 요체이다.

반성을 통해 환경과 욕망의 그늘에 가려졌던 선심을 되찾으면 이 선심이 자연스럽게 발동하여 선행을 이끌고, 다른 한편으로 선행을 지속적으로 축적해 나가다 보면 내외의 변화와 유혹에 흔들리지 않는 항구적인 굳건한 의지가 생성되어 선심을 보존하게 된다. 이런 맥락에서 맹자는 천하의 넓은 도, 즉, '仁'을 생활화하고 천하의 바른 자리, 즉, '禮'를 굳건히 지키며 천하의 큰 도인 '義'를 실천하여 부귀와 빈천과 위세와 무력에 좌우되지 않는 것이 바로 이상적인 인간상인 '대장부'라고 주장한다.[132] 이 대장부는 뜻을 얻게 되면, 곧 사회적 상황이 자신의 의로운 뜻을 펴기에 부합된다면 널리 대중에게 이 인의를 교화하고 함께 이를 펼치는 데 주력하며, 만일 사회적 상황이 도저히 이 의로운 뜻을 대중에게 펴기에 어렵다면 혼자서라도 그 의로움을 지키는 자로 바로 맹자가 보는 배움의 이상이요 목적이라

라는 것이다. 그리고 義를 추구하는 선한 욕구는 선을 실현하는 동력이 된다(금장태, 2005: 27-29 참조).

130) "志壹則動氣, 氣壹則動志也, 今夫蹶者趨者, 是氣也而反動其心." 〈공손추 상 2〉

131) "敢問, 何謂浩然之氣, 曰, 難言也, 其爲氣也, 至大至剛 … 是集義所生者." 〈공손추 상 2〉

132) "居天下之廣居, 立天下之正位, 行天下之大道, 得志, 與民由之, 不得志, 獨行其道, 富貴不能淫, 貧賤不能移, 威武不能屈, 此之謂大丈夫." 〈등문공 하 2〉

하겠다. 이렇게 되면 어떠한 외부 환경의 압력과 유혹, 이에 상응한 어떠한 내부의 감정적 흐름에도 굳건히 선한 본심을 보존하게 되는 것이다.

C. 이치의 탐구

맹자사상에서 세 번째로 강조되는 배움은 '知言'이다. 맹자는 '호연지기'의 기름과 더불어 '知言'의 공부를 강조하였다.[133] '지언'이란 마음을 다하여 본성을 알고 천하의 이치를 탐구하여 그 옳고 그름과 장단점의 이유를 밝혀내는 것이다.[134] 앞에서 배움은 본래의 선성을 찾는 것이라 하였는데 '지언'의 공부는 마음을 다하여 본성을 아는 것으로 '호연지기'를 통해 본성(선성)을 보존하는 것과 동전의 양면과 같은 위치에 있다고 하겠다. 달리 말하면 '호연지기'를 기르는 것을 의지 및 행위와 관련된 배움이라 한다면 '지언'은 '지혜'와 관련된 배움으로 보겠다. 의지·행위·지혜의 동시적 수련은 배움의 방법인 동시에 배움의 내용이다. 맹자는 "행하면서도 밝게 알지 못하며 익히면서도 살피지 못하기에 종신토록 행하면서도 그 도를 모르는 자가 많다."고 지적한다.[135] 여기서 도(道)란 위에서 말한 본성 및 천하의 이치와 상통한다고 보겠고 '밝게 안다' 혹은 '살핀다'는 것은 마땅히 그래야만 하는 이유 —옳고 그름 및 장단점의 이유— 를 분명히 밝혀내는 것이다. 즉, 맹자는 본성을 완전히 알려면 반드시 모든 사태와 행위가 왜 그러한지 철저히 규명해야 함을 주장하는 것이다.

맹자는 '지언'을 설명하며 "편벽된 말에서 그 막힌 바를 밝혀내며, 방탕한 말에서 그 빠져있음을 밝혀내며, 부정한 말에서 그 어긋남을 밝혀내며, 도피하는 말에서 논리의 궁색함을 밝혀내는" 것이라 하였다.[136] 이것은 인간이 어떤 사태 혹은 행위를 평가할 때 기준으로 삼아야 할 네 가지 준거를 시사한다. 첫째, 그것이 협소하게 편중되어서 다른 측면을 전혀 드러내지 못하거나 다른 분야에 연결·적용되지 못했는지의 여부이다. 둘째, 그것이 어떤 감정적 욕망에 빠져있어서 공정함을 상실했는지의 여부이다. 셋째, 그것이 서로 앞뒤가 맞지 않는지의 여부이며 넷째,

133) "敢問夫子, 惡乎長, 曰, 我, 知言, 我, 善養吾浩然之氣." 〈공손추 상 2〉
134) "知言者, 盡心知性 於凡天下之言, 無不有以究極其理而識其是非得失之所以然也." 〈공손추 상 2: 주자 주〉
135) "孟子曰, 行之而不著焉, 習矣而不察焉, 終身由之而不知其道者衆也." 〈진심 상 5〉
136) "詖辭, 知其所蔽, 淫辭, 知其所陷, 邪辭, 知其所離, 遁辭, 知其所窮." 〈공손추 상 2〉

논리적인 근거가 제대로 제시되었는지의 여부이다. 이러한 준거를 통해 어떤 사태나 행위 특히 자신의 행위까지 왜 그것이 나쁜지 혹은 좋은지의 이유를 철저히 밝혀내는 것이다. 이러한 '지언' 공부는 궁극적으로 내가 진정으로 원하는 것이 무엇인지를 알게 한다. 가령, 컴퓨터게임에 중독되어 있는 학생이 상기한 네 가지 준거를 통해 '지언'을 실행하면 그 게임이 자신의 장래, 행복을 위해 긍정적으로 영향을 주는 좋은 것인지 아니면 별다른 이유 없이 충동적으로 협소한 감정의 지배를 받아 행하는 나쁜 행위인지를 분별하게 되고 결국 이를 자제할 수 있게 된다. 바로 이런 맥락에서 맹자는 자신의 몸을 성실히 만드는 데 길이 있으니 그것은 바로 善이 무엇인지를 밝혀내는 일이라 하였다.[137)]

그런데 善이 무엇인지를 밝히는 일(明善)은 '권도(權道)'를 따름으로써 이루어진다. 權은 저울추에서 온 말로 사물의 경중을 저울질하여 적당히 맞추는 것을 의미한다. 맹자는 남녀 간에 예의를 갖춰야 함을 인정하면서도 형수가 물에 빠졌을 때는 손을 잡아 구해줘야 한다고 가르친다.[138)] 사람 간에 구체적으로 지켜야 할 사회적 규범은 시대와 장소, 상황에 따라 조금씩 차이가 있다. 즉, 사회적 규범은 각 사회의 특수한 환경적 배경에 의해 만들어진 것으로 이것을 모든 상황에 일률적으로 적용해서는 안 된다. 중요한 것은 그 규범의 근본 취지를 파악하여 각 상황의 특수한 요구에 맞추어 적절히 변화시켜 적용할 수 있는 지혜이다. 모든 사회적 규범의 근본 취지는 바로 禮의 근간이라 할 수 있는 '仁心' 혹은 '不忍人之心'이다. 형수의 손을 함부로 잡지 않는 예법의 진정한 취지는 형수를 공경하고 배려함이다. 형수가 물에 빠진 상황에서의 공경과 배려는 손을 잡지 않는 것이 아니라 적극적으로 손을 잡아 구해주는 것이다. 지혜 공부로서의 배움의 요체는 근본 도리, 이치, 원칙을 기준으로 삼되 상황의 변화를 주의 깊게 관찰하고 파악하여 이에 탄력적으로 대응하는 것이다.

이것은 단지 도덕·윤리적 영역에만 해당되는 것이 아니라 과학적 안목을 기르는 데도 중요하다. 자연과학·사회과학의 많은 영역에서 이제까지 발견되고 제시된 많은 법칙과 원리들은 시공을 초월하여 항구불변하다기보다는 또 다른 법칙과

---

137) "誠身, 有道, 不明乎善, 不誠其身矣." 〈이루 상 12〉

138) "淳于髡曰, 男女授受不親, 禮與, 孟子曰, 禮也, 曰, 嫂溺, 則援之以手乎, 曰, 嫂溺不援, 豺狼也, 男女授受不親, 禮也, 嫂溺, 援之以手者, 權也." 〈이루 상, 17〉

원리가 입증될 때까지의 잠정적 원리인 것이다. 따라서 배우는 자들이 그 법칙과 원리를 발생시킨 근본 과정 및 배경을 파악하는 것이 더욱 중요하다. 이에 대한 지식을 토대로 상황변화와 대상의 특수성을 고려하여 만일 그 법칙과 원리가 거기에 더 이상 유효하지 않다면 그에 합당한 새로운 원리를 스스로 발견해내는 것이다.

D. 전심 · 집중 및 내외의 연관적 이해

배움의 네 번째 방법은 전심 · 집중하여 사태를 완전히 파악하는 것이다.

> 혁추라는 사람은 전국에서 바둑을 가장 잘 두는 사람이었다. 그 혁추가 제자들에게 바둑을 가르치는데 한 사람은 마음을 다하고 집중하여 혁추의 말만 듣고, 다른 한 사람은 비록 듣기는 하지만 마음 한 구석에 기러기가 날아오면 활시위를 당겨 쏘아 맞출 것만을 생각한다면, 비록 함께 배운다고 하여도 그 집중하는 자만 못할 것이니 이는 그 지혜가 모자라서 그런 것이 아니다.[139)]

위 본문은 배우는 자가 배우는 내용에 완전히 몰입되어 있을 것을 시사한다. 기러기를 쏘아 맞추는 것은 잡다한 상념이 배움을 훼방하는 것을 의미한다. 정신이 다른 곳에 분산되면 이치를 궁구하여 善을 알기도 힘들며 의지를 확고히 하여 이를 실천하기도 힘든 것이다. 따라서 배움이 온전히 이뤄지기 위해서는 집중하여 관찰하고 주의 깊게 듣는 자세가 필요하다. 그 대상은 사람의 말과 행동이 될 수도 있고 책이나 사물, 자연 혹은 사회 현상이 될 수도 있다. 산만한 마음을 한 곳에 집중하여 상대방이나 대상이 무엇인지 혹은 무엇을 제시하는지를 인내하며 탐색하고 끝까지 철저히 그 전체를 밝혀내는 태도가 필요하다. 이는 진실한 마음의 중심이 오로지 한곳으로 몰두되는 '忠'과 주의 깊게 살피고 정성을 기울이는 '誠'의 태도로 사물의 전체에 참여하고 그 전체를 파악하는 자세이다. 이러한 자세는 한편으로는 사물과 세계에 대한 깊은 통찰력을 불러일으키며 또 한편으로는 사람과 일에 대해 정성을 다한 자세로 이어져 온전한 인격적 성숙을 이끄는 것이다(심승환,

---

139) "奕秋, 通國之善奕者也, 使奕秋, 誨二人奕, 其一人, 專心致志, 惟奕秋之爲聽, 一人, 雖聽之, 一心, 以爲有鴻鵠將至, 思援弓繳而射之, 雖與之俱學, 弗若之矣, 爲是其智弗若與, 曰非然也." 〈고자 상, 9〉

2007: 23, 65). 이러한 전심 · 정성의 자세는 상기한 반성의 자세와도 연관된다. 배움의 내용에 집중하고 정성을 기울이는 자는 자연히 자신의 상태를 돌아보게 된다. 이 배움의 목적 및 내용에 비추어 자신의 기존의 앎은 어떠한지, 배움의 내용을 제대로 체득했는지 끊임없이 점검하는 것이다. 맹자는 "만물의 이치가 모두 나에게 갖추어져 있으니 자신을 돌이켜보아 성실하다면 즐거움이 클 것이요 恕를 힘써 행하면 仁을 구함이 이보다 가까울 수 없다."고 하였다.[140] '서(恕)'는 내 마음을 미루어서 상대에 미치는 원리이다. 모든 사회적 가치와 지식은 바로 내 마음에 자리한 仁義禮智의 근본 단초와 연결되는 것이다. 배움은 외부로부터 배우는 대상을 일방적으로 흡수하는 것이 아니라 먼저 자신의 내부를 돌아보아 여기에 있는 근본 가치와 지식을 토대로 앎을 확충 · 수렴하여 나가는 것이다.

라. 결론

지금까지 맹자 사상을 통하여 배움의 의미를 고찰하였다. 맹자는 인간이라면 누구나 '차마 하지 못하는 마음(不忍人之心)'을 본래적으로 지니고 있다고 본다. 이 마음은 사람이면 누구나 물에 빠진 아이를 보면 안타깝게 여기고 구해주고자 하는 것과 같이 어떤 외부적 조건이나 상황에 의해 조성된 마음이 아니고 내면에서 자연히 발동하는 마음으로 인간의 본래적인 심성이다. 이 본성은 측은히 여기고 악을 싫어하며 공경 · 배려하고 옳고 그름을 분별하는 덕성 · 감수성 · 지성 및 실천 의지가 조화된 완전한 실체이다. 이러한 측면에서 인간의 본성은 배움이 추구해야 할 궁극적 목적이 된다. 그런데 이 본성이 완전하게 그대로 유지된다면 더 이상 배울 필요가 없다. 그것으로 이미 인간은 완전한 좋은(선한) 존재이기 때문이다. 그러나 맹자는 이러한 선한 본래 심성이 외부의 악한 환경의 영향 및 욕망으로 인한 악행 때문에 봉쇄되고 상실된다고 본다. 바로 여기에 배움의 필요성이 존재한다. 다만 후천적인 영향 및 변화과정에도 불구하고 그 선한 본성의 뿌리는 인간 내면에 그대로 잔존해 있기 때문에 이를 토대로 본성을 찾고 기르며 보존한다면 배움이 가능하다.

즉, 맹자 사상에서 배움의 의미란 외부 환경 및 욕망 · 악행으로 인해 봉쇄되고 소실된 선한 본래 심성을 찾고 기르며 보존하는 과정이다. 그 세부적인 배움의 내

---

140) "孟子曰, 萬物, 皆備於我矣, 反身而誠, 樂莫大焉, 强恕而行, 求仁, 莫近焉." 〈진심 상 4〉

용 및 방법은 첫째, 자신을 돌아보아 자신의 현재의 상태를 철저히 점검하고 자각하는 것이다. 자신의 마음과 행동이 타인을 사랑하며 공경하는지, 매사에 최선을 다하여 성실한 자세로 임했는지를 점검하고 그렇지 못한 상태를 자각하는 것으로부터 배움이 시작된다. 본래의 선한 심성을 되찾는 첫 번째 단계는 바로 자신의 도덕성과 지성 등이 가려져 있음을 자각하는 것이다.

둘째, 맹자는 선한 본성을 되찾아 기르기 위해서 욕심을 적게 할 것을 지적한다. 성욕, 권력욕, 재물욕 등이 인간의 마음에 팽만하면 도덕적 · 지적 감수성과 분별력이 봉쇄된다. 따라서 이러한 욕망들을 제어하는 것이 배움의 두 번째 길인데 이를 위해선 어떠한 외부적 유혹과 내부적 욕망의 작용에도 굴하지 않는 굳센 의지인 호연지기(浩然之氣)가 필요하다. 따라서 자신의 마음을 잡고 이러한 의지를 세워야 한다. 그런데 이 의지는 심지(心志)의 작용만이 아니라 외부적으로 선한 행동을 실천함으로써 조장된다. 심지는 기를 다스리고 행위를 이끌지만 한편 좋은 경험과 습관은 좋은 의지를 배양한다. 즉, 배움은 마음과 실천의 상호작용을 통해 이루어진다.

셋째, 맹자는 지혜의 공부인 '知言'을 강조한다. '지언'은 인간 본성 및 천하의 이치를 궁구해나가는 것으로 모든 사태에 대하여 그 이유와 장단점을 탐구하는 것이다. 이 '지언'은 편벽되고 충동적이며 근거 없는 사태와 행위들을 가려내어 시비와 득실을 명확히 밝혀내는 것이다. 단순히 어떤 사실과 가치를 전달받는 데 그치지 않고 스스로 그것이 왜 그러한지를 밝히고 마땅히 지향해야 할 바를 궁구해내는 것이다. '지언'은 또한 '권도'를 통해 어떤 규범과 원칙의 근본 취지를 파악하고 이를 각 상황의 특수성에 맞게 적절히 활용시키는 지혜를 포함한다.

넷째, 배움은 분산된 마음을 하나로 통일하여 배우는 내용에 대하여 전심을 기울여 집중하고 참여하는 자세를 통하여 이루어진다. 이러한 자세는 사물을 깊이 통찰하고 전체를 파악하는 능력과 사람 · 일에 대한 정성된 태도를 기른다. 또한 전심을 기울이는 태도는 자신의 내면을 돌아보아 기존의 가치관 및 선행지식을 바탕으로 새로운 지식 · 가치를 확충 · 수렴해 나가는 원리와도 연결된다.

맹자의 사상은 배움에 있어 배우는 자의 타고난 선한 의지와 능력의 중요성을 강조하며, 바로 그것을 발견 · 회복하는 데 주력해야 함을 시사한다. 한국의 교육현실은 모든 교육이 수능과 취직에 집중되어 있다. 기계적으로 영어 단어를 암기하고 수학 문제를 풀며 취직에 필요한 정보들을 머릿속에 집어넣는 데 몰두해 있다. 물론 이러한 행위가 산업자본주의 현대에 개인과 사회가 살아남기 위한 어쩔 수 없는 선택이라 해도 인간이 지향해야 할 바, 인간으로서 갖추어야 할 바를 제대로 구현하지 못하는 한 올바른 혹은 좋은 교육이라 할 수 없다. 인간이 지향해야 할 바는 인간이 본래 가지고 있는 측은, 수오, 사양, 시비의 마음으로 이것은 인간이라면(금수가 아니라면) 누구나 마땅히 가져야 할 당위의 가치로서 배움의 목적이 되는 것이다. 배움이 만약 이 목적을 지향하지 않고 취직, 권력, 재물 등 다른 것을 지향할 때 이는 기본방향에서부터 잘못되었기에 올바른 인간을 키울 수 없게 된다.

따라서 무엇보다 우선되어야 할 것은 배움의 목적을 인간 내면의 선한 본성의 회복 및 보존에 두는 것이다. 비록 배움의 과정에서 특정한 지식, 기술 등을 익히고 일정한 평가의 관문을 통과하는 것이 요구될지라도 반드시 잊지 말아야 할 것은 그 궁극적 목적이 인간 본성의 회복 · 보존이라는 사실이다. 그런데 맹자 사상에 의하면 인간 심성은 물이 아래로 흐르는 것과 같이 자율적으로 선함을 추구하므로 배움의 과정에서 외부적인 강제나 주입은 그 본성에 역행하는 방법임을 염두에 두어야 한다. 벼싹을 강제로 뽑아 올리는 것과 같이 학생에게 강제로 무엇을 하게 한다면 본성에 역행하므로 학생은 반발하여 오히려 이루려고 하는 바와 정반대의 결과를 나을 수 있다. 좋은 방법은 바로 배우는 자가 자발적으로 자연스럽게 행할 수 있도록 동기화시키는 것이다.

이 동기화를 위해선 적절한 환경의 조성과 반성의 자세를 키워주는 것이 좋다. 맹자는 '우산의 나무'의 비유에서처럼 선한 본성이 환경에 의해 봉쇄되고 소실됨을 지적하였다. 가정 및 학교의 분위기가 타인을 무시하고 말초신경을 자극하며(특히 매스컴 등을 통해) 자기 욕심을 달성하기 위한 권력 쟁탈의 장이 되어서는 안 된다. 반대로 타인을 배려하고 차분히 자신을 돌아볼 수 있게 하는 분위기가 조성되어야 한다. 학부모와 교사는 모든 행실에서 선한 모범을 보임으로써 이러한 분위기를 주도해 나가야 한다. 특히 배우는 자로 하여금 스스로를 돌아볼 수 있도록 동기화시켜 주는 것이 좋다. 즉, 가르치는 자는 배우는 자로 하여금 '내가 진정 추구해야 할 바가 무엇인가', '지금 하고 있는 내 행동이 옳은 일인가', '나의 원래 마음은 어떤가', '이것이 나와 내 주변의 사람들을 위해 좋은 일인가' 등을 지속적으로 반성할 수 있도록 안내해주고 조언해주어야 한다. 이를 위해 일대일 면담, 소그룹 상담 등의 방법도 효과적일 것이다. 이를 통해서 환경의 분위기에 휩쓸려 아무 생각 없이 따라하거나 오직 순간적인 감정에 따라 충동적으로 행동하는 것을 막을 수 있다.

물론 환경의 조성은 중요하지만 근본적인 대책은 역시 어떠한 환경적 영향 및 유혹에도 흔들리지 않는 굳센 의지, '호연지기'를 기르는 것이다. 이 호연지기는 전술하였듯이 자신을 끊임없이 돌아보는 한편 선한 행동을 실천함으로써 기를 수 있다. 따라서 소극적인 반성 위에 적극적인 선행의 실천이 필요하다. 가까이는 가정과 학교에서 부모, 형제 · 자매, 이웃, 교사, 친구들에게 봉사하고 도와주는 실천에서부터 널리 사회의 어려운 사람들, 또한 사회의 정의를 위해 폭넓게 실천하는 것이 필요하다. 이러한 선행은 배우는 자의 마음에 그동안 숨어있었던 선한 기운을 불러일으키며 이 기운이 굳세게 지속될 수 있는 힘을 조성하게 된다.

선한 마음을 되찾고 보존하기 위해선 호연지기의 배양과 함께 '지언'의 공부를 생활화하는 것이 중요하다. 한국의 교육현실은 왜 그러한지의 이유를 철저히 탐구하기보다는 무턱대고 많은 양의 정보를 주입 · 전달하려고 한다. 이러한 상황하에서 배우는 자는 스스로 어떤 대상에 대하여 궁구하여 여러 측면을 고려하기보다는 외부적으로 주입되어진 편파적인 견해를 추종하게 된다. 이러한 문제를 극복하기 위해선 배우는 자가 '지언' 공부를 통해 어떤 사태에 대하여 스스로 왜 그러해야 하는지, 다른 측면은 없는지, 각각은 어떤 장단점이 있는지를 철저히 질문하고 평가하며 결정하는 습관을 키우는 것이 중요하다. 또한 '권도'의 지혜에 따라 원리들을 암기하기보다는 그 원리가 어떻게 이루어졌는지의 근본 취지를 파악하여 변화하는 상황에 탄력적으로 활용하는 지혜를 키우는 것도 꼭 필요하다. 이러한 '권도'는 수천년 전의 맹자 사상을 현대에 적용할 수 있는 근거이기도 하다.

배움의 근본목적은 인간의 본래적 선성에서 도출되며 그 근본은 시대를 뛰어넘어 동일하지만 현 시대의 상황과 필요에 맞게 배움의 세부적 내용 및 방법 등은 변화시켜 적용할 수 있는 것이다. 이런 맥락에서 전심 · 수렴의 원리도 현 상황에서 적절하게 응용하여 활용할 수 있을 것이다. 학생들의 집중력 향상이나 학생들의 기존 지식을 발판으로 새로운 지식을 연결 · 학습하는 방법은 현대의 교육심리학이나 교수학습이론에서도 많이 다루어지는 부분이다. 그 대의는 같지만 변화하는 시대상황에 맞추어 그 세부적인 방법을 탄력적으로 수정 · 보완할 수 있는 근거는 바로 '권도'의 원리인 것이다. 다만 타율과 협소한 지식 주입에 경도된 현 교육에 배움은 외부적 주입이 아니라 배우는 자의 자율적 노력에 의해 배우는 자가 본래 지녔던 인격적 실체를 구현함을 목적으로 한다는 대의는 반드시 유념하고 지켜져야 할 사항이라고 본다.

(4) 예수 그리스도의 가르침과 교사상*

가. 서론

교육의 가장 중요한 요소는 교사, 학생, 교육과정으로 볼 수 있다. 이 중 교사는 교육이라는 사태를 전문적 안목으로 인도하는 역할을 하기 때문에 교사가 어떠한 능력과 태도를 가지고 있느냐 하는 것은 교육의 질을 결정하는 핵심적인 요인이다. 교육은 사람이 주도하는 동태적인 현상으로 교사와 학생이 모종의 의지를 가지고 능동적으로 참여하지 않으면 이루어지지 않는다. 아무리 좋은 교육과정이 있더라도 그것을 활용하고 습득하는 것은 교사와 학생이고 교사와 학생을 움직이는 것은 그들 내면의 의지이다. 교육 현장에서 교사와 학생은 대화와 활동을 통해 상호작용한다.

학생의 배우려는 의지는 교과 자체나 교육환경에도 영향을 받지만 교사의 말, 행동, 태도, 열정, 능력 등에 의해서도 상당한 영향을 받는다. 그렇다면 학생의 학습의지에 작용하는 교사의 영향력의 성질은 과연 무엇인가? 사람이 사람에게 영향력을 미치는 경우는 권력(power), 권위(authority), 친분 관계 등을 통해서이다. 권력은 물리적 · 심리적 강압, 제재나 보상 등을 통해 타인을 자기의 의지에 복종시키는 것이다. 이에 비해 권위는 어떠한 규범이나 가치에 호소하여 사람들이 이것을 자발적으로 수용함으로써 행사된다(Peters, 1966: 344-345). 친분 관계는 혈연이나 우정에 의해 사람 간에 영향력을 미친다. 이렇게 볼 때 교사의 영향력은 권력이나 친분 관계가 아닌 권위에 속한다고 할 수 있다. 만약 교사가 강압이나 보상 등의 방법을 통해 학생에게 영향을 준다면 이것은 장기적으로 학생의 자율성을 저해하는 결과

* 본 절은 2010년도 『한국교육학연구』 제16권 3호에 발표된 저자의 논문, "예수 그리스도의 삶과 가르침을 통해 본 교사의 인격적 권위 고찰"을 수정한 것이다.

를 가져올 수 있기에 좋은 교육으로 볼 수 없다. 또한 교육에서 교사와 학생은 모종의 교육목적 달성을 위해 연결된 관계로 우연적으로 연결된 혈연이나 우정 관계와는 다르다.

교사가 학생에게 미치는 영향력의 성질이 '권위'라고 한다면 여기에는 어떠한 개념적 요소가 있는가? 피터스(1966: 347)는 교사의 권위는 직위상의 권위와 지적인 권위(전문지식의 권위)를 함께 지닌다고 보았다. 교사는 직위상의 권위를 통해 학급의 질서를 유지하고 학생들의 행동을 통솔한다. 교사는 또한 전문지식을 갖추고 무엇이 옳고 그른지, 좋고 나쁜지를 안내한다. 이 두 가지 권위는 교육 활동에서 필요불가결해 보인다. 다른 학생들의 학습을 방해하지 않도록 조용히 시키는 것, 숙제를 해오도록 하는 것 등은 대개의 경우 학습이 공동으로 이루어지며 일정한 숙달이 요구된다는 점에서 학습을 위해 꼭 필요한 일이다. 또한 교과 내용에 대해 교사가 전문적 지식을 갖추고 있어 교사의 설명을 의심 없이 학생이 신뢰할 수 있어야 한다. 만약 이러한 직위상의 권위 및 지적인 권위가 작용하지 못하고 학생이 교사의 말에 불순종하고 의심하게 된다면 원하는 교육목적을 달성하기란 힘들 것이다.

그런데 교사에게 이러한 직위상의 권위, 지적인 권위보다 더욱 근본적이고 포괄적이며 지속적인 영향력을 미치는 권위란 없을까? 학생들에게 "난 선생이고 넌 학생이니까 내 말 들어."라고 명령하기보다 더욱 근본적으로 학생들을 움직이게 하는 힘은 없는가? 학생들이 단순히 '저 사람 정말 많이 알고 말 잘하네.' 하는 반응보다 교사라는 한 인간, 그 인격(person) 자체를 믿고 존경하며 따르게 하는 힘은 없는가? 담임교사, 교과교사라는 직위는 한시적으로 영향력을 미치며, 지식 역시 새로운 발견이나 이론에 의해 그 권위를 상실할 수 있다.

저자는 이러한 문제의식을 가지고 학생에게 보다 지속적이며 근본적으로 작용할 수 있는 교사의 권위를 '인격적 권위'라 명하고 그 구체적인 속성을 고찰하고자 위대한 스승으로 존경받는 예수 그리스도를 선택하였다. 인격(person, personality)은 한 인간이 가진 지식, 기술, 태도, 감성, 영성 등을 포괄한 전 존재(whole being)를 의미한다. 교사가 학생과 더불어 지식이나 언어만이 아닌 그가 가진 모든 것으로서 관계를 형성하며 상호작용할 때 보다 근본적이고 강력하며 지속적인 파급효과를 미칠 것으로 생각하여, 이러한 교사의 권위를 '인격적 권위'라 명하였다. 교육은 현실에서 일어나는 현상으로 교사의 인격적 권위가 무엇인지 구체적으로 알기 위한 최선의 방법은 교육의 실제에서 그것이 어떻게 드러나는지를 보는 것이다. 이 같은 배경에서 인격적 권위를 가진 교사의 예로서 예수 그리스도를 상정하고 그 구체적인 속성이 무엇인지를 그의 삶과 가르침을 통해 고찰하고자 한다.

힌즈데일(1895: 12)은 예수가 "구두로 가르쳤던 모든 교사들 중 가장 뛰어난 교사였다."고 말하였고 벤슨(1950: 257)은 예수를 "최고의 교사로 모든 종류의 가르침을 완벽하게 구사하신 분이셨다."고 평하였다. 그렇다면 무엇이 예수를 최고의 교사, 존경받는 스승으로 만들었는가? 예수의 생애와 활동을 기록한 복음서를 보면 그의 가르침이 당시에 율법을 가르치던 서기관들과 달리 "권위가 있었다."고 증거한다(막 1: 21-22; 눅 4:32). 보통의 교사들과 다른 예수의 권위는 무엇에서 비롯되었는가? 이 비범한 권위는 예수가 제자들을 부른 목적(교육목적)이 그들과 "함께 거하기 위함"이었다는 점에서 유추할 수 있다(막 3:14). 예수는 제자들에게 특정한 지식을 말로써 전달하려고 하기보다는 삶을 공유하려고 했으며 제자들의 삶의 문제와 상황을 가지고 접근하려고 하였다(Kealy, 1977: 230). 제자들은 예수가 어떠한 형식적인 지위에 있기 때문이 아니라, 혹은 수많은 지식들을 가지고 있기 때문이 아니라 그와 더불어 삶을 함께하며 그의 모든 것을 직접 보고 배움으로써 그를 존경하고 따르게 된 것이다.

한국에서 기독교(가톨릭과 개신교)는 불교, 유교 등과 함께 많은 신도 수를 가지고 종교 · 문화적 영향력을 행사하여 왔다. 예수는 신자이든 비신자이든 존경받는 성인으로 추앙되어 왔는데 그동안 신학적인 측면의 연구(그리스도론)는 활발했던 반면 보다 대중의 삶에 밀접히 관련되는 교육과 같은 분야에서의 연구는 비교적 활발하지 못하였다.[141] 예수는 제자들과 당시 대중들을 가르쳤고 복음서는 가르침을 치

141) 예수의 교육사상 및 교육실제에 초점을 둔 연구는 석사학위논문 수준에서는 비교적 많이

유 사역 및 복음전파 사역과 함께 주된 사역으로 묘사하고 있다(마 4:23). 복음서에서 예수를 선생으로 칭한 횟수는 총 70회로 이것은 예수의 사역 중 가르침의 중요성을 보여준다(Zuck, 1995: 31). 예수는 선생(교사)으로서 가르침을 매우 중시하였고 그의 가르침은 제자(학생)들에게 특별한 영향력을 주는 권위를 가지고 있었다. 한국의 교육현실에서 많은 이들이 존경하는 예수를 교사의 모델로 탐구하는 것은 유의미한 일일 것이다. 또한 현재 교사의 권위가 상당히 약화, 실추되어 있는데 이에 대한 한시적인 처방보다 더욱 근본적인 차원에서 약화된 교사의 권위를 회복하는 데 본 논의가 기여할 수 있으리라고 본다.

나. 관계의 형성

예수는 당시 어부나 세리와 같은 생업에 종사하고 있던 사람들에게 "나를 따르라!"고 말하였고 그들은 그 즉시 가족과 하던 일, 모든 것들을 버리고 예수를 따라갔다(막 1:16-20, 2:14). 예수가 가르침을 시작하기 위해 첫 번째로 한 것은 바로 제자들을 불러 자신과 동행하게 한 것이다. 그는 특정한 시간에 특정한 내용을 가르치려 한 것이 아니라 그의 삶 전체를 제자들에게 보여주며 제자들과 삶을 공유하려 하였다. 삶을 함께 하며 관계를 형성하는 것이 예수의 가르침의 첫 번째 의도였다(막 3:14; Horne, 1998: 109).

예수는 요한의 제자들이 요한의 말('하나님의 어린 양')을 듣고 호기심에서 자신을 좇는 것을 보고 그들에게 "무엇을 구하느냐?"고 묻는다(요 1:35-38). 이것은 예수가 요한의 제자들에게 자신을 좇는 동기를 물은 것이다. 그 동기는 이적이나 계시 등 특별한 무엇을 보는 것일 수도 있고 특별한 말씀을 들으려 한 것일 수도 있다. 예수의 질문에 그들은 "랍비여 어디 계시오나이까?"라고 응답하였다(요 1:38). 랍비는 존경하는 스승의 호칭으로 요한의 제자들이 예수에 대해 깊은 존경을 표시하며 그와 함께 있으며 스승-제자 관계로 교제하기를 원하였음을 의미한다(Laney, 1992:

있으나 학회지의 논문 및 박사학위논문은 매우 드물다. 최근에 학회지에 발표된 선행 연구로는 최준규(2007), 심승환(2007), 홍은경(2005) 등이 있고, 박사학위논문으로는 이상오(2008), 이용우(2008), 박정혁(2004) 등이 있으나 신학적 측면의 연구에 비해 상대적으로 그 편수가 매우 적고, 이 중에는 예수의 교육사상만을 다루기보다는 다른 사상가 및 현재 교육제도 및 방법과 연관하여 연구한 경우가 많다.

55; Barton et al., 2001: 377). 그들의 관계 형성에 대한 동기를 확인한 후 예수는 그들에게 “와서 보라.”고 제안하며 당일 그들과 함께 거하였다(요 1:39). 즉, 예수는 특별한 이적을 보거나 계시를 받으려 하지 말고 먼저 자신과 함께 거하며 교제할 것을 제안한 것이다. 예수와 하루를 함께 보냈던 그들은 그 인격적 만남의 경험을 통해 이후 예수의 제자가 되어 그를 따르게 된다(Barton et al., 2001: 377). 특히 그 중 안드레는 자신의 형제 시몬에게 메시아(구원자)를 만났다고 하며 그를 예수에게로 데리고 온다(요 1:41-42). 안드레가 예수를 메시아로 인정하고 자신의 형제 시몬을 데리고 온 것은 예수와 함께 거하며 그를 인격적으로 알게 되었기 때문이다. 예수는 “나의 멍에를 매고 내게 배우라”(마 11:29)고 말한다. 이것은 한 인간의 지식이나 기술만이 아닌 그 인간 전체의 인격을 배우라는 의미이다. 배움(manthano)은 예수와 관계를 형성하여 함께 시간을 보내며 그의 시각과 태도, 가치관을 체득하는 일이다(Zuck, 1995: 164-165). 복음서에 234회 등장하는 헬라어 단어 마데테스(Mathetes: 제자)는 가르치는 선생과 개인적인(인격적인) 관계를 맺고 있는 학생을 뜻한다(Zuck, 1995: 169). 예수의 가르침은 인격적인 관계를 기초로 하였고 이것이 여느 교사와 다른 특별한 권위를 발휘하는 요체였다.

예수와 만나 인격적 교제를 나눴던 빌립은 동료인 나다나엘을 찾아가 그를 만나볼 것을 권유한다(요 1:43-45). 나다나엘은 빌립의 권유에 처음에는 의심하였으나 예수를 직접 만난 후 그의 인격에 감동하여 이스라엘의 왕이라 칭송한다(요 1:47-49). 예수는 나다나엘을 보자 그에게 간사함이 없는 자라고 칭찬하였고 나다나엘은 초면에 어떻게 자신을 아느냐고 묻는다. 이에 예수는 빌립이 그를 부르기 전 무화과나무 아래 앉아있는 그의 모습을 지켜보았다고 답변한다(요 1:47-48). 유대인의 전통에 따르면 보통 무화과나무 아래에 앉아있다는 표현은 성경에 대해 깊이 묵상하는 모습을 뜻했다(Barton et al., 2001: 378). 무화과나무 아래서 성경을 깊이 묵상하는 그를 지켜보며 예수는 나다나엘의 인격을 본 것이다. 예수는 특정한 지식을 전달하는 데 관심을 두기 보다는 한 사람, 한 사람의 인격과 삶에 관심이 있었다. 예수는 빌립의 동료인 나다나엘의 평소 행동을 세밀하게 관찰하며 그의 장점과 필요를 생각하였을 것이다. 사람은 상호적인 존재로 자신에게 관심을 갖고 알아주는 사람을 신뢰하기 마련이다. 학생 역시 자신에게 관심을 갖고 자신을 알아주는 교사를 신뢰한다. 제자 개개인(미래의 제자 포함)의 작은 행동 하나까지 관심을 기울이며 다가가는 예수의 태도는 제자들과의 강한 신뢰의 관계를 형성하게 하였고 이것이 특별한 권위를 가져오게 한 힘이 되었다.

예수가 여리고에 갔을 때 당시 세리장으로 있었던 삭개오가 예수를 보기 위해 돌무화과나무에 올라간 사건이 있었다(눅 19:1-4). 삭개오는 키가 작았고 당시 많은 무리가 모여 있어 예수를 보기 어려워서 나무에 올라가는 극단적 방법을 취한 것이다. 예수는 자신을 보려는 절실한 마음을 지닌 삭개오를 알아보았고 그에게, "속히 내려오라 내가 오늘 네 집에 유하여야 하겠다."고 말하였다(눅 19:5). 그 자리에서 구두로써 가르침을 줄 수도 있었으나 예수는 그와 함께 거하며 인격적 교제를 하기를 바랐다. 그러나 당시 세리들은 백성들을 착취하던 자들이었고, 이에 군중들이 예수가 세리장인 삭개오의 집에 머문다는 것을 놓고 죄인과 어울린다고 수군거렸다(눅 19:7). 당시 유대인사회에서 죄인과 어울리는 것은 금기시되었으며 그럴 경우 함께 죄인 취급을 당하였다. 그럼에도 불구하고 예수는 삭개오의 집에 머물며 그와 대화하였고 삭개오는 마침내 "내 소유의 절반을 가난한 자들에게 주겠사오며 만일 누구의 것을 속여 빼앗은 일이 있으면 네 갑절이나 갚겠나이다."라고 다짐하였고 예수는 이 반응에 "오늘 구원이 이 집에 이르렀다."고 응답하였다(눅 19:8-9).

삭개오의 회심과 다짐을 이끌었던 것은 바로 예수와의 인격적 만남과 교제였다. 예수는 삭개오에게 군중이 모인 바로 그 자리에서 구원을 얻으려면 어떻게 해야 한다고 구두로 설명할 수도 있었을 것이다. 그러나 예수는 수많은 군중을 떠나 그의 집에 찾아가 개인적으로 교제하고 대화하는 방식을 택하였고 이 인격적 만남과 관계 형성을 통해 삭개오는 자신의 부정한 죄를 반성하고 이웃에게 몇 배로 되돌려주는 결단을 내리게 된 것이다. 예수가 삭개오와 함께 하고자 하였기에 삭개오는 예수를 신뢰하게 되었고 모든 재산을 포기하면서까지 예수를 따르고자 하게 된 것이다(Barton et al., 2000: 333-334). 예수는 제자들을 세워 그들로 하여금 자신과 함께 거하고 복음을 전파하고 귀신을 축출하게 하고자 하였다(막 3:13-15). 그러나 여기서 가장 중요한 목적은 함께 거하는 것이었으며(Earle, 1970: 35) 이것은 예수의 최우선적인 의도이고 바로 이것으로부터 모든 교육적 성과가 유출되어 나왔던 것이다(Horne, 1998: 109).

다. 언행일치(모범)

예수는 그가 제자들에게 구두로 가르쳤던 모든 내용을 그의 삶에서 실제 행동으로 보여주었다(Blaikie, 1984: 151). 예수의 가르침이 당시 율법을 가르쳤던 서기관과 바리새인들과 달리 권위가 있었던(막 1:22) 중요한 이유 중의 하나가 바로 여기에 있었다. 예수는 당시 서기관과 바리새인들이 말로만 계명과 율법을 준수할 것을 가르치면서 실제 행위에서는 그렇지 않음을 비판하였다. 예컨대, 예수는 그들이 '부모를 공경하라'는 계명을 강조하면서 실제로는 부모에게 아무것도 하지 않으며 단지 '하나님께 유익을 드렸다'고 말하기만 한다고 지적하였다(막 7:9-13). 이에 반해 예수는 몸소 제자들의 발을 씻겨 주며 자신이 선생으로서 모범을 보인 것같이 너희도 "서로 사랑하라"고 가르쳤다(요 13:4-35). 예수는 제자들에게 원수를 사랑하며 자신을 모욕하는 자를 위해 기도하라고 가르쳤고(마 5:43-48; 눅 6:27-28), 자신을 십자가에 못 박고 핍박했던 사람들을 위하여 기도하였다(눅 23:34). 예수는 제자들에게 항상 기도하며, 남에게 보이려 하지 말고 조용히 혼자 기도하라고 가르쳤고(눅 18:1; 마 6:5-6), 실제 무리를 가르치거나 중요한 사역을 하기 전이나 후에 한적한 곳에 가서 홀로 기도하였다(눅 5:16; 눅 6:12 -13; 마 14:23).

예수는 제자들에게 상대방이 자신에게 죄를 짓고서 회개하면 수없이 용서하라고 가르쳤고(마 18:21-22; 눅 17:3-4), 실제로 자신을 세 번씩이나 부인한 베드로(마 26:69-75)가 회개하였을 때 그를 용서하고 그에게 지도자로 신도들을 이끌 것을 부탁하였다(요 21:15-17). 예수는 또한 어려운 처지의 사람들을 도울 때에 남에게 보이기 위해 하지 말 것을 가르쳤고(6:1-4), 실제로 많은 병자들을 치유해 준 후 사람들에게 알리지 말 것을 당부하였다(마 9:30; 막 5:35-43; 막 7:31-36 등).

예수의 말과 행동을 곁에서 지켜보았던 제자들은 예수의 일체 허식이 없는 진심어린 행동을 통해 마음 깊숙이 그를 존경하게 된다. 예수는 "나는 마음이 온유하고 겸손하니 나의 멍에를 메고 내게 배우라."고 하였다(마 11:29). '온유'와 '겸손'은 인간의 여러 가지 미덕들을 포괄한 성숙한 인격을 뜻한다. 제자들은 스승 예수의 성숙한 성품을 직접 눈으로 봄으로써 그의 가르침에 대한 확신을 가지게 되었다. 예수는 "열매로 사람을 안다"고 가르치며(마 7:16) 성숙한 성품과 행동의 중요성을 강조하였고 실제 자신의 성품과 행동에서 성령의 열매들(사랑, 희락, 화평, 오래 참음, 자비,

양선, 충성, 온유, 절제)을 제자들에게 보여주었다.

당시 유대인들을 가르쳤던 바리새인과 서기관들이 명예를 다투며 교만하게 외적 권위에 집착하였던 것에 반해, 예수는 온유하고 겸손한 모습을 보여주었고 이것은 제자들의 신뢰를 받는 근거가 되었다(Hagner, 1999: 544-545). 당시 서기관들은 옷차림에 신경 썼으며 사람들에게 문안받기를 즐겼고 높은 자리에 앉았고 약자의 재산을 탈취했으며 일부러 길게 기도하였다(막 12:38-40). 그러면서 그들은 율법과 계명을 형식적으로 준수할 것을 가르쳤던 것이다.[142] 반면에 예수는 율법과 계명의 형식적인 준수가 아니라, 더욱 완전한 구현을 추구하였다(마 5:17). '살인하지 말라'는 계명을 문자 그대로 지키는 것을 넘어서 타인에 대한 분노와 악언 자체를 하지 말 것을 가르쳤다(마 5:21-22). 이러한 가르침에 상응하여 예수는 실제 자신을 모함하여 잡으러 온 사람들에게 칼을 들지 말 것을 명하였고(마 26:52) 핍박하는 자들을 위해 기도하였다(눅 23:34). 바리새인과 서기관들은 안식일에 일을 하지 않음으로써 안식일의 형식적 준수를 추구하였던 반면, 예수는 안식일에 사람을 구함으로써 그 진정한 취지를 살리고자 하였다(눅 6:6-11). 바리새인과 서기관들의 가르침은 외적인 형식을 말로 설교하였으나, 예수는 내면으로부터의 충실함과 여기에서 나오는 진실한 행동을 가르쳤고 몸소 그것을 보여주었다. 바로 여기에 서기관들과 달랐던 예수의 가르침의 권위가 있었던 것이다.

즉, 예수가 보여준 가르침의 권위는 말과 행동의 일치에서 더 나아가 내면의 의지까지 순전히 하나가 되는 데서 비롯되었다. 예수는 하나님의 나라를 어린 아이와 같이 받들지 않으면 그곳에 들어 갈 수 없다고 가르쳤다(막 10:15). 어린 아이들은 조건적인 이유나 보상 때문에 행동하지 않는다. 성인들은 무엇을 이루고 가지기 위해 자기의 진정한 욕구를 감추고 가식적으로 행동하는 경우가 많으나 어린 아이들은 외부로 드러나는 행동과 그 내면의 욕구가 순전히 일치한다. 예수는 외적 행동과 그것의 동기 즉, 내면의 의지가 하나가 되어 하나님과 선(善)에 대해 형식

142) 불트만(2004: 9)은 유대적 율법성에는 종교와 관습이 구별되지 않았다고 본다. 이것은 서기관들이 신학자이면서 선생이고 법학자였다는 특수성에서도 드러난다고 주장한다. 종교와 윤리가 율법에 의해 규정되었고 이것의 가장 큰 문제점은 윤리적 행위의 동기를 부패케 하는 결과를 초래했다는 것이다. 이것은 사람들로 하여금 선한 행위를 하는 의미와 이유를 진지하게 생각하기보다는 율법을 문자적으로, 형식적으로 지키는 것과 그에 대한 보상에만 집착하도록 하였다.

적인 순종이 아니라 순수하고 철저한 순종을 요구하였다(Bultmann, 2004: 12).

이것은 예수가 가장 큰 계명이라고 말한 '사랑'의 이중계명에서 잘 나타난다(마 22:34-40). 첫째는 하나님에 대한 마음과 목숨과 뜻을 다한 사랑이며, 둘째는 이웃을 자기 자신같이 사랑하라는 계명이다. 이 두 계명은 '이중계명'으로 둘이 한 쌍을 이루어 하나님에 대한 사랑(순종)은 이웃 사랑의 구체적 행위에서 증명된다(Bultmannn, 2004: 16). 사도 바울은 남을 사랑하는 자는 율법을 다 이루는 것으로 모든 낱낱의 계명들은 이웃을 자기 자신과 같이 사랑하라는 말씀 속에 포함되므로 사랑이 율법의 완성이라고 보았다(롬 13:8-10). 예수는 이웃사랑의 예로 '선한 사마리아인의 비유'를 제시하였다(눅 10:29-37).

길에서 강도를 만나 죽어가는 한 유대인을 보고 같은 유대인인 제사장과 레위인은 피해 도망갔으나 한 사마리아인은 정성껏 그를 돌보아 주었다는 내용이다. 당시 제사장과 레위인은 같은 민족임에도 불구하고 시체를 가까이 하지 말라는 율법의 형식을 핑계로 도망갔으나 사마리아인은 유대인과 적대 관계였음에도 불구하고 온 마음을 다하여 그를 돌보아 주었다. 사랑은 율법의 형식을 초월한다. 예수는 구체적인 항목들을 자구적으로, 형식적으로 이행하라고 가르친 것이 아니었다. 바로 배우는 자(제자)가 깊은 내면의 동기와 의지부터 완전히 변화되어 그 행동이 의지와 일관된 완전한 인격을 소유할 것을 가르친 것이다. 이 근본적인 변화의 가르침이 서기관들과 랍비들의 여느 가르침과 확연히 구분되었고 더욱 중요한 사실은 그것을 예수가 몸소 보여주었다는 점이다. 예수는 제자들의 발을 씻기며 음식을 대접하고 용서하였고 나병환자를 만져 치료하며 죄인들과 함께 식사하고 원수를 사랑하며 자신의 몸을 내어주는 십자가의 사랑으로 마음과 목숨을 다한 사랑, 자기 몸과 같이 사랑하는 모범을 보여주었다. 온 마음과 몸이 하나가 되어 보여준 사랑의 메시지가 강력한 인격적 권위의 가르침이 되었던 것이다.

라. 사제동행(공감과 공유)

예수는 제자들의 삶의 공간을 찾아 다가갔고 함께 여행하면서 가르침, 치유, 복음전파 사역 등 모든 경험을 함께 나누었다. 당시의 율법 교사들은 유대인 회당에서 사람들을 가르쳤다. 그들은 제자들을 직접 찾아가지 않았고 정해진 장소에서 율법(주로 모세오경)을 인용하며 가르쳤고 그 외의 내용은 거의 다루지 않았다. 예수는 이와는 달리 청중(제자들)의 삶에서 친숙한 경험 —자연, 슬픔, 기쁨, 싸움, 농사, 음식, 돈 등— 을 통해 가르쳤다. 예수는 제자들의 언어로, 제자들의 상황에서, 제자들의 문제를 가지고 가르쳤다. 예수는 자신이 가르치고자 했던 교육목적과 내용이 아무리 심원한 것일지라도 —천국, 구원, 생명, 부활, 심판 등— 그것을 제자들(청중)의 일상적 관심과 언어를 통해 가르치고자 하였다(Kealy, 1977: 230). 바로 여기서 성경(율법)을 자구적으로 인용하며 설교하였던 당시 율법교사, 서기관들과 확연히 구별되는 가르침의 권위가 나타난 것이다.

예수는 당시 사람들이 부정하다고 외면하였던 사람들과 함께 하였다. 당시 세리들은 백성들의 재산을 부정한 방법으로 탈취한 죄인들로 취급당하였으나 예수는 그들과 함께 식사하며 교제하였고 그들 중의 한 명을 자기 제자로 받아들였다(눅 5:27-30). 예수는 세관에 앉아서 일하고 있던 레위(마태)를 찾아가 자신을 따르라고 하였고 레위는 이에 예수를 따라 제자가 되었다. 레위는 자기 집에서 잔치를 베풀어 다른 세리들을 초청하여 예수와 함께 식사하며 교제하였다. 당시 유대인들, 특히 바리새인과 서기관들이 세리들을 죄인으로 비방하며 그들과 상종하지 않았던 것과 달리 예수는 그들에게 적극적으로 다가갔고 그들과 함께 하며 그들의 이야기를 들으며 그들이 죄인이기 이전에 고유한 가치를 지닌 인간들임을 인정해주었다(Simon and Hayes, 1984: 275-276). 비록 그들을 죄에서 회개시키고 올바른 방향으로 인도하려는 가르침의 의도를 가졌다고 하여도(눅 5:32) 예수는 그 가르침의 방법을 공감과 공유를 통해 이루고자 하였다.

예수는 어부 시몬이 호숫가에서 고기를 잡고 있을 때에 그에게 다가가 "깊은 데로 가서 그물을 내려 보라."고 조언을 하였다(눅 5:4). 당시 시몬은 밤이 새도록 고기를 잡으려 하였으나 실패하였는데 예수의 조언을 듣고 그대로 그물을 내린 결과 많은 수의 고기를 잡을 수 있었다. 여기서 중요한 점은 고기의 수량보다 예수가 시몬의 당면한 문제와 필요에 관심을 가지고 이를 해결하기 위한 조언을 주었다는 점이다. 그리고 제자의 당면한 문제와 필요로부터 출발하여 고기를 낚는 대신 사람을 낚는(구원하는) 더 중요한 비전을 제시하였다(눅 5:10). 이러한 예수의 인도에 시몬과 그 자리에 함께 했던 동업자들(야고보와 요한)은 그 즉시 모든 것을 버려두고 예수를 따랐다(눅 5:11).[143] 만약 예수가 당시 "너희들은 고기 낚는 데 집착하지 말고 사람들을 구원하여야 한다."고 설교하였다면 그들이 모든 것을 버리고 예수를 따랐을까? 예수는 제자들이 처한 현실의 당면 상황과 문제를 공감하고 공유하며 도와주면서 이로부터 출발하여 보다 심원한 교육내용을 가르치고자 하였다. 이것이 그의 교육 방법이었고 여기서 가르침의 권위가 나타났던 것이다.

예수는 제자들이 곤경에 처했을 때, 그들의 가정을 방문하여 직접 그 문제를 도와주었다. 그는 마리아와 마르다의 오빠가 병들어 죽게 되자 비통히 여기고 그를 살려 주었다(요 11: 1-44). 그는 회당에서의 공개적인 사역과 마찬가지로 제자들의 사적인 문제를 중시하고 이에 관심을 기울이고 도와주고자 하였다. 제자 시몬과 안드레의 가족들의 간곡한 청에 응답하여 심한 열병으로 고생하는 장모를 도와 치유해 주기도 하였다(막 1: 29-31; Nolland, 2003: 428). 예수는 특별히 어려움에 처한 사람들의 고통과 아픔을 공유하였고 그들을 도와주었다. 예수는 귀신들려 고통 받는 막달라 마리아[144]를 도와주었고(눅 8:2) 회당에서 가르칠 때 그곳에서 몸이 휜 여인을 치유하였고(눅 13:11-12) 열두 해 동안 혈루증을 앓는 여인을 고쳐주었으며(마 9:20) 사람들이 돌로 쳐 죽이려 하는 음행한 여인을 용서하였다(요 8:3-11). 예수가 보여준 사람들과 제자들을 향한 깊은 공감과 노력은 율법 지식을 전달하고자 하였던 당시 서기관들과 구별되는 인격적 권위를 발생하게 한 중요한 요인이었다.

이러한 사제동행의 가르침은 무엇보다 교사의 생각을 일방적으로 전달하는 것이 아니라 학생의 입장을 배려하고 그것과 상호작용하는 태도에서 나온다. 공감성은 예수의 사역에서 항상 드러나는 특성으로 예수는 자신의 가르침을 이해하지

143) 홍은경(2005)은 해당 본문과 유사한 고기잡이 상황을 배경으로 하는 요한복음 21장 1절-19절의 내용을 분석하며 예수가 자신을 세 번씩이나 부인한 베드로를 찾아가 사명을 회복시키는 과정을 제시하였다. 이 과정에서 예수는 멘토로서 찾아가기(도움 요청하기), 지켜보기(드러내기), 파악하기(반성을 통해 문제 인식하기), 가르치기(해결방법 찾기), 기회주기(적용하기), 비춰주기(적용 결과 반성하기), 채워주기(보완하기), 확증하기(확증하거나 확증받기)의 8단계의 멘토링 과정을 보여준다. 예수는 스승을 부인하며 죄책감과 좌절감에 빠진 베드로를 찾아가 그가 당면한 문제(고기잡이)로부터 전문적인 조언(배 오른편으로 그물을 던져라)을 해주고 그 필요를 채워주며 그 순종의 결과를 생각하게 하며(많은 고기를 잡음) 스승 예수의 가르침을 떠난 자신의 삶(어부)을 반성하게 하고, 결국 예수에 대한 순종과 사명(인간 구원)의 필요성을 확증하게 한다.

144) 막달라 마리아는 이후 예수의 사역에 함께 하였고(눅 8:2) 십자가에 못박혀 죽을 때 함께 있었으며(요 19:25) 무덤에 장례지내는 데 동참하였다(마 27:61). 예수는 12명의 제자 외에 막달라 마리아, 아리마대 요셉, 니고데모 등 많은 제자들에게 특별한 인격적 감화와 가르침을 주었고 그들은 예수를 진심으로 추종하게 되었다.

못할 때나 예기치 못한 질문을 할 때나 옳지 못한 태도를 보일 때도 꾸짖지 않고 참을성 있게 가르쳤다(Zuck, 2000: 122). 예수는 우화를 사용하여 친숙한 소재들을 통해 제자들로 하여금 스스로 진리를 발견할 수 있도록 인도하였다(Barclay, 1976: 95-96). 예를 들어, 예수는 당시 농경사회에 익숙한 겨자씨나 누룩 등을 들어 천국을 설명하였다(눅 13:18-21). 그는 가르치고자 하는 내용을 제자들의 관심과 수준에 맞추어 제시하였다.

예수는 공생애 기간 동안 치유, 복음전파, 가르침 등 중요한 사역들을 제자들과 함께 하였고 이러한 공동체험을 통해 그의 가르침의 메시지를 자연스럽게 배우게 하였다. 배움은 교사의 말을 듣고 과제를 해오고 암기한 것을 대답하게 하기보다는 배운 것을 자기의 한 부분으로 만들게 해야 한다(Chickering and Gamson, 1987: 5). 예수는 제자들로 하여금 복음 전파, 치유 등을 행하도록 하였고 이것들을 아무런 소유 없이 철저한 헌신으로써 실천하도록 하였다. 그리고 그 결과를 나누도록 하였다(눅 9:1-6, 10). 스승이 먼저 직접 모범을 보이고 이를 제자들로 하여금 실제 그대로 경험하게 함으로써, 스승이 의도하는 교육내용을 제자들이 추상적으로 멀리 느끼지 않고 몸으로 와 닿게 하였다. 예수는 제자들에게 배를 구하도록 했고(막 3:9) 세례를 주도록 했고(요 4:2) 군중에게 음식을 나눠주게 했고(마 14:19- 20) 유월절 음식을 준비하게 했다(마 26:17-19). 예수는 자신의 사역에 제자들을 동참시키고 경험하게 함으로써 스승과의 유대감(소속감)을 강화하였고 배운 것을 적용하고 실천할 수 있는 기회를 제공하였다(Zuck, 2000: 266-268).

마. 개별적 인도

예수는 수많은 군중들을 가르쳤고 열두 제자들과 동행하면서 가르쳤고 그 밖의 많은 사람들을 가르쳤는데 그는 항상 개개인의 마음에 도전을 주었고 자신의 독특한 상황에서 결단하고 회심하도록 촉구하였다. 그의 가르침을 듣는 사람들은 예수가 자신에게 특별하게 말하고 있다고 느꼈다(Russel, 1944: 373). 예수의 가르침은 듣는 자의 다양한 배경에 따라 상이한 반응들을 도출하도록 하였다(Perkins, 1990: 41).

예수의 개별화된 가르침은 베드로의 예에서 발견할 수 있다. 베드로는 성급하고 충동적이며 참지 못하는 성격의 소유자였다. 그는 예수의 질문에 보통 제일 먼저 대답하였고 예수를 보고 물 위로 걸어가려고 하였으며 예수의 수난을 이해 못하고 불평하였고 예수를 잡으러 온 사람의 귀를 잘랐고 예수를 부인하지 않겠다고 장담하였다(Horne, 1998: 110-111). 예수는 이러한 베드로의 특별한 성격을 파악하고 그에 맞추어 다른 제자들과는 다른 특별한 방식으로 그를 인도하였다. 원래 이름이 시몬이었던 그에게 예수는 '게바(또는 베드로)'라는 이름을 지어주었는데 이것은 '반석'의 의미였다. 여기에는 충동적이고 성급한 그를 반석과 같이 좀 더 차분하고 일관된 인격으로 만들고자 하는 예수의 의도가 담겨 있었다. 베드로는 예수의 인도에 따라 점차 견실한 믿음의 사람으로 변해갔다. 예수가 베드로에게 이름을 지어 준 얼마 후 그는 스승에게 "주는 그리스도시요 살아계신 하나님의 아들"이라고 고백한다(마 16:16). 이러한 고백은 베드로가 예수를 개인적으로(personally) 접하면서 그의 인격을 개인적으로 발견하였음을 뜻한다(Barclay, 1976: 172). 베드로의 고백에 예수는 그의 이름이 베드로(반석)인 것처럼 그 반석 위에 교회를 세우고 천국 열쇠를 주겠다고 약속한다(마 16:18-19). 반석 위에 건물을 세운다는 것[145)]은 예수의 가르침을 완전히 체화시키고 실천한다는 의미이며(Byrskog, 1994: 278) 천국 열쇠를 주겠다는 것은 그에게 교회의 지도자의 책임을 주겠다는 의미이다(Horne, 1998: 111). 예수는 베드로의 충성된 고백에 대하여 다른 제자와 구별하여 오직 그에게 교회지도자로서의 중대한 임무를 부여한 것이다. 그리고 아직은 비록 불완전하지만 교회지도자가 되려면 반드시 자신의 가르침을 체화하여 변치 않는 믿음과 실천이 따라야 함을 상기시켰던 것이다.

예수는 베드로의 성급한 성격을 때로는 강하게 때로는 인내하면서 온유하고 신실한 인격으로 이끌었다. 예수를 보고 물 위로 걸어가려고 하다가 빠진 베드로에게 예수는 의심하지 말고 견실한 믿음을 가질 것을 충고한다(마 14:28-31). 예수가 제자들에게 자신의 고난과 죽음의 사명을 이야기했을 때 베드로는 그것을 하지 말라고 주장하였다(마 16:22). 스승을 걱정하여 한 말이었지만 스승의 사명을 좀 더 깊이 이해하려고 했다면 그런 성급한 말은 하지 않았을 것이다. 이에 대해 예수는 베드로가 하나님의 일을 생각하지 않고 사람의 일을 생각한다고 책망하였다(마

145) 「마태복음」 7:24-25 참조. "그러므로 누구든지 나의 이 말을 듣고 행하는 자는 그 집을 반석 위에 지은 지혜로운 사람 같으리니 비가 내리고 창수가 나고 바람이 불어 그 집에 부딪치되 무너지지 아니하나니 이는 주추를 반석 위에 놓은 까닭이요."

16:23). 예수를 잡으러 온 무리 중의 한 사람이 예수에게 다가올 때 베드로는 성급히 그의 귀를 잘랐는데 이때 예수는 베드로에게 검을 거두도록 명하였다(요 18:11). 베드로는 스승 예수를 어떠한 일이 있더라도 배신하지 않을 것을 맹세하였으나(마 26:33,35) 예수가 체포된 후 사람들이 그에게 다가오자 예수를 세 번이나 부인하였다(마 26:69-75). 예수는 제자가 자신을 세 번 부인할 것을 미리 예상하고 예고하였고(마 26:34) 베드로는 스승을 세 번째 부인한 후, 스승의 그 예상과 자신을 쳐다보는 눈빛과 자신의 행위를 돌아보며 통곡하였다(마 26:75; 눅 22:61-62). 예수는 자신을 배반하고 부인한 베드로를 용서하고 다가가 자신을 진정으로 사랑하는지를 거듭 확인한 후 그를 믿고 교회지도자로서 신도들을 이끌 것을 당부하였다(요 21:15-17). 예수는 베드로가 이러한 시험을 겪으면서 예수의 인격과 가르침에 대하여 한층 더 신실한 믿음과 태도를 갖고 자신의 경험을 바탕으로 신도들을 위로하며 이끌 것을 가르친 것이다.[146] 이러한 모든 사례와 과정들은 예수가 베드로의 성급하고 충동적이며 신실하지 못한 특별한 성격을 알고 그에 적합한 개별화된 가르침으로 그를 인도하였음을 보여준다. 베드로는 이후 교회지도자가 되어 수많은 사람들에게 예수의 메시지를 가르치고 신도들을 이끌며 활동하다가 순교하게 된다. 이는 예수의 개별적인 인도가 베드로의 마음에 깊은 영향을 주었고 그의 모든 삶을 바꾸게 된 강력한 인격적 권위의 가르침이었음을 보여준다.

예수는 세배대의 아들 요한에게 또 다른 특별한 가르침을 준다. 예수는 요한의 열화 같고 욕심 많은 성격을 알고 '보아너게(우레의 아들)'라는 이름을 주었다(막 3:17). 매사의 행위에서 자신의 이름을 기억하고 우레와 같은 자신의 성격을 돌아보라는 의미이다. 예수가 사마리아에 갔을 때 그곳 사람들이 받아주지 않자 요한은 불로 저들을 멸하자고 하였고 예수는 그를 꾸짖고 다른 마을로 갔다(눅 9:52-56). 요한의 불같은 성격은 다른 곳에서도 보인다. 요한은 예수의 이름을 빌려 귀신을 내쫓는 사람에게 하지 못하도록 하였다(눅 9:49). 이에 예수는 우리를 반대하지 않는 자는 우리를 위하는 자이니 금하지 말라고 하였다(눅 9:50). 요한은 타인의 행위를 쉽게 판단하고 정죄하려는 태도를 가지고 있었고 예수는 이를 고쳐 타인을 넓게 용납하고 사랑하는 성품으로 변화시키고자 하였다. 요한의 또 하나의 성격은 욕심이 많

146) 「베드로전서」의 내용을 보면 시험에 처한 신도들을 향한 베드로의 위로의 메시지들을 볼 수 있다(Barton et al., 2000: 349).

다는 것이다. 그는 예수에게 천국에서 예수와 함께 영광의 자리에 앉을 것을 요청하였다(막 10:37). 이에 예수는 천국 보좌의 의미를 그가 제대로 알지 못함을 지적하였다(막 10:38). 예수는 여기서 자신이 마실 '잔'과 '세례'를 언급하는데 이것은 바로 타인을 위한 고난과 섬김과 희생을 의미하며 큰 권세와 대치되는 것이다(Marshall, 2006: 82). 예수는 요한의 권세욕을 반성케 하고 고난과 섬김의 길을 가르치려 하였다. 그러나 예수는 그의 가능성을 보았고 이에 '너는 안 된다.'라고 부인하기보다는 장차 자신과 같이 사랑과 섬김의 사도로서 성장할 수 있음을 인정해주고[147] 인내심 있게 기다리며 인도하였다(Barton et al., 2000: 365).

예수가 요한을 개별적으로 인도하였던 결정적 순간은 바로 십자가였다. 요한은 열두 제자 중 예수의 십자가 위의 임종을 유일하게 함께하였던 제자였다(요 19:26). 요한은 예수의 핍박과 수난의 장면들을 생생하게 목격하였고 그가 원수들을 위해 기도하는 것을 보았다. 십자가는 예수의 사랑, 섬김, 희생정신을 직접 보여준 집결체이다. 이를 보면서 요한은 자신의 정죄하는 불같은 마음, 명예욕과 권세욕 등을 철저하게 내려놓고 스승의 사랑, 섬김, 희생의 모범을 가슴깊이 새기게 된다. 예수는 십자가 위에서 요한에게 자신의 어머니를 친어머니처럼 돌봐달라고 부탁하고 이후 요한은 예수의 어머니를 자기 집에 모시고 돌보았다(요 19: 26-27). 예수는 자신의 사랑과 섬김을 보여주면서 한편으로 자기의 어머니를 돌보게 함으로써 성격이 불같았던 요한을 '사랑의 사도'로 변화시키고 교회의 지도자로서 수많은 성도들을 이끌게 만들었다. 요한은 예수의 사랑을 인격적으로 보고 체험하였기에 그가 쓴 모든 성경의 일관된 주제는 사랑이었고 성도들에게 거듭 서로 사랑하고 용납할 것을 당부한다.[148] 요한은 스스로를 '(예수가) 사랑하시는 제자'라고 표현한다. 이 표현에서 보듯이 요한은 다른 제자들과는 다른 특별한 사랑을 예수로부터 느꼈고(Laney, 1992: 246)[149] 바로 이것이 불같은 성격의 그를 사랑의 사도로 바꾼 힘이었다.

147) "너희는 내가 마시는 잔을 마시며 내가 받는 세례를 받으려니와.."(막 10:39)

148) "우리는 형제를 사랑함으로 사망에서 생명으로 들어간 줄을 알거니와 사랑하지 아니하는 자는 사망에 머물러 있느니라 그 형제를 미워하는 자마다 살인하는 자니 살인하는 자마다 영생이 그 속에 거하지 아니하는 것을 너희가 아는 바라 그가 우리를 위하여 목숨을 버리셨으니 우리가 이로써 사랑을 알고 우리도 형제들을 위하여 목숨을 버리는 것이 마땅하니라."(요일 3:14-16)

149) 요한은 예수의 십자가사건을 열두 제자 중 유일하게 체험하였던 것과 아울러 임종 전 최후의 만찬 때 제자들 중 유일하게 예수의 품에 누워 있었다(요 13:23).

예수는 바리새인 중 고급 인재였던 니고데모와 평범한 서민 여인이었던 사마리아 여인에게 상이한 가르침을 주었다. 예수는 그들의 학식, 인종적 · 가정적 배경, 성격 등을 고려하여 그에 맞게 인도하였다. 니고데모는 유대교의 율법과 관습에 정통했던 학자이자 고위관료(서기관)였다(Laney, 1992: 75). 예수는 그의 지적수준을 감안하여 추상적인 소재(거듭남)로 가르침을 시작하였다(요 3:5). 니고데모는 예수를 기적을 행하는 선생(랍비)으로 인식하고 있었다. 그는 예수가 다른 랍비와 같이 대중을 가르쳤으나 특별한 기적을 행하는 것에 호기심을 가지고 밤에 몰래 찾아왔던 것이다. 당시 많은 유대인들(특히 바리새인들)은 예수가 안식일을 범하고 신성모독을 하는 것에 대하여 상당히 혐오하였기에 유대인의 지도자 신분인 니고데모는 사람들의 눈을 피해 은밀히 찾아온 것이다. 예수는 니고데모가 높은 지성의 소유자이지만 성령으로 거듭나는 의미를 진정으로 이해하고 있는지를 점검하고자 하였다. 그는 니고데모의 지성과 정직성을 알았고 지성만으로 영적 거듭남의 의미를 이해할 수 없음을 가르치고자 하였다(Russel, 1944: 379). 니고데모는 예수의 기적에 초점을 맞추지만(요 3:2) 예수는 거듭남에 대해 이야기하고(요 3:3), 니고데모는 육체적인 출생을 생각하였지만(요 3:4) 예수는 영적인 출생을 가르친다(요 3:5). 예수는 니고데모가 높은 지성의 선생임에도 불구하고 중요한 영적인 진리를 깨닫지 못함을 지적하였다(요 3:10). 유대인의 율법학자이자 유대 관습에 정통하였던 니고데모는 '중생(born again)'의 의미를 유대 관습에 따라 이해하고 있었다. 즉, 니고데모는 유대관습에 따른 자신의 경험상 13세에 '미츠바'라는 의식을 행하였고, 결혼을 하였으며, 랍비로 임명받았고, 유대인 학교의 지도자가 되었다. 이러한 형식적이고 물리적인 의식 및 인생의 전환점들을 그는 거듭남으로 이해하였던 것이다. 그러나 예수는 그의 형식적이고 지식적인 거듭남을 넘어서 영적인 거듭남을 깨닫도록 이끌었다. 이러한 예수의 개인적이고 인격적인 가르침에 니고데모는 변화되었고 예수가 죽었을 때 예수의 시신을 가져가서 향품과 함께 장례 지냈다(요 19:39-42). 이것은 니고데모가 더 이상 다른 사람들의 시선을 의식하지 않고 당당히 예수의 인격을 인정하고 참다운 제자로서의 삶을 시작했던 것으로 볼 수 있다(Laney, 1992: 353; Shim, 2006: 84).

고급 지성인이었던 니고데모와는 달리 평범한 여인인 사마리아 여인에게 예수는 매우 구체적인 소재로 접근하였다. 예수는 여인에게 물을 달라고 하면서 물을 소재로 가르침을 시작하였고 그녀가 당면하고 있었던 삶의 문제인 남편의 문제로 대화를 이끌었다(요 4:7-18). 예수가 유대인 남자로서 사마리아 여인에게 말을 건 행위부터 이 여인에게는 범상치 않은 관심을 기울이게 한 배경이었다(Horne, 1998: 13-14). 당시 두 민족은 적대적 관계였고 남자가 여자에게 말을 거는 것은 당시 사회에서 드물었다. 물을 길러 온 여인에게 '물'을 소재로 관심과 주의를 끌면서 예수는 영적인 문제(영원히 목마르지 않을 영생수)를 깨닫도록 인도하였다(요 4:14). 예수는 특별한 관찰력과 영적 분별력으로 여인의 삶의 문제(이혼)를 알았고 여인의 대답을 바탕으로 대화를 이끌어 갔다(요 4:17). 예수는 다섯 명의 남편과 결별한 여인의 절박한 상황을 알았고 이러한 여인의 심정을 헤아려 예배의 의미를 가르쳤다. 여인은 구체적인 장소에서의 예배를 생각하고 있었으나 예수는 예배는 구체적인 장소나 시간이 문제가 아니라 언제 어디서든 진실된 마음으로 하나님과 교제하는 것(영과 진리로)이 중요함을 가르쳤다(요 4:23). 예수의 가르침에 사마리아 여인은 예수의 참 인격을 알게 되고 동네 사람들에게 가서 예수를 그리스도(구원자)라고 증언하였다(요 4:28-29). 니고데모 및 사마리아 여인과의 대화는 예수가 청자의 구체적인 상황과 수준에 특별히 주목하였으며 그 고유한 특성에 맞추어 인격적으로 다가가려고 노력하였음을 보여준다. 그리고 그 노력이 예수를 향한 상대방의 관심, 감동, 존경을 불러일으키는 힘이었음을 나타낸다.

바. 섬김과 희생

예수는 "누구든지 첫째가 되고자 하면 뭇 사람의 끝이 되며 뭇 사람을 섬기는 자가 되어야 하리라."고 제자들에게 가르쳤다(막 9:33). 예수는 제자들과 삶을 함께 하며 병든 사람들을 고쳐주고 마음에 상처를 입은 사람을 위로하며 죄 지은 사람들을 용서하면서 그가 가르친 그대로 섬김의 본을 직접 보여주었다. 또한 그는 제자들의 발을 씻겨주며 음식을 손수 만들어 대접하면서 제자들에게 섬김이란 어떤 것인지 직접 느끼게 하였다. 예수의 모든 사역은 하늘에 계신 그의 아버지와, 그의 사명과, 그의 제자들과, 그가 구원하고자 했던 모든 사람들에 대한 봉사(service)였다. 그는 사람들에게 무엇이 필요한지를 알았고 사랑과 존경의 마음으로 그것을 도와주었다(Wilkes, 1998: 110).

섬김의 본을 보여준 예수의 삶과 가르침은 당시 유대인들에게 율법을 가르쳤던 서기관들과 대조되었다. 그들은 긴 옷을 입고 다니며 사람들에게 문안을 받으려 하였고 회당의 높은 자리와 잔치의 윗자리를 원하였다(막 12:38-39). 예수는 이와 반대로 아무런 보수 없이 가르쳤고 또 그렇게 가르치라고 지도하였으며(마 10:8) 병자들을 치료하고 그에 대한 어떠한 명예도 원치 않았다(마 9:30 등). 그가 아무런 보상을 바라지 않고 구제한 바대로 제자들에게도 구제할 때 오른손이 하는 것을 왼손이 모르게 은밀하게 하라고 가르쳤다(마 6:2-4). 바로 이러한 구별됨을 통해 사람들이 "그의 가르치심에 놀라고 … 그 가르치시는 것이 권위 있는 자와 같고 그들의 서기관들과 같지 아니함일러라."고 느꼈던 것이다(마 7:28-29).

예수는 공생애 사역을 시작하기에 앞서 준비의 과정으로 광야의 시험을 받았다. 이때 마귀가 그를 지극히 높은 산으로 데려가서 천하만국과 그 영광을 보여 주며 이 모든 것들로부터 경배를 받게 해주리라고 하였다. 그러나 예수는 마귀를 꾸짖으며 이것을 단호히 뿌리친다(마 4:8-10). 예수는 권세와 능력을 바라지 않고 겸손하고 낮은 자리에서 봉사하며 몸소 고난을 겪음으로써 하나님의 뜻에 순종하려고 하였고 이것이 그를 위대하게 만든 원동력이었다(Hagner, 1999: 184). 예수는 "한 알의 밀이 땅에 떨어져 죽지 아니하면 한 알 그대로 있고 죽으면 많은 열매를 맺느니라."라고 제자들에게 가르쳤다(요 12:24). 예수의 삶 전체는 하나님과 사람에 대한 섬김과 헌신을 보여주었고 특히 십자가에서의 고난과 죽음을 통해 하나님의 인간에 대한 특별한 사랑을 모든 사람들에게 알게 하였다. 그의 삶을 통한 섬김과 헌신의 메시지는 그의 제자들과 많은 사람들에게 삶의 도전과 변화를 일으키게 하였다(Barton et al., 2001: 428). 이것이 바로 예수가 가르친 한 알의 밀이 죽어 많은 열매를 맺는 원리였고 그가 몸소 실천하여 보여주었다.

예수는 주린 자, 헐벗은 자, 나그네, 병자, 죄인 등 사회의 약자들에게 베푸는 사랑의 손길이 곧 주 하나님을 위한 행동임을 제자들에게 가르쳤다(마 25:35-40). 예수는 모든 사람이 곁에 가기조차 기피하는 나병환자를 직접 만져 치료하였고(마 8:2-3) 열두 해 혈루증을 앓던 여인을 고쳐주었으며(마 9:20-22) 죄인들과 함께 식사하였고(막 2:15) 아이들을 안고 그들에게 축복하였다(막 10:16). 예수의 제자들은 당시 사람들의 생각과 풍습대로 아이들을 예수가 가르치는 데 데려오면 방해가 된다고 보아 아이들이 예수에게 오는 것을 막았다. 그러나 예수는 천국이 아이들과 같은 순진하고 겸손한 마음이 있는 자의 것이라고 가르쳤다(막 10:14-15). 또한 제자들은 서로 누가 더 높은가를 경쟁하였으나 예수는 첫째가 되려면 사람들의 끝에 서서 섬겨야 함을 가르쳤다(막 9:34-35). 이러한 가르침은 제자들의 기존 관념을 뒤집는 것으로 가치관과 삶 전체의 근본적인 대전환을 촉구한 것이었다. 예수가 당시의 다른 교사들처럼 성경지식을 자구적으로 피상적으로 가르쳤다면 제자들에게 큰 도전은 없었을 것이다. 그러나 섬김, 헌신과 같은 예수의 가르침은 제자들의 근본 관념에 도전하였고 삶 전체의 전환을 촉구하였기에 특별한 권위가 나타났던 것이다. 유대인 율법에는 "눈은 눈으로, 이는 이로 갚으라(레 24:20 등)"고 되었으나 예수는 "오른 편 뺨을 치면 왼편도 돌려 대며 … 억지로 오 리를 가게 하거든 그 사람과 십 리를 동행하라"(마 5:39-41)고 가르쳤다. 악을 악으로 갚는 것이 아니라 도리어 선으로 갚으라는 그의 가르침은 기존 관념을 완전히 뒤집는 것이고 내면의 완전한 결단과 변화가 요구되었다. 예수는 제자들에게 자신의 몸을 완전히 바쳐 희생과 헌신이 이루어져야 함을 강조하였다.[150] 그리고 그는 자신의 몸과 마음을 다하여 자신의 가르침 그대로를 구현하였다. 유대인의 전승에 의존하여 가르침을 폈던 서기관들과 달리 예수는 자기 자신의 확신을 통해 가르쳤다(Hagner, 1999: 355). 그 확신은 말과 삶과 행동의 일치로부터 나왔고, 이 사실을 통해 가장 강력한 가르침의 권위가 세워졌던 것이다.

예수가 베다니에 있을 때 한 여인(마리아)이 매우 귀한 향유를 예수의 발에 붓고 자기 머리털로 예수의 발을 닦는 사건이 있었다(마 26:6-13; 요 12:1-3). 제자들은 이 행위를 보고 귀한 물품을 허비한다고 비난하였으나 예수는 이 여인의 행위를 전파하여 기억하게 하라고 당부하였다(요 26:8, 13). 이 여인은 예수에 대한 충성된 마음으로 그녀가 할 수 있는 최고의 유일한 행동을 한 것이다. 그 향유의 값어치는 당시 보통 사람의 일 년치의 봉급과 맞먹는 것이었다. 이 향유는 한 방울씩 사용하는 것인데 그것을 한꺼번에 쏟아 부은 것은 계산을 하지 않는 완전한 사랑을 의미한다(Barclay, 1976: 198-199). 더욱이 그것을 부어 자신의 머리털로 예수의 발을 닦는 모습은 온 마음과 몸을 다한 사랑을 나타낸다. 예수는 값을 생각하지 않는 이 여인의 마음을 다한 섬김의 행위를 하나의 본보기로 삼으라고 가르쳤던 것이다.

이 여인의 행위가 있은 지 얼마 안 되어 예수는 자신이 직접 제자들의 발을 씻겨

150) "무리와 제자들을 불러 이르시되 누구든지 나를 따라오려거든 자기를 부인하고 자기 십자가를 지고 나를 따를 것이니라."(막 8:34)

주는 섬김의 본을 보여주었다(요 13:5). 예수의 이 세족식 사건은 제자들을 향한 완전한 사랑을 보여주는 것이다. 봉사는 자신의 안녕을 포기하고 타인의 행복을 위해 헌신하는 행위이다. 무조건적인 예수의 아가페로서의 사랑은 예수가 보여준 이 봉사의 행위를 통해 나타났다. 예수의 섬김의 가르침은 상업적으로 고객들에게 친절을 베푸는 오늘날의 일반적인 서비스와는 차원이 다르다. 예수의 가르침과 그의 삶에 나타난 섬김은 아무런 조건 없이 철저히, 완전히 상대방에게 자기의 모든 것을 주는 행위로 이것은 행위자의 완전한 희생을 전제로 한다. 예수는 "사람이 친구를 위하여 자기 목숨을 버리면 이보다 더 큰 사랑이 없다."고 가르쳤다(요 15:13). 세족식이 있은 후 예수는 인간의 죄를 대속하기 위하여 무죄한 몸으로 십자가에 대신 못 박혀 죽었다. 그를 심판한 빌라도도 그가 무죄함을 알았으나 유대인들을 두려워하여 그에게 사형을 내렸다(눅 23:13-23). 예수 그리스도의 본성은 완전한 신성과 완전한 인성을 함께 지닌 데 있다(황승룡, 2001: 175-177). 예수 그리스도는 한 인격 안에 영원불변의 하나님의 성격과 하나님의 상대자인 인간의 성격을 함께 소유하며, 하나님을 대신하여 사람에게 나타나고 사람을 대신하여 하나님께 만족과 중보를 하면서 하나님께 나아간다(Barth, 1956: 318-325; 383-388). 그 자신이 하나님과 동일한 신의 성격을 지녔으나(요 10:30-33), 동시에 인간과 같이 피곤함을 느끼고(요 4:6-7) 죽음 앞에서 고뇌하였다(요 12:27). 신의 전지전능하고 고귀한 위치에서 인간의 몸으로 산다는 것 자체가 철저한 희생이다. 신인 예수 그리스도는 인류의 죄를 대속하기 위해 인간의 몸으로 온 것이고 인간이 느낄 수 있는 모든 고통, 멸시, 핍박 등을 당하고 결국 인간을 대신하여 죽음을 당한 것이다. 이것을 알고 믿은 제자들과 후대의 신도들[151]은 그의 완전한 희생을 통한 무조건적인 사랑을 철저히 몸으로 느끼게 되었고 바로 여기서 예수 그리스도의 가르침의 권위가 나타난 것이다. 예수의 인격적 권위는 가르치는 자가 가르침을 받는 자에게 온 몸을 희생하여 섬기고 사랑한 것에서 비롯된다.

151) 예수의 가르침을 받는 '제자'의 범위는 당대에 직접 가르침을 받았던 사람들뿐 아니라 시공간을 넘어 예수의 인격과 가르침을 믿고 그 가르침을 따르는 모든 사람에게 확대된다(Shim, 2006: 72).

사. 지식과 논리

예수의 인격적 권위는 많은 지식을 가지고 있다거나 말을 논리적으로 구사했기 때문은 아니다. 그러나 그의 삶과 가르침은 그가 하나님 나라에 대한 지식, 성경에 대한 지식, 당시 사람들의 삶에 대한 풍성한 지식을 소유하였고, 제자들 및 그에게 질문하였던 많은 자들에게 논리적인 대응을 하였음을 보여준다. 예수는 어렸을 때부터 성전에서 선생들과 질의 및 응답을 하면서 사람들이 놀랄 만한 지식과 논리를 보여주었다(눅 2:47). 그는 바리새인들과 안식일에 일을 하는 것에 관해 논쟁할 때 다윗의 예(삼상 21:6)를 인용하였고 호세아서(6:6)를 인용하는 등 성경들에 대한 해박한 지식을 보여주었다(막 2:23-28; 마 12:7). 또한 대중에게 하나님 나라를 설명할 때 당시 농경사회의 다양한 소재들을 비유로 제시하였다. 이러한 가르침은 가르침을 받는 대상이 누구냐에 따라(바리새인/서민대중, 대적자들/제자들) 그들의 심리를 정확히 파악하고 그들이 알고 있는 배경지식을 활용하여 설득력 있게 접근하는 방법으로 볼 수 있다. 예수는 대화 상대자의 마음과 의도를 정확히 아는 지식을 소유하고 있었다(Zuck, 2000: 75). 바로 이것이 예수가 보여주었던 지식 및 논리의 특수성이었다.

예수는 부활을 믿지 않는 사두개인과의 부활 논쟁에서 논리 정연한 답변과 대응을 보여주었다(마 22:23-33). 예수는 사두개인들이 부활을 믿지 않는다는 점과 오직 모세의 율법과 정경만을 믿는다는 점을 철저히 간파하고 있었다. 사람의 내면 심리에 대한 지식을 바탕으로 한 논리에서 그의 가르침의 권위가 나왔다. 사두개인은 모세의 율법을 인용하며 형사취수제도를 예를 들며 부활을 한다면 형제들과 차례로 혼인하였던 여인은 누구의 부인이 될 것인지 물었다. 이에 예수는 부활 때에는 결혼 관계가 없다고 답변하였다. 또한 사두개인들이 정경으로 믿고 있던 모세오경(창세기, 출애굽기, 레위기, 민수기, 신명기) 중 출애굽기 3장 6절의 말씀("아브라함의 하나님, 이삭의 하나님, 야곱의 하나님")을 인용하면서 하나님은 영원히 살아계시고 그 살아 계신 하나님과 인격적인 교제를 가지는 사람도 역시 살았다고 보아야 하므로 아브라함, 이삭, 야곱도 현재까지 살아 있고 그러므로 부활은 있다는 것을 논리적으로 입증하였다(박수암, 2004: 391). 이렇게 상대방이 알고 있는 지식(성경)을 자유자재로 활용하며 논리적으로 설득하는 모습에 당시 모였던 군중들은 그 가르침에 놀랐다고 기록되어 있다(마 22:33).

예수의 지식과 논리의 또 다른 특수성은 그것들이 자신의 삶 자체에서부터 나왔다는 점이다. 예수는 성경을 많이 알고 있었지만 자구적으로 암기한 지식이 아니라 그것을 자신의 삶에서 직접 실천함으로써 살아있는 지식으로 만들었다. 예수는 "마음과 뜻과 힘을 다하여 주 하나님을 사랑하라."(신 6:5)는 성경 말씀을 머리와 입술로 알았던 것이 아니라 행동으로 알고 실천하였다. 그가 인간의 몸으로 하나님께서 주신 사명(십자가의 희생)을 철저히 순종하였던 것은 바로 하나님에 대한 마음과 뜻과 힘을 다한 사랑을 몸으로 보여준 것이다. 또한 그는 제자들의 발을 닦아주고 음식을 만들어주며 목숨을 내어주면서 "네 이웃을 네 자신과 같이 사랑하라."(레 19:18)는 성경 말씀을 실천하였다. 제자들은 그가 말하는 많은 지식들이 그의 삶에서 그대로 보이는 것을 확인하면서 살아있는 지식을 신뢰하게 되었다. 이것은 당시 사람들에게 율법 지식을 가르쳤던 서기관들이 많은 성경들을 인용하면서 가르쳤으나 그 지식이 그들의 삶에서 역동적으로 실천되지 못했던 것과 대조되었다. 지식과 마찬가지로 예수의 논리도 결국 말을 통해서보다는 자신의 삶을 통한 입증을 통해서였다.

예수에게 적대적이었던 바리새인들과 헤롯 당원들은 예수를 말의 올무에 걸리게 하려는 의도로 가이사(로마황제)에게 세금을 바치는 것이 옳은지를 물었다(마 22:17). 이 질문에 예수는 그들이 악한 의도로 자신을 시험에 빠뜨리려고 함을 간파하였다(마 22:18). 그들은 예수가 세금을 바치는 것이 옳다고 하면 선지자로서 기본적인 원칙을 저버리고 세속정권과 타협하는 것으로 여기도록 만들고, 불가하다고 하면 후에 로마관리에게 위험한 인물로 고소하려는 의도를 가지고 있었던 것이다(Hagner, 2000: 990). 예수는 그들의 악한 의도를 간파하고 지혜롭게 대응하였다. 그는 세금 낼 돈(동전)을 보자고 한 후, 동전에 새겨진 형상과 이름이 누구의 것이냐고 물었다. 바리새인과 헤롯 당원들이 가이사(로마황제)의 것이라고 하자 예수는 "가이사의 것은 가이사에게, 하나님의 것은 하나님께 바치라."고 하였다(마 22:19-21). 로마 황제의 형상과 이름이 새겨져 있는 돈은 결국 로마 정권의 소유이자 그들의 관리하에 있는 것으로 그들에게 주는 것이 마땅하다. 실제로 예수 자신이 세금을 납부하였기에(마 17:24-25) 아무런 거리낌 없이 떳떳하게 말할 수 있었다. 그러나 하나님은 이 세상 만물의 창조주이자 주인이기에 인간의 모든 소유는 사실 하나님의 것이다. 바리새인들도 이 사실을 분명히 알고 있었다. 인간 자체를 창조하고 인간의 주인이신 분이 하나님이기에 인간은 자신의 모든 소유, 자기 자신을 하나님께 드려야 한다. 예수는 세속정권에 속한 작은 부분인 세금을 그들에게 주되 인간 자신, 그 몸과 소유, 마음 모든 것은 결국 하나님께 드려야 함을 분명하게 전달한 것이다. 모세오경을 외우고 있는 바리새인은 이 점을 분명히 알고 있었고 예수의 논리 정연한 말에 "놀랍게 여겨 예수를 떠났다."(마 22:22) 이 본문에서 보이듯, 예수의 지식과 논리는 대화 상대자의 마음과 의도, 배경지식 등을 정확히 간파하며 그에 합당한 답변을 제시하는 것이었고 스스로 자신이 삶에서 실천한 내용을 토대로 말하였기 때문에 강한 신뢰성과 설득력을 가지고 있었다.

요약하자면, 예수가 보여준 지식과 논리의 권위는 일반 사람들의 것과는 달리 인간관계에서 상대방의 내면을 아는 지식에 바탕을 둔다는 점, 그리고 삶의 실천을 통해 입증되는 살아있는 지식과 논리라는 점에 그 특수성을 지니며, 이것은 형식적이고 추상적인 지식과 논리 —인간의 삶의 실제와 동떨어진— 가 아니라 인간 삶 전체와 밀착된 것으로 관계형성, 언행일치, 공감, 섬김과 희생 등 예수의 인격에서 나오는 권위와 불가분의 연결 선상에 있음을 알 수 있다.

아. 결론: 인격적 권위의 파급효과 및 교육현실에 주는 시사점

지금까지 예수 그리스도의 삶과 가르침에 나타난 인격적 권위의 구체적 실상을 살펴보았다. 편의상 그것을 관계 형성, 언행일치(모범), 사제동행(공감과 공유), 개별적 인도, 섬김과 희생, 지식과 논리의 부분으로 나누어 보았으나 이 모든 부분은 예수 그리스도의 삶과 가르침에 있어 그의 인격 전체로서 연결되고 통합되어 제시되었다. 예수는 제자들과 모든 삶을 함께 하며 말과 행동의 모든 모습으로 그들에게 가르쳤고 이를 통해 관계를 형성하고자 하였으며 동시에 한 명 한 명의 제자의 특수성을 보고 인도하였고 자신의 몸과 정성을 다해 제자들을 섬기며 희생적으로 사랑하였고 살아있는 지식과 논리로써 대화하였다. 예수 그리스도의 삶을 그대로 지켜보고 함께 하였던 제자들은 상기한 여섯 가지 실상들이 그의 삶과 가르침에 동시에 함께 나타나는 것을 체험하였고 그로 인해 마음 깊숙한 곳으로부터 스승의 인격과 모든 가르침에 대한 철저한 신뢰와 순종의 동기가 형성되었다.

예수의 제자 중 베드로와 요한은 예수의 가르침에 따라 초대 교회의 지도자가 되어 일평생 복음을 전파하고 병든 자들을 치료하며 신도들에게 사랑과 섬김과 희생을 보여주며 살다가 순교하였다. 열두 제자와 그를 따르던 사람들은 예수의 가르침에 따라 열심히 기도하며 서로 사랑을 나누고 전파하였다. 예수에게 개별적인 지도와 사랑의 가르침을 받았던 마리아, 니고데모 등은 예수의 죽음을 끝까지 함께 하며 죽었을 때 귀한 향유를 가져와 그를 장사지냈다. 예수에게 치유를 받았던 막달라 마리아, 요안나, 수산나와 같은 여인들은 자기들의 소유로 예수의 사역을 도왔다(눅 8: 1-3). 예수의 가르침을 받고 예수가 누구인지를 알게 된 사마리아 여인은 가르침을 받은 즉시 온 마을의 사람들에게 가서 복음을 전파하였다. 예수를 보려고 나무에 올라갔던 삭개오는 자기 집에서 예수와 인격적인 교제를 나눈 후 자기 소유의 절반을 가난한 자들에게 주겠다고 약속하였다(눅 9:8).

이 모든 사례들은 예수의 가르침이 가르침을 받는 사람들의 마음과 행동을 근본적으로 변화시키게 한 강력한 힘이 있었음을 보여준다. 배우는 자들의 마음과 행동을 변화시키는 힘은 예수의 파편적인 말들이 아니었다. 예수가 구두로 가르친 모든 말들이 그의 삶의 실제에서 그대로 예증되었고 배우는 자들이 그 삶을 함께 동참하고 공유하고 공감하였던 점에 그 힘이 있었다. 말과 행동, 지성, 감성, 영성 등 예수의 전 존재와 삶 전체(인격)에서 나오는 권위에 의해 그에게 배우는 자들은 강한 신뢰와 존경을 가지게 되었고 이것은 그의 가르침을 따라 자신들의 삶에서 그대로 실천하게 하는 원동력이 되었다.

예수 그리스도의 삶과 가르침을 통하여 우리는 '인격적 권위'의 의미를 다음과 같이 정리할 수 있다. 첫째, 인격적 권위는 권력, 친분 관계뿐만 아니라 직위상의 권위나 전문지식의 권위 등과 구별되는 성격을 갖는다. 인격적 권위는 권력과 달리 강압이나 보상에 의존하지 않고, 단순한 친분관계와 달리 배우는 자들을 인격적으로 변화시키고자 하는 분명한 의도를 가지고 있다. 아울러 직위상의 권위와 달리 특정한 형식적 직위를 사용해 영향력을 구사하지 않고, 전문지식의 권위와 달리 특정한 사실들과 정보들에 대한 지식의 양과 질에 의존하지 않고 인간관계와 삶의 총체적 상황을 통해 영향력을 미친다. 둘째, 인격적 권위는 가르치는 자와 배우는 자가 삶 —생활, 말과 행동, 감정— 을 공유하고 공감하며 신뢰의 관계를 형성함으로써 발휘된다. 셋째, 인격적 권위는 가르침이 가르치는 자의 모든 삶과 일치되며 배우는 자를 아무런 조건 없이 온 몸과 마음을 다해 사랑하고 섬길 때 발휘된다. 배우는 자가 가르치는 자의 이러한 모습을 볼 때 진정한 감동과 존경이 생기고 여기서 인격적 권위가 형성된다. 넷째, 인격적 권위는 가르치는 자가 배우는 자의 의도, 성향, 배경 지식 등을 정확히 파악하고, 자신의 삶을 통해 예증되는 살아있는 지식과 논리를 통해 배우는 자를 개별적으로 인도할 때 발휘된다.

그렇다면 이러한 인격적 권위는 현실의 교육실제에 어떠한 의의를 지니며 어떻게 적용할 수 있는가? 이 질문에 대해서는 보다 많은 실제적이고 실천적인 연구와 논의가 필요할 것이다. 현재 한국의 교육 상황은 여러 가지 문제들을 안고 있으나 그 중 한 가지 심각한 문제가 교권의 심각한 실추 및 학생들의 도덕성 약화이다. 교사들은 많은 경우 입시를 위해 적당한 정보를 효과적으로 전달하고 암기하도록 돕는 위치로 전락하여 있다. 학습프로그램과 정보를 가지고 수준에 따라 보상을 제시하며 학습자를 보조하는 교수기계(teaching machine)와 다를 바가 무엇인가? 교사가 이러한 위치로 간주되기에 전문적인 기술로 무장하여 입시에 효과적으로 대응하게 해주는 학원 강사에 비해 그러한 기술이 부족한 학교 교사들은 무시당한다.

그러나 교육과 학교의 현실이 어떠하든 인간은 생각과 감정을 함께 지닌 존재로 타인에 대해 신뢰와 존경을 가지게 되는 계기는 단순한 기술과 정보에 국한되지 않는다. 지금도 여전히 학생들은 존경하는 선생님을 이야기할 때 족집게 학원 강사보다는 자신과 많은 대화와 경험을 함께 하고 서로의 마음을 깊이 공감했던 초등학교 때 담임선생님을 더 많이 떠올린다. 중등학교로 올라가면서 입시의 중압감이 많이 작용한다고 하더라도 학생이 교사에게 느끼는 감정은 교과 지식뿐만 아니라 교사의 전 인격 —말과 행동, 모든 삶— 으로부터이다. 교사는 직위상의 권위와 전문지식의 권위를 가지고 활용해야 하겠지만 그보다 더욱 근본적인 것은 학생의 깊은 내면에서부터 우러나오는 신뢰와 존경을 통한 인격적 권위이다. 직위상의 권위는 형식적인 복종을 가져오거나 그 직위가 더 이상 의미가 없을 때 —퇴직, 진학, 전학, 교체 등— 효과를 발휘하지 못한다. 전문지식의 권위는 상대적인 기준 —다른 교사, 책, 컴퓨터 등과의 비교— 에 의해 크게 좌우될 수 있다. 교사가 많이 알고 잘 가르쳐야 하지만 그보다 훨씬 많은 정보와 기술을 갖춘 사람이나 교수기계보다 못할 경우 학생은 실망할 수 있다. 더욱이 지식과 기술은 계속 변화하고 발전하므로 교사가 이것을 통해 학생들에게 지속적인 권위를 가지기란 상당히 힘들다.

이에 비해 인격적인 권위는 해당 교사가 퇴직하더라도, 해당 학생이 졸업하더라도, 심지어는 그 교사가 죽더라도, 한 인간의 인생 내내 지속적인 영향력을 미친다. 아울러 인격적인 권위는 개인과 개인의 사이에서 나오는 특별한 영향력으로 타인이나 다른 어떤 대상과 비교되지 않는다. 한 교사와 한 학생 사이에서 맺어진 신뢰와 존경의 관계는 시간이 흐르고 세상이 변하더라도 지속된다. 20년 전에 교사가 가르쳐준 교과의 내용은 세월이 흐르고 세상이 바뀌어 전부 다시 공부해야 하며, 교실에서 교사가 설명한 것보다 훨씬 많은 정보가 도서관이나 컴퓨터 안에 담겨져 있다. 그러나 그때 그 교사가 학생에게 온 몸으로 보여주었던 성실함의 모범, 열심히 공부하라던 격려의 말은 여전히 영향력 있게 작용한다. 그것은 학생이 교사에 대해 가지는 전적인 신뢰와 존경에 근거하여 한 순간 학생의 내면 의지를 변화시키며 인생 전반에 걸쳐 강력하게 작용한다. 이것이 바로 지금 한국의 교육 상황에서도 여전히 인격적 권위가 중요한 이유이다. 교사의 권위는 여러 가지 요소에 의해 형성되고 발휘될 수 있으나 가장 근본적으로는 인격적 권위에 의거한다. 다른 어떤 권위나 수단에 의존하면 할수록 교사의 권위는 약화되고 실추될 수밖에 없는 것이다.

학생들의 도덕성 약화는 더욱 근본적이고 심각한 문제이다. 교육은 인간을 지적, 도덕적, 심미적, 신체적, 영적으로 균형 있게 성장시키기 위한 활동이다. 그러나 현 교육은 모든 목표가 입시에 집중되어 지적인 분야에 심하게 편중되어 있고 그나마도 비판적이고 창의적인 지성이 아닌 주어진 정보를 얼마나 잘 암기하느냐에 의존한다. 비판적이고 창의적인 안목을 갖춘 지성을 키워주려면 가치를 반성하고 평가하는 도덕적인 안목이 수반되어야 한다. 심미적, 신체적, 영적인 성장 역시 도덕적으로 올바르고 건강한 마음과 태도, 아름다운 가치에 대한 추구, 타인에 대한 배려 등이 수반되어야 이루어질 수 있다. 이러한 도덕적 안목과 태도가 현저히 부족한 학생들은 머리만 크거나 몸만 비대한 심각한 불균형을 초래하고 결국 온전한 교육의 목적을 달성할 수 없게 된다. 그렇다면 약화된 도덕성을 어떻게 회복시킬 수 있는가? 도덕이나 윤리 교과를 통한 도덕 교육은 정해진 시간 집중적인 교육을 통해 일면 효과를 볼 수 있으나 한계가 있다. 도덕은 인간의 삶 전반에 걸쳐 작용하는 것으로 일정한 시간, 특정한 정보와 지식 혹은 기술로써 가르치는 데는 한계가 있다. 더욱이 현 상황에서는 많은 경우 도덕이나 윤리 교과도 시험을 대비한 용도로 가르쳐지는데 이럴 때 실제로 학생의 삶에서 도덕적인 안목이 형성되고 태도나 행동이 변화하기란 어렵다.

결국 도덕 교육은 모든 교과를 통해 이루어져야 하지만 근본적으로는 도덕이 인간과 사물에 대한 가치관과 태도라는 점에서 인간과 인간의 관계를 통하여 습득될 수 있다. 도덕 교사가 아무리 많은 내용의 도덕 기준과 사례 등을 설명하고 제시한다고 하더라도 학생이 그것을 시험에 대비한 암기용 지식으로 습득한다면 그것은 삶에 투영된 진정한 도덕이 될 수 없다. 그러나 학생이 실제로 교사와의 관계에서 보고 경험한 가치관과 태도는 이후 학생이 살아가는 데 하나의 모델로 작용하게 된다. 특히 감수성이 예민한 청소년기의 학생들은 교사의 일거수일투족에 민감하게 반응한다. 교사가 특정 상황과 사태에서 말하고 생각하고 행동했던 것들은 학생들의 마음에 깊이 각인될 수 있다. 특히 교사가 학생과 직접 대화하며 함께 무엇인가를 체험하였을 때 그 효과는 더욱 강력하다. 교과서에서 '배려'나 '봉사'의 태도를 열심히 읽고 설명하는 것보다, 학생들과 땀 흘려 함께 일하고 학생들과 함께 목욕하면서 등을 닦아준다면 학생들은 더욱 강력하게 그 덕목들을 체득할 수 있을 것이다. 이때 학생들은 교사가 가르치는 '배려'가 말과 지식이 아니라 교사의 살아있는 삶의 실천으로부터 나온다는 점을 알게 되고 바로 이 신뢰를 바탕으로 교사의 모범을 따라 자신도 실천하게 된다. 바로 이것이 학생의 삶에서 실천되는 살아있는 도덕이다.

문제는 입시위주의 교육과정으로 이미 운영되고 있는 학교교육의 현실에서 과연 이러한 이상적인 교육이 얼마나 가능할 것인가 하는 점이다. 현실이 어떻더라도 그 방향이 올바르다면 그것을 추구하여야 한다. 그리고 올바른 방향으로 노력하다 보면 완전히 그것을 성취하지 못하더라도 그 과정 자체에서 의미 있는 성과들이 도출되는 것이다. 입시 준비로 야간 자율학습을 하는 학생들과 밤늦게까지 함께 하며 학생들이 좋아하는 간식들도 직접 만들어 주고 학생들의 어깨도 주물러주면서 위로해주고 격려해주는 선생님을 보고 학생들은 무엇을 느낄 것인가? 아마 학생들은 그 당시 암기했던 수학공식은 잊더라도 선생님이 해줬던 모습은 평생 잊지 못할 것이다. 힘들고 지친 학생들도 선생님의 진심어린 행동과 격려를 통해 더욱 노력하려는 의지가 생길 것이고 선생님을 본받아 다른 사람들을 배려하는 사람으로 성장할 것이다. 힘든 상황 속에서도 비록 길지는 않지만 순간순간의 깊은 인격적 영향은 그 어떠한 말과 지식보다 강력한 힘을 발휘할 것이다. 관계 형성, 사제동행, 모범, 개별적 인도, 섬김과 희생, 살아있는 지식 등은 학생을 향한 관심과 작은 노력과 행동으로부터 시작된다. 인격적 권위는 학생들의 머릿속에 들어가는 파편적인 정보가 아니라 의지와 태도에 근본적으로 영향을 미치는 것으로 물고기를 주는 것이 아닌 물고기 낚는 법을 가르쳐주는 것으로 비유할 수 있다. 이러한 의지와 태도의 변화는 현대 사회가 요구하는 지식과 기술의 습득에도 긍정적으로 영향력을 미칠 것이다.

참고문헌

『論語』
『孟子』
『大學』
『中庸』
『孔子家語』
『論語集註』
『論語集解』
『孟子集註』
『孟子正義』.
『孟子字義疏證』
『史記』
『中庸』
『宋元學案』
『吳文正集』
『與猶堂全書』「論語古今註」
『河南程氏遺書』
『韓國佛敎全書』. 동국대학교 불교문화연구원(1979).
『The Holy Bible』.

금장태(2005). 『心과 性 다산의 맹자 해석』. 서울: 서울대학교 출판부.
금장태(2006). 『인과 예: 다산의 논어해석』. 서울: 서울대학교 출판부.
김석원 역저(1993). 『논어신강의』. 서울: 명문당.
김인(2003). "교육내용의 가치: 맹자 성론의 교육적 함의". 「교육과정연구」 제21권, 1호, 41-59.
김철운(2005). 『공자와 유가』. 서울: 서광사.
남상호(2007). "공자의 공부론", 『공부론』. 서울: 예문서원.
류근성(2007). "맹자 도덕철학에서 이성과 감성의 문제". 「동양철학연구」 제52집, 278- 301.
박수암(2004). 『마태복음』. 서울: 대한기독교서회
박의수(2007). "유가적 전통에서의 인성교육". 「교육문제연구」 제28집, 1-22.
박유리(2005). 『논어해설』. 서울: 국학자료원.
박재주(2000). 『동양의 도덕교육사상』. 서울: 청계.
박정혁(2004). "한국교회 제자교육의 성경적 원리에 관한 이론적 연구: 지상명령을 중심으로". 국제신학대학원대학교 박사학위논문.

손미정(2007). “오징의 공부론”, 『공부론』. 서울: 예문서원.
신창호(2004). 『修己, 유가 교육철학의 핵심』. 서울: 원미사.
심승환(2007a). 『가르침과 배움의 철학』. 서울: 교육과학사.
심승환(2007b). “공자와 예수의 교육철학에 담긴 가르침과 배움의 상보적 관계”, 「교육철학」 38집.
심승환(2008a). “맹자 사상을 통해 본 배움의 의미”, 「교육문제연구」 31집.
심승환(2008b). “비판적 사고를 통한 배움의 의미”, 「교육철학」 41집.
안종수(1992). “송명신유학의 직관적 인식론”, 「철학연구」 49집.
이경무(2007). “‘학(學)’과 공자 인학(仁學)”, 「동서철학연구」 43호.
이명기(1987). 『仁의 연구: 교육학적 접근』. 서울: 양서원.
이상오(2008). “키에르케고르의 간접전달로 본 예수의 가르치는 방식 탐구”. 창원대학교 박사학위논문.
이상호(2005). “맹자의 호연지기 함양에 관한 소고”. 「동양철학연구」 제41집, 254-281.
이애희 외(1995). 『공자사상의 계승 1』. 서울: 열린책들.
이용우(2008). “이냐시오 데 로욜라의 교육목적에 관한 해석학적 연구”. 연세대학교 박사학위논문.
장보웅 편저(2003). 『헬라어분해대조성경』. 서울: 로고스.
장윤수(2007). “장재의 공부론”, 『공부론』 서울: 예문서원.
전재성(2006). “맹자의 수양론과 교육사상”. 「한국철학논집」 제18집, 404-424.
정상봉(2007). “주희의 공부론”, 『공부론』 서울: 예문서원.
정용환(2005). “맹자의 선천적이고 직관적인 선의 실행 가능성”. 「철학」 제82집, 23-46.
정종(1980). 『공자의 교육사상』. 서울: 집문당.
조긍호(1998). 『유학심리학: 맹자 · 순자 편』. 서울: 나남출판.
조수환(1988). “R. S. Peters 교육철학에 있어서의 교사의 권위”, 「교육철학」 6, 73-88.
조현규(2009). 『동양교육사상』. 서울: 학지사.
최병태(2008). “교사의 권위: 지적 권위와 직위상의 권위를 중심으로”, 「인문학연구」 74, 385-410.
최종호(2010). 『칼바르트 하나님 말씀의 신학』. 서울: 한들출판사.
최준규(2007). “예수의 교육원리와 현대적 의미”, 「종교교육학연구」 25, 65-84.
홍원식(2007). “정이의 공부론”, 『공부론』. 서울: 예문서원.
홍은경(2005). “예수에게 배우는 멘토링 원리: 교사교육을 중심으로”, 「신앙과 학문」 10(1), 160-199.
황승룡(2001). 『통전적 관점으로 본 그리스도론』. 서울: 한국장로교출판사.

貝塚茂樹(1976). 『孔子』. 東京: 中央公論社.
徐復觀(1984). 『中國人性論史(先秦)』. 臺北: 學生書局.
楊伯峻(2002). 『論語譯註』. 北京: 中華書局.
王邦雄 · 曾昭旭 · 楊祖漢(1989). 『孟子義理疏解』. 황갑연 역(2005). 『맹자철학』. 서울: 서광사.
張其昀(1981). 華岡校友會 역. 『공자학설의 현대적 의의』. 서울: 형설출판사.

錢遜(2009). 『先秦儒學』. 백종석 역. 『선진유학』. 서울: 학고방.
蔡仁厚(1994). 『孔孟荀哲學』. 천병돈 역. 『맹자의 철학』. 서울: 예문서원.
蔡仁厚(2002). 『孔孟洵哲學』. 천병돈 역. 『공자의 철학』. 서울: 예문서원.
馮友蘭(1999). 『中國哲學史』. 박성규 역. 『중국철학사(상)』. 서울: 까치글방.
胡止歸(1963). "孔子之'學'字思想探原", 『孔孟學報 第六期』, 中華民國孔孟學會.
胡止歸(1965). "孔子之'道','德'思想體系探原", 『孔孟學報 第十期』, 中華民國孔孟學會.

Barth, K.(1956). "Die Menschlichkeit Gottes". *The Humanity of God*. John Knox Press.
Barton, B. et al.(2001). *Life Application New Testament Commentary*. Wheaton, IL: Tyndale House Publishers.
Barclay. W.(1976). *The Mind of Jesus*. New York: HarperCollins.
Benson(1950). *The Christian Teacher*. Chicago: Moody.
Blaikie, W.(1984). *The Public Ministry of Christ*. Minneapolis: Klock and Klock.
Bultmann, R.(1968). *Die Theologie des Neuen Testaments*. J.C.B. Mohr Tübingen. 허혁 역 (1976; 2004). 신약성서신학. 서울: 성광문화사.
Byrskog, S.(1994). *Jesus the Only Teacher*. Stockholm: Almqvist & Wiksell International.
Chickering & Gamson(1987). "Seven Principles for Good Practice in Undergraduate Education". *AAHE*, 39, 1-20.
Creel, H. G.(1997). *Confucius and the Chinese Way*. 이성규 역. 『공자 인간과 신화』. 서울: 지식산업사.
Dunn, J.(2003). *Jesus Remembered*. Grand Rapids, MI: Eerdmans Publishing. 차정식 역 (2010). 『예수와 기독교의 기원』. (상). 서울: 새물결플러스.
Earle, R.(1970). *Mark The Gospel of Action*. Chicago: Moody Press.
Grenier, B.(1995). *Jesus The Teacher*. Homebush, Australia: St. Pauls.
Glasscock, E.(1997). *Moody Gospel Matthew Commentary*. Chicago: Moody Press.
Hagner, D.(1995). *Word Biblical Commentary*. Vol. 33A. Matthew 1-13. Dallas: Word Books. 채천석 역(2000). 『마태복음』 1-13. 서울: 솔로몬.
Hagner, D.(1995). *Word Biblical Commentary*. Vol. 33B. Matthew 14-28. Dallas: Word Books. 채천석 역(2000). 『마태복음』 14-28. 서울: 솔로몬.
Hall, D. & Ames, R. T.(1987). *Thinking Through Confucius*. NY: State University of New York Press.
Hinsdale(1985). *Jesus as a Teacher*. St. Louis: Christian Pub.
Horne, H.(1998). *Jesus the Teacher*. Grand Rapids, MI: Kregel Publications. 박영호 역 (1999). 『예수님의 교육방법론』. 서울: 기독교문서선교회.
Kealy, S.(1977). Jesus the Unqualified Teacher. APER, 19(4), 228-233.
Kreeft, P.(2007). *The Philosophy of Jesus*. St. Augustine's Press. 류의근 역(2010). 『예수철

학』. 서울: 서광사.

Laney, C.(1992). *Moody Gospel John Commentary*. Chicago: Moody Press.

Lau, D. C.(trans. 1970). *Mencius*. London: Penguin Books.

Marshall, H.(2004). *New Testament Theology*. 박문재 · 정용신 역(2006). 『신약성서신학』. 고양: 크리스챤 다이제스트.

Mondin, B.(2011). *L'uomo secondo il disegno di Dio*. 윤주현 역. 『신학적 인간학』. 서울: 가톨릭출판사.

Nolland, J.(1989). *Word Biblical Commentary*. Vol. 35A. Luke 1-9:20. Dallas: Word Books. 김경진 역(2003). 『누가복음』 1-9:20. 서울: 솔로몬.

Nolland, J.(1989). *Word Biblical Commentary*. Vol. 35B. Luke 9:21-18: 34. Dallas: Word Books. 김경진 역(2003). 『누가복음』 1-9:20. 서울: 솔로몬.

Pate, C. M.(1995). *Moody Gospel Luke Commentary*. Chicago: Moody Press.

Perkins, P.(1990). *Jesus as Teacher*. New York: Cambridge University Press.

Peters, R. S.(1966). *Ethics and Education*. London: George Allen & Unwin Ltd. 이홍우 · 조영태 역(2003). 『윤리학과 교육』. 서울: 교육과학사.

Russel, W.(1944). *Jesus the Divine Teacher*. New York: Kenedy and Sons.

Shim, S. H.(2006). *Two Model Teachers: Jesus and Confucius*. Philadelphia: Xlibris Corporation.

Simon, S. & Hayes, W. H.(1984). "Jesus is a Humanistic Educator". *Religious Education*, 79(2), 273-278.

Sobrino, J.(2003). *Jesus the Liberator*. New York: Orbis.

Spranger, E.(1928). *Types of Men*. P. Pigors(trans.). Halle: Max Niemeyer Verlag.

Stein, R.(1994). *The Method and Message of Jesus' Teachings*. Westminster John knox Press. 김도일 · 최흥진 역(2004). 『예수의 가르침에 나타난 방법과 메시지』. 서울: 한국장로교출판사.

Wilkes, C. G.(1998). *Jesus on Leadership*. Wheaton, IL: Tyndale House Publishers.

Zuck, R.(1995). *Teaching as Jesus Taught*. Grand Rapids, MI: Baker Book House. 송원준 역(2000). 『예수님의 티칭스타일』. 서울: 디모데.

제 3 부

바람직한 배움이란 무엇인가

인간의 삶을 풍성하게 하고 올바르고 좋은 방향으로 이끌 수 있는 배움은 무엇인가? 어떻게 하면 개개인이 각자의 정체성을 찾고 잠재력을 개발하여 자아를 실현하며, 사회적으로 가치 있는 지식과 인격을 함양할 수 있는가? 이 책의 제3부에서는 인간에게 바람직한 배움이란 무엇인가를 다양한 각도에서 살펴보고자 한다. 먼저 서양 사상의 뿌리라고 할 수 있는 고대 그리스 아리스토텔레스의 프로네시스(실천적 지혜)의 개념을 통해 인간의 목적을 구현하는 배움의 구체적 의미와 방법을 살펴보고, 이후 이와 관련하여 현대의 교육철학자인 듀이, 시걸, 립맨의 각기 특색 있는 사고의 의미를 통해 사고가 과연 인간의 배움에서 어떠한 역할을 하는지 고찰해 보겠다. 이후 인간이 참다운 인간, 본래적인 인간이 되기 위한 본래성을 주로 관계 형성의 측면에서 접근하여 나딩스의 배려 윤리로부터 교육의 본래적인 관계의 준거를 찾고, 이 준거가 배움의 현실에서 어떻게 구현될지를 공자의 교육실천을 통해 고찰한다. 이와 아울러 한국의 전통사상과 근대 사상의 맥을 잇는 다산 정약용 선생의 인간관과 교육관을 탐색해보면서 한국 사상의 뿌리에 바탕을 둔 인간 배움의 방향을 찾아본다. 마지막으로, 생산성과 효율성을 추종하는 기술적 합리성과 입시 위주의 경쟁적 교육관에 매몰되어 있는 현 교육의 문제를 반성적으로 성찰하면서, 참다운 자아를 찾아 자기 주도적으로 성찰하며 사회적 가치를 깊이 숙고하며 자기를 형성해가는 빌둥과 본래성의 개념을 통한 배움의 방향과 방법을 모색해 본다.

1 '프로네시스'에 담긴 가르침과 배움*

(1) 서론

인간이 가르치고 배우는 이유는 무엇인가? 이에 대해 다양한 대답을 할 수 있겠으나 보다 포괄적이고 근본적인 이유는 바로 인간이 잘 살고 행복하게 되기 위함이다. 아리스토텔레스는 인간의 모든 활동은 무엇인가를 목표로 하며 가장 궁극적인 목표는 행복이라고 하였다(NE Ⅰ, 7).[1] 그의 사상에 따르면, 중요한 것은 목적이다. 악기는 소리를 아름답게 내는 것, 의자는 사람들이 잘 앉을 수 있도록 하는 것 등 이 세상 모든 만물은 각기 목적을 가지고 이 목적이 각각을 존재하게 하는 이유가 된다. 사람도 사람을 존재하게 하는 이유가 있고 인간의 모든 활동은 인간의 궁극적인 목적인 행복을 지향한다. 가르치고 배우는 것도 인간 활동의 하나로 본다면 이것도 궁극적으로는 행복을 지향한다. 그렇다면 행복이란 무엇인가? 인간의 어떠한 상태가 행복이라 할 수 있는가? 가르침과 배움은 이러한 상태와는 어떠한 관계인가?

우리는 현재 목적보다는 수단이 중시되는 사회에 살고 있다. 목적이 무엇이냐에 대한 고민보다는 주어진 목적에 대한 효과적인 결과 산출에 혈안이 되어 있다. 교

* 본 장은 2012년도 『한국교육학연구』 제18권 3호에 발표된 저자의 논문, "프로네시스에 담긴 가르침과 배움의 의미 고찰"을 수정한 것이다.

1) Aristotle의 *Nechomachean Ethics*(니코마코스 윤리학)의 약칭을 NE로 사용하겠다. 앞의 로마자는 권을, 뒤의 숫자는 장을 표시한다. 강상진 · 김재홍 · 이창우 역(2011)과 Ross(1980)의 번역을 참고하였다. *Politics*는 PO, *On the Soul*은 OS, Metaphysics는 ME로 표시하였다.

육 현장에서 가르치고 배우는 일에서도 어떻게 하면 성적을 올리느냐, 좋은 대학을 들여보내느냐, 취업을 시키느냐에 혈안이 되어 있다. 이러한 목적 빈곤 또는 상실의 사태는 잘못된 방향으로 나가게 하거나 방향성의 부재에 따른 심리적 허무감에서 오는 문제에 직면하게 한다. 실제로 좋은 성적을 올렸거나 좋은 대학에 들어가고도 자살하는 학생들, 좋은 직장과 높은 연봉에도 극도의 불안감과 우울증에 시달리는 사람들이 많다. 이러한 현실에서 우리는 인간의 목적, 잘 삶 또는 행복이란 무엇이며 가르침과 배움은 이것과 무슨 관련이 있는지 근본적으로 깊이 고찰해 볼 필요성이 있다. 인간의 교육, 가르침과 배움이 인간의 목적과 결부되어 성찰되지 못하는 한 인간을 더 나은 방향으로 변화시킨다는 교육의 본질은 그 의미를 상실하게 될 것이다.

기술적 혹은 도구적 이성의 만연은 과학혁명과 산업사회의 발전과 긴밀한 관계가 있다. 이러한 시대적 흐름은 형식화된 절차에 따라 일반화된 발견을 산출하는 객관적인 인식방법과 수량화된 검증방식에 영향을 주었다. 사람들은 점차 특별한 상황과 주관을 무시하게 되고 객관적이고 효과적인 것만을 인정하게 되었다. 무엇이 좋은 것인가의 근본 목적에 관련된 질문과, 특별한 상황에서 어떻게 하는 것이 더 나은지에 대한 실천적 지혜와 관련된 질문은 어느새 쓸데없고 한가한 공상으로 치부되었다. 무엇이든 주어진 목적을 얼마나 많이, 더 빨리 이루느냐에 모든 조직과 사람들이 몰두하여 있다. 이러한 시대적 추세에서 무엇이 좋은 삶인가의 인간 목적에 대한 성찰은 시급하고 필요한 일이 아닐 수 없다.

그렇다면 인간의 목적을 어떻게 구현시킬 것인가? 아리스토텔레스는 인간이 다른 동물과 다른 점은 사고능력에 있다고 보았다(OS II, 3). 인간도 다른 동물과 마찬가지로 생리적 작용을 통해 자신의 육체를 보존하고 성장시키고 증식시킨다. 그러나 다른 동물은 무엇이 옳은가, 무엇이 좋은가, 무엇이 아름다운 것인가를 사유하고 숙고하지 못한다. 인간이 참을 인식하는 품성상태는 테크네(technē), 에피스테메(epistēmē), 프로네시스(phronēsis), 소피아(sophia), 누스(nous)로 나뉜다. 테크네는 생산활동과 관련된 지혜, 에피스테메는 학문적인 인식과 관련된 지혜, 프로네시스는 인간의 실제 생활 전반에 걸쳐 관련된 지혜, 소피아는 학문의 근본 전제(원리)에 대한 참된 철학적 지혜, 누스는 보편적이고 필연적인 것에 대한 참된 판단을 의미한다(NE VI). 바로 이러한 인간의 이성 및 지성은 인간으로 하여금 진 · 선 · 미를 추구하도록 함으로써 인간을 인간이도록 하는 요체라 할 수 있다.

그런데 이러한 지성 중에도 인간의 실제 생활의 실천·활동과 관련된 것은 바로 프로네시스이다. 현대 사회의 기술적·도구적 이성에서는 일반화, 형식, 절차를 강조하지만 프로네시스는 실제 상황에 대한 실천에서 개인의 분별 및 판단을 강조한다. 이것은 철학 사상에서 실천이성이라 불리는 것과 연관된다. 실천이성은 도구적 이성과 대조적으로 구체적인 것, 특수한 것, 불확정적인 것을 잘 인식하고 적절히 대처하는 지혜로서 일반성과 특수성을 중재하고 맥락에 대한 감수성을 가진 이성이다(Blake et. al ed., 2007: 217-218). 아리스토텔레스의 프로네시스는 바로 실천이성의 기원이라 할 수 있다. 인간의 구체적이고 실제적인 삶을 다루는 모든 문제는 바로 이 프로네시스와 관련된다. 인간의 가르침과 배움은, 학문적 인식 및 생산적 지혜와도 관련되지만, 무엇보다 인간의 실제 삶의 구체적 문제를 인식하고 이를 보다 좋게 만드는 목적을 추구하므로, 바로 이 프로네시스와 가장 근본적이고 긴밀한 관계에 있다.

이 글은 목적의 상실 및 빈곤의 시대, 수량적인 효과성만을 추구하는 시대에, 좋은 삶에 대한 숙고 및 실천과 관련된 프로네시스가 인간의 가르침과 배움에 어떠한 의미를 주는지 고찰하고자 한다. 이하 본론에서는 프로네시스 개념과 배움의 관련성에 주목하여, 먼저 인간의 궁극적 목적인 행복과 프로네시스가 어떠한 관련이 있는지를 고찰하고, 이어 좋은 인간, 탁월한 인간이 되기 위한 지적인 덕과 성격적인 덕이 프로네시스와는 어떠한 관련이 있는지를 살펴보며, 현실 교육의 문제에 무엇을 시사하는지 고찰할 것이다.[2)]

---

2) phronēsis는 영어로는 practical wisdom, 한국어로는 실천적 지혜 또는 실천지로 번역되었으나 이 글의 입장은 이것이 지혜뿐만 아니라 인간의 다양한 덕(탁월성)과 긴밀한 연관을 가지고 있다고 보기에 프로네시스 자체로 그대로 사용하기로 한다. 프로네시스는 지적인 덕인 이해력, 판단력, 숙고와 밀접한 관련을 지니며 용기, 절제 등을 이끄는 중용과 연결되는 ‘품성상태’이다(NE II 및 VI 참조). 인간의 다양한 덕(탁월성)과 관련된 품성상태의 의미를 표현할 때 ‘실천지’보다는 ‘프로네시스’ 자체가 더 좋을 것으로 본다. ‘仁’의 개념의 포괄성을 감안할 때 어짊, 사랑, 관용 등으로 번역하는 것보다는 ‘仁’ 자체로 쓰는 것이 나은 것과 유사하다.

(2) 인간의 행복과 프로네시스

아리스토텔레스에 따르면 인간의 모든 활동은 선(善; agathon; goodness; 좋음)을 추구한다.[3] 선이란 어떤 것의 목표인데 인간의 활동에는 외부의 성과를 목표로 하는 활동과 그 자체를 목표로 하는 활동이 있다. 목적들은 상위의 목적과 종속적인 목표들이 있는데, 종속적인 목표들은 상위의 목적을 구현하기 위해 존재하므로 상위의 목적이 인간에게 더욱 우월하고 가치 있는 것이다(NE Ⅰ, 1).

우리가 선이 무엇인가를 아는 것은 왜 중요한가? 선을 아는 것은 우리가 추구하는 바가 무엇인지를 아는 것이다. 이것은 목적을 상위의 더 근본적인 것에 이르기까지 탐색하여 마치 궁수가 화살을 쏠 표적을 정확히 겨냥하듯, 우리의 삶이 지향해야 할 바를 정확히 분별하게 하기에 중요하다(NE Ⅰ, 2). 이 최고의 선, 인간에게 궁극적인 목적은 행복이다. 그런데 아리스토텔레스는 독자들에게 행복에 대한 정답을 쉽게 제시하기보다는 그의 저술과 강연을 통하여 독자들에게 지속적으로 질문하며 행복이 무엇인지에 대한 깊고 지속적인 탐구를 유도한다. 아리스토텔레스는 인간의 목적에 대한 탐구가 얼마나 중요하며 가치있는지를 독자들 스스로 깨닫도록 유도하는 데 주력하였다. 인간의 궁극적인 목적, 행복에 대한 지속적인 탐구야말로 교육받은 인간이 되게 하는 것이다(Salkever, 2007). 후에 더 자세히 살펴보겠으나 행복에 대한 탐구 활동 자체는 그 자체로 가치 있는 것으로서 행복의 구성요소를 이룬다.[4]

---

3) 강상진 외 역(2011)에서는 '좋음'이라고 번역한다. 저자는 한자어인 '선(善)'과 '좋음'은 그 사전적 의미나 일상용례의 범위에서 큰 차이가 없다고 보아 선으로 표현하였다. 한자어인 '선(善)'도 착하다는 의미 외에 '잘함', '좋음'의 의미도 있다. 가령, 우리가 최선의 선택이라 할 때 이는 가장 좋은 선택을 의미한다.

4) 아리스토텔레스가 최고선으로 본 eudaimonia는 영어로는 happiness, welfare, flourishing 등의 번역으로 사용되며 한국어로는 행복, 번영 혹은 에우다이모니아(유다이모니아) 발음 그대로 사용하기도 하였다. 학자에 따라서는 이 개념이 상태가 아닌 활동이기에 행복(happiness)이란 번역이 적절치 않다고 보나(Ross(1995); 김현숙(2008) 등 참조), 이 글의 입장은 행복이라고 하여도 그것이 하나의 고정된 상태를 의미하지 않고 탁월성을 가진 활동과 과정을 포함할 수 있다고 보기에 행복이란 번역을 그대로 사용하겠다. 아리스토텔레스는 "행복은 대체로 어떤 종류의 잘 삶과 잘 행위함"(NE Ⅰ, 8 강상진 외 역)이라고 하였고 "탁월성에 따른 영혼의 어떤 활동"(NE Ⅰ, 9)이라고 규정한다. 위 역자들은 주석에서 "행복은 탁월성을 요구할 뿐만 아니라 적절한 상황에서 탁월성을 실현하는 활동을 요구한다."고 설명한다. 또 아리스토텔레스는, "올림피아 경기에서 승리의 월계관을 쓰는 사람은 가장 멋있고 힘이 센 사람이 아니라 경기에 직접

인간이 최고로 추구하는 善이 행복이라는 점에는 합의한다고 하지만 행복에 대한 정의는 사람에 따라 다를 수 있다. 어떤 사람들은 쾌락, 부, 명예라고 하며 어떤 사람들은 건강이라고 한다. 그런데 이것들은 그 자체로 궁극적인 목적이라 하기에는 부족하다. 게임에서 즐거움을 얻는 것이나 많은 재산을 모으는 것 자체는 좋은 일이나, 그것만으로 인생의 궁극적인 목적이라고 할 수는 없을 것이다. 어떤 일로 유명해지고 인정받았다거나 몸이 건강해지는 것도 인생의 궁극적인 목적을 이루기 위한 그 밑의 목표로 볼 수는 있어도 그 자체만으로 궁극적 목적이라고 하기엔 부족하다. 궁극적인 목적이란 그 자체로 추구할 만한 가치가 있는 것으로 그 외의 다른 상위의 목적을 가지고 있지 않는 궁극적인 최고의 善으로서 이것은 바로 행복(eudaimonia)이다. 부, 명예, 쾌락, 건강, 지식 등은 때론 그 자체를 추구하기도 하지만 결국 행복을 위해 추구한다고 볼 수 있다. 여타의 것들은 그것만으로는 인간의 삶을 바람직하고 완전하게 만들지 못하나, 행복은 그것만으로 인간의 삶을 바람직하게 하고 아무 것도 부족함이 없게 만드는 자족적인 것이다(NE Ⅰ, 7).

이러한 최고선을 지향하는 행복은 인간의 목적과 관련되며 인간의 목적은 인간을 인간이도록 하는 인간 고유의 본성과 관련된다. 이것은 동식물과 공유되는 영양섭취, 생육, 감각 등을 제외한 인간에게 고유한 그 무엇과 관련된 것이다. 그것은 바로 정신의 이성적인 부분이고 인간의 선(善) 또는 행복은 인간에게 고유한 기능인 정신적인 활동을 통해 이루어진다. 그런데 인간의 활동은 그것에 합당한 덕(탁월성)을 가지고 있기에 행복은 결국 덕에 합당한 정신적 활동이라 하겠다(NE Ⅰ, 7).

덕(virtue)이란 것은 'arete'란 말의 번역어로서 탁월함(excellence), 최선(the best)의 의미를 가지고 있다. 우리가 어떤 행위를 '정말 좋다' 또는 '참으로 잘한다'고 할

참가한 사람들인 것처럼, 올바르게 행위하는 사람이 삶에서 고귀하고 좋은 것들을 실제로 성취하는 자가 되는 것"이라고 설명한다. 즉, 행복(최고선)은 완성된 상태(월계관)이기도 하지만 단지 탁월성을 소유(멋있고 힘이 센)한 것이 아닌, 탁월성을 가지고 활동하는(경기에 참가하여 움직이는) 과정을 의미한다. 아리스토텔레스는 "만일 우리가 삶의 끝을 보아야만 하고 그때 각자를 지금 진정 지극히 복된 자로서가 아니라 이전에 그러했다는 이유로 지극히 복된 자라고 해야 한다면, 이 어찌 이상하지 않단 말인가?"(NE Ⅰ, 10)라고 문제 제기한다. 즉, 아리스토텔레스는 어떤 결과론적인, 최종적인, 최고의 상태만을 행복이라고 보지 않고 순간순간의 활동 과정 자체가 행복에서 중요하다고 본다. 그는 "올바르게 행위하는 사람들의 삶 그 자체로 즐거운 것"(NE Ⅰ, 8)이라고 한다. 이렇게 볼 때 아리스토텔레스의 행복 개념은 올바른 행위와 탁월한 상태를 포괄한다.

때 좋고 잘하게 하는 그 능력이 바로 덕이라 할 수 있다. 그런데 아리스토텔레스는 인간의 선 또는 행복을 단지 덕을 소유한 상태가 아닌 덕을 가지고 실천하는 것으로 본다. 그에 따르면 "행복한 사람은 잘 살고 잘 행위하는" 사람으로서 정신의 상태를 행동으로 실천하는 사람이다. 그는 행복한 사람을 올림픽에서 월계관을 쓴 사람에 비유하면서 월계관을 쓴 사람은 가장 힘이 센 사람이 아니라 실제 경기에 참여하여 우승한 사람이듯이, 인생에서 고귀하고 좋은 것들을 싸워서 얻는 것(행복의 실현)은 행동(실천)을 통해 이루어진다고 주장한다(NE Ⅰ, 8).

행복이란 덕 있는 행동 또는 덕을 이성적으로 실천하는 것이라고 하였을 때 이것은 짧은 순간에 되는 것이 아닌 온 생애를 통한 것이다(NE Ⅰ, 7). 온 생애의 매 순간에 변화하고 역동적인 상황에 실천하는 행위는 실천적인 지혜인 프로네시스와 긴밀하게 연결되지 않을 수 없다. 맥킨타이어(MacIntyre, 2007: 148)의 해석에 따르면 아리스토텔레스가 말한 덕은 당시 교육받은 아테네인들의 사고와 행동의 최선의 실제(the best practice)를 반영한다. 즉, 아리스토텔레스의 선과 행복은 추상적이고 고정불변의 진리이기보다는 실제 어떠한 역사적, 사회적 맥락에서 구체적인 상황에서 실제 어떤 사람들(단, 교육받은 사람들)이 행하는 실천 혹은 활동과 관련된 개념인 것이다. 이것은 구체적인 상황에서 개개인이 가장 적절한 판단에 따른 선택을 하고 이 선택에 따라 실천함을 통해 이루어진다.

프로네시스란 특별한 결과를 산출하는 테크네(기술적 지성)가 아니라, 어떻게 하면 자신에게 좋은 것, 자신을 만족시킬 삶이 될 수 있는지를 숙고하는 힘이다(Ross, 1995: 276). 이를 가능하게 하려면 먼저 자신에게 좋은 것이 무엇인지를 알고, 다음으로 그 좋은 것을 실현하기 위한 방법을 발견해야 한다. 좋은 것(목적)을 달성하기 위한 수단의 탐색이라는 점에서 테크네나 도구적 이성이라 볼 여지가 있으나 사실 프로네시스는 그것들과 분명히 구분된다. 그 이유는 테크네나 도구적 이성은 그 자체로 의미 있는 것이 될 수 없으나 프로네시스는 그 자체로 좋은 것이며, 행복에 붙어 있는 구성요소 또는 행복의 형상인으로서, 지혜의 발휘 자체가 행복의 본질이기 때문이다. 프로네시스는 인간의 탁월성 또는 덕과 긴밀하게 연결되어 있으므로 단순히 행동의 방법 또는 수단을 찾는 영리함이 아니라, 올바른 목적에 부합한 올바른 방법을 숙고하는 지혜이다(Ross, 1995: 279).

그런데 아리스토텔레스는 완전한 의미의 행복은 인간의 최고의 덕을 따른 것으로서 우리 인간 본성의 가장 고귀한 신적인 부분을 따른 관조(theōria; contemplation) 행위라고 한다. 이 관조는 인간 내의 최선의 부분인 지성에 의한 활동이며, 다른 모든 것보다 더 순수하고 지속적인 즐거움을 주며, 다른 것의 도움 없이도 그 자체로 만족을 가져온다는 점에서 최고의 행복이라 주장한다(NE X, 7). 그렇다면 실천적인 지혜인 프로네시스는 관조에 비할 때 부차적인 행복에 지나지 않는가?

이 문제를 해명하려면 아리스토텔레스 철학에 대한 전체적인 이해에 기초하여야 한다. 왜냐하면 행복이라는 주제는 아리스토텔레스가 윤리학뿐만 아니라 정치학, 형이상학 등 여러 분야에서 가장 중요하게 다룬 것이며 행복과 관련된 인간의 인식, 이성적 활동의 측면 역시 그의 철학 전반에 걸쳐 다루어지는 것이기 때문이다. 먼저 최고의 행복으로서 언급된 관조라는 것은 학문의 전제나 보편적인 원리를 직관하는 누스(nous)나 소피아(sophia)와 같은 지적 작용과 관련된다. 이것은 추론이나 탐구하는 과정적 행위가 아닌 인식의 최정점에서 진리를 관조하는 종국적인 행위이며 다른 것을 위한 행위가 아니라 그 자체로 자족적이다. 이렇게 볼 때 이것은 진정 신적인 행위, 만약 인간이라면 플라톤이 말한 선의 이데아를 성찰한 철인통치자 같은 극소수의 지적 엘리트만이 할 수 있는 행위이다. 아리스토텔레스가 진정 이 고상한 활동에만 행복을 국한시킨 것인가? 혹은 관조는 고상한 행복이요 프로네시스는 낮은 차원의 행복이라고 이분법적으로 판단할 수 있는가?

이 문제에 대한 실마리는 아리스토텔레스 자신이 제시하였다. 그는 관조가 인간에게는 너무 고원한 것이며, 그렇지만 이 최선의 지향점을 목표로 삼아 전생애에 걸쳐 노력하라고 하였다(NE X, 7). 즉, 그는 행복의 최정점으로서의 관조를 이야기한 것이지 다른 지적인 활동 혹은 덕에 따른 생활은 그와 분리된, 열등한 의미의 행복이라고 주장한 것이 아니다. 비록 그가 관조와는 다른 종류의 덕을 따른 생활이 2차적으로 행복한 것이라고 하였으나(NE X, 8) 그것은 관조라는 최상위의 선을 실현하기 위한 과정으로서 역시 중요한 행복의 구성요소라 하겠다. 아리스토텔레스는 인간의 실제적인 문제에 있어서의 진리는 여러 사실 및 생활에 비추어보면서 판단되어야 한다고 하였다. 그는 인간의 실제 삶을 무시하고 진리를 사유만 한다면 이는 한낱 말에 불과하다고 하며, 지성을 따라 활동하며 그 지성을 돌보는 사람이 바로 최선의 상태에 있는 것이라 하였다(NE X, 8).

관조 또는 이론적 탐구는 실제적인 삶의 현장에서의 탐구 및 실천(프로네시스)과는 상호의존적이며 상호보완적인 관계이다. 우리가 실제 구체적인 상황에서 판단하는 것은 관조가 아니라 프로네시스이다. 관조와 프로네시스는 건강과 의술의 관계와 같다. 의술은 건강을 목적으로 하나 구체적인 상황에서 어떻게 치료해야 하는지를 결정하는 것은 건강이 아니라 의술의 문제이다. 물론 건강한 상태가 하나의 표준으로서 치료에 도움을 주나 실제적인 치료 행위는 환자의 구체적인 상태에 따른 의학적인 판단과 처치에 의존한다. 하나의 목적과 준거로서의 건강과, 실천적 판단 및 행위로서의 의술이 상호의존하고 보완하듯이 이론적 탐구인 관조와 실천적 지혜인 프로네시스는 경쟁과 대립의 관계가 아니라 최선의 상태를 지향한 상호 연결되고 의존적인 인간 행위인 것이다(편상범, 2012: 80-82 참조). 인간의 최고의 탁월성에 따른 지적 활동이며 자족적인 활동인 관조는 행복을 이루는 최정점의 활동이나, 그 하위단계인 인간의 실질적인 삶에서 올바르고 좋은 판단을 이끄는 프로네시스는 행복의 기초적인 활동이라고 할 수 있다.

즉, 프로네시스는 인간의 행복을 지향하며 인간의 행복을 실현시키는 가장 기초적이며 실제적인 인간의 상태이자 행위인 것이다. 아리스토텔레스는 프로네시스는 이것을 가진 사람을 통해 가장 잘 알 수 있다고 하였다. 프로네시스를 가진 사람은 자기 자신에게 유익하고 좋은 것에 대해 잘 살필 수 있다. 프로네시스는 고정불변의, 필연적인 어떤 것이나 불가능한 것을 대상으로 삼지 않는다(NE VI, 5). 다시 말하면, 가변적인 것, 자신의 능력으로 수행할 수 있는 것을 대상으로 숙고하는 것이 프로네시스이다. 이것은 당연하고 필연적인 것을 인식하는 학적 인식 또는 이론적 인식과 구별되며 지구의 자전 방향을 바꾸는 것과 같은 자신의 능력 밖의 일을 생각하지 않는다. 이것은 인간을 위해 좋은 것과 나쁜 것에 관해 이성을 가지고 행동할 수 있는 품성상태를 의미한다. 또한 프로네시스를 가진 사람은 자기 자신뿐만 아니라 일반적으로 모든 사람을 위해 좋은 것이 무엇인지 아는 사람이다(NE VI, 5). 즉, 프로네시스란 어떤 상황에서 자신에게(나아가 인간에게) 무엇이 최선(the best)인가를 숙고하는 것이라 할 수 있다. 우리는 앞에서 행복이 인간의 최고의 상태, 인간의 목적을 지향한다는 점을 살펴보았다. 인간의 삶은 늘 역동적이고 변화무쌍하며 인간의 모든 행위는 구체적인 상황에서 발생하며 인간은 자신의 능력 안에서 행동한다는 점을 감안할 때, 이러한 맥락에서 최선이 무엇인가를 숙고하는 프로네시스는 인간의 행복 개념에 실질적으로 가장 부합한 개념이라 하겠다.[5] 프로네시스는 올바른 행위를 유도하여 좋은 사람이 되도록 하며, 우리 안에 건강을 돌보듯이 최상의 덕인 철학적 지혜가 생기도록 도와(NE Ⅵ, 13) 행복에 이바지한다.

그런데 '인간적인 선에 관해 이성을 가지고 행동할 수 있는 품성상태'라는 의미는 프로네시스가 인간의 어떤 탁월한 상태, 다시 말하면 인간의 어떠한 덕에 의존한다는 뜻이다. 그러한 덕이 있으면 프로네시스가 발휘되는 것이고 그 덕이 없다면 프로네시스는 발휘되지 못한다. 따라서 프로네시스에 대한 더욱 상세한 이해를 위해 다음 장에서 덕과 프로네시스의 관계에 대하여 고찰하겠다.

(3) 덕(德)과 프로네시스

아리스토텔레스는 행복은 완전한 덕(탁월성)을 따른 영혼의 활동이라고 하였다(NE Ⅰ, 13). 인간이 가장 좋은 상태를 실현하기 위해, 인간의 목적을 실현하기 위해서는 덕이 무엇인지를 알아야 하며 이 덕을 자신의 몸 안에 기르고 갖춰야 할 것이다.

덕은 모든 생물에 공통되는 영양섭취와 성장과 같은 물리적·생리적 능력이 아니라 인간에게만 있는 정신적인 덕을 말한다. 인간의 덕은 지적인 덕과 성격적인 덕을 포괄한다. 지적인 덕이라 함은 철학적 지혜(소피아), 이해력, 프로네시스 등을 말하고 성격적인 덕이란 관후함, 절제 등을 뜻한다(NE Ⅰ, 13).

가. 지적인 덕과 프로네시스

먼저 지적인 덕이란 인간을 올바른(참된) 이치(이성)로 이끄는 것이다. 인간 내에 이치를 파악하는 지적인 부분은 불변적인 원리를 성찰하는 학문적 인식의 부분과 가변적인 것을 이성적으로 헤아리는 사량(思量; 또는 숙고)의 부분이 있다. 인식은 참과 거짓을 성찰하고 숙고는 올바른 욕구와 일치하는 참된 것을 찾아낸다. 인간이 좋은 길, 올바른 길로 나아가기 위한 행위의 단초가 되는 것은 올바른 선택이며,

5) 아리스토텔레스가 프로네시스를 관조 못지않게 중시했음은 아나크사고라스나 탈레스 같은 사람들이 놀라운 신적인 지혜는 가졌으되 사람들에게 유익한 것에 관해서 무지했음을 무익하다고 평한 부분에서 확인할 수 있다(NE Ⅵ, 7).

올바른 선택을 하게 하는 것은 참된 이치의 분별과 그 이치에 합당한 욕구(의지)이다(NE Ⅵ, 1-2). 즉, 지적인 덕은 인간의 선한 행위의 근저가 된다고 하겠다.

크리스토퍼 원(C. Warne, 2006: 157-158)은 〈니코마코스 윤리학〉의 6권 지적인 덕 부분을 설명하면서 이 부분에서 아리스토텔레스의 우선적 관심은 프로네시스에 집중되어 있으며 인간의 지적 탁월성(덕)의 큰 틀 안에서 다른 지적 능력들을 함께 다루며 특별히 프로네시스의 중요성을 부각시키고자 하였다고 해석한다. 아리스토텔레스가 궁극적으로 탐구하고 주장하고자 한 것은 인간의 선(善)이었고 이것이 인간의 구체적인 삶의 현장에서 도덕적으로 실천되는 것이라면 당연히 그의 초점은 지적인 덕 중에서도 어찌할 수 없는 필연을 탐구하는 학문적 인식이나 생산에 관련된 기예(기술적 지식)보다는 실천적인 지혜인 프로네시스였을 것이다.

그런데 저자는 학문적 인식과 기술적 지식은 프로네시스와 구별되기는 하나 무관하지 않고 오히려 긴밀한 연관관계에 있다고 본다. 우선 학문적 인식은 "증명할 수 있는 품성상태"(NE Ⅵ, 3)인데 프로네시스도 주어진 상황에서 최선의 행위가 무엇인지를 추론하는 실천적인 추론능력이 필요하므로 비록 학문적인 추론과는 영역이 다르지만 그 추론의 지적 작용은 충분히 통한다고 하겠다. 이미 알려진 것에 대한 논리적인 사유능력이 발달할 때 알려지지 않은 것, 정해지지 않은 것에 대한 논리적인 사유에도 긍정적인 영향을 줄 것이다. 이 세상은 불변적인 것과 가변적인 것이 연결되어 존재하며 학문과 이론의 세계는 현실세계를 바탕으로 하며 현실세계와 긴밀한 연관이 있다고 본다면 학문적 인식은 분명히 현실의 실천적인 지혜와 연결된다고 하겠다.

한편, 기예(technē)는 어떤 물건의 제작과 관련된 것으로 "참된 이성을 동반한 제작적 품성상태"를 의미한다(NE Ⅵ, 4). 기예와 프로네시스는 가변적인 것에 관여하며 모두 올바른 이치를 따른다는 공통점이 있으나 전자는 제작과 관련되며 후자는 행동과 관련된다는 점에서 구분된다. 아울러 전자는 제작 활동 그 자체가 아닌 제작물(결과물)에 목적이 있고 후자는 실천적 지혜를 발휘하는 그 활동 자체에 가치를 둔다는 점에서 구분된다. 그러나 기술적 지식은 지적인 덕 일반 및 프로네시스와 연관성을 가지고 있다(C. Warne, 2006: 164). 제작이나 행동이나 인간의 활동에 대한 지식과 관련된 것이며, 숙련된 기술을 가진 사람들은 어떤 특정 상황에서 최상의 판단을 하여 일을 행할 수 있다는 점에서 주어진 상황에서 최선의 행위를 찾는 프로네시스와 밀접한 관련성을 가진다.

우리가 여러 가지를 만들면서 과연 어떻게 만드는 것이 최선인지를 다양하고 깊이 성찰하는 훈련을 통해 만약 이러한 기술적 지식이 발달한다면, 이는 분명히 삶의 구체적 문제들을 해결할 때 적절한 행위를 선택하는 일에도 긍정적으로 작용할 것이다. 이러한 기술적 지식은 방법적 지식(knowledge-how)과 관련되며 어떠한 목적을 현명하게 달성하게 한다. 문제는 기술적 지식은 목적이 올바른가에 관해선 중립적인 반면, 프로네시스는 반드시 올바른 목적을 향해서만 발휘된다는 점이다. 테크네는 해킹을 통해 금융사기를 하는 일에 아주 효과적으로 활용될 수 있는 반면 프로네시스는 그런 일에는 절대 관여할 수 없다. 왜냐하면 프로네시스는 하고 있는 그 일 자체(해킹, 금융사기)에 대해 목적적으로 가치판단을 하여 그것이 그릇된 것이라면 하지 않고 오직 올바른 일만을 하기 때문이다. 이러한 중요한 차이를 인식하는 전제하에 기술적 지식이 올바른 목적과 관련하여 적절히 연결된다면 구체적이고 활동적인 삶의 현장에서 프로네시스의 발휘에 매우 긍정적으로 관여할 것이다.[6)]

프로네시스의 의미를 잘 파악하기 위해선 이것의 핵심 개념인 사고와 관련된 몇 가지 지적 능력에 관하여 살펴보는 것이 필요하다. 프로네시스는 무엇보다 깊이 있게 잘 생각하는 것이다. 이것은 단순히 짐작을 잘하는 것이 아니다. 짐작은 단시간에 이치를 따지지 않고 쉽게 하는 것이나 프로네시스는 장시간에 걸쳐 무엇이 옳은가, 무엇이 좋은가의 이치를 헤아린다. 프로네시스를 발휘하는 사람은 올바른 목적, 방식, 시간 등을 합리적인 근거로 올바로 추론하여 결국 좋은 것을 성취(실천)하는 사람이다(NE VI, 9). 이 같은 합리적인 숙고가 되려면 먼저 어떤 상황에서 자신이 무엇을 추구하는 것이 올바른 것인지의 목적에 대한 평가가 이루어져야 한다.

예를 들어, 영화를 보려고 매표소 앞에서 줄을 서 있는데 줄이 너무 길어 원하는 시간에 영화를 보지 못하게 될 상황에서 최선의 행동은 무엇일까? 아마 암표를

6) 편상범(2012: 93-94)은 〈정치학〉 8권 3장의 음악의 예를 들며, 오늘날 우리가 중시하는 많은 직업적 생산 활동들이 단지 수단적 활동이 아니라 자체로 내재적 가치를 가지며 우리의 문화적 삶을 풍요롭고 아름답게 하는 중요한 요소라고 한다면 이런 기술적 활동들도 철학적 지혜와 같은 최상의 가치를 가졌다고 볼 수 있다고 해석한다.

살 수도 있을 것이고 안보는 사이에 새치기를 할 수도 있을 것이다. 이렇게 하여 원하는 시간에 영화를 본다면 프로네시스로 잘 숙고한 것인가? 여기서 눈앞에 보이는 목적은 영화보기이지만 그 이면의 목적은 즐거움을 얻기 위해서이다. 생각이 짧은 사람은 그렇게 해서 영화를 봐도 즐겁다고 하겠으나 프로네시스로 제대로 숙고하는 자는 뭔가 찜찜하고 나아가 그것이 진정한 즐거움이 되지 못함을 인식한다. 그는 그보다 더 상위의 목적, 나아가서는 궁극적인 목적인 참된 행복에까지 생각을 확장시킬 것이고 그러한 행위가 참된 행복을 지향하지 못하므로 옳지 않음을 판단할 것이다. 이를 위해서는 근본적으로 지향할 목적인 행복의 개념을 가지고 있어야 할 것이다(C. Warne, 2006: 178).

다음으로 합리적인 숙고는 목적을 가장 최선으로 달성할 방법을 찾는 것이다. 이 방법의 모색을 위해서는 올바른 추론 능력을 갖추고 있어야 한다. 즉, '일반적으로 이러이러한 행위는 좋은 것이다'라는 대전제에서 '이 행위는 바로 그러한 행위일 것이다'라는 소전제를 거쳐서 '이 행위를 실행하는 것이 좋을 것이다'의 결론으로 이어지는 실천의 추론과정에서 특히 소전제의 부분이 올바로 되어야 한다. 행복의 개념을 알고 있고 무엇이 좋은 행위인지 일반적인 지식을 가지고 있어도 해당 사안에서 어떤 행위를 잘못 선택하는 경우를 종종 볼 수 있다. 예를 들어, 아이를 공부시키기 위해 공부를 한 시간 할 때마다 비교육적인 영상물을 보게 해주는 경우를 볼 수 있다. 아이를 공부시키는 이 목적 자체는 좋은 일이다. 그러나 그 목적 달성을 위한 방법은 정확히 헤아려 볼 때 좋은 행위에 해당되지 않는다. 그 영상물의 폭력적인 장면이나 욕설하는 장면을 보고 오히려 그 아이는 나쁜 성향을 발달시킬 수 있을 것이다. 정리하자면, 프로네시스는 실천에 관한 깊고 좋은 사고로서 목적의 본질적인 요소와 방법적인 요소를 논리적으로 연결하여 올바른 이치에 따라 평가하고 판단하는 정신적 활동이다. 프로네시스가 목적을 향한 것들을 숙고한다는 의미는 도구적 이성을 말하는 것이 아니라 목적(좋은 삶)을 세부적으로 구성하는 내적 구성요소의 도덕적 가치를 생각한다는 것이므로 올바른 목적에 대한 판단을 함축한다(박재주, 2008: 181-182).

지적인 작용으로서 이해력과 공감적 이해(판단)도 프로네시스와 밀접한 관련이 있다. 이해력은 프로네시스와 같이 실제에서 변화하며 의심이 가고 생각이 필요한 사안에 대하여 작용한다. 그러나 프로네시스는 해당 사안에 대하여 무엇을 하고

해서는 안 된다는 점을 명령하는 데 반하여 이해력은 단지 판단만 한다. 이해력은 특히 학문적인 인식, 즉 배워서 아는 것과 관련되며 타인의 말에 대해 훌륭하게 판단한다(NE VI, 10). 우리가 현실의 변화하는 상황에서 지혜를 갖추려면 다양한 직·간접 경험이 필요하다. 혼자서 자신의 머릿속으로만 모든 것에 대하여 충분히 생각하는 데는 한계가 있기 때문이다. 책이나 다른 사람의 말을 접하여 자신의 견해에 의해 판단하고 배우는 것이 이해인데, 이러한 간접경험은 중요한 배경지식이 되어 자신의 생활 속의 판단에서도 힘을 발휘하게 할 것이다. 또한 우리가 다른 사람의 말을 이해하는 능력은 상황을 이해하는 힘에도 긍정적으로 작용할 것이므로 이해력은 프로네시스를 발휘하는 데 매우 중요하다.

한편 공감적 이해는 훌륭한 사람의 이해심으로서 올바른 것을 판단하는 힘을 뜻한다(NE VI, 11). 이것은 달리 말하면 다양한 상황에서 정의란 무엇인가를 분별하는 힘인 것이다. 마이클 샌델(Sandel)의 〈정의란 무엇인가〉 (2009)에 보면 식량이 고갈된 난파선에서 여러 명이 살기 위해 중병에 걸린 사람을 잡아먹을 것인가 아니면 다같이 굶어 죽을 것인가와 같은 실제 삶에서 벌어지는 어려운 판단 상황에서 과연 무엇이 옳은 것인가를 판단하는 것이 바로 판단력이다. 판단력은 직관적인 이성(누스)을 통해 구체적(개별적) 상황에서 보편적인 올바른 목적에 합당한 올바른 행위(실천의 추론과정에서 소전제)를 선택하게 한다. 판단력과 이해력은 인간의 본성상 소유한 것이며 특히 연령에 따라 다양한 경험을 통해 습득된다(NE VI, 11). 이는 듀이(Dewey)가 주장한 선행경험과 후속경험의 상호작용을 통하여 경험이 지속적으로 재구성되면서 인간 지성이 성장한다는 점과 상통한다.

나. 성격적인 덕과 프로네시스

성격적인 덕(탁월성)은 습관에 의하여 생성된다. 성격적인 덕들은 태어나면서 그 능력의 단초가 있되 저절로 생기는 것은 아니고 일련의 행동 습관에 의하여 완전하게 된다. 절제 있게 행동함으로써 절제 있게 되고 용감하게 행동함으로써 용감하게 된다(NE II, 1). 인간이 살아가면서 처하는 다양한 상황 속에서 행동하는 방식이 일련의 행동들로 하나의 패턴을 이뤄 습관화됨으로써 우리 안에 성품이 형성되고 어렸을 때부터 만들어진 성품이 사람의 큰 차이를 만든다.

행위에 따라 우리의 성품, 성격적인 덕이 생긴다고 할 때 문제는 어떤 행위가 좋은 것인가 하는 것이다. 운동의 부족이나 지나친 운동이 우리의 건강에 해롭듯이 우리의 행위는 부족함과 과도함에 따라 우리에게 좋지 않은 영향을 준다. 사람이 무슨 일에서나 두려워하고 뒷걸음질 치면 비겁하게 되고 위험한데도 무슨 일이든 과도하게 덤비면 무모하게 된다. 이 비겁함과 무모함 모두 사람에게 해로운 반면 비겁하지도 무모하지도 않은 중용(mesotēs)의 상태 곧 용기가 인간에게 좋은 미덕이 된다. 마찬가지로 모든 쾌락을 피하게 되면 무감각해지고 온갖 쾌락에 과도하게 묻혀 지내면 방탕하게 되나 그 중용 상태를 지키면 인간에게 좋은 절제의 미덕이 되는 것이다. 즉, 두려운 상황에 처하여 적절히(지나치지도 모자라지도 않게) 견디어내는 습관을 통해 용기의 성품이 발달하며, 쾌락이 요구될 때 적절한 정도로 제한한다면 절제의 미덕이 성장하게 된다(NE Ⅱ, 2).

성격적 덕으로서 이 중용은 프로네시스의 원뜻과 잘 부합한다. 프로네시스(phronesis) 또는 사려 깊음(prudence)의 어원을 찾아보면 심장을 뜻하는 'phren'을 찾을 수 있다. 심장은 외부의 환경과 몸의 상태에 따라 혈압을 높이기도 하고 낮추기도 하며 혈류를 통해 자기 몸을 조절한다. 이와 같이 프로네시스의 어원적 의미를 볼 때 상황과 상태에 따라 가장 적절한 정도와 수준으로 반응방식을 조절하는 것이다. 중용 역시 단순히 산술적인 중간 지점이 아니라 사람과, 정도와, 시간과, 목적과, 방법을 가장 적절한 수준으로 고려하여 조정하는 것이다(NE Ⅱ, 9). 시소의 한 쪽에 무거운 사람이 있으면 균형을 맞추기 위해선 반대편 쪽이 맨 뒤에 앉아야 할 것이다. 반대로 가벼운 사람이 있다면 앞쪽에 앉아야 할 것이다. 인터넷이나 스마트폰에 중독된 사람에게는 당분간 그것을 아예 없애는 것이 좋을 것이지만 심한 경우가 아니라면 사용시간을 하루에 1~2시간으로 한정하는 것도 좋을 것이다. 즉, 어떤 사람에게 해당하는 중용의 행위가 모든 사람에게 동일하게 적용되는 것이 아니고 어떤 상황에서의 중용의 행위가 다른 상황에서도 모두 동일하게 적용되는 것이 아니다.

이러한 중용의 의미는 과녁의 정중앙을 적중하는 능력과도 같다(Nussbaum, 1986). 과녁에는 여러 곳을 맞힐 수 있으나 적중은 한 곳이다. 물론 적중시키는 것은 여간 힘든 것이 아니다. 그러나 그것이 최선이며 숙련된 궁수가 고도의 집중력을 발휘하여 잘 쐈을 때 적중이 가능하듯이 우리의 일상에서의 중용도 힘들지만 가능하다. 그리고 최선은 아니더라도 정중앙에 근접할수록 좋고 반면 중앙에서 멀어질수록 나쁜 것이다. 관건은 그 쏘는 방법이 어느 때나 어떤 사람에게나 동일한 것이 아니라 사람과 상황에 따라 달라진다는 것이다. 키가 큰 사람과 작은 사람, 힘이 센 사람과 약한 사람, 팔이 긴 사람과 짧은 사람은 각각 쏘는 방법이 달라질 것이다. 또한 큰 과녁과 작은 과녁, 높게 설치된 과녁과 낮은 과녁, 바람의 방향, 과녁과 궁수의 거리 등에 따라서도 달라질 것이다. 또 쏘는 동안에 늘 조금씩 위쪽에 맞춘다면 의도적으로 아래를 향하도록 할 것이고 아래를 계속 맞춘다면 의도적으로 위를 향하게 할 것이다. 숙련된 궁수는 이 모든 상황을 감안하여 또한 자신의 특성을 감안하여 가장 적절한 방법을 선택하여 쏠 것이며 바로 이때 과녁에 정확히 적중될 것이다. 바로 이것이 중용이며 프로네시스 의미의 핵심이라 하겠다. 즉, 이것은 각각의 상이한 상황 및 자신의 특성을 정확히 고려하여 그에 적합한 최선의 행동을 취하는 것이다.

학자들에 따라서는 아리스토텔레스의 중용을 용기 및 절제와 같은 품성 상태의 중용과, 행위 및 감정에 있어서 적중시키는 중용으로 구분한다(장미성, 2011: 295). 전자를 강조하는 입장은 Urmson(1973), Hardie(1980), Blankenship(1996) 등으로 이들은 중용의 행위와 감정은 결국 품성의 중용에서 비롯된다고 주장한다. 반면, 후자의 우위를 강조하는 입장은 Young(1996), Annas(1993) 등이 있으며 이들은 품성의 중용은 잠자는 것처럼 좋음을 성취하지 못하나 구체적인 행위에서 중용을 지향할 때 비로소 성취되며 확증된다고 주장한다. 저자는 이 논쟁은 닭과 달걀이 누가 우선이냐는 논쟁과 유사하다고 본다. 즉, 부족하지도 않고 과도하지도 않은 중용의 품성이 있어야 구체적인 행위에서 중용을 지향할 수 있고, 구체적인 행위에서 중용을 지향하는 습관이 형성되어야 중용의 품성을 더욱 온전하게 발달시킬 수 있을 것이다. 이는 아리스토텔레스가 성격적 덕 부분을 처음 언급하면서 이것은 인간의 본성상 혹은 태어나면서 이미 그 능력의 단초가 있되 행위 습관을 통해 성장한다고 한 것을 보면 알 수 있다. 인간은 이미 본성상 중용을 지향하는 성품의 단초를 가지고 있다. 그러나 그것이 더욱 온전하게 자라나려면 구체적이고 다양한 상황에서 가장 적절한 행위를 선택하는 습관 혹은 훈련이 필요하다. 이러한 훈련에서 아리스토텔레스가 특별히 강조한 것은 우리가 살아가면서 어떤 일, 특히 쾌락에 쏠리는 경향이 많다는 점이다. 쾌락은 공정한 판단을 내리지 못하도록 막기에 위험한데 이때는 의도적으로 반대편 방향으로 멀리 물러나는 것이 현명한 방법이다(NE Ⅱ, 9).

아리스토텔레스는 인간의 품성, 도덕적 덕에 관하여 온실 속의 화초처럼 좋은 환경 속에서 잘 자라는 것을 연상한 것이 아니라 때로는 비바람과 악조건이 닥치는 들판에서 강하게 단련된 들풀과 같은 것을 연상하였다고 본다. 즉, 소크라테스는 '아는 것이 힘이다', '알면 행한다'고 확신하였으나 현실 상황에서는 알아도 행하지 않거나 앎 자체가 흔들리는 경우가 많다. 바로 쾌락의 유혹이나 극도로 두려운 상황 속에서 우리가 어떻게 올바름을 유지할 수 있느냐의 현실적 고민이 아리스토텔레스의 문제의식이었던 것으로 추측된다. 이러한 때 우리를 올바르게 지키는 것은 지적인 부분보다는 습관화된 성품의 힘이다. 유혹과 두려움의 상황에서 머릿속으로 아무리 그러지 말아야 한다고 하나 실제 행동은 따르지 않는 경우가 많다. 유혹과 두려움을 물리치는 강인한 힘은 그러한 상황들을 많이 겪으면서 절제하고 용감하게 행동하였던 일련의 행동들이 습관화되고 몸에 완전히 체화되어 굳어진 성품인 것이다. 머리보다 몸이 먼저 올바르게 행동하는 것이 아리스토텔레스가 의도한 도덕적 덕, 성품의 덕, 중용의 덕의 중요한 의미이며 이것이 또한 실천적인 의미를 갖는 프로네시스와 긴밀하게 연결된다고 하겠다. 그래서 아리스토텔레스는 성격적인 덕이 없이는 프로네시스가 있을 수 없고 프로네시스가 없이는 좋은 사람이 될 수 없다고 분명히 강조하였다(NE Ⅵ, 13).

아리스토텔레스는 성격적인 덕을 행하는 자기 내면의 동기를 중시하였다. 즉, 그는 비자발적인 행위와 자발적인 행위를 구분하면서 전자는 강제로 하거나 무지로 인하여 하는 것이며 후자는 행위의 계기가 외부에 있지 않고 그 자신의 자유의지에 의한 것을 뜻한다(NE Ⅲ, 1). 이러한 자발적인 동기 혹은 의지가 왜 중요한가? 아리스토텔레스는 그 이유를 고통과 즐거움에서 찾는다. 아리스토텔레스가 덕을 '즐거움' —단속적인 즐거움이 아니고 그 자체로 고귀하고 지속적인 의미의 즐거움— 에 연결시킨 것은 그가 최고의 선, 인간의 궁극적 목적을 행복이라고 본 것과 상통한다. 자기에게 좋은 것이 무엇인지를 진정으로 알고 하는 행위는 즐겁기 마련이다. 반면, 무지한 자는 자기가 하고 있는 것이 무엇인지, 자기가 하는 일의 목적이 무엇인지 행위의 상황과 목적을 알지 못하고 비자발적으로 행하기에 고통이 따르고 후회를 가져온다. 또한 자신의 의지가 아닌 타인이나 외부의 상황에 강제되어서 하는 행위는 고통스럽다. 그러나 자신의 내면의 동기나 어떤 고귀한 목

적 때문에 스스로 행하는 자는 즐기면서 행동한다(NE Ⅲ, 1).[7]

아리스토텔레스의 탁월한 점은 인간의 옳고 그름을 분별하는 지적인 부분과, 즐거움을 추구하고 고통을 회피하는 욕구 또는 감정적인 부분을 연결시켰다는 점에 있다. 그는 성격적인 덕은 합리적 선택과 관련된 성품의 상태이며 합리적 선택이란 심사숙고한 욕구라고 하였다(NE Ⅵ, 2). 숙고는 우리의 힘이 미치는 대상에 대하여 상황을 파악하여 무엇이 가장 목적을 최선으로 구현할 수 있는지를 깊이 생각하는 실천적인 지성이다. 도덕적 성품은 바로 올바르게 숙고된 이치에 따라 행동하려는 욕구를 지닌 상태이다.[8] 아리스토텔레스는 좋은 행위는 사유와 성품의 결합으로 사유 자체는 아무 것도 움직일 수 없다는 점을 강조하였다.[9] 우리가 머리로는 올바른 것을 알아도 그것을 행동하려는 의욕이 없다면 아무 소용이 없다. 반대로 무엇이든 의욕은 불타오르는데 올바른 이치에 따르지 않는다면 그릇된 행동만을 초래할 것이다. 인간의 좋은 선택과 삶을 이끄는 것은 합리적 욕구 또는 의욕있는 이성이라 하겠다. 이것은 달리 표현한다면 어떤 사람의 성품 자체가 도덕적 감각으로 충만한 상태라 할 수 있다. 이 도덕적 감각은 단순히 감성지능이론(EI)에서 말하는 감정적 만족상태를 추구하는 것이 아니라 도덕적으로 올바른 것을 즐길 수 있는 것을 뜻한다.[10] 이 상태에 있는 사람은 마땅히 좋은(올바른) 것들에 대해 좋아하고, 나쁜(악한) 것들에 대해 싫어한다. 아리스토텔레스는 플라톤(Laws 653e;

7) 이러한 아리스토텔레스의 내면의 자발적 덕, 즐거움을 중시하는 도덕관은 공자(孔子)가 강조한 안인(安仁: 인을 편안히 행함)이나 아는 자보다는 좋아하는 자가, 좋아하는 자보다는 즐기는 자가 낫다(知者〈好者〈樂者)는 표현이나, 공자가 70세 덕의 완성 단계에 '마음이 하고자 하는 대로 행함에 이치에 부합하였다(從心所慾不踰矩)'는 구절 등과 상통한다(『論語』 참고).

8) 여기서 욕구는 플라톤이 오직 통제의 대상으로 본 동물적인 욕구를 의미하는 것이 아니라 오직 인간만의, 이성의 작용을 동반한 욕구를 뜻한다. 이러한 개념은 현대어에서 본다면 욕구보다는 차라리 '의지'에 가깝다고 볼 수 있다.

9) 이 점에서 흄(D. Hume)도 행위는 이성과 욕구의 결합이라고 보았으나 그는 "이성이 정념의 노예"라고 주장하며 감정적인 부분의 우선성을 강조하였다(*A Treatise of Human nature*, 제2편 3부 참조).

10) Kristjansson(2006)은 Goleman(1995)의 감성지능이론 및 그 교육론을 비판하며 감성지능이론은 비록 기원적으로는 아리스토텔레스의 윤리학 이론에 근거하나 도덕적 숙고의 부분이 부족하며 도덕교육에 적용할 때 성공 및 갈등해결 등 단순한 주제들을 다루는 데 그쳐서 깊이 있는 사고로 이어지기 힘들다는 점을 지적한다. 이를 극복하기 위해선 진정한 행복이란 무엇이며 올바르고 성격적인 이치란 무엇인지 깊이 탐구하는 아리스토텔레스의 원래 이론을 참조하는 편이 낫다고 제안한다.

Republic 401e~ 402a)을 인용하며 마땅히 기쁨을 느껴야 할 일에 기쁨을 느끼고 괴로워해야 할 일에 괴로워할 줄 알도록 아주 어렸을 때부터 교육을 받아야 하며 이것이야말로 참된 교육이라고 강조하였다(NE Ⅱ, 3).[11]

이러한 합리적 욕구란 과연 무엇일까? 우리는 앞에서 성격적 덕이 습관과 관련이 있음을 보았다. 합리적 욕구는 우리의 행위가 자연스럽게 이치에 적합한 방향을 지향하도록 습관화되어 있는 상태를 뜻한다. 습관의 원어 'hexis'는 힘들이지 않고 잘 행할 수 있는 동시에 조심스럽고 주의 깊게 하는 행동을 뜻한다. 이것은 숙련된 테니스 선수의 플레이와도 유사하다(김현숙, 2008: 49-50). 숙련된 테니스 선수는 반복적인 훈련을 통해 각종 기술을 몸에 체득하고 있다. 그는 볼이 오는 다양한 상황에 맞게 다양한 기술을 자연스럽게 구사한다. 그러나 실전에서는 연습 때와 유사하지만 다른 상황들이 펼쳐질 것이고 이에 대하여 선수는 비록 짧은 순간이지만 어떠한 기술을 사용하는 것이 최선일지를 생각하고 그렇게 플레이할 것이다. 탁월한 선수는 그렇게 플레이하면서 생각하는 것조차 몸에 자연스럽게 익혀져 있을 것이다. 합리적 욕구란 이와 같이 어떤 상황에서 먼저 그 상황에 맞게 생각하는 것과 그 생각에 맞게 행동하는 성향이 자연스럽게 습관화된 상태라고 할 수 있다. 억지로가 아니라 자연스럽게 자신의 몸이 그 방향으로 나아가려는 성향을 가지게 된다는 점이 무엇보다 중요하다. 바로 이 점이 성품의 덕과 프로네시스가 연결된 가장 핵심적인 내용이라고 할 수 있다. 프로네시스는 굳이 구분하자면 지적인 덕에 속하지만 몸의 지체가 서로 연결되어 있듯이 성격적 덕(혹은 성품)과 지적인 덕(특히 프로네시스)은 인간 삶의 실제에서는 하나로 연결되어 작용한다. 사유와 욕구, 이성과 성품, 중용의 이치와 행동성향이 상황에 맞추어 자연스럽게 행하여지는 상태가 바로 프로네시스의 정수라 할 수 있다.

(4) 프로네시스와 가르침

아리스토텔레스는 지적인 덕은 가르침(teaching)에 의해 생기고 성장하며 성격적인 덕은 습관의 결과로 생긴다고 하였다(NE Ⅱ, 1). 그러나 우리가 앞서 살펴보았듯

11) 교육론에 관해선 뒤에 이어지는 가르침 및 배움의 장에서 자세히 다루겠다.

이 인간의 이성과 성품, 지적인 부분과 성격적인 부분은 선한 인간이 되는 데 함께 작용한다는 점을 감안한다면 선한 인간을 키우는 데 있어서 가르침과 습관의 형성도 함께 이루어져야 한다(Burnyeat, 1980; Bergman, 2007). 우리는 앞서 성격적 덕을 기르는 데 성품과 지적 분별력이 함께 작용하는 사려 깊은 욕구가 중요함을 살펴보았다. 마땅히 기뻐해야 할 것을 기뻐하고 싫어해야 할 것을 싫어할 줄 아는 인간은 품성과 지성이 성숙된 조화를 이룬 인간이며, 이러한 인간을 키우는 데는 지적인 부분의 가르침과 행위(품성, 도덕) 부분의 습관 교육이 병행되어야 한다. 습관을 조성하는 데도 일정한 안내와 지도가 필요하며 습관이 생각 없는 무분별한 행동이 아닌 이상 여기에는 지적인 사고를 위한 가르침이 수반되어야 한다고 본다. 이러한 의미로 가르침을 넓은 의미로 파악한다면 단순히 지적 작용에만 국한되는 것이 아니라 성격적인 부분, 행위와 성품의 조성에도 가르침이 관여한다고 본다.

아쉽게도 아리스토텔레스는 가르침에 관하여 충분한 설명을 하지 않았으나, 그에 따르면 가르침이란 주로 학적 인식과 관련된 것으로 배워서 알 수 있는 대상에 대하여 이미 알려진 것으로부터 귀납 또는 연역을 통하여 행하여지는 것이다(NE Ⅵ, 3). 문제는 학적 인식의 대상이 필연적이고 불변적인 것이란 점인데, 그렇다면 우연적이고 가변적인 것, 실천적인 것에 관하여는 가르칠 수 없는가? 아리스토텔레스는 지적인 덕이 가르침을 통해 생긴다고 하였지 오직 학적 인식만을 가르칠 수 있다고 하지 않았다. 그럼에도 불구하고 아리스토텔레스가 가르침을 우선적으로 학적 인식의 부분에서 언급한 것은 가르침이 추론의 능력 및 이해력과 관련된다는 점을 강조하려고 한 것이라고 저자는 해석한다. 즉, 가르침은 무엇보다도 근본을 깊이 사유하여 원인과 실체를 찾고, 이에 따른 결론을 유도하는 능력, 의심이 가고 숙고가 필요한 대상에 대하여 타인의 말을 잘 이해(판단)하고, 올바른 목적과 그에 합당한 행위방식을 모색하는 능력을 키우는 일이다.[12)]

이러한 점은 〈니코마코스 윤리학〉이나 〈정치학〉의 서술방식을 보면 확연히 느

12) 아리스토텔레스는 지혜로운 사람에 대하여 언급하며 원인들에 대하여 가르치는 능력이 있다고 하며 각 대상에 대하여 원인들을 말해주는 사람이 가르침을 베푼다고 한다(ME Ⅰ, 2). 한편, 배움에 대하여는 감각적인 것들 가운데서 먼저 실체를 찾고 이후에 더 잘 알려진 것들로 나아가라고 한다(ME Ⅶ, 3). 이를 통해 보면, 아리스토텔레스의 관점에서 가르침과 배움의 최대 관건은 원인과 실체를 찾는 것, 즉 근본전제와 원리 자체를 탐구하는 것이고, 이를 좀 더 실천적인 것에도 연결해보자면 행위의 목적을 먼저 분별하고 이후에 그에 합당한 방식을 찾는 것이다.

낄 수 있다. 아리스토텔레스는 여기서 "우리는 … "이라는 표현을 자주 사용한다. 이는 아리스토텔레스가 당시 아테네 사람들이 일반적으로 이미 알고 생각하는 것들을 바탕으로 청중과 대화하는 논의를 전개한다는 점을 보여준다. 그는 '인간의 목적은 무엇인가?', '행복이란 무엇인가?', '공동체의 선은 무엇인가?'와 같은 쉽게 결론지을 수 없는 질문들을 제기하고 청자들이 이를 깊이 있게 생각하도록 유도한다. 책의 문체는 마치 강연을 듣는 듯한데 일반적으로 지식을 전달하는 강연이 아니라 청중들과 함께 하나의 큰 문제에 부수되는 세부적인 문제들을 지속적으로 탐구하는 방식이다. 이 책들은 상호 연결되고 보완되는 일련의 강의로서 청중들로 하여금 기존의 관습과 생각들에 대하여 평가하고 새로운 방식으로 이해를 시도하려는 목적을 가지고 있다(Salkever, 2007: 196). 여기서 아리스토텔레스는 무엇보다 질문하고 평가하며 추론하고 직관하는 방법을 스스로 보여준다. '그것은 무엇인가?', '그것이 참인가?', '다른 측면은 없는가?', '그것이 좋은가?', '그 이유(원인)는 무엇인가?', '그것을 통해 어떤 결론이 도출되는가?'와 같은 질문을 제기하고 스스로 대답하며 그 대답에 대하여 다시금 질문하고 평가하는 과정을 지속한다. 바로 이 논의의 과정이 아리스토텔레스가 청중에게 모범을 보여준 가르침의 실제(practice)라고 본다.

가르침을 실제 또는 실천(praxis; practice)으로 볼 수 있느냐는 맥킨타이어와 조셉 던의 논쟁(MacIntyre and Dunne, 2002) 등 다양한 논의가 있었다. 쟁점은 가르침이 학생의 배움이나 사회의 공동선의 목적을 위한 수단이라고 볼 때는 실제라고 볼 수 없는 반면, 그것이 그 자체로 목적이 되는 활동이라고 본다면 실제라고 볼 수 있다는 것이다. 전자의 주장은 목적/수단 구분론에 입각하여 가르침을 수단으로 배움을 목적으로 보는데 이것은 가르침과 배움이 연결된 하나의 활동임을 감안할 때 부적절한 주장이다. 가르침이 일어난다고 함은 동시에 배움이 일어남을 의미한다. 또한 가르치는 활동 내에서 가르치는 자는 만족과 성취감을 경험할 수 있다는 점에서 그 자체로 가치 있는 목적적 활동이다. 따라서 가르침은 그 자체로 목적적인 활동, 프락시스이며 여기에 필요한 지혜는 아리스토텔레스에 따른다면 당연히 프로네시스라 할 수 있다. 우리는 앞에서 프로네시스가 목적을 위한 수단만을 강구하는 것이 아닌 수단과 연결되어 있는 목적까지 함께 사유하는 활동임을 확인하였다. 가르침을 프로네시스와 연결시켜 생각할 때 가장 중요한 점은 목적의식에 대한 사유이다. 교사는 자신이 어떤 목적으로 가르치는지에 대하여 가장 우선적으로 깊이 숙고하여야 할 것이다. 단순히 시험에 대비시키려고, 성적을 올리려고, 교과지식을 잘 전달하려고 가르치는 것이 아니라 과연 근본적인 목적이 무엇인지 숙고하는 것이 바로 프로네시스에 입각한 가르침의 가장 중요한 의미이다.

그동안 교육계에서는 아직도 행동주의 동기이론의 강한 영향으로 어떻게든 학습동기를 자극하여 결과를 산출해내는 것에 초점이 기울여졌다. 이러한 경향은 후기 산업사회에서의 과열된 경쟁으로 더욱 조장되었다. 이는 가르침에서 규범적인, 도덕적인 측면을 무시하게 되는 결과를 낳았다. 이러한 가르침은 목적과 이유를 생각하는 것이 아니라 원인과 결과만을 생각한다. 교사가 가르치는 중에 생각하는 것과 학습자의 배움의 연결 관계를 무시한다. 그 결과 교사 의도가 어떻든 —심지어 비도덕적이라도— 배움이 효과적이라면 괜찮다는 논리가 성립한다. 반면, 아리스토텔레스의 이론에 따른 가르침의 활동은 목적과 행동의 이유를 근본적으로 성찰하도록 하며 이는 규범적인 측면을 다시금 생각하도록 만든다(Orton, 1998: 179-180). 가르치는 자는 무엇보다도 자신의 가르치는 행위 자체가 그 무엇을 위한 수단이 아니라, 궁극적으로 자신의 행복(나아가서 자신과 연결된 타인과 공동체의 행복)을 위한 것(내재적 가치)임을 인식하여야 한다.

다음으로, 프로네시스에 입각한 가르침은 목적에 대한 성찰과 함께 가장 적절한 방법을 탐색하는 방법적 지혜(knowledge-how)와 관련이 있다. 가르침의 상황은 교실의 상황, 다양한 학생, 학생의 행동 및 이해 정도 등 다양한 변수를 포함한다. 프로네시스는 구체적인 상황에서 숙고하는 힘이다. 프로네시스의 가르침은 특수한 교육적 맥락에서 무엇이 바람직하며 개인은 어떠한 행동을 취해야 할 것인지를 숙고하는 것이다(Spence, 2007: 316). 프로네시스는 중용의 덕을 가지고 변화하는 실제상황에서 사람과, 정도와, 시간과, 목적과, 방법을 가장 적절한 수준으로 고려하여 조정하는 것이다(NE Ⅱ, 9). 프로네시스를 통해 가르치는 교사는 학생에게 무엇이 좋은지와 무엇이 해로울지를 분별할 수 있어야 한다(Manen, 1990: 10). 이를 위해선 교사가 학생의 지적 상태, 성품과 행동성향을 충분히 관찰하고 파악하고 있어야 할 것이다. 각 학생의 장점과 강점을 최대한 살리는 한편, 단점과 약점을 보완하고 강화시키는 가르침의 방법을 사용해야 할 것이다. 이와 함께 학급의 규모와 특성, 수업시간, 장소적 특성, 교재 및 교구, 수업활동 등의 특성도 고려하여야 한다. 교사는 끊임없이 일반적으로 좋은 것(가르침의 일반적 목적)과 연결하여 구체적인 방법의 적합성을 숙고할 필요가 있다. 학생 전체에게 필요한 것과 특정 학생에게 필요한 것을 연결·비교하여 적용하여야 할 것이다.

가르치는 자가 방법적 지혜를 발휘하기 위해선 그 자신이 과도와 부족이 없는 중용의 덕을 몸에 체화하고 있어야 한다. 어떤 교사는 지나치게 지시적이고 어떤 교사는 지나치게 방임적인 경우가 많다. 전자는 학생의 수동성을 조장하거나 반발심을 야기시키는 한편, 후자는 무엇이 옳은지 참인지 모르게 하고 제멋대로 행동할 수 있는 위험이 있다. 이와 유사한 여러 가르침의 방법적 측면에서 교사는 중용의 덕이 무엇인지를 스스로 생각하고 몸에 습관화시켜야 한다. 교사는 가르침의 매 순간, 다양한 상황에서 가장 적합한 방법이 무엇인지를 항상 숙고하는 습관을 기른다면, 점차로 지적 측면에서 또한 인격적 측면에서 더욱 성숙한 프로네시스의 가르침을 발휘할 수 있을 것이다. 그리고 이러한 방법적 지혜를 보여주는 가르침은 학생들에게도 방법적 지혜를 조장할 것이다.

마지막으로, 프로네시스는 가르침이 하나의 모범이 될 것을 시사한다. 교사는 가르침의 실제를 통하여 대상에 대하여 어떻게 사유할 것인지, 다양한 상황과 맥락에서 어떻게 실천해야 할지에 대해 학생에게 모범을 보여주어야 한다. 우리는 앞서 아리스토텔레스가 청중들에게 다양한 질문과 논의를 통하여 사유하는 방법을 보여주었다는 점을 살펴보았다. 존 윌슨(J. Wilson, 1965: 160-161)은 인간 실존에 본질적이지 않은 사실적 지식을 가르치는 가르침과 인간 실존에 본질적인 상호작용의 기술을 가르치는 가르침을 구분한다. 후자는 특정한 상황과 맥락에서 어떻게 생각하고 말하며 행동하여야 할지 등에 관한 규칙 및 응용의 기술을 가르치는 것으로 교사와 학생의 인격적 상호작용을 수반한다.

비트겐슈타인의 언어게임의 비유와 같이, 가르침은 게임을 하는 방법을 가르치는 것과도 같다. 먼저 어떠한 규칙을 이해하고 그것을 다양한 맥락에 맞춰 응용하는 법을 가르치는 것이다. 본질적인 가르침은 가르침과 배움의 상호작용을 통해 다양한 삶의 실제에서의 행동 방식을 습득하도록 하는 것이다. 아리스토텔레스는 인간의 선이란 무엇인지, 행복이란 무엇인지, 공동체의 선이란 무엇인지, 구체적인 상황에서 최선의 행동은 무엇인지 등에 관해 청중에게 묻고 대답하는 과정을 통해 청중들 스스로 앞으로의 상황에서 그렇게 사유하고 실천할 수 있도록 가르쳤다.

그는 문제제기, 추론, 논증, 예시, 반론, 직관, 반성, 상상, 종합 등 사유하는 법, 여러 구체적인 문제를 대처하는 법 등을 자신의 가르침을 통해 보여줌으로써, 하나의 규칙적인 형식을 보여줌과 동시에 그 규칙을 뛰어넘어 다양한 맥락에서 대처하는 프로네시스의 모범을 가르쳤다고 할 수 있겠다.

프로네시스는 이치에 따른 것이기에 규칙을 갖되, 단순히 특정한 규칙에 종속되는 것이 아니라 규칙을 넘어선다(Dunne, 1993: 71). 국가의 교육정책이나 어떤 표준적인 교육이론에 따라서 일반적인 교육의 목적, 결과, 방법 등이 제시되었을 때, 교사는 그것을 충분히 참조하여야 하지만 그것이 과연 가르침의 실제에서 적절할지를 숙고하여 때로는 그 일반적인 것과 다르게 행동할 수 있어야 한다(Dunne, 1993: 3).

(5) 프로네시스와 배움

인간의 배움은 인간의 완전한 성숙을 지향한다. 그것은 인간의 지성, 덕성, 감수성, 영성, 의지 등의 모든 부분의 조화로운 변화와 성숙을 추구한다. 그런데 프로네시스가 활동 자체의 내재적 가치를 추구하는 개념이라고 한다면 프로네시스적 배움은 무엇보다 배움의 동기가 외부에서부터 또는 외부를 향한 것이 아니라 학습자의 주체적이고 자발적인 의식에 의해 이루어져야 한다는 점이 중요하다. 근래 학습이론에 많은 영향을 주었던 것이 행동주의 이론이다. 파블로프의 개에 나타난 고전적 조건화나 쏜다이크의 도구적 조건화, 스키너의 조작적 조건화는 세부적인 내용은 다르나 공통적인 강조점은 어떠한 조건에서 행동이 변화한다는 점이다. 문제는 이러한 행동변화에는 학습자 자신의 자발성과 합리적 사고과정이 매개되지 않는다는 점이다. 아리스토텔레스는 성격적 덕의 함양과 관련하여 비자발적인 행위와 자발적인 행위를 구분하며 그 구분의 기준은 행위자가 자신의 행위 상황과 목적을 알고 있는가의 여부라고 하였다(NE Ⅲ, 1).

배움이 유의미한 행위가 되려면 배우는 자가 자신이 무엇을, 왜 배우는지, 그 배우는 대상이 어떠한 의미가 있는지를 이해하고 깨달아야 한다. 단순히 상을 받고 벌을 피하기 위해 영어단어를 외우고 수학문제를 푸는 것은 그 상과 벌이 없는 한 지속되지 못할 것이며 이러한 방식은 자율적 인간의 본성을 해칠 위험이 있다.

자신이 영어와 수학 공부를 통해 어떠한 원리를 배우는지 그것이 장차 지식의 습득과 삶 속에서 어떤 의미를 지니는지 스스로 자각하여야 한다(심승환, 2007: 40-42).

아리스토텔레스는 지적인 덕의 함양과 관련하여 학적 인식, 이해력, 판단력의 중요성을 언급하였다(NE VI). 학적 인식이란 논증할 수 있는 능력이 있는 상태인데 배움은 무엇보다 바로 이러한 합리적 사고능력의 습득이 이루어져야 한다. 어떤 대상(필연적인 것)에 대하여 귀납이나 연역을 통하여 논리적으로 증명하는 능력이 키워진다면 이유와 인과관계에 대한 사고능력이 함양되고 이는 인간의 지적능력의 함양에 매우 중요한 영향을 미칠 것이다. 문제는 이러한 학문적 인식이 실천적 지혜의 함양과는 무관한지의 여부이다. 우리가 앞에서 살펴보았듯이 필연적인 부분과 우연적인 부분, 불변하는 것과 변화하는 것은 물론 다르지만 세상은 그 두 가지가 사실 혼재되어 있고 세상을 이해하려면 그 인식방법에 있어서도 학문적 인식과 실천적 인식을 통합적으로 사용하여야 할 것이다. 이유와 원인을 깊이 있게 사유하는 능력이 학적 인식을 통해 함양된다면 이는 실천적인 삶에 있어서도 어떤 문제 사태에 직면하여 왜 그러한가, 원인과 이유가 무엇인가를 지속적으로 탐구하는 비판적 사고의 활용이 이루어져 지적, 인격적으로 더욱 성숙한 삶을 이끌 것이다.

크리스토퍼 원(C. Warne, 2006: 163)은 비록 실천적 지혜는 학적 인식과 같이 논증을 통해 학습될 수 없으나, 솔로몬 왕의 우화와 같은 우화를 제시함으로써 다른 방식으로 이루어질 수 있다고 주장한다. 솔로몬 왕의 우화는 잘 알려졌듯이 두 여자가 한 아이를 모두 자신의 아이라고 주장할 때 판결하는 상황이다. 이러한 실천적 삶의 현장은 학문적인 인식과 전혀 무관한가? 저자는 그렇지 않다고 본다. 평소 학문적인 인식과정에서 그것이 무엇인가, 왜 그러한가를 지속적으로 탐구하는 사고의 방법적 지혜를 갖춘 사람이라면 그러한 사고를 실천적 현장에도 적용할 것이다. 위 상황에서 과연 모성(母性)이란 무엇인가, 모성의 본질은 어디서 오는가 등을 깊이 생각한다면 그것은 결국 아이에 대한 깊은 사랑이고, 그 사랑을 가진 자가 어머니라는 판단에서 결국 아이를 칼로 갈라서 나눠 가지라는 시험을 했을 것이다.

다른 한편으로, 실천적인 삶의 현장에서의 지혜는 학적 인식에 전혀 영향을 주지 않는가? 학문적 인식이 진정 완성되려면 그 학문의 전제들을 알아야 하는데 학문의 전제들을 아는 것은 단순히 내면적 성찰과 직관을 통해서만 이루어지지 않는다. 그러한 성찰과 직관도 어려서부터 보고 듣고 경험한 것의 영향을 받는다.

다양한 상황의 경험은 풍성한 배경지식을 이루고 이것은 학문적인 인식에 중요한 영향을 미친다. 아리스토텔레스는 철학이나 자연학 같은 것의 근본 명제들은 경험에서 온다고 하였다(NE VI, 8). 합리주의, 구성주의, 인지 심리학적 입장은 주로 학습자 내면의 주체적인 사고과정에 의해 배움이 이루어짐을 강조한다. 그러나 배움은 다양한 사람들, 주변의 환경과 상호작용하며 아이디어를 얻고 다양한 경험을 통하여 지속적으로 아이디어를 수정 · 보완하면서 이루어진다(심승환, 2007: 42-46).

아리스토텔레스에 의하면 배워서 아는 것이란 이해하는 것과 같은 개념이다. 이해력은 남이 말하는 것을 훌륭하게 판단하는 것을 의미한다. 번잇(Burnyeat, 1980: 74)은 도덕성의 함양이 지적이고 정서적인 측면에서 몇 가지 단계를 거쳐 이루어질 수 있음을 주장한다. 첫 번째 단계는 습관화의 단계로 (가르치는 자에 의해 권유된) 좋고 올바른 행위를 행하는 것이다. 두 번째 단계는 이 행동들이 진정 좋고 옳은 행동인지를 학습자 스스로 판단하는 것이다. 세 번째 단계는 전 단계와 연결된 것인데 그 행동이 왜 좋은지의 이유를 이해하는 것이다. 마지막 단계는 앞의 단계들을 통하여 궁극적으로 좋은, 올바른 것을 내면화시켜 실천적 지혜의 도덕적 자아정체감을 형성하는 것이다. 번잇이 제안한 이 도덕성 함양의 단계에서 중요한 것은 바로 중간 과정인 올바른 행위에 대한 스스로의 이해 과정이다. 아이들에게 예의를 가르칠 때 초기에는 예의바른 행동을 습관화시키는 것이 필요하나 이것을 진정 내면화시키려면 학습자 자신이 그것의 필요성을 판단하여야 하고 그것이 왜 중요한지를 깊이 이해하여야 한다.

한편, 아리스토텔레스는 테크네는 제작의 영역에 적용되는 지혜라고 하였다. 그러나 앞서 살펴보았듯이 테크네 역시 단순한 기술이 아닌 참된 이치를 따라 제작하는 능력과 관련되었다는 점과 어떤 상황에서 최상의 일을 하는 것과 관련되었다는 점에서 프로네시스와 밀접한 관련이 있다. 무엇인가를 잘 만들기 위해선 탁월한 관찰력과 판단력이 요구된다. 나무를 다듬어 하나의 목상을 제작한다면 최상의 작품이 되기 위해 먼저 원재료인 나무의 상태가 어떤지, 어떤 목재와 공구를 사용하는 것이 좋은지, 어떠한 구도로 만들 것인지, 무엇부터 어떻게 깎고 다듬어야 할지 등을 세밀하게 관찰하고 판단하여야 할 것이다. 루소, 페스탈로치 등 많은 위대한 교육자들이 노작교육의 중요성을 강조하였듯이 제작활동에서 발달되는 기술적 지혜는 인간이 다양한 삶의 현장에서 문제에 봉착하였을 때 그것을 정확히 관찰하고 판단하고 실행하는 프로네시스를 발휘할 때 상당한 영향력을 미칠 것이다. 따라서 미술이나 기술, 공업, 가사 등의 실습적인 교과에서 단순히 기술적인 측면에만 신경 쓰지 말고 상황을 정확히 보고 최선의 선택능력을 키우는 프로네시스의 함양 측면을 특별히 주목하여야 할 것이다.

도덕적인 측면에서 배움은 마땅히 좋아해야 할 것을 좋아하고, 싫어해야 할 것을 싫어할 수 있는 사려 깊은 욕구, 도덕적 감각을 키우는 것에 무엇보다 주목하여야 한다. 그런데 여기서 자라나는 세대들을 위해 특별히 필요한 것은 바로 수치심, 〈맹자〉의 표현을 활용한다면, 수오지심(羞惡之心)을 키우는 것이다. 아리스토텔레스는 "수치심이란 명예스럽지 못한 것에 대한 일종의 두려운 감정"이라 하였고, 젊은 이들은 수치심으로 말미암아 잘못을 억제하는 까닭에 염치심(廉恥心)을 잘 길러야 한다고 지적하였다(NE Ⅳ, 9). 수치심은 단순히 벌을 통해 어떤 행위를 억제시키는 것과는 달리, 학습자 자신의 내면적 의식에 의한 것이기에 동기 면에서 훨씬 자발적이고 우월하다. 이것은 학습자의 판단을 올바로 유도하며 실천적인 지혜를 발달시킨다(Burnyeat, 1980: 79; Bergman, 2007: 77).

아리스토텔레스는 이 수치를 느끼는 상황이 유의적 행위에 대한 것이라고 하였는데, 유의적 행위란 상황과 목적을 알고 여기서 옳고 그른 것이 무엇인지 알며 자발적으로 행하는 것을 뜻한다. 즉, 수치심은 감정이나 지적인 인식 작용과 연결되어 있다. 프로네시스의 배움의 핵심은 바로 지성과 감성의 연결이라고 할 수 있다. 지성은 대상으로부터 떨어져서 객관적으로 분석하고 판단하며, 감성은 대상과 직접 연결되어 피부로, 직감적으로 좋고 싫음을 느낀다. 두 가지는 프로네시스의 배움에서 상호의존적이며 상호보완적이다. 습관화된 행동을 통하여 그것이 하나의 품성과 감각으로 되어 학습자는 옳은 것을 좋아하고 그른 것을 피하게 된다. 한편, 지적인 판단과정을 통하여 과연 무엇이 옳고 그른지, 무엇이 이 상황에서 최선인지를 분별하는 능력이 성장하며 이것은 좋은 품성과 감성을 보완한다. 아이들이 어떠한 행동이 수치스럽다는 것을 알기 위해선 유아기에는 주로 행동 습관을 통해서 이루어져야 하지만, 어느 정도 대화가 통하고 지적 분별력이 성장하기 시작하는 아동기에는 이 행동 습관 형성과 함께 조금씩 그것이 왜 수치스러운 행동인지에 관해 대화와 논의를 이끄는 것이 필요하다.

습관의 형성은 아직 지적인 면에서 미성숙한 아이들에게 상대적으로 더욱 중요한 의미를 가지나, 성숙한 사람들의 배움에 있어서도 여전히 중요성을 가진다. 성품은 성인기 이전에 그대로 굳어지지 않고 심지어 성인기에도 변화 가능하다. 특히 어떤 유사한 상황을 반복적으로 경험하고 여기서 특정한 행위를 지속적으로 행할 경우, 사람은 이를 통해 하나의 행동 성향, 나아가 성품을 형성한다. 타인을 전혀 배려하지 않던 사람들도 장애우들과 지속적으로 함께 하며 도움을 주는 행위를 지속할 때에 '배려'의 성품이 몸으로 체득될 수 있다.

나태하고 절제하지 못하는 사람들도 어떤 공동체훈련이나 개인별 변화 프로젝트 등을 통하여 장기간 지속적으로 절제하는 습관, 근면·성실하게 생활하는 습관을 체화하도록 훈련한다면 그것이 하나의 성품으로 형성될 수 있을 것이다. 교육에서 습관과 몸으로 행하는 것의 중요성은 현대사회의 현대인에게 더욱 중요한 의미를 가진다고 본다. 현대인들은 지식 중심의 교육 및 지식과 정보의 홍수 속에서 머릿속으로는 많은 것을 알고 있으나 그것을 진정 체화된 지식으로, 실천하는 지식으로 만들지 못하는 문제가 있다. 아리스토텔레스는 프로네시스를 언급하며 '프로네시스가 무엇이다'라고 정의하지 않고 '프로네시스를 가진 사람의 특성이 어떻다'는 점을 주장한다(NE VI, 5). 이는 사람의 품성에 완전히 체화되어 실천되지 않는 한 그것은 프로네시스가 아니라는 것을 보여준다. 프로네시스가 배움에 주는 중요한 의미는 바로 실제 사람의 품성에 체화된 지식, 실천하는 지식이 아닌 한 그것은 참된 의미의 지식이 아니라는 점이다. 오늘날 지식 위주의 교육, 그것도 참된 의미의 지식이라기보다는 입시에 정답 맞추는 지식, 시험 끝나고 다 잊어버리는 지식에 초점을 맞춘 교육 현실에 이러한 배움의 의미는 매우 중요한 의의를 가진다고 하겠다. 단, 습관은 단지 아무 생각 없이 기계적으로 행하는 행동 성향에서 끝나서는 안 되고 반드시 이성과 지성을 지향해야 한다(PO VII, 15).

프로네시스의 배움은 무엇보다 중용을 추구한다. 이를 위해서는 배우는 자가 (가르치는 자의 도움을 받아) 자신의 상태(위치)가 어떤지를 정확히 진단하는 것이 필요하다. 극히 예외적인 경우가 아닌 이상, 대부분의 사람들은 일정 부분 어느 쪽으로 치우쳐 있다. 아리스토텔레스는 중용을 파악함에 있어 사람의 특징을 이해하는 것의 중요성을 강조하였다. 만약 어떤 선수에게 음식을 줄 때 일반적인 기준에서 평균을 내어 주는 것은 의미가 없다. 많이 먹는 선수에게는 일반적 평균량은 적을 것이고, 적게 먹는 선수에게는 그것이 많을 것이다(NE II, 6). 배우는 자는 자신에게 부족한 것과 필요한 것이 무엇인지, 지나친 점이 무엇인지, 또한 자신의 특수한 상황과 환경에서 해야 될 것이 무엇인지, 언제, 어떻게 해야 할지를 깊이 숙고하는 연습이 필요하다.

프로네시스의 특징은 깊이 잘 숙고하는 것이다. 자신의 특징에 대한 성찰, 상황의 특수성에 대한 성찰, 이를 바탕으로 대처하여야 할 행위의 방법에 대한 성찰의 연습이 매 일상 중에 습관적으로 이루어지도록 하여야 한다. 또한 이 중용의 성찰이 직접 실천을 통하여 품성으로 체화되도록 하는 것이 중요하다. 이를 위해 교육 현장에서는 자기성찰 프로젝트, 다양한 문제 상황에서 문제를 인식하고 최선의 해결책을 모색하는 문제 성찰 및 해결 프로젝트 등을 수업과 관련하여 개발하고 또 과제로 활용하는 방안을 적용하여야 할 것이다. 이렇게 중용을 숙고하는 것과 실천하는 것이 매 일상 중에 수행되도록 유도한다면 어떠한 상황에 처하든 최선의 선택을 할 수 있는 기초능력(적중의 능력)이 배양되어 지적인 면에서나 도덕적인 면에서나 더욱 조화롭고 성숙한 인격체로 자라날 것이다.

아리스토텔레스는 교육의 목적과 관련하여 유용성보다는 내재적 가치를 중시하였다. 그는 여가를 즐길 수 있기 위해서는 여러 가지 탁월성(덕)이 필요한데 바로 이것을 키우는 일에 국가적으로 노력을 기울여야 한다고 하였다(PO Ⅶ, 15). 그는 여가야말로 만사의 유일한 출발점이며 노동의 목표라고 주장하였다. 여가가 궁극적인 중요성을 갖는 이유는 이것이 그 자체에 즐거움과 행복과 복된 삶을 내포하고 있기 때문이다. 여가 선용을 위한 배움은 그 자체가 목적이어야 한다. 이러한 배움의 대표적인 예가 바로 음악이다. 아리스토텔레스는 호메로스의 시를 인용하며 음악보다 사람에게 즐거운 것이 없음을 이야기한다(PO Ⅷ, 3). 그런데 아리스토텔레스는 유용성에 대조되는 교과를 언급하며, 음악 외에도 읽기와 쓰기가 다른 것을 많이 배울 수 있게 해주며, 그리기가 심미적인 안목을 가꾸게 한다는 점을 지적한다(PO Ⅷ, 3). 이는 즐거움 혹은 내재적 가치를 지닌 배움은 자신의 지적, 인격적 성장에 도움을 줄 수 있는 것과 관련된다는 점을 보여준다. 이러한 배움은 공자(孔子)가 이야기한 "배우고 익히는 즐거움"[13]과 타인(외부)을 위한 것이 아닌 "자기를 위한 학문"[14]의 의의와도 상통한다.

---

13) "學而時習之, 不易說乎"(『논어』 「학이」).
14) "古之學者爲己, 今之學者爲人"(『논어』 「헌문」).

배움이 즐거울 수 있는 것은 그것이 진정 자신에게 좋은 것임을 아는 데 근거한다. 이는 또한 기쁨, 즐거움이란 컴퓨터 게임을 할 때 느끼는 순간적인 쾌락이 아니라 지속적으로 자신에게 유익함, 성취감, 만족감을 줄 수 있는 것임을 아는 데서 비롯된다. 그러나 오늘날 학생들은 대부분 외부적 압력에 의해서 공부한다. 자기가 스스로 즐거워서 하는 학생은 아마 거의 없을 것이다. 물론 억지로 해도 부분적인 지적 역량은 강화될 수 있을지 모른다. 그러나 진정한 내면적 동기와 만족이 없는 한 그것은 사람을 불행하게 한다. 상대적으로 성적이 낮다고 자살하는 학생이나 명문대 입학 후 자살하는 학생들의 경우, 이러한 점과 무관하지 않다고 본다. 프로네시스에 담긴 배움의 진정한 의미는 바로 배움이 자기에게 진정 좋은 것임을 자각하고 이를 통해 진정 행복감을 느낄 수 있는 것이다. 프로네시스란 바로 무엇보다 자기에게 좋은 일이 무엇인지를 아는 것이기 때문이다(NE VI, 5). 그리고 그것은 인간의 궁극적 목적인 행복을 지향하며 행복에 연결된 구성요소이기 때문이다.

(6) 결론: 가르침과 배움의 프로네시스

지금까지 프로네시스란 무엇인가에 관하여 행복의 개념, 지적인 덕 및 성격적인 덕과 연관하여 살펴보았고 가르침과 배움의 의미와 관련하여 프로네시스가 주는 함의를 고찰하였다. 프로네시스란 자신에게 무엇이 좋은지를 분별하여 상황에 가장 적절한 방법을 선택하고 실행하는 실천적인 지혜이다. 자신에게 무엇이 좋은지를 알기 위해선 무엇보다 인생의 목적에 대한 근본적인 성찰이 필요하다. 프로네시스를 구현하는 가르침과 배움이 되려면 무엇보다 가르치는 자와 배우는 자가 자신이 왜 존재하는지, 무엇을 위해 살아가야 하는지, 가르침과 배움은 무엇을 지향해야 하는지를 생각하여야 하며, 자신의 근본 모태이자 연장선상에서 인간 자체에 대한 성찰, 인간이란 무엇이며 인간의 목적은 무엇인지에 관한 심도 있는 성찰이 이루어져야 한다. 자신이 지향해야 할 바를 분명히 알 때만이 스스로 참다운 행복을 향유할 수 있다. 가르침과 배움이 자신의 인생에서, 나아가 이 인간 사회에 어떠한 의미를 가지는지 분명히 인식할 때만이 진정 행복한 가르침과 배움, 자발적이고 열정적인 가르침과 배움이 될 수 있다. 목적의식이 있는 가르침과 배움,

진정 가르치는 자와 배우는 자가 즐길 수 있는 교육이 바로 프로네시스의 가르침과 배움의 가장 큰 의미이다.[15)]

프로네시스는 '덕의 상실'의 시대에 인간에게 참다운 덕의 중요성을 시사하며 가르침과 배움에서 덕의 함양이 핵심적임을 보여준다. 이 시대에는 비단 한국뿐만이 아니라 거의 전세계가 경쟁적인 모드로 달려가고 있다. 누가 많이, 잘 생산하고 판매하느냐의 경제적 경쟁이 사회의 전분야를 이끌고 간다고 하여도 과언이 아니다. 홍익인간 정신이니 배려니 하는 명목상의 교육목표가 있다고 해도 그 내면의 실질적인 것을 들여다보면 돈 잘 버는 인간이 최고이며 이러한 인간을 만들어내는 데 교육이 앞장서고 있는 현실이다. 인간의 가치는 연봉이나 영업 계약 건수로 가려진다. 이러한 시대에 지적인 덕과 성격적인 덕의 중요성을 강조하는 것은 어디로 가는지 모르고 무턱대고 질주하는 폭주기관차를 제어하며 방향성에 대하여 경종을 울리는 일이 될 것이다. 어느 사회건 사람들은 행복해지려 한다. 그러나 아리스토텔레스에 의하면 그 행복은 덕이 없으면 이룰 수 없다. 가르치는 자와 배우는 자가 진정 가르침과 배움에서 즐거움을 누리려면 지적인 덕과 성격적인 덕을 갖추고 있어야 한다.

지적인 덕으로 무엇이 좋은지를 알 때 자발적으로 즐길 수 있는 배움이 가능하며, 몸에 체화된 성격적 덕을 지녔을 때 각 상황에서 좋은 선택을 하여 좋은 삶을 이끌 수 있다. 이것은 가르침과 배움에서 사유가 동반된 습관과 실천의 중요성을 의미한다. 교사교육에서 예비교사들은 지금보다 질적으로나 양적으로 훨씬 더 깊이 있고 체계적인 실습 기회가 부여되어야 한다. 다양한 교육의 현장 상황에서 맞부딪히는 다양한 문제들에 적절하게 사고하며 대처하는 훈련이 지속될 때 이것이

15) 프로네시스는 아리스토텔레스의 목적론적 관점의 인간관의 큰 테두리 내에 있다. 프로네시스를 가르침과 배움의 현장에 제대로 구현하려면, 무엇보다 근본적으로 가르치는 자와 배우는 자가 어떻게 사는 것이 좋은 것인지에 대한 숙고, 이와 관련하여서 자신의 삶, 가르침과 배움의 목적과 의미, 나아가서 인간의 삶의 목적에 대한 일련의 연결된 깊은 성찰의 자세와 훈련이 필요하다. 바로 이러한 바탕이 제대로 조성되어야만 구체적 교육 문제와 주제를 다룰 때 실천적 지혜를 적절하게 적용할 수 있다고 본다. 저자는 교사교육에서 교육철학이나 교직소양, 교사론 등을 통해 이러한 삶에 대한 성찰의 훈련이 되며, 배움에서는 도덕과 사회와 같은 교과에서 이러한 삶의 문제와 목적에 대한 숙고의 훈련이 중점적으로 다뤄지는 한편, 각과 교육에서 다양한 주제와 방식으로 그 숙고가 이어진다면 프로네시스의 가르침과 배움이 이뤄질 수 있다고 본다.

하나의 습관으로 되며, 차후에 교사가 되었을 때도 실천적인 지혜를 발휘하는 힘이 될 것이다.

배움에서도 배우는 자들이 정해진 내용을 숙지하도록 하는 방식보다는, 다양한 문제가 제시되고 이에 대한 최선의 해결방안을 주도적으로 숙고하는 방식이 보다 바람직할 것이다. 가르치는 자와 배우는 자가 가르침과 배움에서 사람, 상황, 시기, 방법, 정도 등을 적절하게 고려하여 가장 합당한 선택을 할 수 있는 중용의 덕을 체화하도록 훈련시키는 것이 핵심이다. 저자는 교육실습의 확충과 더불어 지금처럼 현장실습이 별도로 이루어지기보다는 현장실습 이전과 이후 계속 자신의 교육적 판단과 선택에 대하여 교수 및 동료들과 함께 반성하고 숙고하는 교육세미나가 병행될 수 있는 교사교육제도의 변화를 제언한다. 이러한 교육세미나는 교사재교육 프로그램에도 도입하여 실제 상황에서 교사들이 실천적인 지혜를 함양하도록 지원되었으면 한다.[16)]

사유와 실천의 결합, 바로 이것이 프로네시스에 입각한 가르침과 배움의 진수이다. 아리스토텔레스가 청중들에게 사유하는 법의 모범을 보였듯이, 가르치는 자는 배우는 자에게 사유를 유도하고 사유하는 법을 가르침에서 보여주어야 한다. 가르치는 자와 배우는 자는 함께 가르침과 배움의 목적을 생각하고, 교육내용에서 원칙적인 것의 이해와 함께 이유와 원인, 과정과 결과를 추론하며, 다양한 의미와 예외를 사유하며, 상호 간의 연관성과 차이점, 다른 내용·영역과 관련된 적용과

16) 박영주(2010)는 프로네시스를 초등교육 현장에 도입하여 급식실에서 학생들이 줄서기와 관련된 다툼이 일어났을 때 사건의 정황을 자세히 이야기하고 토끼와 거북이, 도깨비 이야기 등 이와 관련되어 생각할 수 있는 이야기와 질문들을 통하여 학생들이 실제 문제를 함께 숙고할 수 있는 내러티브 교육을 제안한다. 교사는 이야기 중에 프로네시스의 모범을 보이고 학생은 그것을 모방할 수 있을 뿐만 아니라 교사의 적절한 질문들을 통하여 이치에 맞고 시의적절한 해결방안들을 생각할 수 있게 된다. 이와 더불어 위 연구는 교사교육에서 교재나 프로그램 전달과정으로부터 문제 중심 action plan 연구 방법으로의 전환, 교재에서 결과 중심의 구성이 아닌 과정 중심의 서사식 구성으로 담임 교사가 학생들과의 상호작용을 통해 직접 설계할 수 있는 방법, 인격적 모델로서의 교사의식의 전환 등을 제안한다. 이러한 방안은 매우 실질적이나 이를 실현하기 위해서는 교사의 지적, 인격적 자질이 바탕을 이루지 못한다면 이루어지기 힘들다고 본다. 즉, 교사가 실천적 지혜를 유도하는 내러티브를 시의적절하게 사용하려면, 첫째 상당 수준의 논리적 사고능력과 둘째, 학생들의 사고를 유도하는 논리적 내러티브의 질문 및 화법 기술, 셋째 올바른 판단과 행동의 모범을 보일 수 있는 윤리적 성품을 갖추어야 한다. 이러한 세 가지 측면의 함양을 위한 교사교육 프로그램의 개발이 요구된다.

확산 등을 심도 있게 성찰하는 연습이 이루어져야 한다. 또한 이러한 과정들이 어떠한 타율적 · 외재적 간섭이나 강제에 의하지 않고 가르치는 자와 배우는 자 스스로의 자발적 동기에 의해 이루어지도록 각별히 주의하여야 한다.

이러한 프로네시스의 가르침과 배움은 도덕과 교육에만 국한되는 것이 아니다. 모든 교과와 모든 교육 상황에서 가르치는 자와 배우는 자가 발휘하고 함양해야 할 지혜가 바로 프로네시스이다. 전술하였듯이 제작 및 기술과 관련된 교과에서도 무엇인가를 창작하는 상황에서 최선의 방법을 찾아내는 연습은 실천적 지혜의 함양에 중요하다. 수학이나 과학과 같은 원리, 법칙, 자연 현상 등을 다루는 학문에서도 그 필연적인 것이 어떻게 논리적으로 도출되는지를 생각하는 논리적 사고능력은 목적에 부합한 합리적 행동을 선택하는 실천적 추론과정에도 상당히 도움을 줄 것이다. 언어 교과는 다양한 언어 상황에서 적절한 의미를 파악하고 어휘를 선택하는 것을 통하여, 문학 및 예술은 작품 속에 담긴 인간의 다양한 삶과 정서의 맥락을 해석하고 의미를 부여하는 맥락 감수성을 기르는 것을 통하여, 사회 교과는 인간 사회의 다양한 모습을 이해하는 것을 통하여 각각 프로네시스를 함양할 수 있다.

문제는 각 교과교육이 지식을 전달하려 하기보다는 지혜를 함양하는 기본 방향에 주력하여야 한다는 점이다. 프로네시스를 주장한 아리스토텔레스 자체가 모든 학문의 아버지라 할 만큼 다양한 학문분야에 해박한 지식을 가지고 그것들을 자신이 설립한 교육기관인 아카데미에서 직접 가르쳤던 것을 본다면, 모든 교과는 프로네시스의 함양에 연관되며, 또한 모든 교과가 인간의 삶, 좋은 삶을 위하여 하나로 연결되었다는 점을 감안할 때 우리가 가르치고 배울 때 비록 교과들이 편의상 구분되어 있더라도 삶의 지혜를 위한 교과 통합적인 성찰을 적극적으로 시도해보아야 할 것이다. 이러한 시도를 통하여 가르치고 배운다는 것이 시험보고 취직하기 위해서가 아닌 행복한 삶을 위하여 좋은 인간이 되기 위하여 행하는 즐거운 활동임을 우리가 자각하여야 할 것이다.

참고문헌

『論語集註』. 성백효역주(1996). 전통문화연구회.
김기수(1997). "아리스토텔레스의 실천적 지혜와 교육의 실제". 「교육철학」, 17. 9-27.
김현숙(2008). "아리스토텔레스의 『니코마코스윤리학』에 나타난 에우다이모니아와 습관형성 연구". 「교육철학」, 36. 41-62.
박영주(2010). "실천적 지혜 함양을 통한 창의/인성 교육 방안: 아리스토텔레스 윤리학을 중심으로". 「초등도덕교육」 33. 227-256.
박재주(2008). "덕의 통합성과 통합적 접근의 도덕교육". 「윤리교육연구」, 15. 169-192.
심승환(2007). 『가르침과 배움의 철학』. 파주: 교육과학사.
장미성(2011). "중용을 통해 본 아리스토텔레스 윤리학의 특징". 「서양고전학연구」, 45. 279-309.
편상범(2012). "아리스토텔레스 윤리학에서 이론적 탐구(theoria)와 도덕적 실천(praxis)의 관계". 「철학사상」, 43. 69-98.

Annas, J.(1993). *The Morality of Happiness*. Oxford: Oxford University Press.
Aristotle. Metaphysics. 조대호 역해(2004). 『아리스토텔레스의 형이상학』. 서울: 문예출판사.
Aristotle. *Nichomachean Ethics*. Ross, D.(trans. 1980). Oxford: Oxford University Press.
Aristotle. Nichomachean Ethics. 강상진 김재홍 이창우 역(2011). 『니코마코스 윤리학』. 서울: 길.
Aristotle. On the Soul. 유원기 역주(2001). 『영혼에 관하여』. 서울: 궁리출판.
Aristotle. Politics. 천병희 역(2009). 『정치학』. 고양시: 숲.
Bergman, R.(2007). Aristotle for Contemporary Moral Educators. *Journal of Research in Character Education*. 5(1). 71-82.
Blake, N. et al.(ed.)(2003). The Blackwell Guide to the Philosophy of Education. 강선보 외 역(2009). 『현대교육철학의 다양한 흐름 Ⅰ』. 서울: 학지사.
Blankenship, D.(1996). "Commentary on Charles M. Young's 'The Doctrine of the Mean'". *Topoi* vol. 15.
Burnyeat, M.(1980). "Aristotle on Learning to be Good". A. Rorty(Ed.). *Essays on Aristotle's Ethics*. Berkeley: University of California Press.
Curren, R.(2010). "Aristotle's Educational Politics and the Aristotelian Renaissance in Philosophy of Education". *Oxford Review of Education*, 36(5). 543-559.
Dunne, J.(1993). *Back to the Rough Ground*. Notre Dame, IN: University of Notre Dame Press.
Fowers, B.(2003). "Reason and Human Finitude: In Praise of Practical Wisdom". *The American Behavioral Scientist*, 47(4). 415-426.

Goleman, D.(1995). *Emotional Intelligence*. New York: Bantam Books.

Hardie, W. F. R.(1980). *Aristotle's Ethical Theory*. Oxford: Oxford University Press.

Hume, D. *A Treatise of Human Nature*. 김성숙 역(2009). 『인간이란 무엇인가』. 서울: 동서문화사.

Kristiansson, K.(2006). "Emotional Intelligence" in the Classroom? An Aristotelian Critique. *Educational Theory*, 56(1). 39-56.

MacIntyre, A. & Dunne, J.(2002). "Alasdair MacIntyre on Education". *Journal of Philosophy of education*, 36(1). 1-19.

MacIntyre, A.(2007). *After Virtue*. Notre Dame: University of Notre Dame Press.

Manen, V. M.(1990). Researching Lived Experience: Human Science for an Action Sensitive Pedagogy. London, ON: The Althouse Press.

Nussbaum, M. C.(1986). *The Fragility of Goodness: Lurk and Ethics in Greek Tragedy and Philosophy*. Cambridge: Cambridge University Press.

Orton, R.(1998). "How Can Teacher Reasoning be Practical?" *Educational Theory*. 48(2). 175-192.

Plato. *Laws*. 박종현 역(2009). 『법률』. 서울: 서광사.

Plato. *Republic*. 박종현 역(2005). 『국가』. 서울: 서광사.

Ross, D.(1995). *Aristotle*. 김진성 역(2012). 『아리스토텔레스』. 서울: 누멘.

Salkever, S.(2007). "Teaching the Questions: Aristotle's Philosophical Pedagogy in the Nichomachean Ethics and the Politics". *The Review of Politics*, 69. 192-214.

Sandel, M.(2009). *What is Justice*? 이창신 역(2010). 서울: 김영사.

Spence, S.(2007). *Phronesis and the Student Teacher*. The Journal of Educational Thought, 41(3). 311-322.

Urmson, J. O.(1973). "Aristotle's Doctrine of the Mean". *American Philosophy Quarterly*. vol. 10.

Warne, C.(2006). *Aristotle's Nochomachean Ethics*. 김요한 역(2011). 『아리스토텔레스의 니코마코스 윤리학 입문』. 서울: 서광사.

Wilson, J.(1965). "Two Types of Teaching. Archambault", R.D.(ed.). *Philosophical Analysis and Education*. London: Routledge & Kegan Paul.

Young, M.(1996). "The Doctrine of the Mean". *Topoi*. vol. 15.

2 사고의 교육적 의미*

(1) 서론

인간은 사고를 통해 진·선·미의 가치를 궁구함으로써, 좋은 삶과 올바른 삶을 영위한다. 사고(thinking)는 인류의 오랜 역사 및 문화를 통해 다양한 의미로 발전되어 왔다. 현대에 이르러서도 사고의 의미는 합리적 사고, 비판적 사고, 창의적 사고, 협력적 사고, 직관적 사고, 창의적 사고 등으로 다양하게 논의되고 있다. 어떠한 초점으로 논의하든, 사고는 특정한 삶의 상황에 직면하여 적절하게 평가하며 대안을 창출하고 문제해결을 거쳐 좋은 해결방안을 모색한다는 점에서, 인간의 삶에 필연적인 과정이요 좋은 삶을 위한 기본 토대가 된다. 그런데 교육 역시 인간을 지적·인격적·정서적으로 올바르고 좋은 방향으로 인도하려는 목적을 추구한다고 보면, 사고와 교육은 인간의 좋은 삶에 필연적으로 연결되는 활동이다.

이 글은 교육과 사고가 본질적으로 인간의 좋은 삶에 함께 연관된다는 가정에 기초하여, 사고의 특징 및 배움과의 연관성을 탐구하고자 한다. 사고는 다양한 측면으로 고찰할 수 있겠으나, 이 글은 듀이의 반성적 사고, 시걸의 비판적 사고, 립맨의 협력적 사고의 관점들을 종합하여 교육과 사고의 연관적 의미를 탐구한다. 듀이, 시걸, 립맨은 모두 사고 작용이 인간의 지적 능력을 함양하며 교육의 중요한 목표이자 내용이 되어야 함에 동의한다. 한편, 이들은 각기 다른 측면에서 교육과 연관된 사고의 가장 핵심적인 개념과 특징들을 제시하며, 이는 상이하면서도 서로 보완될 수 있는 의의와 시사점을 제시할 수 있으므로, 이들을 종합할 경우, 사고와

* 본 장은 2012년도 『교육문제연구』 제42집에 발표된 저자의 논문, "사고의 교육적 의미에 대한 고찰"을 수정한 것이다.

교육에 관한 보다 깊고 체계적인 이해가 가능할 것이다.[1)]

(2) 듀이의 반성적 사고 개념

듀이는 먼저 사고의 광범위한 일상적 용례를 통해 사고의 의미를 접근한다. 사고는 마음에 떠오르는 것, 직접적인 감각경험을 제외한 것, 증거나 증언에 의존하는 믿음 등을 포함한다. 듀이는 이들 중에 어떤 믿음에 대한 근거를 의도적으로 구하며, 그 근거의 적절성을 검토하는 반성적 사고(reflective thought)만이 진정으로 교육적인 가치를 지닌다고 주장한다.[2)] 첫 번째 유형으로 두서없이 마음에 떠오르는 생각(공상)은 우연적으로 발생하고 규칙성이 없으며 불연속성을 지닌다(Dewey, 1910: 3-5). 이것은 원인과 결과 간의 상호관련성이 거의 없다. 사고의 두 번째 유형은 단순히 보고 듣는 것이 아닌 마음속의 상상 작용이다. 이것은 단순한 관찰의 기록이 아닌 창조적 요소를 담고 있고 나름대로 내적인 조화와 연결되므로 공상 상태와 의도적인 심사숙고의 중간 단계이다. 상상은 치밀한 사고를 준비시켜 주는 역할을 하나, 사실이나 지식에 대한 믿음을 목표로 하지 않기에 반성적 사고와 구

1) 동서고금의 수많은 철학과 사상은 인간의 '사고' 작용에 대하여 주목하였다. 그런데 이 사고가 과연 교육과 어떠한 관련이 있으며 교육에서 어떻게 작용하는지를 집중적으로 논의한 연구는 많지 않다. 비판적 사고, 창의적 사고, 문제해결식 사고 등 특정한 사고방식과 관련된 교육방법론에 관하여는 최근에 제법 논의되고 있지만 사고의 전반을 종합적으로 교육의 본질적 개념과 관련하여 그 의미를 탐구한 연구는 찾기 힘들다. 사고와 교육을 가장 치밀하게 연관시켜 고찰한 사람은 아마 듀이(J. Dewey)일 것이다. 그러나 듀이도 '반성적 사고' 혹은 '과학적 사고'라는 특정한 방식의 사고에 관하여 논의하였기에 일정한 한계를 지닌다. 최근에 교육과 관련하여 활발하게 논의되는 비판적 사고는 듀이의 사상을 일면 수용하였으나 상당히 다른 특색을 지닌다. 듀이가 사태의 인과관계에 주목하고 문제해결 또는 결과를 예측하고 이를 검증해나가는 결과 중심적 사고라면 비판적 사고는 어떠한 주장이나 아이디어에 대하여 판단하고 이유를 평가하는 평가 중심적 사고라고 볼 수 있다. 그런데 이 양자는 사고가 어떻게 공동체 내에서 협력적으로 형성되며 이 협력적 탐구과정이 교육에 어떠한 영향을 미치는지를 치밀하게 설명하지 못한다. 물론 듀이가 민주주의적 방식, 협동적 탐구 과정을 강조하고는 있지만 협력적 탐구와 교육의 치밀한 관련 논의는 이루어지지 못하고 있다. 립맨은 바로 이 점을 집중적으로 논의한 학자이다. 립맨은 협력적 탐구 과정 그 자체의 교육적 의의를 강조하므로 앞의 양자와 비교한다면 과정 중심적 사고라 할 수 있다. 이 글은 이러한 측면에서 세 사상가를 함께 논의하였고 이러한 종합적 논의는 처음 시도된다는 점에서 의의를 갖는다.

2) 듀이가 반성적 사고만이 교육적 가치를 지닌 것으로 보는 이유는 이하 내용을 통해 논의하겠다.

분된다. 이것은 주로 분위기나 감상의 고양을 목표로 한다(Dewey, 1910: 5-7).

사고의 세 번째 유형은 어떤 근거를 가진 믿음이다. 이것은 다시 근거의 적절성을 검토하지 않고 수용하는 믿음과, 근거를 자세히 검토하고 수용하는 믿음의 두 유형으로 나뉜다. 어떤 권위나 우리 자신의 이익에 의존하는 믿음이 전자의 경우이며 이는 편견과 속단을 가져온다. 이와 달리, 반성적 사고(후자)는 어떤 믿음이나 지식에 대해 그 근거와 결과를 적극적이고 지속적이며 세심하게 숙고하는 것이다. 예를 들어, 상당히 오랜 기간 사람들은 지구가 평평하다고 믿어왔다. 대부분의 사람들은 많은 사람들이 그렇게 이야기하니까, 어른들이나 선생님이 가르쳐주니까 그 말을 그대로 수용하였다. 그러나 콜럼버스 같은 사람은 많은 사람들의 말을 그대로 수용하지 않고 과연 그러한가(주장의 신뢰성, 근거의 적절성)를 의심하고 이를 검토하려고 하였다. 즉, 지구가 평평한지 자세히 관찰하고, 사실들과 정보들을 조사하고, 다양한 가설들을 비교·검토하며, 실제 실행하여 결과를 살펴보는 것이다. 실제 콜럼버스는 많은 사람들의 말과는 달리 일부 선구적 학자들의 지구가 둥글다는 주장에 관심을 갖고, 지구가 둥글다면 기존의 항로와는 정반대로 항해하여도 인도에 도착하리라는 가설을 실행하여 검토하려 하였다. 이러한 반성적 사고에는 어떤 상황에 대한 의심, 당혹감, 불확실함과 같은 문제의식과 만약 어떠한 조건이라면 어떤 결과를 가져올 것이라는 가정과 이를 검증하는 탐구 및 실행이 포함된다(Dewey, 1910: 8-13).

듀이가 주장하는 반성적 사고로서의 사고 개념은 교육과 어떠한 관련이 있는가? 듀이는 교육은 경험의 과정과 본질적이며 필연적인 관계가 존재한다고 여겨, 교육을 경험의 지속적인 재구성 과정으로 본다(Dewey, 1938: 24; 65). 하나의 경험이 후속 경험에 능력과 흥미를 야기하면서 연속적으로 경험들이 상호작용하는 일련의 과정을 통해 학습자는 성장한다. 듀이가 보는 사고는 활동과 결과 간의 관련성을 파악하는 것이다. 우리가 행동할 때 어떠한 결과를 예측하지 않고 충동적으로 하는 경우와, 결과가 어떨지를 세밀하게 예상하고 하는 경우가 있다. 전자의 경우는 사고가 매개되지 않은 것이고 후자의 경우는 사고가 매개된 것이다.

한 아이가 자전거를 탈 때, 아무 생각 없이 이렇게 저렇게 마음 내키는 대로 타 보는 것과, 이런 방식으로 타면 어떤 결과(속도, 방향 등)가 나올지를 예측하면서 타는 경우는 분명히 다르다. 후자의 경우는 자전거 타는 방법(속도, 방향 조절 등)을 보다 정확하고 빠르게 습득할 수 있을 뿐만 아니라 지적인 파급 효과를 가지게 된다. 이 경우 아이는 약간의 방향을 틀어 계속 간다면 어떨까라는 가정을 해보고 실행해본다. 이때 자전거의 방향은 원을 그리며 원래의 자리로 돌아올 수 있다는 것을 알게 된다. 이것은 지적인 흥미를 야기하고 또 다른 가정을 해보게 만든다. 방향을 조금 틀어서 계속가면 큰 원을 그리며 원래의 자리로 돌아오고 더 많이 틀면 작은 원을 그리며 원래의 자리로 돌아온다는 사실을 알게 된다. 이것은 또 다른 궁금증을 야기한다. 만약 똑바로 직진한다면 결코 원래의 자리로 돌아올 수 없을까? 이 아이는 관찰한 것, 자신의 모든 배경지식 등을 총동원하여 마음속으로 가정해본다. 이것은 지구의 모양까지 확산적 사고를 야기하고 만약 지구가 둥글고 자전거로 주행 가능한 땅으로 계속 연결만 되어 있다면 계속 직진했을 때 언젠가는 다시 원위치로 복귀 가능하다는 결론을 얻게 된다.

이러한 결론을 얻는 과정에서 아이는 생각을 하는 방법적 지식을 얻게 된다. 보고 들은 것이나 기존 지식을 의심하는 것, 자세히 관찰하는 것, 기존의 배경지식을 끌어와 적용하는 것, 가정하여 추론하는 것, 실행이나 실험하여 검증하는 것 등이 바로 이것이다. 이러한 방법적 지식을 얻게 되면 이후의 다른 문제 상황에서 더욱 발전적이고 능숙하게 사태에 대처하는 능력을 키울 수 있게 된다. 이에 덧붙여 이러한 경험을 했을 때, 아이는 놀라운 발견의 기쁨과 성취감, 자신감과 흥미, 의욕이 증대된다. 이것은 지적인 궁금증, 학습 욕구를 자극하게 되고 지속적이고 더욱 깊은 지적 탐구를 가능하게 하는 원동력이 된다. 바로 이것이 듀이가 보는 사고와 교육의 관련성이다.

상술한 사고의 유형과 관련하여 보면, 마음속에 그냥 여러 가지 자전거 타는 모습, 비탈길을 타고 내려가거나 구름 위로 타는 것 등을 떠올리거나, 자전거를 타고 세계 여행을 하는 장면을 생각한다면 이는 공상이나 상상에 해당된다. 이를 통해 마음이 조금 즐거워지고 감수성이 높아질 수는 있겠으나 앞에서 언급한 지적인 확산은 거의 이루어지지 않는다.[3] 또한 어떤 근거에 의한 믿음의 사고 유형에서도

---

3) 물론 실제 상황에서 엄밀하게 공상, 상상, 반성적 사고를 구분하기란 쉽지 않을 것이다. 때로는 이들이 연결되어서 일어나며 중첩되어 일어나기도 할 것이다. 그리고 공상이나 상상, 특히 상상의 과정에서의 감수성, 심미성의 작용, 이야기 구성이나 창의적 사고는 분명히 인간 성장에 있어 중요한 요소이다. 이 점에 대해 듀이의 사고론은 (교육과 관련할 때) 분명 일정 부분 한계를 지닌다. 이와 관련하여 서사적 사고가 의미가 있다고 하겠다. 서사적 사고는 이야기를 전개해나

근거의 적절성을 검토하지 않는 경우는 지적 능력의 확산 및 지적 흥미의 증진은 일어나지 않는다. 그저 누가 그렇게 이야기하였기 때문에 믿는다면 새로운 상황에 처했을 때 누가 조언하지 않는다면 그것을 능동적으로 인식하고 효과적으로 대처하는 방법을 알 수 없다. 아울러 이런 유형의 믿음은 수동적이기에 발견의 기쁨, 성취감, 지적 탐구욕 등을 일으킬 수 없다. 반면 반성적 사고는 주어진 상황, 지식에 대하여 문제의식을 가지고 그 원인과 근거를 의심하며 다양한 측면에서 가정하고 결과를 예상하며 실험하는 과정에서 지적 능력의 확산과 지적 흥미의 증진이 야기된다. 바로 이런 측면에서 듀이는 반성적 사고만이 교육적 의의를 지닌다고 보는 것이다.

듀이는 사고는 어떤 문제 상황에서 문제 해결을 위한 탐구의 과정이라고 본다. 문제 해결 과정으로서의 사고는 어떠한 가정이나 전제로부터 결론을 이끈다는 점에서 논리적이다. 좁은 의미로 논리적이란 것은 증거의 엄중함이겠으나 넓은 의미로는 주어진 조건에서 최선의 결과를 가져오도록 하는 체계적인 마음의 자세를 의미한다. 이것은 곧 열린 마음, 철저함, 세심한 성찰이다. 열린 마음은 어떤 주제가 지닌 모든 다양한 측면을 다각도로 탐구하려는 마음가짐이다. 철저함은 어떤 주제나 상황에 대해 주의와 정성을 기울이는 태도이며, 어떤 권위나 자신의 이익, 충동 등에 의존하거나 좌우되지 않고, 근거의 적절성을 끝까지 일관성과 연속성을 가지고 치밀하게 검토하는 것이다.[4] 이것은 쉽게 믿지 않고 변덕, 감정, 우연적 상황에 의해 좌우되지 않고 참을성 있게 판단을 유보하며 확실한 근거 위에 결론(문제해결)에 도달하려는 마음의 습관이다.

세심한 성찰이란 사물과 사물 간의 관련성을 명확하게 조사하는 것을 의미한다. 상호 관련성의 파악은 보이는 것과 보이지 않는 것을 연결하는 것을 뜻한다. 예를 들어, 개는 배고프면 먹으려 하고 주인이 준 고기에 대해 단지 그 순간의 식욕을 채워줄 먹잇감으로밖에 보지 않는다. 반면, 이에 대해 관련성을 성찰하는 사람은

가는 사고로서 과학적 사고에서 논리적인 개연성이 강조된다면, 서사적 사고에서는 비논리적인 임의성이 강조된다. 서사적 사고는 욕망, 희망, 신념, 지식, 의도, 헌신 같은 인간 행위의 예측불가능성, 설명 불가능성을 다룬다(한승희, 2005: 46).

4) 일관성과 연속성이란 것은 문제 상황에 있어서 문제 해결이란 목적을 향하여 마음이 집중되는 것을 의미하며 이러한 집중 상태에서 원인과 결과, 근거와 아이디어를 지속적으로 검증하는 과정을 뜻한다.

고기(보이는 것)가 어느 동물의 살이며 그것이 내 몸에 들어와 영양성분으로 바뀔 것(보이지 않는 것)을 유추해 낸다. 듀이는 학습자가 바로 이러한 열린 마음, 철저함, 세심한 성찰과 같은 사고의 논리적인 속성을 습관으로 형성하도록 하는 것이 교육의 지적 목적임을 주장하고자 한다(Dewey, 1910: 22; 65-67; 77).

그런데 듀이는 기존의 교육관이 아동의 선천적인 심리적 성향과 논리성을 상호 독립적인 것으로 보고 양 극단에 치우친 점을 문제시한다. 즉, 한 학파에서는 자유, 개성, 놀이, 흥미 등을 강조하며 아동의 개성과 자유로운 활동을 통해 타고난 잠재 가능성을 자극하고 성장시키는 방법을 추구한다. 여기서는 논리적 구조로 짜여 있고 논리성을 담고 있는 조직된 교과 내용과 학습 자료의 활용이 거의 이루어지지 않고 있다. 다른 학파에서는 논리성을 높이 평가하는 반면, 아동의 자연적 성향을 이 논리적 성취에 반대되는 것으로 본다. 따라서 여기에서는 아동의 산만하고 충동적인 성향을 통제하고 논리적으로 체계화된 교과 내용을 전달하는 데 주목한다. 즉, 논리성이 교과 내용에 담겨 있기에 이것을 충실하게 습득하는 것이 논리성을 키우는 방법이 된다. 교과 내용 안에는 개념 간의 구분, 요소들의 정의, 일반 원리에 따른 분류 등의 사고의 논리적 속성이 들어 있는데, 문제는 이것들을 있는 그대로 밖에서부터 전달·주입하려고 했을 때 아동의 자생적인 섬세하고 생기 넘치는 논리적 발달을 저해한다는 점이다.

학생들은 개념과 공식을 기계적으로 암기하는 중에 그 내용을 완전히 이해하지 못하고, 기계적인 절차에 의존하게 되고, 실제 상황과의 관련성을 모르는 채, 점점 배움 자체에 대한 흥미를 상실하게 된다. 이렇게 되면, 교사나 학생 모두가 이 교육에 등을 돌리고 경우에 따라 반대 극단인 자신의 취향에만 따르도록 나가는 것이다. 이러한 문제는 학습자 안에 이미 논리성이 존재하며 교과 내용은 성숙한 논리성을 표현한 것임을 간과하였기 때문에 야기된 것이다. 즉, 구분, 정의, 일반화 등의 고도의 논리적 속성을 지닌 교과내용은 사고 훈련의 정점, 사고의 최고 목표 지점을 나타내는 것인데 이것을 아동에게 그대로 전달하는 것은 단계적으로 맞지 않을 뿐만 아니라, 이미 완성된 상태를 주려고 하기에 흥미와 필요성을 못 느끼게 한다. 따라서 교육적으로 중요한 점은 바로 호기심을 가지고 인과관계를 추론하고자 하는 논리적 속성이 이미 학생의 삶 속에 있다는 점을 분명히 인식하고, 이를 교과내용의 논리적 구조와 연결시켜 교육적으로 활용하고 활동하도록 만들어 주는 데 있다. 아동이 하는 놀이, 호기심, 경험, 가정들은 논리성의 초기적 단계이고 체계화된 교과내용은 논리성의 후기 단계로 양자는 연속선상에 있는 것으로 상호 독립적, 배타적인 것이 아니다. 바로 전자의 선천적 힘, 우연적 호기심과 간헐적인 가정을 후자의 다양하고 철저하며 세심한 탐구능력으로 전환하는 것이야말로 지적 교육의 진정한 목표이다(Dewey, 1910: 67-72).

사고의 교육적 의의는 바로 아동의 자유로운 호기심, 경험, 놀이와 성인의 훈련된 마음(disciplined mind), 논리성, 교과내용을 연결하여 주는 매개자로서 전자가 후자의 완성된 상태로 점차 발달되어 가도록 안내한다는 데 있다. 아동의 활동에는 이미 사고의 중요한 속성(논리성)이 내재되어 있다. 사고는 아이가 없어진 공이 어디로 갔는가를 생각하는 작은 일들에서부터 시작된다. 문제는 아이들의 자유로운 호기심과 활동을 성인의 훈련된 마음(열린 마음, 철저함, 세심한 성찰 등)으로 성장하게 하는 일인데, 많은 교육자들이 이를 위해 외부로부터의 규제와 훈육의 방법을 취한다. 이렇게 되면 아이들의 호기심과 지적 동기를 저해하거나 상실시키고 반발심을 유발한다. 따라서 아이들의 자유로운 지적 탐구가 스스로 진행되도록 돕는 것이 최선의 교육이다. 단, 아이들의 충동적 성향이 즉각적으로 발산되도록 하는 것은 막아야 한다.

훈련된 마음, 논리성은 즉각적인 판단을 유보하고 참을성 있게 탐구하는 가운데 길러진다. 따라서 교육자는 아동의 일상 활동 중에서 반성적 사고를 유도하는 깊이 있는 문제들을 선별하여 제시하는 것이 중요하다. 이를 통해 아동은 자신의 충동적 성향을 스스로 통제하면서 성찰적 탐구를 자연스럽게 수행하게 된다(Dewey, 1910: 74-75). 아이들은 활동 중에서 문제를 인식하고 이를 해결하려고 다양하고 끈질기게 노력하는 와중에 하나의 대상이나 주제에 전심을 쏟아 주의를 집중하는 것, 다양한 측면을 폭넓게 검토하는 것, 원인과 결과, 가정과 결론, 아이디어와 근거, 사실과 증거, 보이는 것과 보이지 않는 것 간의 상관관계를 면밀히 성찰하는 것, 쉽게 남의 말을 맹신하거나 우연, 변덕에 의해 좌우되지 않고 참을성과 일관성을 가지고 탐구하는 것 등의 마음의 습관을 발달시키게 된다. 바로 이러한 마음 습관의 형성과 발달이야말로 교육이 추구하는 중요한 가치이자 목적이다. 왜냐하면 이러한 마음은 전술한 지적 확산력과 탐구의욕을 고양시켜 계속적인 지식, 기술, 태도의 형성에 긍정적으로 작용하며, 지적인 측면뿐만 아니라 사람이나 대상에 대해 취하는 진중하고 열려 있는 의식과 태도를 함양시켜 도덕성과 감수성도 증진시키기 때문이다.

듀이는 사고(탐구)는 완전히 아는 것과 완전히 모르는 것 사이의 영역에 위치한다고 본다. 사고의 영역 그 자체는 인간 배움의 필요성과 가능성을 시사한다. 고대 그리스에서는 배움의 가능성에 대한 딜레마가 존재하였다. 즉, 사람은 이미 알든가, 알지 못하든가 둘 중에 하나의 경우에 해당하는데 양자 모두 배움은 불필요하거나 불가능하다. 전자는 알고 있기에 배움이 불필요하고 후자는 무엇을 어떻게 배워야 할지 모르기에 불가능하다. 그러나 듀이는 무지와 지식 사이에 사고의 영역이 존재하며 이것은 곧 가설적 결론, 잠정적 결과라고 주장한다. 인간은 가설을 설정하고 이에 따라 잠정적 탐색활동을 하면서 이전의 가설을 확인 · 폐기 · 수정한다. 여기서 지식은 사고 · 탐구활동의 결과물인 동시에 새로운 가설적 결론이 될 수도 있다(Dewey, 1916: 240-241).[5]

이러한 사고과정은, 인류의 역사를 통해 많은 발견과 발명, 지식의 축적이 이루어진 현대에 매우 실질적인 시사점을 제시한다. 즉, 사람들은 심지어 어린아이일지라도 보고 들은 배경지식이 존재하고(물론 오류가 있을 수 있겠으나) 사물과 세계에 대하여 관찰할 수 있는 능력을 가지고 있다. 바로 이 배경지식과 관찰력은 우리가 전혀 무지하지 않고 무엇인가를 탐구하고 습득할 수 있음을 보여준다. 한편, 시시각각 급변하는 상황과 환경은 시공을 초월한 절대적인 지식보다는 지식의 변화가능성을 시사한다. 이 상황에서 확실하였던 지식은 다른 상황에서 불확실해진다. 바로 이 불확실성이 바로 탐구 · 성찰의 계기가 된다. 즉, 사고의 발단은 바로 지식의 불확실성 · 오류가능성이다. 상황이 다양하게 변화하는데도 일정한 지식을 고수한다면 발전은 있을 수 없다. 어떤 상황에서 즉각적인 대처를 하기 전에 과연 그 의식과 태도가 적절한지 반성하고 더 나은 대안을 발견함을 통해 인간 지성은 발달한다. 듀이가 보는 사고는 기존의 인류의 축적된 지식을 발판으로 이것을 기억하면서 한편으로는 상황의 변화를 관찰하고 이에 맞게 기존 지식을 수정 · 보완해나

5) 과학적 사고는 한편으로 고대 그리스적 사고방식으로부터 많은 영향을 받았다. 그리스 철학자들은 사물의 본성을 분석하고, 그 추상화된 속성에 의거하여 사물을 범주화하였다. 그런 후에 각 범주를 지배하는 규칙들에 근거하여 그 범주에 속하는 사물의 특징과, 그 사물들의 행위의 원인을 설명하고자 했다. 그들은 또한 개인을 독립적이고 개별적인 존재로 보았고, 진리를 발견하는 수단으로서 논쟁을 중시하였다. 논쟁을 통하여 진리가 발견되고, 설사 진리의 발견에는 이르지 못한다 할지라도 유용한 가설들이 세워질 수 있다고 보았다(Nisbett, 2004).

가는 과정으로 볼 수 있다.[6] 이러한 과정은 또한 인간의 지성이 지속적으로 갱신되고 성숙하는 배움의 과정이라 볼 수 있다.[7]

(3) 시걸의 비판적 사고 개념

사람들은 삶을 살아갈 때 어떤 주장에 대하여, 혹은 삶의 선택의 기로에 서서 수많은 판단 상황에 봉착한다. 과연 그것이 옳은 혹은 좋은 것인가? 무엇을 선택하여야 하는가? 어떠한 기준과 근거로 판단하고 선택할 것인가? 과연 좋은 판단과 선택을 하려면 어떻게 하여야 하는가? 비판적 사고는 바로 이러한 판단과 선택의 상황에서 합리적인 준거와 이유에 의하여 생각하고 판단하는 사고를 말한다. 비판적 사고를 초기에 개념적으로 잘 정리하였던 학자는 에니스(R. Ennis)이다. 그는 비판적 사고를 "진술에 대한 올바른 평가"라고 정의하고 이러한 평가를 하기 위한 사고의 능력 혹은 기술에 대하여 논의하였다(Ennis, 1962: 83). 이는 진술 평가 능력에 초점을 둔 사고이나 사고 작용은 진술 평가뿐만 아니라 일상 삶의 선택 상황까

6) 이러한 맥락에서 듀이는 "관찰한 것과 기억한 것을 결합하는 일이 바로 반성적 사고의 핵심"이라고 주장한다(Dewey, 1938: 92). 그런데 이것은 공자의 "온고지신(溫故知新)"과 "학사병진(學思竝進)"을 연상케 한다. 즉, 옛 것을 익히는 과정이 기존 지식의 기억이요, 배움의 영역에 해당한다면, 새롭게 아는 것은 관찰과 성찰과 발견의 영역 곧 사고의 영역이라 볼 수 있다. 여기에서 듀이와 공자의 사고 및 배움에 대한 관점이 상통한다.

7) 듀이의 사고론이 상당히 과학적이고 논리적이어서 혹 성인의 사고에 국한된 논의가 아닌지 의심할 수 있다. 그런데 듀이는 *How We Think* 서문에서 학교교육에서 폭발적으로 증가하는 지식을 통섭하여 가르칠 필요성에서부터 과학적 사고 혹은 반성적 사고를 고찰하게 되었다는 배경을 설명한다. 그는 아동의 호기심, 상상력, 탐구는 과학적인 마음과 가깝다고 주장한다. 즉, 듀이의 사고론은 학교교육 및 자라나는 세대를 염두에 두었다는 것이다. 이하에 논의되는 시걸이나 립맨 역시 학교교육에 주된 문제의식을 갖고 서술된다. 그런데 듀이의 반성적 사고, 시걸의 비판적 사고, 립맨의 협력적 탐구 모형은 어린이에만 해당되는 교육이 아니고 성인교육에도 필요하고 유용하게 적용 가능한 것이라 생각한다. 대학 같은 고등교육기관이나 사회교육에서도 이러한 사고 교육은 성인들의 생각을 더욱 비판적이며 창의적으로 개발할 수 있다. 듀이는 교육은 바로 성인의 구조화된 의식과 어린이의 자유분방한 경험/동기를 자연스럽게 연결시키는 것이 핵심이라 보아 그 연결성을 강조하였다. 대체로 교육과 관련된 연구는 자라나는 세대를 주된 대상으로 하기에 특별히 성인과 구별되는 '어린이' 교육이라는 점을 강조할 필요는 없다고 본다. 그럴 때는 성인과 구별되는 아주 독특한 경우에만 그럴 터인데 세 사상가의 사고론은 비단 어린이교육에만 국한된다고 보지 않는다.

지 확대되며, 좋은 판단을 위해선 사고의 능력뿐만 아니라 적절한 성향 혹은 태도(tendency)도 필요하다(Siegel, 1988: 6).

폴(R. Paul)은 비판적 사고를 약한 개념과 강한 개념으로 구분한다. 전자는 자신의 신념을 지키기 위해 논리적으로 정당화하려는 사고이며, 후자는 이러한 원자적인 주장과 평가를 넘어 다양한 주장의 네트워크 및 대화적 접근을 시도하는 사고이다. 즉, 강한 비판적 사고는 다양한 세계관들(world-views)의 교류 속에서 상반된 관점들을 보고 자기주장을 초월하여 상대 주장을 수용하는 기반을 마련한다. 이를 통해 자기기만의 문제를 극복하고 스스로를 검토하게 되며 자기중심적이거나 사회중심적인 가치관을 비판할 수 있게 된다(Paul, 1982: 3). 그런데 시걸에 의하면, 폴의 강한 개념, 대화적 개념의 비판적 사고는 상대주의의 위험을 내포한다. 즉, 이 관점은 다양한 세계관들이 난립하고 충돌할 때 어느 것이 옳은(좋은) 것인지 판단하기 힘들게 된다. 단지 다양한 세계관들의 교류에만 초점을 둔다면 좋은 사고, 비판적 사고와 그렇지 않은, 그릇된 사고의 구분을 만들기 어렵게 된다. 심지어 폴이 비판하는 원자적이고 독단적인 관점조차 그것이 나쁘다고 거부하기 힘들다(Siegel, 1988: 14). 이런 맥락에서 시걸은 비판적 사고, 좋은 사고는 다른 사고와 구분되는 분명한 기준이 있어야 함을 주장한다.

맥펙(J. McPeck)은 특정한 주제 영역을 초월한 일반적인 비판적 사고는 존재하지 않는다고 주장한다. 그에 의하면, 사고는 항상 특정한 주제에 관한 것이기에 특정한 주제(교과)와 무관하게 일반적인 기술이나 능력을 논하거나 가르치는 것은 불가능하다(McPeck, 1981: 5). 이 관점에 따를 때, 사고는 특정한 대상과 관련되고 그것은 특정한 내용의 지식을 요구하므로 비판적 사고는 전통적인 학문 영역이나 교과에 담긴 체계적이고 풍부한 배경지식을 갖출 때 가능하다. 그러나 시걸이 볼 때, 이러한 특정론은 부분적으로만 옳다. 즉, 사고는 특정 영역과 관련되기도 하지만 모든 사고에 공통적인 요소도 존재하며, 따라서 특정한 주제와 관련된 지식을 요구하는 동시에 일반적인 사고의 기술도 요구된다는 것이다. 이러한 사고의 특수성과 일반성의 공존은 특수한 자전거를 타는 기술에 앞서 모든 자전거에 공통적으로 요구되는 기술이 존재하는 것에 비유할 수 있다. 그는 특히 사고의 공통적인 요소로서의 합리성(rationality)을 강조하고 이유와 근거에 의하여 정당화하고 추론하는 기술(가정 확인, 전제와 결론의 관계 검토, 오류 확인 등)이 비판적인 사고를 위하여 필요하다고 주장한다

(Siegel, 1988: 19-21).

시걸은 기존의 비판적 사고 논의들에서 부족한 점들을 보완하여 보다 발전된 비판적 사고 개념을 제시한다. 그는 비판적인 사고자는 "이유(reasons)에 의하여 적절히 사고하는 사람"이라고 주장한다. 그의 비판적 사고 개념은 "이유 평가(reason assessment)"의 요소와 "비판적 태도"의 요소를 포함하고 있다(Siegel, 1988: 32). 먼저, 이유 평가의 요소에서 핵심은 합리성이다. 비판적 사고자는 이유의 중요성과 힘을 알고 주장을 검토하고, 판단하며, 절차를 평가하고, 대안적 행동방식을 사유할 때 이것들을 반드시 이유에 근거하여 행한다. 이유를 추구한다는 것은 일반적인 원칙(principles)에 충실하여 공정하고 일관성 있게 판단함을 의미한다. 이것은 동일한 경우에 동일한 원칙에 근거하여 판단함을 뜻한다. 예를 들어, 교사가 한 학생을 수업 후 남게 하였다면 이 행동에 대한 이유가 필요한데, 여기서 이유는 다른 학생의 유사한 경우에도 일관되게 적용되어야 한다. 어떤 학생은 수업 시간에 방해되는 행동을 했는데 가게 놔두고 어떤 학생은 남게 한다면 적절한 이유가 되지 못한다. 마찬가지로 학업이 부진한 학생을 보충 수업한다는 원칙이 있다면 이것은 이러한 경우의 모든 학생에게 동일하게 적용되는 보충 수업의 적절한 이유가 된다. 비판적 사고는 이렇게 원칙이나 준거에 기초하여 판단이 임의적이지 않고 일관성과 공정성을 가지고 있다(Siegel, 1988: 33-34).[8]

시걸에 의하면, 원칙은 주제에 관련된 원칙과 일반적인 원칙의 두 가지 종류가 있다. 일반적인 원칙은 주제에 중립적으로 모든 주제에 적용되는 것으로 연역적 혹은 귀납적 추론의 적절성 및 오류 여부를 검토하는 것이다. 이 원칙은 정당화나 근거 등에 대한 기초 지식을 요구한다. 한편, 주제 중심적인 원칙은 미술이나 문학

8) 시걸이 강조하는 공정성, 일관성, 원칙에 입각한 사고는 분명히 좋은 사고의 바탕이 된다. 이것은 임의적이고 충동적인 행동, 불평등한 처우 등을 막는다. 그러나 모든 사고가 원칙적이어야 하는 것은 아니다. 예를 들어, 교사가 학생을 대하는 방식은 원칙적인 경우도 있지만 학생의 특수한 배경, 성격, 상황에 따라 아주 특수하게 결정되어야 하는 경우도 있다. 이때는 그 학생의 특수한 삶의 서사적 맥락을 이해해야 한다. 이것은 다른 학생의 경우와는 다른 특수성을 지니므로 일반적인 원칙보다는 공감과 대화를 통한 사고가 필요하다. 물론 여기서도 '왜 그럴까, 왜 그러한가'의 이유 추구는 더 깊은 이해와 판단의 기초가 되지만 그 이유(reason)는 그 학생만의, 그 학생의 특수한 사안에만 해당되는 특수성을 갖는다는 점에서 시걸의 원칙에 입각한 이유와는 그 성격이 조금 다르다. 이러한 점에서 저자는 시걸의 주장을 상당 부분 수용함에도 불구하고 일정 부분은 보완되어야 한다고 본다.

작품의 해석, 역사적 자료의 해석, 기술이나 디자인과 같은 특정한 주제 영역에 적용되는 특수한 원칙들을 말한다. 비판적 사고자는 일반적인 원칙과 주제 중심적인 원칙 모두에 능숙하여야 하며 어떠한 이유를 평가함에 있어 어떤 원칙을 활용하여야 할 것인지를 결정하는 능력도 갖추고 있어야 한다(Ibid.: 34-38).[9]

시걸은 비판적인 사고자가 되려면 그에 해당하는 능력이나 기술뿐만 아니라 비판적인 태도, 성향, 마음의 습관 등을 지녀야 함을 주장한다. 비판적 사고자는 무엇보다도 원칙에 입각한 판단 및 행동의 의지를 지녀야 한다. 비판적 태도는 항상 이유에 근거하여 판단하고, 임의적이지 않고 공정하고 객관적으로 보려고 하며, 지적인 정직함과 여러 관심들에 대한 공감적 고려 등을 포함한다. 시걸은 이것을 "비판적인 정신(critical spirit)"이라 표현한다. 즉, 그 핵심은 어떠한 능력이 있어도 그것을 실제 행하려는 의지와 자세가 되어 있지 않으면 안 된다는 점이다. 이것은 심지어 자기 이해에 반하는 경우에도 공정하게 판단하려고 노력하는 의지이다. 이러한 비판적인 정신은 이유를 사랑하며 습관적으로 이유를 추구하는 몸에 체화된 마음의 습관이다(Ibid.: 39). 이러한 마음의 습관으로서의 비판적 정신을 가진다면 자신의 믿음과 행동을 포함하여 모든 경우에 습관적으로 '왜 그러한가?'를 열정적으로 묻게 될 것이다.

사고 그 자체는 의지, 습관, 성향, 행동방식과 깊은 관련이 있다. 어떤 사람은 어떤 상황에서 생각하지 않거나 짧게 생각하고 바로 행동하는 반면, 어떤 사람은 행동에 착수하기 전 무엇인가를 생각하려고 하고 다양한 측면을 깊이 고려하려고 한다. 어떤 사람은 선택이나 판단 시 다른 사람의 의견에 의지하는 성향을 가진 반면, 어떤 사람은 스스로 그 결과를 치밀하게 예측하고 분석하려고 한다. 이러한

9) 비판적 사고를 함양하기 위한 교육에 대한 관점은 일반론자와 특정론자가 상이하다. 에니스나 시걸과 같은 일반론자는 "비판적 사고"라는 독립 교과를 개설하여 추론, 연역법, 귀납법, 오류, 정당화, 논증 등에 대하여 가르쳐야 함을 주장하고, 맥펙과 같은 특정론자는 독립교과가 아닌 모든 교과를 비판적 사고와 연결하여 가르쳐야 함을 주장한다. 그런데 사고가 대개 특정한 주제와 관련된다는 점과 그에 관련된 상당한 배경지식을 요한다는 점에서 대개의 경우는 특정론이 더 설득력이 있고 여기에 부수적으로 일반론의 주장을 가미하는 것이 적절하리라 본다. 따라서 비판적 사고는 각 교과에서 교과내용과 관련하여 배우되 지금의 방식대로 교과지식을 습득하는 방식이 아니라 비판적 사고를 할 수 있는 탐구 및 토론 학습이 될 수 있도록 재구성하여야 한다고 본다. 단, 추론이나 정당화와 같은 지식들은 비판적 사고에 공통적으로 적용되므로 기초사항에 관하여 특정 학년에 공통필수로 가르치고 이후 심화된 내용은 선택과목으로 편성할 것을 제언한다(심승환, 2010: 190).

사고의 의지나 방식은 그 사람의 성향과 관련되며 이 성향은 오랜 기간 발달되고 체화된 행동습관에 근거한다. 따라서 시걸이 지적하는 비판적 사고를 근거지우는 비판적 정신의 요소는 매우 중요하고 적절하다. 더욱이 후술하겠지만 사고를 인간의 전 인격(智, 情, 意)의 함양과 관련되는 교육과 연결하여 볼 때는 더욱 중요한 의미를 지닌다.

시걸은 이러한 비판적 정신은 전통적인 이성과 감성의 분리, 인지적 측면과 감정적 측면의 구분에 대한 도전 및 극복을 의미한다고 지적한다. 완전한 비판적 사고가 되려면, 지적인 능력과 기술이 비판적인 열정과 더불어 발휘되어야만 한다. 비판적인 태도는 진리를 사랑하고 거짓을 혐오하는 자세, 정확한 관찰과 예시, 논리적 · 사실적 오류 경계, 이론적 성취의 존중, 타인의 생각에 대한 존경 등을 포함한다(Scheffler, 1977: 141). 비판적인 태도는 또한 명확성, 깊이 있는 탐구욕, 반론에 대한 공감을 포함한다(Paul, 1984: 23).

비판적인 사고자가 갖추어야 할 보다 근본적인 마음은 자신에 대한 태도이다. 비판적 사고자는 감정적으로 안정되어야 하며, 자신감이 있어야 하고, 긍정적 자아관을 가지고 있어야 한다. 이것이 갖추어지지 않는다면, 비판적인 사고를 실행하는데 실질적인 어려움을 줄 것이다(Siegel, 1988: 41). 감정적으로 불안정한 사람은 이유를 추구하며 일관적이고 공정하게 판단하기 힘들다. 초조함, 불안함, 두려움 등이 마음을 지배하게 된다면 차분하게 이유와 근거를 살펴보기 힘들고 객관적인 원칙과 준거를 생각해 볼 여유가 없을 것이다. 자신감이 부족하거나 부정적인 자아관을 갖고 있다면, 스스로 무엇인가를 생각하고 판단하는 과정 자체가 어렵게 된다. 이런 사람은 적극적으로 사고하려는 의욕 자체가 낮으며, 항상 타인의 의견에 의존하고 불안한 의심 상태가 지속되어 무엇이 좋은 판단인지조차 결정하기 어렵게 된다. 반면, 자신감이 있다면 기존에 자기가 알고 있던 다양한 주제와 관련된 지식 및 합리적인 가치판단의 기준에 의거하여 주도적으로 사고하고 판단하게 된다. 물론 자신감이 지나쳐 독단으로 가면 합리적 사고가 어렵겠지만 여기서 말하는 자신감은 그러한 지나친 자신감이 아니다. 이러한 근거로 심리적인 안정, 긍정적인 자아관은 비판적 사고의 기본 바탕이 된다.

시걸은 비판적 사고 활동(critical thinking) 자체보다 더욱 근본적인 비판적인 사고자의 인격(critical thinker)을 강조한다. 이것은 비판적으로 사고하는 특정한 유형의 행동 방식뿐만 아니라 비판적인 성향을 지닌 특정한 인격을 의미한다. 설탕이 물 속에 있지 않아도 근본적으로 물 속에 녹는 성질을 지닌 것처럼, 비판적인 사람은 비록 현재 특정한 사고활동을 하지 않아도 그러한 성향을 지니고 있다. 비판적 사고 함양의 교육은 비판적 사고 활동이나 기술 습득뿐만 아니라 근본적으로 비판적인 태도나 마음의 습관을 지닌 인격체를 키우는 방향이 되어야 한다(Siegel, 1988: 41).

비판적 사고는 교육과 어떠한 관련성을 갖는가? 시걸은 윤리적 측면, 인식론적 측면, 교육내용의 측면, 교육방법의 측면, 교육목적의 측면으로 나누어 설명한다.

먼저 교육의 윤리적 측면에서 비판적 사고는 두 가지 중요한 함의를 지닌다. 첫째, 가르침은 그 가르치는 방식에서 윤리적인 성격을 가진다. 가르치는 방식은 어떻게 하면 주어진 내용을 효율적으로, 효과적으로 전수할 것인가의 수단적 · 공학적 측면뿐만 아니라 더 근본적으로는 학습자가 수용할 수 있는 도덕적으로 정당한 기준을 갖추어야 한다. 학습자를 신체적으로나 심리적으로 학대하는 방식으로 가르친다면 이러한 정당한 도덕적 기준에서 벗어난 가르침이 될 것이다(Siegel, 1988: 42). 비판적 사고는 학습자를 인격적으로 교수자와 동등한 위치에서 합리적으로, 대화적으로 사고하며 가르치고 배우는 방식을 추구함으로써 이러한 가르침의 도덕적 기준을 충족시키고자 한다.

시걸은 교수방식이 학습자에게 수용 가능한지의 여부에서 윤리성을 논하였지만, 사실 비판적 사고의 교육방식은 교육의 윤리적 본질과 연결되어 있다. 즉, 교육이란 인간이 주체가 되어 가르치고 배우는데 인간은 본성상 자율적인 존재이다. 교육은 인간의 자율적 본성에 맞추어 수행되어야 하고 그 자율성을 더욱 아름답고 탁월하게 키워줘야 한다. 기계나 가축처럼 외부의 지시나 조정에 의해 움직이는 타율적 존재와는 근본적으로 구분된다. 만약 인간을 지시와 조정에 의해 타율화시킨다면 이것은 인간의 본성을 저해하고 파괴하는 비교육적 · 반교육적 사태가 된다. 비판적 사고는 학습자 스스로 대상이나 사태에 대하여 합리적으로 사고할 수 있도록 조장함으로써 인간의 자율적 본성을 발달시키고 함양한다.

둘째, 비판적 사고는 학습자의 도덕 교육에 기여한다. 도덕 교육은 학습자의 도덕적 성숙을 위하여 문제 상황에서 도덕적 판단을 내릴 수 있도록 적절한 지적 습관, 성향, 추론의 방식 등을 배울 수 있도록 도와주어야 한다. 도덕 교육은 도덕적 상황에서 자기 이해에 의존하기보다는 공정하게 생각하고 판단할 수 있는 능력과 성향을 함양시킬 수 있어야 한다. 이와 아울러, 학습자는 상대방의 입장과 시각에서 상대방을 공감하고 배려하는 도덕적 감수성이 요구된다. 비판적 사고는 이러한 도덕적 능력과 성향을 함양시킨다(Ibid.: 43). 비판적 사고는 자신의 이익이나 이해보다는 사태를 공정하고 객관적으로 보게 함으로써 도덕적 판단능력을 발달시키며, 문제에 대하여 그 원인과 결과, 이유와 근거, 준거와 원칙 등을 논리적으로 생각하는 습관을 통해 합리적인 판단능력을 키워 준다. 아울러, 비판적 사고는 자기와 다른 입장, 상반되는 관점 등을 경청하고 배려하는 태도와 성향을 포함하기에 도덕적 감수성의 발달에 도움을 준다.

비판적 사고는 교육의 인식론적 측면과도 연결된다. 교육은 많은 지식의 축적을 요구하며 이 지식은 단순한 사실에서부터 복잡한 이론에까지 걸쳐 있다. 단순한 사실이 아닌 이상 대부분의 지식은 이해를 필요로 한다. 이해란 어떠한 이론이나 공식이 어떤 근거에 의해 형성되었는지를 아는 것을 의미한다. 전제와 결론, 근거와 결론 간의 연결 관계나 추론과정을 탐구하는 것은 바로 비판적 사고의 핵심으로써 이것은 해당 교과(주제영역)의 원리, 지식의 깊은 이해뿐만 아니라 다른 분야의 지식을 이해하는 데 기반(방법적 지식)이 되어 지식의 확산이 되도록 돕는다(Ibid.: 43-44).[10]

10) 이와 관련하여 비판적 사고는 판단, 이해뿐만 아니라 새로운 지식의 발견 또는 생성적 차원, 즉 창의적 사고와도 밀접히 관련된다. 기존에 많은 학자들이 창의적 사고는 새로운 가설의 발견의 영역이고, 비판적 사고는 가설의 평가 또는 정당화의 영역으로 엄밀하게 구분하여 인식하였다. 그러나 창의적 과정에는 필수적으로 판단의 과정이 포함된다. 창의의 일반적인 과정인 문제 확인, 대안 탐색, 판단의 재구조화, 생산물 평가 등의 새로운 것을 생산하는 과정에는 그 적절성에 대한 검토가 늘 수반된다. 문제 인식과정과 해결방향 설정은 판단의 산물이며 기존의 체계를 넘어서는 도약의 단계에서도 기존의 체계에 대한 완전한 이탈이 아니라, 기존의 체계와의 연관성에 기초하며 기존 체계의 기준을 통한 판단이 기초가 되어야 한다(Bailin, 1984: 314-315). 창의는 기존의 수많은 지식과 그 지식에 대한 적절한 검토를 기초로 일어나므로 필연적으로 비판적 사고와 연결된다. 그러나 창의적 사고가 비판적 사고의 범주 안에 있는 것은 아니다. 창의적 사고는 기존 것의 검토에서 더 나아가 새로운 것의 발견, 재구성, 창조를 포함하는 영역으로 여기에는 상상력이 동원된다. 이것은 구속되지 않은 열린 마음, 끊임없는 탐구 의지, 도전정신이 수반되어야 한다. 일면 비판적 사고의 태도의 측면과도 연관되지만 그와는 조금 다른 구속받지 않는 자유로운 상상력이 요구된다. 이를 조장하는 교육은 틀이나 형식, 지시나 설명을 가급적 축소하고 학습자들의 개성과 자유로운 시도들을 최대한 살릴 수 있는 내용과 방식이 되어야 할 것이다. 교육철학적 시각에서 창의적 사고와 교육의 의미(그 연관성)에 대한 집중적인 논의는 후속 연구를 기대한다.

비판적 사고는 교육의 내용과 밀접히 관련된다. 교육의 내용은 기술이나 능력의 발달을 돕는 방법적 지식과 명제적인 정보를 아는 내용적 지식을 포함한다. 비판적 사고는 적절히 해석하고 표현하는 기술이나 능력을 기초로 한다. 또한 비판적으로 사고하기 위해서는 비판적인 태도, 성향, 습관의 함양을 필요로 한다. 이러한 기술, 성향의 함양은 교육내용의 방법적 지식의 부분과 관련된다. 비판적 사고는 또한 평가의 규칙과 준거가 무엇인지에 대한 이해를 필요로 한다. 비판적 사고자는 판단의 근거가 되는 준거를 파악하고 준거의 적용방법 및 정당화의 방법을 이해하고 평가와 보완의 방법을 이해하는 등의 지식을 요구한다. 이것들은 교육의 내용적 지식을 구성한다(Ibid.: 44-45).

비판적 사고는 비판적 방식의 교육을 추구함으로써 교육방법의 측면에서 가장 관련성이 깊다. 비판적 방식의 교육은 비판적 정신의 모범을 보여주고 비판적 사고의 습관과 성향을 강화하고자 한다. 비판적인 교육을 추구하는 교사는 학생의 질문할 권리와 이유에 관하여 교사의 충실한 응답과 설명의 의무를 인지하고 있어야 한다. 교사는 정직하게 오직 진실한 이유만을 제시하여야 하며 학생이 교사의 설명과 이유 제시를 평가하도록 해야 한다(Ibid.: 46). 비판적 방식의 교육은 학생들에게 이유에 대한 비판적인 탐구가 삶의 주된 동기가 되도록 하는 합리적인 삶으로의 입문이라 할 수 있다(Scheffler, 1965 :107).

마지막으로 비판적 사고는 그 자체로 교육의 목적, 교육의 이상이라 할 수 있다. 비판적 사고는 교육적 노력을 위한 중요한 목적들을 제공하며 이 목적들의 성취를 위한 방향을 제공한다. 이것은 교육에서 추구하여야 할 핵심들을 제시하며 우리가 조성하고자 하는 교육적 인간상, 이상적인 인격을 보여준다. 비판적 사고는 다양한 교육활동의 근거 및 기반이 되며 교육활동을 평가할 준거가 되고 교육활동들을 구성하는 원칙이 된다(Siegel, 1988: 46). 우리가 어떤 내용의 교육과정, 교육내용, 체험활동을 하더라도 그것은 학생의 비판적인 사고 능력과 태도 함양을 목적으로 하며, 그러한 활동들을 교육적으로 가치 있는 활동으로 평가할 수 있다. 물론 비판적 사고 외에 다른 가치 역시 하나의 교육목적이 될 수는 있으나 전술하였듯이 비판적 사고는 지식, 기술, 태도 등 인간의 전인격적인 성장에 있어서 필수적이고 중요한 요소들을 폭넓게 포함하고 있어 포괄적인 교육의 이상으로 보는 데 무리가 없다.

(4) 립맨의 협력적 탐구로서의 사고

립맨은 듀이 사상을 수용하여 탐구를 인간의 성장을 위한 중요한 활동으로 본다. 모든 탐구는 자기 비판적 실제이며 사회적인 속성을 동시에 가진다고 주장한다. 탐구는 한편으로 스스로에 대하여 비판적으로 탐색하며 질문을 요구하는 활동이며, 다른 한편으로 언어, 과학, 상징체계 등 사회의 지식과 문화, 관습체계를 통해 형성되는 이중적 성격을 가지고 있다. 이러한 맥락에서 립맨은 "탐구의 공동체(community of inquiry)"라는 용어를 사용한다. 탐구의 공동체는 다섯 가지 주요 특징을 지닌다. 첫째, 이것은 결론이나 판단의 형성을 목표로 한다. 둘째, 이것은 어떠한 주장과 관련하여 그 과정에 방향을 가진다. 셋째, 이것은 논리적인 절차를 지닌 대화이다. 넷째, 이것은 합리성, 창의성, 배려와 관련을 가진다. 다섯째, 이것은 비판적, 창의적, 배려적 사고의 개념과 관련된다(Lipman, 2003: 83-84).

립맨은 "아동은 배움을 통해 사회적으로 되는 것이 아니라 배움의 과정 자체가 사회적이어야만 한다."(Mead, 1910: 23)는 미드의 주장을 수용하여 탐구와 공동체의 두 개념을 결합시킨다. 그는 듀이의 아이디어에 기초하여 탐구는 맥락적인 전체 혹은 장(field)인 상황에서 발생한다고 지적한다. 이 상황은 모든 구성요소들을 전체로서 하나로 묶을 뿐 아니라 독특한 질성(quality)을 가지고 있다. 이 전체적 질성을 가진 상황은 우리가 당황스럽거나 유쾌하다고 느끼는 대상이다. 모든 탐구는 이러한 질성[11)]에 의해 안내된다. 공동체의 구성원은 이러한 질성을 함께 공유하며 탐구의 필요성을 느낀다. 탐구의 공동체는 문제들을 보다 깊고 명확하게 정의하고 가능한 다양한 관점들을 제시하면서 논의를 전개한다. 여기서 구성원들은 최종적인 해답을 요구하기보다는 통찰의 느낌(feeling of discernment)을 기대한다. 구성원들은 탐구 공동체의 논의를 통해 해답이 아니라 기존 사고의 전환을 경험한다(Lipman, 2003: 84-87).

탐구 공동체는 대화(conversation)와 의논(dialogue)의 특징을 함께 지닌다. 대화는 느낌, 생각, 정보, 이해의 교류로 그 교류 자체에 목적을 가진다. 의논은 공동 탐구

11) 박철홍(2011)은 질성이란 상황 전체에 대한 '총체적 포착상태'로서 지적인 것과 비지적인 것이 포함되며 상황전체의 복합성과 복잡성이 그대로 반영되어 있다고 설명한다. 상황전체의 질성은 흔히 '감잡다(make sense)'라고 말할 때의 감(感)에 해당되는 것으로 오감을 통한 대상의 느낌, 대상의 지적인 요소 파악, 미적·도덕적 판단 등을 포괄한 대상의 종합적 느낌과 판단을 의미한다(Dewey, 1934: 22; 박철홍, 2011: 87-88).

작업으로 특정한 사안에 대한 해결을 목적으로 한다. 탐구 공동체의 대화는 자유롭고 평등한 개인들(구성원) 간의 동반자의식(partnership)에 기초하며 상호 간의 자극과 필요에 의해 자연스럽게 진행된다. 이것은 한편이 다른 한편에게 정보를 일방적으로 전달하거나 자기주장을 설득시키는 활동과 달리, 철저한 상호성 ―상대편의 존재와 생각, 상호 간의 관계 형성을 중시하는― 에 기초한다. 탐구 공동체는 이러한 상호적, 배려적 특징을 지님과 아울러, 논리적 흐름에 의해 진행된다. 이것은 완전한 무방향성의, 무질서한, 단속적인 감정 교환과 같은 순수한 대화와는 구별된다. 어떠한 문제의식을 공유하고 그것을 함께 해결하려는 의도적인 특징을 가진다.

탐구 공동체의 모든 활동은 연속적이며 심화된 활동을 요구한다. 하나의 증거(근거)는 그에 따른 심화된 증거를 요구하며, 어떠한 주장의 제시는 그에 대한 이유의 탐색을 요구하고, 추론은 어떠한 가정에서 비롯되었는지의 성찰 활동을 요구한다. 각 탐구 활동은 지지하는 측과 반대하는 측의 논의를 통해 연결된다. 이러한 논리적인 흐름에 따른 공동 탐구 활동에 따라 공동체는 문제 사안들을 명료화하고 확인하며 결정하게 된다. 탐구공동체는 결정된 사안조차 절대적인 답이 아닌 잠정적 판단으로 여기고 지속적인 탐구의 여지를 남김으로써 철저한 논리적 연속성을 그 특징으로 한다(Lipman, 2003: 87-93).

이러한 협력적 탐구 활동으로서의 립맨의 사고 개념은 배려와 합리성을 동시에 함양하는 교육적 의의를 갖는다. 탐구공동체의 협력적 사고는 구성원 상호 간의 이해, 신뢰, 관계맺음, 동반자의식에 기초한다. 이것은 혼자만의 생각을 상대방에게 설득, 전달, 논박하기 위한 것이 아니고 온전히 상대방의 감정과 생각을 경청하고 수용하고 교류하려고 한다. 이러한 배려에 입각한 협력적 사고가 익숙해지고 습관화되는 것은 장래 사회구성원으로서 상호 간에 배려하여 성숙되고 조화로운 인간관계를 구축하고 민주주의적으로 상호 소통할 수 있는 자질을 함양하는 의미를 가진다.

이와 아울러 탐구공동체의 협력적 사고는 단순히 감정표현과 교류에서 끝나지 않고 사안에 대한 심도 있는 탐구, 논의, 합리적인 문제해결을 추구한다는 점에서 합리적·비판적 탐구능력 및 토론능력, 문제해결능력을 고양시킨다는 교육적 의의를 지닌다. 이것은 기존의 것에 대하여 심화된 증거, 이유, 다른 관점들을 연속하여 추구함으로써 지속적인 탐구의 습관과 능력을 함양하고 새로운 것을 발견할 수 있는 창의성을 고양시킨다. 상반된 관점들을 치밀하게 논의하고 문제를 명료화하고 합의와 결론을 유도하는 과정은 변증법적 · 철학적 사유능력을 키우고 성숙된 민주주의적 토론능력과 문제해결능력을 함양시킨다. 이러한 협력적 아이디어 교류와 대안 탐구 능력은 장래 사회구성원이 되어 현실에서 다양한 업무를 처리하는 직업현장에서도 필수적인 능력이 될 것이다.

탐구공동체는 함께 배우는 과정이요 공간이다. 탐구공동체의 구성원은 타인의 경험과 자신의 경험을 교류함으로써 배운다. 이를 학교교육에 적용한다면 교실이 친밀감과 협력의 분위기 속에서 함께 배우는 공동체가 되어야 함을 뜻한다. 탐구공동체는 질문하는 공동체로서 진리를 향한, 의미를 향한 탐구를 지향한다. 여기서 구성원들은 깊고 철학적인 상상력을 발달시키게 되고 맥락을 깊이 있게 이해하고 해석하는 즐거움을 누리게 된다(Lipman, 2003: 94).

립맨은 탐구공동체의 구체적인 특징을 설명한다. 첫째, 탐구공동체는 관계 형성의 차원에서 포용, 참여, 공유된 인식, 면대면 관계, 사회적 연대의식을 지향한다. 탐구공동체는 종교, 연령, 성, 계층, 국적 등 다양한 배경의 사람들을 누구도 소외시키지 않는 포용을 추구한다. 탐구공동체는 일종의 인지적 스키마, 관계의 구조를 가지고 구성원들이 재미있는 책을 읽는 것처럼 지속적인 대화와 탐구에 참여하도록 만든다. 이것은 질문, 추론, 정의, 가정, 상상, 구분 등의 인지적 과정이 단독이 아닌 구성원들의 협력적 상호작용을 통해 이루어진다. 이러한 상호작용을 통해 구성원들은 사회적 연대감을 발달시킨다(Lipman, 2003: 95-96).

둘째, 탐구공동체는 철학적 성찰의 차원에서 의미와 대안 탐색, 합리성, 질문, 반성적 읽기를 추구한다. 구성원들(학생들)은 모든 문장, 대상, 경험으로부터 그것이 무엇을 의미하는지를 세심하게 주의를 기울여 깊이 탐색한다. 그들은 또한 근거와 이유로부터 대안들을 평가하고 탐색한다. 탐구공동체는 원칙 및 합리적 절차에 의거하여 논의하며 항상 이유와 근거를 중시한다. 구성원들은 또한 반성적 읽기를 추구한다. 이것은 철학적 텍스트를 읽을 때, 미술 작품을 볼 때, 음악을 들을 때도 적용된다. 여기서 구성원들은 함께 대상을 읽으면서 그것이 무엇인지를 관찰하며, 어떤 가치를 평가할 수 있고, 전하고자 하는 의미를 이해하며, 가정을 밝혀내며, 함의를 추론하고, 제안들을 찾아내며 읽는 것이다.

탐구공동체는 대상을 읽으면서 느꼈던 궁금증과 문제의식을 질문으로 제시한다. 구성원들의 다양한 관심과 관점을 대변하는 질문들은 탐구공동체의 논의의 주제가 된다. 질문은 권위주의를 극복하게 하며 대화를 열어 심화된 탐구를 이끈다. 구성원들은 질문을 통해 잠재된 문제 및 몰랐던 오류를 발견함으로써 비판적 평가 및 교정을 유도하고, 새로운 대안과 방법들을 탐색하게 된다. 특히, 그것이 무슨 의미인가를 지속적으로 서로 질문하면서 탐구공동체는 의미를 명료화하고 풍성하게 만든다(Lipman, 2003: 95-98).

셋째, 탐구공동체는 협력적 성찰의 차원에서 토론과 도전의 과정을 포함한다. 토론의 과정은 질문의 제기와 그 질문의 배경 및 중요성에 대한 논의로부터 시작된다. 이에 대하여 다른 구성원들은 찬성과 반대의 측면에서 다양한 관점들을 제시한다. 구성원들은 상반되는 관점의 강점과 약점을 논의하는 와중에 최선의 논리적인 사유를 진행시키고 최대한의 합당한 지식들을 활용하며, 가장 합리적인 판단을 시도하게 된다. 논의의 주제는 구성원(학생들)의 수준에 맞추어 사소한 것일 수도 있으나 그 속에서의 중요한 의미들을 찾는 시도를 하게 된다. 구성원들은 논의의 과정에서 지속적으로 이유와 의미를 질문하며 서로의 의견에 대하여 도전한다(Lipman, 2003: 97-100).

넷째, 탐구공동체는 도덕적 차원에서 공정성, 모범, 자기 성찰을 지향한다. 탐구공동체는 열린 사고, 자기 교정적 태도, 맥락적 방식을 추구한다. 어떤 한 구성원도 특권적, 고압적 위치를 점할 수 없으며 구성원들 모두는 평등한 위치에서 모든 관점과 생각과 관심들을 수용한다(열린 사고). 서로는 각자의 위치 및 상황의 특수성을 깊이 이해하려고 노력하며(맥락적 방식) 논의의 과정에서 자신의 잘못된 생각, 부족한 점들을 지속적으로 교정해나간다(자기 교정적 태도). 탐구공동체에서는 어떤 텍스트의 사람이나 상황을 현재의 상황에 비추어서 하나의 모델로서 사유한다. 예를 들어 어린이들은 문학 작품 속의 인물의 상황과 행위들을 자신들의 삶에 적용하여 바람직한 행동방식의 방향을 사유하게 된다. 탐구공동체에서 구성원들은 타인의 의견과 자신의 의견을 교류하고 비교함으로써 자아와 타자의 차이를 인식하고 이를 통해 한층 성숙된 자기 정체성의 성찰을 모색할 수 있다(Lipman, 2003: 96-97).[12)]

12) 탐구공동체를 수업현장에 적용할 경우 몇 가지 단계를 거치게 된다. 첫째, 조직된 철학동화로서의 교재를 읽으며 등장인물의 활동과 사고를 분석한다. 둘째, 이야기에 대한 궁금증을 발표하고 교사와 학생이 협력하여 토론주제를 만든다. 셋째, 대화를 통해 공동체의식을 고양시키고, 다양한 논리적, 인지적 기술을 활용하여 대화적 탐구가 진행된다. 교재를 세밀히 파악하고 동의, 비판, 반대, 대안 지적 등의 토의가 활성화된다. 넷째, 주어진 주제에서 발전하여 현실

(5) 결론

지금까지 사고의 교육적 의미를 고찰하였다. 듀이는 진정으로 교육적 가치를 지닌 사고는, 믿음에 대한 근거를 찾고, 그 근거의 적절성을 검토하는 반성적 사고라고 주장한다. 반성적 사고는 어떤 믿음이나 지식에 대해 그 근거와 결과를 적극적이고 지속적이며 세심하게 숙고하는 것이다. 반성적 사고는 의심, 당혹감, 불확실함과 같은 문제의식과 특정한 조건에 따른 결과를 예측하는 가정 및 이를 검증하는 탐구 및 실행이 포함된다. 듀이가 보는 사고는 활동과 결과 간의 관련성을 파악하는 것으로, 이를 통해 사람은 생각을 하는 방법적 지식을 얻는다. 관찰, 배경지식의 활용, 추론, 검증 등의 과정을 거쳐 학습자는 문제 상황에서 더욱 발전적이고 능숙하게 사태에 대처하는 능력을 키운다. 이와 아울러 발견의 성취감과 자신감, 지적 흥미의 증대는 더욱 깊은 지적 탐구를 가능하게 하는 원동력이 된다. 반성적 사고는 주어진 조건에서 최선의 결과를 가져오도록 하는 논리적 속성, 즉 열린 마음, 철저함, 세심한 성찰 등의 마음 자세에 의해 수행된다. 이것은 주제가 지닌 다양한 측면을 탐구하고 주의와 정성을 기울여 성찰하며, 권위나 이익, 충동에 좌우되지 않고 일관성과 연속성을 가지고 치밀하게 검토하는 태도이다.

듀이는 아동의 활동에는 이미 사고의 중요한 속성(논리성)이 내재되어 있다고 본다. 듀이에 따를 때, 사고의 교육적 의의는 아동의 자유로운 호기심, 경험, 놀이와 성인의 훈련된 마음, 논리성, 교과내용을 연결하여 주는 매개자로서 전자가 후자의 완성된 상태로 점차 발달되어 가도록 안내한다는 데 있다. 사고는 완전히 아는 것과 완전히 모르는 것 사이의 영역에 위치함으로써 사고의 영역 자체가 인간 배움의 필요성과 가능성을 시사한다. 듀이가 보는 사고는 기존의 인류의 축적된 지식을 발판으로 이것을 기억하면서 한편으로 상황의 변화를 관찰하고 이에 맞게 기존 지식을 수정 · 보완해나가는 과정이다. 이러한 과정을 거쳐 인간 지성은 지속적으로 갱신 · 성숙해짐으로써 배움이 이루어진다.

시걸은 인간이 선택 상황에 직면하여 합리적인 판단을 하기 위하여 원칙과 이유

문제 및 전통 학문의 지식과 관련하여 논의를 연장시키고 비교한다. 다섯째, 이와 관련된 이야기, 시, 그림 등을 끌어내고 대화를 통해 얻은 깊은 의미감각을 서로 나눈다(Lipman, 2003: 101-103; 박선영 · 김회용, 2010: 59).

에 입각한 비판적인 사고가 필요함을 주장한다. 시걸은 에니스, 폴, 맥펙 등의 비판적 사고 이론들을 검토하며 여기서 부족한 점들을 보완하여 보다 발전된 비판적 사고 개념을 제시한다. 그는 비판적인 사고자는 "이유에 의하여 적절히 사고하는 사람"이라고 주장한다. 비판적 사고 개념은 "이유 평가"의 요소와 "비판적 태도"의 요소를 포함한다. 비판적 사고자는 우선 스스로 '이유'의 중요성과 그 힘을 인식하고, 주장을 검토하고 판단하며, 절차를 평가하고 대안적 행동방식을 사유할 때, 반드시 이유에 근거하여 수행해야 한다. 이유를 추구한다는 것은 일반적인 원칙에 충실하여 공정하고 일관성 있게 판단함을 의미한다. 원칙에는 주제에 관련된 원칙과 일반적인 원칙의 두 종류가 있다. 비판적 사고자는 이 두 종류의 원칙에 모두 능숙하고 이유 평가에서 두 원칙을 시의 적절하게 활용할 수 있어야 한다.

시걸은 비판적인 사고자가 되려면 능력이나 기술뿐 아니라 비판적인 태도, 성향, 마음의 습관, 의지 등을 지녀야 함을 지적한다. 비판적인 태도는 이유를 사랑하며 습관적으로 이유를 추구하며 대상을 임의적이지 않고 공정하고 객관적으로 보려 하며, 지적인 정직함과 상이한 관심들에 대한 공감적 고려 등을 포함한다. 시걸의 비판적 사고 개념은 이성적 능력과 정의적인 태도를 동시에 강조함으로써 이성과 감성의 분리, 인지적 측면과 정의적 측면의 구분에 대한 도전 및 극복을 의미한다. 비판적 사고는 윤리적 측면, 인식론적 측면, 교육내용, 교육방법, 교육목적의 측면에서 교육과의 관련성을 가진다. 윤리적 측면에서 비판적 사고는 학습자를 교수자와 동등한 위치에서 합리적으로 사고하도록 안내함으로써 학습자에게 도덕적으로 정당한 방식으로 가르치게 한다. 또한 비판적 사고는 문제 상황에서 도덕적 판단을 내릴 수 있도록 공정하게 판단하는 지적 습관, 공감과 배려의 성향, 추론의 방식 등을 배우도록 함으로써 학습자의 도덕 교육에 기여한다.

이와 아울러, 비판적 사고는 각 교과의 이론이나 공식이 어떤 근거에 의해 형성되었는지를 이해하고 탐구하도록 하는 방법을 연마함으로써 해당 교과의 원리, 지식의 깊은 이해뿐만 아니라 다른 분야의 지식을 이해하는 데 기반이 되도록 돕는다. 비판적 사고는 비판적인 태도나 성향의 함양을 추구함으로써 교육내용의 방법적 지식과 관련되고, 준거의 파악 및 적용, 정당화의 방법, 평가와 보완의 방법을 배움으로써 교육의 내용적 지식과 관련된다. 비판적 사고는 학생과 교사가 합리적으로 탐구하는 비판적 방식의 교육을 추구함으로써 교육방법의 측면과 관련된다.

마지막으로 비판적 사고는 교육의 방향을 제시하며 교육적 인간상, 이상적인 인격을 보여주며 다양한 교육활동의 근거이자 교육 평가의 핵심적인 준거로서 그 자체로 중요한 교육목적, 교육의 이상이라 할 수 있다.

립맨은 개개인의 비판적 탐구와 공동체의 협력적 사고 개념을 종합하여 탐구 공동체라는 개념을 주장한다. 탐구 공동체는 결론이나 판단의 형성을 목표로 하며, 어떠한 주장과 관련하여 방향성을 지니며, 논리적인 절차를 가지고, 합리성 · 창의성 · 배려와 관련을 가지며 비판적, 창의적, 배려적 사고 개념과 관련된다. 탐구 공동체는 상호 간의 관계와 배려를 추구하는 대화적인 요소와 어떠한 문제 사안을 논리적인 절차에 의해 해결해 나가려는 논의적인 요소를 함께 지닌다. 탐구 공동체는 함께 배우는 과정이요 공간이다. 탐구 공동체는 서로 질문하고 함께 탐구하고 논의하는 공동체로서 진리를 향한, 의미를 향한 탐구를 지향한다. 여기서 구성원들은 깊은 철학적인 상상력을 발달시키고 맥락을 깊이 있게 이해하고 해석하는 즐거움을 누린다. 탐구 공동체의 협력적 사고 개념은 네 가지 주요 특징을 가진다. 첫째, 탐구 공동체는 관계 형성의 차원에서 포용, 참여, 공유된 인식, 면대면 관계, 사회적 연대의식을 지향한다. 둘째, 탐구 공동체는 철학적 성찰의 차원에서 의미와 대안 탐색, 합리성, 질문, 반성적 읽기를 추구한다. 셋째, 탐구 공동체는 협력적 성찰의 차원에서 토론과 도전의 과정을 포함한다. 넷째, 탐구 공동체는 도덕적 차원에서 공정성, 모범, 자기 성찰을 지향한다.

듀이, 시걸, 립맨의 세 가지 사고의 개념은 각기 상이한 측면을 담고 있으나 서로 보완되어 사고와 교육의 밀접한 관련성 및 사고의 교육적 의의를 충분히 보여준다. 듀이는 원인과 결과를 지속적으로 치밀하게 반성하는 측면에서 지적 성숙이 일어난다는 측면을 강조하였고 시걸은 원칙과 이유에 따른 공정하고 비판적인 사고의 방법과 태도를 주장함으로써 인지적, 정의적 측면의 발달을 강조하였고, 립맨은 탐구 공동체의 협력적인 사고를 통해 배려 및 관계형성 능력, 철학적 성찰 능력, 토론 능력, 도덕성 등을 함양시킬 수 있음을 주장하였다. 이러한 사고와 교육의 밀접한 관련성 및 의의를 바탕으로 교육 현실에서 사고가 교육목적, 교육내용, 교육방법의 구상과 실제 운용에 있어 보다 치밀하고 체계적으로 적용되어야 하겠다.

한국의 현재 교육은 사고를 하기보다는 전달과 암기에 치우쳐 있다. 교사는 정해진 교재와 진도에 얽매여 주어진 지식, 정보, 기술을 전달하기 바쁘고 학생은 열심히 그것을 머릿속에 입력하고 시험에서 얼마나 효과적으로 그 기억을 산출해 내느냐에 몰두하고 있다. 이렇게 단편적으로 암기된 지식은 그 의미에 대한 깊은 탐구 및 원인(이유)과 결과의 논리적 연관성에 대한 이해가 부족하기에 학습자의 내면에 깊이 뿌리내리지 못할 뿐만 아니라 다른 분야에 대한 확산과 적용이 어렵게 된다. 듀이, 시걸, 립맨의 사고 이론이 공통적으로 한국의 현재 교육에 시사하는 가장 중요한 핵심은 단편적 지식을 전달하고 암기하지 말고 지식이 생성(구성)되는 과정 자체를 깊이 탐구하고 배워야 한다는 점이다. 듀이는 교육의 목적은 지속적인 성장을 유도하는 것이라고 하였다. 지속적인 성장은 학습자가 어떠한 사태, 문제, 현상, 주장, 이론에 대하여 '그것이 무엇인가?', '그것은 왜 그러한가?', '다른 측면은 없는가?', '무엇이 올바른 혹은 좋은 해결책이 되는가?' 등을 지속적으로 묻고 깊이 있게 성찰함을 통해 이루어진다.

이러한 사고의 과정을 통해 학습자는 깊은 통찰력, 이유와 근거를 치밀하게 사유하는 합리성, 대상을 다양한 시각에서 보는 열린 마음, 도덕적이고 심미적인 판단능력을 함양시키게 된다. 이것은 바로 시걸이 주장한 비판적 사고자(critical thinker)로서의 인격 혹은 비판적 정신(critical spirit)을 함양하는 것과 상통한다. 그러나 진정한 교육은 '비판적인' 것에 국한되지 않는 반성적인 측면, 서사적인 측면, 창의적인 측면 등의 다양한 사고의 특징들을 폭넓게 체득하는 것이 요구된다. 이렇게 다양한 측면의 사고를 가능하게 하는 좋은 방법은 립맨이 제안한 것과 같이 다양한 구성원들이 탐구 공동체를 이뤄 열린 대화를 통해 지속적으로 서로의 의견을 교류하고 함께 생각하며 해결방안이나 결론을 유도하는 것이다. 다양한 사람들이 서로 다른 방식으로 사고하며 이를 교류함으로써 사고의 폭이 넓어지고 배려와 공감 등의 감수성과 미덕을 함양시킬 수 있다. 또한 이를 위해 교사는 학생들이 반성적, 비판적, 창의적, 서사적인 다양한 사고를 적절한 상황에서 활용할 수 있도록 적극적인 안내를 할 수 있어야 한다.

한국의 현 교육의 문제점을 극복하고 상술한 깊고 다양한 사고를 가능하게 하기 위해서는 교육의 내용이 단편적인 정보와 지식의 나열이 아닌 문제와 토론 위주로 구성되어야 한다. 교재나 교사용 지도서에 해당 진도별로 빼곡하게 기록된 내용을 정해진 시간에 어김없이 전달하는 수업이 아닌 교과의 핵심적인 지식을 문제와 질문 형식으로 재구성하여 학습자들에게 제시하여야 한다. 교사는 학습자들이 먼저 문제를 분명히 이해하도록 안내하고 배경지식 및 선행학습과 연결하여 다양한 관찰 및 조사활동을 통해 이 문제를 탐구하고 해결해 나가도록 유도하여야 한다. 특히 전체 학급 또는 소규모 그룹 내에서 다양한 방식으로 함께 사유하면서 아이디어 교류, 찬반토론, 스토리텔링, 의견조정과정 등을 통해 활발하게 상호작용할 수 있도록 이끌어 주어야 한다. 이 협력적 탐구 활동 중간 중간에 교사는 끊임없이 그것이 무엇이며, 왜 그러하며, 다른 측면은 없는지, 무엇이 좋은지를 물어 더 깊고 다양한 사고를 유도하여야 한다. 이러한 교육방법이 가능하게 하기 위해서는 교사 자신이 반성적 사고, 비판적 사고, 창의적 사고, 서사적 사고 등 다양한 사고방식에 통달하여야 하며 소크라테스식 질의-응답, 토론 및 토의 지도 · 진행 기술, 내러티브 구성 등을 충분히 체득하고 있어야 하기에 교사교육과정의 개혁이 요구된다. 또한 이를 위해서는 교과 전문가, 교과교육전문가, 교과 교사들이 협의하여 각 교과별로 내용전달식에서 문제에 기초한 공동 탐구방식으로 교과내용의 재구성이 이뤄져야 할 것이다.

참고문헌

박선영 · 김회용(2010). "철학적 탐구공동체의 구성방법: 대화와 내러티브". 「교육철학」 제49집, 49-75.

박철홍(2011). "듀이의 경험개념에 비추어 본 사고의 성격". 「교육철학연구」 제33권 제1호, 79-104.

심승환(2010). "비판적 사고를 통한 배움의 의미". 「교육철학」 제41집, 165-202.

한승희(2005). "과학적 사고와 서사적 사고의 교육적 의미". 「교육과정연구」 제23권 제2호, 39-64.

Bailin, S.(1984). *Creativity and Quality: Philosophy of Education*. Philosophy of Education Society, Proceedings of the Fortieth Fiftieth Annual Meeting, 313-321.

Dewey, J.(1910). *How We Think*. 정회욱 역. 『하우 위 싱크: 과학적 사고의 방법과 교육』. 서울: 학이시습

Dewey, J.(1916). *Democracy and Education*. 이홍우 역. 『민주주의와 교육』. 서울: 교육과학사.

Dewey, J.(1934). *Art as Experience*. New York: Capricorn Books.

Dewey, J.(1938). *Experience and Education*. 엄태동 역. 『경험과 교육』 서울: 원미사.

Ennis, R.(1962). "A Concept of Critical Thinking". *Harvard Educational Review* vol. 32 no. 1, 81-111.

Lipman, M.(2003). *Thinking in Education*. New York: Cambridge University Press.

McPeck, J.(1981). *Critical Thinking and Education*. New York: St. Martin's Press.

Mead, G.(1910). "The Psychology of Social Consciousness Implied in Instruction". *Science* vol. 31, 688-693.

Nisbett, R.(2004). *The Geography of Thought*. 최인철 역. 『생각의 지도』. 서울: 김영사.

Paul, R.(1982). "Teaching Critical Thinking in the 'Strong' Sense: A Focus on Self Deception, World Views, and a Dialectical Mode of Analysis". *Informal Logic Newsletter*, vol. 4 no. 2, 2-7.

Paul, R.(1984). "Critical Thought Essential to the Acquisition of Rational knowledge and Passions". *Connecticut Conference on Thinking*. Connecticut State Department of Education.

Scheffler, I.(1965). *Conditions of Knowledge*. Chicago: Scott Foresman.

Scheffler, I.(1977). "In Praise of the Cognitive Emotions". *Teachers College Record*. vol. 79, 171-186.

Siegel, H.(1988). *Educating Reason*. London: Routledge.

3 관계 형성과 배움*

(1) 서론

오늘날 한국뿐만 아니라 전 세계적으로 '역량(competence)'이란 용어가 교육의 목표로서 강조되고 있다. '역량(competence)'은 후기 산업사회의 생산성 및 수행능력에 있어서 경쟁력을 키우고자 하는 배경에서 비롯된 개념이다. 이 같은 사회-문화적 맥락은 조화로운 인격과 감수성, 자유로운 상상력 등 교육의 보다 폭넓고 중요한 가치들에 대한 관심을 멀리 하게 하며, 대신 특정한 과제에 대한 효율적인 성취에만 주목하게 하는 경향을 가져오고 있다. 현재 기업이나 정부뿐만 아니라 교육 분야에 있어서도 '핵심역량'이라 하여 몇몇 성취지표를 정해놓고 이를 얼마나 달성하였는지를 주로 수량적으로 평가하고 각종 선발과 진급 등에 활용하고 있다.

이러한 추세의 결과는 교육의 질적인 부분, 인성적 측면보다는 수량화된 평가에 용이한 협소한 지적 분야에만 골몰하게 하고, 인성을 강조한다 하여도 이를 근본적으로 키울 수 있는 과정상의 노력보다는 보여주기식 프로그램이나 항목화 · 수치화된 인성지표로 측정하려는 시도들이 주류를 이루고 있다. 이 와중에 학생들은 스스로 어떤 가치가 자신과 타인에게 필요하며 중요한가를 깊이 느끼고 생각하기보다는 주어진 '역량'을, 그것이 왜 중요한지에 대한 이해 없이 더 효과적으로 성취하는 데만 골몰하게 되고, 이러한 교육은 높은 학업성적과 명문대 진학을 이루고도 다양한 심리적 방향상실감과 외적 일탈 행위를 야기하는 주요 원인이 되고 있다.

청소년들의 방향상실감은 한편으로 MacIntyre(1981)가 지적한 '주정주의(emotivism)'

* 본 장은 2015년도 『교육사상연구』 제29권 2호에 발표된 저자의 논문, "공자와 나딩스를 통해 본 교육의 본래적인 관계"를 수정한 것이다.

와 관련이 많다. 무엇이 바람직한 것인지에 대한 도덕적 기준이나 방향성을 잃어버린 채, 사람들은 자신의 즉흥적인 주관적 욕망과 느낌에 이끌려 행동한다. 무엇이 옳은지는 각자의 주관적 느낌과 바람이 결정한다. 이 같은 상황에서 인생에 있어서의 보다 근본적이며 지속되며, 타인과 공유하는 가치와 목적에 대한 안목은 결여된다. 그런데 이러한 포스트모던적 문제는 또 한편으로 모던의 문제 양상인 '도구적 이성(instrumental reason)'과 혼재되어 보다 복잡한 문제의 양상을 드러내고 있다. 전술하였듯이 요즈음 사람들은 목적이 무엇인가, 그것이 가치있는가와 같은 질문과 관계없이 주어진 과제를 얼마나 더 많이, 더 빨리, 더 강력하게 수행하는가, 또 그것을 얼마나 효율적으로 관리하고 통제하느냐에 혈안이 되어 있다. 교육에 있어서도 어떠한 인간을 기를 것인가보다는 어떠한 과제가 주어지든 그것을 효율적으로 수행하는 기술이 최고의 관심사이다. 학생들의 경우, 시험성적의 향상과 취업, 교사들의 경우, 이러한 것들을 효과적으로 이루도록 관리하고 통제하는 것이 교육의 주된 관심사가 되고 있다. 상기한 청소년들에게 나타나는 내적인 방향상실감과, 외적인 다양한 문제들은 이러한 맥락과 관련되어 있다.

과연 이러한 문제의 보다 근본적인 배경은 무엇인가? 방향의 상실은 근본적으로 인간이란 무엇인가에 대한 진지한 탐구가 점점 쇠퇴하고 있으며, 진정한 자아(the true self), 혹은 본래적인 자아(the authentic self)를 찾고자 하는 노력이 빛을 잃고 있음을 의미한다. 하이데거(Heidegger, 1927)는 현대인이 어떻게 본래성(authenticity)을 잃게 되는지를 지적한다. 현대인은 잡담(Gerede), 호기심(die Neugier), 애매성(Zweideutigkeit) 속에서 자신과 타자(대상)를 직접, 깊이 있게 마주하지 못하고 유행과 즉흥적 관심에 이끌려 피상적으로 움직인다. 그 결과는 자신과 세계와의 관계에 있어 진실한 것을 찾으려는 노력이 상실되고 간접적으로 이야기되는 소문과 기대치에 종속된다. 이러한 하이데거의 진단은 소비문화와 대중매체를 통한 선전, 유행과 명품주의, 익명성을 내세워 인터넷과 스마트폰을 통한 확인되지 않은 애매한 글들과 그로 인한 선동의 세태가 팽배한 현재 우리의 현실에 오히려 더욱 시사하는 바가 크다고 본다. 요즈음 우리는 찻집에 단 둘이 앉아 대화를 할 때 상대를 바라보는 것이 아니라 스마트폰을 보며 이야기하는 장면을 종종 볼 수 있다.

Taylor(1991)는 이와 관련하여 현대인은 개인주의, 도구적 이성, 시장체제와 관료제의 영향하에 목적과 의미를 상실하고 인간의 자유와 존엄성에 위협을 받고 있음을 지적한다. 그런데 테일러는 이러한 문제의 배경에는 자기 충족적 관점의 본래성(being true to oneself) 개념 및 자유주의의 가치의 중립성(neutrality) 개념이 있음을 지적한다(Taylor, 1991: 15-17). 테일러에 의하면, 이러한 관점들은 자신과 연결된 과거, 인간관계, 공동체, 자연과 사물 등의 다양한 관계의 지평을 진지하게 바라보는 데 한계를 지니기 때문에 결과적으로 진정한 자기를 찾는 데에도 한계를 가진다. 이러한 입장의 근거는 인간 자체가 대화적 존재라는 것이다. 우리는 언어적 상호작용을 통하여 우리의 정체성을 형성한다. 자신이 추구하는 바가 단순히 즉흥적인 느낌이 아니라 다양한 관계망, 공동체의 상호작용 속에서 형성되는 "의미의 지평(horizons of significance)" 안에서 성찰될 때, 비로소 보다 온전한 정체성을 찾을 수 있다(Taylor, 1991: 39-40).

부버 역시 인간의 본래성을 관계에서 찾는다. 부버(Buber, 1958)에 의하면, 인간은 '나-그것(I-It)'과 '나-너(I-Thou)'의 두 가지 태도에 따른 두 가지 세계에서 살아간다. 인간은 "나"만을 따로 떼서 존재할 수 없고 반드시 "너" 또는 "그것"과 연결된 채로 존재한다. 나-너는 개방성(openness), 직접성(directness), 상호성(mutuality), 현재성(presence)의 특징을 가지며 서로의 전 존재(whole being)를 직접적으로, 왜곡됨 없이 관계한다. 반면, 나-그것은 관계인 것 같으나 진정한 관계가 아닌 한시적 연결, 계약과 같은 속성을 가지며 상대를 분석하고 이용한다. 부버는 현대 사회의 인간은 어쩔 수 없이 나-너와 나-그것을 모두 경험하게 되는데, 문제는 나-그것의 태도가 지배적으로 되어 나-너의 관계로 회복되는 것을 막게 되면 바로 여기서 인간은 비 본래적(inauthentic)인 존재로 된다고 지적한다. 반면 인간이 나-그것의 태도를 넘어서 나-너의 직접적인 만남을 지속적으로 회복하려고 노력할 때, 인간의 실존(human existence)은 본래적으로 된다(Buber, 1965: xiv-xv).

이 글은 바로 이러한 문제의식과 이론적 배경에 의거하여, 현대 사회와 교육의 문제들과 그 문제 해결의 열쇠가 인간의 본래적인 관계(authentic relationship)[1]라고 보고, 이를 어떻게 교육에서 실현할 수 있을지를 탐구하는 데 목적이 있다. 교육은 인간을 좋은 인간, 인간다운 인간, 본래적인 인간으로 성장시키고 실현시키는 데 근본적인 목적을 둔다. 그런데 그러한 인간의 본래적인 상태의 실현에 관계가 핵심적인 것

1) 저자는 상기한 부버의 "나-그것"의 가식적인 관계와 대비된 "진정한 관계"라는 의미와, 인간의 본래성을 실현시키는 의미를 강조하기 위해 이 글에서 "본래적인 관계"라는 용어를 사용하겠다.

이라면, 무엇이 참다운 관계인지를 밝히는 것은 교육 연구에 있어 가장 근본적이며 핵심적인 것이 될 것이다. 특히, 교육 자체가 인간과 인간 간의 상호작용으로 이루어진다면, 그러한 본래적 관계의 준거와 모범을 교육 실제의 내부에서 찾는 것이 적절할 것이다.

윌슨(Wilson, 1965)은 인간 실존에 본질적이지 않은 가르침과 인간 실존에 본질적인 가르침을 분류하며, 전자는 사실적 지식을 가르치는 것이고, 둘째는 상호작용 혹은 관계의 기술을 가르치는 것이라 지적한다. 전자는 단편적인 사실적 정보를 얻는 것으로 인격적 상호작용을 필요로 하지 않는 반면, 후자는 특정한 상황에서 어떻게 생각하고 말하며 행동하여야 할지의 자세를 가르치고 배우는 것으로 가르치는 자와 배우는 자의 인격적 상호작용을 반드시 수반한다(Wilson, 1965: 160-161). 나딩스(Noddings, 1992)도 유사한 맥락에서 현대 교육의 문제점을 표준화된 수행 과제와 목표의 달성에만 집착하는 가운데 인간관계와 배려(care)의 중요한 가치가 무시되는 것으로 지적하고 이를 극복하기 위한 대안으로 관계에서의 배려(caring)의 교육을 주장한다. 이러한 배려는 자기 자신, 친밀한 사람들, 먼 사람들, 자연, 사물, 관념들(ideas)과의 관계를 통하여 확장된다.

'본래성(authenticity)'은 고대 그리스어 'authentikos'에서 왔는데 그 의미는 '근원으로부터 온다'는 것이다. 하이데거 및 나딩스의 관점에 기초하여 볼 때, 인간의 본래성을 키우는 본래적인 관계는 자기 자신, 타인, 그리고 자연 및 사물의 근원, 그 직접적인 뿌리와 진실하게 마주하는 것으로부터 온다. 현대 사회와 교육의 많은 문제들은 인간 개개인이 자기 자신과 타자로부터 뿌리 뽑힌 상태로 존재함에서 비롯된다. 어떻게 하면 인간 실존에서, 특히 교육에서 그 근원과 진실하게 직접 마주할 수 있는가?

이 글은 먼저, 현대의 교육철학자인 나딩스의 이론에 기초하여 본래적 관계의 준거를 찾고 이 준거를 충족하는 이상적인 모범을 공자(孔子)의 교육적 실제(educational practices)를 통하여 제시하고자 한다. 인간의 바람직한 방향은 인간 공동체가 오랫동안 폭넓게 공유해 온 문화적 전통과 가치 안에서 찾는 것이 적절할 것이다. 많은 문화적 전통 중 특히 종교적 전통은 많은 사람들의 윤리적 행위의 기준이 되어 왔다. 특히 유교는 동아시아의 역사와 문화에서 중요한 영향을 미쳤고, 문화적 교류 이후 서구에도 알려져 많은 사람들에게 영향을 주고 있다. 유교 전통의 기원이라고 할 수 있는 공자는 많은 사람들에게 존경을 받아 왔고 실제 스승으로서 제자들을 가르쳤다. Creel(1949: 75)은 공자는 인류 역사를 바꾼 몇 안 되는 스승 중의 한 명이라고 주장하였다. 공자가 궁극적으로 추구한 '仁'은 우리 주변의 가까운 가족부터 다양한 인간관계에서 '孝·悌·忠·信'을 실천함을 통하여 구현되는 온전한 德이다. 공자는 스스로 노인을 봉양하고 벗에게 신의로써 대하며 젊은이들을 사랑으로 품어주는 것을 소망한다고 하였고,[2] 이러한 자신의 뜻을 제자들과 모든 삶을 함께 하며 직접 '言行'의 모범으로 보여주며 가르치려 하였다.[3]

비록 시간과 공간의 차이는 크지만 나딩스 역시 공자와 유사하게 부모와 자식 간의 돌봄의 관계가 관계의 기초이며 인간이 도덕적으로 성장해가는 근본임을 주장하였고 교사와 학생의 교육의 관계가 배려의 윤리를 키우는 데 매우 중요함을 강조하였다. 바로 이 점이 시대적, 문화적 격차를 넘어 두 사상가를 연결하여 탐구할 수 있는 근본 지점이 된다.

인간이 추구하여야 할 본래적인 관계가 무엇인가를 고찰함에 있어 우선 나딩스는 현재 우리가 당면한 교육현실의 맥락 안에서 바람직한 관계가 되기 위해선 어떠해야 하는지를 논하였고, 공자는 바람직한 관계를 제자들과의 가르침과 배움의 실제 관계 속에서 체현하여 보여주었기 때문에 이 두 사상가를 함께 다룬다면 본래적인 관계의 준거와 더불어 실제적 모범을 고찰하고 현실의 교육에 의미 있는 성찰을 제시할 수 있을 것으로 기대한다. 공자가 비록 고대의 인물이나 공자의 사상은 한국의 유교적 문화 전통 속에서 면면히 흐르고 있으므로 공자를 통한 관계 고찰은 우리의 전통 문화의 뿌리가 되는 사상을 통한 접근이다. 한편, 나딩스는 도구적 이성 및 신자유주의 등의 현대 사회문제 속에서 교육적 관계의 수단화의 문제점을 여실히 지적하고 이를 극복하는 바람직한 관계를 교육적 맥락에서 논의하고 있기에 우리의 교육현실과 밀접히 연결된 이론가라 할 수 있다. 두 사상가는 시대적 격차가 있으나 공통적으로 '참된 관계'를 통한 도덕적 인간의 실현, 교육 내에서의 참된 관계의 중요성을 근본적으로 강조하였고, 한국의 전통문화 속에 전승되어 온 공자와 유교 사상 그리고 나딩스가 논하는 현실과 한국교육현실과의 상관성 등을 감안한다면, 시대와 지역적 차이를 넘어서 저자가 처한 현재 한국 교

2) "子路曰, 願聞子之志, 子曰, 老子安之, 朋友信之, 少子懷之." 『論語』〈公冶長〉25.

3) "子曰, 二三子, 以我爲隱乎, 吾無隱乎爾, 吾無行而不與二三子者是丘也." 『論語』〈述而〉21.

육 맥락에서 충분히 연결하여 논의할 수 있으리라 본다.

해석은 저자와 독자의 만남이요, 역사는 과거와 현재의 만남이며, 텍스트는 독자의 해석을 요구한다. 저자는 공자와 나딩스의 텍스트를, 저자가 처한 역사적 맥락에서 본래적 관계를 통한 참다운 인간성 교육에 초점을 기울여, 지평의 융합을 모색해 보고자 한다. 이 글은 한국의 교육현실에서 관계의 의미를 성찰함으로써, 수단적 교육에 몰입된 문제를 극복하고 참된 인간성을 키우는 데 중요한 기여를 할 수 있으리라 본다.[4)]

(2) Noddings 배려 관계 이론에 기초한 교육의 본래적 관계의 준거

많은 학자들이 인간의 관계에 관하여 연구하였으나, 나딩스는 현대 사회의 맥락에서 특히 교육적 실제를 통하여 인간이 인간답게 될 수 있는 진정한 관계의 요건들을 비교적 자세하게 다루었다.

나딩스는 인간이 관계를 통하여 참다운 인간성을 이룰 수 있으며 인간관계의 방향은 조건적이고 계약적인 태도와 대조된다고 본다. 그녀는 특별히 교육의 구체적인 상황에서 이런 참다운 관계가 어떠해야 하는지 보다 자세히 다룬다. 그녀는 인간의 참다운 관계에 대하여 "배려의 관계(caring relationship)"라는 개념을 사용한다(Noddings, 1984; 1992). 배려란 일련의 특정한 행위들이 아니라 "관계 안에서의 존재의 방식(a way of being in relation)"을 의미한다(Noddings, 1992: 17). 나딩스에게 배려란 하나의 윤리적 미덕이 아니라 두 존재의 관계 안에서의 실존적 태도이다.[5)] 부버의

---

4) 기존 국내의 선행연구 중에는 특히 관계 중심적이며 상황 중심적인 성격에 주목하여 공자(유교)와 나딩스(여성주의 윤리이론)의 유사점에 주목한 논의들이 있다. 이 연구들에 따르면 서양 철학, 윤리학의 주류는 보편적인 이성, 추상적인 덕을 강조하였는데 반해 길리건과 나딩스 등 여성주의 이론가들은 특정한 상황과 관계의 성격으로부터 도출되는 윤리를 강조하였는데, 이는 공자나 유가에서 선과 악 등 여러 덕이 각각의 특수한 상황과 관계에서 설명된다는 점과 일맥상통한다(목영해, 2003: 107-138; 이숙인, 1999: 39-69.).

5) 나딩스의 관계이론은 한편으로는 부버의 실존주의 관점으로부터 영향을 받았고 다른 한편으로는 페미니즘 관점의 영향을 받았다. 특히 그녀의 배려 개념은 Gilligan의 배려 윤리로부터 많은 영향을 받았다. 길리건에 따르면, 남성과 여성은 각각 정의 윤리와 보살핌윤리의 두 가지 상이한

시각에서 나와 너가 전 존재를 걸고 마주하듯이, 배려의 관계에서 배려하는 자(the one-caring)와 배려받는 자(the one-cared for)는 전심으로 마주하며 상호 의존한다. 배려하는 자의 행위는 배려받는 자의 상호 반응이 없이는 결코 온전히 이루어질 수 없다. 배려하는 자는 배려받는 자의 상황에 대하여 전념(engrossment)을 기울인다. 전념이란 "열린, 비선택적 수용(open, nonselective receptivity)"으로 상대의 상황과 입장에 대하여 온 마음을 다하여 귀 기울이며 반응하는 자세이다(Noddings, 1992: 15-16). 이것은 일방이 무엇을 주면 타방이 무엇을 주는 계약적 혹은 조건적 관계가 아니다. 배려의 관계는 어떠한 선입관이나 부차적 의도로 이루어지지 않고, 상대의 입장을 있는 그대로 보고, 듣고, 느끼며 직접 대면함으로써 이루어진다.

나딩스는 배려의 예로 의사가 환자의 고통을 공감하는 것, 엄마가 아이의 문제를 들어주며 공감하는 것 등을 예시한다(Noddings, 1984: 59). 배려의 관계에서 의사나 엄마는 치료나 훈육 등의 의도 이전에 환자와 아이의 특별한 입장에 대하여 '非 선택적으로' 수용하고 전심을 기울여 대한다. 한 이방인이 길을 모를 때, 한 아이가 신발끈을 메지 못할 때 누군가 그 곤란함에 안타까움을 느끼고 반응(도움)을 하며 그 상대가 이러한 배려를 진심으로 공감할 때 배려의 관계가 성립된다. 이때 배려하는 자는 자기의 과제를 내려놓고 상대에게 마음을 쏟게 되는데 나딩스는

윤리적 성향을 발달시키는데, 이는 아동기 때부터 남아는 평등과 불평등의 경험을, 여아는 애착과 분리의 경험을 겪으면서 남아는 공정성과 자율성을, 여아는 동정심과 사랑의 성향을 발달시킴으로써 이루어진다. 길리건은 이 같은 차이를 심리학적, 경험적 연구를 통하여 뒷받침하려고 하였다(Gilligan and Wiggins, 1987). 나딩스의 배려 개념은 길리건과 마찬가지로 여성성 혹은 모성의 특징에 근거하고 있으나, 나딩스는 이 개념을 길리건처럼 심리학적, 경험적으로 보기보다는 철학적으로 규명하려고 하였다. 나딩스의 배려는 인간은 관계 안에서 정의된다는 relational ontology에 그 기초를 두고 있다. '나'는 인간관계를 추구하는 의지를 가진 개인이 아니라, 하나의 관계 자체가 '나'이며 관계들에 의해서 '나'는 정의된다(Noddings, 1989: 236). 나딩스는 특히 배려를 도덕이론과 관련하여 논하며 감정을 멀리하고 보편타당한 의무감에서 행하라는 칸트의 의무론적 관점과 달리, 관계로부터 비롯되는 자연적인 공감과 배려, 배려를 통한 기쁨의 감정을 중심으로 주장하였다(Noddings, 1989: 174). 그녀는 특히 학교교육에 초점을 두어 학교에서 개별적인 도덕적 미덕들을 독립적으로 가르치기보다는 관계 안에서, 관계를 유지시키고 강화시켜 줄 수 있도록 가르쳐야 한다고 제안하였다. 저자가 볼 때, 나딩스는 길리건처럼 남성성과 다른 여성성의 윤리 그 자체를 주장하기보다는, 관계적 존재인 인간 자체의 삶의 양상과 그 인간다운 삶의 실현 방향에 초점을 기울였다는 점에서 길리건보다는 오히려 부버 및 실존주의의 철학적이고 존재론적인 배경과 더욱 가깝다고 생각한다. 그러나 부버의 종교적이고 함축적인 접근방식과는 달리, 나딩스의 접근방식은 보다 구체적인 삶의 실제, 특히 교육과 도덕적 삶에서 배려가 어떻게 구현될 수 있는지를 보다 실천적으로 논의하는 것이었다.

이를 "동기의 전환(motivational displacement)"이라 한다(Noddings, 1992: 16). 도움(배려)은 어떠한 다른 목적을 내려놓고 오직 상대의 입장을 공감하고 반응하고자 하는 태도이다. 나딩스의 배려의 관계에서 간접적인 조건이나 의도에 의한 접촉이 아닌 직접적인 대면, 관계 그 자체를 지향한다는 점이 본래적 관계의 가장 우선적인 준거로 볼 수 있다(Shim, 2006). 교육의 관계에 있어서도 어떠한 무엇을 가르쳐야 한다는 그 목적보다 관계 그 자체가 더 우선시된다. 나딩스는 관계적 배려(relational caring)와 덕의 배려(virtue caring)를 구분하면서 덕의 배려는 어떻게 하면 덕을 학습시킬 것인지에 먼저 관심을 두지만, 관계적 배려는 덕의 학습 그 이전에 배려의 관계 그 자체를 더욱 중시한다고 주장한다(Noddings, 2010). 이러한 측면에서 나딩스 이론에 의거할 때, 본래적인 관계의 첫 번째 준거는 관계 그 자체를 최우선적으로 지향하는 관계의 직접성이다.

나딩스는 학교교육 현실이 국가의 표준적 기준에 의해 보편화되고 교사들이 이것에만 몰두함으로써 여기서 학생 개인의 존재가 무시됨을 비판적으로 지적하였다. 그녀는 학교 교육과정이 주어진 사실들과 기술들의 전달에 집착하면서 학생들은 교육활동 및 교사의 가르침으로부터 소외감을 느낀다고 지적한다. 나딩스는 아이와 엄마의 관계와 마찬가지로 학생과 교사의 관계가 진정한 배려의 관계의 싹이라고 보았는데, 표준화된 행동 목표(성취 목표)의 달성에 집착하는 현 교육에서 이러한 관계의 싹, 개인적 관계의 중요성은 약화되고 파괴된다고 본다. 그녀에 따르면, 사람은 특정한 방법으로 일반화하여 보아서는 안 되며 교사와 학생은 고유한 존재이다(Noddings, 1992: 2-8). 교사와 학생의 관계, 인간과 인간의 관계에서, 학생 개개인, 인간 개개인의 결코 일반화할 수 없는 고유함(uniqueness)은 관계의 기초이다. 배려는 상대의 구체적인 상황, 필요, 그의 입장과 나에 대한 기대에 관하여 특별한 관심을 가지고 행동함으로써 이루어진다(Noddings, 1984: 24).

배려는 배려 받는 자를 향한 "비 선택적 수용"으로부터 시작된다. 이것은 내 마음의 모든 것들을 비우고 상대를 받아들이는 것이다(Noddings, 1992: 16).[6] 배려는

6) 이 점에서 나딩스는 그녀의 관계이론에 상당부분 영향을 준 부버의 입장과 미묘하게 차이를 보여준다. 부버의 입장에서, 나-너의 만남은 직접적이나 그렇다고 내가 너에 대한 모든 생각들을 비워야 하는 것은 아니다. 나무의 예에서 부버는 내가 나무를 직접적으로 볼 때(나-너 만남) 나무에 대한 나의 생각과 지식을 다 잊어버려야 하는 것이 아니고 오히려 그 모든 것을 종합적으로 총체(a totality)로서 함께 가져오라고 한다(Buber, 1958: 7). 반면, 나딩스는 내 마음에 있는

내가 의도하는 그 무엇에 몰두하는 것이 아니라 상대가 전하고자 하는 그것을 온전하게 수용(a full receptivity)하는 것이다. 개개인의 특별한 입장을 공감하는 것이 바로 배려의 시작이자 핵심이다. 교육상황의 예에서 보자면, 모든 개별 학생이 교사가 가르치는 모든 것을 배울 수는 없다. 또 모든 학생이 반드시 알아야 할 것은 많지 않다. 학생 각자는 자신의 관심에 따라 자신이 배울 내용을 선택할 권리가 있다. 배려하는 교사는 각 학생의 독특한 입장에 귀 기울여야 하며 이에 맞추어 상이하게 반응하여야 한다(Noddings, 1992: 19).

배려가 주관적인 문제에서 벗어나 객관적이고 보편적인 문제로 취급될 때 위험이 존재한다. 배려가 객관적인 것으로 될 때, 상대에 대한 전념(engrossment)과 동기의 전환(motivational displacement)은 추상적인 문제 해결로 바뀌게 되며, 결과적으로 초점이 '배려 받는 자'로부터 '문제 자체'로 전환된다. 문제 해결을 위한 일반화된 규칙이 정해지면, 고유한 개개인의 필요에 대한 상이한 대응은 사라질 위험이 있다. 이 경우엔 배려를 위한 일반적 기준을 충족하는 데만 몰두한 나머지 개개인의 인격적 상호작용은 어렵게 된다. 나딩스는 이러한 모습은 진정한 의미의 배려가 아니며 배려를 하고 있다는 환상(illusion)에 불과하다고 주장한다(Noddings, 1984: 25-26). 나딩스의 시각에서 본다면, 우리가 이러한 위험을 극복하고 진정한 의미의 배려를 회복하려면 다시금 구체적인 상황, 각 개인의 고유한 입장과 필요, 이를 토대로 한 특별한 배려의 관계를 형성하여야만 한다. 나딩스는 교육에서 교사가 일반적 교과내용보다 학생 개개인의 특별한 실존적 문제에 더욱 관심을 기울여야 한다고 지적한다. 그리고 교과내용도 그러한 개개인의 고유한 문제와 연결되었을 때 진정한 의미를 지닌다고 주장한다. 교우간의 갈등, 성관계, 친구의 죽음, 가정과

모든 내용들(contents)을 비우고 오직 배려 받는 자의 필요, 그의 'wellbeing'에만 전념하라고 한다. 저자가 볼 때, 하나의 선입견이 관계(만남)를 가로막는다면 이것은 본래적 관계가 아닐 것이다. 그러나 내 앞에 있는 상대에 전념하면서 그에 대한 기존의 나의 모든 생각들을 부수적인 것으로 가져온다면, 그것들이 상대의 whole being(totality)을 이해하고 대면하는 데 도움이 될 것이다. 중요한 점은 상대에 대한 내 생각이나 지식을 버리느냐 마느냐가 아니라 지금 여기의 상대의 존재에 대해 온 마음을 다해 직면하는 것이다. 이때 기존의 생각들은 지속적으로 새롭게 구성되며 상대에 대한 더 깊은 이해와 관계를 이룰 수 있을 것이다. 이러한 측면에서 저자는 이 사안에 대해서는 나딩스보다는 부버의 관점을 지지한다. 좀 더 나아가 생각해보자면, 나의 생각을 모두 비우고 상대를 대면한다는 것이 실제는 불가능에 가깝다고 보며, 나를 비우고 상대만을 전적으로 수용한다는 것은, 관계의 또 하나의 중요한 준거인 상호성(mutuality)과 충돌한다고 본다.

이웃의 문제들 등 학생 각자의 고민과 고통의 이야기들에 교사가 관심을 기울이고 그것을 나누고 함께 고민할 수 있도록 해야 한다(Noddings, 1995: 26).[7] 이러한 측면에서 나딩스 이론에 의거할 때 본래적인 관계의 두 번째 준거는 관계의 고유성이라 할 수 있다.

나딩스는 관계의 직접성 및 고유성과 더불어, 상호성에 대하여 특별히 강조하였다. 일반적으로 배려는 배려하는 자가 배려 받는 자에게 무엇인가를 베푸는 것으로 배려 받는 자의 역할은 상대적으로 거의 없다고 인식된다. 그러나 나딩스의 관점에 의하면, 성숙한 배려의 관계는 상호적 만남으로 수용(reception)과 인정(recognition)과 반응(response)이 핵심적인 요소이다. 배려 관계의 시작은 상대의 필요에 대한 주의 깊은 수용에서 비롯되며, 배려자가 상대의 필요를 인정하고 반응하는 행위를 통해 수행되며, 배려 받는 자가 그 배려에 대해 다시금 적극적으로 반응함으로써 완성된다. 나딩스의 상호성은 상대가 행한 것에 상응하여 행동하는 것(contractual reciprocity)이 아니라, 상대의 필요에 대한 인정과 반응에 대한 공감이다(Noddings, 2012: 53). 상호적 행위에서 그 중심은 자신보다는 상대에 있다.

배려의 관계에서 배려하는 자와 배려 받는 자는 상황에 따라서 서로 위치를 바꾸어 상호 배려를 주고받는다. 나딩스는 엄마와 아기의 상호작용의 예를 들어 배려의 가장 기초적인 상황에서도 이러한 상호성이 작용함을 제시한다. 엄마의 보살핌(caring)에 반응하여 아기는 소리 내며, 주의 깊게 쳐다보고, 웃고, 손을 뻗고, 엄마를 껴안는다. 만약 이러한 반응이 없다면 어떻게 될 것인가? 배려의 행위는 지치

7) 나딩스는 배려에서 또한 교사가 가르칠 내용에 대해 '고유한 선택권'이 있음을 주장한다. 교사는 배려의 교육을 위해 각자 그(녀)가 할 수 있는, 관심이 있는 교육내용의 주제를 선정하고 시기와 방식도 자율적으로 선택할 수 있어야 한다. 즉, 교사 개개인의 특수성을 무시한 채, 모든 교사에게 동일한 내용을 동일한 방식으로 가르치라는 것은 관계의 고유성을 강조하는 '배려 관계의 교육'과는 맞지 않는 것이다. 한편, 실존적인 문제에 있어 교사가 학생과 대화를 모색할 때 유의할 점은 학생이 자신의 문제를 어느 선까지 노출할지를 학생의 상황과 의사를 면밀히 살펴 지혜롭게 결정하는 것이다. 우선, 학생 자신의 문제를 나누기 전 교사-학생간, 학생들 상호간 충분한 '신뢰'가 형성되어 있어야 하고, 그 문제를 나누었을 때 나중에 후회와 상처가 되지 않는 선에서 적절히 수위를 조정하여야 하며, 함께 나누고 조언해줄 수 있는 충분한 준비가 되어 있어야 한다. 때로는 어떤 학생이 범행에 대해 우호적인 개인 입장을 표명할 때 교사는 어떻게 대처하여야 하는가? 나딩스는 이에 대해 바로 그 태도의 잘못을 꾸짖기보다는 일단 충분히 그 입장에 대해 들어본 후, 정직, 배려, 인내 등의 행위에 관한 강력한 이야기들을 반례로 제시하면서 대화하도록 제안한다(Noddings, 1995: 25-26).

고 지속되지 못하며 배려의 관계는 완성되지 못할 것이다. 이와 유사하게 학생이 반응하지 않을 때 교사의 가르침은 힘을 잃을 것이다(Noddings, 1992: 17). 교사의 격려에 반응하여 학생이 열정적으로 어떤 주제를 탐구할 때 비로소 교육에 있어서 배려의 관계가 완성될 수 있다(Noddings, 2012: 53).

나딩스의 지적처럼, 특별히 교육관계에서의 상호성은 그 관계의 형성 · 지속 · 완성의 기반으로서 매우 중대한 의미를 갖는다고 본다. 나딩스는 교육을 추진하는 감성적 동력에 주목하여 상호성을 강조하였는데, 보다 근본적으로 상호성이 결여된다면 교육 혹은 가르침의 근본 목적을 구현하는 데 한계가 있다. Hirst(1971: 12)는 가르침이란 개념 자체에 가르치는 자와 배우는 자를 포함하고 있으며, 가르치는 자의 의도는 배우는 자의 배움 —지식이나 태도— 을 일으키는 것으로 가르침과 배움은 상호 논리적인 연결망으로 맺어져 있다고 설명한다. Hansen(1999: 171-178)은 가르침은 배우는 자에게 새로운 지식이나 태도를 안내하는 것인데 이를 위해서는 가르침의 매 순간에 배우는 자의 지적, 행동적 반응을 주시하여 이에 맞게 적극적으로 상호작용하여야 한다고 주장한다. Freire(1970: 73-81)는 교사가 일방적으로 학생에게 설교하는 은행예금식 교육(banking education)에서 학생은 교사의 행동을 통하여 마치 자신이 행동하는 것과 같은 환상에 빠진다고 지적한다. 학생이 활동하고 사고하지 못하는 교육은 세상을 창의적으로, 변혁적으로 이끌지 못하고 그저 세상의 것들을 수동적으로 바라보고 받아들이기만 하는 수동적 존재로 만들 뿐이다. 프레이리는 이를 극복하려면 교사와 학생이 어떤 문제를 매개로 공동탐구하며 동시에 서로 가르치기도 하고 배우기도 하는 완전한 상호적 관계가 되어야 함을 제안한다. 이러한 학자들의 주장은 모두 교육에서, 그리고 바람직한 인간의 삶에서 상호성의 중요성을 뒷받침한다. 저자가 볼 때, 교육은 찰흙과 같은 영혼과 의지가 없는 무생물을 일방적으로 빚어 만드는 행위와 구별된다. 가르치는 자가 지성, 감성, 의지를 가지고 있듯 배우는 자도 지성, 감성, 의지를 가지고 있으며 그것들은 상황과 반응에 따라 끊임없이 변화한다. 지 · 정 · 의를 가진 능동적이며 변화하는 생명체를 조성하는 일은, 반드시 가르치는 자가 배우는 자의 상태와 반응을 살피며, 배우는 자가 적극 참여하여, 서로 교감하며 상호작용함으로써만 이룰 수 있다.

나딩스는 학생이 교사의 배려의 시도들에 반응하지 못하면 그들은 성장하지 못하고 타인을 배려하는 것을 배우지 못할 것이라고 한다. 학생들이 반응하지 못하는 원인은 관계의 준거 중 하나인 고유성과 관련된다. 부모나 교사가 아이의 고유한 관심과 상황을 무시하고 자신의 생각, 일반화된 기준으로 아이들에게 "모두 다 너를 위한 거야"라고 할 때, 심지어 학대 행위조차 그런 식으로 합리화할 때, 점점 아이들은 반응하는 것을 멈추게 된다(Noddings, 1992: 107-108). 나딩스의 관점에 입각하여 볼 때, 부모나 교사가 어떠한 일반적 지식이나 태도를 가르치는 것보다 아이 자체의 고유한 인격과 상황을 존중하고 관심을 기울이고 있다는 신뢰가 형성될 때 비로소 아이는 적극적으로 반응할 것이다. 배려하는 자는 배려 받는 자의 '최선의 자아(the best self)'를 보고 이를 실현하기 위하여 그와 더불어 활동하여야 한다. 이때 아이는 부모(교사)를 사랑하게 되며, 가르치는 내용에 대해 관심을 가지며, 부모(교사)를 본받으려 할 것이다. 교사의 가르침을 수동적으로 받지 않고 교사와 함께 활동하기 시작할 때, 도전적인 태도와 동기가 형성되고 이후의 모든 발달 단계에서 협동적 관계를 형성할 수 있게 된다(Noddings, 1984: 64). 요약하자면, 상호성은 관계의 형성과 지속, 바람직한 인간의 삶에서 필수적인 준거이다.

나딩스에 의하면, 배려의 관계를 통하여 배려 받는 자는 배려의 능력을 확장시킨다. 배려 받는 자는 배려하는 자의 배려 받는 자를 향한 태도와 사물(혹은 사건)에 대한 태도를 보고 본받게 된다(modeling). 음식에 대하여 감사하는 태도와, 의무적이고 형식적인 태도를 보이는 것, 아이에 대해 친밀하게 다가가고 중요한 인물로 존중하는 태도와, 그렇지 않은 태도는 아이에게 심각한 영향의 차이를 주게 된다(Noddings, 1984: 64-65). 배려는 추론에 의해 말로 가르쳐서는 안 되고 학생들에게 직접 어떻게 관계를 형성하는지를 보여주어야 한다(Noddings, 1992: 22). 이를 위해선 무엇보다 교사가 학생의 장점과 의도를 알고 이를 격려하고 인정해주는 것이 필요하다. "나는 네가 성취하려고 노력하는 바를 안다", "나는 네가 네 친구를 도우려고 했음을 안다" 등과 같이 교사가 학생의 특정한 행위에 대해서도 그 깊은 의도를 인정해줄 때 신뢰가 형성된다. 이러한 인정(confirmation)을 통한 신뢰는 교사-학생 관계의 연결을 지속적으로 공고히 하게 된다.

신뢰와 배려의 싹은 하나의 관계를 넘어 다양한 관계로 확장된다. 부모와 자식 간에 형성된 배려의 관계는 협력적 태도, 나눔에 대한 의지, 개방성, 지적 호기심, 실존적 문제에 대한 관심, 다양한 관계를 형성하고 번영하게 하는 능력의 바탕이 된다. 나딩스는 공포(fear)가 도덕성의 바탕이 된다는 프로이트의 주장에 반대하여, 도덕성은 물론 공포에 의해 영향을 받지만, '사랑'에 의해 촉발되며(inspired) '사랑의 관계'에서 예증된다(demonstrated)고 주장한다(Noddings, 1992: 109). 엄마와 아기 간의 사랑과 신뢰는 우선적으로 아이가 '자기 자신(self)'에 대해 진지하게 관심을 기울이게 한다. 나아가 가정, 학교, 이웃, 동료 등 가까운 사람들과의 친밀한 사랑의 관계는 이방인과 멀리 있는 타인들, 동식물, 지구, 사물, 심지어는 추상적 관념에 이르기까지 다양한 대상과의 배려의 관계로 점차 더 넓게 확장된다(Noddings, 1992). 나딩스는 배려 관계의 교육이 지적인 교육과 반대되지 않음을 지적한다. 배려의 관계는 타인, 자연, 사물 등 모든 존재에 대한 '깊은 관심'을 가지는 삶을 이끌도록 하기에 인간 잠재력의 전 영역과 연결된다. 배려의 관계는 이 모든 존재들과의 관계에서 긍정적인 기여를 할 수 있는 지식과 능력을 개발한다(Noddings, 1995: 24).

요약하자면, 나딩스의 관계 이론은 관계가 인간 실존의 근본적인 것이며 참다운 인간 실현의 기초라고 본다. 나딩스는 특별히 교육에서의 일반화되고, 표준화된 태도의 문제점을 비판하며 고유한 개개인의 필요에 주목하여야 하며, 상호성의 구체적 요소들로서 수용, 인정, 반응을 강조하였다. 또한 반응을 통한 관계의 동기부여와 자아, 가족, 이방인, 자연, 사물, 관념들로의 확장을 구체적으로 설명하였다. 나딩스의 관계이론을 토대로 교육의 본래적 관계의 준거를 정리해 보자면 다음과 같다. 첫째, 관계는 직접적이어야 하며(관계 그 자체를 우선적으로 추구함), 둘째, 각 관계 및 관계 당사자의 고유함이 존중되어야 하며, 셋째, 관계를 맺는 쌍방은 상호적이어야 하며, 마지막으로 관계는 관계들을 형성하고 발달시키는 확장 능력을 가져야 한다. 이하에서는 이상의 본래적 관계의 준거들 —직접성, 고유성, 상호성, 확장성— 이 어떻게 교육의 실제에서 구현되어야 할지를 공자의 교육적 모범을 통해 살펴보겠다.[8)]

---

8) 이 글은 나딩스의 배려 관계나 배려 윤리 그 자체를 고찰하는 것이 초점이 아니라 관계를 통하여 어떻게 본래적인 인간성, 참다운 인간성을 실현하느냐에 근본적인 관심이 있다. 즉, 나딩스와 달리 저자는 관계가 단지 윤리나 도덕의 차원이 아닌 인간에게 필연적이고 참된 인간성을 완성하는 근간이며 이것은 특히 교육적 실제에서 가르침과 배움의 관계에서 비롯됨을 주장한다는 측면에서 나딩스의 배려 관계 이론과는 다소 초점이 다르다고 하겠다. 나딩스는 학교교육 등 구체적인 교육과정에서의 배려 관계에 대해서도 비교적 자세히 논했으나 그 외에도 가족, 자연, 이방인, 사물, 개념 등 여러 관계들— 교육과 관련되지 않는 관계들— 에까지 배려 윤리를 확장하여 논하였다. 이 글의 입장은 교육적 관계, 특히 교사와 학생(또한 비형식적인 교육자와 학습자 포함)의 관계가 어떻게 본래적 관계의 토대가 되는지, 또한 이를 통해 여러 관계들이 확장되어

(3) 공자의 교육 실천을 통해 본 본래적 관계의 실제

공자는 배신과 폭력이 난무하던 중국 고대 춘추시대의 혼란기에 정치보다는 교육을 통하여 사회에 인간다움을 회복하고자 하였다. 『史記』에 의하면, 공자는 30세 무렵부터 제자를 가르치기 시작하였고 제자 수가 3000명에 달하였고 특히 10명의 뛰어난 제자들과 천하를 주유하며 가르침을 주었다고 한다.[9] 오랜 시간이 지났으나 공자는 여전히 중국, 한국, 일본, 베트남, 대만 등 동아시아 주요 국가들의 많은 사람들로부터 존경받는 최고의 교사의 모범이다.

공자의 사상을 대표할 수 있는 개념은 '仁'으로서 이 글자는 '사람(人)'과 '둘(二)'이 합쳐져서 이루어진 것으로 기본적으로 두 사람 사이의 관계를 의미한다. 공자는 배우는 자들이 '仁'을 이루기 위해선 글공부보다도 우선적으로 사람 간의 관계에서 孝, 공경, 신의, 사랑을 실천하고 특히 仁한 사람과의 친밀한 관계를 바탕으로 하여야 한다고 했다.[10] 공자에게 仁은 인간이 마땅히 추구하여야 할 인간다움이요 이 인간다움은 반드시 두 사람 이상의 관계 안에서 이루어진다(Fingarette, 1983: 217).[11] 공자는 '仁'의 뜻을 묻는 제자의 질문에 "사람을 사랑하는 것"이라고 답하였다.[12] 또 그는 "사람다운 사람은 이기적인 삶을 추구하지 않고 자기 목숨을 다해 仁을 이루어야 한다."고 했으며,[13] "仁한 사람은 자신을 성취하고자 하는 마음으로 타인을 성취시키려 한다."고 설명하였다.[14] 이 구절들은 공자에게 있어 인간다움의 자기실현은 타인에 대한 지극한 사랑을 통해 이루어짐을 보여준다. 공자는 仁을 이루

나가는 것이 어떠한 교육적 의미를 갖는지에 초점이 있다. 특별히 이를 위해 한국의 역사적 전통 속에 영향을 주어 왔던 공자의 사상과 교육 실천 속에서 어떻게 본래적 관계가 모범적으로 제시되는지를 고찰한다는 점에서 나딩스와 구별된다고 할 수 있다. 나딩스가 주장하는 사회적 맥락은 미국이며 이는 한국의 교육실제와 유사한 점도 있지만 차이도 있다. 한국의 교육실제는 무엇보다 한국의 역사적 전통 속에서 고찰하여야 하는데 유학사상과 그 뿌리인 공자의 사상은 한국 전통 속에 면면히 흐른다. 예부터 孝悌忠信을 미덕으로 여겼던 한국의 전통의 원류인 공자의 교육실천 속에서 본래적인 인간성을 실현하는 본래적인 관계의 모범을 모색하는 것이 이 글의 특수성이라고 하겠다.

9) 『史記』 卷四十七 〈孔子世家〉.

10) "子曰, 弟子入則孝, 出則弟, 謹而信, 汎愛衆而親仁, 行有餘力則以學文." 『論語』 〈學而〉 6.

11) "仁者人也, 親親爲大." 『中庸』 20:5.

12) "樊遲問仁, 子曰, 愛人." 『論語』 〈顔淵〉 22.

13) "子曰, 志士仁人, 無求生而害仁, 有殺身以成仁." 『論語』〈衛靈公〉 8.

14) "夫仁者, 己欲立而立人, 己欲達而達人." 『論語』〈雍也〉 28.

는 구체적인 방법으로 '忠'과 '恕'를 제시한다. '忠'이라는 글자는 '마음(心)'과 '가운데(中)'로 구성되어 자신의 '진심'을 기울이는 것을 의미하며, '恕'라는 글자는 '마음(心)'과 '같음(如)'으로 구성되어 타인과 자신의 마음을 '공감'하는 것을 의미한다.

공자는 자신의 이러한 사상을 말과 행동, 모든 삶의 모범으로 제자들에게 보여주었다(Shim 2006; 2008). 『論語』에는 공자의 말뿐만 아니라 모든 행실이 기록되어 있는데 이는 제자들이 공자의 모든 행실을 가르침으로 여겼기 때문이다.[15] Creel (1949: 78-80)은 공자의 교육방식은 비형식적인 것으로 개별적인 대화와 공동생활을 통해 가르쳤으며 이를 통해 아버지와 자식과 같은 관계를 이루어갔다고 설명한다. 공자는 "나는 너희에게 감춘 것이 하나도 없다. 모든 것에서 너희와 함께하지 않은 것이 없으니 바로 이것이 나이다."라고 했으며,[16] "내가 너희보다 나이가 많다고 어려워 말아라. 나는 너희를 알고 싶다."고 하였다.[17] 이러한 말뿐이 아니라 『史記』에 보면 전쟁터에서 공자가 머리를 산발한 채 제자들을 찾아 돌아다니는 모습, 제자가 죽었을 때 며칠을 통곡하며 자식을 잃었을 때보다 더 슬퍼하는 모습은 공자와 제자와의 관계를 잘 보여주는 예이다.[18] 이러한 예를 통해 보면 공자는 관계 형성 그 자체를 중시하였고 배려의 관계에서의 타인에 대한 진지한 관심을 가지고

---

15) 특히 제10편 〈鄕黨〉을 보면, 공자의 언어습관, 조정에서의 행동, 사람을 대하는 태도, 걸음걸이, 표정, 식습관 등 일상의 모든 행동에 대해 기록하고 있는데, 이 책의 서문에 楊氏의 설명에 의하면, 공자의 가르침이 모든 일상생활에 있었기에 제자들이 이를 살펴보고 기록하였다고 한다.

16) "子曰, 二三子, 以我爲隱乎, 吾無隱乎爾, 吾無行而不與二三子者是丘也." 『論語』〈述而〉 21.

17) "子曰, 以吾一日長乎爾, 毋吾以也, 居則曰不吾知也, 如或知爾, 則何以哉." 『論語』〈先進〉 25.

18) 『史記』 卷四十七 〈孔子世家〉. 물론 공자가 완전히 비형식적인 방식으로만 가르쳤던 것은 아니다. 공자는 주로 '역사'와 '시'를 많이 인용하여 가르쳤는데 그것들의 내용적 지식을 가르치기보다는 어떠한 사건 속에서 특히 인간관계에서 어떻게 행동하여야 할지의 中庸의 道를 제자들과 논하였다. Carr(2004)가 교육철학의 정체성과 관련하여 이론적 탐구에만 몰두하는 학자집단과 실천적 적용에만 몰두하는 교육실천가 집단의 분리의 문제를 지적하며 아리스토텔레스의 phronesis 개념의 재음미와 적용을 주장한 것은 오늘날의 교육 맥락에서 매우 중요한 지적이라고 본다. 그런데 공자의 교육방식은 바로 이렇게 이론적 탐구와 실천의 긴밀한 연결을 통해 각 상황과 사람의 특수성에 맞는 가장 적절한 방법을 사유하며 실천하는 데 초점이 있었다. 그의 핵심사상인 仁의 근본 의미는 사람 간의 관계에서의 전심을 다한 사랑과 상호 간의 공감이며 이것이 시종일관 최고의 목적이었으나, 이것의 구체적인 실천에 관하여 공자는 제자들과 상황에 따라 상이한 해석을 보여주었으며, 또한 공자 자신이 각 상황에서 모범을 보여 주었다. 이러한 상황과 각 사람(제자)의 특수성에 대한 고려는 전술한 본래적 관계의 준거인 '고유성'과 연결된다.

있었음을 알 수 있다(본래적 관계의 첫 번째 준거: 관계의 직접성).

공자는 특별히 각 제자의 특성에 관심을 기울였다. Chen의 설명에 의하면, 공자는 각 제자의 필요와 상황과 능력에 맞는 가르침을 베풀고자 노력하였는데, 이는 그의 사상의 핵심개념인 仁, 君子, 孝 등과 관련된 문제에 대하여 제자들에 따라 다른 답변을 주는 모습을 통해 알 수 있다(Chen, 1990: 388-389). 이러한 예는 공자가 제자 자로를 가르치는 예를 통해 잘 드러난다. 자로는 성격이 거칠고, 용맹하고, 강하고, 직선적이었다. 그는 배운 것을 곧장 실천하려 하였고 깊이 생각하지는 못하였다. 『논어』와 『사기』 기록 곳곳에는 공자가 자로의 이러한 성격을 상세히 묘사한 표현들을 찾을 수 있다. 공자는 자로를 법정에서 한 마디로 결정을 내릴 사람이며, 용기에 있어선 나보다 낫지만 적절히 사고하는 것은 모르며, 비싼 여우털 코트를 입은 사람 앞에서 낡은 면 옷을 입고서도 창피하게 여기지 않는 사람이라고 묘사하였다.[19]

평소에 이렇게 상세히 깊이 자로의 특성을 파악하고 있었던 공자는 자로가 배우자마자 곧바로 실천하는 것에 대해 묻자, "아버지와 형들이 살아있는데 배우자마자 바로 실천할 수 있겠는가?"라고 답변하였다. 그런데 또 다른 제자 염유가 같은 질문을 하자 공자는 곧바로 실천하라고 답변하였다. 이어 한 제자가 왜 다른 답변을 주었냐고 묻자, "염유는 소극적이어서 적극적으로 행동하라고 한 것이고 자로는 행동에 지나친 면이 있기에 자제하도록 한 것이다."라고 설명하였다.[20] 위 구절에서 공자가 아버지와 형들을 언급한 것은 성급한 자로로 하여금 다른 사람들의 의도와 입장을 충분히 고려한 후 행동하라는 의미이다.

또 다른 예를 보자면, 자로가 '君子'에 대해 묻자 공자는 매사에 신중하고 공경하는 자세로 스스로를 수양하고 그것을 바탕으로 타인을 편안하게 하라고 답하였는데,[21] 같은 질문에 대해 말주변이 뛰어나나 실행이 부족한 자공에게는 먼저 네가 말하려고 하는 것을 실천한 후 그것을 말하라고 답하였다.[22] 공자는 외향적인 제자에게는 내면 수양을, 말을 잘하나 실천이 부족한 제자에게는 실천을, 좋은 인격

19) 『史記』 卷六十七 〈仲尼弟子列傳〉.

20) "子路問, 聞斯行諸, 子曰, 有父兄在, 如之何其聞斯行之, 冉有問聞斯行諸, 子曰, 聞斯行之… 子曰, 求也退, 故, 進之, 由也兼人, 故, 退之." 『論語』 〈先進〉 21.

21) "子路問君子, 子曰, 修己以敬, 曰, 如斯而已乎, 曰, 修己而安人." 〈憲問〉 45.

22) "子貢問君子, 子曰, 先行其言, 而後從之." 〈爲政〉 13.

의 방향으로 제시하였던 것이다. 나딩스가 지적하였듯이 표준화되고 일반적인 내용, 기준, 방법으로 모든 학생들을 통제하는 현대 교육의 모습과는 달리, 공자는 제자 개개인의 특성과 상황을 세밀히 파악하고 그에 맞는 가르침을 개인적으로 제시하였다.

공자는 특히 제자들이 덕행의 실천, 언어 표현능력, 정치, 문학 등 어느 방면에 소질을 가지고 있는지 파악하고 그것을 키워주려 하였다. 앞서 나딩스를 통해서 보았듯이 인정(confirmation)은 관계를 지속시키는 중요한 계기이다. 나딩스는 특별히 학생 개개인의 고유한 의도, 노력, 장점을 교사가 인정해줄 것을 강조하였다. 공자는 제자 개개인의 의도와 희망을 알고자 노력하였고[23] 각자의 특수한 장점을 인정해주고 격려하였다.[24] 공자는 또한 변화하는 제자들의 상황과 태도에 맞추어 가르침을 변화시켰다. 제자들이 관료가 되어 정치를 할 때에도 공자는 그 상황에 적합한 방향을 조언하여 주었다.[25] 앞서 나딩스는 학생 개개인의 고유한 실존적 문제들을 교육의 주제로 가져와 학생으로 하여금 그것을 표현하게 하고 이에 대해 함께 고민하고 적절히 반응할 것을 강조하였다.

공자는 어떤 추상적인 개념을 가르치고자 해도 그것을 제자 개개인의 고유한 실존적 상황과 연결하여 응답하고자 하였다. 제자들이 孝에 대해 묻자 공자는 맹무백에게는 "부모는 오직 자식이 병들까 걱정한다."고 응답하였고 자유에게는 "잘 봉양하기만 하고 공경하지 않으면 되겠는가?"라고 하였고 자하에게는 "얼굴빛을 온화하게 하는 것이 어려운 일이요, 수고를 대신하고 음식을 대접하기만 해서 되겠는가?"라고 응답하였다. 정자(程子)의 해석을 참조해보면 당시 맹무백은 신체의 허약함을 비롯해 부모가 근심할 만한 일들이 많이 있었고, 자유는 부모에게 봉양은 잘하나 공경함의 부족이 염려되었으며, 자하는 강직하고 의로우나 온화한 낯빛이 부족하였다.[26] 이에 공자는 각 제자의 상황과 특성에 맞추어 孝의 특수한 가르

23) "子曰, 以吾一日長乎爾, 毋吾以也, 居則日不吾知也, 如或知爾, 則何以哉." 『論語』〈先進〉 25.

24) "子曰… 德行, 顏淵, 閔子騫, 冉伯牛, 仲弓, 言語, 宰我, 子貢, 政事, 冉有, 季路, 文學, 子游, 子夏." 〈先進〉 2.

25) 『史記』 卷六十七 〈仲尼弟子列傳〉 자로편 참고. 자로가 포 지역 대부로 부임하며 공자에게 하직 인사를 하자, 공자는 그 지역에 뛰어난 장사가 많고 다스리기 힘드니 특별히 공손하고 겸손하게 한다면 그 장사들을 다스릴 수 있을 것이며, 백성들에게는 너그럽고 공정하게 행한다면 백성들이 따를 것이라고 조언해 주었다. "子路爲蒲大夫, 辭孔子, 孔子曰, 蒲多壯士, 又難治. 然吾語汝, 恭以敬, 可以執勇, 寬以正, 可以比衆, 恭正以靜, 可以報上."

침을 주었던 것이다.

개별화된 가르침과 더불어 공자는 특별히 제자들과의 상호작용을 중시하였다. 공자가 제자 자하와 시 구절에 대해 이야기 하던 중, 자하가 그 의미를 묻자 공자는 그림을 그릴 때 먼저 해야 할 것은 흰 바탕을 마련하는 것이라고 하였고, 이에 자하는 禮는 마음가짐이 있고 난 후에 오는 것이라고 응답하였다. 이 말에 공자는 기뻐하며 자하가 자신의 생각을 진전시킨다고 칭찬하였다.[27] 이러한 장면은 프레이리가 제안한 문제제기식 교육, 교사와 학생의 완전한 상호적 가르침과 배움을 연상시킨다. 공자는 "옛 것을 익혀서 새로운 것을 알면 가히 스승이 될 수 있다"[28]고 하였는데 이 구절에 대하여 주희(朱子)는 예전에 배운 것을 복습하여 새로운 의미를 깨닫는다면 스승의 자질이 있는 것이라고 문자적으로 해석하였다. 반면 정약용은 이에 대해 "다른 사람을 가르침으로써 차갑게 식었던 옛 지식에서 새로운 점을 다시 발견하여 자기를 발전시킬 수 있으니 스승은 가히 할 만한 일"이라고 해석하였다.[29] 공자의 삶에 가르침과 배움이 마치 수레바퀴의 양축과 같이 맞물려 있었고 공자는 이러한 教學의 삶을 추구하며 즐겼음을 감안하면 다산의 해석이 더욱 공자의 실존적 삶과 생각에 근접한 해석이라고 본다. 공자가 제자를 가르치기 시작한 이후에도 스스로를 완성된 사람으로 여기지 않고 항상 배우는 자세를 유지하였고 제자와의 문답 시 늘 새로운 반응을 기대하였기 때문이다.[30] 공자는 제자들에게 깨닫고자 하는 마음과 표현하고자 하는 마음

26) "程子曰, 告武伯者, 以其人多可憂之事, 子游, 能養而或失於敬, 子夏, 能直義而或少溫潤之色, 各因其材之高下, 與其所失而告之, 故, 不同也." 『論語集註』 〈爲政〉 8 (주석).

27) "子夏問曰, 巧笑倩兮, 美目盼兮, 素以爲絢兮, 何謂也, 子曰, 繪事後素, 曰, 禮後乎, 子曰, 起予者商也, 始可與言詩已矣." 『論語』「八佾」 8.

28) "子曰, 溫故而知新, 可以爲師矣." 『論語』「爲政」 11.

29) "舊學旣冷, 今以教人之故, 得溫故而知新, 非益我之事乎, 人可以爲師矣." 『與猶堂全書』第二輯, 卷七, 「論語古今註」.

30) 공자는 스스로 자신의 인생을 묘사하며 15세에 배움에 뜻을 두고, 30세에 마음이 확고해지고,

이 간절하지 않으면 도와줄 마음이 없으며, 한 모퉁이를 들어 설명할 때 세 모퉁이로 반응하지 않으면 가르칠 마음이 없다고 하였다.[31)]

앞서 나딩스는 상호성이야말로 교육의 본래적 관계를 지속시키고 성장하게 하는 핵심이라고 보았으며 특히 학생의 반응이 교사의 가르침의 행위의 중요한 동기와 열의를 제공함을 주장하였다. 그녀가 주장한 교사와 학생 간의 상호 수용-인정-반응의 행위는 공자와 제자들의 교육실제에서 여실히 드러났다. 공자는 어떠한 주제나 소재를 가지고 항상 제자들과 문답식으로 교육하였고(주제 자체도 제자들의 삶과 관심사에 관련된 것임), 특히 제자들의 응답과 교육적 결실에 기뻐하였으며, 그것을 자신 및 제자들의 배움과 가르침의 중요한 기반으로 삼았다. 예를 들어, 공자는 제자 안회가 묵묵히 생활 속에서 깨달음을 실천하고, 어려운 환경에도 근심하지 않고 즐거움을 유지하며, 배움을 좋아하여 화를 옮기지 않고 잘못을 다시 하지 않는 덕행을 칭찬하였다.[32)] 이 같은 칭찬은 공자와 제자들의 학문공동체에서 공자가 자신을 비롯해서 제자들에게 그러한 덕행을 본받고 함께 배우고자 한 의도라고 볼 수 있다. 스승과 제자, 제자들 상호 간의 상호조장적이며 상호보완적인 배움의 실제가 바로 공자 학단의 특징이었다. 요컨대, 공자는 교육에 있어서 교사뿐만 아니라 학습자의 의지를 매우 중시하였으며 교사와 학습자의 상호 작용과 상호 보완의 공동 탐구의 과정을 추구하였음을 알 수 있다.

공자의 제자들은 공자와 거의 모든 생활을 공유하며 사람과 사물에 대한 공자의 태도를 본받게 되었다. Hall과 Ames(1987: 302-304)에 의하면, 공자의 목표는 제자들이 공자 자신의 행위를 직접보고 적절한 행위의 방식을 본받게 하는 것이었다. 공자의 말하고 식사하고 일을 처리하고 사람을 대하는 모습들을 그들은 세밀히 관찰하고 묘사하였다. 그들이 보고 배운 공자의 태도의 핵심은 '공경함(敬)'과 '진실

40세에 미혹됨이 없어지고, 50세에 하늘의 뜻을 알고, 60세에 귀가 순하여져 인심을 깊이 읽게 되고, 70세에 마음이 하고자 하는 대로 하여도 천리의 법도에 어긋나지 않았다고 한다. 『論語』〈爲政 4〉. 공자가 제자들을 받아 가르치기 시작한 무렵이 30세이며 이후 70세가 넘도록 제자들과 동행하였으니 그의 인격수양의 여정은 가르침의 여정과 같이 갔다고 할 수 있다. 공자는 스스로 성인 혹은 날 때부터 아는 자가 아니며 단지 배우는 것을 즐겨 하며 가르치고 실천하는 것을 게을리 하지 않는다고 하였다. 『論語』〈述而 33〉. 즉, 공자의 배움은 인격수양과 완성의 과정이며 이는 타인과의 지속적인 가르침과 배움을 통해 이루어짐을 알 수 있다.

31) "子曰, 不憤不啓, 不悱不發, 擧一隅, 不以三隅反, 則不復也." 『論語』「述而」 8.

32) 〈爲政〉 9, 〈雍也〉 9, 〈雍也〉 2.

함(忠, 誠)'이었다. 공자는 스스로에 대해서나 타인에게나 사물에게나 이러한 태도를 변함없이 힘썼다. 특히 상을 당한 사람, 노약자, 장애우, 가난한 자들에 대해 진실한 마음으로 돌보아 주려고 하는 자세를 제자들은 주의 깊게 보고 배웠다.[33]

공자는 제자들을 친자식 이상으로 아꼈고 제자들은 공자를 친아버지처럼 여겼다. 공자가 죽었을 때 제자들은 그 무덤 곁에 오두막을 짓고 3년 동안 슬퍼하였고 많은 제자들이 공자의 무덤 주변에 몰려 와 살게 되어 공리(孔里)라고 하는 하나의 마을을 이루었다.[34] 이러한 사실들은 교사와 학생 간의 본래적인 관계가 이후 제자들의 삶에 확장되어 드러남을 보여준다. 공자의 제자들은 그가 가졌던 마음과 행동방식을 그대로 본받았다. 공자는 초기에 강한 정치개혁의지를 가지고 정치에 가담하였다가 후기에는 교육에 대한 의지로 초점이 바뀌었는데, 공자의 초기 제자들은 그를 닮아 정치에 참여하여 많은 업적을 남겼고 후기 제자들은 교육에 헌신하여 공자의 仁의 사상을 후손들에게 가르치고 유학을 일으키게 되었다(Creel, 1949: 73-74). 정치를 하든, 교육을 하든 그 행위의 근본에는 仁의 정신이 있고 이는 자신을 수양하여 타인을 평안하게 하는 것이었다.[35] 자기에 대한 공경함과 진실함은 곧 타인과 세계에 대한 같은 태도로 이어진다. 이는 서론에서 언급한 실존주의의 현대인에 대한 비판 —자기와 타인으로부터 뿌리가 뽑힌 비본래적 상태— 과 대치되는 것이라 할 수 있다.

나딩스는 관계의 확장성과 관련하여 자기에 대한 배려, 가족·동료에 대한 배려, 이방인과 외국인에 대한 배려, 동식물과 지구에 대한 배려, 인공물에 대한 배려, 관념에 대한 배려를 언급하며 배려 관계의 단계적이고 확장적인 과정을 주장하였다(Noddings, 1992). 이것은 공자와 그의 사상을 계승한 유학의 배움에 대한 접근과 상통한다. 공자가 직접적으로 언급한 것은 '修己以敬, 修己而安人'이었으나 이에 대한 보다 상세한 단계는 아마도 『大學』의 삼강령(明明德, 親民, 止於至善)과 팔조목(格物-致知-誠意-正心-修身-齊家-治國-平天下)일 것이다.[36] '明明德'과 앞의 다섯 조목이 '修己以

33) 〈雍也〉 3; 〈鄕黨〉 14, 15; 〈衛靈公〉 41 등.

34) 『史記』 卷四十七 〈孔子世家〉.

35) "子路問君子, 子曰, 修己以敬, 曰, 如斯而已乎, 曰, 修己而安人." 〈憲問〉 45.

36) "大學之道, 在明明德, 在親民, 在止於至善" 『大學』經 第一章; "古之欲明明德於天下者, 先治其國, 欲治其國者, 先齊其家, 欲齊其家者, 先修其身, 欲修其身者, 先正其心, 欲正其心者, 先誠其意, 欲誠其意者, 先致其知, 致知在格物." 第四章.

敬'에 해당한다면, '親民'과 뒤의 세 조목은 '安人'에, 그리고 이를 통해 '止於至善'을 실현한다고 볼 수 있다. 이 모든 단계의 기본은 사물, 사람, 어떠한 일(事)에 대해 공경하고 진실한 마음으로 그 심층적인 뜻과 이치를 깊이 헤아리려는 자세이다. 바로 이러한 '敬, 忠, 誠, 好學'의 자세를 공자 자신이 제자들에게 모범으로 보여주고 제자들이 이를 키워나가도록 이끌었다. 특히 그는 자기 자신을 진실하게 들여다보는 '忠'과 이러한 진실함을 타인의 뜻, 처지와 공감하는 '恕'를 추구하고 강조하였다. 바로 이렇게 자기 자신의 뿌리와 타인과 세계의 뿌리를 살피고 깊이 연결하였을 때 비로소 본래적(本來的) 관계가 이루어지는 것이요 이를 키워나가는 것이 바로 교육의 본래적 관계인 것이다.

공자의 교육에서 스승과 제자 간의 관계와 모범은 바로 본래적 관계가 자라나는 근본이었다. 관계의 확장성의 의미는, 자기, 사물, 사람, 세계로 관계 능력이 확장되어 나감을 뜻하며 그 기초는 교육자와 학습자, 부모와 자녀 혹은 자신과 참다운 내면의 자아 등 하나의 견실한 본래적 관계이다. 특히 교육자의 관계맺음의 모범을 학습자가 닮아갈 때 강력한 본래적 관계의 확장이 이루어진다. 안회는 공자의 '仁'의 태도를 제자가 어떻게 닮았는지를 가장 분명히 보여주는 예이다. 공자는 안회를 언급하며 상황에 따라 나아감과 물러남을 적절히 할 줄 아는 사람은 오직 안회와 자기 자신이라고 하였다.[37] 안회는 스승 공자를 닮아 때와 상황에 맞는 '中庸의 道'를 실천하였다. 공자는 또한 네가 원하지 않는 것을 타인에게 행하지 말라고 하였고,[38] 안회는 타인에게 수고로운 것을 베풀고 싶지 않다고 하였으며, 타인에게 자신의 화를 옮기지 않았다.[39] 공자는 가난을 염려하지 말고 올바른 길을 염려하라고 가르쳤고, 그 자신이 배움에 몰두하면 먹는 것조차 잊어 버렸고 깨달음을 얻는 것을 기뻐하여 늙는 것조차 잊어버린다고 하였다.[40] 공자와 같이 안회도 진정으로 배움을 사랑하였고, 한 그릇의 밥과 작은 집만으로도 즐거워하였다.[41]

37) "子謂顔淵曰, 用之則行, 舍之則藏, 惟我與爾有是夫."〈述而〉10.
38) "子貢問曰, 有一言而可以終身行之者乎, 子曰, 其恕乎, 己所不欲, 勿施於人."〈衛靈公〉23.
39) "顔淵曰, 願無伐善, 無施勞."〈公冶長〉25; "孔子對曰, 有顔回者好學, 不遷怒, 不貳過"〈雍也〉2.
40) "子曰, 君子謀道不謀食, 耕也, 餒在其中矣, 學也, 祿在其中矣, 君子憂道不憂貧."〈衛靈公〉31; "子曰, 女奚不曰, 其爲人也發憤忘食, 樂以忘食, 不知老之將至云爾."〈述而〉18.
41) "哀公問, 弟子孰爲好學, 孔子對曰, 有顔回者好學, 不遷怒, 不貳過, 不幸短命死矣."〈雍也〉2; "子曰, 賢哉, 回也, 一簞食, 一瓢飮, 在陋巷, 人不堪其憂, 回也, 不改其樂, 賢哉, 回也."〈雍也〉9.

공자는 매사에 신중하게 타인의 말을 듣기를 좋아하였고, 안회 역시 능력과 지식이 있음에도 겸손하게 타인에게 묻기를 잘하였다고 기록되어 있다.[42] 이러한 기록들은 공자의 제자가 공자의 사람과 사물을 대하는 진실한 태도를 본받아 삶 속에서 실천하였음을 보여준다. 요컨대, 나딩스가 제시한 배려관계의 확장은 진실함과 공경함으로 자기, 사물, 가족, 나라, 세계에 대한 자세를 확장시켜 나갔던 공자와 제자들의 가르침과 배움의 모습을 통해 예증된다고 보겠다.

그런데 공자는 '仁'을 추구함에 있어 이러한 사회적 관계뿐만 아니라 옛 것을 바탕으로 올바른 道가 무엇인지를 끊임없이 깊이 탐구하는 '온고지신(溫故知新)' 혹은 '박학심문(博學審問)'의 자세를 견지하였다. 나딩스도 물론 '추상적 관념과의 관계'에 대한 배려의 관계를 언급하였으나, 이는 여러 관계 중 하나로서 엄마와 아이 등 친밀한 사람과의 관계를 보다 근본적으로 보았다. 이에 비해 공자는 스스로 경전들을 편수하고 제자들을 가르칠 때 자주 문학(詩)과 역사(書)를 인용하였던 모습을 통해 볼 수 있듯이 '仁義의 道'에 대한 깊은 배움과 성찰을 매우 중시하였고 이를 가르침의 실천과 긴밀하게 관련지었음을 알 수 있다. 다만, 공자는 후대 남송 성리학의 理氣論처럼 추상적인 탐구와 논변 그 자체에 중점을 두기보다는 '孝·悌·忠·信'의 실천과 맞물린 道의 탐구를 모색하였다는 점이 구별된다고 보겠다.

(4) 결론 및 종합논의

인간은 참다운 관계, 본래적인 관계(authentic relationship)를 통하여 진정한 인간성을 실현하여 간다. 본래적 관계에서 인간은 나 자신과 타자에 대한 진실한 실존적 태도를 성숙시켜 나간다. 본래적 관계는 서로가 관계 그 자체를 추구하며 서로의 전 존재(whole being)를 직접적으로 대면할 때 이루어진다. 상대를 이용하거나 분석하고자 할 때 관계는 부분적이고 간접적으로 되며, 이러한 왜곡된 관계와 태도가 지속될 때 인간은 자신과 상대와 세계의 본래적인 전체(the authentic wholeness)에서

42) "子入大廟每事問, 或曰, 孰謂鄹人之子知禮乎, 入大廟每事問, 子聞之, 曰, 是禮也." 〈八佾〉 15; "曾子曰, 以能問於不能, 以多聞於寡, 有若無, 實若虛, 犯而不校, 昔者, 吾友嘗從事於斯矣." 〈泰伯〉 5. - "友, 馬氏以爲顏淵, 是也, 顏子之心, 有知義理之無窮, 不見物我之有間, 故, 能如此. (주석).

멀어져 비 본래적(inauthentic)으로 된다.

본래적 관계는 또한 나의 기준이나 일반적 기준이 아닌 각 개인의 특별함, 고유함 그 자체를 존중하여 대하는 것이다. 각 개인은 표준적 평가기준으로 비교할 수 없는 고유한 가치를 지니므로, 상대의 고유한 관심, 필요, 성향, 능력에 맞게 대하여야 한다. 다음으로, 본래적 관계는 상대에게 일방적으로 지시하고 전달하는 것이 아닌, 상호 수용하고 인정하고 반응하는 관계이다. 상호성이 결여될 때 인간은 상대를 향한 동기의 힘이 약화되거나 창의력을 잃은 수동적 존재가 된다. 마지막으로, 본래적 관계는 관계의 확장능력을 가진다. 나와 너의 진실한 관계는 내 자신에 대하여, 또 다른 많은 타인들을 향하여, 사물과 자연과 세계에 대하여 진실한 태도로 관계하도록 이끄는 힘을 가진다. 진지한 수용의 자세, 전심을 기울인 배려의 태도는 특정한 시간과 사건을 넘어 모든 삶의 국면, 모든 관계에서 확산적으로 실현된다.

O'Donnell(2013)은 현대의 교육에서 교사들이 모든 학생에게 동일하게 정해진 목표에 따라 학생들을 관리하는 실태를 비판하며, 교육이 진정한 의미에서 효과적으로 되려면 예기치 않은 것들을 수용하고 경험할 수 있는 관계의 능력을 키워줘야 하며 교사는 그러한 열린, 창조적 분위기를 조성하여야 한다고 지적한다. 그런데 새로운 것과의 관계는 기존의 친숙한 것과의 관계 경험을 토대로 이루어진다. 학생의 관계형성 능력은 무엇보다 가르침과 배움의 현장에서 교사와 학생의 인격적 관계 안에서 직접 키워지는 것이 가장 효과적이다. 공자는 이 관계의 이상적인 모델을 제시하여 주었다. 그는 제자들에게 어떤 특정한 지식을 전수하고자 하기 이전에 그들과 관계를 형성하고자 하였다. 제자 한명 한명의 입장을 전심을 기울여 알고자 하였고 각자가 가진 고유한 필요와 잠재력을 바탕으로 이끌어주었다. 또한 공자는 자신이 일방적으로 가르치려 하지 않았고 제자들의 의지와 반응을 중시하였다. 그는 모든 삶에서 제자들과 동행하며 관계형성의 모범을 보였고 제자들은 그를 닮아 사람과 세상을 사랑하며 진실한 관계를 맺어 나갔다.

인간을 키우고 인간다운 인간을 실현하는 데 관계를 우선적으로 본다는 점에서 공자와 나딩스의 관점이 일치한다. 그런데 전술하였듯이 나딩스는 덕의 교육과 배려관계의 교육을 구분하고 후자를 우선시하였는데 이 점에서 공자와는 미묘한 차이를 보인다. 우선 나딩스는 덕의 교육에서는 교육자의 도덕적 인품이 중시되며 학습자가 그러한 인품을 본받아 배우는 것을 강조하는 데 비해, 배려관계의 교육은 배려의 관계 그 자체의 힘에 의한 교육을 강조한다(Noddings, 2012: 53). 즉, 배려자가 탁월한 인품의 소유자가 아니더라도 또 학습자가 그 모범을 그대로 습득하지 못하더라도 중요한 것은 배려 관계의 형성이며 이로 인해 배려의 능력이 자라난다고 보는 것이다. 그런데 공자의 사상과 교육실제에 있어서는 仁과 그에 관련된 여러 德인 忠, 恕, 敬, 信 등을 가르치는 것과 仁의 관계를 형성하는 것이 분리되지 않았다. 즉, 덕은 공자 자신의 삶 속에 체현되어 있었고 그 덕의 체현이 곧 제자들과의 仁의 관계 형성과 직접 연결되어 있었다. 사람, 사물, 매사에 공경함과 진실함을 보여줬던 공자는 특히 제자들에게 이러한 자세로 대하며 관계하였다. 즉, 공자에게 '덕'과 '관계형성'은 애초에 나누어 생각할 수 없는 것이었다. 물론 나딩스도 전술하였듯이 배려자의 태도가 배려 받는 자의 태도에 영향을 준다는 점을 강조하였으나 덕과 관계가 일체화되는 수준까지 이야기하지는 않았다.

양자의 미묘한 관점의 차이는 교육에 있어 모두 중요한 통찰을 준다. 우리가 이상으로 추구하여야 하는 방향은 바로 공자와 같이 교사가 온전한 덕을 갖추고 그것을 삶의 모범으로 학생들에게 보여주면서 관계를 형성하는 것이지만, 현실적으로는 교사가 그에 못 미치더라도 학생의 고유한 관심과 필요를 존중하고 이를 배려하며 상호 간에 신뢰를 형성하여 이를 토대로 인간다움의 교육을 함께 추구해나가는 것이 필요할 것이다.[43)]

---

43) 한편 나딩스와 공자의 미묘한 관점의 차이는 소위 '황금률'과 관련된 관계의 상호성에서도 나타난다. 나딩스는 소위 황금률, "당신이 받기를 바라는 대로 타인에게 대하라" 대신에, "타인이 받기를 바라는 대로 타인에게 대하라"를 주장하며 상호성에 있어서 그 중심을 '타자'에 둔다. 즉 그 예로 한 소녀가 할머니에게 상처를 주는 말을 했을 때, 만약 "너도 그런 말을 들어봐" 라고 한다면 어떤 아이는 "난 상관없어"라고 할 수도 있으나, "그런 말을 했을 때 할머니가 어떻게 느끼실까?"라고 한다면 할머니에 대해 더 생각하게 된다(Nodiings, 2012: 55). 그런데 인간은 스스로의 의지와 감정을 가지고 있어 로봇처럼 상대의 의지와 감정에 그대로 수용하기만 하고 또 맞춰준다는 것은 실제로는 어렵다. 소극적이고 부정적인 것에 대해선 타인의 입장을 전적으로 존중하는 것이 옳지만 적극적인 것에 대해선 '자신의 마음을 미루어 상대에게 대하는 것'은 매우 바람직하다고 본다. 우리가 타인의 마음을 완전히 헤아린다는 것은 한계가 있고 인간은 서로 감정을 교류하는 존재이기에 상대가 내 마음과 정확히 일치한 행동이 아니더라도 상대의 입장에서 최선을 다할 때 오히려 고마움을 느낄 수 있기 때문이다. 이러한 측면에서 공자는 황금률의 적극적 표현인 "내가 성취하고자 하는 마음을 토대로 남을 성취하게 도와주라"(己欲立而立人, 己欲達而達人 〈雍也〉 28)와 소극적 표현인 "내가 원치 않는 바를 타인에게도 행하지 말라"(己所不欲, 勿施於人 〈衛靈公〉 23)를 함께 강조하였다. 이것은

교육이 무엇인가를 가르치고 배우는 것이라면 이를 위한 모종의 성취 기준 또는 목표가 있음은 당연하다. 그런데 오늘날의 교육에서 문제는 과연 그 목표가 무엇이며 그것이 바람직한가, 그 목표를 추구하기 위한 수단과 과정은 적절한가에 대한 진지한 반성이 부족하다는 점이다. 사람들의 관심은 목표가 무엇이냐가 아니라 얼마나 효과적으로 수행하느냐에 쏠려 있다. 시험과 경쟁 속에서 교사와 학생의 과연 교육에서 진정 중요한 것은 무엇인지, 인간에게, 이 사회에 그리고 한 명의 고유한 개인에게 진정 필요한 것이 무엇인지, 그것을 어떻게 해결해나가야 할지에 대한 진지한 성찰은 사라졌다. 그 결과는 심리적 혼돈, 타율성, 허탈감, 방향상실이다. 무엇을 위한 역량(competence)이냐를 생각하지 않을 때 인간은 단지 힘센 괴물로 키워져 외로움 속에 의미 없는 작업을 수행할 뿐이다.

이를 극복하기 위해 가장 근본적인 것은 인간의 인간다움, 본래성(authenticity)의 회복이며 이는 관계에서 진실함과 공경함의 태도를 기름으로써 이룰 수 있다. 이를 위해 특별히 교사와 학생의 관계에서 공자가 보여준 모범대로 직접적이고 고유하며 상호적이며 확장적인 관계를 형성하며 진실함과 공경함의 태도를 키워주는 것이 중요하다. 그런데 이러한 관계의 교육을 위한 기반으로서 '교사 자신의 교육'도 매우 중요하다. 나딩스는 특히 학교교육에서 교사가 배려의 관계를 가르치려면 우선 가르치는 교과 지식의 다양한 관계망을 알아야 함을 지적한다. 해당 교과의 역사적 배경과 맥락, 다른 교과와의 연관성, 해당교과의 주요 학자들의 삶, 이와 관련된 실존적인 질문들, 해당교과와 관련된 윤리적 문제들에 대하여 교사 스스로 폭넓은 이해와 지식을 가지고 있어야 한다(Noddings, 1995: 28). 본래적 관계를 가르치는 것은 비단 교사의 행위의 모범과 같은 잠재적 교육과정에만 국한된 것이 아니고 지식을 다루는 교과 수업에서도 중요하다. 인간, 자연, 사물, 사회, 관념들이 어떻게 관계를 맺고 있는지 이해하는 것은 본래적 관계를 형성하고 성장하게 하는데 지적 기반이 된다. 학교에서 가르치는 주요 내용은 교과의 지식인데 이 지식의 세계에서 어떻게 관계가 이루어지는지 교사가 먼저 이해하지 못한다면 학생들에게 이를 가르치기란 힘들 것이다. 공자는 전술하였듯이 제자들을 가르치기 시작한 이후에도 자기 교육에 최선을 다했으며 특히 역사와 문학(詩)에 해박하고 음악과

내 마음의 진심(忠)을 들여다보며 상대를 대하는 것이요 이와 함께 상대의 마음을 공감(恕)하고자 하는 자세이다.

易에도 조예가 깊었던 것으로 미루어 다양한 방면에 통달한 지식을 가지고 있었다. 〈論語〉에서 제자들과의 대화를 보아도 공자가 인간, 자연, 사물에 대해 깊은 안목을 가지고 정치나 일상 사건이나 어떤 실제적 문제에 대해 이러한 다양한 지식들을 폭넓게 연관하여 제자들에게 이야기했음을 볼 수 있다.

오늘날 학교교육은 여러 교과로 세분되어 있고, 교과 내에서도 각 단원별로 내용이 대체로 분절적으로 구성되어 있다. 저자는 그렇다고 반드시 통합교과로 가르쳐야 한다고 보지는 않는다. 현재 교과 구분을 유지하더라도 담당교사가 나딩스가 언급하였듯이 그 교과 지식의 다양한 연관성과 맥락을 가르쳐준다면 학생에게 충분히 지적 관계의 지평을 넓혀 나갈 수 있는 계기가 될 것이다. 문제는 현재처럼 시험 대비용으로 분절적이고 단편적인 정보들을 집적할 때 학생들은 지식의 관계망을 사고하지 못하고 이는 세계를 관계로 인식하고 관계를 맺어나가는 근본적 자세에도 부정적 영향을 줄 것이라는 점이다. 이를 극복하기 위해서 교사들이 文·史·哲을 비롯한 다양한 교양지식을 기본적으로 충분히 갖추고 또한 지속적으로 배울 수 있도록 해야 하며, 지식을 자신과 세계의 실존적인 문제와 관련시켜 사고하는 방법을 익혀야 한다. 특히 교과 교육 전문가들이 해당교과 지식을 어떻게 세계의 다양한 지식과 관련하여 가르칠 것인지 교육과정과 교육방법을 개발하고 교사교육 과정에 이를 비중 있게 반영하도록 해야 할 것이다.

문제는 이상과 현실의 차이이다. 현대의 상황에서 일반적인 교사와 학생들이 과거 공자의 이상적인 교육을 그대로 실현한다는 것은 매우 어려운 일이다. 그러나 그때나 지금이나 교육의 기본은 가르치는 사람과 배우는 사람이며 보다 나은 인간, 인간다운 인간을 만들고자 하는 교육의 근본 목적은 변함이 없다. 이상과 목적을 설정하는 것은 비록 그것을 그대로 실현하지 못하더라도 그것을 향하여 한걸음씩 전진하는 데 의미가 있다. 공자의 모범을 그대로 실현하지 못하더라도 그 모범을 좇아 한 걸음 더 전진한다면 그것만큼 의미가 있을 것이다. 무엇보다 교사가 특정한 교과 지식보다 학생 한 사람 한 사람에 대해 더 지극한 관심을 가지고 또 학생이 그 마음을 느낀다면, 그 신뢰의 싹은 비록 형식적인 교과의 수업이 진행된다 하더라도 지속될 것이고, 학생은 이후의 배움과 삶 속에서 이 기억을 잊지 않고 간직하며 또 다른 관계의 열매를 맺어나가기 위해 노력할 것이다.

참고문헌

『論語集註』
『大學』, 『中庸』
『史記』「孔子世家」, 「仲尼弟子列傳」
『與猶堂全書』「論語古今註」

목영해(2003). 『동서사상의 비교와 교육』. 부산: 신라대학교 출판부.
이숙인(1999). "유교의 관계 윤리에 대한 여성주의적 해석". 『한국여성학회』, 한국여성학. 제 15권, 제 1호, 39-69.

Buber, M.(1958). *I and Thou*. New York: Charles Scribner's Sons.
Buber, M.(1965). *Between Man and Man*. New York: MacMillan.
Carr, W.(2004). "Philosophy and education". *Journal of Philosophy of Education*. Vol. 38. No.1, 55-73.
CHEN, J. P.(1990). *Confucius as a Teacher*. Beijing: Foreign Language Press.
Creel, H. G.(1949). *Confucius and the Chinese Way*. New York: Harper and Row.
Fingarette, H.(1983). "The music of humanity in the conversations of Confucius". *Journal of Chinese Philosophy*. Vol.10. No.1, 210-230.
Freire, P.(1970). *Pedagogy of the Oppressed*. New York: Continuum.
Gilligan, C. & Wiggins, G., The Origin of Morality in Early Childhood Relationships. J. Kegan and S. Lamb (Eds.). *The Emergence of Morality in Young Children*. Chicago: University of Chicago Press.
HALL, D. & AMES, R.(1987). *Thinking Through Confucius*. New York: State University of New York Press.
Hansen, D.(1999). "Understanding students". *Journal of Curriculum and Supervision*. Vol.14. No.2, 171-185.
Hirst, P.(1971). "What is teaching?", *The Journal of Curriculum Studies*. Vol.3. No. 1, 5-18.
Heidegger, M.(1927). *Being and Time*. John Macquarrie and Edward Robinson (trans., 1962), New York: Harper & Row.
MacIntyre, A.(1981). *After Virtue*. Notre Dame, Indiana: University of Notre Dame Press.
Noddings, N.(1984; 2003). *Caring: A Feminine Approach to Ethics and Moral Education*.

Los Angeles: University of California Press.

Noddings, N.(1989). *Women and Evil*. Los Angeles: University of California Press.

Noddings, N.(1992). *The Challenge to Care in Schools: An Alternative Approach to Education*. New York: Teachers College Press.

Noddings, N.(1995). "Teaching Themes of Caring". *The Education Digest*. Vol.61. No. 3, 24-28.

Noddings, N.(2010). *The Maternal Factor*: Two Paths to Morality. Berkeley: University of California Press.

Noddings, N.(2012). "The Language of Care Ethics". *Knowledge Quest*. Vol.40. No.4, 52-56.

O'Donelle, A.(2013). "Unpredictability, transformation, and the pedagogical encounter: reflections on "what is effective' in education". *Educational Theory* Vol. 63. No.3, 265-282.

Shim, S.-H.(2006). *Jesus' and Confucius' Educational Philosophy on the Teacher-Student Relationship*. Doctoral Dissertation, Loyola University of Chicago.

Shim, S.-H.(2008). "A Philosophical Investigation of the Role of Teachers: A Synthesis of Plato, Confucius, Buber and Freire". *Teaching and Teacher Education* Vol.24. No.3, 515-535.

Taylor, C.(1991). *The Ethics of Authenticity*. MA: Harvard University Press.

Wilson, J.(1965). Two Types of Teaching. Archambault, R.D.(ed.). *Philosophical Analysis and Education*. London: Routledge and Kegan Paul.

4 정약용의 인간관과 배움*

(1) 들어가며

한국사에 대한 시대 구분론은 다양하나 대체로 임진왜란(1592) 및 병자호란(1636) 후 근대적 요소들의 맹아가 자체 내부에서 그리고 외부의 영향력으로 인해 생성·발전되었다고 본다. 특히 17세기 중엽부터 19세기 초반 사이에 나타난 실학사상은 당시의 경직된 형이상학적인 중세적 세계관을 극복하고 변화하는 세계 속에서 실용적이고 실천적인 의식과 제도를 일으키고자 노력하였다. 실학사상가 중 다산 정약용은 실학의 집대성자로 평가되며 실학뿐만이 아니라 유학 경전에 대한 심도 있는 이해와 함께 중국을 통해 전래된 서양의 학문(西學) - 특히 기독교사상 - 에도 해박하였고 상공업과 과학기술의 육성에 대해서도 중요성을 인식하고 있었다. 그는 수기(修己)와 치인(治人)의 전통적 유교 교육관을 시대적 상황에 맞게 해석하고 이에 입각한 개혁론을 제시함으로써 당대의 문제들을 극복하고자 하였다.

다산 정약용은 한국에서 전통적 교육관의 계승과 근대적 교육 발전의 핵심인물이다. 이 글은 다산을 통하여 조선시대 당시 집권층의 사상적 기반이자 형이상학적 세계관과 교육이념이었던 성리학의 교육관과 그 문제가 무엇이며, 그가 다시금 회복하고자 하였던 원시유학, 공자 교육사상의 본의는 무엇인지에 대하여 고찰하고자 한다. 또한 다산이 성리학과 공자를 넘어 변화하는 사회 및 서양 학문, 기독교사상의 영향 속에 새롭게 제시하고자 하였던 교육적 이상은 무엇인지를 역동적으로 고찰하고자 한다.

---

* 이 글은 2015년 한국교육학연구 제21권 제3호에 실린 저자(심승환)의 논문, "다산 사상에 나타난 공자 교육관의 창조적 계승"을 수정한 것이다.

이러한 고찰은 현대 교육의 두 가지 핵심요소인 교과 지식과 학습자의 경험 간의 긴장과 상호작용의 논의와도 연결된다. 한국 교육과정의 변천사를 보면 가장 크게는 교과중심 교육과정이냐 경험중심 교육과정이냐의 논쟁 속에서 어느 한쪽이 강조되거나 중도적 입장에서 수렴되는 과정을 거쳤다. 이러한 논쟁과 변천의 영향에는 물론 지식의 형식을 강조하였던 합리주의·자유주의 교육관과 학습자의 경험과 주도적 활동을 강조한 프래그머티즘, 구성주의의 영향이 있었다. 그러나 교육에 대한 한국적 가치관의 더 뿌리 깊은 근원을 찾아보자면 지(知)를 추구하는 수기(修己)와, 행(行)을 추구하는 치인(治人) 간에 무엇에 중점을 두느냐는 문제와 연결된다. 다산은 당시 지나치게 사변적이고 형이상학적인 탐구, 知에만 집중된 성리학의 교육관을 비판하며 공자의 지행병진(知行竝進), 곧 지적 탐구와 실천을 함께 수행하는 관점을 지지하였다.

이 글은 이와 같이 지-행의 연결, 인간관계에서 仁의 실천을 통한 대동사회의 모색, 자기교육(수기)과 타인교육(치인)의 연결 등 공자 교육사상이 어떻게 다산에 계승되는지를 성리학의 교육관에 대한 비판적 관점에서 고찰한다. 그러나 또한 다산이 당대의 현실인식과 기독교적 관점의 수용을 통하여 어떻게 공자 교육관을 넘어 새로운 교육적 이상을 모색하고자 하였는지도 함께 탐색할 것이다. 공자는 상지(上智: 최고로 지혜로운 자)와 하우(下愚: 가장 어리석은 자)는 어찌할 수 없다는 관점으로 교육에 있어서 어느 정도 계급적 인식을 가지고 있었고 이는 그의 고대의 시대적 맥락을 반영한 것이었다. 그러나 다산은 고정적인 신분 관념을 극복하고 평등한 인간관과 평등교육의 이상을 가지고 있었고 기독교(천주교) 사상의 영향으로 하나님에 대한 이해와 사랑을 바탕으로 이웃 인간에 대한 이해와 사랑을 실현하는 하나님 사랑-이웃 사랑의 이중계명의 연결적, 동반적 실현을 주장하였다.

다산의 기독교 사상의 한국적 이해는 한국 근대교육에 있어 어떤 의의를 가지는가? 한국의 교육근대화에 결정적인 역할을 한 기독교의 활동과 미션스쿨들은 조선후기 자체적으로 기독교사상을 이해하여 전파하고자 한 다산과 그 동료 학자들의 선구적 노력이 중요한 근간으로 작용하였다. 한국의 전통교육과 현대교육을 잇는 역사적, 사상적 맥락에는 유교와 기독교의 막대한 영향력이 작용하고 있었고 우리는 다산의 사상 내에서 그 뿌리를 살펴 볼 수 있다.

다산의 창조적 관점은 또한 인간의 기호(嗜好)를 중시하며 감각적 경험을 긍정적으로 활용하고자 하였고 이는 실용적 교육관과 연결되어 상공업과 과학기술을 육성하고자 하였다. 기호의 중시는 또한 인간의 자주적 특징을 강조하는 관점과 연결되는데 다산은 전통을 계승하는 것을 강조하였던 공자와는 달리 중화사상을 극복하고 한국의 역사, 한국의 특수성을 인식하는 교육을 주장하였다.

이하에서 다산이 근본적으로 인간을 어떻게 보았으며 바람직한 인간이 되기 위한 배움은 어떻게 되어야 하는지를 살펴보겠다. 이를 통해 한국근대교육의 역사적 맥락을 이해하고 시대를 넘어 적용 가능한 인간성의 실현과 배움의 방향에 대해 함께 생각해 보았으면 한다.

(2) 다산의 문제의식: 성리학적 인간관과 교육관에 대한 반성

인간과 교육에 대한 관점은 시대의 변화와 밀접한 관련을 갖는다. 다산 정약용(1762~1836)이 살았던 시대는 한편으로 성리학의 관념적 세계관과 질서가 지속되는 가운데, 다른 한편으로는 외부 세계의 영향과 당시 조선 사회 내부의 구조적, 문화적 변화의 영향으로 근대적, 실용적 세계관이 새롭게 대두되는 시기였다. 다산은 당시 성리학자들의 理氣 논쟁이 관점에 따라서 이럴 수도 저럴 수도 있는 것으로 해결하기 어렵고 비실제적·비생산적이며 분파 분당의 쟁송까지 야기한다는 점을 비판하였다(『與猶堂全書』 1집, 19권, 30면; 윤사순(1990: 122)).[1] 이러한 실제적 문제인식은 다산의 성리학적 인간관에 대한 보다 이론적인 반성에 근거한다.

성리학은 인간을 포함한 모든 사물이 理와 氣로 이루어져 있어 인간과 사물은 근본적으로 다르지 않다고 본다. 주희는 사물이 각각 그렇게 된 까닭(所以然)과 그에 따른 마땅한 법칙이 있다고 하여 이를 理로 보았다. 그는 다른 한편으로, 사물의 형질을 이루며 조작하며 변화시키는 작용을 氣로 보았다. "理는 형이상의 道로서 만물의 근본인데 반해 氣는 형이하의 器로서 생물의 도구이다."[2] 성리학의 관점에 의하면, 인간이나 사물이나 하나의 궁극적 원리(太極)로부터 나왔고 모두 그 안에

1) 독자들의 가독성을 고려하여 본고에서 출처와 간단한 원문(한문)은 본문 내에, 조금 긴 원문은 각주로 처리하였다. 원전의 번호는 특별한 언급이 없으면 집, 권, 장, 면의 순서로 표시하였다.
2) 『性理大全』 26권, "理也者, 形而上之道也, 生物之本也, 氣也者, 形而下之器也, 生物之具也."

그 원리를 품고 있다. 따라서 인간과 사물은 본성상 동일한데 다만 기질의 차이에 따라 상이한 모습으로 나타난다고 본다.

이러한 성리학적 관점에 반대하여 다산은 인간과 사물(동물) 사이의 본성(本然之性)은 다르며 오히려 기질(氣質之性)은 같다고 보았다. 다산은 우선 인간과 사물이 공유하는 근본으로서의 理라는 것을 부정한다. 다산이 보는 理는 모든 존재의 근원이 아니라 하나의 원리나 법칙으로서(『與猶堂全書』 2집, 6권, 26면) 본성과는 다른 것이다. 인간의 性은 기호(嗜好), 곧 마음의 성향으로 善을 좋아하고 惡을 싫어하는 것으로 이는 동물에게는 없는 것이다. 이에 비해 지각하고 활동하며 식욕과 성욕을 가지는 기질의 성에 있어서는 인간과 동물이 같다(「孟子要義」 2권, 19-20장).

이러한 다산의 실학적 관점에는 관념적 논변을 강조하던 성리학의 중세적 가치관에 반대하여, 인간의 구체적 삶에 있어 '실질과 실천'을 강조하는 근대적 가치관이 담겨 있다. 다산은 仁義禮智가 인간에게 본래적으로 내재한 이치나 인간의 본성이 아니라, '후천적인 행사(行事)'에 의해 생겨나는 것으로 보았다.[3] 인간은 선을 좋아하고 악을 싫어하는 타고난 기호의 성향을 마음에 지니고 있으나, 또한 동시에 매사의 일을 당하여 욕망으로 인해 악행을 할 수도 있다. 사람이 선행을 지속적으로 하다 보면 본래의 '好善의 성'에 부합하여 편안한 '浩然之氣'가 충만하고 인간성을 실현하게 되나, 반대로 그 본래의 '好善의 성'을 거슬려 악행을 하다보면 점점 기가 움츠러들고 인간성이 쇠락해가는 것이다(「大學講義」 2권, 26장). 즉, 다산에게 있어 인간성은 어떤 본래적인 관념의 세계가 아니라 현실의 구체적 삶에서 실천을 통해 형성되어 가는 실질적인 것이었다. 다산은 또한 氣에 대해서도 의학적 입장에서 혈기로 보았고 마음(心)은 몸(體)의 혈기를 주관하고 지각하는 기능을 한다는 경험주의적, 과학적 입장을 가지고 있었다(윤사순, 1990: 128; 임재윤, 1999: 57 참조).

다산은 인간성을 성리학에서처럼 당위적 존재원리인 '理'로 파악할 경우('性卽理'), 어떠한 정서나 의지가 없는 이념적 허상이 될 것이라고 강력하게 비판하였다. 이러한 '리'로서의 성은 활성적이고 생동적인 본성이 결여되어 인간의 문제를 능동적으로 주관하는 인격적 주체가 될 수 없다. 다산은 '性'을 본연의 고원한 원리로 파악할 때 일상행위의 인륜에 도움이 될 수 없다고 보았다(이을호, 1985: 97; 장복동, 2002: 32 참조).

3) 『中庸講義補』 1권, 2권, "仁義禮智之名, 本起於吾人行事, 並非在心之玄理 .... 仁義禮智之名, 成於行事之後, 此是人德不是人性."

다산은 또한 인성의 선천적 차등에 대한 성리학적 관점을 비판하였다. 당시 성리학적 인성관에 따르면 선천적으로 선한 지혜를 타고난 '上智'와 비교적 기질이 맑은 '中人'에 비해 '庶民下愚'는 선천적으로 탁한 기질을 타고나 학문과 치세에 적합지 않다. 다산은 이러한 계급적 인간관이 천하에 독을 미치며 만세에 화를 끼친다고 신랄하게 지적하였다. 즉, 태어나면서 지혜롭다고 여기는 사람은 거만하게 되어 죄악에 빠지는 것을 두려워하지 않을 것이고, 우매하게 태어났다고 여기는 자는 스스로 포기해 자기개선에 힘쓰려 하지 않을 것이다. 다산은 인간본성의 선악은 타고난 기질의 청탁과 무관하다고 보았다. 그는 서민들도 열심히 노력하여 효행을 하는 경우가 많고, 재질이 우수한 자라도 악행을 하는 경우가 많음을 예로 들어 반박한다(「孟子要義」 2권). 다산은 이같이 성리학의 계급적 인간관을 비판하며, 공자의 '有教無類('가르침이 있으면 사람 간의 차이가 없어진다' 또는 '가르침에 있어서 차별을 두지 않는다')'와 맹자의 '人皆可以爲堯舜('모든 사람이 요순과 같은 성인이 될 수 있다')'의 예를 들어 모든 인간은 교육 또는 교화가 가능하며 교육에 의해 온전한, 선한 인간성을 실현할 수 있음을 주장하였다. 또한 이러한 평등한 인간관에 근거하여 인재등용에 있어서도 당시의 신분 귀천에 따른 차별을 철폐하고 출신에 관계없이 두루 등용할 것을 주장하였다(나일주, 2000: 18-19; 윤사순, 1990: 143-144 참조). 동서양을 막론하고 계층적, 신분제적 차별과 불평등을 비판하며 인간의 평등성을 추구하는 변화는 근대의 중요한 시대적 특징으로 다산의 이러한 인간성의 평등관은 중세 가치관을 극복하고 근대의 평등 가치를 추구하는 중요한 특징이라고 볼 수 있다.

다산의 성리학적 인간관에 대한 비판은 또한 성리학의 교육관에 대한 비판으로 연결된다. 다산은 무엇보다도 인간의 완성을 추구하는 교육은 성리학에서 주장하듯이 형이상학적이고 사변적인 방식으로 접근해서는 안 되며 실천적으로 되어야 한다고 보았다. 그는 당시의 학문이 孔孟 이후 역사적 전개과정을 거치며 학문 본래의 뜻에서 벗어나 한갓 당쟁이나 출세의 도구로 전락하였다고 비판하였다(이을호, 1979: 162-175). 즉, 다산의 당대 현실에 대한 문제의식은 학문이 인간사의 구체적인 문제(人倫과 經世)와 동떨어져 추상적인 마음에 대한 논의, 이기논쟁에 빠져 있고, 그것이 또한 현실에 있어서는 인간 완성의 길이 아닌, 출세를 위한 수단으로 이용되고 있다는 점이다. 다산의 당시 성리학의 문제점에 대한 인식은 아래 인용문에 잘 나타나 있다.

> 매사의 일로 인하여 성실함(誠)이 나타나고 그 일로 인하여 마음을 바르게 하는 것(正)이다. .... 요즈음 사람들은 마음 다스리는 것을 誠意로 여겨 텅 비고 알 수 없는 본체를 잡아 배 안에 넣어두고 그 진실한 이치를 살피려 한다. 평생 가만히 앉아서 내면 성찰만 한다면 나름 아름다운 모습이겠으나 참선하는 스님이 아니고 무엇이겠는가.[4]

다산은 이같이 인간이 실생활의 구체적인 문제들에 직면하여 誠이나 正의 태도를 익히는 것인데, 당시 학자들은 매사의 일과 유리된 공허한 마음 성찰만을 주장한다고 비판하였다. 그는 "생각만 하고 배우지 않으면 위태롭고 배우기만 하고 생각하지 않으면 어둡다"는 『論語』의 구절과 연관하여, 성리학은 전자의 폐단을, 훈고학은 후자의 폐단을 각각 가지고 있음을 지적하였다(「論語古今註」 1장, 167면). 다산에 의하면, 성리학은 생각함도 없고, 말도 하지 않고, 눈을 감고 마음을 모아 순전한 마음을 보존할 수 있다고 하는데, 사람은 실제 생활의 윤리적 실천행위를 통해서만 도심(道心)을 보존할 수 있다. 또한 성리학적 수양법이 홀로 선해지는 데는 도움이 될 수 있더라도, 배움(수양)은 홀로 선하고자 하는 것만이 아니라 세상을 올바로 다스리고 당면한 현실 문제를 해결하기 위한 것인데 이 점에서 성리학의 수양론은 한계를 지닌다. 다산은 성리학이 실제 생활의 실천과 동떨어진 정적인 내면 수양을 강조함으로써 선비들로 하여금 현실을 외면하고 산림으로 은거하게 하는 빌미를 제공한다고 보았다. 다산은 '敬'은 사물에 접촉하여 생기고 '義'는 일에 대응하여 생기는 것인데 당시 성리학자들은 정적으로 내면 묵상함으로 이것들이 생긴다고 오인하고 있다고 지적하였다(『與猶堂全書 2』, 1권, 9면). 사물이란 자연물이나 사회제도라 볼 수 있고 일은 인간이 사회생활을 하는 과정에서 수행하는 여러 가지 일인데 이러한 것에 대한 관심과 실천이 없다면 배움은 반쪽에 불과하다고 다산은 보았다. 인간의 참 배움은 개인의 내면 수양이 세상을 올바로 다스리는 '經世'의 실천으로 이어질 때 성취되는데, 성리학적 수양론은 여기서 한계를 드러내 당시 배우는 학자들이 임금이 불러도 나오지 않고 백성이 곤궁해도 구원하지 않는 부정적 결과를 초래하였다고 비판하였다(『與猶堂全書』 2집, 6권, 27면; 송재소, 2012: 40-42 참조).

4) 「大學公議」 1권, 9장: "每因事而誠之, 因事而正之 .... 今人以治心爲誠意, 直欲把虛靈不味之體, 捉住在腔子內以, 反觀眞實无妄之理, 此須終身靜坐默然內觀, 方有佳景, 非坐禪而何."

(3) 공자 교육사상의 창조적 계승

본 장에서는 앞 장의 논의에 이어 다산이 성리학적 관점에 대한 비판적 인식을 가지고 어떻게 유학사상의 원류인 공자 교육사상의 大義를 다시금 살리고, 다른 한편으로는 시대에 맞게 창조적인 시각에서 논하고자 했는지 고찰해 보겠다.

가. 知-行의 연결

어느 시대 어떤 사회나 인간이 자아를 실현하고 사회에 공헌하려면 그에 필요한 지적 능력과 함께 실행력을 갖추어야 하며 따라서 인간을 양육 · 조성하는 교육은 지적 능력과 실행력의 조화로운 함양을 추구하게 된다. 공자는 "널리 공부하고 예의 규범으로써 단속하면 도에서 어긋나지 않는다."[5]고 하면서 한편으로는 博學과 審問을 통하여 넓고 깊은 지적 능력을 함양하고 다른 한편으로는 생활에서 그 지식에 터하여 올바른 행위를 실천함으로써 군자의 품성을 갖추어 나갈 수 있다고 보았다. 그러나 다산이 보기에, 성리학에서는 이치를 탐구하는 지적 훈련을 일상의 실천 행위보다 근본으로 여겼고 중시한다고 보았다. 주자는, "몸을 성실하게 하는 것은 선을 밝게 아는 데 있으니 사물의 이치를 지극히 알아 지극한 선을 알지 못하면 호색하며 악취를 피하듯 자연스럽게 행할 수 없다."고 하였다.[6] 이러한 주자의 관점은 行과 知를 구분하고 行에 대한 知의 분명한 우선적 지위를 주장하는 것으로 볼 수 있다. 이에 대하여 다산은, 천하의 만물은 셀 수 없이 많고 그 이치는 심오하며 이에 대한 지극한 앎을 얻으려면 장구한 시간이 걸려도 이루기 힘든데 이것이 성취되기를 기다려 이후에 성실한 마음과 몸을 갖추려 한다면 이미 늦는다고 지적하였다.[7]

다산은 부모에게 효도하고 형제간에 우애하며 자녀에게 자애롭게 대하며 웃어른을 공경하는 등의 일상생활의 가장 기본적인 덕행을 실천함으로써 마음을 성실하게 하며 또한 이치를 깨달아 알 수 있다고 보았다. 그에게 있어 정신적 수양과

5) 『論語』「雍也」 25: "子曰, 君子, 博學於文, 約之以禮, 亦可以弗畔矣夫."

6) 「中庸講義補」, 2권: "朱子曰, 誠身在乎明善, 蓋不能格物致知, 以眞知至善之所在, 必不能如好好色如惡惡臭."

7) 「大學公議」 2권, 20장: "天下之物浩穰汗滿, 巧曆不能窮其數, 博物君子不能通其理 ... 故欲待此物之格此知之至以而后, 始乃誠意始乃修身, 則亦以晚矣."

탐구는 일상의 덕행 실천을 통하여 이루어지는 것으로 知와 行은 긴밀하게 연결되어 있었고 성리학의 주지주의, 주의주의에 반발하여 오히려 '行'을 강조한 것으로 볼 수 있다. 이러한 입장은 당시 추상적, 형이상학적 학문 풍토를 극복하고 다시금 공자의 실천 지향적 학문과 교육을 부활시키고자 한 다산의 의도를 보여준다. 孔子는 君子는 마땅히 근본에 힘써야 할 것이며 그 근본은 孝와 弟이며 이 근본이 세워지면 비로소 道가 발생한다고 하였다(『論語』 「學而」 2). 또한 그는 배우는 자는 안에서 孝하고 밖에서는 공손하며 삼가고 믿음을 주며 널리 사람을 사랑하되 특별히 어진 사람을 가까이 하고 남은 힘이 있으면 글공부를 하라고 하였다(「學而」 6). 공자는 '인'과 '지'와 같은 덕목이 추상적인 마음 상태나 지식 그 자체가 아닌 현실에서 실천적으로 행하여지는 구체적 실천 덕목으로 보았다. '仁'과 '知'를 묻는 질문에 공자는 '仁'은 '사람을 사랑하는 것'이며 '知'는 '사람을 아는 것'으로, 정직한 자를 들어 쓰고 모든 부정한 자들을 버리면 부정한 자를 바르게 할 수 있다고 말하였다.[8] 공자가 보는 '知'는 올바름(의)을 분별하고 그것을 따라 일을 추진하는 능력으로, 이는 그러한 마음가짐(仁)과 함께 과감히 추진하는 용기(勇)가 겸전되었을 때 가능하기 때문에 공자는 知·仁·勇을 함께 강조하였다(「子罕」 28; 김학주, 2003: 272-273 참조). 바로 이러한 공자의 생각을 계승하여 다산은 인간이 알아야 하는 근본적 이치, 明德, 善이 주자학적 입장처럼 허령한 것에서 오지 않고 孝·弟·慈를 실천함으로써 밝혀지는 것이라 주장하였다.

다산은 인간관계뿐만 아니라 매사의 일에 있어서 마땅한 이치를 헤아려 보아 그 중에 中庸에 부합한 것을 선택하여 행하라고 하였다(『與猶堂全書』 2권, 87면). 이는 어떤 구체적인 일과 무관하게 허령한 마음을 관조하는 성리학적 입장과 대조된다. 다산의 관점에서는, 참된 앎의 공부는 구체적 사안에서의 행위와 긴밀히 연결되는 것이다. 이러한 입장에서 그는 知와 行의 연결, 조화를 추구하는 교육으로서 향삼물 교육 전통에 따라 道와 藝를 함께 연마하며 균형이 이루어지는 교육과정을 제시하였다. 그 교육과정은, 구체적으로 보면 六德(知, 仁, 聖, 義, 忠, 和)과 六行(孝, 友, 睦, 婣, 任, 恤)과 六藝(禮, 樂, 射, 御, 書, 數)로 구성된다. 다산은 또한 四書와 六經을 읽으며 깊이 있게 질문하고 생각함을 통하여 육덕과 육행의 온전한 실현을 가능하게 하는 지적 기반을 제공하고자 하였다. 또한 육예는 직접 몸으로 배우는 것으로 육덕과

8) 『論語』 「顔淵」 22: "樊遲問仁, 子曰, 愛人, 問知, 子曰, 知人, 樊遲未達, 子曰, 擧直錯諸枉, 能使枉者直."

육행을 위한 실무적 기반이 된다(임재윤, 1999: 101-106 참고). 이러한 교육과정은 비록 이미 유학의 교육 전통에 있었던 것이나 다산의 초점은 이 중에 특히 '六行'에 있었다. 기존의 교육이 사서삼경의 암기와 과거 준비, 이기론에 관한 관념적 사색과 논변에 초점이 있었다면, 다산은 글공부 자체는 하나의 수단적인 것으로 보았고 모든 교육의 중심이 行에 있었고 이를 구현하기 위하여 도덕적 소양인 육덕과 실무적 소양인 육예가 뒷받침되는 교육과정을 추구하였다.

이는 삶의 실제적 사태에서 참다운 앎과 행위가 협력적으로 동반 함양되는 교육으로서 오래 전 공자가 추구하였던 교육의 이상을 계승한 것이다. 공자는 언변, 문학, 정치 등을 모두 강조하였으나 그 중에 덕행을 가장 중시하였고, 가르칠 때 시와 역사를 인용하거나, 어떤 구체적 상황을 예로 들거나, 그 중심에는 항상 무엇이 올바른 행위이며 이를 어떻게 실현할지에 초점이 있었다. 공자와 다산의 삶이나 학문적 추구에 있어서도 그들의 知-行 竝進의 교육관을 그대로 엿볼 수 있다. 공자는 자신의 仁의 사상을 구현하기 위하여 정치와 제자양성의 실천에 매진하였고, 특히 30세 이후 제자 양성의 인생 여정은 그의 求道, 인격완성의 여정과 함께 하였다. 공자의 가르침의 실천 행위는 그 자신의 학문의 지적 지평을 더욱 심화시켰다. 다산 역시 전 생애를 거쳐 학문탐구에 매진하였으나 그 지적 추구와 이상은 현실의 개혁, 정치와 왕성한 저술 활동의 실천 행위와 맞물려 있었다. 다산의 학문을 크게 經學과 經世學으로 보면 전자는 지적 탐구, 후자는 개혁과 실행에 관련된 것으로 양자는 긴밀하게 맞물려 있었다. 깊은 지적 탐구는 현실의 실행의 기반이 되며 현실의 실천은 또한 지적으로 더 풍성하고 심화된 탐구로 연결되는 것으로 공자와 다산의 교육사상과 삶은 바로 이 점에서 상통하며 계승된다고 본다.

나. 仁의 실천을 통한 대동사회의 모색

전통적으로 유교, 유학이 지향하는 이상적인 사회는 大同社會이다. 대동사회의 전형은 『禮記』에 묘사되어 있다. "대도가 행해지면 천하에 공의가 구현된다. 현자를 지도자로 뽑고 능력 있는 사람에게 관직을 수여하여 신의와 화목을 가르친다. 그러므로 사람들은 자신의 어버이만을 어버이로 여기지 않고, 자기 자식만을 자식으로 여기지 않는다. ... 이로써 남을 해치려는 음모가 생기지도 않고 도적이나 난

적도 발생하지 않는다. 따라서 집집마다 바깥문을 닫을 필요가 없다. 이런 상태를 대동이라 한다."(『禮記』「禮運篇」) 천하에 공의가 구현되는 대동 사회의 기반은 공자 사상에 있어서 포괄적 가치인 '仁'이 개인과 사회 전반에 걸쳐 널리 실현되는 사회라고 볼 수 있다. 공자는 '仁'에 대하여 '사람을 사랑하는 것'이라고 하였고 다산은 이를 해석하여 "仁이란 사람을 향한 사랑으로 자식이 부모를 향하고, 아우가 형을 향하고, 신하가 임금을 향하고, 수령이 백성을 향하는 것이며, 무릇 사람과 사람이 서로 애틋하게 사랑하는 것이다."라고 하였다(『與猶堂全書』 2, 9, 4). 즉, 공자와 다산에 있어 인간의 이상사회 실현의 구체적 양상은 가족, 이웃, 국가에서 사람 상호 간의 사랑의 실천이 점차 확장되어 가는 것을 의미한다. 다산은 주자가 『論語集註』에서 仁을 '본심의 온전한 덕(本心之全德)'이라고 해석한데 대하여(『論語集註』「顔淵」 1 주석) 반박하며 "仁은 (혼자서는 이룰 수 없는 것으로) 반드시 두 사람 간에 생기는 것으로 가까이는 오교(父義・母慈・兄友・弟恭・子孝)에서 멀리는 천하의 모든 백성에 이르기까지 무릇 사람 간의 본분을 다함이 仁이다."라고 하였다.[9] 다산이 보는 仁은 선한 마음 자체가 아니라 그 마음이 구체적 인간 사회에서 실현되어 선한 결과를 발생시키는 것으로 이는 성리학의 사변적 학풍에 반발하여 공자의 실천 지향의 본의를 되살리자는 의도를 보여준다.

공자와 다산에 있어 이러한 실천 지향적 상통성은 유학의 중요한 개념인 忠과 恕의 해석에서도 고찰해 볼 수 있다. 공자는 仁의 구현 방법으로서 忠과 恕를 제시하였다. 중궁이 仁에 대해 물었을 때 공자는 "나갔을 때는 큰 손님을 뵌 듯이 행하며 백성에게 대할 때는 큰 제사를 거행하듯이 하며 자기가 원하지 않는 것을 남에게 베풀지 않으면 나라와 가정에 원망이 없을 것이다."라고 하였다(『論語』「顔淵」 2). 즉, 공자는 사람을 대할 때에 극진히 정성을 다하여 행하는 것(忠)과 자기의 마음을 미루어 타인에게 대하는 것(恕)이 仁이며 이렇게 행하였을 때 인간 사회가 평화롭게 유지될 수 있다고 본 것이다. 또한 공자는 "무릇 인자는 자기가 서려고 하면 남도 세워주고, 자기가 도달하고자 하면 남도 도달시켜 주는 것으로 가까운 데서 유추하는 것이 仁의 방법이다."라고 하였고(「雍也」 28), 충심이 있다면 남을 깨우쳐 주고(「憲問」 8) 신하는 임금을 충심으로 섬기라(「八佾」 19)고 하였다. 이처럼 공자에게 있어

9) 『與猶堂全書』 2, 12, 3: "仁之名, 必生於二人之間(只一已則仁之名無所立), 近而五教, 遠而至於天下萬生, 凡人與人盡其分, 斯謂之仁."

忠과 恕는 仁의 실현방법으로서 양자 모두 내심의 작용만이 아닌 인간관계의 적극적 실천 행위의 道가 분명하나, 성리학적 관점은 실천 이전의 허망함이 없는 내심의 작용(忠)과 그 파급(恕)으로 보고 전자를 근본적인 것으로 해석하였다. 즉, 이에 관해 朱子는 "忠은 자기 마음을 다하는 것이고 恕는 자기 마음을 미루는 것으로 보았고, 程子는 忠은 망령됨이 없는 것이며 恕는 忠을 이행하는 것으로 忠은 본체요 恕는 쓰임이며 忠은 큰 근본이며 恕는 그 큰 길이 된다."고 하였다.[10] 이러한 성리학의 관점에 대해 다산은 忠보다 오히려 恕가 우선이며 사람이 사람을 섬기게 됨에 있어 忠이 발생하는 것으로 홀로 마음을 다하고자 하여도 착수할 바가 없으니 사람들이 忠이 먼저고 恕가 나중이라고 하는 것은 잘못이라고 반박하였다.[11]

여기서 중요한 점은 忠이 먼저냐 恕가 먼저냐의 논변이 아니라, 다산이 당시 성리학의 내면 지향적 입장을 비판하며 실천의 우선성을 주장한 점이다. 즉, 다산이 恕를 중심으로 忠과 恕를 일관되게 해석한 것은 내면의 본체인 德이 恕를 통해 발현된다고 보는 성리학적 사유방식을 극복하고, 인간관계의 실행원리로 恕를 정립하고 이를 실행함으로써 실천적 동력을 확보하여 德을 성취하고자 하는 의도를 담고 있다(금장태, 2006: 111).

가족, 이웃, 국가에 이르기까지 사람 간에, 인간 사회에서 仁의 실천을 통해 이상적인 대동사회를 구현하고자 한 점에 있어서는 공자와 다산의 관점이 일치하고, 다산은 공자의 이러한 본의를 계승·회복하여 당시 성리학의 사변적 경향을 극복하고 실천지향의 학문과 사회공동체를 추구하고자 했다는 점은 분명하다. 그런데 그 이상적 대동사회의 양상은 공자와 다산에 있어 약간의 상이한 특징이 있다. 공자는 堯·舜·禹·湯·文·武·周公의 치세를 이상으로 여겼고 그 시절의 모범적 행적들을 본받는 것을 대동사회 실현의 방법으로 보았다. 그가 제자들을 가르칠 때나 군주들과 문답할 때 경전들을 편수할 때의 가장 큰 특징은 소위 "술이불작(述而不作)"(『論語』, 「述而」 1)으로 선현의 모범적 지혜와 행적들을 전하되 새로운 것을 창작하지는 않는다는 것이었다. 물론 공자가 과거 전통만을 답습한 것은 아니고 때

10) 『論語集註』「里仁」 15: "盡己之謂忠, 推己之謂恕 ... 忠者無妄, 恕者, 所以行乎忠也, 忠者體, 恕者用, 大本達道也."

11) 『與猶堂全書』 2, 13, 44: "恕爲之本, 而所以行之者忠也, 以人事人而後有忠之名, 獨我無忠, 雖欲先自盡已, 無以着手. 今人皆人吾道爲善忠而後恕, 失之遠矣."

로는 새로운 해석과 생각들(특히 仁과 禮 등의 개념들에 관하여)을 제시하였고 "온고이지신(溫故而知新)"이라 하여 옛 전통을 통하여 새로운 깨달음을 얻는 것도 강조하였다. 아마도 "술이불작"은 항상 배우기를 좋아하고 겸손함을 인격적 미덕으로 실천하였던 공자의 태도를 보여주는 것으로 볼 수도 있다. 그러나 그렇다고 하여도 공자에 있어 과거 선현의 '전통과 권위'는 거의 절대적인 것이어서 어떤 혁신적인 사상과 제도를 제안하지는 않았다. 특히 정치 일선에서 물러나 제자양성에 매진하게 된 공자 생애 후반기에는 정치적 개혁보다는 禮(주공이 체계적으로 만들었던 이상적 질서)를 교육을 통하여 후세에 잘 전파하려는 데에 몰두하였다고 볼 수 있다(정종, 1980: 226-227).

이에 비해 다산이 추구하였던 대동사회는 훨씬 더 개혁적, 자주적, 평등적 경향을 보인다. 강만길(1990: 195)은 실학자 중 정약용은 유형원과 함께 "새로운 또 하나의 왕조체제를 계획하는 것 같은 자세로 국정 전반에 관한 개혁론을 제시"하였으며 『經世遺表』는 이러한 성격을 제시해준다고 평가하였다. 다산은 옛 것일수록 무엇이든지 다 좋고 오늘날의 것일수록 못하다고 하는 무비판적인 상고 사상을 비판하며 시대의 변화와 함께 필요한 새로운 문물 도입을 주장하고자 하였다(고병익, 1990: 319). 다산은 은나라가 하나라를 계승하면서 여러 가지를 가감하였고 또 주가 은을 이으면서 여러 면에서 가감하였듯이 세상의 도리는 강물의 흐름처럼 고정된 것이 아니라 변화하는 것으로 법과 제도를 변경하지 못하는 것은 어리석은 일이라고 지적하였다(「經世遺表」引, 『與猶堂全書』 5, 1). 실제로 그는 『周禮』의 기본 골격은 유지하면서도 당시 부패하고 무기력한 국가제도를 혁신하기 위해 행정기구의 조정, 행정감독의 강화, 재정구조 정비와 산업의 활성화, 산업기술정책의 효과성 제고 등 체제 전반에 걸친 구체적 개혁안을 제시하며 새로운 시대에 맞는 합리적 접근을 시도하였다.

그의 이러한 구체적 현실개혁안의 근저에는 기존과는 다른 평등하고 자주적인 근대적 세계관이 자리하고 있었다. 정약용은 모든 인간은 하늘로부터 영명한 마음을 분유 받았다는 기독교적 자주·평등사상을 수용하였다. 인간은 하늘로부터 부여받은 자주권을 통해 자신의 문제를 스스로 선택하고 결정할 수 있다는 이러한 인간관은 조선사상사에 있어서 근대적인 자율적 인간관의 맹아적 위치를 확보하였다고 평가할 수 있다(박충석, 1987: 333). 기존의 전통적 유교사회의 인식은 백성은 어리석기 때문에 치자의 통제, 지시를 받아야 한다는 관점이었다. 공자는 "오직 지극히 지혜로운 자와 어리석은 자는 변화시킬 수 없다."[12]고 하였고 "백성은 따르게 할 수는 있어도 알게 할 수는 없다."[13]는 입장을 가지고 있었다. 또 이와 관련하여 "중급 이상의 사람과는 높은 것을 이야기할 수 있으나 그 이하는 할 수 없다."[14]고 하였다. 물론 공자는 "有敎無類"라 하여 교육을 통한 인간의 변화가능성을 인정하였고, '生而知之, 學而知之, 困而學之, 困而不學(「季氏」 9)'의 4등급을 언급한 것으로 보아, 공자의 이러한 분류가 단순히 타고난 지적 능력이나 기질만이 아닌 의지(동기)에 의한 것임을 알 수 있다. 그러나 이러한 구절들을 종합해 보았을 때 분명한 것은 공자가 인간을 어떠한 기준이든 '등급화' 하여 보았다는 것이며 크게 보면 통치하는 지적이며 자주적인 부류와 그에 따르는 비 자율적인 부류로 볼 수 있으며, 이는 공자가 고대 당시의 신분적 질서의 기본 틀 안에서 벗어나지 않고 생각했던 점을 알 수 있다.

이에 비해 다산은 훨씬 더 진보된 평등의식을 가지고 있었다. 다산은 "위에 존재하는 것은 하늘이요, 그 밑에는 백성이다."[15]라고 하며 "하늘은 그 지위가 士인지 서민인지 묻지 않는다."[16]라고 하였다. 즉, 다산은 하늘 아래 모든 인간은 평등하며 인간들은 오직 하늘의 통제를 받을 뿐 인간 서로 간에 지시하고 순종하지는 않는다고 보았다. 다산이 보는 하늘(天)은 당시 성리학의 '근본적 원리(理)'로서의 天이 아닌 기독교(天主敎)의 인격적이며 주재하는 존재이다. 다산은 그 주재하는 천주 아래 만민은 평등하며 어떠한 특권도 없다는 기본적 관점을 가지고 있었다. 특히 그는 선비가 특권을 이용하여 놀고먹기 때문에 문제가 발생하는 것으로 선비도 농사를 지어 생산을 증대하고 민란을 없애자고 강력히 주장하였다(『與猶堂全書』 1, 11 田論). 다산은 또한 지도자는 본래 뛰어난 존재이기 때문에 하늘이 내린 것이 아니라, 백성들로부터 통치라는 기능을 위임받은 존재로 보았다. 천자는 하늘이 내린 것이 아니고 民衆이 추대한 것이며(『與猶堂全書』 1, 11 湯論) 백성이 통치자를 위해 존재하는 것이 아니고 통치자가 백성을 위해 존재한다고 하였다(『與猶堂全書』 1, 10 原牧).

이러한 다산의 평등의식은 인간의 자주성에 대한 관점과 연결된다. 다산은 동물과 달리 하늘이 모든 인간에게는 善을 좋아하고 추구하는 靈知의 기호(嗜好)를 주어

12) 『論語』 「陽貨」 3: "子曰, 唯上知與下愚不移."
13) 「泰伯」 9: "子曰, 民可使由之, 不可使知之."
14) 「雍也」 19: "子曰, 中人以上, 可以語上也; 中人以下, 不可以語上也."
15) 『與猶堂全書』 2, 21: "上者天也, 下者民也."
16) 『與猶堂全書』 2, 5: "其位之爲士爲庶, 天所不問."

독자적으로 선택하고 행동하도록 하였다고 본다. 이 기호와 관련해서 다산은 인간 내면의 욕심이 천하의 모든 일을 일으키는 원동력이라고 보았다(『與猶堂全書』 2, 2, 心經密驗). 하늘은 사람에게 자주권을 마련해 줌으로써 善과 惡을 택하여 행할 수 있게 하였다. 선을 행하거나 악을 행하거나 그것은 그 당사자의 책임이 된다. 이 같은 만민 자주권, 자기결정권, 책임의식은 당시로서는 상당히 파격적인 생각이었다. 유교적 인간관에서는 원류인 공자에서나 성리학적 관점에서나 군주는 나면서부터 온전한 德 혹은 聖人적 자질(生知)을 갖춘 존재로 이상사회의 구현을 위해서 백성들은 군주의 현명한 다스림에 잘 순응하면 되는 것이고, 혹여 군주의 과실이 있다면 그것은 그의 부덕의 소치요 다시금 하늘의 심판을 받을 것이요 백성들이 어떤 개혁적 생각을 갖는다는 것은 있을 수 없는 일이었다. 이에 반해 다산은 스스로 '변화'를 주도하는 인간관을 주장하였다. 다산이 보는 인간은 다른 사람의 생각에 따라 가거나 자신의 고정된 어떤 내면의 품성에 좌우되는 것이 아니라, 매일 직면하는 현실 속에서 스스로의 의욕에 따른 선택과 결정에 의해 움직이는 존재로서 변화를 추구한다. 이 같은 태도는 자신뿐만 아니라 사회의 질서체계까지도 주체적으로 개혁할 수 있는 바탕이 된다(윤사순, 1985: 157 참조).

이러한 다산의 인간관은 그의 교육관과 직결된다. 다산이 보는 교육적 인간상은 단순히 덕을 갖춘 인간이 아니라 경험적이고 창조적인 삶의 역동적 순간에서 善에 대한 의욕을 키우고 이러한 의욕을 바탕으로 자주적으로 자기와 세상을 개혁하는 '修己爲天下人'이 된다. 이러한 인간의 자주성, 평등성에 바탕을 둔 교육은 또한 교육가능성, 교육기회의 평등, 선발의 평등, 나아가 실질적 평등(결과의 평등)까지도 고려한다. 다산은 일국의 백성을 다 모아 배양하여도 부족한 형국에 인재 중 열 가운데 여덟, 아홉을 버리는 세태 때문에 인재를 얻기 어렵게 되었음을 지적하였다(『與猶堂全書』 1, 9, 通塞議). 이러한 선발의 폐쇄성을 극복하기 위해서 모든 사람에게 교육을 시켜 선발하고 지역, 친분, 당파, 적서, 귀천, 중인 등 신분에 따른 모든 차등까지 타파해야 한다고 주장하였다. 또한 그는 근본적으로 폐쇄적 신분제는 그것에 의해 인격의 귀천과 사회적 지위가 결정되고 민중을 교화의 대상으로 봄으로 민중의 자율적 행위를 봉쇄하기 때문에 궁극적으로는 없어져야 한다고 보았다. 그는 자신이 바라는 것은 "이 나라 모든 사람을 양반으로 만들어 결국 양반이 없는 나라가 되고 모두가 존귀한 사람으로 대우받는 것"이라 하였다(『與猶堂全書』 1, 14; 김유성, 65-66).

다산의 자주성에 대한 강조는 교육에 있어 당시 중국 중심의 교육과정에 대한 신랄한 비판으로 연결된다. 당시 조선의 교육과정은 중국의 경서, 역사서, 문학을 중심으로 편성되어 있었고 이는 전통적인 '華夷'의 논리(중국이 천하의 중심, 타국은 열등하니 중국에 복종해야 한다는 논리)에 근거한 것이었다. 이러한 사대주의적 의식과 교육의 실제를 비판하며 다산은 우리 민족의 역사, 문학, 사상, 지리를 배워 우리의 특수한 역사와 사상, 지리와 풍속의 특징, 현실의 문제를 이해하며 화이관을 극복하여 민족의식을 함양하고자 하였다. 이에 그는 한국사로서 『三國史記』, 『高麗史』, 『東國通鑑』 등과 한국의 사상 및 문학으로서 『東文選』, 『磻溪隧錄』, 『西厓集』, 『懲毖錄』, 『星湖僿說』, 『東國輿地勝覽』 등을 교육과정에 포함시킬 것을 주장하였다. 전술하였듯이 공자는 '述而不作'을 강조하며 선현의 전통과 권위, 요순 등의 치세의 복원을 추구하였다. 물론 공자도 당대 현실이나 지역적 특수성에 맞는 대책에 대하여 이야기하기도 했으나, 그는 역사적 · 지역적 특수성과 맥락을 이해하고 주체의식을 함양하기 위한 체계적인 교육을 제안하지는 못하였다. 바로 이 점에서 다산은 공자와 구별되며 단순히 공자 사상의 복원이 아닌, 그에서 진일보한 창조적인 그만의, 시대적 특수성을 반영한 교육 사상을 주장하였다고 볼 수 있다. 이러한 다산의 인식은 민족의 독자성을 인식하기 시작한 것이요 민족의식의 발로이며 내부적 자기 정립의 노력으로 평가할 수 있고 바로 이 점에서 확실히 근대의 방향으로 접근하는 움직임으로 볼 수 있다(임재윤, 1999: 184; 손인수(1983: 34)).

요컨대, 공자와 다산은 仁의 실천을 통하여 대동사회를 구현하고자 한 점에서는 일치하나, 대동사회의 구체적 모습에 대한 입장의 차이를 보인다. 다산은 당시 성리학의 사변적 학풍과 현실에 맞서 공자의 실천지향의 본의를 살려 가족, 이웃, 국가에서 선한 행실을 실천함을 통하여 義가 작은 데서부터 큰 곳으로 점차 확장되어 바로 서는 나라를 만들려 하였다. 그런데 공자는 전통과 권위를 좀 더 강조하고 신분제적 질서를 수용하는 입장이었던 반면, 다산은 자주성과 평등성을 강조하며 신분제의 한계를 벗어나 교육 평등을 이루고, 민족의 고유한 역사와 사상의 이해를 통해 민족의식을 함양하며, 자주적으로 국가를 위해 개혁을 모색하는 교육적 인간상을 제시하였다. 이러한 점에서 다산은 한편으로 공자의 사상의 장점을 계승하고 이를 시대적 상황에 맞게 창조적으로 보완 · 발전시켜 나갔다고 볼 수 있다.

다. 修己-治人의 연결

공자는 "敬으로써 자신을 수양하고, 자신을 수양하여 사람들을 평안하게 하라"(『論語』, 「憲問」 45: "修己以敬, 修己以安人")고 하였는데, 이를 바탕으로 『大學』에는 팔조목(格物致知, 誠意正心, 修身齊家, 治國平天下)이 제시되어 있고, 성리학자들은 이를 근거로 修己를 治人의 전제조건으로 보았다. 이것을 단순히 시간적 선후관계로 볼 것이냐 아니면 개념적 전제조건으로 볼 것이냐는 해석의 여지가 있으나, 성리학에서는 대체로 '修己'와 '治人'을 本과 末로 구분하여 보고 '治人'이 '修己'의 바탕 위에 이루어진다고 본다. 즉, 성리학자들은 사물의 이치를 궁구하고 마음을 바르게 하면, 집안과 나라를 올바로 다스릴 수 있게 된다고 보았다. 이렇게 볼 경우, '修己'는 '治人'의 우선되는 것이요 근본으로 성리학자들의 논의의 중점은 '治人'보다 '修己'에 있었다. 특히, 조선의 성리학은 초기의 통치이념이자 제도적 근간으로서의 실용적 성격으로부터 변화되어 점차 퇴계와 율곡을 거쳐 理氣論, 心性論의 관념적 성격에 더욱 중점을 두게 됨으로써 '修己'는 상대적으로 '治人'보다 더욱 중시되게 되었다. 퇴계는 배우는 사람이 진실로 敬을 지키기를 한결같이 하고 存養과 省察의 공부를 쌓게 되면 모든 변화의 근거인 마음의 법(心法)을 내면에서 얻을 수 있을 것이라고 하였다(『聖學十圖』 6, 「心統性情圖說」). 또한 율곡은 마음이 성실하지 못하면 만사가 거짓되며 마음이 진실할 때 만사가 모두 진실할 수 있는 것으로 '誠意'야말로 '修己治人'의 근본이라고 강조하였다(『栗谷全書』 21, 「聖學輯要」 3). 그런데 이같이 居敬窮理, 存養省察, 誠意와 같은 마음의 함양을 강조하다 보면 자연히 인간 삶의 실제적 문제인 '治人'과의 연계성은 상대적으로 약해질 수밖에 없게 된다. 퇴계와 율곡 역시 실천 행위의 중요성에 대하여 절대 경시한 것은 아니나, 그들의 수양론과 관련된 저작들을 살펴 볼 때에 마음의 함양과 관련된 근본의 수양 부분에 비해서는 비중이 적고 자기 마음의 수양과 治人의 관계에 관한 치밀한 논의는 부족하다.

그런데 공자는 "聖과 仁을 자처할 수 없으나 이를 행하기를 싫어하지 않으며 남을 가르치기를 게을리하지 않는다."(「述而」 33)고 하였다. '聖'과 '仁'은 유학의 최고 가치로서 『大學』의 최고 강령인 '至善' 및 '明德'과 상통한다. 공자 역시 이것을 목표로 추구하였음을 알 수 있는데 공자에게 있어 그 추구의 과정은 '행함'과 '가르침'이었다. 즉, 공자에게 있어 사람과의 관계에 있어서의 성실한 실천(行仁, 誨人)이 곧 明德과 至善에 이르는 과정임을 알 수 있다. 그런데 다른 구절에 보면, 공자가 또한 묵묵히 익히며, 배움을 싫어하지 않으며, 가르치기를 게을리 하지 않는 것에 대한 반성을 하였음을 확인할 수 있다(「述而」 2). 그리고 공자는 덕을 닦지 못함, 배움을 강론하지 못함, 의를 듣고 옮기지 못함, 不善을 고치지 못하는 것에 대하여도 반성하였음을 알 수 있다(「述而」 3). 이를 통해 보면, 공자에게 있어 지적인 깨달음(識, 學)과 덕의 수양(修, 改善)과 타인에 대한 실천(教, 行義)은 항상 겸하여 행하여졌고 이러한 과정을 통해 궁극적으로 聖과 仁을 추구하였음을 알 수 있다. 즉, 공자에게 있어서 이치(지식)를 탐구하고 덕을 닦는 修己의 행위는, 사람과의 관계에서 義를 실천하는 治人의 행위와 함께 이루어졌고, 이는 聖과 仁, 곧 至善과 明德에 이르기 위해 동반·병진되었다. 달리 말하면, 공자에게 修己와 治人은 선후관계나 본말관계라기보다는, 성인이 되기 위해 함께 수행되며 양자가 병진·겸전되는 관계로 볼 수 있다. 실제로 『論語』의 제 10편 「鄉黨」을 보면 제자들이 공자의 모든 일상행동, 특히 정사에 나갔을 때의 행동이나 사람을 상대하는 행동들을 자세히 기록해 놓았는데 이는 제자들이 공자의 일상 행위가 곧 제자들이 배워야 할 중요한 가르침으로 생각하였음을 알 수 있다. 공자의 일생 중 주요활동은 정치활동과 교육활동이었는데 이를 治人의 실천이라 본다면 그 治人의 과정은 '而立(30)-不惑(40)-知天命(50)-耳順(60)-從心(70)'의 자기교육(修己)의 과정과 병진되었다.

공자는 "仁을 행하는 것은 자기가 행하는 것으로 어찌 남에게 달려 있겠는가?"(「顏淵」 1: "爲仁由己而由人乎哉")라고 하였다. 다산은 이 논어 구절에 대해 해석하며 백성이나 군왕이나 오직 자신을 가다듬을 뿐 억지로 권하여 지극한 선에 이르도록 하지 않는다고 하였다. 사람은 자신이 스스로 덕을 닦아서 결국 至善에 이르는 것으로 군왕은 스스로 덕을 갖추고 모범이 되는 행실을 보임으로써(身教) 백성이 이에 감복하여 행하게 되는 것이다. 다산에 의하면, 바로 修身을 통해 본인을 달성하는 교육은 또한 타인을 달성케 하는 교육이 되니, 이러한 이치로 修己와 治人은 하나로 연결된다. 이러한 다산의 생각은 공자의 삶에서 실제로 실현되었다. 공자는 제자들과 일상의 삶을 함께 하며 仁의 모범(敬, 誠, 正 등의 태도)을 보여주었고 제자들은 그 모범을 보고 배우게 되었으며, 또 이를 통해 그들은 정치를 통한 개혁과 후학양성의 실천을 통해 세상에 덕을 구현하였다. 다산은 일상에서 진실한 마음으로 孝·悌·慈를 실천(治人의 행위)하는 바로 그것이 자신의 誠意와 正心(修己의 행위)을 행하는 것이며, 이를 통해 가정과 나라와 온 세상의 평화를 이루는 것이니 誠意와 正心은 매사의 일을 실천하고 인간 간에 인륜을 실천하는 것에 붙어 있다고 하였다.[17] 다산은 誠을 어떠한 일과 동떨어진 뜻에서만 구하거나 正을 어떠한 일과 동떨어진 마음에서만 찾으면 문제가 된다고 지적한다. 至善은 인륜관계에서 옳은 행동을 이루는 것이요 이것은 또한 誠이 이루어지는 것이다(『與猶堂全書』 2, 「大學公議」 1). 이렇게 볼 때, 공자와 다산에 있어 修己와 治人은 선후와 본말을 따질 것 없이 함께 일어나며 하나로 연결되어 明德과 至善을 이루는 것이다.

공자와 다산의 修己와 治人은 실천 지향적 관점에서 병진된다는 점은 일치하나, 다산의 관점은 여기에 기독교적 관점이 수렴·보완된다. 다산은 천지만물의 근본으로서의 天은 성리학에서 주장하는 만물에 내재하는 근본 이치(理)가 아니라, 만물의 바깥에서 인격을 갖추고 주재하며 평안하게 기르고 보살피는 '上帝'라고 본다(『與猶堂全書』 2, 36「春秋考徵」). 마음의 근본(性)이 곧 천지의 지극한 이치(理)가 된다는 성리학적 관점에 따르면, 마음에 대한 궁구가 곧 천하의 조화로운 질서를 이루는 길이 되는데, 다산이 볼 때 이는 근본적으로 天이 추상적인 이치가 아니라 실제 세상을 보고 다스리는 인격체라는 점에서 문제가 된다. 즉, 다산에게 있어, 자신의 온전한 덕을 이루는 수기의 핵심은, 지극한 지혜와 선을 갖추고 실제로 세상을 조화롭게 다스리는 하나님을 올바로 알고 그 뜻과 성품을 좇아 '聖化'되는 것으로 이는 실천적인 행위가 될 수밖에 없다.

기독교적 관점에서 그 실천 행위의 정수는 아가페적 사랑이다. 천지를 주재하는 하나님은 '사랑'으로 다스리며 하나님의 속성을 분유 받은 인간은 기본적으로 선한 사랑의 동기(욕구)를 가지고 있다. 하나님을 경외하고 하나님의 뜻을 살피는 것은 곧 '사랑'의 하나님을 알고 닮아가는 실천적 과정으로서 바로 이것이 다산이 보는 '修己'의 과정이다. 그런데 기독교에서 하나님 사랑은 이웃 사랑과 불가분의 연결관계(이중계명)에 있듯이, 하나님의 뜻을 알고 구현하며 성화되는 하나님 사랑의 修己는, 이웃을 사랑하는 실천행위와 함께 이루어지는데 바로 이 이웃 사랑이 다산의 관점에서 보면 治人의 행위로 볼 수 있다. 다산은 하늘이 항상 사람의 선악을 살피며 그것은 인륜에 있기 때문에 사람이 자기를 수양하고 하늘을 섬기는 바는 바로

---

17) 『與猶堂全書』 2, 「大學公議」 1: "故實心事父, 則誠正以成孝, 實心事長, 則誠正以成弟, 實心字幼, 則誠正以成慈, 誠正以齊家, 誠正以治國, 誠正以平天下, 誠正每依於行事, 誠正每附於人倫."

인륜의 노력을 다하는 것이라고 하였다(『與猶堂全書』 2, 3 「中庸自箴」). 이웃을 사랑하는 행위는 타인을 하나님 사랑의 길로 들어서게 하며 동시에 그것을 통해 자신의 聖化를 심화시킨다(이대식, 2014: 206 참조). 기독교적 관점에서 至善은 곧 하나님 나라의 구현인데, 이는 하나님의 뜻과 성품(아가페 사랑)을 알고 이를 닮아가며(修己), 이웃에게 그 사랑을 전하며 실천하는 행위(治人)가 함께 실천될 때 이루어진다. 이것은 전술한 '知-行의 연결'과도 상통한다. 다산은 인간이 만물의 주재자인 天을 두려워하고 경계하며 항상 밝게 섬기는 '戒愼恐懼'와 '昭事上帝'의 태도를 가져야 한다고 보았다(임재윤, 1999: 96). 하나님을 아는 것(知天)은 하나님의 뜻을 알고 이를 실천하는 행위인 하나님을 사랑하는 것(愛天, 敬天)과 연결되며 이는 또한 하나님의 속성을 분유 받은 인간을 아는 것(知人)과 인간을 사랑하는 행위(愛人)와 긴밀하게 연결되는 것이다. 이러한 다산의 修己治人의 관점은 기본적으로 원시유학인 공자의 관점과 상통하면서도 기독교적 종교관의 영향으로 그 의미를 보완하였다고 볼 수 있다.

(4) 맺음말

지금까지 다산의 사상을 주로 인간관 및 교육관과 관련된 내용을 중심으로 살펴보았다. 다산은 당시 정국을 주도하던 조선 후기 지도층의 이념적 기반이었던 성리학의 관점에 대한 비판적 논의를 제시하였다. 물론, 다산은 실학자였으나 그 전에 유학자로서 당시 성리학자들이 강조하던 居敬窮理, 誠意正心, 尊德性과 道問學의 유학의 일관된 전통에 대해서는 근본적으로 동의하였다. 그러나 그의 문제의식은 인간의 능동적 자주성과 평등성, 형이상학적 논변에 반대되는 실질과 실천의 중시, 知-行, 修己-治人의 연결 및 竝進의 입장에 근거한다.

성리학에서는 인간 본성을 '리(性卽理)'로 보는데 다산에 따르면 이러한 관점은 인간의 능동적이고 실질적인 의지와 정서의 발현을 저해한다. 다산은 인간은 선천적으로 부여된 고정적이고 공허한 어떤 추상적 원리를 품고 있는 존재가 아니라 자신의 의지와 욕구(嗜好)에 따라 자주적으로 행동 방향을 선택하고 행함으로써 자신의 인간성을 만들어 나간다고 보았다. 동서양을 막론하고 근대 이전의 중세 세계관의 특징 중에 하나는 어떤 종교적 가치, 추상적 가치가 인간과 세계의 근원이며 보편적 통치원리라는 것이다. 이에 반대되는 근대적 세계관은 시민혁명의 사상적 근간이었던 계몽사상이나 종교개혁가 루터의 사상에서 볼 수 있는 것처럼 인간의 자주성과 주체성, 인간 이성과 의지의 강조로 볼 수 있다면 다산의 이러한 자주적 인간관은 분명히 근대적 특징을 보여주는 것이며, 추상적 가치에 대한 맹목적 추종이 아닌 개개인의 이성과 의지에 의한 자율적 탐구활동을 강조하는 근대교육의 사상적 근간이 된다고 볼 수 있다.

다산은 또한 타고난 기질의 청탁에 의해 인간의 등급이 결정되고 이에 따라 치자와 피치자, 신분이 구분된다는 성리학의 계급적 인간관을 비판하였다. 그는 서민들도 열심히 노력하면 선행을 하며 재질이 우수해도 악행을 저지르는 경우를 제시하면서 인간성은 타고난 기질의 청탁과 무관하다고 하였고, 또한 이러한 선천적 계층관은 교만함과 자포자기를 야기해 인간사회에 해악을 가져온다고 지적하였다. 그는 교육을 통해 인간의 차이를 극복할 수 있으며 모든 사람이 요순과 같이 될 수 있다고 하며 교육의 가능성을 주장하였다. 또한 평등한 인간관에 의거하여 평등한 인재선발의 중요성을 강조하였다. 다산의 이러한 평등한 인간관과 교육관은 중세에서 근대로 이행하기 위한 중요한 사상적 근간이라 볼 수 있다.

다산은 理와 氣에 대한 형이상학적 논변에 치우친 당시 성리학의 관점을 반박하며, 이치에 대한 탐구는 일상의 문제의 실천을 통해 이루어진다는 관점을 주장하였다. 다산은 세상의 이치는 심오하고 방대한데 그것을 다 알고 실행에 옮기려 한다는 것은 불가능하다고 보았다. 이러한 다산의 관점은 일찍이 일상의 孝弟忠信의 실천을 강조하며 사람을 사랑(仁)하기 위해 사람을 올바로 아는 '知'와, 사람에게 올바로 행하는 '行'의 겸전을 강조하였던 공자의 관점을 계승한 것이다. 이 같은 관점에 의거하여 다산은 교육의 중심에 六行을 두고, 경전에 대한 탐구와 六藝의 수련을 통해 六德을 온전히 구현해가는 道와 藝를 함께 연마하는 균형 잡힌 교육과정을 제시하였다.

다산은 仁과 관련하여 마음의 온전한 덕(本心之全德)이라고 본 주희의 입장에 반박하며 사람 간의 본분(孝·悌·慈)을 다하는 것이라고 보았다. 이는 忠·恕의 자세로 타인을 공경하고 내 마음을 미루어 배려하며 성취하도록 도와주는 공자의 실천윤리와 상응한다. 다산은 이렇게 가족, 이웃 간 가까운 사람으로부터 기본적으로

仁을 실천함으로써 공의가 구현되며 모두가 가족처럼 서로를 아끼며 평화를 유지하는 대동 사회를 이룰 수 있다고 보았다. 그런데 이상적 사회에 대한 다산의 입장은 전통과 권위를 중시하는 "述而不作"의 공자의 관점보다는 더욱 개혁적인 경향을 보인다. 그는 새로운 시대 변화에 부응하여 새로운 문물 도입을 주장하였고 국정 전반에 걸쳐 대대적인 개혁론을 제시하였다. 그의 개혁론의 근저에는 공자와는 다른, 모든 인간은 하늘로부터 영명한 마음을 분유 받았고, 하늘 아래 모든 인간은 평등하며, 인간은 하늘로부터 부여받은 자주권을 통해 각자의 문제를 스스로 결정한다는 기독교적 자주 · 평등사상이 자리하고 있었다. 그는 선비가 특권을 이용하여 놀고먹기 때문에 문제가 발생하기에 선비도 농사를 지어야 한다고 보았고 천자는 하늘이 내린 것이 아니라 민중이 추대한 것이라고 하였으며 모든 사람에게 교육을 시켜 모든 배경에 따른 차별을 타파하여 평등하게 선발하여야 한다고 주장하였다. 다산은 천하만사가 개개인의 기호에서 비롯되므로 선한 기호를 바탕으로 모든 인간이 변화를 스스로 주도하는 개혁적 입장을 표명하였다. 특히, 다산은 중국의 경서, 역사서, 문학을 중심으로 편성된 당시 조선의 교육과정을 비판하고 우리 민족의 역사, 문학, 사상, 지리를 배워 화이관을 극복하고 주체적인 민족의식을 함양하고자 하였다. 이러한 자주적, 평등적, 개혁적 정신은 공자 사상을 계승하면서도 역사적 현실에 맞게 창조적으로 발전시킨 사상이라 볼 수 있다.

공자와 다산은 修己와 治人을 보는 입장에 있어서도 상통한다. 수기를 本으로, 치인을 末로 보는 성리학적 관점과 다르게 다산은 일상에서 진실로 孝 · 悌 · 慈를 실천하는 것이 치인의 행위이자 동시에 誠意와 正心을 가지는 修己가 된다고 보았다. 다산에 의하면, 誠을 어떠한 일과 동떨어진 뜻에서만 구해서는 안 된다. 인간사의 구체적 상황에서 올바른 행위를 할 때 치인이 이루어지며 이때 올바른 마음이 함양되므로 치인과 수기는 무엇이 먼저이고 나중이 아니라 함께 간다. 공자는 仁을 이루는 것은 자기에게 달려 있다고 하여 본인 스스로의 수양을 강조하였는데 공자의 삶에서 이러한 자기 수양은 타인에 대한 가르침과 의로운 실천 행위와 병진하였다. 공자는 스스로 聖과 仁을 자처하기는 부족하나, 이를 행하는데 노력하며, 지치지 않고 배우고 가르치는 데 애쓴다고 하였는데 바로 이러한 자기교육과 타인교육의 병진은 곧, 수기와 치인의 병진을 보여준다고 할 수 있다. 정치적으로 볼 때도 공자는 왕이 스스로 덕을 갖추고 백성들에게 모범을 보인다면(修己) 그것이 곧 올바른 治人으로 연결되는 것이라 보았다. 성리학에서는 마음 안에 있는 근본적 이치(理)가 곧 天으로 이를 궁구함이 修己의 요체인데 반하여, 다산이 보기에 天은 실제 세상을 다스리는 인격체이다. 다산은 기독교적 관점에 근거하여 세상을 다스리는 천주가 늘 지켜보고 있다는 경외심을 가지고 천주의 뜻을 알고(知天) 그 뜻을 실천하며 천주의 품성을 좇아 聖化되어가는 것이 인간의 사명이라 생각하였다. 다산의 관점에 의거해 본다면 천주의 뜻을 살피는 것이 곧 修己이자 하나님을 사랑하는 행위이고, 천주의 뜻에 따라 이 땅에 이웃 사랑을 실천하는 것이 곧 治人으로서 양자의 행위는 하나로 연결되며 병진된다. 천주의 영명한 성품을 분유 받은 인간을 아는 행위는 곧 천주의 성품을 아는 행위이며, 이는 또 천주의 뜻을 살피고 천주를 경외하는 행위와 연결되는 동시에 인간(이웃)을 적극적으로 사랑하는 실천 행위와 연결된다.

공자도 물론 주재자로서의 天 개념은 가지고 있었으나 다산과 같이 구체적인 인간성 및 인간사의 문제와 연관된 언급은 별로 없었고, 사랑과 같은 기독교적 교리는 공자의 仁 사상과 상통하면서도 색다른 의미를 보완하였다고 볼 수 있다. 다산과 그 외 서학을 연구한 학자들의 자구적인 기독교 이해 노력은 이후 20세기 초반 개신교의 전래와 확산, 미션스쿨의 발전의 밑거름이 되었고, 기독교, 개신교의 적극적인 활동(교육뿐만 아니라 의료봉사활동, 독립운동 등)은 특히 한국에서 평등하고 자주적인 근대교육체제를 발전시키는 데 지대한 영향을 주었다고 본다.

한국 근현대의 교육과정 변천의 역사를 보면 크게 교과중심 교육과정과 경험중심 교육과정의 갈등 속에서 어느 쪽에 중점을 두는가, 어떻게 양자를 수렴할 것인가의 문제가 핵심을 이루었다. 교과중심 교육과정의 사상적 기저에는 모든 교과의 근간은 지식의 형식이며 이 지식의 형식에 맞추어 배울 때 합리적인 마음의 계발이 이루어질 수 있다는 합리주의·자유주의 교육철학이 있었다. 한편, 경험중심 교육과정의 사상적 기저에는 학습자의 흥미와 경험을 중심으로 학습자 주도적인 활동을 할 때 좋은 교육을 이룰 수 있다는 프래그머티즘, 진보주의, 구성주의 교육철학이 있었다. 그러나 비록 한국 근대 교육이 서양의 사상과 제도를 이식한 측면이 많더라도 그 제도를 움직이는 한국인의 문화적 근저에는 유학의 知와 行, 修己와 治人에 관한 사상적 뿌리가 존재한다. 한국교육이 고유의 사상적 전통 위에서 시대의 변화에 상응한 외부의 새로운 사상과 문화를 적절하게 수렴한다면 더욱 건강하고 발전적인 방향을 모색할 수 있을 것이다. 그런데 우리는 교육과정에 대한 중요한 논의에 있어 지나치게 서양 이론만을 적용하려고 하였던 문제가 있다고 본다. 교과의 지식과 학습자의 경험 간의 조화 문제는 유학(특히 공맹의 선진유학)에 뿌리를 두고 시대에 맞는 창조적 해석을 모색하였던 다산의 사상 속에서 좋은 시사점을 찾을 수 있다. 다산의 관점은 일상의 구체적인 문제에 있어서의 실천을 통해 마음을 계발 · 함양한다는 입장이다. 孝 · 悌 · 慈의 윤리적 실천뿐만 아니라 매사의 일에 있어서의 성찰 그리고 六藝와 같은 기예 활동을 통하여 뜻과 마음을 바르게 하는 것이 다산의 교육사상의 핵심이다. 이것이 경전(현대식으로 표현하면 교과서)을 읽고 지적 소양을 갖추어 나가는 공부와 병행되어서 덕과 예지를 갖추고 나라와 세상을 이끄는 사람으로 성장해나가는 것을 다산은 궁극적 교육목적으로 보았다.

오늘날 한국교육은 초등교육까지는 그나마 여러 활동을 통한 탐구를 시도하나, 중등 이후부터는 실제로는 입시와 취업 준비를 위한 정해진 정보의 습득과 기억에 초점이 맞춰져 있다. 문제는 시험과 취업의 관문을 지난 후에 그 정보는 대부분 머릿속에서 소실된다는 점이다. 다산이 일상의 구체적인 실천을 통한 덕과 지혜를 강조한 것은 몸으로 체화되는 앎을 시사한다. 지식이 멀고 먼 이야기, 공허한 이론으로 자신의 구체적 문제와 동떨어져 있을 때 그것을 억지로 머릿속에 입력하였다 하더라도 그것은 자신의 것으로 체화되지 못하고 곧 소실된다. 반면, 자신의 구체적인 문제에서 직접 실천함에 있어서 생각하고 적용한 것은 자기의 지식으로 남게 된다. 사회를 배우든, 과학을 배우든 일상의 구체적인 문제에서 실제 생각하고 적용하는 교육이 이루어질 때 그것이 학습자의 마음속에 살아있는 앎으로써 자리매김할 수 있다. 이것은 또한 다산이 인간의 '嗜好', 자주성을 강조한 면과도 연결된다. 배움은 학습자가 스스로 관심을 가지고 임할 때 참다운 결실을 얻을 수 있다. 다산이 〈아학편〉을 펴낸 이유도 학습자의 관심과 경험을 기초로 언어 학습이 이루어지도록 하기 위함이었다. 이같이 학습자의 자발적인 관심을 중심으로 교육이 이루어지기 위해선 보편적인 내용을 모든 학습자에게 동일하게 전달하지 말고, 학습자 각자가 경험하고 관심을 가지고 있는 일이나 문제를 수행함에 있어서 해당 교과의 지식이 어떻게 적용될지 생각하도록 이끌어 주는 것이 필요하다. 농사가 국가의 주요산업이었던 조선에서 다산이 '양반도 농사를 지어보아야 한다.'고 주장한 것은 단지 평등을 이야기하려는 것이 아니고 국가의 중대사에 대하여 스스로 몸으로 해봄으로써 살아있는 실제 지식을 가져야 한다는 것이다. 실제 일을 행함에 있어서 무엇이 올바르고 더 좋은 것인가를 탐색하는 것은 추상적 · 이론적 지식을 현실화 · 구체화시킨다. 또한 매사에 하느님이 지켜보고 있다는 마음으로 성실하고 경건한 자세로 임할 때에 교과서의 이론적 지식이었던 윤리가 실제 삶의 구체적 상황들에서 실천되는 살아있는 윤리가 될 것이다.

참고문헌

『論語集註』(성백효 역주, 서울: 전통문화연구회, 1996).
『與猶堂全書』(서울: 경인문화사, 1970).
『禮記』(서울: 한국교육출판공사, 1986).
강만길(1990). 정약용의 상공업정책론. 윤사순 외. 정약용. 서울: 고려대학교 출판부, 195-221.
고병익(1990). 다산의 진보관. 윤사순 외. 정약용. 서울: 고려대학교 출판부, 313-326.
금장태(2006). 인과 예, 다산의 논어 해석. 서울: 서울대학교 출판부.
김유성(1997). 다산 정약용의 교육론. 청람사학, 창간호. 57-94.
김학주(2003). 공자의 생애와 사상. 서울: 명문당.
나일주(2000). 다산의 인성관에 제시된 도덕교육론. 교육사학연구, 제 10집, 1-31.
박충석(1987). 다산학에 있어서의 정치적 사유의 특징. 다산학연구원. 茶山逝去 150주년기념 다산학논총, 320-340.
손인수(1983). 민족과 교육. 서울: 배영사.
송재소(2012). 다산 경세론의 인문학적 기반, 송재소 외. 다산 정약용 연구. 서울: 사람의 무늬, 13-61.
윤사순(1985). 다산의 인간관 - 탈 성리학적 관점에서. 윤사순 편, 정다산 연구의 현황. 서울: 민음사, 140-160.
윤사순(1990). 다산의 인간관. 윤사순 외. 정약용. 서울: 고려대학교 출판부, 120-146.
이대식(2014). 수기치인 겸전론의 교육학적 해석. 도덕교육연구, 26(2). 187-213.
이을호(1979). 정다산의 생애와 사상. 서울: 박영사.
이을호(1985). 다산경학사상연구. 서울: 을유문화사.
임재윤(1999). 정약용의 교육개혁사상. 전남대학교 출판부.
정종(1980). 공자의 교육사상. 서울: 집문당.

5 빌등과 본래성: 참 자아를 찾는 배움

(1) 들어가며

오늘날 사회는 다원화와 개별화, 자유와 개성을 강조하면서도, 여전히 사회 구조적, 문화적 차원에서는 표준화된 성공의 척도에 따른 경쟁의 이념이 강하게 작용하고 있다. 특히, 연구자가 속한 한국 사회에서는 여전히 좋은 학벌과 직장, 연봉과 조건이 불가분 연결되어 정해져 있고, 교육의 성패는 점수와 경력을 높여 그 기준에 맞추어 들어가게 하는 것에, 달려 있다고 본다. 이러한 상황은 동아시아의 여러 나라에서도 상당 부분 유사하다고 본다. 특정 유명 대학에 들어가기 위해 수년을 공부하는 이른바 'N수생'이란 말은 이러한 현상을 반영하는 것이다. 이러한 상황에서는 학생이 자신의 신념과 개성에 근거하여 자기 스스로 인생의 의미와 방향을 생각하고 모색한다는 것은, 실질적으로 매우 어렵다. 어렸을 때부터, 가정과 학교에서 부모나 가족, 교사, 교우들로부터 받는 영향 역시 위와 같은 표준화된 성공을 향해 얼마나 잘하고 있는지 또는 못하고 있는지와 관련되어 있다. '나는 누구이며 내 삶에서 무엇이 중요하며 어떻게 살아야 하는가'와 같은 질문은 그 표준화된 성공을 향한 경주에서 불필요하고 비효율적인 질문이 된다. 이러한 상황에서 사람들은 정해진 목표, 정해진 공부와 훈련을 얼마나 효율적으로 성실하게 수행하느냐에 총력을 기울이게 되며, 다른 것은 방해되는 것으로 여긴다.

이러한 학습과 교육에 몰입하다 보면, 자율적 동기가 점점 약화되며, 어려움에 봉착했을 때 학습을 스스로 지속시키는 힘이나, 창의적이며 다양한 방면의 탐색과 발견의 힘은 더욱 약화될 수밖에 없다. 이런 상황에서는 모두가 천편일률적인 능률성의 척도에 맞추어 길들여지며, 외부적으로 부과되는 당근과 채찍이 사라지거나 약해지는 순간, 자율적인 배움이나 작업은 중단되거나 약해지는 한계가 드러난다. 더욱 심각한 것은, 결과 지향적인 문화 속에서 배움의 과정의 충실함과 즐거움은 사라지고 결과를 마치 전부인 것으로 생각하는 경향이다. 사람들은 배움의 과정을 고통을 이겨내고 정해진 결과를 만들기 위한 수단으로 생각한다. 1등이 아닌 자들, 시험 점수에서 기대치에 미치지 못한 자들, 입학과 취업에 실패한 자들에게도 인생은 끝난 것이 아니다. 그런데도 이런 경우 대부분의 사람들은 극도의 실망감에 빠지고 때로는 회복불가능할 정도의 심리적 타격을 받게 된다.

이 글은 이러한 사회문화적 문제 상황에서 교육이 회복하고 지향해야 할 가치와 방향은 무엇인가를 모색하며, 학생 자신의 주체적이고 자율적인 성찰과 노력에 초점을 둔 빌둥과 본래성의 개념을 고찰하고자 한다. 13세기 독일 신비주의에서 기원한 빌둥은 각 개인에 내재된 잠재성을 스스로 발견하고 기르며 실현하여 나간다는 기본적 의미가 있다. 주로 키에르케고어, 니체, 하이데거 등의 실존주의 철학자들이 주장한 본래성은 보편적인 가치와 기존의 방식을 무분별하게 추종하는 것을 비판하며 개인이 각자 자기의 진실한 삶의 방향과 의미를 고민하고 결단하는 실존적 태도를 지향한다. 이 두 개념에 대해 각자 별도로 고찰한 연구들은 꽤 있으나, 양자를 함께, 특히 교육적 문제와 방향에 초점을 두어 고찰한 연구는 드물다. 두 개념은 교육적 관점에서 상당 부분 유사점이 있으나, 동시에 상이점도 존재하는데 이를 충분히 고찰할 필요가 있다. 이 글은 전술한 사회문화적 문제 상황 속에서, 빌둥과 본래성의 의미를 비교·종합하여 고찰하면서 교육의 과제와 방향을 논의하고 제시하고자 한다.

빌둥과 본래성 개념을 연관하여 탐구하려면, 먼저 이 개념들이 각각 어디서 유래하였고 어떠한 주요 특징들을 지니며 특히 교육과 어떠한 관련성을 지니는지 탐색하는 것이 필요하다. 이 연구는 이를 기반으로, 양자의 공통점 혹은 유사점과 함께, 차이점을 고찰하고, 나아가 이 비교 고찰을 토대로 오늘날 사회의 교육문제와 관련하여 그 의미와 방향을 논의하고자 한다.

(2) 빌둥의 의미

가. 빌둥의 기원

빌둥은 13세기 독일 신비주의에서 기원한다. 이 개념은 어떤 이상적 인간이 되기 위해 지식을 가르치고 조성해 나간다는 것이 아니라, 각 개인에 신의 형상이 내재되어 있으며 스스로 체험이나 성찰을 통해 그것을 완성해 간다는 신학적 개념에 근거한다. Gadamer(1989)에 의하면, 형상을 의미하는 'bild'는 모상을 뜻하는 'nachbild'와 전형을 뜻하는 'vorbild'를 포괄한다. 인간이 하나님의 형상을 받아 창조되었다는 신학적 관점은 한편으로는 하나님의 본래 성향을 받았지만, 다른 한편으로는 그것이 불완전하다는 의미를 내포한다. 이러한 맥락에서, 'bildung'은 '형상을 이루다'는 뜻의 'bilden'을 명사화한 용어로, 개인이 자기 안에 잠재된, 불완전한 신의 형상을 스스로 실현하며 완성해 나가는 과정을 의미한다. 이러한 신학적 관점에 근거하여 독일 신비주의에서는 빌둥을 위해 외부로부터의 지식의 축적보다는 경건한 체험과 태도를 강조하였다.

Humboldt(1968)는 고대 그리스 문화를 통해 인간다움과 고유한 개별성의 형성을 지향하는 교육적 가치에 주목하였다. 고대 그리스인들은 인간을 어떠한 외부의 권력이나 통제로부터 자유로운 고유한 개별성을 가진 자유인으로서 이해하였다. 그들은 인간을 자기 목적을 지닌 자율적 주체로 보았고, 이러한 시각에서 인간은 그 자체로서 존중받아야 하며 인간다움을 이루는 파이데이아를 추구하였다. 이러한 고대 그리스적 인간 이해에 근거하여 훔볼트는 교육은 단순히 국가나 그 어떤 외부의 요구에 맞춰 수행되는 것이 아닌, 인간다움을 형성하는 보편적 인간 형성이 근본이므로, 이것이 실무적인 직업교육보다 우선되어야 한다고 주장하였다. 훔볼트의 이 같은 관점은, 고대 그리스의 자유교육(liberal education)의 이상과 연결된다. 자유교육은 먼저 소극적 자유로서 구속과 통제로부터 벗어난 자유로운 교육을 추구하였고, 나아가 적극적 자유로서 합리적 이성을 통해 좀 더 참다운 인간으로서의 보다 고차원적인 자유를 적극적으로 탐구하고 실현하고자 하였다. 훔볼트의 빌둥 개념에는 이러한 두 가지 차원의 자유교육의 이상이 담겨 있다고 할 수 있다.

나. 독일 관념론의 빌둥 이해

칸트(1963)는 고대의 신학적인 이상을 중심으로 한 빌둥 개념을 근대의 이성과 계몽을 중심으로 한 인간적 도야의 개념으로 발전시켰다. 그는 계몽을 '인간의 자기도야'로 보면서 개별성과 사회성의 조화를 추구하였고, 특히 법적 양심과 이성을 갖춘 인간의 형성을 주장하였다. 칸트의 관점에서, 생명체의 모든 자연적 소질은 언젠가는 완전하게, 그리고 목적에 맞게 발현되도록 결정되어 있는데, 인간의 소질은 이성과 이성에 기초하는 의지의 자유이다. 이는 인간이 천부적 능력이나 타고난 본능, 혹은 어떤 외부에서 부과되는 것이 아닌, 오직 스스로의 자유의지와 이성을 통해 자기 삶의 방향을 인도해야 한다는 것이다. 이러한 빌둥의 과정에서 필수적인 것이 바로 훈육과 가르침이다. 칸트가 볼 때, 인간은 동물적 속성, 반사회적 성향을 지니기에 아동기 때에는 사회적 규범과 규칙을 주로 습관을 통해 훈육하는 것에 초점을 두어야 하며, 청소년기 이후에는 사회의 풍성한 지식을 통해 합리적인 사고력과 논리적인 표현능력을 가르쳐서 공적 시민으로서의 자질을 함양해야 한다고 보았다(Kant, 2015).

칸트의 관점에서, 이러한 과정을 통해 빌둥은 이성의 함양을 중심으로 개별주체의 행위 동기가 어떤 이익이나 욕구충족이 아니라 그 자체로 목적이 되는 인간성의 형성을 추구한다. 이것은 곧 개별주체의 자유 의지와 사회의 일반의지가 보편타당한 도덕적 원리에 근거하여 일치되는 이상을 추구하고자 한 것이다. 이러한 칸트의 관점은, 이성 외에 인간의 욕구와 감정의 작용을 경시한 점, 현실에서는 개인의 의지와 사회적 의지가 대립하고 갈등하는 경우가 많다는 점, 사회 구조적 차원의 불평등과 부정의로 인하여 그러한 이상적 조화가 어렵다는 점, 그러한 대립과 갈등을 구체적으로 어떻게 극복할지에 대한 상세한 논의가 부족하다는 점 등을 한계로 볼 수 있다. 그러나, 칸트의 빌둥에 대한 관점은, 자율성, 이성과 자유의지, 개별성과 사회성의 조화 등 빌둥이 지향해야 할 이상적 방향을 제시한 것 자체만으로 충분한 의의가 있다고 볼 수 있다.

칸트의 관점과 유사하게, 헤겔(2002)도 인간은 빌둥을 통해 시민 개인의 특수성과 국가의 보편성을 변증법적으로 종합할 수 있다고 본다. 빌둥은 욕망과 경제의 논리에 의해 움직이는 시민들에게 공적인 목적을 지향하는 참다운 인륜적 자유를 자각하도록 이끈다. 즉, 빌둥은 사적 목적과 특수성을 추구하는 개인들에게, 공적 목적과 보편성이 자기 삶의 조건이자 목적임을 깨닫도록 함으로써, 부의 집중과 빈곤과 같은 시민사회의 내재적 모순을 극복하며 참다운 인륜적 자유를 실현하는 힘이 된다. 그런데, 이러한 헤겔의 관점은 지나치게 보편성을 강조하고 추상적이며 전체주의의 위험이 있다는 비판을 받아 왔다. 그러나, 헤겔이 보는 빌둥은 개인의 형성을 넘어, 전체 사회를 형성하는 원리로서, 이는 특수성을 지닌 개인에게 보편성을 지향하게 하는 동시에, 보편성에 근거한 전체 사회는 개인의 특수성을 존중하게 한다.

자아와 타자, 특수성과 보편성의 관계에 대하여 헤겔은 〈정신현상학〉에서 주인과 노예의 예시를 통해 빌둥의 의미를 제시한다. 먼저, 주인은 지배자이지만, 단순히 노예의 노동을 통해 나온 생산물의 향유자로서 세계와의 교류와 관계의 의미를 모르는 유아론적인 개별성에서 벗어나지 못한다. 헤겔의 관점에서, 빌둥은 타자와의 관계성 속에서 비로소 시작된다. 노예는 노동을 통해 자연 및 타자(주인)의 의지와 관계한다. 초기에 노예는 생명과 노동이 자연과 주인에 달려 있기에 복종과 봉사라는 절대적인 자기 부정의 인식을 지니게 된다. 이러한 자기 부정의 인식은 자신이 타자에 의해 매개된 존재라는 인식을 통해 유아론적인 추상적 자립성을 해체시킨다. 그러나 노동을 지속하면서 노예의 인식은 새로운 전환을 맞이하게 된다. 노예는 노동을 통해 스스로 세계를 이해하며 동시에 새롭게 만들고(bilden), 세계를 매개로 자신을 새롭게 만들어 감(Bildung)으로써, 비자립적인 자신을 극복하고 관계를 통한 참다운 의미의 자립성을 찾게 된다. 이는 유아론적이며 추상적인 자립성이 아니라, 타자 즉 자연과 세계, 타인에 의한 매개를 통해 형성된 관계적 인식에 기초한 고양된 자립성이다. 헤겔이 보는 빌둥의 의미는 이와 같이 타자와의 관계를 통해 참된 의미의 자립성을 찾고 형성해가는 과정이다(Hegel, 1976).

헤겔(1986: 54)은 논리적인 것을 "특수자의 풍부함을 자신 속에 담아내는 보편자"로 규정하며, 보편자는 특수한 계기들을 포함하며 특수성에 의해 매개되어야만 한다고 본다. 헤겔의 관점에서, 빌둥은 습관(Sitte)과 앎(Wissen)과 형성(Bilden)의 과정으로 이루어진다. 첫째, 빌둥은 사적 욕망만을 추구하는 자연적 성격에서 벗어나 보편성의 지향을 자신의 본질적 습관으로 삼게 한다. 둘째, 빌둥은 시민에게 보편성을 자신의 실체적 자유를 이루는 목적이자 성과로서 자각하게 한다. 셋째, 빌둥은 시민에게 보편성의 의식을 바탕으로 자율적이며 창조적인 의지로 세계의 형식과 내용을 형성하도록 유도한다(Hegel, 2002). 이러한 헤겔의 관점은 빌둥을 개인 차원의 인격 형성을 넘어 관계 속에서의 인간성 형성, 개별성과 보편성의 변증법적 지양을 통한 참된 인류적 자유를 실현하는 시민사회의 형성을 지향하는 폭넓은 의미로 보았음을 알 수 있다. 이러한 빌둥 개념은 개별 시민에게 공적 차원의 목적을 규범적으로 인식하게 하는 강제성을 지니는 한편, 개인의 자유롭고 자발적인 습관과 의지로 보편성을 내면화하고 창조적으로 공적 가치를 실현한다는 데 그 의의가 있다고 본다.

헤겔(1809; 2016)은 뉘른베르크 문법학교 교장으로서 1809년 연설에서 빌둥의 개념을 인간 정신의 자아실현과 자유로운 시민 형성을 위한 필수적인 과정으로 강조했다. 특히 고전 연구를 통해 빌둥은 개인이 자신의 한계를 비판적으로 검토하고 철학적으로 인간의 현실을 성찰하는 깊은 이해, 추론, 개념적 성찰에 의해 형성된다고 지적했다. 헤겔에게 빌둥은 단순히 개인의 경험이나 지식을 습득하는 것이 아니라 사회적 책임을 다하면서 자신을 깊이 이해하고 자유 의지를 발휘하여 자아를 실현하는 지적이고 윤리적인 자기 형성의 과정이다.

다. 빌둥과 교육

독일 근대사에서 빌둥 개념은 교육(Erziehung)과 연관되지만, 그 지향점에서 중요한 차이를 가지며 발달하였다. 교육과 비교할 때, 빌둥은 각자가 자기 형성을 하고자 스스로 도야해 가는 것을 의미한다. 이는 내부로부터 고유한 형식을 이루어 내는 자발적 발달이다. 이와 달리, 교육은 사회적 요구와 통제가 강조되는 현대의 특징이 반영된 개념으로 이미 주어져 있는 형식에 맞추어 키운다는 것을 의미한다(Retter, 1997). 자유로운 형식을 추구한다는 점에서 빌둥은 학교 교육과 같은 특정한 범위와 방식을 넘어 인간의 삶에서 폭넓게 인간성을 형성할 수 있는 다양한 경험과 활동을 포괄한다. 이렇게 볼 때, 교육이 좀 더 형식적이고 제한된 범위의 행위를 뜻한다면, 빌둥은 좀 더 비형식적이고 폭넓은 범위의 행위를 뜻한다.

이러한 빌둥 개념은 후기 산업사회에서의 도구주의나 기술주의적 문화와 대비된다. 기술주의 문화는 목적이나 가치를 고민하기보다는 생산성과 효율성을 강조하며 그것을 이루기 위해 모든 이를 통제하는 경향이 강하다. 그러나 빌둥은 초점이 각 개인의 고유한 가치를 자율적인 방식으로 형성해가는 것이기에, 기술주의의 제한된 타율적 통제의 방식을 근본적으로 거부한다. 베버(Weber, 1978)는 현대사회의 기술주의적 경향을 비판하며 빌둥의 자율성과 개방성을 강조하였다. 그는 첫째, 빌둥이 삶의 특정한 단계에서 최종적으로 습득되는 덕목이 아니라, 평생에 걸친 다양한 경험과 배움을 통해 지속적으로 새롭게 형성되는 과제라고 보았다. 둘째, 빌둥은 정해진 학교교육과 교사에 의해 보장될 수 있는 것이 아니며, 궁극적으로 각 개인이 자유롭게 실현해야 할 자기도야이다. 셋째, 빌둥은 개별적 인간 형성이자 동시에 사회적 인간 형성으로서 개별적 성숙과 사회적 성숙을 함께 모색하여야 한다.

이러한 베버의 빌둥에 대한 관점은, 인간의 배움이 편협한 정해진 목표와 방식에 의해 타율적이고 제한적으로 통제되어서는 안 되며, 기본적으로 각 개인의 고유성을 존중하며 또한 사회적으로 다양한 가치와 방식을 폭넓게 수렴하면서, 자율적이고 개방적으로, 지속적인 갱신을 모색하는 방향이 되어야 함을 제시한다.

빌둥 개념을 교육적 관점에서 본격적으로 체계화한 학자는 훔볼트(Humboldt)였다. 그는 빌둥을 실무 직업교육(ausbildung)과는 구분되는 보편적 인간 교육(allgemeine menschenbildung)의 개념으로 보았다. 실무 직업교육은 외부의 분명한 목적과 의도에 따라 교육 대상을 훈육하고 훈련하는 활동으로, 사회질서와 기성세대의 문화를 보존하고 전수하고자 하는 'erziehung'의 개념에 상응한다. 이와 달리, 빌둥은 어떤 외부의 규범적인 목적이나 의도에 따라 수행되는 활동이 아니라 각 개인이 스스로의 인격을 실현하기 위해 자유롭게 형성해가는 활동이다(Borsche, 2015; Hörner, 2008).

이러한 맥락에서 훔볼트의 빌둥 개념은 개인적 차원과 사회적 차원의 참다운 자유와 휴머니즘의 성숙 과정으로도 볼 수 있다. 첫째, 개인적 차원에서는 각자가 자유로운 일상과 탐구 속에서 자신의 참다운 자아를 찾고 형성해 나가는 것이 중요하다. 훔볼트(1968: 106)는 모든 학문이 정치적 · 사회적 강요로부터 전적으로 자유로운 "고독과 자유(Einsamkeit und Freiheit)"의 상태에서 펼쳐져야 한다고 보았다. 이는 빌둥이 특정한 정치적 이념을 실현하기 위해서나 혹은 사회경제적 발전을 위한 것이 아니라, 개인의 자유롭고 자율적인 학문과 연구를 통한 통찰과 자각으로 이루어짐을 의미한다.

둘째, 사회적 차원에서 빌둥은 단지 개인적 자아 형성을 넘어 인문학적 지성을 바탕으로 완전한 인간성을 지니고, 이를 통해 성찰적이고 도덕적인 의식으로 시민사회에 적극 참여하는 시민성을 지향한다. 이러한 맥락에서, 특히 빌둥은 사회의 "인간소외와 극복"의 문제에 대해 비판적인 입장에서 저항하며 노력하는 인간의 형성을 추구한다(Heinzlmaier 2013, 7).

이러한 두 차원의 노력에 관통하는 빌둥의 핵심적 가치는 완전한 인간성과 참다운 자유의 추구이다. 훔볼트가 보는 빌둥은 개인적으로나 사회적으로 완전한 인간성을 찾고 실현하는 목적을 지향한다. 그런데 그 완전한 인간성은 종교적 절대주의나 근대 보편적 이성이 아니라. 기본적으로 각 개인의 고유한 잠재력을 바탕으로 개별적으로 참다운 자아를 스스로 찾고 형성하며 실현하는 과정을 통해 이루어진다. 또한, 빌둥은 사회적으로도 완전한 인간성을 어떤 편향되고 고정된 정치적 이념이나 사회경제적 요구에 순응하는 것이 아닌, 시민사회의 참다운 자유를 열린 시각으로 찾아 나가고, 때로는 비판하며 극복하려는 노력의 과정을 통해 이루어진다.

훔볼트의 관점에서 빌둥이 지향하는 것은, 개인과 세계의 소통을 통해 세계의 폭넓은 지식을 개인의 온전한 인격 형성으로 승화시키는 것이다(Zelic, 2017). 훔볼트(1810)는 객관적 지식을 통해 주관적 빌둥을 장려해야 한다고 주장한다. 그의 관점에 의하면, 모든 개인은 국가의 시민이기 이전에 인간이므로, 빌둥은 특정한 국가의 상황에 국한됨이 없이, 보편적 인간에게 필요한 참다운 자유의 성품을 키우는 데 초점을 기울여야 한다.

인간의 진정한 목적은 각 개인이 가진 잠재력을 최고로 살려 온전한 인간으로 배양해 가는 것이다. 자유는 이러한 빌둥을 이루기 위해 가장 근본적이며 필수 불가결한 조건이다. "인간 실존의 궁극적인 과제"는 우리 삶의 영향력 있는 경험을 통하여 "우리 인격 안에 있는 인간성을 가장 충만하게 성숙하게 하는 것"이며, 이는 오직 "개인인 우리 자신과 우리 주변의 세계 간의 연결"을 통하여 함양될 수 있다(Humboldt, 1851: 283).

개인은 공동체, 국가, 인류 전체의 일원으로 그들의 고유한 특성의 발달은 그들을 둘러싼 세상을 형성하는 방식과 얽혀 있다. 따라서 각 개인의 위대하고 존엄한 "인간성"은 사회의 "문화, 진리, 미덕"을 함양하는 것과 연결되어 달성되어야 한다

(Humboldt, 1851: 284). 지식 또는 학문을 통한 빌둥의 과정은, 먼저 각 개인이 자신의 수용 가능성을 최대한 활용하여 주변 세계와 내면의 존재가 제공하는 영향력을 수용하면서 시작된다. 그런 다음, 자신의 활동적인 힘을 모두 사용하여 그 영향력을 재구성하고 자신에게 맞게 조정하여 창조하여야 한다. 이러한 과정에서, 그의 인격과 자연 사이의 상호작용이 "가장 일반적이고 활발하며 조화로운 형태"로 이루어진다(Humboldt, 1851: 117).

훔볼트의 관점에서, 이러한 빌둥의 과정은 자연과 문화의 역사적 사실에 대한 경험적 지식의 습득과 전달이 아니라, 자기계발과 자기 수양을 목표로 한다. 또한, 빌둥은 주로 개인이 물질적 욕구를 충족하도록 교육하는 것을 추구하지 않고, 자기성찰과 비판적인 이해를 통해 자기 자신, 타인, 세상의 의미를 지속적으로 이해하는 것을 추구한다.

훔볼트의 학교 시스템 개혁은 빌둥 개념의 핵심을 반영합니다. 그는 교육을 두 가지 범주인 "일반 교육(알게마인 빌둥)"과 "직업교육(특기 빌둥)"으로 구분하였다. 그의 비전은 직업 훈련보다 일반 교육을 우선시하며, 국가의 요구나 상속된 사회적 지위보다는 개인의 가치와 능력에 부합하는 교육의 필요성을 강조한다. 그의 교육 모델은 "기초 교육 4년, 학교 교육 8년, 고등 교육"의 세 단계로 구성된다. 또한, 각 단계가 끝나면 학생들은 자신의 관심사와 적성에 따라 직업 트랙으로 전환할 수 있는 선택권을 갖게 된다. 일반 교육에서는 모든 학생이 "철학적, 언어적, 수학적, 역사적, 경험적, 미적, 신체적"이라는 균형 잡힌 능력 세트를 개발하도록 권장한다. 이러한 자극과 훈련 과정을 통해 학생들은 자신의 독특한 개인적 재능을 발견하도록 안내받으며, 이를 통해 개인의 능력에 따라 점진적으로 학업의 방향을 설정할 수 있다(Humboldt, 1968: 제10권, 205-206권; 제12권, 260권, 제13권, 277권).

이 학교 모델을 통해 훔볼트의 빌둥 개념에서 세 가지 중요한 측면을 파악할 수 있다. 첫째, 사회적 지위나 계층에 관계없이 모든 사람이 자기 형성과 발전을 위한 동등한 기회를 얻어야 한다는 원칙이다. 무상 교육의 이상은 근본적으로 이에 기반을 두고 있다. 둘째, 특정 직업 기술보다 조화로운 인성과 기본 능력의 함양이 우선시된다. 후자를 우선시하고 모든 학생에게 정해진 기간 동일한 커리큘럼을 제공하는 것은 훔볼트의 자유로운 학습 비전과 모순되는 것처럼 보일 수 있지만, 사실 더 성숙하고 해방된 정신을 개발하는 데 필수적이다. 기본 능력은 개인의 성장뿐만 아니라 자신의 진정한 관심사와 재능을 발견하거나 이를 뒷받침하는 기본 기술을 함양하는 데에도 필요하다. 마지막으로 훔볼트의 교육 모델은 개인의 성취감을 넘어 더 넓은 사회적 가치를 포괄하는 자아실현의 한 형태를 지향한다고 볼 수 있다. 기초 일반 교육의 가장 큰 중요성은 사회가 공유하는 집단적 가치와 지식을 반영하는 도덕적 시민의 토대로서의 역할에 있다.

라. 빌둥의 핵심적 특징

교육적 관점에서 빌둥 개념의 핵심적 특징을 몇 가지로 정리해보자면 다음과 같다.

첫째, 빌둥은 한 사람의 전인적 품성 함양을 지향한다. 오늘날의 이 개념은 과학적 빌둥, 민주주의적 빌둥, 디지털 빌둥 등과 같이 특정한 능력의 함양을 모색하기도 하지만, 원래 이 개념은 한 사람의 일반적 성품, 즉 완전하고 성숙한 한 인간으로서의 함양을 지향한다. 따라서 빌둥은 특정 분야의 기술이나 능력의 습득만을 목표로 하지 않는다(Humbolt, 2000: 58). 물론 개인의 인격 함양은 각자의 독특한 개성과 자질을 살려야 하겠지만, 빌둥 개념이 근본적으로 지향하는 것은 인간으로서의 기본적인 지성, 감성, 의지의 인격 요소들의 조화로운 형성이다.

둘째, 빌둥은 전체적이며 유기적인 과정을 통해 이루어진다. 빌둥에서 전인적 인격 함양의 과정은 한 사람을 구성하는 다양한 자질 및 능력과 유기적으로 조화된 전체성을 이룬다. 개인의 자질과 능력은 상호작용하면서 상호 의존하고 상호 침투한다. 또한, 이러한 과정은 개인의 자아 이해와 태도에 의해 활력 있게 움직이는 동시에, 빌둥의 유기적 함양 과정은 또한 개인의 자아 이해와 태도에 영향을 미친다(Klausen, 2018). 훔볼트(2000: 68)는 빌둥에 대하여, "자아가 세계와 연결되어, 가장 보편적이고 가장 생동감 있으며 가장 절제된 상호작용에 도달하는 것이며, 모든 것이 우리에게 영향을 미치게 하는 수렴의 지점에 도달하는 것"이라고 지적하였다. 이는 오늘날의 분절되고 도구주의적인 엘리트 교육에 대한 비판의 지점이기도 하다. 예를 들어, 올림픽 금메달을 획득할 만큼의 뛰어난 신체적 능력과 기술을 성취하였으나, 타인에 대한 공감과 배려의 태도를 키우지 못해 문제적 행동을 일으킨다면, 적절한 빌둥으로 볼 수 없는 것이다. 또는 어떤 이가 노벨상을 받을 만큼 뛰어난 지식과 기술을 갖추고도 그것을 환경에 해로운 방향으로 사용하거나, 부정적 자아 인식으로 우울증이나 자기 학대를 하게 된다면 이 역시 적절한 빌둥으로 볼 수 없을 것이다.

셋째, 빌둥은 자유롭고 강제되지 않은 활동이다. 훔볼트(1969: 28)에 의하면, "사람의 자유로운 선택에 의하지 않고, 오직 지도와 안내의 결과로만 나타나는 것은, 그의 진정한 본성에는 이질적인 것으로, 이는 진정한 인간의 힘으로 수행하는 것이 아니라 단지 기계적인 정확성으로만 수행하는 것이다." 즉, 진정한 빌둥은 자발적인 수양과 형성의 의지를 통해서만 가능하다. 빌둥이 배움에 대한 자기 내면의 열정과 헌신에서 비롯될 때, 배움은 외재적 지식에 머물지 않고, 깊이 내면에 수용되어 동화되며 체화될 수 있다.

그런데 인간이 새로운 것을 배우고 더 나은 방향으로 인격을 형성해가려면, 기존과는 이질적이며 불편하며, 때로는 반발하고 싶은 방식과 직면해야 한다. 아마도 대부분 인간은 이러한 상황을 스스로 참고 긍정적으로 배우려고 하기보다는 회피하기 쉬울 것인데, 이 점에서 자유와 자발성을 강조하는 빌둥도 어느 정도의 안내와 조정은 필요하다고 볼 수 있다. 다만, 빌둥이 본래의 취지를 살리려면, 외부적 안내는 자발적인 배움과 수양의 동기와 지속성을 촉발하고 도와주는 선에서만 머물러야 한다.

넷째, 빌둥은 환경의 영향 속에서 개인이 자발적으로 판단하고 배우는 경험적 과정이다. 빌둥에서는 교사가 알려주고 지시하기보다는 개인이 스스로 환경을 관찰하고 상호작용하며, 자신을 조정해가며 자신의 부족함을 보완해 간다. 이러한 과정에서 갈등과 긴장과 대립은 부정적인 요소가 아니라, 주체가 더 나은 방향으로 성장해가는 밑거름이 된다. 주체는 때로는 갈등적인 경험을 통해 기존에 자신에게 익숙했던 개념과 방식, 자아 인식을 변화시킬 수 있다(Klausen, 2018).

이러한 갈등적 요소는 특히 사춘기 시기의 학생들이 겪는 경험과 연관된다. 그 전 시기의 아이들에게 가족, 자연환경, 학교 등은 의심의 여지 없이 단순히 주어져 있고 자아와 연결되어 있었다. 그러나 사춘기에 접어든 학생은 주변의 모든 세계가 갑자기 이질적으로 느껴지며 주변 사람들과의 관계나 여러 행동의 의미에 대해 의심이 들고 질문하게 된다. 이러한 가정이나 학교에서의 변화된 환경에 대한 의식, 실존적인 질문은 주체적인 감응과 표현의 "울림(resonance)"을 통해 "적응적 변혁(adaptive transform)"을 유도한다(Rosa, 2019: 188-189).

다섯째, 빌둥은 지식과 능력을 적절하고 분별력 있게 사용하는 균형 잡힌 인격과 감각을 키운다. 빌둥은 기계적인 정확성이 아니라, 특정한 상황과 문제에 따른 가장 적절한 대응을 모색하는 판단력과 직관적 감수성의 함양을 추구한다. 이러한 측면에서 빌둥은 변화무쌍하며 복잡한 삶을 살아가는 전체적 기술(art)이라 볼 수 있다(Klausen, 2018). 따라서 이는 특정 분야의 사실적 지식의 축적이나 계획된 행동 방식의 기계적 습득이 아닌, 학생의 폭넓은 잠재력과 감수성을 키워주고 다양한 분야의 지식을 발판으로 인간사의 다양한 영역에서 자율적 활동과 성숙한 판단력을 배양하는 데 초점이 있음을 의미한다(Klafki, 2000).

이러한 빌둥의 핵심적 특징을 볼 때, 이것은 특히 외부에서 특정한 목표 달성을 위한 수단으로써 타율적으로 부과되며 훈련되는 어떤 과정과 대조된다. 빌둥의 시작과 과정과 끝 모두를 주도하는 것은 각 개인의 자발적 의지이며 이는 자아와 세계에 대한 스스로의 인식에 근거한다. 이는 빌둥이 한 인간으로서 세계와 조화롭게 살아갈 수 있는 전반적 능력과 태도의 함양을 모색한다는 점과 연결된다. 빌둥은 특정 분야의 능력이나 전문성보다는 지성, 감성, 의지 등 조화롭고 온전한 인격을 함양하는 데 목적이 있다. 독일어 '빌둥'이 영어의 '빌딩'과 연결되듯이, 건물을 지을 때 중요한 것은, 그 건물이 환경 또는 도시의 전체적 목적과 잘 조화되면서 또한 건물 자체 내의 균형과 조화도 이루어져야 한다는 점이다. 이렇게 빌둥은 개인과 세계의 조화, 개인 내부의 조화를 함께 추구한다. 또한, 여러 건물들이 나름대로의 목적과 용도를 지니며 모양과 특성이 다양하듯이, 한 사람을 세우는 빌둥은 그 사람의 독특한 개성과 잠재력, 삶의 목적을 살리며 그 사람에 맞춘 특색 있는 방식으로 이루어진다.

(3) 본래성의 의미

가. 비본래성과 본래성

본래성(authenticity)은 기본적으로 자기 자신 또는 대상의 진실한 뿌리를 찾고 회복한다는 의미를 담고 있다. 본래성(authenticity)은 사르트르, 하이데거, 니체, 키에르케고어 등 주로 실존주의 철학자들이 사용한 개념이다. 이 개념은 산업사회의 대중화와 인간소외 속에서 개인이 자기에게 진실한 존재가 되기 위해서 자신의 고유한 결단과 선택, 그리고 책임이 필요함을 나타낸다. 사르트르(Sartre, 1957)에 의하면, 본래성이란 그릇된 신념에 의해 타락한 존재의 자기회복으로서, 지속적으로 새롭게 스스로 거부하거나 선택하는 힘을 의미한다. 이것은 '진실한 나는 누구인가'라는 실존적 질문을 지속해서 물음을 통해, 대중의 관습, 여론, 자신의 구태의연한 기존의 생각에 속박되지 않는 개인의 새롭고 고유한 의지를 지향한다.

하이데거의 관점에서, 인간의 비본래성(inauthenticity) 또는 퇴락은 대중의 평균적인 이해에 종속됨으로부터 야기된다. 사람들은 대중적 관심사에 초점을 둔 잡담에서 상식선에서 피상적인 전달에 사로잡히고 대상의 진실성을 자기가 직접 살피지 못한다. 또한, 사람들은 호기심에 이끌려 계속 새로운 것을 찾으면서 자신의 현재 상태를 깊이 포착하여 들여다보지 못한다. 나아가, 사람들은 소문과 기대치에 의존하여 대화함으로써 무엇이 진실한지 모르는 애매한 상태에 놓인다(Heidegger, 1927). 하이데거가 지적하는 이러한 잡담, 호기심, 애매성의 요인들은 자신과 주변인 혹은 대상의 진실성으로부터 멀어지게 하거나 그 진실성에 대한 궁금함 마저 사라지게 만든다.

하이데거(1927)는 이러한 비본래성을 극복하고 본래성을 회복할 수 있는 계기를 '죽음'으로 본다. 여기서의 죽음은 생물학적 죽음이 아닌, 실존적 성찰로서의 '미리 가봄'을 의미한다. 죽음을 실존적으로 직면할 때, 이것은 그 누구도 아닌 자기 자신이 떠맡아야 하며, 오직 자신의 고유한 존재에 전적으로 마음을 쓰게 된다. 잡담, 호기심, 애매성에서 보였던 피상적인 관심이나 가식은 죽음 앞에서 사라진다. 죽음 앞에서 자아는 충격적으로 흔들어 깨우는 양심의 소리를 듣게 되며, 절박함 속에서 자기 삶의 유한성을 자각하게 하며, 일상적 관습에 종속되어 산 자신을 반성하며 진실한 자기 고유의 삶을 찾아 절실하게 살아가도록 하는 결의를 다지게 한다.

이러한 측면에서, 본래성은 두 가지 핵심적인 특징을 가진다. 첫째, 이것은 보편적인 진리나 본질 같은 것이 아니다. Sartre(1946)는 실존이 본질에 선행한다고 주장하였다. 이는 인간에게 있어 객관적이고 영원한 본질보다는 개개인이 지금, 그리고 여기에서 각자에게 고유한 그리고 새롭게 창조되는 실존을 찾고 만들어간다는 의미이다. 둘째, 이것은 체계적인 지식과 사변적인 추론으로 찾을 수 있는 것이 아니다. 이는 칸트의 양심의 법정처럼 무엇이 올바른가를 합리적으로 밝히고 이를 따르는 것이 아니라, 죽음과 같은 삶의 실존적인 상황에 대한 절박한 자각과 결의를 통해 모색할 수 있다.

니체(1968)는 개인은 끊임없이 새롭게 창조되는 존재로서 개인의 모든 행위는 순전히 그 자신의 것이어야 한다고 주장하였다. 그의 관점에서, 인간 삶의 최고의 가치는 개개인의 고유한 주체적 의지에서 비롯된다. 그는 인간의 본래적 삶이 기존의 친근한 것을 단순히 추종하지 않고, 대중적 가치를 편안히 수용하지 않으면서도 자신이 스스로 가치의 문제를 깊이 고민하는 태도에 달려 있다고 보았다. 니체에게 삶의 가치의 문제의 핵심에는 자아에 대한 관점이 놓여 있다. 니체(1974: 270)는 "너의 양심이 무엇이라 말하는가? - 너는 너 자신이 되어야 한다."라고 지적하였다. 그는 양심이 호소하는 진정한 자아에 대하여 본질상 불변적인 형이상학적 자아관을 비판한다. 자아는 사람의 내면 깊숙이 숨어 있고 이를 성찰함으로써 알 수 있는 것이 아니다(Cooper, 1983). 본래적 자아는 그렇다고 단순히 일상적으로 마주하는 자신도 아니다. 이는 앞으로 되어가야 할 진정한 자아로서, "새롭고, 독특하며, 비교불가능하고, 자율적이며, 자기 창조적인" 존재를 의미한다(Nietzsche, 1974: 235). 이는 본래성이 내면에 숨겨진 완전성이 아니라, 기존의 자아에 대한 지속적인 자기비판과 자기 극복의 의지와 노력임을 뜻한다.

나. 본래성과 자아실현

이러한 본래적 자아와 삶을 찾는 데에는 지식이나 학문이 아닌, 삶의 지혜를 깨달아야 한다. 그것은 개인이 삶에서 자신의 현 상황을 자각하고 자신의 신념과 가치관을 그와 관련해 고민함을 통해 함양된다. 니체의 관점에서, 합리성, 객관성, 비판적 인식, 체계화된 학문을 통한 지식과 탐구 방법의 습득은 본래적 자아를 발견하고 본래적 삶을 실현하는 데 그다지 도움이 되지 못한다.

> 사람은 가장 심각하고 어려운 문제들에 휩싸여서 무엇이 옳은 길인가를 고민할 때 철학적인 경이로움에 도달한다. 오직 이때만이 깊고 숭고한 교육(Bildung)이 성장한다

> … 특별히 젊은 날 질풍노도의 시기에 거의 모든 개인적인 문제가 일상적인 동시에, 영원하고 경이로운 문제로서 비추어지면서 해석과 이해가 요구될 때 비로소 이러한 교육이 이루어진다(Nietzsche, 1964: 5).

많은 학문에 담긴 지식과 그에 도달하는 방법은 삶을 위한 일반적 배경 지식이 될 수 있다. 그러나 그것은 일반적이고 중립적일 뿐, 그것이 곧바로 지금의 나의 상황에서 내 자신의 고유한 삶을 대하는 지혜가 될 수는 없다. 니체에게 중요한 것은, 내 상황이 어떤가를 깊이 자각하고 여기서 어떠한 길로 나아가야 하느냐는 선택과 결단이다. 사랑, 박해, 가난, 죽음과 같은 인간의 상황은 그에 대한 태도와 선택 행위가 요구된다. 상황에 대한 해석과 이해는 어떠한 태도나 행동의 선택과 연결되며 이 선택은 개개인의 가치관을 세우는 것을 통해 이루어진다(Cooper, 1983). 실존주의가 주목하는 인생의 상황은 특히 불안, 고통, 좌절과 같이 힘들고 어두운 순간이다. 전통적 교육에서는 연속적이고 순탄한 성장에 초점을 두기에, 이러한 인생의 힘든 순간들은 회피해야 할 걸림돌이다. 그러나 실존주의에서는 바로 이러한 순간에 포기하지 않고 직면하여서 '나의' 인생의 방향을 깊이 고민할 때, 참다운 각성과 배움이 가능하다고 보는 것이다.

니체(1988)는 본래성을 찾기 위해 의지를 또한 강조한다. 니체가 보는 인간은 동물과 초인 사이 과정상의 존재로서 어디를 향해 갈 것이냐는 개인의 의지에 달려 있다. 그는 인간은 위대함에 도달할 수 있는 의지가 있으며, 이것은 군중을 쉽게 추종하지 않고 홀로 결단할 수 있는 주체적 힘이라고 보았다. 이 의지는 지칠 줄 모르고 깊은 내면의 성찰과 각성, 그리고 변화를 유도하며 혹독한 자기 극복의 내적 훈육의 힘을 갖는다.

이러한 주체적 의지의 필요성과 관련하여, 키에르케고어(1968)는 인간이 본능적으로 다른 무언가가 되고자 하는, 즉 비본래성(inauthenticity)으로 향하는 경향이 있음을 지적한다. 만일 모든 인간이 자연히 자기 자신의 고유성을 찾으려 하며 이를 실현하고자 한다면 굳이 본래성을 강조할 필요가 없을 것이다. 그러나 인간은 한편으로는 자신이 누구인지 깨닫지 못하거나, 다른 한편으로는 누군가를 이상적 모델로 보고 그에 따라 살려 하는 경향이 있다. 이러한 맥락에서 키에르케고어가 볼 때, 본래적 자아의 형성은 단호한 결단과 집중적인 노력이 필요하다. 본래성은 한 순간에 최종적 상태로 성취되는 것이 아니라, 지속적으로 지향점을 상기하며, 자신을 성취하여 가는 과정으로, 역동적 성격을 가지며 지속적인 노력이 필요하다.

또한, 본래성은 외부 환경의 영향과 조성으로 이루어지는 것이 아니라, 개인 자신의 의지와 선택으로 능동적으로 이루어진다. 이러한 능동성은 또한, 키에르케고어가 특별히 강조하는 열정(passion)의 개념과도 연결된다. 그는 인간을 현실적 한계와 초월적 가능성을 동시에 지닌 모순적 존재로 본다. 여기서 본래적 인간은 객관적인 현실 속에 놓인 자신을 철저히 직시하는 한편, 주관적으로 이 현실을 넘어설 가능성을 열정적으로 추구하는 존재이다. 본래성의 핵심은, 현실성과 가능성의 모순적 상황에서 이것이냐 저것이냐의 치열하고 열정적인 고뇌와 분투의 과정이다. 이 열정적 과정은 한계 상황을 반성하고 자각하며 더 높은, 진실한 자기로 향하는 실존적 도약을 이끈다(Kierkegaard, 1968).

키에르케고어의 관점에서, 본래적 자아로 향하는 길은 자기인식, 자기수용, 자기조절과 자기책임의 과정을 포함한다(Klausen, 2018). 먼저, 이것은 '나는 누구인가'에 대한 깊은 질문과 자각을 요구한다. 실존적 자기인식은 자신에 관한 객관적 관찰이나 지식으로 구성되지 않고, 고유한 개인으로서의 마땅한 임무를 삶의 실천을 통해 자각하는 것이다. 이것은 삶에서 자신의 생각과 자신의 행동이 일치함을 의미한다. 즉, 이러한 자기인식은 자기가 열정적으로 추구하는 그것이 삶에서 그대로 자신의 행동으로 실현되면서, 이것이 자신의 진정한 모습임을 확인할 때 이루어진다. 다음으로, 자기수용은 자신의 과거와 현재를 직면할 수 있는 의지를 의미한다. 본래성은 자신의 과거와 현재의 삶이 부끄럽고 힘들다고 하여 도피하는 것이 아니다. 본래적 자아를 찾는 길은 단순히 자신이 지향해야 할 추상적인 핵심가치를 인식하는 것이 아니다. 이 길은 자신의 특정한 환경과, 그것이 때로는 힘들지라도, 열정적으로 직면하여 상호작용하는 의지를 요구한다. 자신과의 직면은 자기의 우연적 실수뿐만 아니라, 자신의 근본적 불완전성을 직면하는 것을 의미한다.

자기조절과 자기책임은 우선, 삶의 방향성과 선택의 기준이 외부에 있는 것이 아니라 자기 자신에게 있다는 의미이다. 키에르케고어는 특히 *단독자* 개념을 강조하였고 사회의 문제가 대중의 무력함과 연약함 때문이라고 지적하였다. 그는 "단독의 개인이 온 세계를 앞에 놓고도 꼼짝도 하지 않을 만한 확고한 윤리적 태도를 획득한 다음에라야 비로소 진정한 하나가 될 수 있다."고 주장하였다(Kierkegaard,

1936: 114). 이 주장의 의미는 대중의 생각에 굳세게 저항하라는 것이 아니라, 어떤 보편적 가치와 대중의 시선을 의식하거나 단순히 따르는 것보다, 사회구성원 각자가 자신의 문제와 양심을 상기하고 치열하고 굳세게 결의하고 실천하는 것이 훨씬 더 중요하다는 것이다. 그리고 그것이 되었을 때 사회 전체의 윤리가 세워지며 화합할 수 있다는 것이다. 키에르케고어가 보는 책임은, 하나님 앞에서 홀로 철저하게, 떳떳하게 설 수 있을 만큼의 자세를 의미한다. 이것은 집단 속에 있을 때 어느 정도 보호를 받는 느낌과는 사뭇 다르다. 단독자로서의 인간은 그 누구로부터도 보호를 받지 못하고 오직 절대적이고 무조건적인 선에 비추어 행동할 뿐이다. 이 책임감은 또한 근본적으로 타자, 이웃과 사회적 가치를 전제한다. 인간이 고뇌하며 지속적으로 분투하는 것은 자신과 타자의 가치를 실현하기 위함이다. 그런데 이 가치실현은 비교적이고 조건적인 기준에서 수행되는 것이 아니라 오직 그 자신의 절대적 선(善; good)에 대한 책임에서 기인한다(Martinez, 1988).

다. 본래성과 관계

그런데 이러한 실존주의의 관점에서처럼, 과연 본래성은 홀로 자기와 마주하고 자기 스스로의 선택과 의지를 통해서만 이루어지는 것인가? 실존주의 관점이 본래성을 지나치게 주관주의적으로 해석했다고 비판하며, 테일러(Taylor, 1991)는 본래성은 타자와의 대화와 관계를 통해 자신의 정체성을 인식하면서 찾을 수 있다고 보았다. 인간은 자기 해석의 존재이며 자아는 자기 해석을 통해 구성되는데, 이 자기 해석은 언어공동체 내에서 다른 자아들과의 공동체적 관계와 소통을 통해 이루어진다. 개인은 가정과 사회적 공간에서, 사랑하는 사람과의 친밀한 관계나 사회적 지위와 역할을 통해, 자신에게 중요한 공동체의 도덕적 가치관을 고려하면서 정체성의 의미를 발견한다. 우리는 사회적 관계에서 대화를 통해 *공동의 공간*을 만들고 활성화하며 이 안에서 함께 무엇이 중요한가의 의미를 형성해간다(Taylor, 1989).

테일러(1989)의 관점에서, 사회적 존재로서의 인간의 삶에는 모종의 틀이 있어야 한다. 이것은 곧 우리가 삶을 살아가며 삶의 의미를 이해하기 위한 지평을 의미한다. 인간은 온전한 인간성을 실현하기 위해 이러한 *의미의 지평*(*horizons of significance*)을 통해 질적으로 차별화된 삶을 살아야 한다. 이것은 '나는 누구인가?'라는 정체성의 문제와 연관된다. 자아정체성은 무엇이 자신에게 결정적으로 중요한가에 대한 이해로서, 자기 존재의 위치, 자신이 헌신하고 동일시하는 대상에 의해 정의된다. 자신이 헌신하고 동일시하는 것은 자신에게 틀이나 지평을 주어 매사의 가치판단과 행위의 방향성을 제시한다.

인간은 타자와의 상호작용을 통하여 인정과 갈등을 경험하며 자신의 정체성을 형성해간다. 정체성은 무엇이 가치 있는 것인지에 대한 *의미의 지평*(horizons of significance)을 통해 이루어진다. 자아정체성의 형성은 단순한 선호도에 따른 선택이 아니라, 자신과 관계된 중요한 타자들의 폭넓은 의미의 지평을 진중하게 고려함으로써 이루어질 수 있다. 이러한 타자들의 범주에는 자신의 존재 배경인 역사, 자연의 요구, 동료 인류의 요구, 시민으로서의 의무, 신의 계시 등이 포함된다(Taylor, 1991).

실존주의 관점에서, 본래성에 관한 테일러의 이러한 주장은 일면 타당하나, 일면 문제의 소지가 있다. 일단 테일러의 관점은 본래성이 *삶의 방향성 및 가치판단*과 관련된다는 것인데, 이 부분은 실존주의 관점과 상통한다. 특히, 그것이 단순한 취향이나 선호도가 아닌 *삶의 의미*에 대한 *깊이 있고, 지속적인 이해와 해석의 과정*이라는 점은 양자의 관점에서 매우 중요한 공통점이라 볼 수 있다. 삶의 의미와 방향은 단순하고, 쉽고, 빠르게 정답을 도출할 수 있는 것이 아니다. 이러한 관점은 현대 및 후기 현대사회에서 가치와 의미의 깊이 있는 성찰 없이 생산성만을 강조하는 결과주의적 경향이나 효율성만을 강조하는 도구주의적 경향을 극복하는 데 있어 공통적으로 매우 중요하다. 그러나, 실존주의 관점에서 문제점은, 중요한 타자의 의미의 지평이 과연 얼마나 깊이 있게 개인의 내면에서 이해되며, 때로는 비판되며 새롭게 창조될 수 있는가이다. 실존주의에서도 사회의 가치와 윤리에 대한 진지한 성찰의 과정을 무시하지는 않는다. 그러나 그 성찰은 수렴과 추종이 아니라 자신의 지금, 여기의 구체적 상황에서 자기 삶의 문제와 연결해 그것이 왜 중요하며, 어떻게 실천되어야 하는지의 치열한 고민과 결의와 행동을 통해 드러나야 한다. 이 과정에서 때로는 대중적 가치일지라도 거부하며 스스로 대안을 모색할 수 있는 것이다. 테일러의 관점에서, 실존주의는 선택의 내용이 무엇이며 어떻게 구성되는지의 고민이 부족하다고 비판할 수 있으나, 실존주의 관점에서, 테일러는 선택에 따른 개인의 *깊이 있는 내면화와 비판적 성찰*이 부족하다고 볼 수 있다.

(4) 빌둥과 본래성 비교

가. 공통성

빌둥과 본래성의 가장 근본적인 공통점은, 양자가 모두 *개인의 주체성과 자유의지*를 중시한다는 점이다. 그리고 이것은 생산성과 효율성을 강조하는 현대사회의 결과주의와 도구주의의 문제의식과 관련된다. 결과주의와 도구주의는 개인의 주체적인 가치와 의미에 관한 생각을 무시하고 정해진 목표에 따른 효율적인 관리와 통제를 추구한다.

먼저 빌둥은 기원적 의미에서 보듯이, 자기 안에 잠재된 것을 스스로 실현하며 외부의 통제로부터 자유로운 고유한 개별성을 가진 자유인의 인격 형성을 추구한다. 또한, 독일에서 빌둥은 사회의 요구와 통제, 외부로부터의 조성이 강조되는 교육 개념과 대조되어, 각자가 내부로부터 자신의 고유성을 자발적으로 발현시켜 가는 과정으로서 비체계적이며 비형식적인 특징을 갖고 발달하였다. 빌둥은 후기 산업사회의 기술주의의 타율적 통제 방식을 거부하며, 특정한 정치 이념이나 사회경제적 발전에 구속되지 않고, 자율성과 개방성을 추구하며 각 개인의 자율적인 탐구를 통한 자기도야에 초점을 둔다.

본래성 역시 산업사회의 대중화와 주체성의 상실에 대한 문제의식 속에서 개인이 자기에게 진실한 존재가 되기 위해 주체적인 각성, 결단, 책임을 추구한다. 이것은 대중의 관습, 여론, 기존의 자기 습관과 생각에 속박되지 않고 새롭고 고유한 실존을 지향한다. 본래적 삶은 대중의 관심사, 소문과 기대치에 의존하는 비본래적인 태도를 극복하고, 자기 스스로 자신과 세계를 직접적으로 깊이 있게 직면하는 태도를 추구한다. 비본래성의 극복으로서 하이데거가 제시한 실존적 계기가 죽음이다. 죽음에서 개개인은 그 누구의 죽음도 아닌, 나의 죽음을 홀로 직면하며 내가 떠맡아야 할 전적인 책임을 절실하게 느끼게 된다. 이와 유사하게, 키에르케고어도 단독자 개념을 제시하며, 절대자 앞에서 떳떳하게 홀로 마주할 수 있을 만큼 치열한 주체적 결의와 책임을 강조한다. 니체 역시 개인의 자기 상황에 대한 주체적 자각, 자기 삶의 방향에 대한 깊은 고민, 자기 극복의 의지를 본래성의 중요한 요소로 지적하였다.

둘째, 빌둥과 본래성은 모두 *삶의 의미와 가치*에 대한 깊이 있는 성찰을 추구한다. 양자는 산업사회 및 후기 산업사회에서 요구하는 특정한 능력과 기술의 습득에 초점을 두지 않고, 근본적으로 개인의 삶의 목적과 의미에 대한 주체적 성찰에 근거한 자율적 배움을 지향한다. 자기 삶의 의미에 대한 성찰은 인간성의 도덕적 측면에 근거하여, 주관적으로 구성되는 지식과 능력을 추구한다. 빌둥은 근본적으로 참다운 의미의 자유와 이성을 갖춘 인간성을 추구한다. 칸트는 항상 보편타당한 도덕적 원칙을 마음에 품고 그에 따라 행동하는 인간성을 형성하고자 하였으며, 헤겔도 사적 욕망만을 추구하는 존재에서 공적인 목적을 지향하는 참다운 인륜적 자유를 자각하고 추구하는 존재로 나아가기 위한 습관, 앎, 형성의 과정을 강조하였다. 빌둥은 개인적으로는 자기 안에 있는 고유한 인간성을 탐색 · 실현하며, 사회적으로는 인간소외 및 각종 부정의의 문제를 극복하여 시민사회의 참다운 자유를 실현하려고 노력한다. 이러한 과정에서 빌둥은 자아 성찰과 사회의 도덕과 문화에 대한 깊은 성찰을 병행하면서 자기, 타인, 세상의 의미를 지속적으로 이해하는 것을 추구한다. 기계적 정확성을 훈련하는 것과 달리, 빌둥은 균형 잡힌 인격과 감각을 통해 삶을 살아가는 전체적 안목과 기술(art)을 키우고자 한다.

이와 유사하게, 본래성도 기본적으로 자신의 진실한 삶의 자각에 초점을 둔다. 그런데 실존주의적 관점의 진실한 삶은 객관적이고 보편적인 진리나 도덕이 아닌, 지금, 여기의 자기 삶에서 고유하며 새롭게 창조되는 주관적인 의미이다. 니체(1964)는 본래적 자아를 찾는 배움은 객관적인 지식이나 학문이 아닌, 주관적인 삶의 지혜를 깨닫는 것이라고 지적한다. 이것은 구체적인 자기 삶의 상황에서 직면하는 문제들과 관련하여, 깊은 해석과 이해를 통해 태도와 행동의 선택을 하며 인생의 의미와 방향에 대한 가치관을 찾아 나갈 때 이루어진다. 키에르케고어(1968)도 인간은 자신의 삶에서 현실적인 한계와 초월적인 가능성의 모순적 의미를 고민하고 더 높은 자아를 찾기 위해 분투하는 과정에서 실존적 도약이 이루어진다고 지적하였다. 테일러(1989)도 온전한 인간성을 실현하기 위해서는 나는 누구인가의 정체성에 대한 인식이 필요하며, 이는 질적으로 차별화된 삶의 의미와 방향에 대한 가치판단이 요구된다고 주장한다.

셋째, 빌둥과 본래성은 모두 어느 한 시점에 완결되는 것이 아닌, *지속적*이고 *과정적*인 성격을 갖는다. 이는 또한 어떤 정해진 최종목표를 거부하며 다양성과 차이를 수용하고 새로운 가능성과 창조성을 모색하는 *개방적 특성*과 연결된다. 이러한 지속성과 개방성을 지닌 양자는, 한편으로 이질적인 경험, 갈등의 상황, 어렵고 힘든 상황 또한 개인의 성장을 위해 긍정적으로 수용한다. 빌둥의 어원 중의 한 측면은, *불완전성*으로 이는 지속적으로 보완되고 성숙해가야 할 필요성을 암시한다. 칸트(2015)도, 사회적 차원에서, 인간은 동물적 속성과 반사회적 성향을 타고난 존재로, 습관과 이성의 가르침으로 사회성과 공적 시민으로서의 자질을 형성해야 한다고 보았다. 주로 독일에서 국가 주도의 통제적 교육에 대한 반발의 운동으로서 전개된 빌둥은 제한된 틀에서 체계적이고 형식적으로 수행되는 공교육과는 다르게, 폭넓고 다양한 경험과 활동을 수용하는 개방성을 지닌다. 베버(1978)는 타율적 통제에 초점을 둔 기술주의적 경향을 비판하며, 평생에 걸친 다양한 배움을 통해 지속적으로 새롭게 형성되는 자기도야의 과정으로서 빌둥을 보았다. 훔볼트(1851) 역시 빌둥을 개인과 세계의 소통을 통해 내면의 인격을 지속적으로 조정하며 재구성하고 창조하는 역동적 과정으로 보았다. 빌둥은 또한, 지속적으로 변화하며 새롭게 다가오는 환경과의 상호작용에서 주체적인 질문과 적응, 변혁을 통해 갈등과 긴장과 대립의 요소를 성장의 밑거름으로 삼는 것을 지향한다.

본래성은 지속적으로 새롭게 스스로 거부하거나 선택하는 힘을 지향한다(Sartre, 1957). 본래적인 자아는 기존의 모든 틀을 늘 새롭게 갱신할 수 있는 의지를 지닌다. 본래성은 보편적이고 객관적이며 영원한 것을 거부하며, 개개인이 지금, 여기에 변화하며 특수한 상황에서 새롭게 창조하는 실존을 모색한다. 니체(1974; 1988)도 기존의 친근한 것을 추종하지 않는 가기극복의 의지를 가지고, 새롭고 비교불가능하며 스스로 창조해나가는 실존적 주체로서의 초인을 주장하였다. 이러한 주체는 또한 *과정상의 존재*로서 동물과 초인, 현실성과 가능성의 사이에서 지속적으로 고뇌하며 분투하며 선택하는 존재이다. 이러한 실존적 고뇌와 선택은 인생의 어느 한순간 완결되는 것이 아니다(Kierkegaard, 1968). 실존주의 관점에서 본래성은 불안, 절망, 고통, 죽음, 가난, 박해, 소외, 실패, 이별 등과 같은, 인생의 어렵고 힘든, 극한적인 상황에 주목한다. 하이데거(1927)는 죽음을 직면함으로써 인간은 자신의 고유한 존재에 전적으로 주목하게 되며, 충격적인 양심의 소리를 듣고 절박하고 절실하게 자기의 본래적 삶에 대한 결의를 다진다고 지적하였다. 우리는 실제로 시한부 인생을 사는 사람들이 이전보다 훨씬 더 절실한 태도로 보람된 삶을 살아가는 경우를 주변에서 많이 볼 수 있다. 인생의 어려운 상황에 직면하여 사람은 자기 삶의 의미에 대한 더욱 절실한 이해와 해석을 하게 된다. 니체(1964)는 인생의 심각한 문제에 직면하여 자기 인생의 방향을 깊이 고민할 때, 체계화된 학문과 지식보다 훨씬 더 숭고한 교육이 이루어진다고 지적하였다. 물론, 여기서 인생의 역경 그 자체가 훌륭한 교육은 아니며, 개개인이 그것에 직면하여 자기 삶의 의미와 방향을 깊이 고민하고 결의하며 책임 있는 본래적인 삶을 실천해 나감을 의미한다.

나. 상이성

빌둥과 본래성 개념은 자신의 참된 인간성을 스스로 찾고 실현해 나간다는 점에서 근본적 지향점을 공유한다. 그러나 그 구체적인 내용과 방법에서는 몇 가지 상이성도 존재한다.

첫째, 빌둥은 개별성과 사회성의 조화를 추구하며 특히, 사회가 추구하는 가치와 규범을 내면화하는 과정을 강조하나, 본래성은 사회의 일반적이고 체계화된 가치를 따르는 것보다, 개인 스스로의 자각과 결의를 강조한다. 칸트(2015)는 보편적 이성을 토대로 개별주체의 자유의지와 사회의 일반의지가 일치하는 이상을 추구하며, 훈육과 가르침을 통해 타고난 반사회적 성향을 법적 양심을 갖춘 사회적 성향의 인간으로 변화시켜야 한다고 보았다. 헤겔(2002) 역시 빌둥을 통해 개인의 특수성과 국가의 보편성을 변증법적으로 종합하고자 하였다. 그에게 빌둥은 사적 이익이나 목적을 극복하고 공적인 목적이 결국 자기 삶의 조건이자 목적임을 깨닫는 참된 인륜적 자유를 실현하는 것이다. 이러한 인륜적 자유에 대한 깨달음은 자아와 타자의 관계와 그에 대한 의식을 통해 이루어지며, 보편성의 지향을 자신의 본질적 습관으로 만드는 과정을 통해 이루어진다. 훔볼트(1851; 1910) 역시 빌둥을 보편적 인간 교육으로 보았고 단지 개인적 자아 형성을 넘어 인문학적 지성을 바탕으로 시민사회에 적극 참여하는 시민성을 기르는 것으로 보았다. 그에게 빌둥은 개인과 세계의 소통을 통해 세계의 폭넓은 지식, 사회의 문화와 미덕을 개인의 온전한 인격 형성으로 승화시키는 것으로, 객관적 지식을 통해 주관적 빌둥을 모색하고자 하였다.

이와는 달리, 본래성은 기본적으로 산업사회의 대중화 속 개인의 고유성 상실을 문제의 근원으로 보며, 대중의 관습, 여론, 자신의 고정관념과 습관을 극복하고자 한다. 하이데거(1927)는 인간이 대중의 평균적인 이해와 상식, 소문과 기대치에 의존한 잡담과 호기심, 애매성 속에서 비본래성에 빠지게 된다고 지적하였다. 이를 극복하는 길은, 오직 각 개인이 자신의 고유한 존재에 홀로 직면하여 충격적으로 흔들어 깨우는 양심의 소리를 듣고 진실한 자기의 삶에 대한 결의를 다짐으로써 가능하다. 본래성은 객관적이고 영원한 본질의 지식이 아니라 개개인이 지금, 여기에서 각자에게 고유하며 새로운 실존을 찾고 만들어감을 통해 이루어진다.

니체(1968)는 개인의 주체적 의지와 창조성을 강조하며 대중적 가치를 편안히 수용하지 말고 스스로 가치를 고민하며 새롭고 비교 불가능한 자아를 지속적으로 찾고 형성해갈 것을 주장하였다. 이러한 실존주의의 본래성에 대한 관점은, 근본적으로 완전성과 보편성에 대한 회의에 근거한다. 이와 대조적으로, 빌둥의 기원적 의미는 하나님의 완전하신 성품이 개인 안에 잠재되어 있으니 그것을 찾고 형성해 가야 한다는 것이다. 또한, 전술하였듯이, 독일 근대의 빌둥 개념은 사회의 보편적 가치와 지식에 따른 훈육과 교육을 강조하였다. 그러나 니체(1964)는 객관성이나 체계화된 학문은 본래성을 찾고 실현하는 데 별로 도움이 되지 않는다고 지적한다.

본래성에서 중요한 것은, 자기 자신의 고유한 삶을 대하는 지혜로서, 이는 자기 삶의 문제에 직면하여 이를 주관적으로 해석하고 스스로 자기 삶의 방향을 선택하고 결의하는 것이다. 키에르케고어(1936) 역시 단독자 개념을 강조하면서 사회의 보편적 가치와 대중의 시선을 의식하기보다, 각자가 자신의 문제와 양심을 상기하고 치열하게 결의하며 실천하는 자세를 주장하였다. 그의 관점에서 자기인식은 객관적 관찰과 지식이 아닌, 자기 삶의 구체적 현실에서 자기 생각과 행동이 일치함을 확인하는 주관적이며 실천적인 앎이다. 또한, 그는 자기와의 직면과 수용을 강조하며 이때 자기의 실수와 한계, 불완전성도 발견하고 수용하는 자세가 중요하다고 보았다. 이는 자기 안에 완전성이 잠재되어 있고 그것을 찾고 실현해간다는 빌둥의 관점과 대조된다.

본래성에서 예외적으로 테일러(1989; 1991)의 관점은 타자와의 대화와 관계를 강조하며, 사회적 존재로서의 인간이 정체성과 삶의 의미를 찾는 데에는 모종의 틀이 필요하며, 이는 역사, 자연과 인류의 요구, 시민의 의무 등의 다양한 요소를 수렴한 의미의 지평(horizons of significance)을 통해 가능하다고 주장하였다. 이러한 관점은 빌둥이 사회의 가치와 규범을 중시한다는 점과 상당 부분 유사하다. 그러나 여기서 중요한 점은 그 의미의 지평을 구성하는 주체는 개인이라는 점이다. 즉, 본래성을 찾아가는 개인은 객관적이고 보편적인 지식 자체를 습득하고 내면화하기보다는, 자신의 정체성과 삶의 의미 해석의 틀을 구성하는 배경 지식으로 수렴한다는 점이다.

둘째, 빌둥은 전체적으로 조화와 균형을 갖춘 인간을 형성하고자 하는 데 비해, 본래성은 의지와 태도의 변화에 초점을 둔다. 이와 관련하여, 빌둥은 어떤 삶을 살아야 하는가에 관심을 두면서 삶의 내용적 특성을 설명하려고 하지만, 본래성은 삶을 어떻게 살아야 하는가에 주목하며 삶의 자세와 태도의 특성을 설명하고자 한다. 훔볼트(2000)에 의하면, 빌둥은 특정한 능력이 아닌 한 사람의 전인적 품성 함양을 지향한다. 이는 지성, 감성, 의지, 영성, 체력, 사회성 등 인간성의 다양한 요소를 포괄하여 온전하고 조화로운 인격을 달성하려는 것이다. 이러한 전인적 인격 함양은 보편적인 가치에 대한 합리적 사고의 강조와 사회의 다양하고 객관적인 지식과 문화의 습득에 대한 강조를 수반한다. 이를 통해 빌둥은 인간사의 다양한 영역에서 성숙한 판단력을 발휘하며 복잡한 삶을 살아가는 전체적 기술을 함양하고자 한다. 빌둥 과정에서 한 사람을 구성하는 능력들은 유기적으로 상호 의존하고 상호 침투한다. 빌둥은 사고력과 판단력을 중심으로 한 지적 능력, 공감과 예술적 안목을 포함한 심미적 감수성, 결단과 행동을 추진하는 주체적 의지와 신체적 능력, 삶의 의미와 가치를 통찰하는 영성이 서로 영향을 주고받으며 온전한 인간성 형성을 지향한다.

이와는 달리, 본래성은 어떤 온전하고 긍정적인 이상적 모습을 실현하려고 하기보다는 일단 자신의 비본래적인 모습을 거부하는 태도를 전제한다. 대중의 평균적인 이해와 관습, 자신의 구태의연한 생각과 습관에 종속된 모습을 절실히 깨닫지 못하는 한 본래성은 이룰 수 없다. 이러한 실존적 자각에서 필요하고 중요한 것은, *열정적인 의지*이다. 많은 지식과 뛰어난 사고력, 섬세한 감수성이 있다고 한들 그것들이 자기 삶의 문제를 절실하게 마주하고 새롭게 변화시키려는 결단을 이끌지는 못한다.

자기 삶을 어떻게 살아야 하느냐에 대한 주관적 열정을 불러일으키는 교육은 무엇인가? 이에 대해 키에르케고어(1968)는 간접소통(indirect communication)의 개념을 제시한다. 그는 실존이란 무엇인가의 문제를 소통하고자 한다면 이는 간접적인 방식이 되어야 함을 지적한다. 실존적 자각의 핵심은 내면성(inwardness)인데, 이는 결과를 전달하려는 방식으로는 절대 이룰 수 없기 때문이다. 우리는 보통 교육에서 어떤 완전한 총체 또는 정답을 확실하게 전달하고자 한다. 그런데 본래성을 향한 길에서 중요한 것은, 이런 완전한 총체 또는 정답이 아닌, 학습자 개인이 얼마나 더 열정적으로 지식을 자기화하느냐이다. 본래성의 초점은 지식의 내용이 아닌, 지식을 향한 자신의 태도 또는 의지이다. 이를 가능하게 하는 것은, 교사가 명시적이고 직접적으로 결과로서의 지식을 전달하는 것이 아닌, 교사나 전달자라는 지위 자체를 숨긴 채 학습자의 열정적인 스스로의 탐구에 몰입하도록 자극해주는 방식을 시도해야 한다. 키에르케고어는 이러한 교육자의 모습을 거리와 시장을 오가며 사람들에게 끊임없이 질문을 던지며 스스로의 성찰을 자극하였던 소크라테스의 산파술과 연결시켰다. 소크라테스에게 중요한 것은 해답이 아니라 질문 자체를 통한 지혜의 탐구 과정이었다. 그리고 이 과정은 진리를 향한 개인 스스로의 강렬한 열정을 일으키며, 사고의 실험이 아니라 실제 삶의 자세, 실제 삶의 행동의 변화를 가져온다는 것이다(Manheimer, 1977). 여기서 중요한 것은, 교사 자신도 완결된 존재가 아니라 끊임없이 삶의 지혜를 치열하게 탐색하는 과정상의 존재라는 점을 학생에게 보여주며, 학생의 지속적이며 열정적인 탐색의 과정을 자극하며 도전할 수 있어야 한다는 점이다.

(5) 나오며: 빌둥과 본래성의 교육적 함의

우리는 서론에서 표준화된 성공의 척도에 따른 과열된 경쟁의식이 교육에 미치는 부정적 영향력의 문제를 비판적으로 제기하였다. 빌둥과 본래성은 공통적으로 인생을 성공이냐 실패냐로 보지 않고, 또한 인생에서 어떤 달성하고 실현하여야 할 성취의 기준이나 목표가 있다면 그것은 각 개인별로 다르며 스스로 찾고 실현해가야 할 것으로 본다. 자아 성찰과 자기 형성의 과정을 강조하는 빌둥은 고유한 개별성을 중시하기에 건강한 자존감을 바탕으로 한 주체적 노력을 유도하여 비교의식과 타율성을 극복하게 한다. 대중의 관습, 여론, 고정관념과 습관을 극복하고 주체적 각성, 결단, 책임을 통해 새롭고 고유한 실존을 지향하는 본래성은 다양한 개성을 살리는 교육을 가능하게 하며 자율적인 의지에 의한 자기 극복과 책임감을 고양시킨다.

빌둥과 본래성은 또한, 생산성과 효율성만을 강조하는 도구주의 사회 문화를 극복하는 길을 제시한다. 어떠한 것이든 더 많이 더 빠르게 생산하며 그것을 효율적으로 통제하는 데에 관심을 기울이는 문화는 가치와 방향에 대한 고민을 막는다. 성적, 입시, 취업을 효율적으로 하는 데 몰입하는 교육은 어떠한 사람이 될 것이냐, 삶을 어떻게 살아가야 하는가에 대한 고민과 노력을 저해한다. 빌둥은 참다운 의미의 자유와 이성을 갖춘 인간성의 의미를 깊이 성찰하게 하며, 본래성은 자기 삶의 문제와 관련하여 깊은 해석과 결의를 통해 질적으로 차별화된 삶의 길을 모색하도록 한다. 스스로 삶의 가치를 인식하는 이러한 교육은 특히 오늘날 고도 기술사회에서 지식과 기술이 각종 지능 범죄에 악용되는 사회문제의 극복을 위해서도 중요한 의미를 찾을 수 있다.

마지막으로, 빌둥과 본래성은 서론에서 지적한 결과 지향적인 문화의 폐단을 극복하는 길을 제시한다. 양자는 모두 지속적이고 과정적인 성격을 가지며 새로운 가능성에 개방되어 있다. 또한, 양자는 갈등과 어려운 상황을 긍정적으로 수용하고 극복해나가는 힘을 키우고자 한다. 이러한 특성은 우선 학습자에게 결과에 상관없이 학습 과정에 스스로 즐겁게 몰입하도록 한다. 스스로의 동기와 열정으로 학습 과정에 즐겁게 몰입할 수 있다면, 그 성취의 측면에 있어서도 어떠한 분야이든 매우 긍정적인 영향을 미칠 것이다. 더욱 중요한 것은, 이러한 점은, 소위 오늘날 강조되는 회복탄력성(resilience)의 측면에서, 난관에 봉착해서도 스스로 잘 회복하고 극복하는 힘, 나아가서 오히려 그 난관을 더 큰 도약의 밑거름이 되게 하는 힘을 키운다는 점이다.

추가적으로, 빌둥이 강조하는 보편적 가치와 지식, 조화로운 인격과 본래성이 강조하는 개인의 고유성과 실존적 태도는 강조점이 상이하지만, 오늘날의 다원화되고 복잡한 환경적 특성을 고려할 때, 상황에 따라 상호 보완적으로 교육에 수렴할 수 있을 것이다. 즉, 지나치게 개인주의화된 문화에서는 사회의 보편적 가치와 지식의 교육을 강조하여야 할 것이나, 반대로 지나치게 보편적 관습과 여론의 힘이 강한 문화에서는 개인의 주체적 의지와 창조성을 키우는 교육을 강화하여야 할 것이다. 또한, 빌둥이 강조하는 조화로운 인격의 종합적 요소는 교육의 내용으로 구성하며, 본래성이 강조하는 주체적 의지와 태도를 키우는 것은 교육방법 측면에서 적용해 보는 것이 좋을 것이다. 학습자가 세계의 다양하고 풍성한 지식을 자기 내면의 지성 및 감수성과 충분히 상호작용할 수 있도록 학습 내용이 구성되어야 할 것이다.

학습의 방법은 전술한 '간접소통(indirect communication)'을 활용하여 학습자가 학습 내용에 대해 스스로 질문하도록 하며 학생의 삶과 관련지으며 영감과 전율을 느낄 수 있도록 자극하는 방식을 시도하여야 할 것이다(Kierkegaard, 1978). 간접소통에서 교사는 때로는 대립되는 관점이나 상황을 예시하거나 기존의 생각에 대립되는 도전적 질문을 제기하면서 학생으로 하여금 모순적 측면을 보며 기존 틀에 지속적으로 도전하는 자세를 키우도록 해야 한다. 그러나 중요한 것은, 이러한 방법은 변증법적 사변이나 비판적 사고와는 달리, 초점이 자기의 내면과 태도, 자기 삶의 실천을 돌아보게 하는 데에 있다는 점이다.

참고문헌

Borsche, T. (2015). "Bildung" - Bemerkungen zu Geschichte und Aufgabe einer Idee. in: *Bildung gestalten Akademische Aufgaben der Gegenwart*. Coincidentia Beiheft 5, hrsg. von Silja Graupe und Harald Schwaetzer zur Eröffnung der Cusanus Hochschule, Kueser Akademie. Bernkastel-Kues, 27-37.

Cooper, D. (1983). *Authenticity and Learning: Niezsche's Educational Philosophy*. London: Routledge & Kegan Paul.

Gadamer, H.G. (1989). *Truth and Method*. London: Continuum.

Heideggar, M. (1927). *Zein and Zeit*. Tübingen: Max Niemeyer Verlag.

Heinzlmaier, B. (2013). Jugend und Bildung in einer neuen Arbeitswelt, in: *Institut für Jugendkulturforschung*. Retrieved June 6, 1-12.

Hegel, G. F. (1976). *Phenomenology of Spirit*. A. V. Miller (trans.), Oxford: Oxford University Press.

Hegel, G. F. (1986). *Wissenschaft der Logik I*, Werke in zwanzig Bänden. Bd. 5, Suhrkamp Verlag, Frankfurt a. M.

Hegel, G. F. (2002). *The Philosophy of Right*. A. White (trans.), New York: Focus.

Hegel, G. W. F. 2016. *Rede zum Schuljahresabschluß am 29. September 1809*. Antigonos Verlag.

Hörner, W. (2008). Bildung, in: Wolfgang Hörner, Barbara Drinck, Solvejg Jobst: *Bildung, Erziehung, Sozialisation. Grundbegriffe der Erziehungswissenschaft, Opladen*, 9-23.

Humboldt, W. (1810). Über innere und äußere Organisation der höheren wissenschaftlichen. Anstalten in Berlin (Organisation). 229-241.

Humboldt, W. (1851). Ideen zu einem Versuch, die Grenzen der Wirksamkeit des Staates zu bestimmen. In W. von Humboldt.(Eds.), (1903-1936). *Gesammelte Schriften: Ausgabe Der Preussischen Akademie Der Wissenschaften*. Bd. I—XVII, Berlin (GS). Breslau: Trewendt.

Humboldt, W. (1968). *Gesammelte Schriften Bd. 1-17*, hrsg. von der Königlichen Preusischen Akademie der Wissenschaften, Berlin.

Humboldt, W. (1969). *The Limits of State Action*. In J. W. Burrow (Ed.), Cambridge: Cambridge University Press.

Humboldt, W. (2000). Theory of Bildung, G. Horton-Kruger, trans, In Westbury, S. Hopmann & K. Riquarts (Eds.), 2000: *Teaching as a reflective practice. The German Didaktik Tradition*. Mahwah, NJ: Erlbaum, 57-62.

Kant, I. (1963). *On History*. A. Robert et al.(trans.), Indianapolis: Bobbs-Merrill.

Kant, I. (2015). *On Education(Ueber Pädagogik)*. A. Churton(trans.), New York: Leopold Classic Library.

Kierkegaard, S. (1936). *Soren Kierkegaard's Samlede Vorker*. Udg. af A. B. Drachmann, J. L. Heiberg og H. O. Lange. Anden Udage., Bd. I-IX, Kobenhavn, vol. 15.

Kierkegaard, S. (1968). *Concluding Unscientific Postscript to the Philosophical Fragments*. D. Swenson and W. Lowrie(trans.). Prinston: Prinston University Press.

Kierkegaard, S. (1978). *Søren Kierkegaard's Journals and Papers*. H. Hong and E. Hong (ed. and trans.). Bloomington/London: Indiana University Press.

Klafki, W. (2000). The Significance of Classical Theories of Bildung for a Contemporary Concept of Allgemeinbildung. In Westbury, S. Hopmann & K. Riquarts (Eds.), 2000: *Teaching as a reflective practice. The German Didaktik Tradition*. Mahwah, NJ: Erlbaum, 85-107.

Klausen, S. H. (2018). Self Cultivation and Its Discontents, In *Soren Kierkegaard Educating for Authenticity*. Cham: Springer, 39-54.

Manheimer, R. (1977). *Kierkegaard as Educator*. Oakland, California: University of California Press.

Martinez, R.(1988). Kierkegaard's Ideal of Inward Deepening, *Philosophy Today* 32(2), 110-117.

Nietzsche, F.(1964). "On the future of our educational institutions", *The Complete Works of Friedrich Nietzsche*. O. Levy(ed.). New York: Russell & Russell, 1-25.

Nietzsche, (1968). *The Will to Power*. W. Kaufmann & R. Hollingdage (trans.), New York: Vintage.

Nietzsche, F.(1974). *The dawn of day: The complete works of Friedrich Nietzsche*. New York: Gordon Press.

Nietzsche, F.(1988). "Nachgelassene Fragmente Mai-Juli 1885", 35(25), Kritische Studienausgabe 11 in 15 Bänden. München: G. Colli u.a.(Hrsg.).

Retter, H. (1997). *Grundrichtungen pädagogischen Denkens*. Bad Heilbrunn/Obb.

Rosa, H. (2019). *Resonance: A Sociology of Our Relationship to the World*. Cambridge: Polity Press.

Sartre, J. P. (1946). *L'existentialisme est un Humanisme*. Paris: Les Editions Nagel, Methuen & Co.

Sartre, J. P.(1957). *Being and Nothingness*. H. Barnes (trans.). New York: Methuen.

Taylor, C. (1989). *Sources of the Self: The Making of the Modern Identity*. Cambridge, MA: Cambridge University Press.

Taylor, C. (1991). *The Ethics of Authenticity*. Cambridge, MA: Harvard University Press.

Weber, E. (1978). *Pädagogik, Grundfragen und Grundbegriffe.* Donauworth.

Zelic (2018). Bildung and the historical and genealogical critique of contemporary culture: Wilhelm von Humboldt's neohumanistic theory of Bildung and Nietzsche's critique of neo-humanistic ideas in classical philology and education, *Educational Philosophy and Theory*. 50(6–7), 662–671.

찾아보기

인명

내용

『ㄱ』

『ㅈ』

『ㅊ』

『ㅋ』

『ㅌ』

『ㅍ』

『ㅎ』

저자 소개

심승환

[약력]
서울고등학교 졸업
고려대학교 교육학과 졸업
고려대학교 대학원 교육철학 전공 석사
Loyola University of Chicago, Ph.D.(박사)
부산외국어대학교 교수
UCLA 교환교수
한국교육철학학회, 한국교육사상학회, 안암교육학회 이사
현재 안양대학교 교수

[저서 및 역서]
Two Model Teachers Jesus and Confucius(PA: Xlibris)
가르침과 배움의 철학(교육과학사)
탈구조주의와 교육(교육과학사)
현대 교육철학의 다양한 흐름(학지사)
교육철학 및 교육사 사유와 실천(신정출판사)
교육은 사랑이다(교육과학사)
어울림의 교육철학(교육과학사)

[주요논문]
A Philosophical Investigation of the Role of Teachers: A Synthesis of Plato, Confucius, Buber and Freire (Teaching and Teacher Education)
A Study on the Significance of Spiritual Learning and Teaching Through Augustine's Confessions (Religious Education)
The Existential Meaning of Death and Reconsidering Death Education through the Perspectives of Kierkegaard and Heidegger (Educational Philosophy and Theory)
Resonance as an educational response to alienation and acceleration in contemporary society (Asia Pacific Education Review)
인간 본성의 교육적 의미: 합리성, 자연성, 본래성의 통합적 고찰(교육철학연구)
교육철학 연구의 학문지도(교육사상연구)
자유주의와 공동체주의의 종합적 고찰을 통한 가르침의 목적 고찰(한국교육학 연구)
메이슨과 콜의 교육관을 통한 자유교육의 새로운 방향 탐색(교육사상연구) 외 다수

인간과 배움의 이해

2026년 1월 15일 1판 1쇄 인쇄
2026년 1월 20일 1판 1쇄 발행

저 자 : 심 승 환
발행자 : 한 정 주
발행처 : 교육과학사

경기도 파주시 광인사길 71
전화(031)955-6956~8/팩스(031)955-6037
Home-page : www.kyoyookbook.co.kr
E-mail : kyoyookbook@daum.net
등록 : 1970년 5월 18일 제2-73호

낙장 · 파본은 교환해 드립니다.
Printed in Korea.

정가 **29,000** 원
ISBN 978-89-254-1959-6